Berlin

ADAC CityAtlas

1:15 000

Inhaltsverzeichnis

Übersichtskarte und Blattschnitt Großraum Berlin	2-3
Die GPS-genauen ADAC CityAtlanten	4
Zeichenerklärung	5
CityPilot® 1:125 000	6-10
Citypläne	
Berlin-Spandau, Berlin-Messe	11
Berlin-Mitte	12-15
Berlin-Charlottenburg	16-19
Potsdam-Stadt, Potsdam-Sanssouci	20-21
Großraumkarten Berlin 1:15 000	22-185
Sonderkarten	
S+U-Bahn-Netz Berlin	186-187
Liniennetz Stadtverkehr Potsdam	188-189
Register	
Verzeichnis der Städte und Gemeinden	190-192
Straßenverzeichnisse in alphabetischer Reihenfolge mit Postleitzahlen	193-251
ADAC Informationen und Notrufe	190

ADAC-Pannenhilfe 0180 2 22 22 22 (0,06 € pro Anruf) · **Polizei 110** · **Feuerwehr und Rettungsdienst 112**

Übersichtskarte und Blattschnitt Berlin

Blattschnitt 1 : 15 000
CityPilot® 1 : 125 000 Seite 6-10
BERLIN
POTSDAM
Nauen
Ketzin
Werder (Havel)
Oranienburg
Hennigsdorf
Falkensee
Spandau
Charlottenburg
Tiergarten
Wedding
Schöneberg
Zehlendorf
Steglitz
Wannsee
Kleinmachnow
Teltow
Stahnsdorf
Ludwigsfelde
Michendorf
Velten
Birkenwerder
Hohen Neuendorf
Leegebruch
Glindow
Geltow
Caputh
Ferch
Schwielowsee
Wustermark
Dallgow-Döberitz
Schönwalde-Glien
Brieselang
Nuthe-tal
Bergholz-Rehbrücke
Kloster Lehnin
Groß Kreuz (Havel)
Havelländischer Großer Hauptkanal
Havelkanal
Sacrow-Paretzer-Kanal
Teltowkanal

Rüdnitz
Basdorf
Ladeburg
Albertshof
Tempelfelde
Freudenberg
Beiersdorf
Steinbeck
Leuenberg
Haselberg
Harnekop
Frankenfelde
Tiefensee
Mittelsee
Sternebeck
Möglin
Schönow
Bernau
Schönfeld
Gorinsee
Schönwalde
Zepernick
Börnicke
Willmersdorf
Panke-
tal
Weesow
Herzhorn
Reichenow
Batzlow
Prötzel
Prädikow
Ihlow
Hirschfelde
Elisenau
Birkholzaue
Löhme
Werneuchen
BUCH
Schwanebeck
Birkholz
Seefeld
Wilkendorf
Grunow
Reichenberg
Oberbarnim
Gielsdorf
Ernsthof
Wegendorf
Gartenstadt
Klosterdorf
Pritzhagen
BLANKEN-
BURG
Neu Lindenberg
Blumberg
Krummensee
Wesendahl
Buchholz
Straussee
Bollersdorf
Ruhlsdorf
Buckow
NIEDER-
SCHÖN-
HAUSEN
Ahrens-
felde
Alt-
landsberg
STRAUSBERG
Hohenstein
MALCHOW
Mehrow
Bötzsee
Hasenholz
Eiche
Bruchmühle
Garzin
Dahmsdorf
WEISSENSEE
HOHEN-
SCHÖNHAUSEN
Hönow
Seebergdorf
Petershagen/
Rehfelde
Garzau-
Waldsieversdorf
PRENZLAUER
BERG
Fredersdorf-
Werder
Schlagenthin
MARZAHN
Hoppe-
garten
Neuenhagen
Eggersdorf
Stienitzsee
Dorf Rehfelde
LICHTENBERG
HELLERSDORF
Eggersdorfer
Siedlung
Vogelsdorf
Zinndorf
Dahlwitz-
Hoppegarten
Hennickendorf
Hoppegarten
Tasdorf
KREUZBERG
KARLSHORST
MAHLS-
DORF
Münchehofe
Herzfelde
Lichtenow
Max
See
Schulzenhöhe
TREPTOW
Rüdersdorf
Lienberger
See
Schönfelde
Schöneiche
Kagel
OBER-
SCHÖNEWEIDE
Kienbaum
Fichtenau
Woltersdorf
Gölsdorf
NEUKÖLLN
Möllensee
Jänickendorf
Beerfelde
TEMPEL-
HOF
JOHANNIS-
THAL
Spree
Gr.
Müggelsee
RAHNSDORF
Grünheide
Löcknitz
MARIENDORF
KÖPENICK
Molkenberg
BUCKOW II
WENDEN-
SCHLOSS
Erkner
Fangschleuse
Trebus
RUDOW
ALT-
GLIENICKE
GRÜNAU
MÜGGELHEIM
Karutzhöhe
Hangelsberg
Groß-
ziethen
Gosen-
Mönchwinkel
LICHTENRADE
Schönefeld
Langer
See
Seddinsee
Neu Zittau
Spree
BOHNSDORF
Spreewerder
Braunsdorf
Spreeau
Neu Hartmannsdorf
FÜRSTEN-
WALDE
Waßmannsdorf
Schulzendorf
Eichwalde
Wernsdorf
Waltersdorf
Zeuthen
Hartmannsdorf
Spreenhagen
Mahlow
Selchow
Rauen
Oder-Spree-Kanal
Kiekebusch
Miersdorf
Markgrafpieske
Petersdorf
Glasow
Rotberg
Wildau
Niederlehme
Rauensche
Berge
Blanken-
felde
Groß Kienitz
Dannenreich
Dahlewitz
Lebbin
Brusendorf
Königs
Wusterhausen
Neue
Mühle
Zernsdorf
Kolpin
Bad Saarow
Jühnsdorf
Friedersdorf
Alt
Stahnsdorf
Rieplos
Dorf Saarow
Kablow
Krüpelsee
Senzig
Bindow
Reichenwalde
Pieskow
Ragow
Schenkendorf
Wolzig
Kummersdorf
Silberberg
Rangsdorf
Zeesen
Zeesener
See
Bindow-Süd
Blossin
Storkow
(Mark)
Großer
Storkower
See
Diensdorf-
Radlow
Groß Machnow
Körbiskrug
Gussow
Dolgenbrodt
Wolziger
See
Philadelphia
Kolberg
Klein Schauen
Mittenwalde
Heidesee
Dahmsdorf

Die GPS-genauen ADAC CityAtlanten:

Kurzinformation für eilige Nutzer:

- GPS-Handempfänger auf "**WGS 84**" und "**UTM**" einstellen.
- Zur GPS-Navigation dient das **rote Gitter** (Maschenweite 2000 m, Feineinteilung 100 m).
- Die Angaben im Straßenregister beziehen sich auf das blaue Suchgitter.

GPS steht für "Global Positioning System". Gemeint ist damit die exakte Positionsbestimmung mithilfe von Satellitensignalen und einem Empfangsgerät, dem GPS-Empfänger. Mit der **UTM-Kartenprojektion** ("Universale-Transversale-Mercator-Projection") ist es möglich, die Erdoberfläche zwischen 84° nördlicher und 80° südlicher Breite, in 60 Zonen unterteilt, abzubilden. Deutschland liegt größtenteils in den Feldern 32U und 33U innerhalb der beiden Zonen 32 und 33. (siehe Abb. unten)

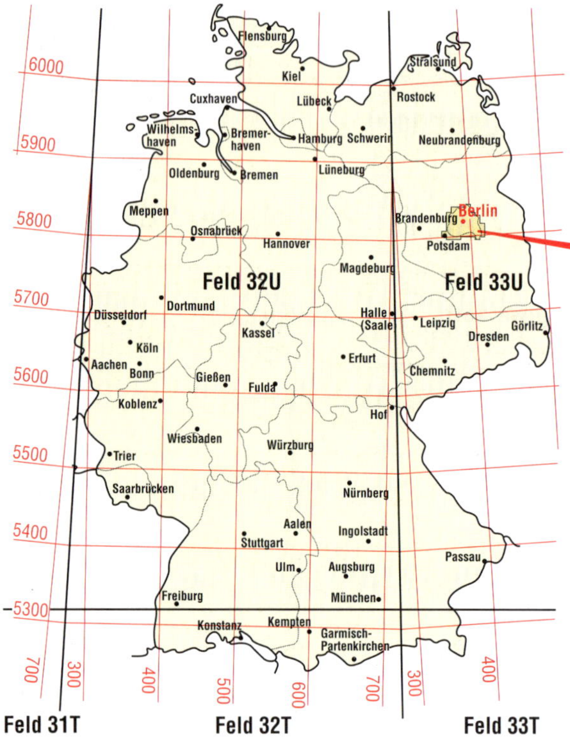

6000
5900
5800
5700
5600
5500
5400
5300
Flensburg
Kiel
Stralsund
Rostock
Cuxhaven
Lübeck
Wilhelms-haven
Bremer-haven
Hamburg
Schwerin
Neubrandenburg
Oldenburg
Bremen
Lüneburg
Meppen
Brandenburg
Berlin
Osnabrück
Hannover
Potsdam
Magdeburg
Feld 32U
Feld 33U
Dortmund
Düsseldorf
Halle (Saale)
Leipzig
Dresden
Görlitz
Kassel
Köln
Aachen
Bonn
Erfurt
Gießen
Fulda
Chemnitz
Koblenz
Hof
Wiesbaden
Trier
Würzburg
Saarbrücken
Nürnberg
Aalen
Ingolstadt
Stuttgart
Passau
Ulm
Augsburg
Freiburg
München
Konstanz
Kempten
Garmisch-Partenkirchen
700
300
400
500
600
700
300
400
Feld 31T
Feld 32T
Feld 33T

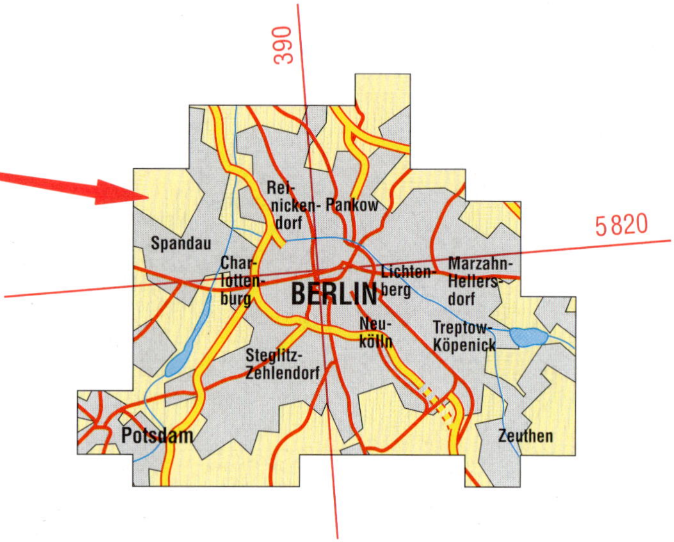

390
5820
Rei-nicken-dorf
Pankow
Spandau
Char-lotten-burg
BERLIN
Lichten-berg
Marzahn-Hellers-dorf
Neu-kölln
Treptow-Köpenick
Steglitz-Zehlendorf
Potsdam
Zeuthen

Zur Feinorientierung dient das UTM-Gitter, ein Koordinatensystem, das für einen bestimmten Punkt den Abstand zum Äquator bzw. zum Bezugsmeridian (9° bzw. 15° östl. Länge) in Metern angibt. Dieses UTM-Gitter finden Sie, zusätzlich zum gewohnten blauen Suchnetz des Straßenregisters, in diesem Atlas rot eingedruckt. Bezugssystem ist, gemäß international üblichen Standards bei der GPS-gestützten Navigation, das Rotationsellipsoid "WGS 84" (die Erde ist aufgrund ihrer Rotation um die eigene Achse keine Kugel, sondern leicht abgeplattet). Handelsübliche GPS-Empfänger ermitteln bei der Positionsbestimmung die UTM-Koordinaten mit einer Genauigkeit von unter 20 Metern. Diese Koordinaten lassen sich im ADAC CityAtlas problemlos lokalisieren.

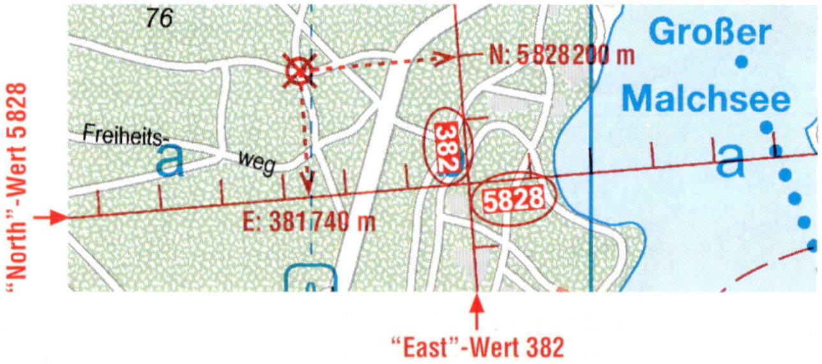

76
N: 5828200 m
Großer Malchsee
Freiheits-weg
a
382
5828
E: 381740 m
"North"-Wert 5828
"East"-Wert 382

Sie finden in den Großraumkarten im Maßstab 1 : 15 000, neben dem blauen Suchnetz des Straßenregisters, ein rot angelegtes UTM-Gitter mit einer Maschenweite von 2000 Metern. Die "East"- bzw. Rechtswerte (E), sowie die "North"-bzw. Hochwerte (N) - im Abstand von 2000 Metern- können Sie am Koordinatenschnittpunkt des UTM-Gitters ablesen. Im Beispiel sind diese Zahlenwerte rot markiert. Die Feinorientierung erfolgt mittels der im 100-Meter-Abstand angelegten Skalierung auf den roten Gitterlinien. Ihr Standort befindet sich im Schnittpunkt von Rechts-und Hochwert.

Exemplarisch durchgeführt haben wir das im nebenstehenden Kartenausschnitt für einen Ortspunkt mit den Koordinaten ⌖ E: 381740 m / N: 5828200 m.

Zeichenerklärung 1 : 15 000

0 100 200 300 m

Autobahn mit Nummer / Motorway with number / Autoroute avec numéro

Nummer der Autobahnanschlussstelle / Motorway junction number / Numéro d'échangeur d'autoroute

Schnellstraße/ Bundesstraße / Motor highway/ Federal road / Route express/ Route nationale

Mehrspurige Straße / Dual carriageway / Route à chaussées separées

Durchgangsstraße / Main through road / Grande route

Übrige Straßen/ Weg / Other roads/ Footpath / Autres routes/ Sentier

Straßen in Bau/ Planung / Roads under construction/ projected / Routes en construction/ en projet

Fußgängerzone/ Einbahnstraße / Pedestrian zone/ One-way street / Zone piétonnière/ Rue à sens unique

Stadt- und Gemeindegrenze / Town and communal boundary / Limite de ville et commune

Staatsgrenze / National border / Frontière d'État

ADAC — ADAC-Regionalgeschäftsstelle / ADAC-regional office / ADAC-Bureau régional

ADAC — ADAC-Geschäftsstelle/ ADAC-Grenzbüro / ADAC office/ ADAC border office / Bureau ADAC/ Bureau frontalier ADAC

ADAC-Sicherheitstraining / ADAC Safety Training / ADAC Entraînement de sécurité

Autohof Autohof — Autohof/ VEDA-Autohof / Truck stop/ VEDA-Truck stop / Gare routière/ VEDA-Gare routière

38674 — Postleitzahlbereich / Postcode district / Zone postale

P+R — Eisenbahn mit Bahnhof u. Park+Ride / Railway with station and Park+Ride / Voie ferrée avec gare et Park+Ride

Güter- und Industriebahn / Freight and industrial railway / Voie ferrée de marchandise et industrielle

S3 S3 — S-Bahn mit Nummer und Station / Rapid transit train with number and station / Train en trafic suburbain avec numéro et gare

U6 U6 U — U-Bahn/ Stadtbahn / Underground/ Light Rail / Métro/ Métro Léger

15 15 698 — Bus/ Straßenbahn mit Endhaltestelle / Bus/ Tramway with terminus / Autobus/ Tramway avec terminus

Kirche/ Post / Church/ Post office / Église/ Bureau de poste

Krankenhaus/ Schule / Hospital/ School / Hôpital/ École

Feuerwehr/ Polizei / Fire station/ Police station / Pompiers/ Police/ Gendarmerie

Campingplatz/ Jugendherberge / Camping site/ Youth hostel / Camping/ Auberge de jeunesse

Parkplatz/ Parkleitsystem / Car park/ Parking control system / Parking/ Système de signalisation

Parkhaus/ Tiefgarage / Parking house/ Underground car park / Garage/ Parking souterrain

Hallenbad / Indoor swimming pool / Piscine couverte

Ruine/ Turm / Ruin/ Tower / Ruines/ Tour

Windmühle/ Windrad / Windmill/ Windpower / Moulin à vent/ Éolienne

Höhle/ Fels / Cave/ Rock / Grotte/ Rocher

Konsulat/ Botschaft / Consulate/ Embassy / Consulat/ Ambassade

Bergwerk, in Betrieb/ stillgelegt / Mine in use/ disused / Mine en exploitation/ abandonnée

Denkmal/ Wirtshaus, Ausflugslokal / Monument/ Inn, Roadhouse / Monument/ Auberge, Café-Restaurant

Leuchtturm/ Leuchtfeuer / Lighthouse/ Beacon / Phare/ Fanal

Försterei/ Einzelne Bäume / Forester's Lodge/ Isolated trees / Maison forestière/ Arbres isolés

Tourist-Information/ Sendeanlage / Tourist information center/ Transmitting station / Syndicat d'initiative/ Station d'emmission

Historische Mauer / Historical Wall / Mur historique

Wald/ Park / Forest/ Park / Fôret/ Parc

Friedhof/ Weinberg / Cemetery/ Vineyard / Cimetière/ Vignoble

Heide/ Moor, Sumpf / Heath/ Marsh, Swamp / Lande/ Marais, Marécage

CityPilot® 1 : 125 000

0 1 2 3km

Der CityPilot® ist eine Stadtdurchfahrtskarte im Maßstab 1 : 125 000 (grüner Kartenteil Seite 6-10) mit der Sie ohne aufwändiges Blättern schnell und problemlos auf den Durchgangsstraßen in Ihr Zielgebiet gelangen.

Wenn Sie nicht wissen wo Ihr Zielgebiet liegt, suchen Sie im Straßenverzeichnis nach der entsprechenden Gemeinde, bzw. Straße. Die dort angegebene Seitenzahl zeigt im CityPilot® Ihr Zielgebiet. Kennen Sie dagegen die ungefähre Lage Ihres Zielgebietes schon, dann können Sie sofort im CityPilot®-ohne lästiges Blättern-den Durchgangsstraßen bis in das Zielgebiet folgen.

Im Zielgebiet angekommen, schlagen Sie für detaillierte kartographische Informationen die dort angegebene Seite auf. Die gelb unterlegten Seitenzahlen führen Sie zu den Großraumkarten im Maßstab 1 : 15 000 (Seite 22-185), orange-farbig unterlegte Seitenzahlen zu den Cityplänen (Seite 11-21).

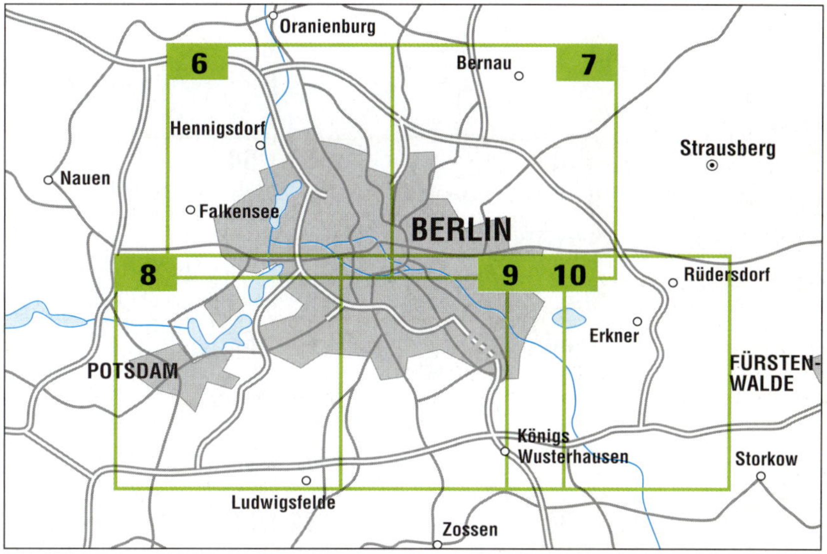

Oranienburg
6
Bernau
7
Hennigsdorf
Strausberg
Nauen
Falkensee
BERLIN
8
9
10
Rüdersdorf
Erkner
POTSDAM
FÜRSTEN-WALDE
Königs Wusterhausen
Storkow
Ludwigsfelde
Zossen

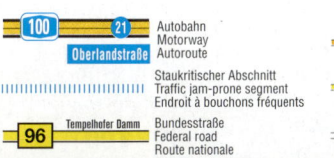

100 21 Oberlandstraße — Autobahn / Motorway / Autoroute

Staukritischer Abschnitt / Traffic jam-prone segment / Endroit à bouchons fréquents

96 Tempelhofer Damm — Bundesstraße / Federal road / Route nationale

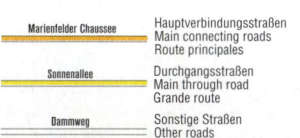

Marienfelder Chaussee — Hauptverbindungsstraßen / Main connecting roads / Route principales

Sonnenallee — Durchgangsstraßen / Main through road / Grande route

Dammweg — Sonstige Straßen / Other roads / D´ autres routes

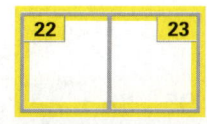

22 23 — 1 : 15 000 / Seitenübersicht Großraumkarten / Survey of pages area map / Index des planes des aglomération

11 — Seitenübersicht Citypläne / Survey of pages city map / Index des plans des centre-villes

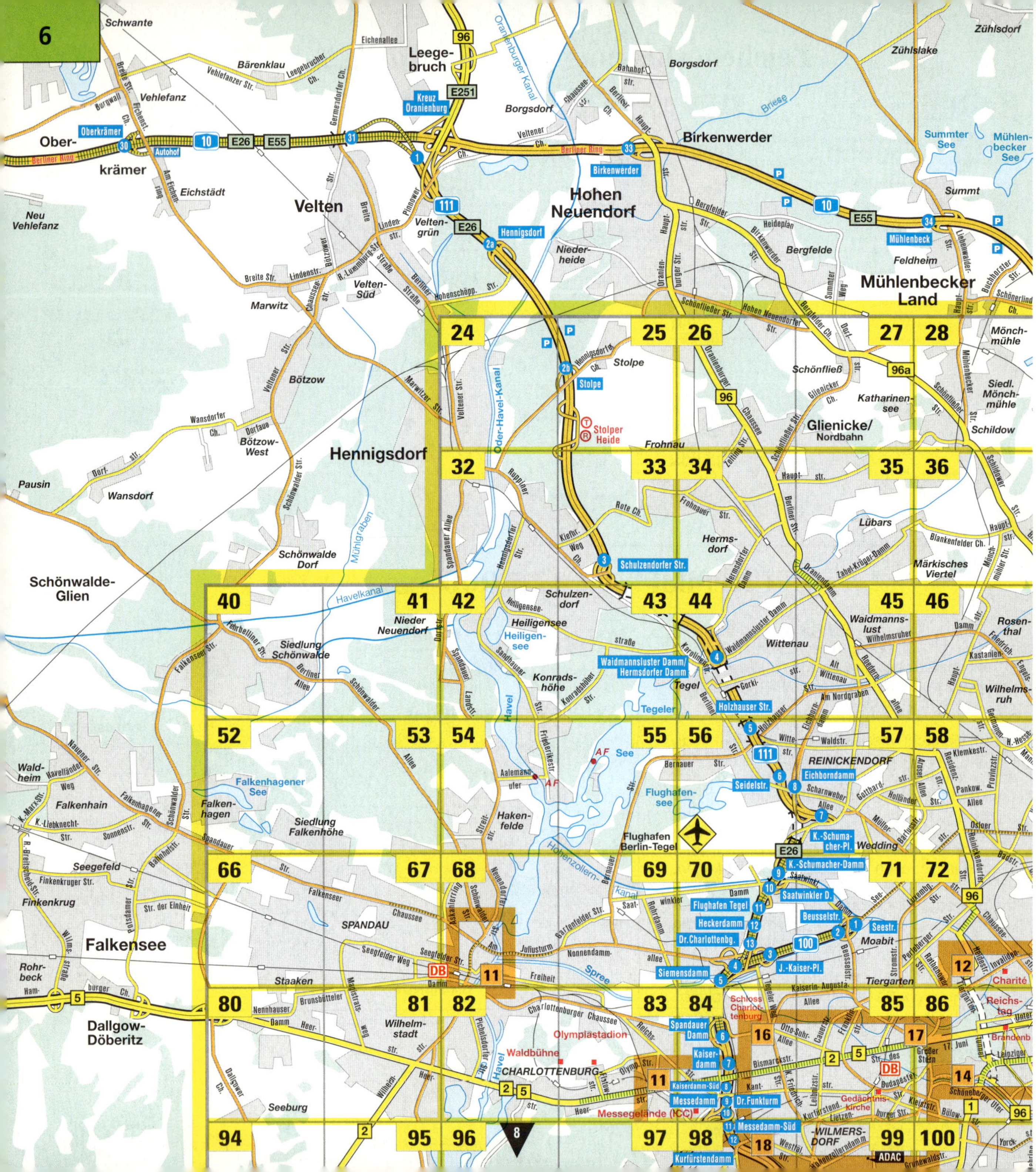
Schwante
Zühlsdorf
Leege-
bruch
Bärenklau
Vehlefanz
Zühlslake
Borgsdorf
Kreuz Oranienburg
Oranienburger Kanal
Ober-
krämer
Oberkrämer
Autohof
Berliner Ring
Birkenwerder
Summter See
Mühlen-
becker See
Eichstädt
Velten
Hohen
Neuendorf
Birkenwerder
Summt
Neu
Vehlefanz
Velten-
grün
Hennigsdorf
Nieder-
heide
Bergfelde
Mühlenbeck
Feldheim
Mühlenbecker
Land
Velten-
Süd
Marwitz
Mönch-
mühle
Stolpe
Schönfließ
Katharinen-
see
Siedl.
Mönch-
mühle
Bötzow
Glienicke/
Nordbahn
Schildow
Oder-Havel-Kanal
Stolper
Heide
Frohnau
Bötzow-
West
Hennigsdorf
Pausin
Wansdorf
Lübars
Herms-
dorf
Schulzendorfer Str.
Märkisches
Viertel
Schönwalde
Dorf
Mühlgraben
Schönwalde-
Glien
Havelkanal
Nieder
Neuendorf
Schulzen-
dorf
Heiligensee
Heiligen-
see
Waidmanns-
lust
Rosen-
thal
Siedlung
Schönwalde
Wittenau
Waidmannsluster Damm/
Hermsdorfer Damm
Konrads-
höhe
Tegel
Wilhelms-
ruh
Holzhauser Str.
Tegeler See
Wald-
heim
Havel
REINICKENDORF
Eichborndamm
Falkenhagener
See
Seidelstr.
Falkenhain
Falken-
hagen
Siedlung
Falkenhöhe
Haken-
felde
Flughafen-
see
Flughafen
Berlin-Tegel
K.-Schuma-
cher-Pl.
Wedding
Seegefeld
Hohenzollernkanal
K.-Schumacher-Damm
Saatwinkler D.
Finkenkrug
SPANDAU
Flughafen Tegel
Beusselstr.
Heckerdamm
Seestr.
Moabit
Falkensee
Dr.Charlottenbg.
Spree
Rohr-
beck
Staaken
Siemensdamm
J.-Kaiser-Pl.
Tiergarten
Charité
Schloss
Charlot-
tenburg
Reichs-
tag
Dallgow-
Döberitz
Wilhelm-
stadt
Olympiastadion
Spandauer
Damm
Waldbühne
Kaiser-
damm
CHARLOTTENBURG
Brandenb.
Kaiserdamm-Süd
Messedamm
Dr.Funkturm
Gedächtnis-
kirche
Seeburg
Messegelände (ICC)
Messedamm-Süd
WILMERS-
DORF
Kurfürstendamm
ADAC
10
E26
E55
E251
96
96a
111
100
2
5
24
25
26
27
28
32
33
34
35
36
40
41
42
43
44
45
46
52
53
54
55
56
57
58
66
67
68
69
70
71
72
80
81
82
83
84
85
86
94
95
96
97
98
99
100
11
12
14
16
17
18
8

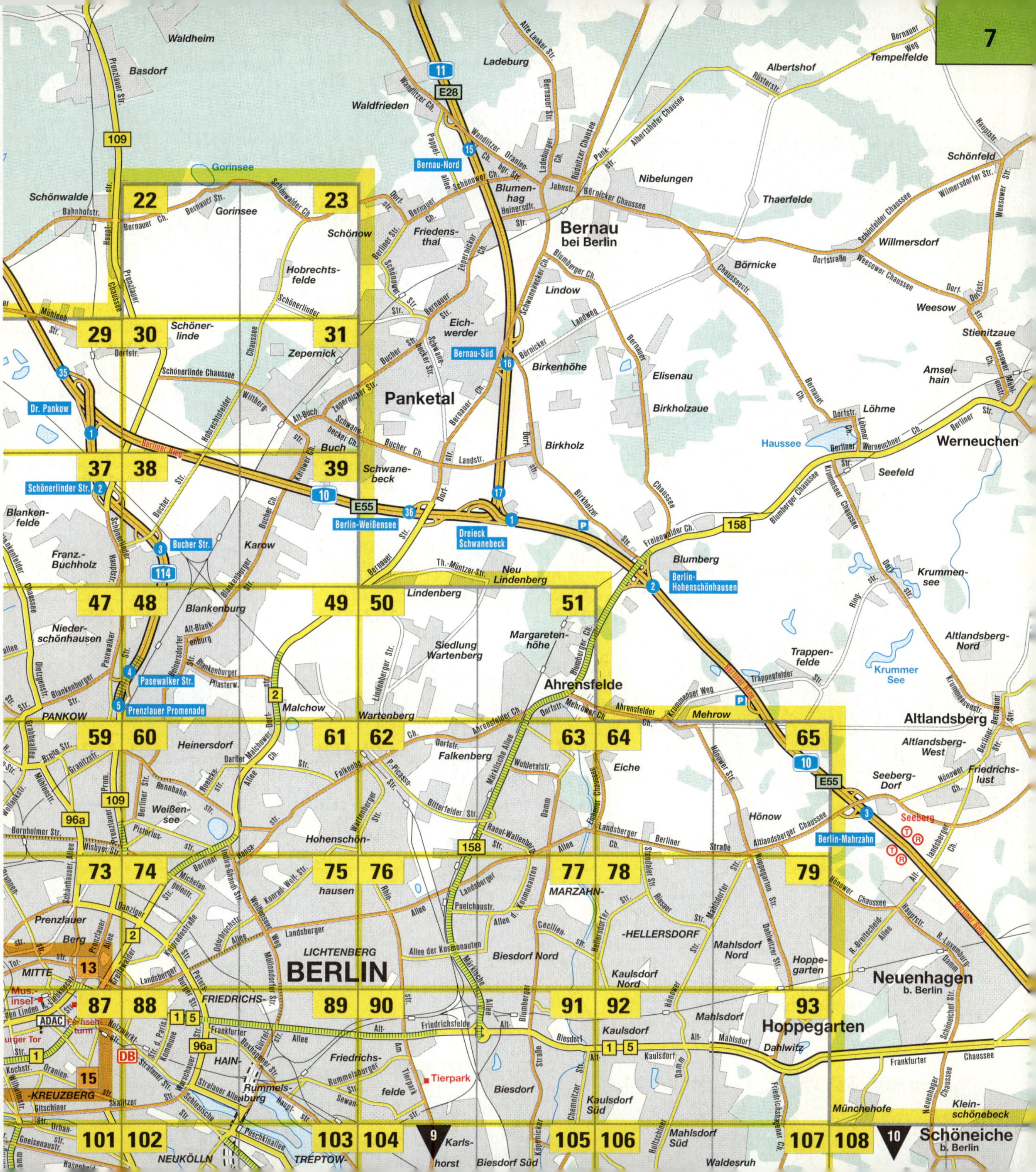
Waldheim
Basdorf
Prenzlauer Str.
109
Ladeburg
Waldfrieden
11
E28
Albertshof
Tempelfelde
Bernauer Weg
Rüsterstr.
Albertshofer Chaussee
Gorinsee
Schönwalde
Bahnhofstr.
22
23
Bernauer Ch.
Gorinsee
Schönow
Bernau-Nord
Blumenhag
Jahnstr.
Börnicker Chaussee
Bernau
bei Berlin
Nibelungen
Thaerfelde
Schönfeld
Wilmersdorfer Str.
Schönfelder Chaussee
Willmersdorf
Friedensthal
Hobrechtsfelde
Lindow
Börnicke
Dorfstraße
Weesower Chaussee
Weesow
Stienitzaue
Mühlenb.
29
30
31
Schönerlinde
Eichwerder
Zepernick
Bernau-Süd
Birkenhöhe
Elisenau
Amselhain
Schönerlinde Chaussee
35
Dr. Pankow
Panketal
Birkholzaue
Löhme
Haussee
Werneuchen
1
Berliner Ring
37
38
39
Buch
Schwanebeck
Birkholz
Seefeld
Landstr.
Schönerlinder Str.
2
Blankenfelde
Franz.-Buchholz
3
Bucher Str.
114
Karow
10
E55
36
Berlin-Weißensee
17
1
Dreieck Schwanebeck
158
Blumberg
Berlin-Hohenschönhausen
2
Krummensee
Th.-Müntzer-Str.
Neu Lindenberg
47
48
49
50
51
Blankenburg
Lindenberg
Niederschönhausen
Siedlung Wartenberg
Margaretenhöhe
Trappenfelde
Altlandsberg-Nord
Krummer See
4
Pasewalker Str.
5
Prenzlauer Promenade
2
Malchow
Ahrensfelde
Mehrow
PANKOW
Wartenberg
Altlandsberg
59
60
61
62
63
64
65
Heinersdorf
Falkenberg
Eiche
Altlandsberg-West
Seeberg-Dorf
Friedrichslust
10
E55
109
96a
Weißensee
Hohenschön-
hausen
158
Hönow
3
Seeberg
Berlin-Mahrzahn
73
74
75
76
77
78
79
MARZAHN-
-HELLERSDORF
Prenzlauer
Berg
2
LICHTENBERG
BERLIN
Biesdorf Nord
Mahlsdorf Nord
Hoppegarten
Neuenhagen
b. Berlin
MITTE
13
Mus. insel
Kaulsdorf Nord
87
88
89
90
91
92
93
FRIEDRICHS-
HAIN-
KREUZBERG
ADAC
Fernsehturm
Mahlsdorf
Hoppegarten
Dahlwitz
1
5
96a
1
5
DB
Friedrichsfelde
Tierpark
Rummelsburg
Biesdorf
Kaulsdorf Süd
Münchehofe
Kleinschönebeck
15
101
102
103
104
9
105
106
107
108
10
Karlshorst
Mahlsdorf Süd
Schöneiche
b. Berlin
NEUKÖLLN
TREPTOW-
Biesdorf Süd
Waldesruh

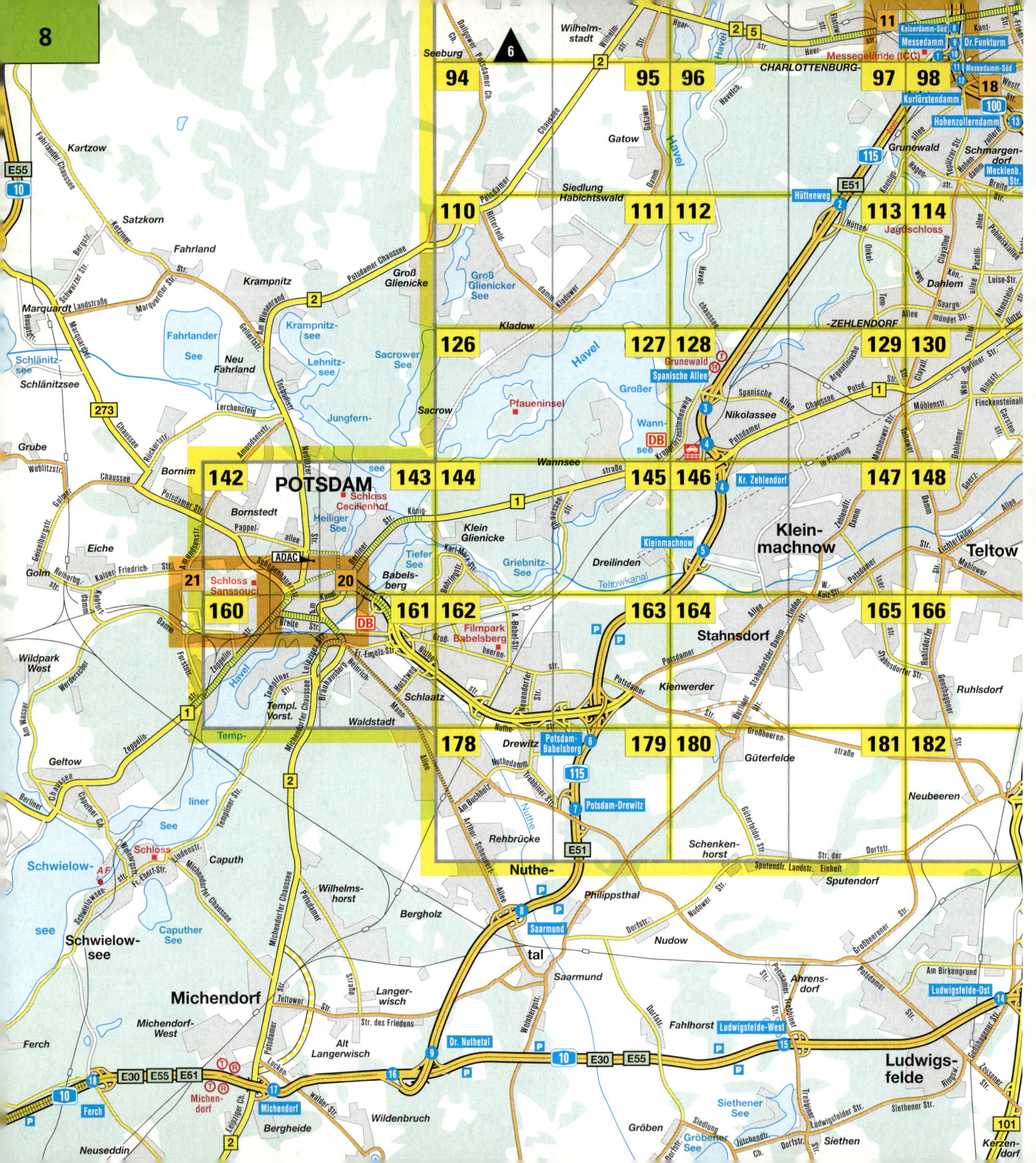

POTSDAM
Schloss Cecilienhof
Schloss Sanssouci
Bornstedt
Bornim
Eiche
Golm
Grube
Marquardt
Satzkorn
Fahrland
Kartzow
Krampnitz
Neu Fahrland
Groß Glienicke
Schlänitzsee
Fahrlander See
Krampnitz-see
Lehnitz-see
Sacrower See
Jungfern-
Groß Glienicker See
Seeburg
Wilhelm-stadt
Gatow
Havel
Siedlung Habichtswald
Kladow
Sacrow
Pfaueninsel
Großer
Wann-see
Wannsee
Grunewald
Spanische Allee
Nikolassee
Kr. Zehlendorf
Kleinmachnow
Klein-machnow
Teltow
Teltowkanal
Dreilinden
Klein Glienicke
Griebnitz-See
Tiefer See
Heiliger See
Babels-berg
Filmpark Babelsberg
Schlaatz
Waldstadt
Drewitz
Potsdam-Babelsberg
Potsdam-Drewitz
Rehbrücke
Nuthe-
Nuthe
Stahnsdorf
Kienwerder
Güterfelde
Ruhlsdorf
Neubeeren
Schenken-horst
Sputendorf
Philippsthal
Saarmund
Nudow
Ahrens-dorf
Fahlhorst
Ludwigsfelde-West
Ludwigsfelde-Ost
Ludwigs-felde
Siethener See
Siethen
Gröben
Gröbener See
Kerzen-dorf
Wildenbruch
Bergheide
Michendorf
Michen-dorf
Michendorf-West
Langer-wisch
Alt Langerwisch
Wilhelms-horst
Bergholz
Caputh
Caputher See
Schwielow-see
Schloss
Geltow
Wildpark West
Templiner See
Tempt. Vorst.
Ferch
Neuseddin
Dr. Nuthetal
Saarmund
Hüttenweg
Grunewald
Dahlem
Jagdschloss
-ZEHLENDORF
CHARLOTTENBURG-
Messegelände (ICC)
Kaiserdamm-Süd
Messedamm
Dr. Funkturm
Messedamm-Süd
Kurfürstendamm
Hohenzollerndamm
Schmargen-dorf
Mecklenb. Str.
ADAC
DB
E55
E51
E30
10
115
100
101
273
2
1
5
6
11
18
20
21
94
95
96
97
98
110
111
112
113
114
126
127
128
129
130
142
143
144
145
146
147
148
160
161
162
163
164
165
166
178
179
180
181
182

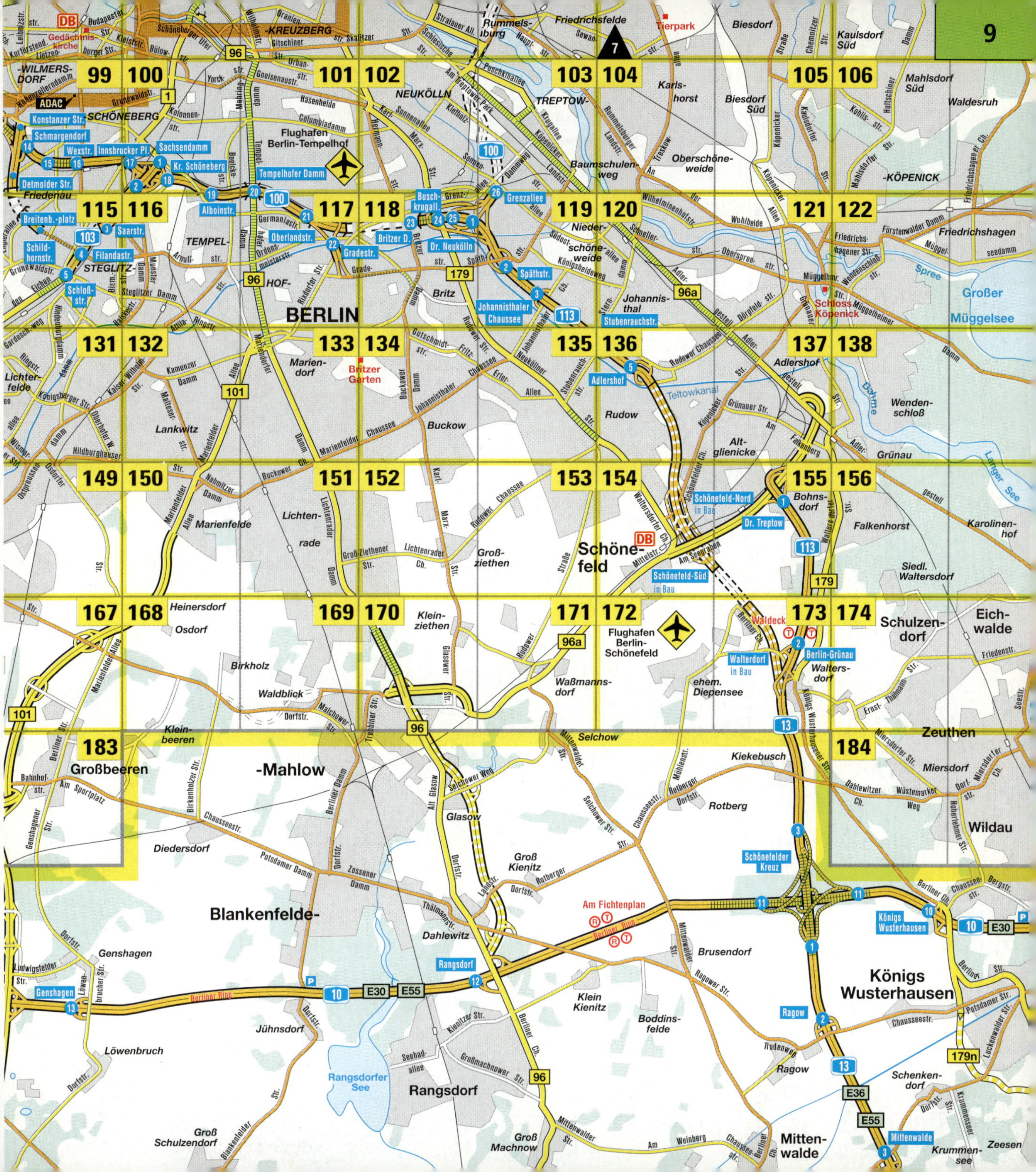
-KREUZBERG
-WILMERS-DORF
SCHÖNEBERG
Friedenau
TEMPEL-HOF
STEGLITZ-
BERLIN
NEUKÖLLN
TREPTOW-
Flughafen Berlin-Tempelhof
Rummelsburg
Friedrichsfelde
Tierpark
Biesdorf
Kaulsdorf Süd
Karlshorst
Biesdorf Süd
Mahlsdorf Süd
Waldesruh
Oberschöneweide
Baumschulenweg
-KÖPENICK
Niederschöneweide
Friedrichshagen
Schloss Köpenick
Großer Müggelsee
Spree
Britz
Johannisthal
Mariendorf
Britzer Garten
Adlershof
Lichterfelde
Lankwitz
Buckow
Rudow
Teltowkanal
Wendenschloß
Altglienicke
Grünau
Dahme
Langer See
Marienfelde
Lichtenrade
Groß-ziethen
Schönefeld
Bohnsdorf
Falkenhorst
Karolinenhof
Siedl. Waltersdorf
Heinersdorf
Osdorf
Kleinziethen
Flughafen Berlin-Schönefeld
Schulzendorf
Eichwalde
Birkholz
Waldblick
Waßmannsdorf
ehem. Diepensee
Waltersdorf
Kleinbeeren
Selchow
Zeuthen
Großbeeren
-Mahlow
Kiekebusch
Miersdorf
Glasow
Rotberg
Wildau
Diedersdorf
Groß Kienitz
Schönefelder Kreuz
Blankenfelde-
Am Fichtenplan
Dahlewitz
Genshagen
Brusendorf
Königs Wusterhausen
Rangsdorf
Klein Kienitz
Boddinsfelde
Jühnsdorf
Löwenbruch
Rangsdorfer See
Rangsdorf
Ragow
Schenkendorf
Groß Schulzendorf
Groß Machnow
Mittenwalde
Krummensee
Zeesen
Berliner Ring
99 100 101 102 103 104 105 106
115 116 117 118 119 120 121 122
131 132 133 134 135 136 137 138
149 150 151 152 153 154 155 156
167 168 169 170 171 172 173 174
183 184

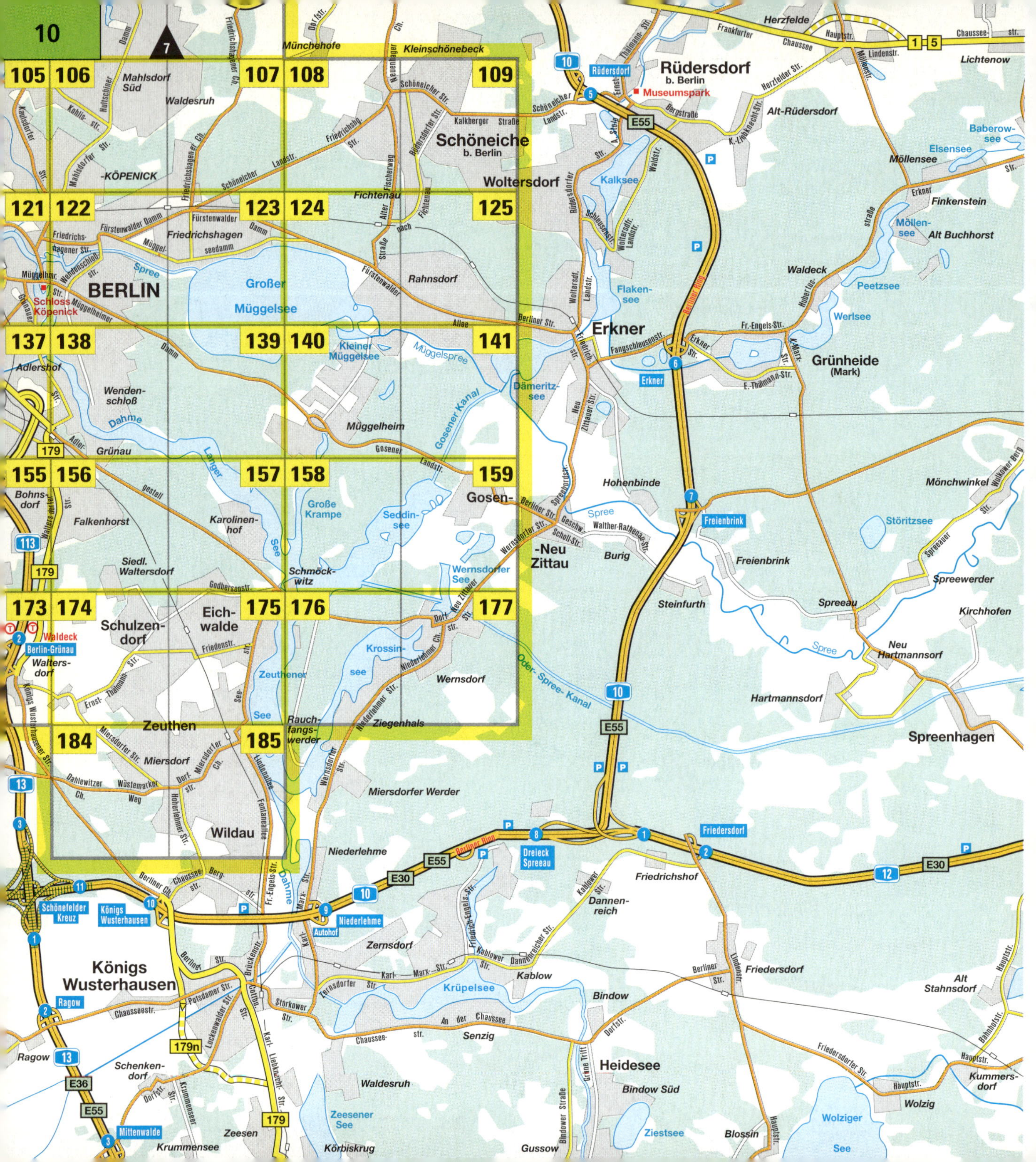
Rüdersdorf b. Berlin
Museumspark
Herzfelde
Lichtenow
Alt-Rüdersdorf
Möllensee
Elsensee
Baberowsee
Finkenstein
Alt Buchhorst
Waldeck
Peetzsee
Werlsee
Grünheide (Mark)
Erkner
Flakensee
Kalksee
Woltersdorf
Schöneiche b. Berlin
Kleinschönebeck
Münchehofe
Mahlsdorf Süd
Waldesruh
-KÖPENICK
Fichtenau
Rahnsdorf
Friedrichshagen
BERLIN
Schloss Köpenick
Großer Müggelsee
Kleiner Müggelsee
Müggelspree
Dämeritzsee
Gosener Kanal
Müggelheim
Adlershof
Wendenschloß
Dahme
Grünau
Bohnsdorf
Falkenhorst
Karolinenhof
Langer See
Große Krampe
Seddinsee
Gosen-Neu Zittau
Hohenbinde
Mönchwinkel
Störitzsee
Freienbrink
Burig
Spree
Spreewerder
Steinfurth
Spreeau
Kirchhofen
Neu Hartmannsdorf
Hartmannsdorf
Spreenhagen
Siedl. Waltersdorf
Schmöckwitz
Wernsdorfer See
Schulzendorf
Eichwalde
Waldeck
Berlin-Grünau
Waltersdorf
Krossinsee
Zeuthener See
Wernsdorf
Oder-Spree-Kanal
Zeuthen
Rauchfangswerder
Ziegenhals
Miersdorf
Miersdorfer Werder
Wildau
Niederlehme
Dreieck Spreeau
Friedersdorf
Friedrichshof
Dannenreich
Schönefelder Kreuz
Königs Wusterhausen
Autohof
Zernsdorf
Krüpelsee
Kablow
Bindow
Friedersdorf
Alt Stahnsdorf
Ragow
Senzig
Heidesee
Bindow Süd
Schenkendorf
Waldesruh
Zeesener See
Kummersdorf
Wolzig
Wolziger See
Ziestsee
Blossin
Zeesen
Krummensee
Körbiskrug
Gussow
Mittenwalde
Berliner Ring

Berlin-Spandau

Falkenseer Damm
Falkenseer Pl.
Neuendorfer Str.
Schönwalder Str.
Bismarckstr.
Roonstr.
Groenerstr.
Achenbachstr.
Ring
Moritzstr.
Ritterstr.
Carl-Schurz-Str.
Altstädter Ring
Breite Str.
Stabholzgarten
Stresowstr.
Freiheit
Klosterstr.
Ruhlebener Str.
Am Juliusturm
Altstadt Spandau
Rathaus Spandau
Berlin-Spandau
Stresow
Zitadelle
Freibad
Wröhmännerpark
Altstadt
Havel
Münsingerpark
Flankenschanze
Kant-Gymn.
Finanzamt Spandau
Amtsgericht Spandau
Markt
St. Nikolai-K.
Stresowpark
Stresowplatz
Plantage
Grunewaldstr.
Dischinger-br.
RE5
S75, S5
RB10
RB13

Berlin-Messe

Th.-Heuss-Pl.
Kaiserdamm
Heerstr.
Masurenallee
Messedamm
Sender Freies Berlin
Hs. d. Rundfunks
ZOB
Hammarskjöldpl.
Thüringerallee
Messe-Sommergarten
Messegelände
Palais
Funkturm
Rundfunk-mus.
Internat. Congress-Centrum (ICC)
Marshallhs.
Eingang Süd
Messe Berlin Verw.
Deutschlandhalle
Messe Süd
Dr. Funkturm
Nordkurve
AS Messed.-Nord
AS Messed.-Süd
Halenseestr.
Messedammbr.
Cordesstr.
Jaffestr.
Neue Kantstr.
Wandalenallee
Tennisplätze

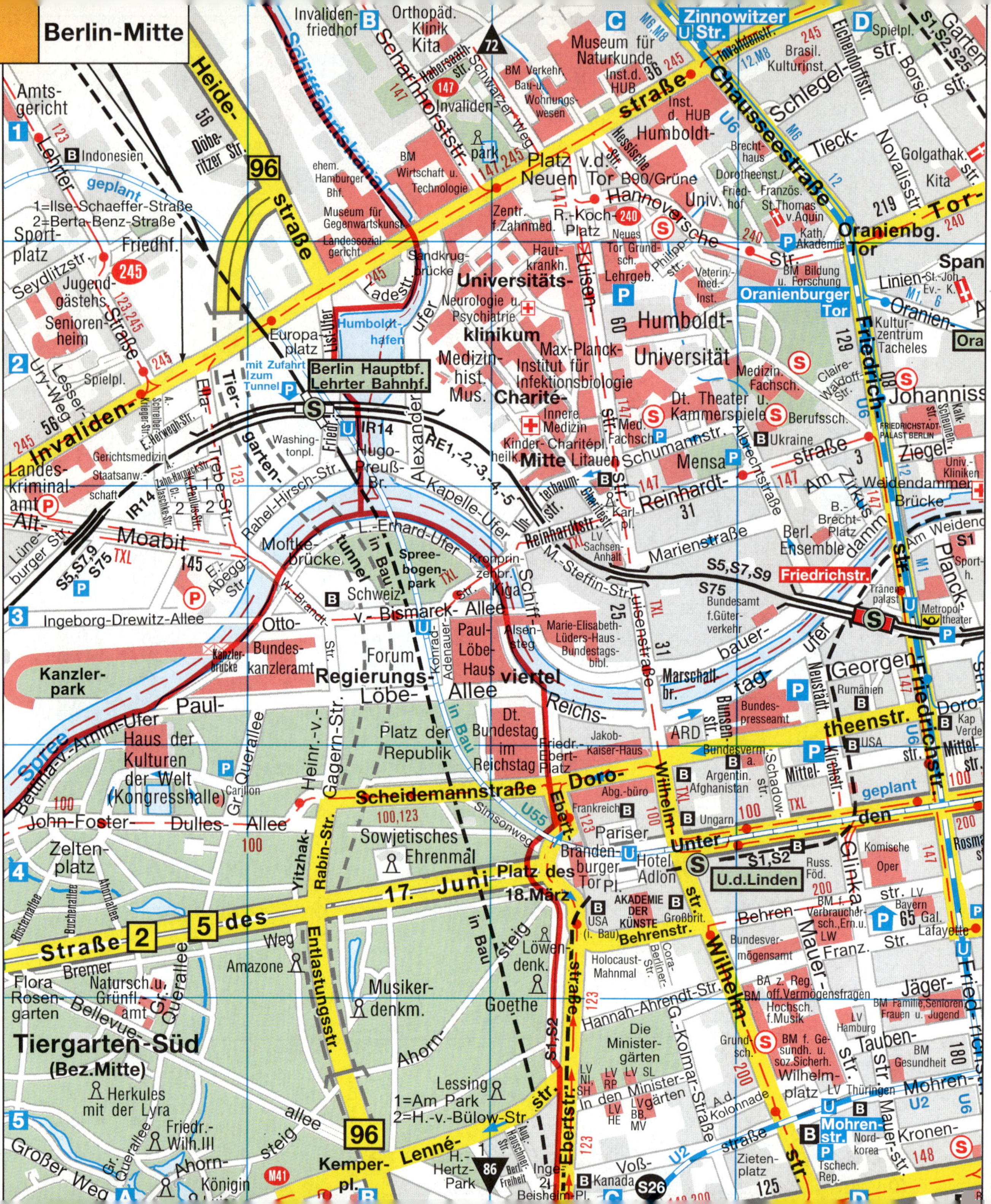

Invaliden-friedhof
Orthopäd. Klinik Kita
Museum für Naturkunde
Zinnowitzer Str.
Invalidenstr.
Brasil. Kulturinst.
Eichendorffstr.
Borsig-str.
Amtsgericht
Heide-straße
Döberitzer Str.
Indonesien
Scharnhorststr.
Schwarzer Weg
BM Verkehr, Bau- u. Wohnungswesen
Inst. d. HUB
Chausseestraße
Schlegel-str.
Tieck-str.
Novalisstr.
Golgathak.
Kita
Lehrter Str.
geplant
1=Ilse-Schaeffer-Straße
2=Berta-Benz-Straße
Sportplatz
Friedhf.
Seydlitzstr.
Jugendgästehs.
Seniorenheim
Invaliden-straße
BM Wirtschaft u. Technologie
ehem. Hamburger Bhf.
Museum für Gegenwartskunst
Landessozialgericht
Platz v.d. Neuen Tor
B90/Grüne
Hannoversche Str.
Humboldt-Univ.
Brecht-haus
Dorotheenst./Französ. Friedhof
St. Thomas v. Aquin
Kath. Akademie
Oranienburger Tor
Zentr. f. Zahnmed.
R.-Koch-Platz
Neues Tor Grundsch.
Lehrgeb.
Sandkrugbrücke
Universitätsklinikum
Hautkrankh.
Neurologie u. Psychiatrie
Humboldthafen
Veterin.-med. Inst.
BM Bildung u. Forschung
Linienstr.
Oranienburger Tor
Kulturzentrum Tacheles
Spielpl.
Europaplatz
mit Zufahrt zum Tunnel
Berlin Hauptbf. Lehrter Bahnhf.
Medizinhist. Mus.
Max-Planck-Institut für Infektionsbiologie
Humboldt-Universität
Medizin. Fachsch.
Claire-Waldoff-Str.
Johannisstr.
Charité
Innere Medizin
Dt. Theater u. Kammerspiele
Berufssch.
Ukraine
Friedrichstadtpalast Berlin
Ziegelstr.
Univ.-Kliniken
Washingtonpl.
Hugo-Preuß-Br.
Alexanderufer
Kinder-Charitépl.
Mitte
Litauen
Schumannstr.
Mensa
Albrechtstraße
Am Zirkus
Weidendammer Brücke
Gerichtsmedizin
Staatsanw.
Landeskriminalamt
Rahel-Hirsch-Str.
Kapelle-Ufer
Reinhardtstr.
Karlpl.
LV Sachsen-Anhalt
Marienstraße
B.-Brecht-Platz
Berl. Ensemble
Schiffbauerdamm
Moabit
Alt-Moabit
Lüneburger Str.
E.-Abegg-Str.
Moltkebrücke
L.-Erhard-Ufer
Spreebogenpark
Kronprinzenbr.
Kiga
M.-Steffin-Str.
Luisenstraße
S5, S7, S9
Friedrichstr.
S75
Tränenpalast
Metropoltheater
Ingeborg-Drewitz-Allee
Otto-v.-Bismarck-Allee
Schweiz
Bundesamt f. Güterverkehr
Paul-Löbe-Haus
Alsensteg
Marie-Elisabeth-Lüders-Haus - Bundestagsbibl.
Kanzlerbrücke
Bundeskanzleramt
Forum
Regierungsviertel
Paul-Löbe-Allee
Marschallbr.
Reichstagufer
Bundespresseamt
Georgenstr.
Rumänien
Kanzlerpark
Konrad-Adenauer-Str.
Spree
Paul-Löbe-Allee
Haus der Kulturen der Welt (Kongresshalle)
Carillon
Platz der Republik
Dt. Bundestag im Reichstag
Friedr.-Ebert-Platz
Jakob-Kaiser-Haus
ARD
Bunsenstr.
Bundesverm.-a.
Dorotheenstr.
USA
Kap Verde
Mittelstr.
Beteinna-v.-Arnim-Ufer
Gr. Querallee
Heinr.-v.-Gagern-Str.
Scheidemannstraße
Simsonweg
Abg.-büro
Argentin.
Afghanistan
Schadowstr.
Neustädt. Kirchstr.
geplant
John-Foster-Dulles-Allee
Sowjetisches Ehrenmal
Frankreich
Pariser Platz
Ungarn
Unter den Linden
Komische Oper
Zeltenplatz
Yitzhak-Rabin-Str.
Platz des 18. März
Brandenburger Tor
Hotel Adlon
U.d.Linden
Russ. Föd.
Straße des 17. Juni
Akademie der Künste
Großbrit.
Behrenstr.
BM f. Verbraucherschutz, Ern.u. LW
LV Bayern
Gal. Lafayette
Flora
Bremer Weg
Amazone
Löwendenkm.
USA (i. Bau)
Holocaust-Mahnmal
Cora-Berliner-Str.
Bundesvermögensamt
Französische Str.
Rosengarten
Naturschutz- u. Grünfl.amt
Bellevueallee
Entlastungsstr.
Musikerdenkm.
Goethe
Ebertstraße
Hannah-Arendt-Str.
BA z. Reg. off. Vermögensfragen
Hochsch. f. Musik
Jägerstr.
BM Familie, Senioren, Frauen u. Jugend
LV Hamburg
Tiergarten-Süd (Bez. Mitte)
Ahornsteig
Die Ministergärten
G.-Kolmar-Straße
Grundsch.
BM f. Gesundh. u. soz. Sicherh.
Wilhelmstr.
Taubenstr.
BM Gesundheit
Herkules mit der Lyra
Lessing
1=Am Park
2=H.-v.-Bülow-Str.
LV NI, SH
LV RP
LV SL
In den Ministergärten
LV HE
LV BB, MV
A.d. Kolonnade
Wilhelmplatz
LV Thüringen
Mohrenstr.
Mauerstr.
Großer Weg
Friedr.-Wilh. III
Königin
Kemperpl.
Lennéstraße
H.-Hertz-Park
Ebertstr.
Voßstraße
Kanada
Beisheim-Pl.
Zietenplatz
Nordkorea
Tschech. Rep.
Kronenstr.
Friedrichstr.

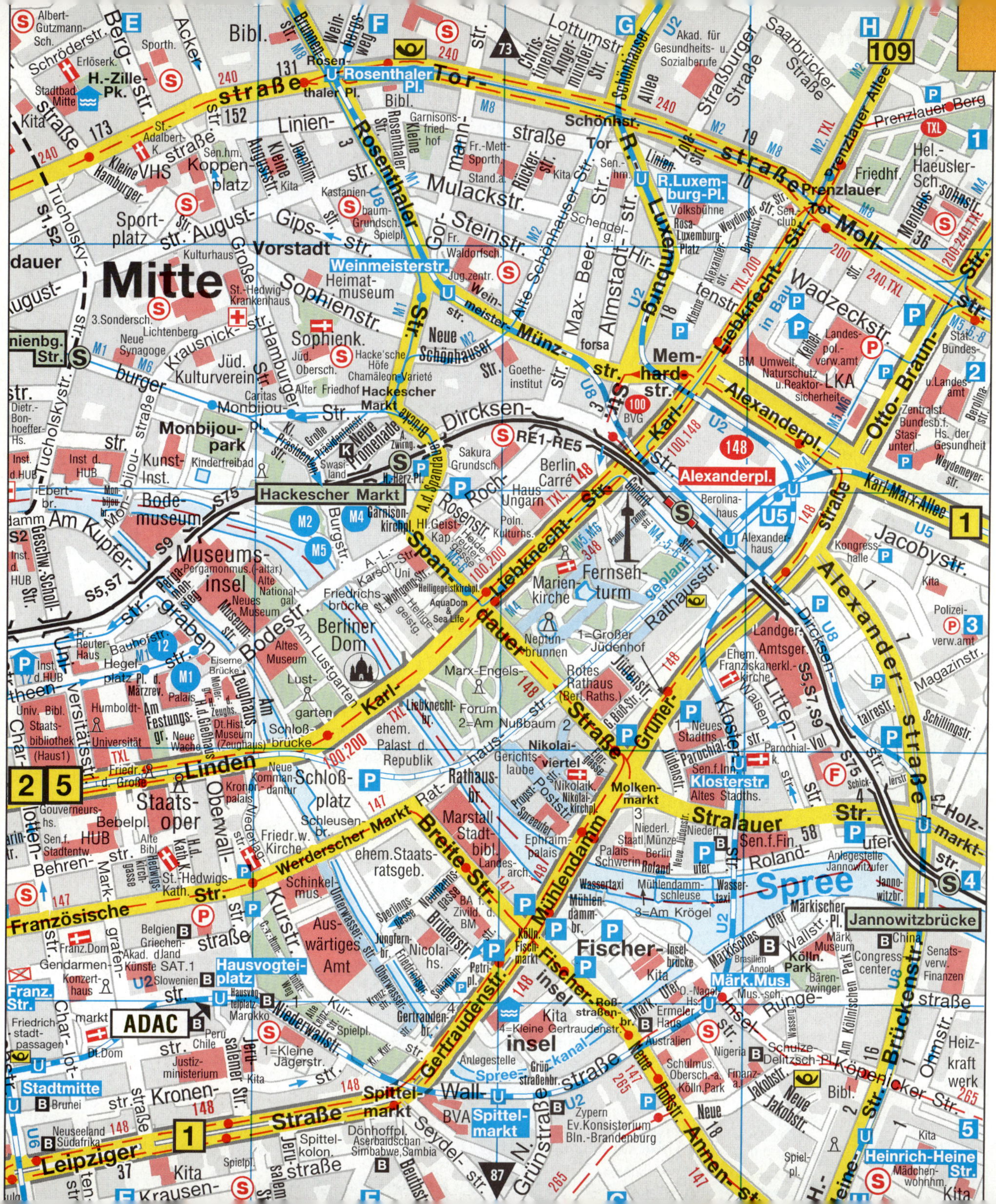
Mitte
Spandauer Vorstadt
Rosenthaler Platz
Weinmeisterstr.
Rosa-Luxemburg-Pl.
Hackescher Markt
Alexanderpl.
Jannowitzbrücke
Klosterstr.
Märk. Mus.
Hausvogteiplatz
Stadtmitte
Spittelmarkt
Heinrich-Heine-Str.
Franz. Str.
ADAC
Museumsinsel
Fischerinsel
Spree
Fernsehturm
Berliner Dom
Staatsoper
Monbijoupark
Schloßplatz
Marienkirche
Rotes Rathaus (Berl. Raths.)
Nikolaiviertel
Schönhauser Tor
Prenzlauer Tor
Torstraße
Karl-Liebknecht-Str.
Alexanderstraße
Karl-Marx-Allee
Leipziger Straße
Unter den Linden
Französische Str.
Gertraudenstr.
Mühlendamm
Stralauer Str.
Holzmarktstr.
Brückenstr.
Spandauer Str.
Rosenthaler Str.
Oranienburger Str.
Sophienstr.
Auguststr.
Linienstr.
Mulackstr.
Dircksenstr.
Otto-Braun-Str.
Prenzlauer Allee
Wallstr.
Köpenicker Str.
Neue Roßstr.
Wallstraße
Grunerstr.
Wadzeckstr.
Jacobystr.
Alte Schönhauser Str.
Münzstr.
Memhardstr.
Bodestr.
Werderscher Markt
Breite Str.
Kronenstr.
Krausenstr.
Berlin Carré
Alexa
Pergamonmus.
Altes Museum
Neues Museum
Alte Nationalgal.
Bodemuseum
Zeughaus
Humboldt-Univ.
Staatsbibliothek
Auswärtiges Amt
Marstall
Stadtbibl.
Ephraimpalais
Congress center
Märk. Museum
Heimatmuseum
Volksbühne
2 5
1
109
73
87
1 2 3 4 5
E F G H

Universitäts-klinikum Charité
Humboldt-Universität
Oranienburger Tor
Humboldthafen
Berlin Hauptbf. Lehrter Bahnhf.
Europaplatz
Invalidenstr.
Seniorenheim
Spielpl.
Landeskriminalamt
Gerichtsmedizin
Staatsanw.
Max-Planck-Institut für Infektionsbiologie
Medizinhist. Mus.
Innere Medizin
Kinder-Charité
Mitte
Dt. Theater u. Kammerspiele
Berufssch.
Ukraine
Mensa
Schumannstr.
Reinhardtstr.
Marienstraße
Albrechtstraße
Luisenstr.
Friedrichstr.
Johannisstr.
Ziegelstr.
Weidendammer Brücke
Univ.-Kliniken
Am Zirkus
Bertolt-Brecht-Platz
Berl. Ensemble
Am Weidendamm
Planckstr.
Tränenpalast
Metropol-theater
Kultur-zentrum Tacheles
Claire-Waldoff-Str.
Washingtonpl.
Hugo-Preuß-Br.
Kapelle-Ufer
Alexanderufer
Rahel-Hirsch-Str.
Moabit
Alt-Moabit
Lüneburger Str.
Moltkebrücke
Tiergartentunnel in Bau
Spreebogenpark
Kronprinzenbrücke
Kiga
Schiffbauerdamm
Sachsen-Anhalt
S5, S7, S9
S75
Bundesamt f. Güterverkehr
Ingeborg-Drewitz-Allee
Otto-v.-Bismarck-Allee
Schweiz
Kanzlerpark
Kanzlerbrücke
Bundeskanzleramt
Forum
Regierungsviertel
Paul-Löbe-Haus
Paul-Löbe-Allee
Alsensteg
Marie-Elisabeth-Lüders-Haus Bundestagsbibl.
Marschallbr.
Reichstagufer
Georgenstr.
Rumänien
Bundespresseamt
Dorotheenstr.
ARD
Bunsenstr.
Neustädt. Kirchstr.
USA
Mittelstr.
Spree
Bettina-v.-Arnim-Ufer
Paul-Löbe-Allee
Haus der Kulturen der Welt (Kongresshalle)
Carillon
Platz der Republik
Dt. Bundestag im Reichstag
Friedr.-Ebert-Platz
Jakob-Kaiser-Haus
Bundesverm. a.
Argentin.
Afghanistan
Schadowstr.
Ungarn
geplant
Unter den Linden
John-Foster-Dulles-Allee
Scheidemannstraße
Sowjetisches Ehrenmal
Simsonweg
U55
Pariser Pl.
Brandenburger Tor
Hotel Adlon
U.d.Linden
S1, S2
Russ. Föd.
Komische Oper
Glinkastr.
Zeltenplatz
Straße des 17. Juni
Platz des 18. März
Yitzhak-Rabin-Str.
Entlastungsstr.
Behrenstr.
Großbrit.
BM f. Verbraucher-sch., Ern. u. LW
Franz. Str.
Bayern
Gal. Lafayette
Weg
Amazone
Bremer
Flora Rosengarten
Bellevue
Naturschutzamt Grünfl.-amt
Gr. Querallee
Musikerdenkm.
Löwendenkm.
Goethe
Holocaust-Mahnmal
Cora-Berliner-Str.
Bundesvermögensamt
BA z. Reg. off. Vermögensfragen
Hochsch. f. Musik
Jägerstr.
BM Familie, Senioren, Frauen u. Jugend
Hannah-Arendt-Str.
Die Ministergärten
Ebertstraße
Grundsch.
BM f. Gesundh. u. soz. Sicherh.
Wilhelmplatz
Hamburg
Taubenstr.
BM Gesundheit
Tiergarten-Süd (Bez. Mitte)
Herkules mit der Lyra
Ahorn
Lessing
1=Am Park
2=H.-v.-Bülow-Str.
In den Ministergärten
G.-Kolmar-Straße
A.d. Kolonnade
Thüringen
Mohrenstr.
Mauerstr.
Friedr.-Wilh. III
Ahornsteig
96
Lennéstr.
Großer Weg
Königin Luise
Kemperpl.
Philharmonie
Bellevuestr.
Sony-Center
Filmmuseum Berlin
H.-Hertz-Park
Beisheim-Pl.
Kanada
Voßstr.
S26
Zietenplatz
Nordkorea
Tschech. Rep.
Kronenstr.
Leipziger Straße
Potsdamer Pl.
Leipziger Pl.
Mus. f. Kommun.
Regul.beh. f. Post u. Telekomm.
Wagner
Sternallee
Tiergartenstr.
Österreich
Indien
Kulturforum
Kunstgewerbemus.
Musikinstr.-mus.
Kammermusiksaal
LKW-Anschl. zum Tunnel
Potsdamer Str.
Bundesrat (Preuß. Herrenhs.)
Rohwedder-Haus (Detl.-)
BM Finanzen
Bethlehemkirchpl.
American Business Center
Baden-Württemb.
Gemäldegalerie
Kunstbibliothek
Kupferstichkab.
Scharounstr.
Ben-Gurion-Str.
Herbert-von-Karajan-Str.
Ägypten
St.-Matthäus-K.
Matthäikirchpl.
Staatsbibl. (Preuß. Kulturbesitz II)
Daimler-Chr.
Marlene-Dietrich-Pl.
Eichhornstr.
Alte Potsdamer Str.
Fontaneplatz
J.-v.-Eichendorff-Gasse
Stresemannstr.
E.-Berger-Str.
Abgeordnetenhaus von Berlin (Preuß. Landtag)
Niederkirchnerstr.
Zimmerstr.
Gedenkst. Dt. Widerstand
Bundesminist. Verteidigung
Sigismundstr.
Stauffenbergstr.
Hitzigallee
Wissenschaftszentrum
Neue Nationalgalerie
Potsdamer Br.
Reichpietschufer
Landwehrkanal
IMAX Kino
Gebr.-Grimm-Str.
Linkstr.
Tilla-Durieux-Park
Köthener Str.
Bernburger Treppe
G.-Tergit-Promenade
M.-Gropius-Bau
Topographie d. Terrors
BM Wirtsch. Zus.arb. u. Entw.
Europahs.
Kochstr.
St.-Lukas-K.
Dessauer Str.
1=Theaterufer
Kita
Kurt-Schumacher-
Sport-h.

Sophienstr.
Neue Schönhauser Str.
Münzstr.
Hackescher Markt
Dircksen-Str.
Alexanderpl.
Karl-Marx-Allee
Otto-Braun-Str.
Monbijoupark
Bode-museum
Museumsinsel
Berliner Dom
Lustgarten
Spandauer Str.
Karl-Liebknecht-Str.
Fernsehturm
Marienkirche
Rathausstr.
Rotes Rathaus
Marx-Engels-Forum
Alexanderstraße
Jacobystr.
Linden
Staatsoper
Schloßplatz
Werderscher Markt
Breite Str.
Mühlendamm
Grunerstr.
Klosterstr.
Stralauer Str.
Spree
Jannowitzbrücke
Französische Str.
Auswärtiges Amt
Hausvogteiplatz
Fischerinsel
Gertraudenstr.
ADAC
Stadtmitte
Spittelmarkt
Leipziger Straße
Wallstraße
Köpenicker Str.
Heinrich-Heine-Str.
Schmidstr.
Annenstraße
Brückenstr.
Kommandantenstr.
Bundesdruckerei
Axel-Springer-Str.
Oranienstr.
Rudi-Dutschke-Straße
Kochstr.
Friedrichstraße
Sebastianstr.
Otto-Suhr-Siedl.
Waldemarstraße
Heinrich-Heine-Pl.
Michaelkirchpl.
Märk. Museum
Neue Jakobstr.
Schützenstr.
Charlottenstr.
Markgrafenstr.
Jerusalemer Str.
Kurstr.
Niederwallstr.
Unterwasserstr.
Oberwallstr.
Behrenstr.
Mohrenstr.
Kronenstr.
Zimmerstr.
Alte Jakobstr.
Ritterstraße

Berlin-Charlottenburg

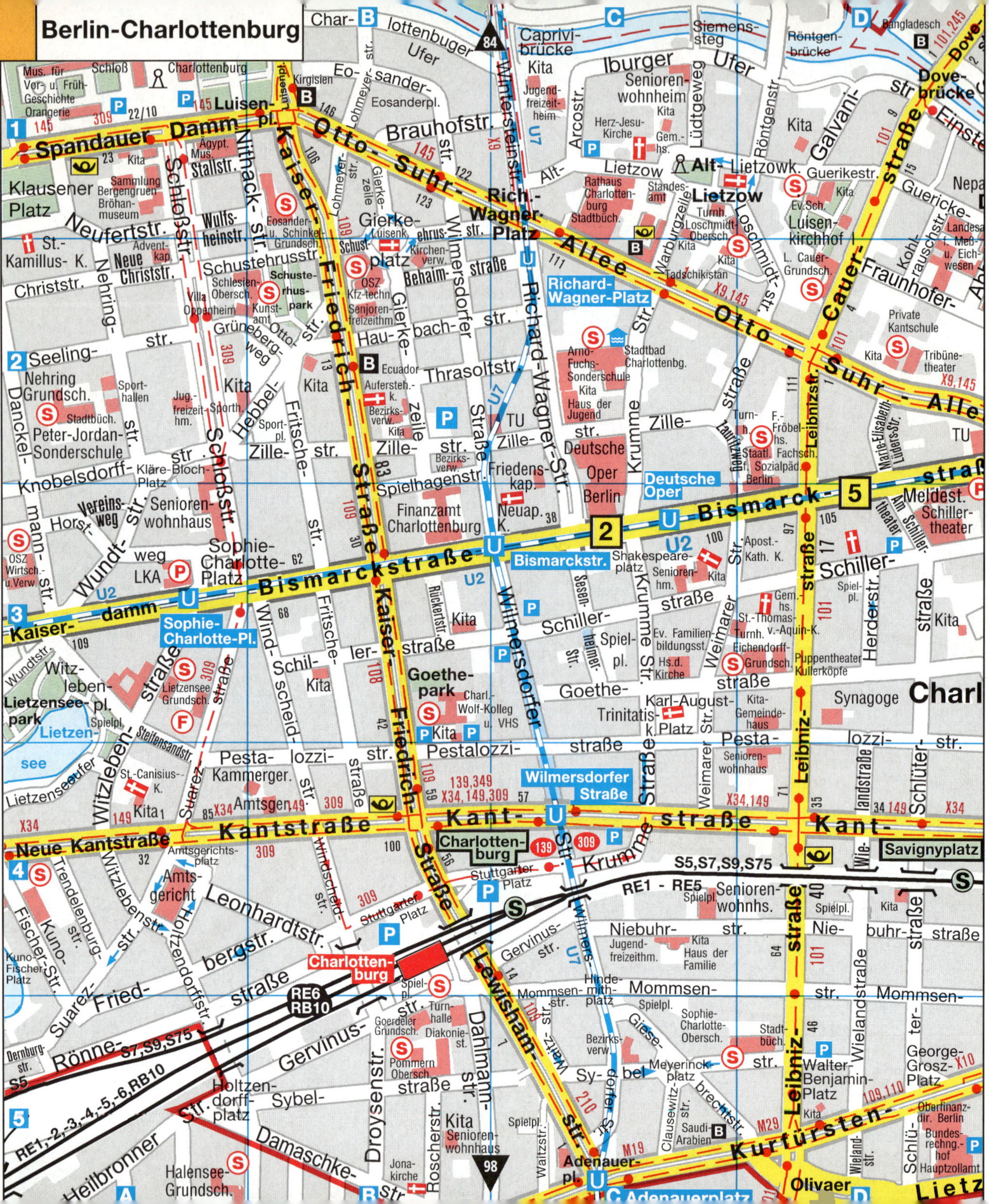

Charlottenburg
Schloß
Mus. für Vor- u. Früh-Geschichte
Orangerie
Spandauer Damm
Luisenpl.
Klausener Platz
Sammlung Berggruen
Bröhan-museum
Ägypt. Mus.
Stallstr.
Neufertstr.
St.-Kamillus-K.
Advent-kap.
Neue Christstr.
Christstr.
Nehring-str.
Schloßstr.
Nithack-str.
Wulfsheinstr.
Eosander-u. Schinkel-Grundsch.
Schustehrusstr.
Schlesien-Obersch.
Villa Oppenheim
Schusterhus-park
Kunst-amt
Grüneberg-weg
Otto-str.
Kaiser-Friedrich-Straße
Kirgisien
Eo-sander-
Eosanderpl.
Otto-Suhr-Allee
Brauhofstr.
Lohmeyer-str.
Gierke-zeile
Gierke-platz
Luisenk.
Kirchen-verw.
Behaim-straße
Wilmersdorfer straße
OSZ Kfz-techn.
Senioren-freizeithm.
Haubach-str.
Ecuador
Auferst.-K.
Bezirks-verw.
Thrasoltstr.
Zille-str.
Rich.-Wagner-Platz
Richard-Wagner-Platz
Richard-Wagner-Str.
Wintersteinstr.
Caprivi-brücke
Charlottenburger Ufer
Iburger Ufer
Kita
Jugend-freizeit-heim
Arcostr.
Senioren-wohnheim
Herz-Jesu-Kirche
Gem.-hs.
Alt-Lietzow
Lietzow
Rathaus Charlottenburg
Stadtbüch.
Standes-amt
Lützgeweg
Warburgzeile
Turnh.
Loschmidt-Obersch.
Loschmidt-str.
Tadschikistan
Siemens-steg
Röntgen-brücke
Röntgenstr.
Bangladesch
Dovebrücke
Galvani-str.
Guerikestr.
Ev.Sch.
Luisen-kirchhof
L. Cauer-Grundsch.
Cauer-straße
Fraunhofer-
Kohlrauschstr.
Landesamt f. Meß- u. Eichwesen
Private Kantschule
Tribüne-theater
Einsteinufer
Arno-Fuchs-Sonderschule
Stadtbad Charlottenbg.
Haus der Jugend
Deutsche Oper Berlin
Krumme str.
Lauraweg
Turn-h.
F.-Fröbel-hs.
Staatl. Fachsch. f. Sozialpäd. Berlin
Leibnizstr.
Marie-Elisabeth-Lüders-Str.
Seeling-str.
Nehring Grundsch.
Stadtbüch.
Peter-Jordan-Sonderschule
Sport-hallen
Jug.-freizeit-hm.
Sporth.
Hebbel-str.
Sport-pl.
Fritsche-str.
Knobelsdorff-str.
Kläre-Bloch-Platz
Danckelmann-str.
Horst-weg
Vereinsweg
Senioren-wohnhaus
Sophie-Charlotte-Platz
OSZ Wirtsch.-u.Verw.
Wundt-str.
LKA
Spielhagenstr.
Finanzamt Charlottenburg
Friedens-kap.
Neuap. K.
Bismarckstraße
Bismarckstr.
Shakespeare-platz
Senioren-hm.
Apost.-Kath. K.
Meldest.
Schiller-theater
Am Schillertheater
Kaiserdamm
Sophie-Charlotte-Pl.
Witzleben-str.
Wundtstr.
Lietzensee-park
Lietzensee
Lietzenseeufer
Lietzensee Grundsch.
Windscheid-str.
Schillerstr.
Rückertstr.
Goethepark
Chart.-Wolf-Kolleg u. VHS
Sesenheimer-str.
Spiel-pl.
Ev. Familien-bildungsst.
Hs.d. Kirche
Weimarer Str.
Gem.-hs.
St.-Thomas-v.-Aquin-K.
Turnh.
Eichendorff-Grundsch.
Puppentheater Kullerköpfe
Herderstr.
Synagoge
Charl
Goethe-straße
Trinitatis-K.
Karl-August-Platz
Kita-Gemeinde-haus
Pestalozzi-str.
Senioren-wohnhaus
Steifensandstr.
St.-Canisius-K.
Kammerger.
Amtsgericht
Wilmersdorfer Straße
Kantstraße
Neue Kantstraße
Charlottenburg
Savignyplatz
Amtsgerichts-platz
Trendelenburg-str.
Witzlebenstr.
Holtzendorffstr.
Leonhardtstr.
Stuttgarter Platz
Krumme Str.
Niebuhr-str.
Jugend-freizeithm.
Haus der Familie
Senioren-wohnhs.
Spielpl.
Wielandstraße
Schlüterstr.
Mommsen-str.
Hinde-mith-platz
Sophie-Charlotte-Obersch.
Stadt-büch.
Walter-Benjamin-Platz
George-Grosz-Platz
Fischer-Str.
Kuno-Fischer-Platz
Kuno-
Suarez-str.
Friedbergstr.
Gervinus-str.
Turn-halle
Goerdeler Grundsch.
Diakonie-st.
Pommern Obersch.
Dahlmann-str.
Lewishamstr.
Waitzstr.
Bezirks-verw.
Giesebrechtstr.
Meyerinck-platz
Sybelstr.
Clausewitzstr.
Saudi-Arabien
Oberfinanz-dir. Berlin
Bundes-rechng.-hof
Hauptzollamt
Kurfürstendamm
Olivaer
Rönnestr.
Dernburgstr.
Holtzendorff-platz
Damaschke-str.
Droysenstr.
Roscherstr.
Jona-kirche
Senioren-wohnhaus
Heilbronner
Halensee-Grundsch.
Adenauer-pl.
Adenauerplatz
Charlottenburg
RE6 RB10
S5,S7,S9,S75
RE1 - RE5
RE1,-2,-3,-4,-5,-6,RB10

E
F
G
H
Inst. d. TU
Institut d. Technischen Universität
DEKRA
TU-Inst.
Franklinstraße
Landwehr-
ufer
Marchbrücke
Gutenberg-
Marg.-Kühn-
Otto-Dibelius-
Hannah-Karminski-
Straße
Salz-
Einstein-
ufer
Fachsch. f. Optik u. Phototechn.
HDK
H.-Hertz-Institut
Luft- und Raumfahrt
Kita
Elektrotechnik
Physikal. Technische Bundesanst.
Technische Universität
Mathematik
Architektur
Wasserbau
Techn. Chemie
Gestalt.
March-straße
Ernst-Reuter-Platz
Straße des 17. Juni
Sporth.
Sport-pl.
Spiel-pl.
Wikinger-ufer
Jagow-Str.
Wullenweberstr.
Eyke-v.-Repkow-Pl.
Spree
Wullenwebersteg
Agricolastr.
Solingerstr.
Warden-berg-Str.
Hansa-Ufer
Hansabrücke
Menzel-obersch.
Altonaer Str.
Lessing-str.
85
14
Schleswiger Ufer
Flotow-str.
Honduras
Sen.-wohn-hm.
Cuxhavener Str.
Klopstockstr.
Grips-theater
Bartning-allee
Hanseatenweg
AKADEMIE DER KÜNSTE
Schloßpark Bellevue
Hansaplatz
Hansa-viertel
St. Ansgar-K.
Hansa-bibliothek
Händelallee
Kita
Spielpl.
Teehaus
Engl. Garten
Bismarck
Roon
Hansa-naer Straße
Großer Stern
Siegessäule
Oswald-Schumann-Platz
Kaiser-Friedr.-Gedächtnis-K.
Fauler See
2
5
17. Juni
TU
Englische Str.
Wegelystr.
KPM-Königl. Porzellan-Manufaktur
Dt. Inst. f. Urbanistik
Dt. Städtetag
Ernst-Reuter-Hs.
Herb.-Lewin-Pl.
Bachstr.
Jos.-Haydn-Str.
Tiergarten
Berlin-Pavillon
Charlottenburger Br.
Bremer Weg
Liebknecht
Tier-garten
Büffeljagd
Eberjagd
Löwenbrücke
Fuchsjagd
Fasanerieallee
Laternen mus.
Großer Weg
Neuer See
Schleuseninsel
Wisent
Versuchsanst. f. Wasser-u. Schiffbau
Unterschleuse
Uhl. Freiarchenbrücke
Müller-Breslau-Str.
115 Chemie
135 Hauptgebäude
Mechanik
Ernst-Reuter-Platz
Technische Universität
Physik
TU R.-Drawe Inst.
Thermodyn. u. Kältebau
Energie-technik
S5, S7, S9, S75
RE1 - RE5
U9
Vogelhaus
Landwehrkanal
Gartenufer
Lichtensteinallee
Thomas-Dehler-Str.
Spanien
Fontane
Harden-berg-str.
Schiller-Obersch.
Turnhalle
Renaissance-theater
HDK
Mediothek
Mensa
Universität der Künste
UdK Konzertsaal
Fasanenstr.
Hertzallee
Bundes-Vermögensa.
Bundesbau-direktion
BVG-Parkplatz
X9, X10, X34, 149
100, 109, 110, 145
200, 204, 245, 249
Zoologischer Garten
Haupteingang Löwentor
Hopfen-graben-brücke
Lichtenstein-brücke
Pumpwerk
Drakestraße
Rauchstr.
Dt. Stiftg. f. Intern. Entw.
Corneliusstr.
Katharina-Heinroth-Ufer
Friedensburg-Obersch.
Jugendfreizeithm.
Goethe-str.
Steinplatz
Charlottenburg
ZAPF GmbH
Paraguay
Museum f. Fotographie
Bundes-verwalt.-gericht
Jebensstr.
Hardenberg-platz
M46
Hirschgehege
Antilopenhaus
Raubtierhaus
Aquarium
Affenhaus
Interconti-teich
Corneliusbrücke
Stülerstr.
Lützowufer
Grolmanstr.
Knesebeckstr.
Carmerstr.
Uhlandstr.
Inst. f. Wirtsch.-Wissensch.
IHK Börse
L.-Erhard-Hs.
Amerikahaus
Theater d. Westens
Zoologischer Garten
Vierwaldst. See
Elefantentor
Budapester Straße
St. Franziskus-Krhs.
Wichmannstr.
Bolivien Namibia
Bleibtreustr.
Savignyplatz
X34
149
Kantstraße
Budapester Str.
100, 200
Olof-Palme-Pl.
DIN
Burggrafenstr.
Kolumbien Mauritius
Landes-Pol.-Dir. (Außenst.)
Else-Ury-Bogen
S5, S7, S9
S75
J.-Mammen-Bogen
Jüdisches Gem.-hs.
L.-Lenya-Bogen
City Quartier Neues Kranzler Eck
Kaiser-Wilhelm-Gedächtnisk.
Breitscheidplatz
Europa-center
Jemen Uruguay
Kurfürstenstraße
Keithstr.
Schlüter-Grundsch.
Joan-Miro-Grundsch.
O.-Ludwig-Str.
M19, M29
Joachimstaler Str.
Kurfürstendamm
Tauentzienstr.
M46
M19, M29, M46
Jamaica
Marburger Str.
VHS
Inst. f. Tropenmed.
Ansbacher Str.
Landeszentr. f. politische Bildung
An der Urania
Côte d'Ivoire
U1 Uhlandstr.
Kurfürstendamm
109, 110
X10
Synagoge
Augsburger Str.
Inst. der TU
Los-Angeles-Platz
Nürnberger Str.
Wittenbergpl.
KaDeWe
Passauer Str.
Bayreuther Str.
Kleiststraße
U1, U2
U3
Post-Mus.
Urania
Maison de France
Haiti
K.-Kollwitz-Museum
Uhlandpassage
Komödie Theater am Kurfürstendamm
Passage
Fasanenstr.
Meinekestr.
Ranke-str.
Eislebener Str.
Augsburger Str.
Kita
Würzburger Str.
Wormser Str.
Griechenland
Kalckreuthstr.
Lietzenburger Straße
Rankeplatz
Hochsch. der Künste
Schaperstraße
99
Fuggerstr.
Finow-Grundsch.
Berliner
Th. d. Wühlmäuse

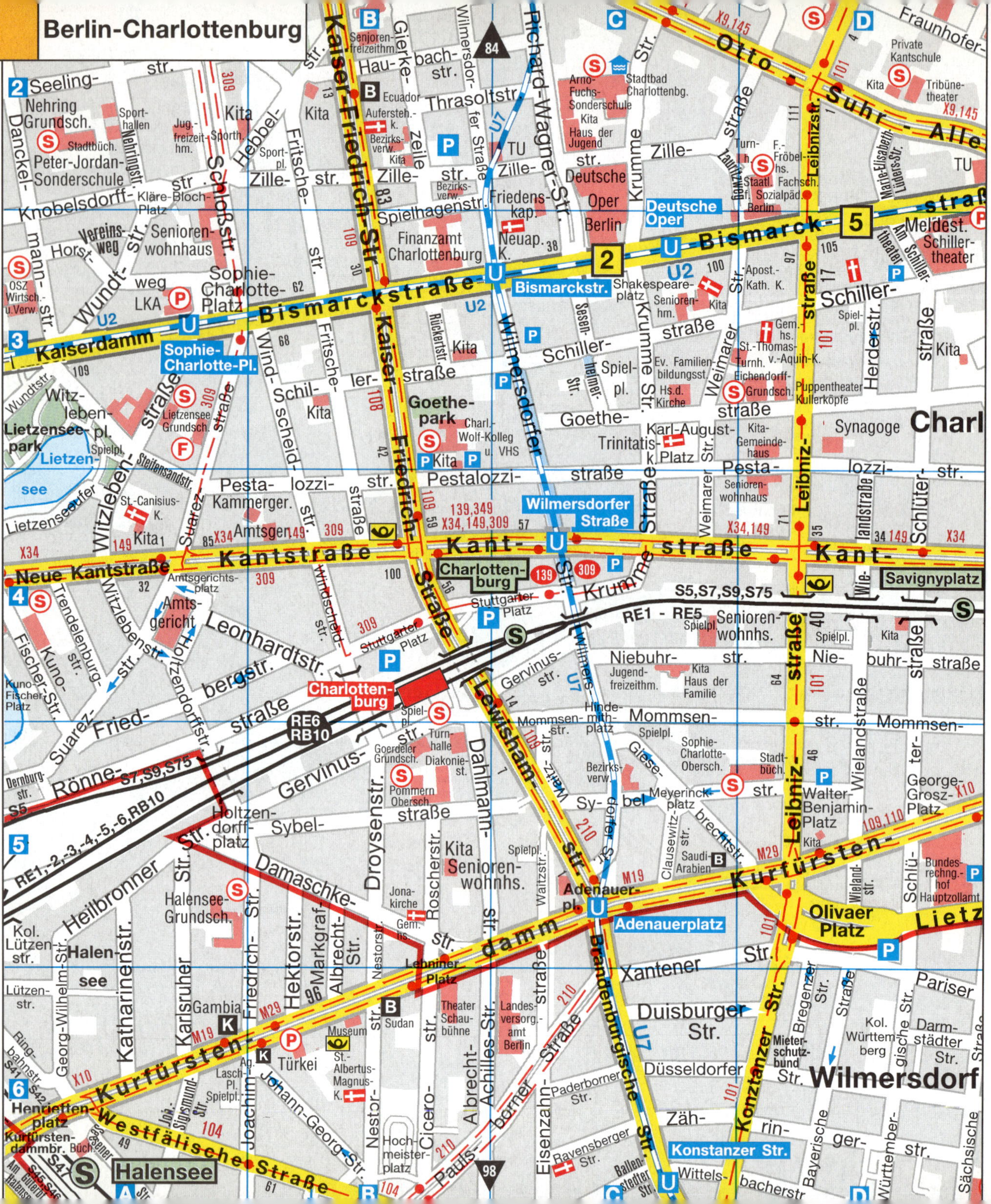
Kaiser-Friedrich-Str.
Bismarckstraße
Bismarck-straße
Kaiserdamm
Sophie-Charlotte-Pl.
Sophie-Charlotte-Platz
Bismarckstr.
Deutsche Oper
Deutsche Oper Berlin
Otto-Suhr-Allee
Leibnizstr.
Leibniz-straße
Kantstraße
Kant-straße
Neue Kantstraße
Charlottenburg
Savignyplatz
Wilmersdorfer Straße
Wilmersdorfer Str.
Richard-Wagner-Str.
Schloßstr.
Schillerstraße
Goethe-park
Goethestraße
Pestalozzistraße
Lietzensee
Lietzensee-park
Witzleben-pl.
Witzlebenstraße
Suarezstr.
Leonhardtstr.
Stuttgarter Platz
Amtsgericht
Amtsgerichtsplatz
Lewishamstraße
Mommsenstr.
Niebuhrstr.
Sybelstraße
Gervinusstr.
Dahlmannstr.
Droysenstr.
Holtzendorffstr.
Holtzendorffplatz
Damaschkestr.
Kurfürstendamm
Adenauerplatz
Adenauer-pl.
Lehniner Platz
Brandenburgische Str.
Konstanzer Str.
Olivaer Platz
Xantener Str.
Duisburger Str.
Düsseldorfer Str.
Wilmersdorf
Halensee
Westfälische Straße
Kurfürstendammbr.
Henriettenplatz
Joachim-Friedrich-Str.
Katharinenstr.
Karlsruher Str.
Heilbronner Str.
Markgraf-Albrecht-Str.
Hektorstr.
Cicerostr.
Paulsborner Straße
Eisenzahnstr.
Johann-Georg-Str.
Schaubühne
Theater
Finanzamt Charlottenburg
Stadtbad Charlottenbg.
Synagoge
Mieterschutzbund
Zillestr.
Knobelsdorffstr.
Spielhagenstr.
Thrasoltstr.
Hebbelstr.
Fritschestr.
Windscheidstr.
Trendelenburgstr.
Rönnestr.
Kuno-Fischer-Str.
Waitzstr.
Giesebrechtstr.
Walter-Benjamin-Platz
George-Grosz-Platz
Wielandstraße
Schlüterstr.
Herderstr.
Fraunhofer-str.
Karl-August-Platz
Trinitatis-K.
Weimarer Str.
Krumme Str.
Pariser Str.
Kol. Württemberg
Darmstädter Str.
Sächsische Str.
Württemberger Str.
Bayerische Str.
Zähringerstr.
Paderborner Str.
Ravensberger Str.
Wittelsbacherstr.
U2
U7
RE1 - RE5
S5,S7,S9,S75
RE6 RB10
84
98

Marchstr.
Luft- und Raumfahrt
Kita
Elektrotechnik
Technische Universität
Mathematik
Wasserbau
Architektur
Techn. Chemie
Gestalt.
Charlottenburger Br.
KPM-Königl. Porzellan-Manufaktur
Dt. Inst.f. Urbanistik
Dt. Städtetag
Ernst-Reuter-Hs.
Wegelystr.
Jos.-Haydn-Str.
Kita
Tiergarten
Berlin-Pavillon
Straße des 17. Juni
17. Juni
Fauler See
Landwehrkanal
Bremer Weg
Liebknecht
Büffeljagd
Eberjagd
Löwenbrücke
Tier-
garten
Fuchsjagd
Fasanerieallee
Neuer See
Großer Weg
Schleuseninsel
Wisent
Fontane
Ernst-Reuter-Platz
Versuchsanst. f. Wasser- u. Schiffbau
Laternenmus.
Unterschleuse
Unt. Freiarchenbrücke
Gartenufer
Chemie
Hauptgebäude
Mechanik
Müller-Breslau-Str.
Technische Universität
Physik
Thermodyn. u. Kältebau
TU R.-Drawe-Inst.
Energietechnik
BVG-Parkplatz
S5,S7,S9,S75
RE1 - RE5
Vogelhaus
X9,X10,X34,149
100,109,110,145
200,204,245,249
Hopfengrabenbrücke
Landwehr-Ufer
Lichtensteinbrücke
Lichtensteinallee
Thomasstr.
Spanien
Dehler-Str.
Drakestraße
Rauchstr.
Dt.Stiftg.f. Intern. Entw.
Hardenbergstraße
Schiller-Obersch.
Turnhalle
Renaissance-theater
Mensa
Universität der Künste
UdK Konzertsaal
Hertzallee
Bundes-Vermögensa.
Bundesbaudirektion
Zoologischer Garten
Haupteingang Löwentor
Pumpwerk
Katharina-Heinroth-Ufer
Corneliusstr.
Stülerstr.
Friedensburg-Obersch.
HDK Mediothek
Jugendfreizeithm.
Goethestr.
Steinplatz
Zapf GmbH
Charlottenburg
Paraguay
Fasanenstr.
Museum f. Fotografie
Bundesverwalt.-gericht
Jebensstr.
Hardenberg-platz
M46
Antilopenhaus
Hirschgehege
Raubtierhaus
Interconti-teich
Corneliusbrücke
Lützowufer
Grolmanstr.
Bleibtreustr.
Knesebeckstr.
Carmerstr.
Inst.f. Wirtsch.-Wissensch.
Uhlandstr.
IHK Börse
L.-Erhard-Hs.
Amerikahaus
Zoologischer Garten
Vierwaldst.-See
Affenhaus
Aquarium
Elefantentor
Budapester Straße
St. Franziskus-Krhs.
Wichmannstr.
Bolivien
Namibia
Savignyplatz
Kantstraße
Theater d. Westens
Olof-Palme-Pl.
Jemen
Uruguay
Burggrafenstr.
Kolumbien
Mauritius
Keithstr.
Landes-Pol.-Dir. (Außenst.)
Landgrafenstr.
Else-Ury-Bogen
S5,S7,S9
S75
J.-Mammen-Bogen
L.-Lenya-Bogen
Kaiser-Wilhelm-Gedächtnisk.
Breitscheidplatz
Europa-center
Kurfürstenstraße
Schlüter-Grundsch.
O.-Ludwig-Str.
Jüdisches Gem.-hs.
City Neues Kranzler Eck
Quartier
Joachimstaler Pl.
Kurfürstendamm
Tauentzienstraße
Jamaica
VHS
Inst. f. Tropenmed.
Ansbacher Str.
Kurfürstenstraße
Landeszentr. f. politische Bildung
Joan-Miro-Grundsch.
Côte d'Ivoire
Synagoge
Augsburger Str.
Los-Angeles-Platz
Marburger Str.
Nürnberger Str.
Wittenbergpl.
An der Urania
Uhlandstr.
Maison de France
Inst. der TU
KaDeWe
Post-Mus.
Urania
Kleiststraße
Komödie Theater am Kurfürstendamm
K.-Kollwitz-Museum
Uhland-passage
Haiti
Fasanenstr.
Joachimstaler Str.
Rankestr.
Eislebener Str.
Augsburger Str.
Kita
Passauer Str.
Bayreuther Str.
Wormser Str.
Kalckreuthstr.
Passage
Lietzenburger Straße
Rankeplatz
Hochsch. der Künste
Würzburger Str.
Griechenland
Schöneberg
Fuggerstr.
Bleibtreustr.
Schaperstr.
UdK Berliner Festspiele
Freie Volksbühne
Th.d. Wühlmäuse
Nürnberger Platz
Pakistan
Bundes-haus
Fürther Str.
Kelheimer Str.
Ettaler Str.
Finow-Grundsch.
Klinik Hygiea
Louis-Zobel-Sporth.
Kita
Martin-Luther-Straße
Dt.Inst.f. Intern.Politik u.Wissensch.
Ludwigkirchplatz
Ludwigkirchstr.
Fasanenplatz
Stadtbibl.
Dt. Renten-vers.
G.-Hauptmann-Anl.
Geisbergstr.
Kulmbacher Str.
Bamberger Str.
Welserstr.
Lette-verein
Motzstr.
Sen.-wohnhaus
Goßowstr.
Slowakei
St.-Ludwig-Kirche
Spielpl.
Meierottostr.
Spichernstr.
Grainauer Str.
Ansbacher Str.
Viktoria-Luise-Platz
Winterfeldtstr.
Kath.Sch. St.-Ludwig
Pariser Straße
Regensburger Straße
Luitpoldstr.
Werbellinsee-Grundsch.
Emser Str.
Düsseldorfer Str.
Pfalzburger Str.
Kinderheim
Hohenzollerndamm
Bundesallee
Nachodstr.
Prager Str.
Motzstr.
Hohenstaufenstr.
Scharmützelsee Grundsch.
G.-Giesche-Sch.
Schwäbische Str.
Starnberger Str.
P.-Hebel-Grundsch.
Hohenzollernpl.
Hohenzollernplatz
Nikolsburger Pl.

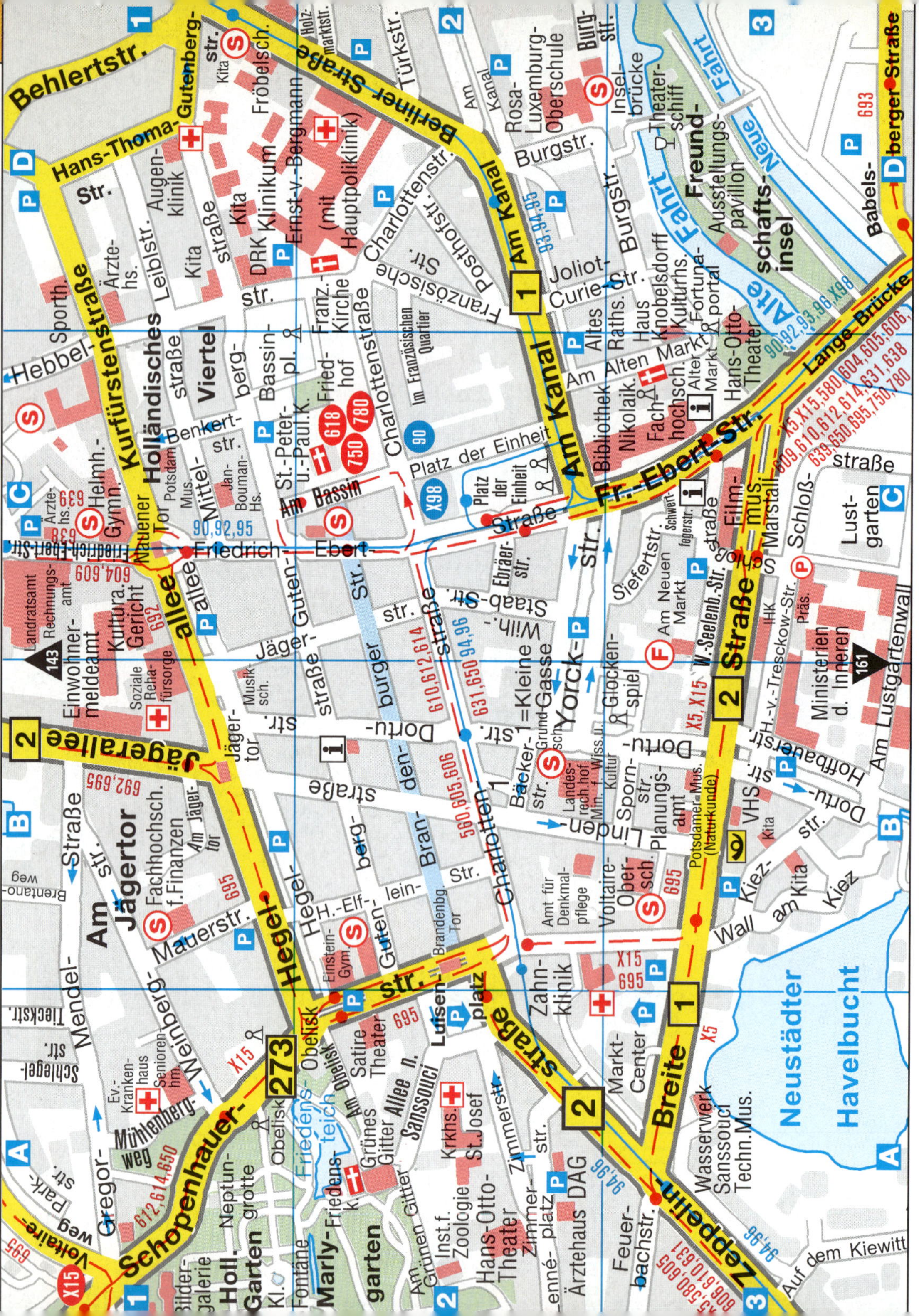

Behlertstr.
Hans-Thoma-Str.
Gutenbergstr.
Berliner Straße
Kurfürstenstraße
Holländisches Viertel
Benkertstr.
Mittelstr.
Bassinpl.
Am Bassin
Platz der Einheit
Charlottenstraße
Französische Str.
Posthofstr.
Am Kanal
Burgstr.
Joliot-Curie-Str.
Am Alten Markt
Fr.-Ebert-Str.
Friedrich-Ebert-Str.
Nauener Tor
Jägerallee
Jägerstr.
Jägertor
Am Jägertor
Mauerstr.
Hegelallee
Brandenburger Str.
Dortustr.
Lindenstr.
Yorckstr.
Gutenbergstr.
Lennéstr.
Luisenplatz
Zimmerstr.
Breite Straße
Zeppelinstr.
Schopenhauerstr.
Voltaireweg
Allee n. Sanssouci
Am Grünen Gitter
Schloßstr.
Lustgarten
Am Lustgartenwall
Lange Brücke
Alte Fahrt
Neue Fahrt
Freundschaftsinsel
Babelsberger Straße
Neustädter Havelbucht
Wasserwerk Sanssouci Techn.Mus.
Marly-garten
Friedensteich
Holl. Garten
Neptungrotte
Hans-Otto-Theater
Filmmuseum
Ministerien d. Inneren
Landratsamt
Klinikum Ernst-v.-Bergmann
Brandenbg. Tor
Markt-Center
Kiez
Wall am Kiez
Auf dem Kiewitt

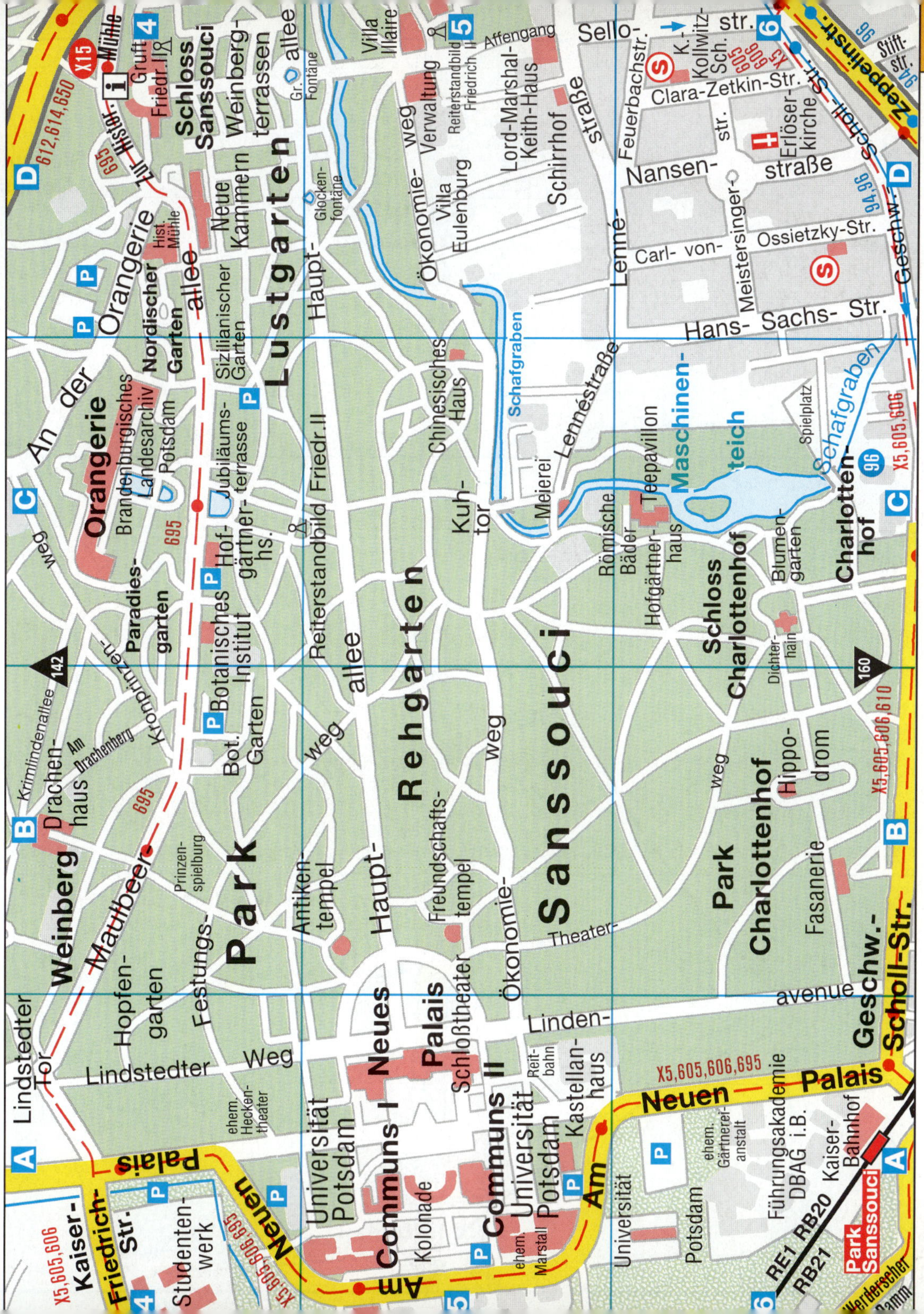
Park Sanssouci
Schloss Sanssouci
Weinbergterrassen
Gruft Friedr. II
Histor. Mühle
Neue Kammern
Lustgarten
Glockenfontäne
Gr. Fontäne
Villa Illaire
Ökonomieweg
Verwaltung
Reiterstandbild Friedrich II
Affengang
Villa Eulenburg
Lord-Marshal-Keith-Haus
Schirrhof
Sello-
Lennéstraße
K.-Kollwitz-Sch.
Feuerbachstr.
Clara-Zetkin-Str.
Nansenstraße
Erlöserkirche
Meistersinger-str.
Carl-von-Ossietzky-Str.
Hans-Sachs-Str.
Geschw.-Scholl-Str.
Zeppelinstr.
Stiftstr.
Orangerie
An der Orangerie
Nordischer Garten
Sizilianischer Garten
Hauptallee
Brandenburgisches Landesarchiv Potsdam
Jubiläumsterrasse
Reiterstandbild Friedr. II
Chinesisches Haus
Schafgraben
Meierei
Maschinenteich
Teepavillon
Römische Bäder
Hofgärtnerhaus
Spielplatz
Schloss Charlottenhof
Blumengarten
Charlottenhof
Kuhtor
Paradiesgarten
Hofgärtnerhs.
Botanisches Institut
Bot. Garten
Rehgarten
Sanssouci
Kronprinzenweg
Am Drachenberg
Krimlindenallee
Drachenhaus
Dichterhain
Hippodrom
Park Charlottenhof
Fasanerie
Weinberg
Maulbeerallee
Prinzenspielburg
Festungsweg
Antikentempel
Freundschaftstempel
Ökonomieweg
Theaterweg
Hopfengarten
Lindstedter Tor
Lindstedter Weg
ehem. Heckentheater
Neues Palais
Schloßtheater
Reitbahn
Kastellanhaus
Lindenavenue
Universität Potsdam
Communs I
Communs II
Kolonade
ehem. Marstall
Am Neuen Palais
Kaiser-Friedrich-Str.
Studentenwerk
ehem. Gärtnereianstalt
Führungsakademie DBAG i.B.
Kaiser-Bahnhof
Park Sanssouci
RE1 RB20 RB21
Werderscher Damm
X5,605,606,695
612,614,650
X15
94,96
142
160

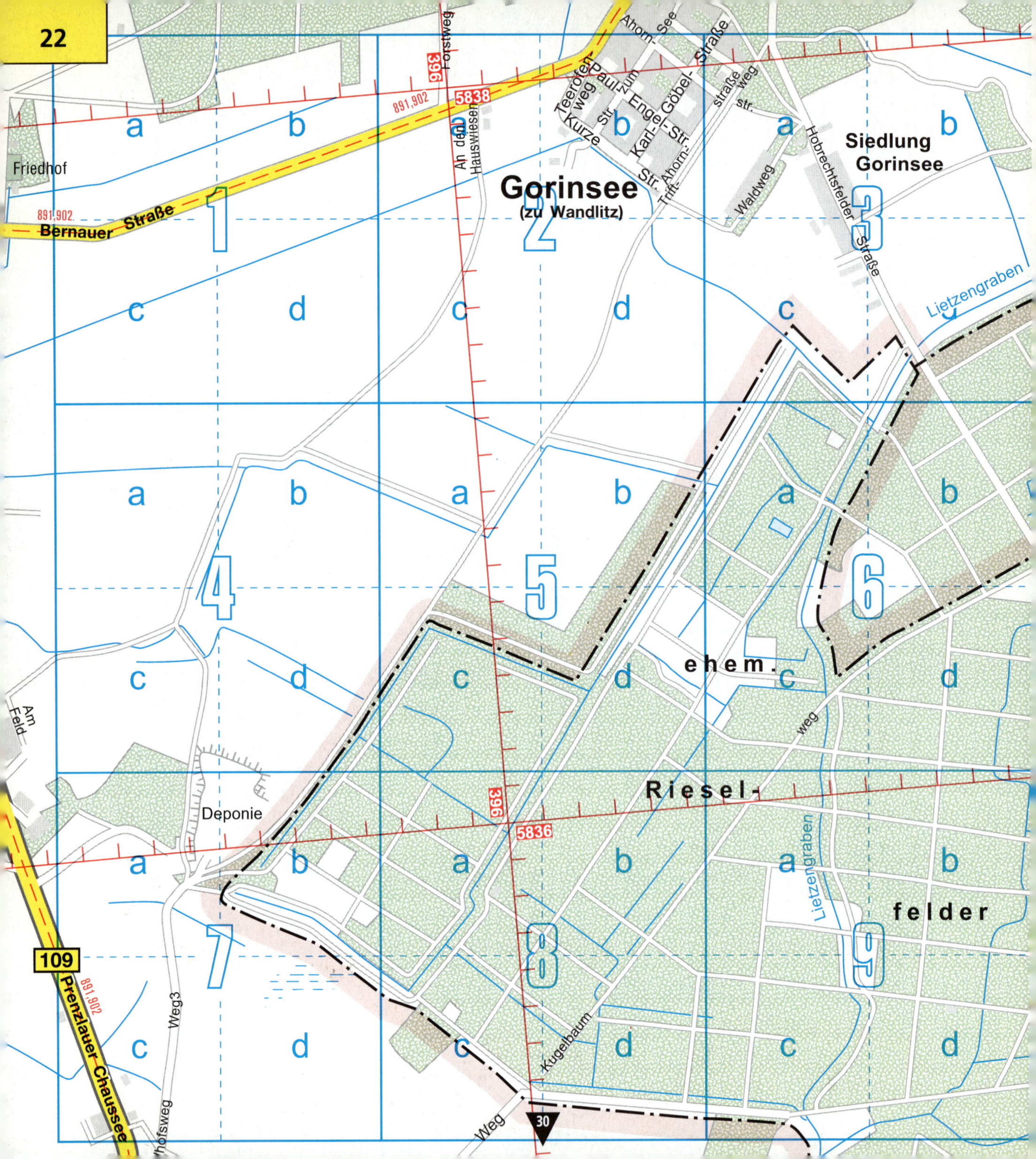
Friedhof
Bernauer Straße
891,902
5838
396
Forstweg
An den Hauswiesen
Teerofenweg
Paul-Engel-Str.
Zum See
Ahorn-
Kurze Str.
Karl-Göbel-Straße
Ahorn-Str.
Ahorn-Trift
Waldweg
Hobrechtsfelder Straße
Gorinsee
(zu Wandlitz)
Siedlung Gorinsee
Lietzengraben
Am Feld
Deponie
ehem.
Riesel-
felder
weg
5836
109
Prenzlauer Chaussee
Weg3
Kugelbaum
Weg
30

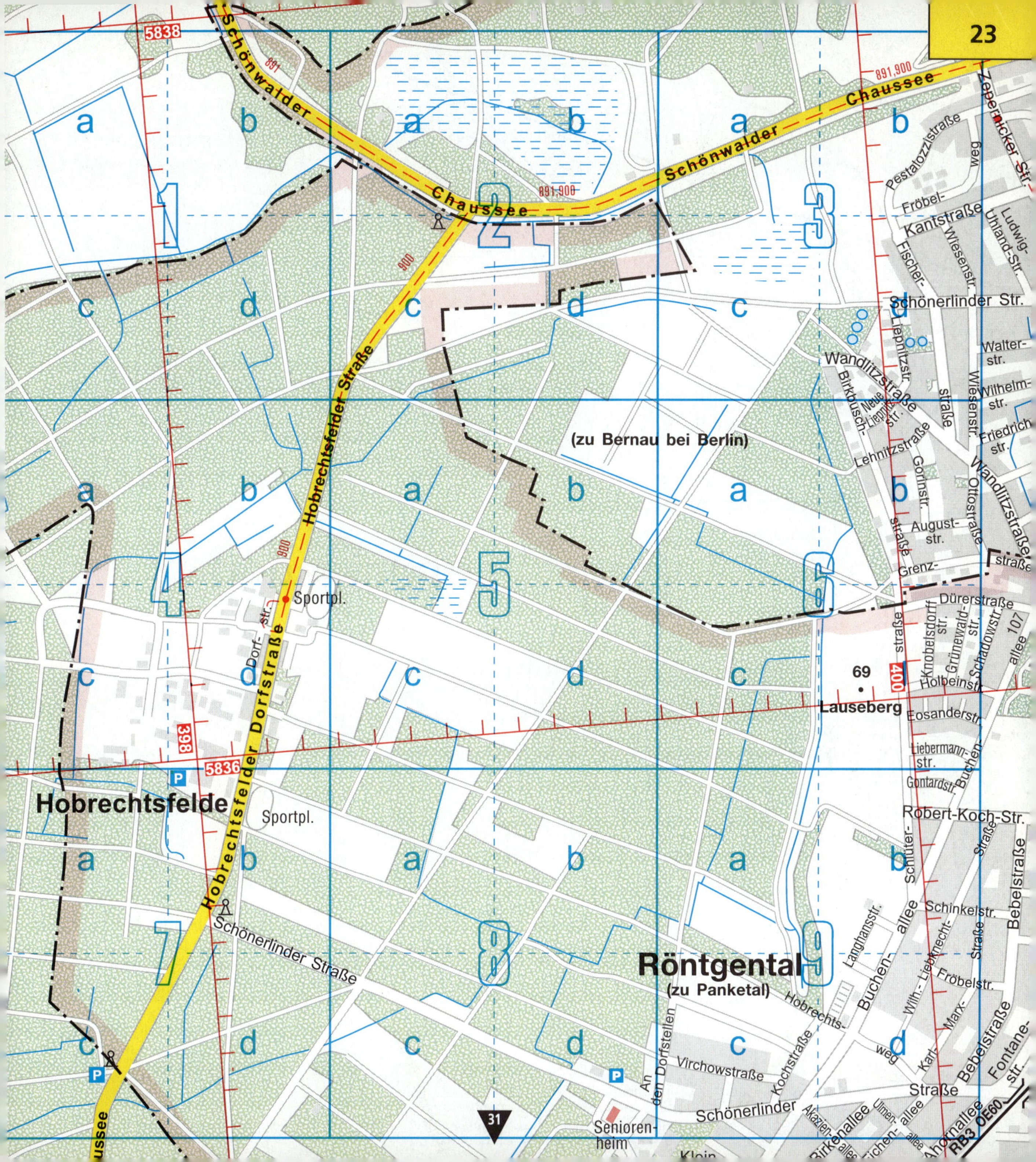
Schönwalder Chaussee
891
891,900
900
Hobrechtsfelder Straße
Hobrechtsfelder Dorfstraße
Dorf-str.
Sportpl.
Sportpl.
Hobrechtsfelde
Schönerlinder Straße
(zu Bernau bei Berlin)
Röntgental
(zu Panketal)
Lauseberg
69
Pestalozzistraße
Fröbel-
Kantstraße
Fischer-
Wiesenstr.
Ludwig-Uhland-Str.
Zepernicker Str.
Schönerlinder Str.
Walter-str.
Wilhelm-str.
Friedrich-str.
Wandlitzstraße
Birkbusch-
Neue Liepnitz-str.
Liepnitzstr.
Lehnitzstraße
Gorinstr.
August-str.
Ottostraße
Wiesenstr.
Grenz-
Dürerstraße
Knobelsdorff-str.
Grünewald-str.
Schadowstr.
Holbeinstr.
Eosanderstr.
Liebermann-str.
Gontardstr.
Buchen-
Robert-Koch-Str.
Schlüter-
Schinkelstr.
Bebelstraße
Langhansstr.
Buchenallee
Wilh.-Liebknecht-Straße
Karl-Marx-Straße
Fröbelstr.
Hobrechts-weg
Kochstraße
Virchowstraße
An den Dorfstellen
Schönerlinder
Akazien-allee
Birkenallee
Ulmen-allee
Eichen-allee
Ahornallee
Fontane-str.
Senioren-heim
Klein
RB3 OE60
5838
5836
398
400
107
31
ussee

Hennigsdorf
16761
Stolper
Heide
Park-allee
Birken-str.
Ameisenweg
Z.-Stich-kanal
(zu Velten)
RE5,RB20
RE5
RB20
Wasser-Straße
Schwarzer Weg
380
5836
5834
Wasserwerk
Kläranlage
Havel-Oder-Wasserstraße
Gewerbe-gebiet Nord 2
H.-Uhlitzsch-Str.
Gewerbe-hof Nord
Gewerbe-gebiet Nord 1
Eduard-
Oberstufen-zentrum
Maurer-
Schuhmann-Str.
Hermann-
Hennigsdorfer Elektrostahlwerke
Gewerbe-gebiet Nord 3
Wolfgang-Küntscher-Str.
Fabrikstr.
Straße
Sportpl.
Sport-halle
Gewerbegeb. Nord 4(Ost)
Velte-ner Straße
Berliner Straße
Berliner-Straße
RE6,RB20,RB55
Fontanesiedlung
Kita
Tennis-pl.
Regen-bogen-sch.
Karlupyer Str.
Grundsch. Nord
Jug.-club
Sport-pl.
Sportpl.
Marwitzer Straße
Blank-stahlweg
Kokillen-weg
Schmelzer-steg
Alte Fontanestr.
Akazien-weg
Wald-str.
Fontanestraße
Blumen-straße
Garten-straße
Heideweg
A.-Kolping-Platz
A.-Burg-Str.
Seilerstraße
A.-Schweitzer-Str.
Krumme Str.
Feldstr.
Fabrik-str.
A.-Conrad-Str.
Havel-auenpark
Obersch. Adolf-Diesterw.
Förderschule für Lernbehinderte
Schulstr.
Hennigsdorf (b. Bln.)
Bibl.
Am Bahndamm
Stauffenberg-str.
An der Wildbahn
Fr.-Engels-Str.
Poststr.
Kirchstr.
Rath.
P+R
RB20
RB55
S25
Humboldt-str.
Ruppiner Straße
809
807
807,811
811
651,659
824
32
1 2 3 4 5 6 7 8 9

K.-Liebknecht-Str.
Stolper Straße
Osram-platz
Stolper Str.
Insel-platz
Karl-Ludwig-Str.
Revier-försterei "Stolpe"
Wald-straße
5836
382
Dorfstraße
Adolf-Hermann-Str.
Kita
Bibliothek
Gem.-verw.
Fried-hof
Neuendorfer Weg
809
Feuerlein-
Remane-
Bodelschwingstr.
Schwerdt-str.
Paulstraße
Burghardtstr.
Osram-siedlung
Scharf-straße
Adolf-straße
Stadtteil Stolpe
(zu Hohen Neuendorf)
16540
Zerndorfer Weg
Hohen
Dorfstr.
Frohnauer Weg
Hennigsdorfer Chaussee
Kastanienweg
Neue Dorfstr.
Weiden-weg
Club-haus
Heide-str.
1
Sportpl.
Am Golfplatz
2b
Anschlussstelle Stolpe
1=Lindenstraße
Pechpfuhl-weg
Frohnauer Weg
111
E26
Golf-anlage Stolper Heide
Autobahnamt Brandenburg Land
5834
Raststätte Stolper Heide
Friedhof Frohnau
Kapelle
Frohnau
(Bez. REINICKEN-DORF)
Gurnemanzpfad
Neubrücker
Alemannen-str.
Nibelungen-str.
Im Amsel-tal
Hainbuchenstr.
Ansgarstr.
Horandweg
Am Eichenhain
Speer-
Sintenis-Grundsch.
Münchener Straße
Laurin-
Gralsritterweg
Ortwin
33

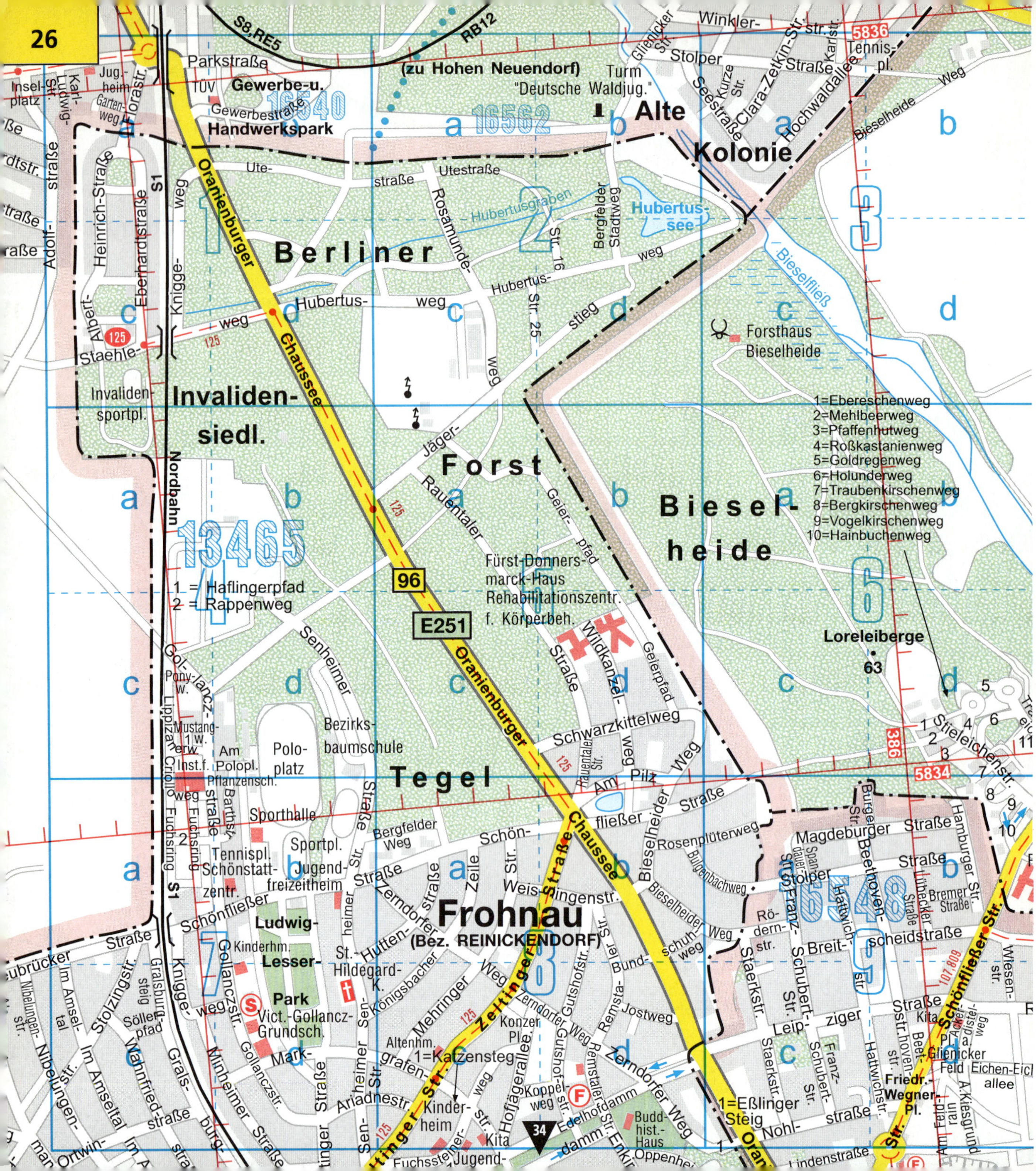
S8,RE5
RB12
(zu Hohen Neuendorf)
Parkstraße
TÜV
Gewerbe-u.
Gewerbestraße
Handwerkspark
16540
16562
Turm
"Deutsche Waldjug."
Alte
Kolonie
Winkler-str.
Stolper
Straße
Glienicker Str.
Kurze Str.
Seestraße
Clara-Zetkin-Str.
Hochwaldallee
Karlstr.
Tennis-pl.
5836
Bieselheide Weg
Insel-platz
Karl-Ludwig-Str.
Jug.-heim
Florastr.
Garten-weg
Adolf-straße
Heinrich-Straße
Eberhardtstraße
S1
Ute-straße
Utestraße
Rosamunde-
Hubertusgraben
Hubertus-see
Bergfelder Stadtweg
Str. 16
Str. 25
Berliner
Forst
Oranienburger Chaussee
Hubertus-weg
Hubertus-stieg
Knigge-weg
Albert-
125
Staehle-weg
Invaliden-sportpl.
Invaliden-siedl.
Bieselfließ
Forsthaus Bieselheide
1=Ebereschenweg
2=Mehlbeerweg
3=Pfaffenhutweg
4=Roßkastanienweg
5=Goldregenweg
6=Holunderweg
7=Traubenkirschenweg
8=Bergkirschenweg
9=Vogelkirschenweg
10=Hainbuchenweg
Jäger-
Rauentaler
Geier-pfad
Biesel-heide
Nordbahn
13465
1 = Haflingerpfad
2 = Rappenweg
96
E251
Fürst-Donners-marck-Haus
Rehabilitationszentr.
f. Körperbeh.
Wildkanzel-
Straße
Geierpfad
Loreleiberge
63
Senheimer
Gollanczstr.
Pony-w.
Mustang-w.
Lippizaner
Criolloweg
Am Polopl.
Inst.f. Pflanzensch.
Polo-platz
Bezirks-baumschule
Schwarzkittelweg
Tegel
Am Pilz
Rauentaler Str.
Stieleichenstr.
386
5834
Sporthalle
Barthstr.
Fuchsring
Fuchsring
Sportpl.
Bergfelder Weg
Schön-fließer
Straße
Bieselheider
Rosenplüterweg
Magdeburger Straße
Hamburger Str.
Burger Str.
Tennispl.
Schönstatt-zentr.
Jugend-freizeitheim
Zeile
Weis-
Weissingenstr.
Bülowbachweg
Stolper
Straße
Lübecker Straße
Bremer Str.
Straße
Schönfließer Straße
Ludwig-Lesser-Park
Frohnau
(Bez. REINICKENDORF)
Zerndorfer
Hutten-
Beethoven-
Franz-Schubert-Str.
Breit-
scheidstraße
Hattwich-str.
16548
Kinderhm.
St.-Hildegard-K.
Königsbacher
Mehringer
Weg
Zeltinger Straße
Bundschuh-weg
Rödern-str.
Staerkstr.
Wiesen-str.
Im Amseltal
Nibelungen-str.
Stolzingstr.
Gralsburg-steig
Söllerpfad
Vict.-Gollancz-Grundsch.
Mark-
Gralsstraße
Minheimer Straße
Altenhm.
1=Katzensteg
Konzer Pl.
Gutshofstr.
Remstaler Str.
Jostweg
Zerndorfer Weg
Leipziger
Kita
Beer-Pl.
Glienicker Feld
Eichen-allee
Friedr.-Wegner-Pl.
Schönfließer Str.
Wahnfried-straße
Ariadnestr.
Kinder-heim
Hofjägerallee
Koppel-weg
Edelhofdamm
Budd-hist.-Haus
1=Eßlinger Steig
Nohl-straße
34
Ortwin-
Fuchssteiner-
Jugend-
Oppenheimer
Lindenstraße
107 809

Bergfelder Chaussee
96a
Summter Weg
Sportpl.
Gem.-verw.
Friedhof
Dorfstr.
Dorf-str.
Dorfstraße
Dorfstr.
Mühlenbecker Chaussee
Am Teich
Schildower Chaussee
Großes
Stüc
Feld-weg
Kita
Schul-weg
Im Park
Ortsteil Schönfließ
(zu Mühlenbecker Land)
16567
Reitweg
Kindelweg
Glienicker Chaussee
Schönfließ
11=Rotbuchenweg
12=Weidenweg
13=Bergahornweg
14=Spitzahornweg
Bieselfließ
Feldahornstr.
Katharinen-see
Lindeneck
Katharinenstraße
Bahnstraße
Elisabethstraße
Viktoriastraße
Bee-graben
388
5834
Katharinensee
Rehabilitations-zentr.
Falken-str.
Am Uhlenhorst
Amselweg
Kindelfließ
107
Breitscheidstraße
Glienicke/ Nordbahn
Weidenstr.
Feldstr.
Märkische-
Niederbarnim-str.
H.-Heine-Str.
Goethe-str.
Kieler Str.
Am Kindelfließ
Tulpen-str.
Rosen-
Bayern-see
2 = Belforder Straße
Ahornallee
Sonnenblumenw.
allee
Tulpen-str.
Heinrich-Heine-
Goethe-
Friedens-str.
Budapester Str.
M.-Gorki-Str.
Heidelberger Str.
Sport-platzw.
Niederbar-
Hegelstr.
Pariser
Zetkin-
Kindelwald-siedl.
Eisbruch
Karl-Liebknecht-Straße
Am Schulzen-höhe
Schweden-str.
Fichte-straße
P.-Singer-Str.
Wiesenweg
Kap.
35
Friedhof Glienicke
Erich-
Elsässer
Glien
1
2
3
4
5
6
7
8
9
a
b
c
d

Siedlung Großstückenfeld
Großes Stückenfeld
Mönchmühle
Mühlenbeck-Mönchmühle
Berufsförd.-werk Berlin Brandenburg
Katharinensee
Ortsteil Schildow (zu Mühlenbecker Land)
16552
NSG Kalktuff-gelände am Tegeler Fließ
Kolonie Mariental
Stadtrandsiedlung Blankenfelde (Bez. PANKOW)
Klg.-Anl. An den Teichen
1=Waldweg
2=Wiesenweg
Kies-see
Freibad
Kita
Schildow
Sportpl.
Grund-sch.
Kiga
Gem.-Verw.
Klein-gärten
(Heidekrautbahn)
Tegeler Fließ
Kindelfließ
Berliner Straße
Mühlenbecker Straße
Schönfließer Straße
Hauptstraße
Bahnhofstraße
Glienicker Straße
Kastanienallee
Blankenfelder Straße
Schillerstraße
Haydnstraße
Wagner-Str.
Kleist-Str.
Mönchmühlenallee
Mönchmühlenstr.
Goethestr.
H.-Heine-Str.
Freyastr.
Florastraße
Sophienstr.
Marienstraße
Charlottenstraße
Margaretenstraße
Großstückenfeld
Walterstr.
Karlstr.
Klarastr.
Annastr.
Lessingstr.
Bachstr.
Schubertstr.
Fritz-Reuter-Str.
Tschaikowskistraße
Meyerbeerstraße
Brunoldstraße
Mozartstr.
Beethovenstraße
Richard-Wagner-Str.
Dianastr.
Gartenstraße
Mittelstr.
In den Laaken
In den Klötzen
In den Ruthen
Brombeerweg
Triftweg
K.-Liebknecht-Str.
Rosa-Luxemburg-straße
Amselweg
Behrensstr.
Am Kienluchgraben
Fuchssteg
Elstersteg
Rehwinkel
A.-Berg-Str.
Schmidt-Str.
Schmalfußstr.
Breite Str.
Krumme Straße
Ringsteig
Lärchensteig
Weißdornweg
Birnbaumring
Gurkensteig
Am Fließ
Lindenstr.
Birkenstr.
Gartenstr.
Wiesenstr.
Platanenallee
Mittelallee
Akazienallee
Parkstr.
Rotdornallee
Ahornallee
Eschenallee
Am Arkenberg
Kleiststr.
A.d. Quelle
Körnerstr.
Hauptstraße
S8
S
P
806
390
5834
107
96a
36
6
1
2
3
4
5
6
7
8
9
a
b
c
d
NSG

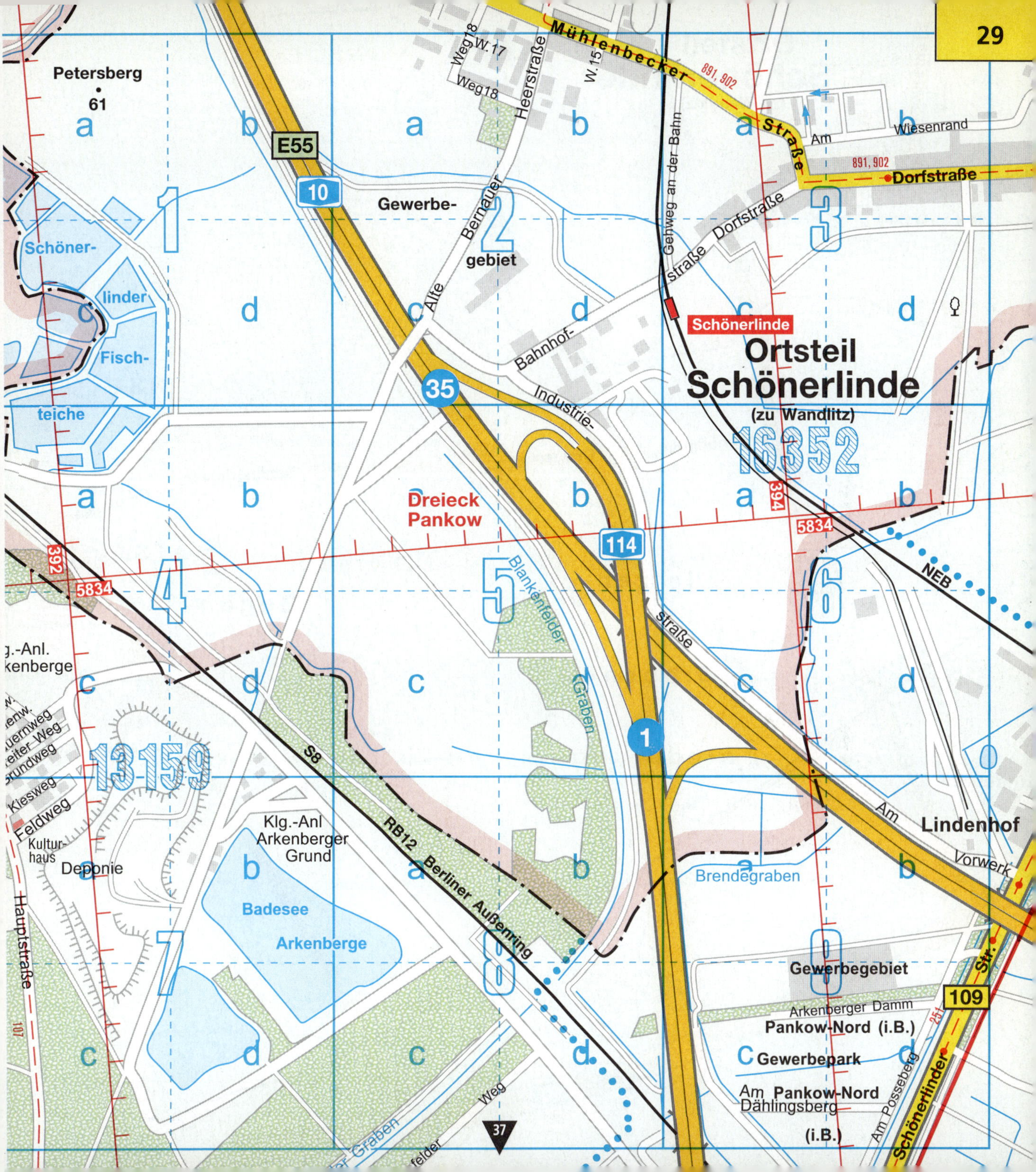
Petersberg
61
E55
10
Mühlenbecker Straße
891, 902
Weg18
W.17
Heerstraße
W.15
Am Wiesenrand
Dorfstraße
Gewerbegebiet
Alte Bernauer Straße
Gehweg an der Bahn
Dorfstraße
Schönerlinder Fischteiche
Bahnhofstraße
Industriestraße
Schönerlinde
Ortsteil Schönerlinde
(zu Wandlitz)
16352
35
Dreieck Pankow
114
394
5834
392
NEB
Blankenfelder Graben
Klg.-Anl. Arkenberge
13159
S8
RB12 Berliner Außenring
Kiesweg
Feldweg
Kulturhaus
Deponie
Hauptstraße
Klg.-Anl Arkenberger Grund
Badesee Arkenberge
Brendegraben
Am Vorwerk
Lindenhof
Gewerbegebiet
Arkenberger Damm
Pankow-Nord (i.B.)
Gewerbepark Pankow-Nord
Am Dähtlingsberg
(i.B.)
Am Posseberg
Schönerlinder Str.
109
251
107
Weg
37

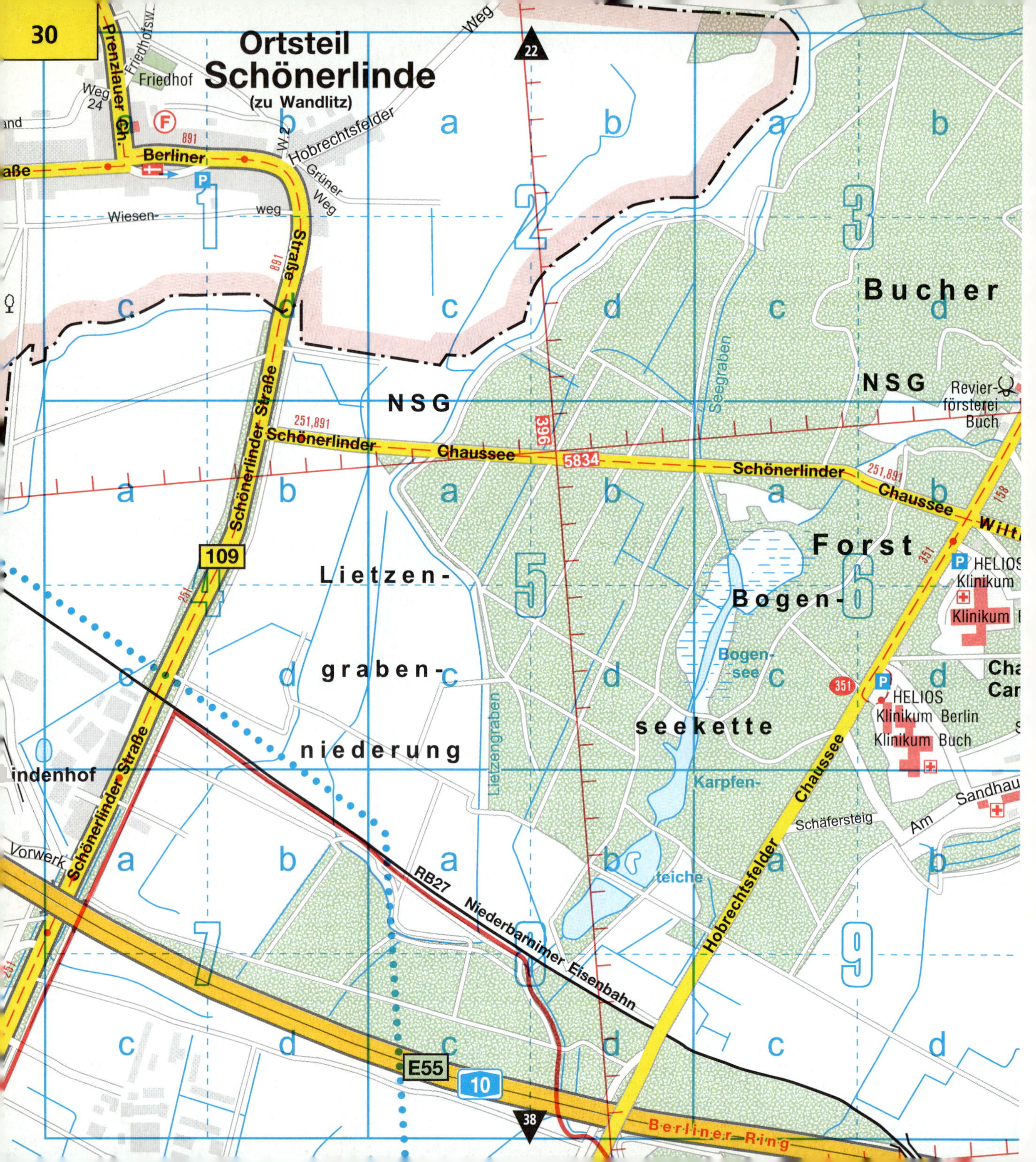
Ortsteil Schönerlinde
(zu Wandlitz)
Prenzlauer Ch.
Friedhofsw.
Friedhof
Weg 24
Berliner Straße
Hobrechtsfelder Weg
W.2
Grüner Weg
Wiesenweg
Schönerlinder Straße
NSG
Schönerlinder Chaussee
5834
396
251,891
109
Lietzengrabenniederung
Lietzengraben
Seegraben
Bucher Forst
NSG
Revierförsterei Buch
Bogenseekette
Bogensee
Karpfenteiche
HELIOS Klinikum
Klinikum
HELIOS Klinikum Berlin Klinikum Buch
351
Hobrechtsfelder Chaussee
Schäfersteig
Am Sandhaus
Wiltbergstraße
Lindenhof
Vorwerk
RB27
Niederbarnimer Eisenbahn
E55
10
Berliner Ring
22
38

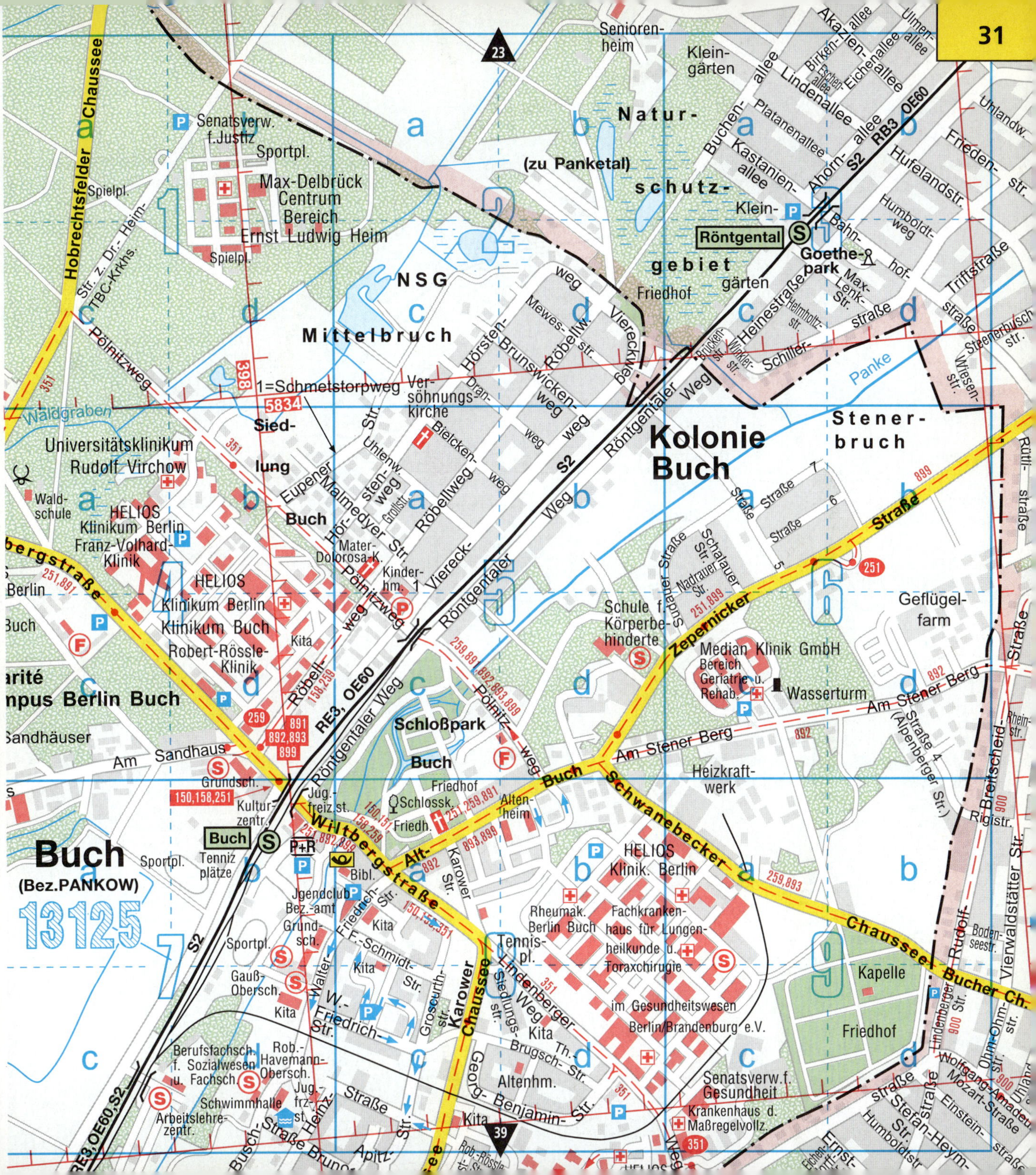
23
Senioren-
heim
Klein-
gärten
Natur-
schutz-
gebiet
(zu Panketal)
Senatsverw.
f. Justiz
Sportpl.
Max-Delbrück
Centrum
Bereich
Ernst Ludwig Heim
Spielpl.
Hobrechtsfelder Chaussee
Str. z. Dr.-Heim-
TBC-Krkhs.
NSG
Mittelbruch
Pölnitzweg
Waldgraben
1=Schmetstorpweg
Ver-
söhnungs-
kirche
Universitätsklinikum
Rudolf Virchow
Wald-
schule
HELIOS
Klinikum Berlin
Franz-Volhard-
Klinik
Klinikum Berlin
Klinikum Buch
Robert-Rössle-
Klinik
Kita
Charité
Campus Berlin Buch
Sandhäuser
Am Sandhaus
Grundsch.
Kultur-
zentr.
Sied-
lung
Buch
Eupener
Malmedyer Str.
Hörstenweg
Mater-
Dolorosa-K.
Kinder-
hm.
Viereck-
weg
Röbellweg
Brunswickenweg
Bleickenweg
Mewes-
weg
Röbellw.
Viereckweg
Röntgentaler Weg
RE3, OE60
S2
Röntgental
Goethe-
park
Bahnhofstr.
Heinestraße
Schillerstraße
Buchenallee
Kastanienallee
Ahornallee
Lindenallee
Platanenallee
Birkenallee
Akazienallee
Eichenallee
Ulmenallee
Hufelandstr.
Humboldtweg
Uhlandw.
Friedenstr.
Triftstraße
Steenerbusch str.
Wiesenstr.
Max-Lenk-Str.
Friedhof
Klein-
gärten
Panke
Kolonie
Buch
Stener-
bruch
Straße 7
Straße 6
Straße 5
Sudauer Straße
Nadrauer Str.
Schalauer Str.
Zepernicker Straße
Schule f.
Körperbe-
hinderte
Median Klinik GmbH
Bereich
Geriatrie u.
Rehab.
Wasserturm
Am Stener Berg
Geflügel-
farm
Heizkraft-
werk
Straße 4
(Alpenberger Str.)
Schloßpark
Buch
Friedhof
Schlossk.
Friedh.
Alten-
heim
Pölnitzweg
Alt-Buch
Wiltbergstraße
Schwanebecker Chaussee
HELIOS
Klinik. Berlin
Rheumak.
Berlin Buch
Fachkranken-
haus für Lungen-
heilkunde u.
Toraxchirurgie
im Gesundheitswesen
Berlin/Brandenburg e.V.
Kapelle
Friedhof
Bucher Ch.
Rudolf-
Breitscheid-
Straße
Rigistr.
Rütlistraße
Vierwaldstätter Str.
Bodenseestr.
Buch
(Bez.PANKOW)
13125
Sportpl.
Tenniz
plätze
P+R
Jug.-
freiz.st.
Bibl.
Jgendclub
Bez.-amt
Grund-
sch.
Kita
F.-Schmidt-
Str.
Friedrich-
Str.
Walter-
Friedrich-
Str.
Groscurth-
str.
Karower Chaussee
Karower Str.
Tennis-
pl.
Lindenberger Weg
Siedlungsstr.
Kita
Th.-Brugsch-Str.
Sportpl.
Gauß-
Obersch.
Kita
Berufsfachsch.
f. Sozialwesen
u. Fachsch.
Rob.-
Havemann-
Obersch.
Schwimmhalle
Jug.-
frz.-
st.
Arbeitslehre-
zentr.
Straße
Heinz-Bruno-
Apitz-
Kita
Georg-Benjamin-Str.
Altenhm.
Senatsverw.f.
Gesundheit
Krankenhaus d.
Maßregelvollz.
Stefan-Heym-
Straße
Humboldtstr.
Wolfgang-Amadeus-
Mozart-Straße
Einsteinstraße
Ohm-Str.
Lindenberger Str.
39

Stolpe-Süd
(zu Hennigsdorf)
Heiligensee
(Bez. REINICKENDORF)
Nieder
Neuen-
dorfer
See
Heiligensee
Kapelle Friedhof
Förderschule für Lernbehinderte
Biotop
Bio-top
Hafen
Schiffanlegestelle
Hafenstraße
7 = Zum Busbhf.
8 = P.-Behrens-Straße
Technopark
Gewerbegeb.
Süd 1/
Bio-Tech
Bombardier
Gewerbegebiet
Süd 2/
Bombadier
Schwimmhafenwiesen
Havel
Oder-Havel
Hafen-Wasser
Stadtverwaltung
Rathenaupark
Rathenauviertel
Rathenaustraße
Neuendorfstr.
Hauptstr.
Ruppiner Straße
Ruppiner Chaussee
Am Havelufer
Hafenstr.
Friedhofstr.
Post-Bus-bf.
Havel-Str.
Havelpassage
Heinestr.
Havelplatz
Kita
Gymn.
Sportpl.
Parkstraße
Kleiststr.
Fontanestr.
Th.-Fontane-Grundsch.
K.-Marx-Str.
Fr.-Engels-Str.
Kirchstr.
Rath.
Am Rathaus
P+R
RB20
RB55
S25
651,659,136
807,808,809
811,824
808,809,811
Ampèrestr.
Hertzstr.
Klingenbergstr.
Ohmstr.
Voltastraße
Paul-Jordan-Str.
Wattstr.
Edisonstr.
Tennis-Stadtclubhaus
Sport-zentrum Süd
Kita
Waldweg
Stadtsportpl.
Waldpark
Spandauer Allee
Philipp-Pforr-Str.
1=Margeritenweg
2=Fliederweg
3=Veilchenweg
4=Lilienweg
5=Nelkenweg
6=Am Rathenaupark
W.-Kleinow-Ring
Gewerbegeb.
Süd 3
Kläranlage
Gewerbegebiet
Süd 4
Am Alten Strom
Am Yachthafen
Natur-Badestelle
Sportpl.
Schubert
Schabbel-Straße
Birkenstraße
Rotkehlchenstr.
Amselweg
Finkenstr.
Fliederweg
Pappelallee
Buchenhain
Erlenweg
Eschenallee
Apfelallee
Trappenweg
Am Neuen Kanal
Lindenring
Ahornpromenade
Ring
Tucholskystr.
Mozartstr.
Schreberweg
Körberweg
Tulpenweg
Asternweg
5832
378
136
Eichhörnchensteig
Rehschneise
Fasanenweg
Drosselweg
Freiheitweg
Freiheit
Meisensteg
Kuckucksruf
Kuckucksweg
Gem.büro
1=Eulenhorst
2=Am Starwinkel
Hirschwechsel
Hasensprung
808
E.-Rignes-Grunds.
Waldk.
Büssower Weg
Baabier Steig
Stolpmünder Weg
Lobber Steig
Neuwarper Pfad
Ziegenorter Pfad
Kleingärten
Kita
An der Aussicht
Sonnenhöhe
Silberrücken
Güttlandring
Zur
Löblauer Pfad
Sen.-heim
Krantorweg
Lindengrabenteich
Lindengraben
Anglersiedlung Heiligensee
Heiligenseer Straße
Hennigsdorfer Straße
Lubminer Pfad
Weidengr.
Zempiner Steig
Krumminer Weg
Bölkauer Pfad
Warnauer Pfad
Mottlaupfad
Kurzebracker Weg
Hammerweg
Sportpl.
Alb.-Haushofer-Obersch.
Rosenorter Steig
Langenauer Weg
Lesewitzer Steig
Liessauer Pfad
Dachsbau
Liebstädter
Rautensteig
Schöllkrautweg
Helmkrautweg
Bilsenkrautstr.
Zugdamer Steig
Neufährer Steig
Letzkauer Steig
Mattenweg
Zeisgendorfer Weg
Birkengraben
Reihersteig
Mierswalder Steig
Trampenauer Steig
Osterwicker Steig
Platenhofer Weg
Reiherbuder Pfad
Glasower Pfad
Erlengrabenteich
Schönbaumer W.
Bohnsackersteig
Fürstenauer W.
Borgfelder Steig
Schulzendorfer Straße
Rundling
St.-Marien-Kirche
Erpelgrundsch.
Kita
Mittelfeldt.
Im Rehgrund
Am Fuchsbau
Jägersteig
Schulzendorfer
Hademarsch.
Hennigsdorfer Straße
124
380
24
42

Frohnau
(Bez. REINICKENDORF)
13465
13503
Berliner Forst Tegel
Rote Chaussee
Karmeliterweg
Donnersmarckallee
Kiefheider Weg
Ruppiner Chaussee
Anschlussstelle Schulzendorfer Str.
Schulzendorf
Sportpl.
Feuerwehrschule
Meldestelle
Trimm-Dich-Pfad
Ehrenpfortenberg
70
Grüne Brücke
Beyschlagtunnel
1=Diakonieweg
2=Am Dorfteich
3=Martin-Rudloff-Weg
4=Rausendorffweg
Sigismundkorso
Maximiliankorso
Hainbuchenstraße
Ludolfinger-
Benediktiner-
Hospital
Friedens-
Seniorenheim
Priv. Krankenhs.
Speerweg
Lichtungsweg
Am Eichenhain
Wilsbergzeile
Bifröstweg
Helweg
Pfadfinderweg
Artusstraße
Gawan-
Olwen-straße
Grane-weg
Forst-weg
Pirschweg
Zwergenweg
Kahlschlag
Am Kringel
Am Grünen Hang
Am Querschlag
Hohenheimer Str.
Stolzingstraße
Gralsritterweg
Neubrücker
Heerruferweg
Am Priesterberg
Laurinsteig
Am Ausblick
Karmeliterweg
Regenwalder Weg
Altdammer Weg
Darsinger Weg
Randower Weg
Gambiner Weg
Karwitzer Pfad
Deeper Pfad
Zanower Weg
Polziner Weg
Freester Weg
Kita
Sportpl.
Andornsteig
Bisonweg
Matth.-Claudius-Kirche
Mümmelmannweg
K.-A.-Schweizer-Kinderdf.
Gemsenpfad
Wisentweg
Bärensprung
Rehgrund
Hasenfurt
Rickenweg
Damwildsteig
Am Hirschsprung
Diakonie
Keilerstr.
An der Krummen Bahn
Angerweg
Schulzendorfer Straße
111
E26
382
5832
120
124
25
43

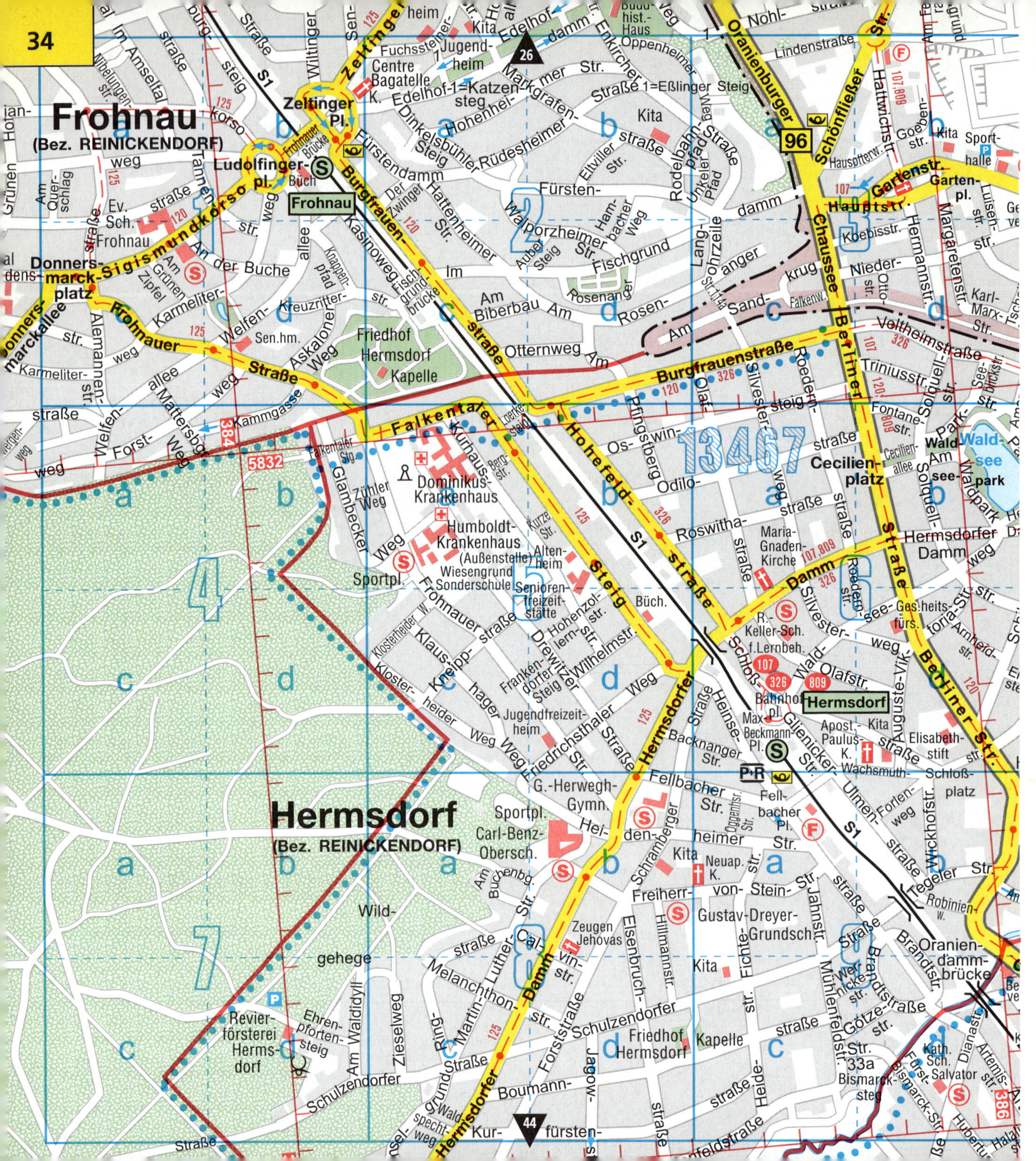
Frohnau
(Bez. REINICKENDORF)
Hermsdorf
(Bez. REINICKENDORF)
Zeltinger Pl.
Ludolfinger-pl.
Frohnau
Donnersmarck-platz
Sigismundkorso
Frohnauer Straße
Fürstendamm
Burgfrauenstraße
Falkentaler Steig
Hohefeldstraße
Hermsdorfer Damm
Berliner Str.
Chaussee
Oranienburger Str.
Schönfließer Str.
Heinsestraße
Glienicker Str.
Friedhof Hermsdorf
Kapelle
Dominikus-Krankenhaus
Humboldt-Krankenhaus (Außenstelle)
Wiesengrund Sonderschule
Sportpl.
Cecilienplatz
Waldseepark
Waldsee
Hermsdorf
Bahnhofpl.
Max-Beckmann-Pl.
Fellbacher Pl.
G.-Herwegh-Gymn.
Carl-Benz-Obersch.
Gustav-Dreyer-Grundsch.
Revierförsterei Hermsdorf
Wildgehege
Oraniendammbrücke
Schloßplatz
Elisabethstift
Maria-Gnaden-Kirche
Jugendfreizeitheim
Seniorenfreizeitstätte
13467
S1
96
26
44
5832
384

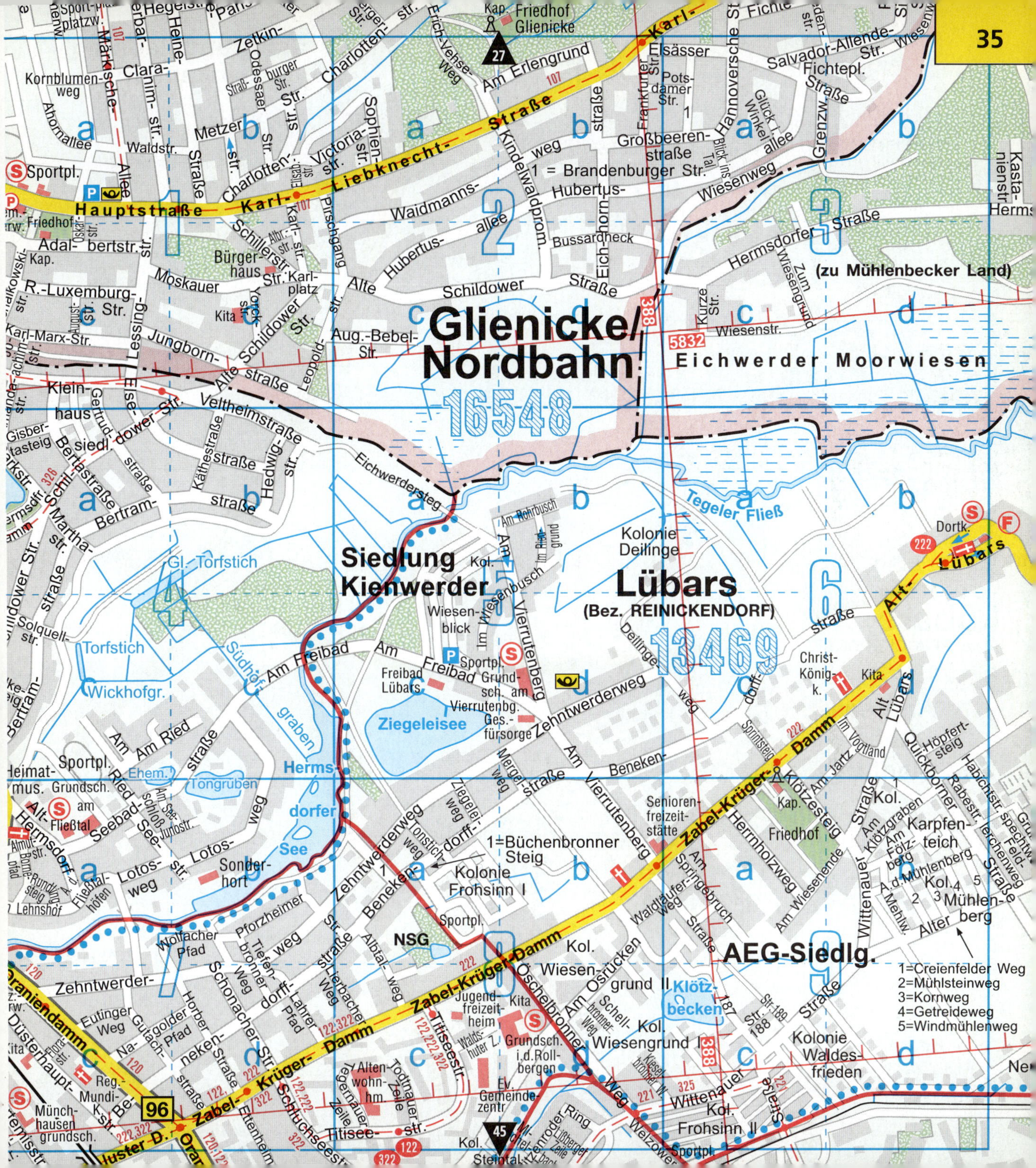

Glienicke/ Nordbahn
16548
Lübars
(Bez. REINICKENDORF)
13469
Siedlung Kienwerder
Eichwerder Moorwiesen
(zu Mühlenbecker Land)
AEG-Siedlg.
Tegeler Fließ
Ziegeleisee
Hermsdorfer See
Klötzbecken
Kolonie Deilinge
Kolonie Frohsinn I
Kolonie Waldesfrieden
Kol. Frohsinn II
Kol. Wiesengrund II
Kol. Wiesengrund
Friedhof Glienicke
Friedhof
Bürgerhaus
Freibad Lübars
Hauptstraße
Karl-Liebknecht-Straße
Zabel-Krüger-Damm
Alt-Lübars
Alt-Hermsdorf
Oraniendamm
Schildower Straße
Hermsdorfer Straße
Wiesenweg
Wiesenstr.
Hubertus-allee
Waidmanns-weg
Kindelwaldprom.
Bussardheck
Großbeeren-straße
Hannoversche Str.
Elsässer Str.
Salvador-Allende-Str.
Fichtepl.
Am Erlengrund
Veltheimstraße
Eichwerdersteg
Am Freibad
Zehntwerderweg
Vierrutenberg
Am Vierrutenberg
Benekendorff-straße
Quickborner Straße
Wittenauer Straße
Am Springebruch
Am Wiesenende
Herrnholzweg
Klötzesteig
Schonacher Str.
Titiseestr.
Oschelbronner Weg
Gl. Torfstich
Torfstich
Wickhofgr.
Tongruben
Ehem.
Südhofgraben
NSG
Senioren-freizeit-stätte
Jugend-freizeit-heim
Alten-wohn-heim
1 = Brandenburger Str.
1=Büchenbronner Steig
1=Creienfelder Weg
2=Mühlsteinweg
3=Kornweg
4=Getreideweg
5=Windmühlenweg
Mühlenberg
Karpfenteich
Kol. Steintal
27
45
96
5832
388
222

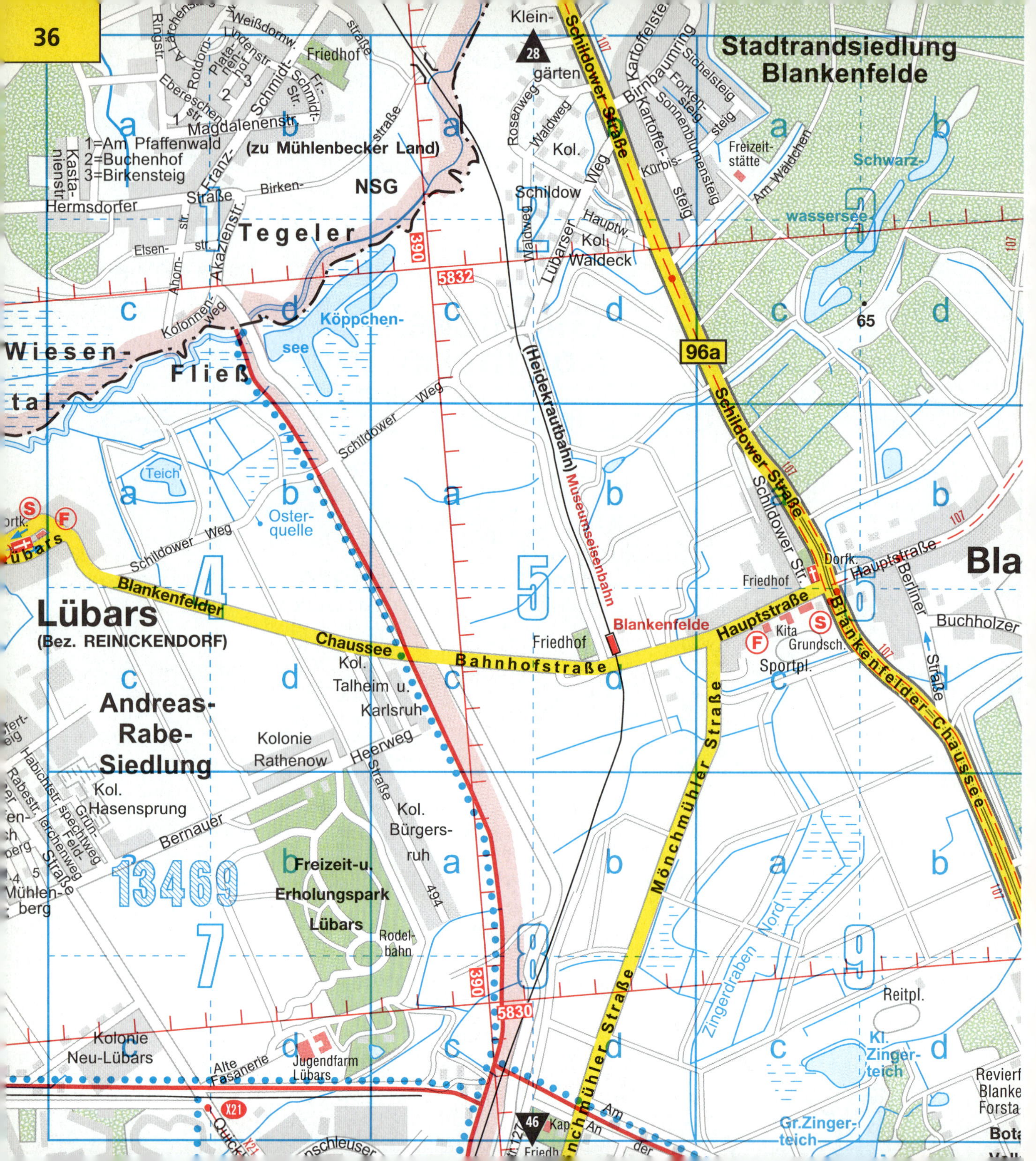

Stadtrandsiedlung Blankenfelde
Lübars (Bez. REINICKENDORF)
Andreas-Rabe-Siedlung
Tegeler Wiesen-Fließ-tal
NSG
(zu Mühlenbecker Land)
1=Am Pfaffenwald
2=Buchenhof
3=Birkensteig
Köppchensee
Schwarzwassersee
Schildow
Kol. Waldeck
Blankenfelde
Blankenfelder Chaussee
Bahnhofstraße
Hauptstraße
Schildower Straße
Mönchmühler Straße
Blankenfelder Chaussee
Freizeit-u. Erholungspark Lübars
Jugendfarm Lübars
Kolonie Neu-Lübars
Kol. Hasensprung
Kolonie Rathenow
Kol. Talheim u. Karlsruh
Kol. Bürgersruh
Heerweg
Bernauer Straße
Alte Fasanerie
Zingergraben Nord
Kl. Zingerteich
Gr. Zingerteich
Reitpl.
Sportpl.
Friedhof
Osterquelle
Teich
Rodelbahn
(Heidekrautbahn) Museumseisenbahn
Freizeitstätte
Am Wäldchen
Buchholzer
Berliner Straße
96a
13469

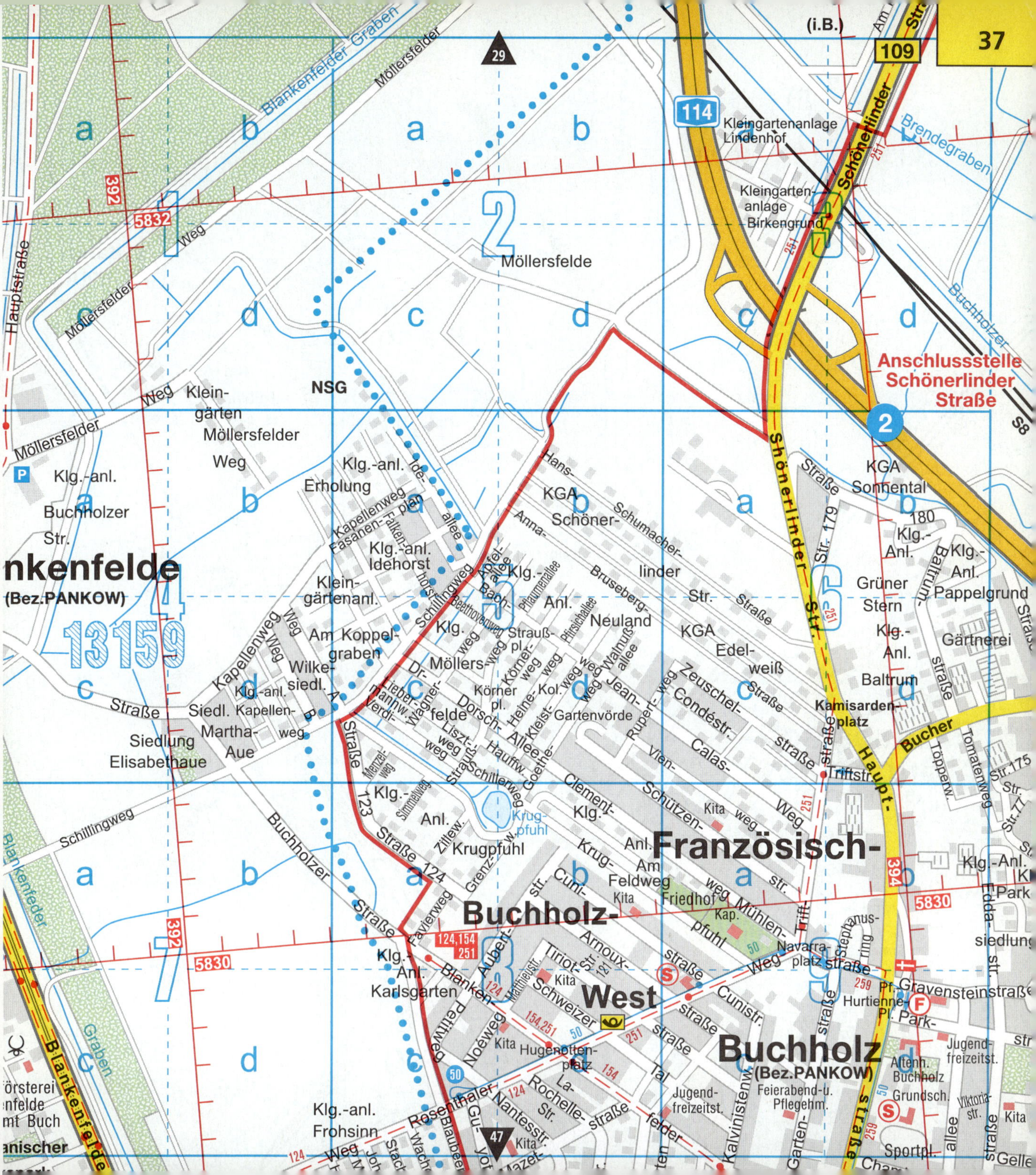
(i.B.)
109
29
114
Blankenfelder Graben
Möllersfelder
Kleingartenanlage Lindenhof
Schönerlinder
Brendegraben
392
5832
Hauptstraße
Weg
Kleingarten-anlage Birkengrund
251
Möllersfelde
Möllersfelder
Buchholzer
Anschlussstelle Schönerlinder Straße
NSG
Weg
Klein-gärten Möllersfelder Weg
Möllersfelder
2
S8
Klg.-anl. Erholung
Ide-allee
Hans-
KGA Schöner-
Schumacher-
linder Str.
Straße
KGA Sonnental
180
Klg.-Anl.
Baltrum-
Klg.-Anl. Pappelgrund
P
Klg.-anl.
Buchholzer Str.
Kapellenweg
Fasanen-
Falken-
plan
Anna-
Klg.-anl. Idehorst
Str. 179
Grüner Stern
nkenfelde
(Bez.PANKOW)
Klein-gärtenanl.
Schillingweg
Apfel-allee
Bach-
Klg.-
Pflaumenallee
Anl.
Bruseberg-
Neuland
Pfirsichallee
KGA Edel-weiß
Straße
Klg.-Anl.
Gärtnerei
13159
Kapellenweg
Weg
Am Koppel-graben
Beethovenweg
Klg.
weg
Strauß-pl.
Körner-weg
weg
Walnuß-allee
Baltrum
Zeuschel-
Jean-
Condéstr.
Rupert-weg
Straße
Kamisarden-platz
Wilke-siedl.
Möllers-
Körner pl.
Heine-
Kol.
Kleist-
weg
Dr.-Wagner-
Lieber-mannw.
Verdi-
felde
Dorsch-
Allee
Gartenvörde
Klg.-anl.
Straße
Siedl. Kapellen-
Martha-Aue
weg
Siedlung Elisabethaue
Straße
Liszt-weg
Strauß-
Schillerweg
Hauffw.
Goethe-
Vien-
Calas-
straße
Bucher
Töpperw
Tomatenweg
Triftstr.
Haupt-
Str.175
Str.77
Menzel-weg
Klg.-
Simmelweg
Anl.
Krug-pfuhl
Clement-
Klg.-
Schützen-
Kita
Weg
Schillingweg
Zillew.
Krugpfuhl
Grenz-
Anl.
Am Feldweg
Französisch-
Buchholzer
123
Straße
124
Krug-
Cuni-
str.
Friedhof
Mühlen-
Kap.
394
Klg.-Anl.
Park
Blankenfeder
392
a
Favierweg
Buchholz-
Kita
Arnoux-
Edda-str.
5830
siedlung
Graben
Straße
124,154
251
Aubert-
Tiriot-
Str. 121
pfuhl
50
Navarra-platz
Stephanus-ring
straße
Klg.-Anl. Karlsgarten
Blanken-
Matthieustr.
Kita
Schweizer
West
straße
Cunistr.
Weg
Trift-
straße
Pf. Hurtienne-Pl.
Gravensteinstraße
Park-
Noeweg
Kita
Hugenotten-platz
154,251
50
straße
Pettiweg
124
Försterei
Blankenfelde
Buchholz
(Bez.PANKOW)
Jugend-freizeitst.
Altenh. Buchholz
Grundsch.
Feierabend-u. Pflegehm.
Kalvinistenw.
Tal
Jugend-freizeitst.
felder
Viktoria-str.
Kita
Klg.-anl. Frohsinn
Rosenthaler
Nantesstr.
La-Rochelle-
Str.
straße
47
Kita
Garten-
allee
Sportpl.
259
Weg
Blaubee
124

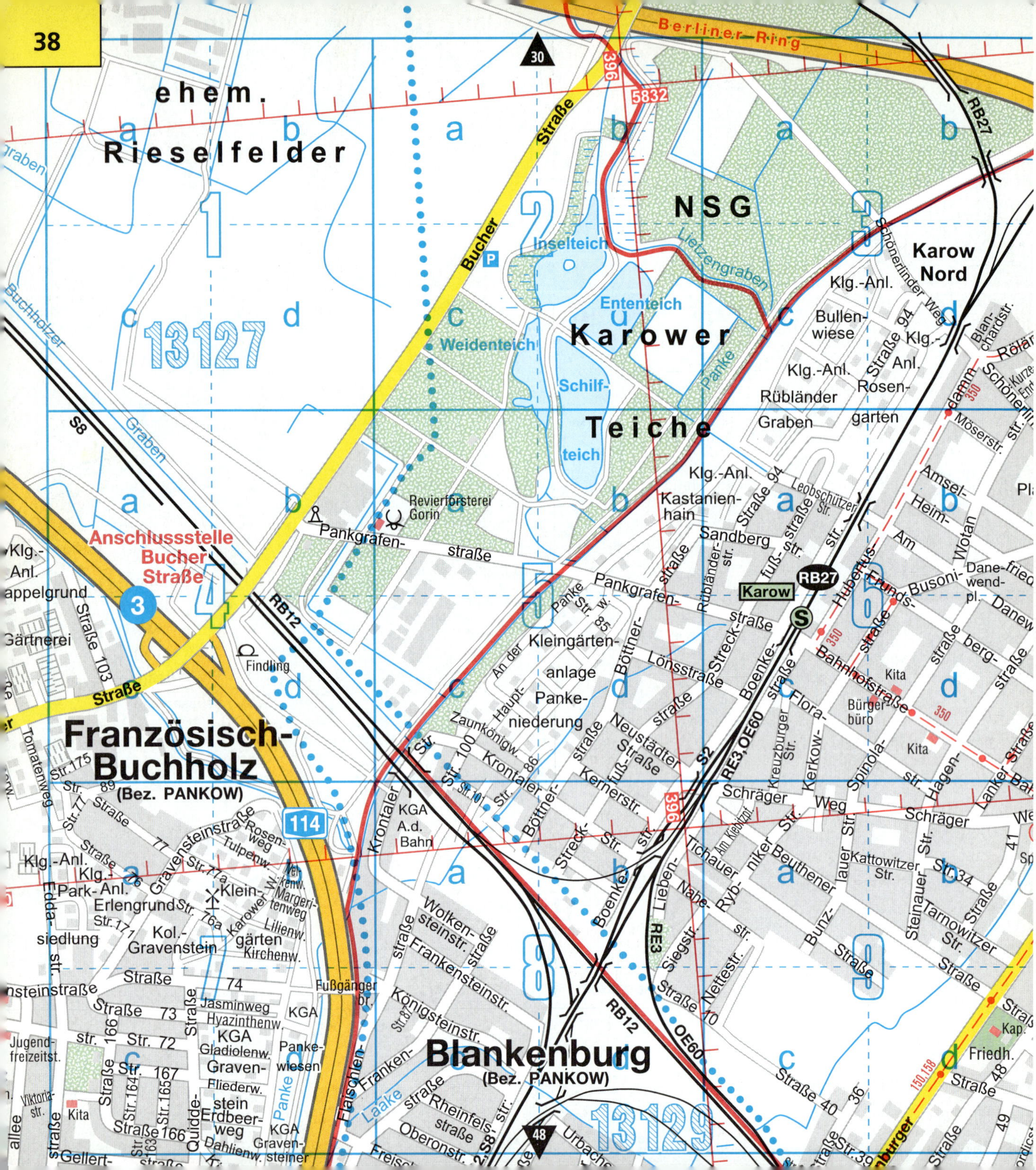

30
Berliner Ring
396
5832
RB27
ehem. Rieselfelder
Graben
Straße
Bucher
P
NSG
Inselteich
Lietzengraben
Karow Nord
Ententeich
Klg.-Anl.
Bullen-wiese
Schönerlinder Weg
Straße 94
Klg.-Anl.
Blan-chardstr.
Karower Teiche
Weidenteich
Schilf-teich
Panke
Rübländer Graben
Rosen-garten
damm
Schönerlinder
Möserstr.
13127
Buchholzer
S8
Graben
Revierförsterei Gorin
Klg.-Anl.
Kastanien-hain
Straße 94
Leobschützer Str.
Amsel-
Heim-
Am
Wotan
Anschlussstelle Bucher Straße
Pankgrafen-straße
Sandberg
Rübländer-str.
fuß-straße
Karow
RB27
Hubertus-
Lunds-
Busoni-
Dane-wend-pl.
Danew
3
Klg.-Anl.
appelgrund
Straße 103
Gärtnerei
RB12
Panke Str. w. 85
Pankgrafen-straße
Streck-
Böttner-
Lönsstraße
Boenke-
Bahnhofstraße
straße
berg-
Kita
Findling
Kleingärten-anlage Panke-niederung
Flora-
Bürger-büro
350
Straße
An der Haupt-
Zaunkönigw.
Krontaler Str.
Neustädter Straße
Kerkow-
Spinola-
Hagen-
Kita
Lanker Straße
Französisch-Buchholz
(Bez. PANKOW)
Tomatenweg
Str. 175
Str. 89
Str. 77
Str. 100
Str. 101
Kernerstr.
S2
RE3, OE60
Kreuzburger Str.
Schräger Weg
Schräger
114
Krontaler
KGA A.d. Bahn
396
Am Kleinitzpl.
Tichauer
Ryb-niker
Beuthener
Kattowitzer Str.
Str. 34
41
Klg.-Anl.
Klg.-Anl.
Park-Anl.
Erlengrund
Gravensteinstraße
Rosen-weg
Tulpenw.
Str. 77a
Str. 76
Str. 76a
Klein-gärten
Karower W.
Margeri-tenweg
Lilienw.
Kirchenw.
Kol.-Gravenstein
Str. 171
Edda-siedlung
Wolken-steinstr.
Frankensteinstr.
straße
Lieben-
Nahe-
RE3
Siegstr.
Nettestr.
Bunz-
lauer Str.
Steinauer Str.
Tarnowitzer Str.
Straße
Straße 74
Straße 73
Str. 72
Str. 166
Jasminweg
Hyazinthenw.
KGA
KGA Gladiolenw.
Graven-
Fliederw.
stein
Erdbeer-weg
KGA Graven-steiner
Dahlienw.
Str. 167
Str. 164
Str. 165
Str. 163
Straße 166
Quidde-
Fußgänger-br.
Panke-wiesen
Panke
Jugend-freizeitst.
Viktoria-str.
Kita
allee
Gellert-
Königsteinstr.
Str. 87
RB12
Straße 10
OE60
Blankenburg
(Bez. PANKOW)
Franken-
Laake
Flaischlen-
Rheinfels-straße
Oberonstr.
S8
48
Urbache
13129
Straße 40
36
Str. 39
Straße 48
Straße 49
Friedh.
Kap.
150,158
Straße

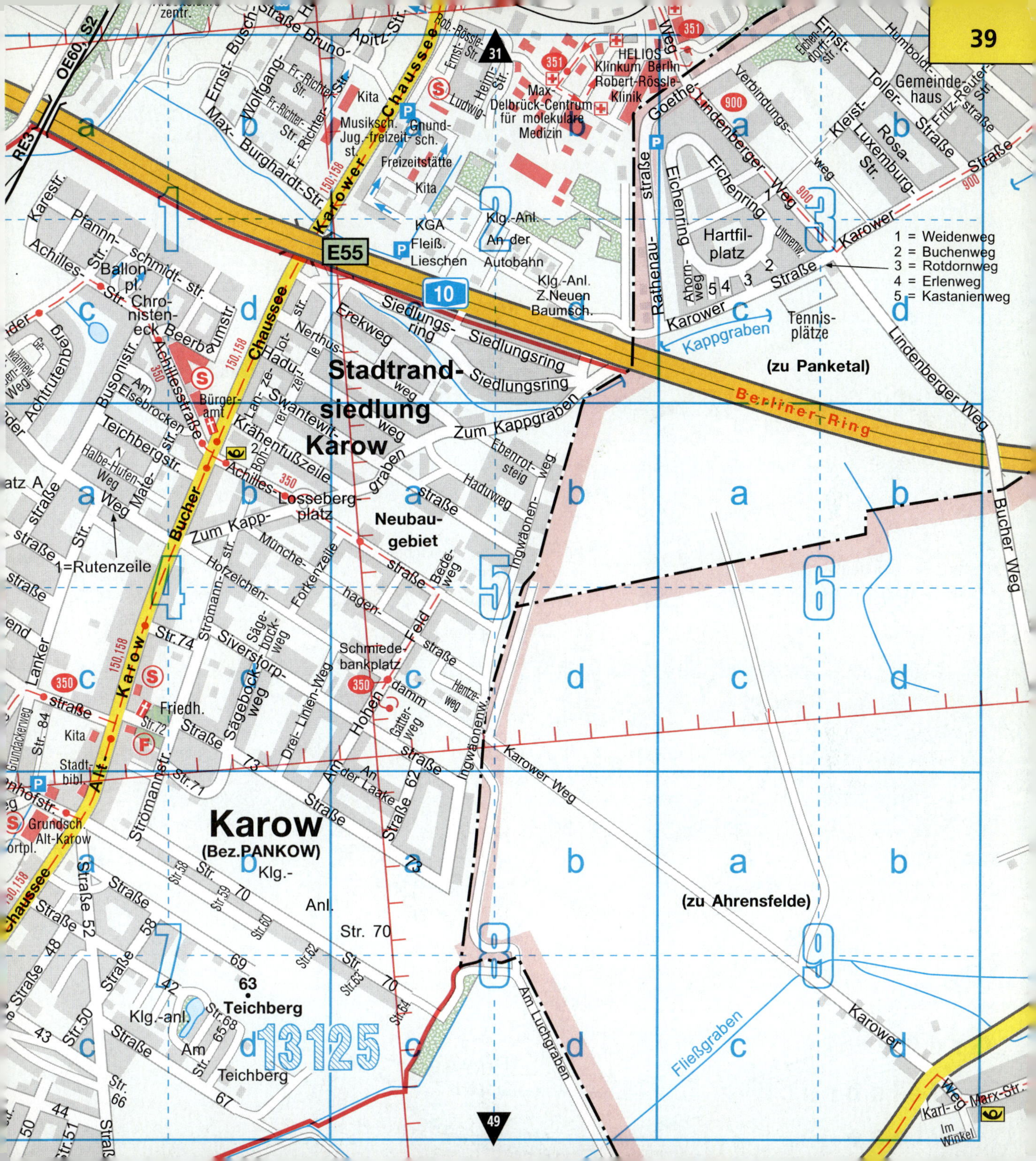

Stadtrand-siedlung Karow
Karow
(Bez.PANKOW)
Neubau-gebiet
(zu Panketal)
(zu Ahrensfelde)
Berliner Ring
E55
10
31
49
13125
Karower Chaussee
Bucher Chaussee
Alt-Karow
Karower Straße
Karower Weg
Lindenberger Weg
Bucher Weg
HELIOS Klinikum Berlin Robert-Rössle-Klinik
Max-Delbrück-Centrum für molekulare Medizin
Gemeinde-haus
Hartfil-platz
Tennis-plätze
Kappgraben
Zum Kappgraben
Siedlungsring
Erekweg
Achillesstraße
Busonistr.
Teichbergstr.
Krähenfußzeile
Lossebergplatz
Schmiede-bankplatz
Hohenfeld
Drei-Linien-Weg
Sägebockweg
Strömannstr.
Ingwäonenweg
Am Luchgraben
Fließgraben
Teichberg
63
Am Teichberg
Klg.-Anl.
Klg.-Anl. An der Autobahn
Klg.-Anl. Z.Neuen Baumsch.
KGA Fleiß. Lieschen
Bürger-amt
Friedh.
Stadt-bibl.
Grundsch. Alt-Karow
Kita
Freizeitstätte
1 = Weidenweg
2 = Buchenweg
3 = Rotdornweg
4 = Erlenweg
5 = Kastanienweg
1=Rutenzeile
Karl-Marx-Str.
Im Winkel

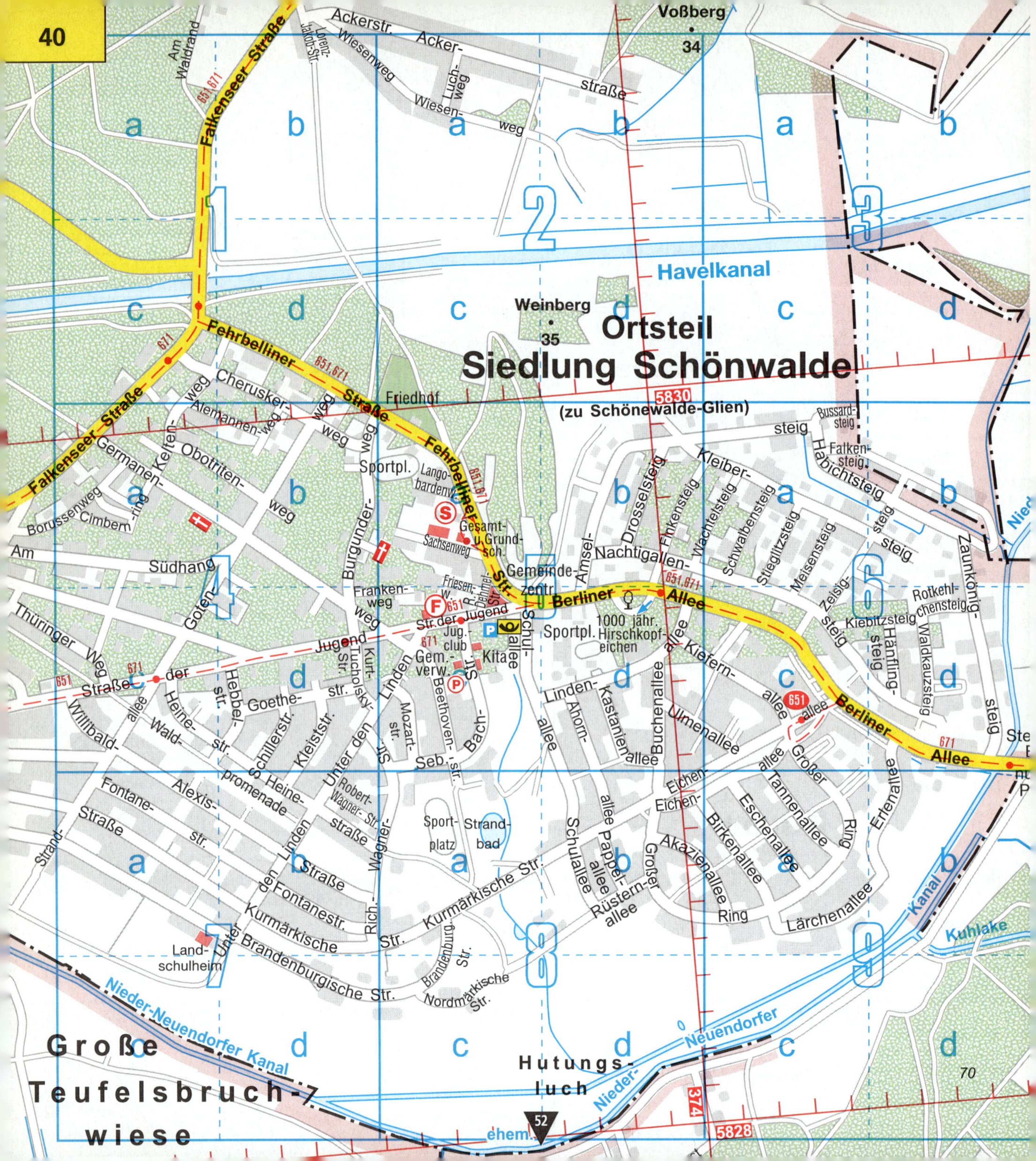

Voßberg
34
Ackerstr.
Acker-
straße
Lorenz-Jakob-Str.
Wiesenweg
Luch-weg
Wiesen-
weg
Am Waldrand
Falkenseer Straße
651,671
Havelkanal
Weinberg
35
Ortsteil
Siedlung Schönwalde
(zu Schönewalde-Glien)
5830
Fehrbelliner Straße
651,671
671
Friedhof
Falkenseer Straße
Cherusker-
Alemannen-weg
Kelten-weg
Germanen-
Obotriten-
weg
Borussenweg
Cimbern-ring
Am
Südhang
Goten-
Thüringer Weg
Burgunder-weg
Sportpl.
Lango-bardenw.
Fehrbelliner Str.
Gesamt- u. Grund-sch.
Sachsenweg
Franken-weg
Friesen-w.
Gemeinde-zentr.
Str. der Jugend
Jugend
Jug. club
Gem.-verw.
Kita
Schul-allee
Sportpl.
1000 jähr. Hirschkopf-eichen
Berliner Allee
651,671
Bussard-steig
Falken-steig
Habichtsteig
steig
Kleiber-
Drosselsteig
Amsel-
Nachtigallen-
Finkensteig
Wachtelsteig
Schwalbensteig
Stieglitzsteig
Meisensteig
Zeisig-steig
Kiebitzsteig
Rotkehl-chensteig
Hänfling-steig
Waldkauzsteig
Zaunkönig-steig
Nied
Straße der
671
651
Hebbel-str.
Goethe-str.
Tucholsky-
Kurt-
Linden
Mozart-str.
Beethoven-str.
Bach-
Seb.
Heine-
Wald-
allee
Willibald-
Alexis-
Fontane-
Straße
Schillerstr.
Kleiststr.
Unter den Linden
Heine-promenade
Robert-Wagner-Str.
Rich.-Wagner-
straße
Sport-platz
Strand-bad
Strand-
str.
Straße
Fontanestr.
Kurmärkische Str.
Linden-
Ahorn-
Kastanien-allee
Buchenallee
Kiefern-
Ulmenallee
allee
Eichen-
Großer
Tannenallee
Eschenallee
Birkenallee
Ring
Erlenallee
Schulallee
Pappel-allee
Großer
Akazienallee
Rüstern-allee
Ring
Lärchenallee
Berliner Allee
671
651
Unter
Land-schulheim
Brandenburgische Str.
Brandenburg. Str.
Nordmärkische Str.
Kanal
Kuhlake
Nieder-Neuendorfer Kanal
Nieder-Neuendorfer
Große Teufelsbruch-wiese
Hutungs-luch
374
5828
ehem.
52
70

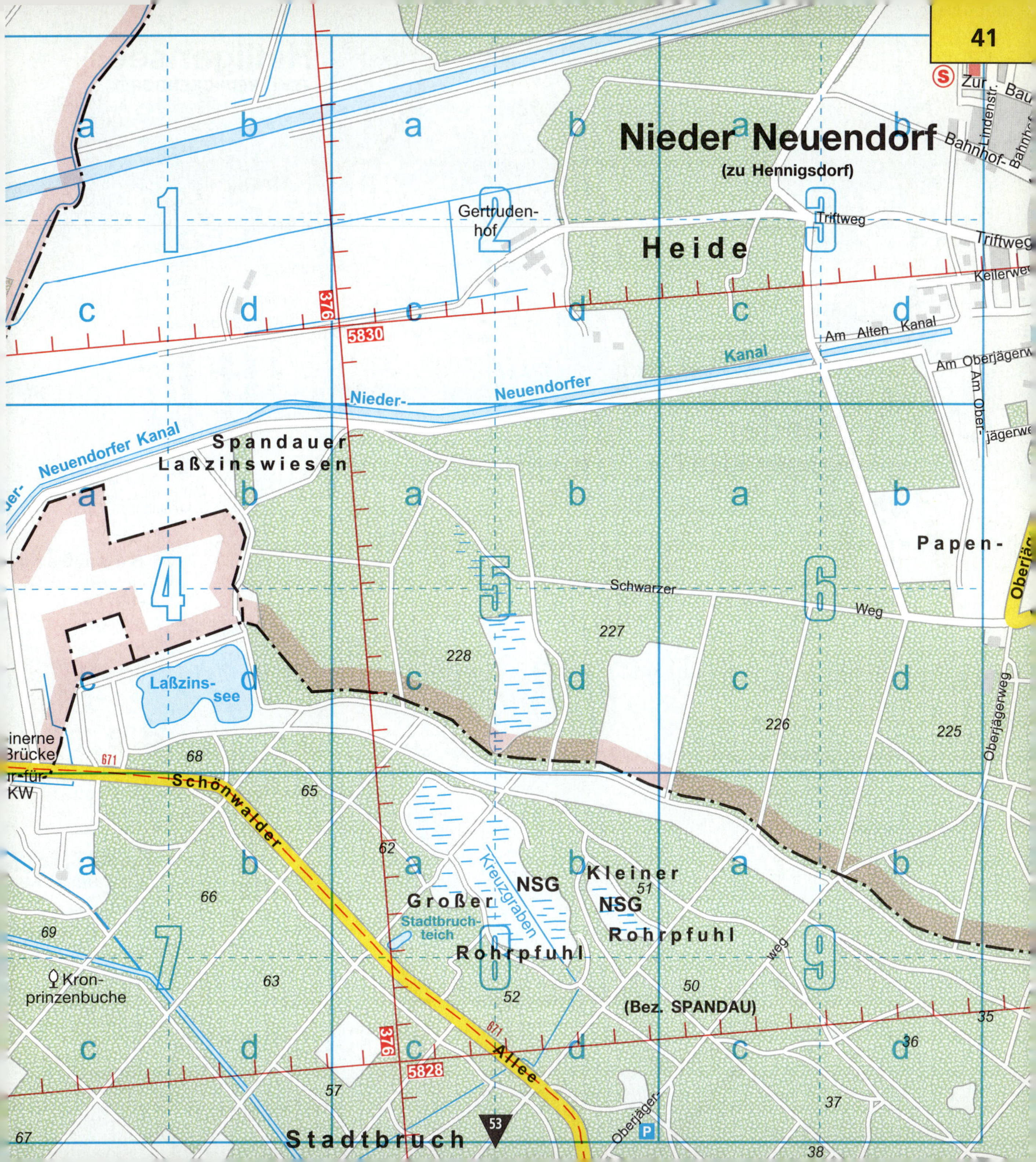

Nieder Neuendorf
(zu Hennigsdorf)
Heide
Gertruden-
hof
Zur
Bau
Lindenstr.
Bahnhof-
Bahnhof-
Triftweg
Triftweg
Kellerweg
Am Alten Kanal
Kanal
Nieder-
Neuendorfer
Neuendorfer Kanal
Am Oberjägerweg
Am Ober-
jägerweg
Spandauer
Laßzinswiesen
Laßzins-
see
Papen-
Oberjäg
Schwarzer
Weg
Oberjägerweg
227
228
226
225
inerne
Brücke
671
68
65
Schönwalder
Allee
62
Kreuzgraben
NSG
Großer
Stadtbruch-
teich
Rohrpfuhl
Kleiner
51
NSG
Rohrpfuhl
weg
66
69
Kron-
prinzenbuche
63
52
50
(Bez. SPANDAU)
35
36
376
5830
5828
57
53
37
Oberjäger-
67
Stadtbruch
38
1
2
3
4
5
6
7
8
9

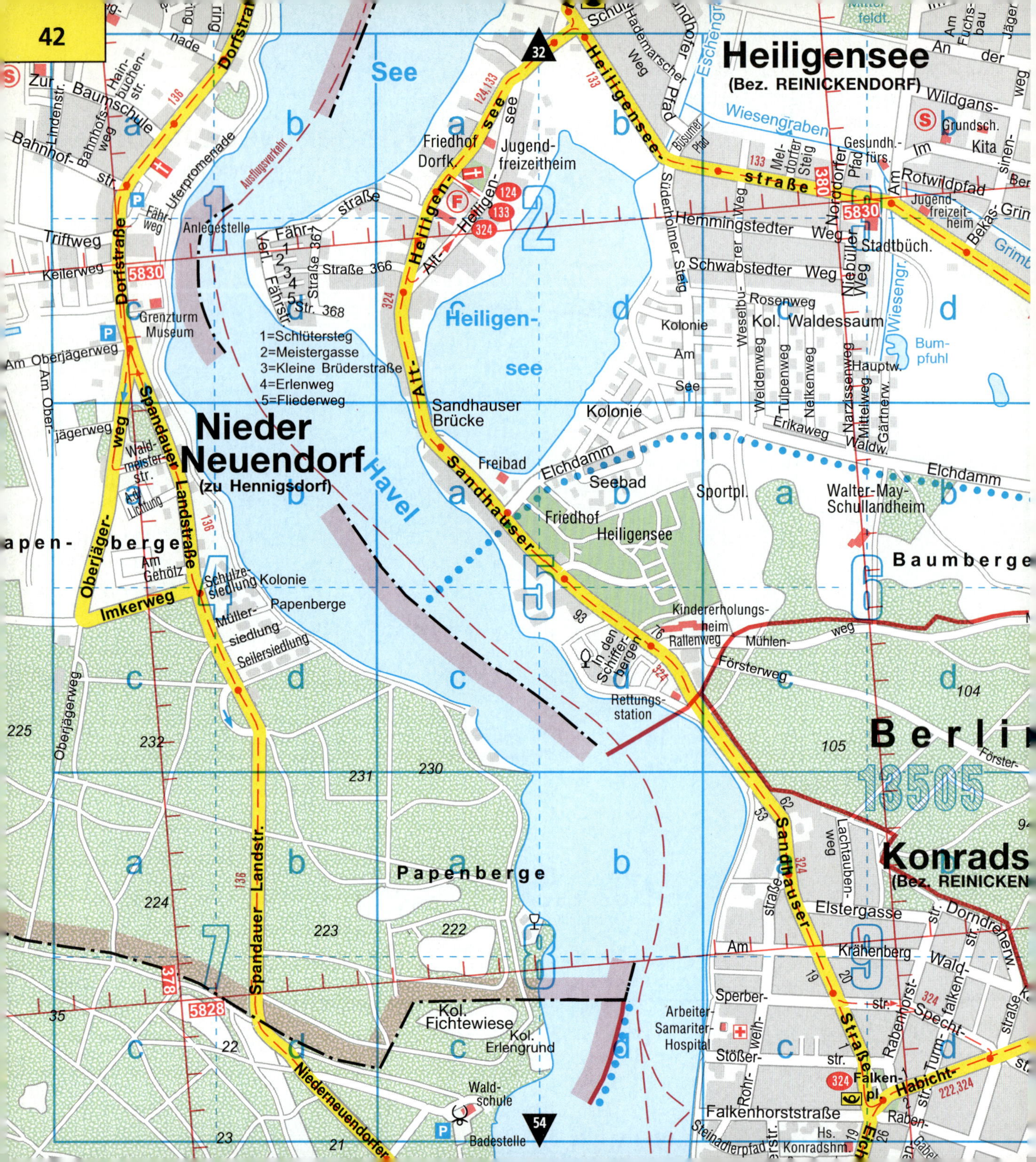
Heiligensee
(Bez. REINICKENDORF)
Nieder Neuendorf
(zu Hennigsdorf)
Konrads
(Bez. REINICKEN
Berli
13505
See
Havel
Heiligen-see
Papenberge
Baumberge
apen- berge
1=Schlütersteg
2=Meistergasse
3=Kleine Brüderstraße
4=Erlenweg
5=Fliederweg
Dorfstraße
Spandauer Landstraße
Spandauer Landstr.
Niederneuendorfer
Oberjägerweg
Imkerweg
Alt-Heiligensee
Sandhauser Straße
Heiligenseestraße
Hemmingstedter Weg
Schwabstedter Weg
Rosenweg
Kol. Waldessaum
Elchdamm
Seebad
Friedhof Heiligensee
Sandhauser Brücke
Freibad
Sportpl.
Walter-May-Schullandheim
Kindererholungsheim
Rallenweg
Mühlenweg
Försterweg
Rettungsstation
Grenzturm Museum
Anlegestelle
Uferpromenade
Ausflugsverkehr
Triftweg
Keilerweg
Am Oberjägerweg
Baumschule
Bahnhofstr.
Friedhof Dorfk.
Jugendfreizeitheim
Wiesengraben
Kol. Fichtewiese
Kol. Erlengrund
Waldschule
Badestelle
Arbeiter-Samariter-Hospital
Elstergasse
Am Krähenberg
Falkenhorststraße
Falkenpl.
Habichtstr.
Rotwildpfad
Stadtbüch.
Bumpfuhl
Kolonie Am See
Schulzesiedlung
Müllersiedlung
Seilersiedlung
Kolonie Papenberge
5830
5828
32
54

Schulzendorf
13503
Heiligensee-straße
Konradshöher Straße
Ruthenberge
Forst
Tegel
Lehmkutenberge
Großer Malchsee
Tegeler See
Tegel (Bez. REINICKENDORF)
13507
Hasselwerder
Reiherwerder
Villa Borsig
Freizeitpark Tegel
Schlosspark
Schloss Tegel (Humboldtschloss)
Humboldteiche
Humboldtgrab
Dicke Marie
Tegeler Hafenbrücke
Apolloberg 65
Forstamt Tegel
Forsthaustunnel
Siedl. Tegelgrund
Beyschlag-Siedl.
Kol. Tegel-Forst
Diakoniezentrum
Ruppiner Chaussee
Schulzendorfer Weg
Mühlenweg
Freiheitsweg
Schwarzer Weg
Försterweg
Revierförsterei Tegeler See
Rettungsstation
Tiergehege
Städt. Jugendfreizeithm. u. Erholungsstätte
Wilkestr.
Greenwichpromenade
Campestr.
Schickstr.
Gabrielenstr.
Holwedestr.
Tegeler Fließ
Tegeler Hafen
E26
111
S25
382
5828
5830
33
55

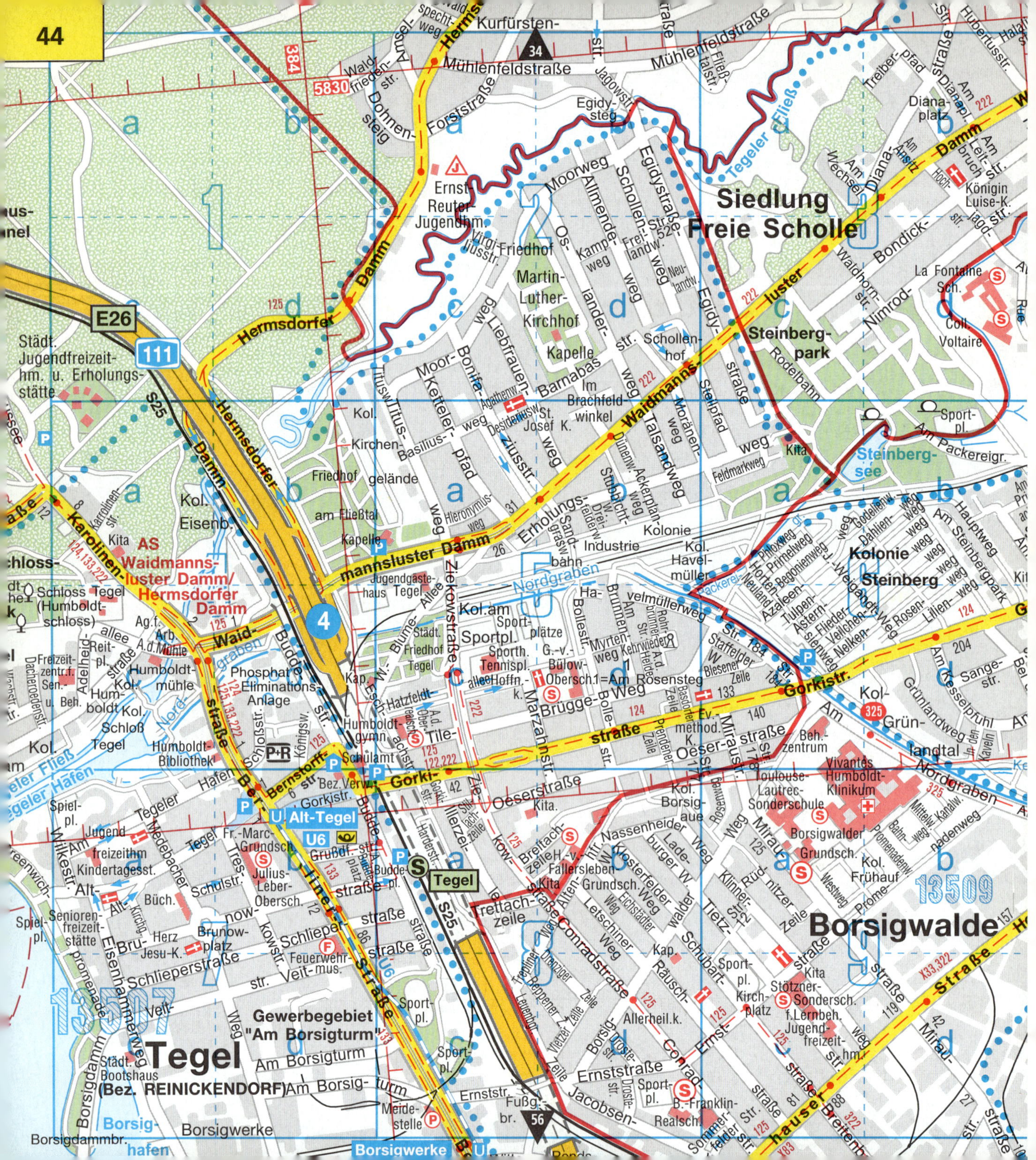

Siedlung
Freie Scholle
Steinberg-
park
Steinberg-
see
Kolonie
Steinberg
Borsigwalde
13509
13507
Tegel
(Bez. REINICKENDORF)
Gewerbegebiet
"Am Borsigturm"
Tegeler Fließ
Tegeler Hafen
Borsig-
hafen
Borsigwerke
Borsigdammbr.
Nordgraben
E26
111
S25
U6
4
34
56
Tegel
Alt-Tegel
Kurfürsten-
Mühlenfeldstraße
Hermsdorfer
Damm
Waidmanns-
luster Damm
Karolinen-
str.
Gorkistr.
Oeserstraße
Conradstraße
Ernststraße
Berliner
Straße
Schlieperstraße
Bernstorff-
str.
Buddestr.
Ziekowstraße
Marzahnstr.
Brunnen-
Bollestr.
Egidystraße
Egidy-
straße
Allmende-
weg
Schollen-
weg
Moorweg
Bondick-
Nimrod-
Waidhorn-
str.
Diana-
platz
Rodelbahn
Sport-
pl.
Am Packereigr.
Ernst-
Reuter-
Jugendhm.
Friedhof
Martin-
Luther-
Kirchhof
Kapelle
Schollen-
hof
Im
Brachfeld
winkel
St.
Josef K.
Kol.
Kirchen-
gelände
Kol.
Eisenb.
Friedhof
am Fließtal
Kapelle
Jugendgäste-
haus
Tegel
Kol. am
Sportpl.
Sport-
plätze
Städt.
Friedhof
Tegel
Humboldt-
gymn.
Schulamt
Bez.Verw.
Städt.
Jugendfreizeit-
hm. u. Erholungs-
stätte
AS
Waidmanns-
luster Damm/
Hermsdorfer
Damm
Schloss Tegel
(Humboldt-
schloss)
Humboldt-
mühle
Phosphat-
Eliminations-
Anlage
Humboldt-
Bibliothek
Kol.
Schloß
Tegel
Julius-
Leber-
Obersch.
Feuerwehr-
mus.
Brunow-
platz
Herz
Jesu-K.
Senioren-
freizeit-
stätte
Jugend
freizeithm.
Kindertagesst.
Städt.
Bootshaus
Toulouse-
Lautrec-
Sonderschule
Vivantes
Humboldt-
Klinikum
Beh.-
zentrum
Borsigwalder
Grundsch.
Kol.
Frühauf
Kol.-
Grün-
landtal
Stötzner-
Sondersch.
f.Lernbeh.
Jugend-
freizeit-
hm.
Allerheil.k.
B.-Franklin-
Realsch.
Fallersleben
Grundsch.
Kol.
Borsig-
aue
La Fontaine
Sch.
Coll.
Voltaire
Königin
Luise-K.
Kolonie
Kol.
Havel-
müller
Industrie
Ev.-
method.
K.
Fußg.-
br.
Melde-
stelle
Am Borsigturm
Jacobsen-
Wittestr.
Treuenhauser
Straße

Märkisches Viertel
(Bez. REINICKENDORF)
Waidmannslust
(Bez. REINICKENDORF)
Wittenau
(Bez.REINICKENDORF)
Wilhelmsruh
(Bez.PANKOW)
13435
13437
13439
E251
S85
S1
U8
Waidmannslust
Wittenau
Rathaus Reinickendf.
Oranienburger Str.
Oranienburger Straße
Oraniendamm
Wallenroder Str.
Schlitzer Str.
Finsterwalder Str.
Senftenberger Ring
Welzower Steig
Wilhelmsruher Damm
Roedernallee
Roedernau
Alt-Wittenau
Am Nordgraben
Nordgraben
Hermsdorfer Str.
Eichborndamm
Dannenwalder Weg
Markendorfer Str.
Lieberoser Str.
Sallgaster Str.
Germendorfer Str.
Borgsdorfer Str.
Birkenwerderstr.
Schorfheidestraße
Triftstr.
Cyclopstr.
Tietzstr.
Volkspark Wittenau
Seggeluchbecken
Packereigraben
Quermatengraben
Peckwischgraben
Cité Foch
1 = Rue Lamartine
2 = Rue Diderot
3 = Allée Marie Curie
1 = Märkische Zeile
1 = Roedernau
Vivantes Humboldt-Kliniken
Recyclinghof der BSR
Industriegebiet
Zur Pappel
Titiseestr.
Schluchseestr.
Bernshausener Ring
Wittenauer Str.
Kol. Einigkeit
Ap.-Andreas-Straße
Senftenberger Ring
Welzower Ring
Königshorster Str.
Zangengasse
Kellerzeile
Amboßweg
Schmiedepfad
Rathauspromenade
Techowpromenade
Jathoweg
Elsenpfuhlstraße
Jansenstr.
Treutelstraße
Gericke-Str.
Schmitzweg
Heiligental
Flötnerweg
Thomaskirche
Tessenowweg
Olbendorfer Weg
Pannwitzstraße
Rotbuchenweg
Niethewiepiper
Kühler Grund
Thiloweg
Kesselpfuhl
Neue Heimat
Spießweg
Dorfanger
Kol. am Raths.
Gesundheitsamt
Meldestelle
Peter-Witte-Grundsch.
Sportpl.
Kita
Kol.
Kol. Steintal
Kol. Frohsinn II
35
57
96
5828
388
120
122
124
221
322
325
321
320
X21,X33
M21

Märkisches Viertel
(Bez. REINICKENDORF)
13439
Rosenthal
(Bez.PANKOW)
13158
Wilhelmsruh
(Bez.PANKOW)
13407
Norde
Rosenthal-Nord
Rosenthal-Süd
Siedl. Eigene Scholle
Volks- park
Schönholzer Heide
Wilhelmsruh
Industrie- gebiet
Gr.Zinger- teich
Garibaldi- teich
Tempel- gr.
Wil- helmsr. see
Nordgraben
Hauptstraße
Wilhelmsruher Damm
Friedrich-Engels-Str.
Kastanienallee
Schillerstraße
Edelweißstr.
Schönholzer Weg
Germanenstraße
Lessingstraße
Fontanestraße
Hertzstraße
Uhlandstr.
Hielscherstraße
Dolomitenstraße
Nordendstraße
Wodanstraße
Blumenthalstr.
Tiefland
Kleingartenanlage Schönwald
Kleingartenanlage „Hessen"
Kleingarten- anlage „Am Anger"
Klg. Wasserwerk II
Heidekrautbahn
1=Märkische Zeile
1=Niederauer W.
1 = Zollbrücker Str.
2 = Am Tempelgraben
3 = Hermann-Günther-Str.
Sowj. Ehrenmal
Sportplatz
Bibliothek
Lengeder Str.
Senftenberger Ring
Quickborner Str.
Zerpenschleuser Ring
Industriebahn
Botanischen
S1,S85
36
58

Französisch-
Buchholz
(Bez. PANKOW)
Nieder-
schönhsn.
(Bez. PANKOW)
13158
13127
13156
Nordend-
Arena
Sportpl.
Nordend
Kleingärten
Am Rollberg
Rollberg
Klg.-anl.
Daheim
Friedhof
d. Zions-
kirchen-
gem.
Kleingartenanlage
Nordlicht
Friedhof d. Himmelfahrt-
u. Friedenskirchen-
gem.
Gethsemane-
Kirchengem.
Garten-
freunde
Klg.- anl.
Klein-
gartenanlage
Gartenbau
Nordend
Kleingarten-
anlage
Buchholz
Rügen
Rosenthaler
Nordgraben
Dietzgen-
straße
96a
Blankenburger
Straße
Pasewalker
Straße
Berliner
Straße
Bahnhof-
str.
Cevennen-
Kleingrtn.-
anlage
Suzetteweg
La-Famille-
Str.
Le-Bonheur-
Str.
Naturschutz-
u. Grünfl.-
amt
Bibliothek
Jug.-
u. Kinder-
heim
Dr.-Markus-Str.
Chamisso
Wodanstr.
Elfen-
allee
Edda-
str.
St.-
Johannes-
K.
Marien-
straße
Zitherstr.
Zimbelstr.
Akkordeon-
straße
Okarinastr.
Klg.-
Anl.
Hoffnung
Klein-
garten-
anlage
Einsiedel
Blankenburg
Spiel-
pl.
1 = Tubaweg
2 = Oboensteig
3 = Posaunenweg
Kulturhs.
Grund-
schule
Reuter-Str.
Klg.-Anl.
Einsame
Eiche
Körner-
str.
Beuthstraße
Charlotten-
str.
Grumbkow-
straße
Wackenberg-
straße
Hans-
Jürgen-
Str.
Alten-
heim
Pankower
allee
Kita
Panke
Marga-
reten-
aue
4
As
Pasew.
Straße
5
AS
Prenzlauer
Promenade
Pankow-
Heinersdf.
Feuchter
Winkel
BSR
Klg.-Anl.
Romain-
Asgardstr.
Sleipner-
Schiller-
Büchner-
weg
Schreckenbach-
str.
Waldstr.
Altenberger
Weg
Waldow-
Fritz-
Reuter-
Rousseau-
weg
Eichenstr.
Adventkap.
Brose-
park
Fr.-List-
Obersch.
Wackenberg-
Hertha-
platz
Kapelle
Martha-
str.
Sen.-
heim
Friedhof
Gesamt-
sch.
Klothilde-
str.
Stechow-
str.
Grund-
sch.
Sprachheil-
Kindergart.
Sch.a.d.
Strauchw.
Lindenberger
Str.
Roland-
Karo-
Christinen-
Elisabeth-
Dechertstr.
Schloß-
Str.
Garten-
arbeits-
sch.
St. Joseph-
Krankenhs.
Vesalius-
Paracelsus-
Kleingartenanl.
Schüßler
Kleingarten-
anlage
Parkfriede
Spiel-
pl.
Galenus-
Sport-
pl.
Real-
schule
Mendel-
Schloss-
park
Tiefbau-
amt
Schloss
Schön-
hausen
Inst.
f.
Medizin-
technik
Ossietzky-
pl.
Friedens-
kirche
H.-Hesse-Str.
Pastor-
Niemöller-
Pl.
Treskow-
Wald-
straße
Fritz-
Erbenbeck-
Ring
Kirch-
allee
Ahorn-
allee
Mittel-
str.
Kita
Straßen-
bahnhof
5828
392
M1
107
250
150
37
59
Klein-
gärten
Achter-
Jugend-

Blankenburg
(Bez. PANKOW)
Heinersdorf
(Bez. PANKOW)
13127
13129
38
60
114
Blankenburg
Karower Damm
Alt-Blankenburg
Krugstege
Bahnhofstraße
Blankenburger Pflasterweg
Heinersdorfer Straße
Sellheimbrücke
RE3,RB12,OE60
S2,S8
Fachhochschule f. Technik u. Wirtschaft
Marderberg
56
Kleingartenanlage Märchenland
Kleingartenanlage Pankepark
Familiengärten
Friedhof
Bibliothek
Dorfk.
Jug.-freizeitheim
Kinderhm. (Rehastätte)
Realsch.
Albert-Schweitzer Krankenpflegeheim
Sondersch.
Sportplatz
Kita
Fließgraben
Panke
Schmöckpfuhlgr.
1=Am Graben
5828
394

39
Laake
259
Lindenberger Weg
Lindenberger Weg
Fließgraben
5828
Umspann-
werk
Tier-
gehege
Kleingartenanlage
Margaretenhöhe- Nord
Florentinestraße
Klein-
gartenanl.
Neu- Malchow
Klein-
gartenanl.
Am Außen-
ring
Ellistr.
An der Margaretenhöhe
Sigrunstr.
Astrid-str.
Ricardastr.
Helminestr.
Viola-str.
Dorfstr.
RE3,RB12,OE60
Pflasterweg
154
154,259
NSG
Malchower
Aue
Margareten-
höhe
Fuß-
gänger-
br.
Klein-
garten-
anlage
Wiesen-
höhe
130518
Natursch.-
station
Kita
Friedhof
Kapelle
Wartenberger Weg
Märchen-weg
Malchow
(Bez. LICHTENBERG)
Zum Hechtgraben
Malchower See
5826
61
Hechtgraben
Wartenberger Weg
Hagenower Ring
Schweriner Ring
Sport-
pl.
Jug.-
hm.
Sport-
platz
Reit-
platz
Gärtnere
Straße
Ev.-Gem.-zentr.
"Heinrich
Grüber"
Sport-
pl.
S75
P+R
Wartenbg.
Egon-Erwin-
Ernst-Barlach-Straße
359
Warnemünder
Rostocker Str.
Krummer
Pfuhl
Altenhm.
Fennpfuhlweg
Dorf-str.
Genos-
schafts-
Am Alten-
hm.
Turn-
halle
Str. 51
Straße 52
Str. 33
Str. 28
Str. 81
gänger-

Nelken-str.
Dahlienstr.
Birkholzer Allee
Volkerst
10 = Wickenweg
Alte Schulstraße
Kap.
Friedhof
Klarahöh
Thälmannstraße
Ringstraße
Steinstraße
Am Feldrain
Am Wiesenrain
1=Florastraße
Wiesenweg
Windpfuhl
Mühlenpfuhl
Straße 2
Straße 4
Straße 5
Straße 6
Straße 7
Straße 8
Straße 9
Siedlung
Wartenberg
Lindenberger Str.
Birkholzer Weg
Straße 1
Straße 3
Berllgraben
Berllpfuhl
Kleingartenanl. Falkenhöhe Nord e.V.
Sportplatz
Matibi-Grundschule
NSG Falkenberger Rieselfelder
Falkenhöhe
Straße 10
Straße 11
Gärtnerei
Reitplatz
13059
Kleingartenanlage Grüne Triff Falkenhöhe 1932 e.V.
13057
Wartenberg
(Bez.LICHTENBERG)
Fennpfuhlweg
Genossenschaftsweg
Lindenberger
Dorfstr.
Friedhof
Kita
Am Gutshof
Ahornweg
Lindenweg
Akazienweg
Klg.-Anl.
Hauptweg
Am Hechtgraben
NSG Wartenberger/Falkenberger Luch
Tierfriedhof
Tierheim
Hausvaterweg
Gutspark Falkenberg
Kleingartenanlage 750 Jahre Berlin
62
400
402
5828
5826
893
256
359

Reh-
hahn
Am Rehhahn
Wriezener Bahn
H.-Kruse-Str.
Ehrig-Hahn-Str.
Zeppelinstr.
Stephanus-Gem.
Kapernaum-Gem.
Kapelle
Tabor-Gem.
Ostfriedhof
Ahrensfelde
Advent-gem.
Martha-Gem.
Pfingst-Gem.
Ahrensfelde-Nord
5828
404
158
901
114
113
Ginster-str.
Heideweg
Clara-Zetkin-Str.
Veilchen-str.
Walde
am
Straße
Frieden-
Astern-weg
Nelken-weg
Rosen-str.
1=Tulpenring
2=Irisweg
Heiz-kraftwerk
Märchen-wald
Neuer Schwanebecker Weg
1=Eichendorffstr.
2=Fontanestr.
3=Kleiststr.
4=Rilkestr.
5=Wilhelm-Hauff-Weg
6=Hölderlinweg
7=Wilhelm-Busch-Weg
8=Thomas-Mann-Straße
9=Tucholskystraße
10=Erich-Kästner-Straße
Ortsteil Ahrensfelde
(zu Ahrensfelde)
Galiläa-Gem.
Lazarus-Gem.
Samariter-Gem.
OE25
Bahn-straße
Geschw.-Scholl-Str.
Wilh.-Külz-Str.
Breitscheid-str.
Bernh.-Lichtenberg-Str.
Kirschen-
Frieden
E.-Thälmann-
August-Bebel-Str.
Rudolf-
Blumberger Chaussee
Lindenberger Str.
Freiligrath-str.
Goethe-str.
Fichte-str.
Schiller-
Goethe-str.
Reiter-hof
Fichte-Heine-straße
Jahnstr.
Lindenberger Weg
Ahrensfelde Friedhof
Fliederstr.
Rodel-bergw.
Finken-steig
Apfel-steig
Kleines Ahrensfelder Dreieck
Ahrens-
Wuhle-steig
Am Alten Kiesberg
Quitten-haag
Am Wuhle-grund
Rebhuhnwkl.
Dreieck
1=Stieglitzweg
2=Amselsteig
3=Wiesenhain
4=Birnenweg
5=Lerchensteig
6=Beerenwinkel
7=Elsternweg
8=Wachtelweg
9=Zeisigweg
Am Gehrensee
Lessing-str.
Herder-
St.-Zweig-Str.
Novalis-str.
Ahorn-ring
allee
Sportpl.
Brecht-Str.
Gebr.-Grimm-str.
Jahn-sport-anl.
Gehrensee-park
Humboldt-Straße
Gehren-see
Millionengraben
Sonnen-winkel
Wuhle
Fasanenstraße
Gem.-verw.
Schleif-weg
Hafersteig
Mohn-blumenw.
Am Ahrensfelde
Hasen-winkel
Am Roggenschlag
Kutscher-steig
Kind.-g.
Friedhof
Mehrower Str.
390
390,901
5826
Ahrensfelder
Mehrower Chaussee
An der Wiese
Ulmen-
Dorf-straße
Gartenw.
Berg-str.
Feld-str.
Kita
Turnh.
Grund-sch.
Kiesstraße
Eichhorster
Klandorfer
Rosenbecker Str.
A. d. Wuhle
Döllner Str.
P.-Nurmi-Grundschule
Wuhlgraben
Hohenwalder
Helgoland-
Rheinstr.
Saarstr.
Elisabeth-von-
Marie-
Schiemann-Str.
1= Julius-Meyen-Straße
Ahrensfelder Chaussee
Allee
Klub-hs.
M8
16
X69
S7
63
197
197,901
P+R
Ahrens-

ehem.
5828
40
828
Große Kienhorst
Große Bogen
Kienhorst
Eiskeller
Staatsforst
5213
Hitzeberge
45
5240
5212
Kolonie am See
Falken-
hagen
Weg
Nieder-
neuendorfer
Weg
Schön-
heide
Mozartallee
Wagnerallee
Schubertallee
Weingärtner-allee
Gluckallee
allee
5207
Telemann-
allee
Beetho-
ven-
allee
Haydn-
allee
Brahms-
Falkenhagener
See
Uferpromenade
Lortzing-
Griegallee
Weberallee
Händelallee
Lisztallee
Große
Kuhlake
= Schillerplatz
Seepromenade
Steileiche
Fontane-
Herder-
Lessing-
Schiller-
Kant-
straße
Freilicht-
bühne
Erholungs-
zentr.
Geibel-
allee
20
allee
5210
Johann-Strauß-Allee
Bachallee
Pestalozzi-
Str.
Jean-Paul-Str.
Herbart-str.
Siedlung
Falkenhöhe
Freiligrathstr.
Rückertallee
Uhlandallee
allee
372
Neuer
See
Eichpark
Diesterwegstr.
Foerster-
str.
Wieland-
str.
Alter
Fischer-
weg
Fischerw.
5239
Freibad
Fröbel-
straße
Bodel-
schwingh-
str.
Melanch-
thonstr.
Luther-
Martin-
Thierstr.
Pestalozzistr.
Falkenhagen
(zu Falkensee)
Falkenhagen Ost
Humboldtallee
Keplerstr.
Frankestr.
Montessori-str.
Gartenstadt
Falkenhöh
Spandauer Straße
Span-
dauer
Platz
Koblenzer
Straße
Kölner
Bonner
Fichtestraße
Schopenhauer-str.
Leibnizstraße
Comenius-str.
Nobel-str.
Korczak-str.
Adorno-
Von-Sutt-ner-Str.
Heikendamm
Grundsch.
a. Stadtrand
1358
652
337
66

Stadtbruch
Kreuztränke
Berliner
Forst
Spandau
Kreuzgraben
Kreuzteich
Kuhlake
Oberjäger-
weg
Prinzeß-
weg
Rehberge
Schönwalder Allee
Schönwalder
Mittelheide-
see
Großer-
Kleiner
Höheheide-
teich
Hohe
Heide
Kuhlake
Karpfen-
teich
Niederheide-
see
Wildgehege
Revierförsterei
Spandau
Mittelheide
Sicker-
becken
Niederheide
1 = Rotkehlchenweg
2 = Heinzelmännchenweg
Kol.
Waldes-
saum
Wald-
weg
Fasanen-
weg
Möwen-
weg
Falken-
weg
Amselweg
Musikerweg
Hasenweg
Drossel-
weg
Lerchenweg
Kol.
Wald-
frieden
Eichenweg
Birken-
weg
Haupt-
weg
Baum-
schule
Niederheide-
Kol.
Waldheim
Radeland-
straße
Osthavelländische
Eisenbahn
Stadtpark
Spanda
delandstr.
Vivantes
Klinikum
Spandau
Kap.
Griesinger-
straße
Grundsch.
a. Stadtrand
Kita
Griesingerstr.
Maikäferweg
Arbeiter-
Samariter-
Bund
Pflegeanstalt
Spandau
Sand-
wiesen-
weg
Weg
Kol.
Sandwiesen
Hubertus-
Kol.
Kleingarten
park
Radeland
Krämer-
weg
Platz
E
Gliensteig
Brieselang-
weg
Flatower
Weg
Ketziner
Grüne-
felder Str.
straße
Schwanter
Weg
Marwit-
zer Str.
Paarener
Str.
Hubertus-
Flatower
Str.
Kol.
Marwitzer
Waldes-
lust
Kron-
prinzen-
Radeland-
Kap.
Heims
Kita
Wi
Kr
Kuhla
Oberjäg
41
67
376
5826
671
130
131
130,131

42
68
Badestelle
Rettungsstation
Havelheim
Freibad
Bewag
Kraftwerk
Oberhavel
Havel
NSG
Teufels-
bruch
Teufelsseekanal
Niederneuendorfer
Allee
Papen-
berger W.
Rust-
weg
Kolonie
Sportanglerverein
Aale
Aalemann-
ufer
Aalemannkanal
Autofähre
Jugend-
freizeithm.
Buntspechtstr.
Schwarzspechtweg
Schwarz-
spechtweg
Nußhäherstraße
Konradshm.
Baummarder-
steig
Eichelhäher-
str.
Turmfalken-
Am Eulenhorst
Friederike-
Wildtaubenweg
Grundsch.
Am Tegelschen
Ort
Gerlindeweg
Helgaw.
Luisenstr.
Kinder
tages-
st.
Edeltrautweg
Marlene-
straße
Jörsstr.
Beate-
str.
Alma-
zelle
Beatestr.
Barschel-
pl.
Te
Pump-
werk
Wald-
siedlung
Heimschule
Kita
Evangelisches
Aug.-
Hermann-
Francke-Sch.
Evang.Schule
Spandau
Gärtnerei
Sport-
pl.
Johannesstift
Wichern
Krankenhaus
OHE
Pappel-
Birkenweg
Eschen-
Wichern-
Tennis-
pl.
Carl-
Schurz-
Grundsch.
Kita
Jug.-
freizeit-
hm.
Senioren-
clubbs
Wichern-
kap.
Holunder-
Stadion
Hakenfelde
St.-
Lambertus-
K.
Am
Wannseeaten
Kol.
Verein f.
Gesund-
heitspfl.
Kol. Kanal
Kol.
Nordstern
Kol.
Plötze
Kol.
Frühauf
Kol.
Segelclub
Spandau
Kol.Anglerverein
Einigkeit
Kol. am
Fährweg
Elsterwerder
1=Schönauer W.
Kol.
Beh.-siedl.
Garten
arbeits-
sch.
Kol.
Wohnsiedl.
Salzunger W.
Werder-
Sport-
platz
Hakenfelde
Mittenwalder
Garmischer
Maselake
Wilhelmsruh
Wasserschutz-
polizei
Rettungs-
station
Großer
Wall
Hakenfelde
(Bez. SPANDAU)
1 = Boca-Raton-Straße
2 = Ashdodstraße
3 = Iznikstraße
Maselakekanal
Kulbeweg
Mertens-
Hakenfelder
Str.
Jugend-
verkehrs-
schule
Tennis-
pl.
Sport-
pl.
Oberschule
Kuhlake-
teich
Waldturner Weg
Breuberg-
weg
Am Forstacker
Cautius-
St.-
Lambertus-
K.Gem.-
zentr.
Schönwalder
Allee
Hubertus-
Mögeldorfer
Reußstr.
Chamissostraße
Goltz-
Rauch
Jugendfreizeit-
hm
Streit-
straße
13587
Wasserstadt-
br.
Hafen
Wasser-
stadt
Bergmann-
Str.
18=Beetzseeweg
19=Quenzseeweg
Glindowseestr.
Zu
den
Eichen
Grundsch.
a.Eichen-
wald
Wansdorfer
Platz
Kaiser-
Prinz-
Eitel-W.
Prinz-
Adalbert-
W.
straße
Kol.
Str.
Michel-
stadter
Schwendy-
Komburger
Rothenburger W.
Wildunger
Weg
Stargarder
Weg
Fährweg
Elkartweg
Neuenahrer
Berlicher
Bernkasteler
Marienwerder
Masuren-
Haselluch
Fuldaer
Dahlienw.
Fliederstr.
Lichtwarkweg
Fichtenweg
Am Teufels-
z. bruch
Erlengrund
Fichtewiesen
Asnièresstr.
Wasser-
bg.
Am
Maselake-
weg
Daum-
A.d.
Havel
Kol.
Adlerw.
Valeck
park
andau

Berliner Forst Tegel
Tegeler See
Tegelort
Reiherberg
Freibad Tegeler See
Rettungsstation
Badestelle
Schulfarm
Scharfenberg
Lindwerder
Reiswerder
Baumwerder
Wasserwerk Tegel
Gänsewerder
Wasserskigebiet
Wasserwerk
Tegel
Bernauer Straße
Neheimer Straße
Jungfernheide
Saatwinkel
Maienwerder
Kleine Malche
Hohenzollernkanal
Sickerbecken
Siemenssiedl.
13599
1=Langer-See-Straße
2=Schwielowseestraße
3=Zernseestraße
4=Röddelinseeweg
10=Zeuthener-See-Weg
11=Strausseeweg
12=Kölpinseeweg
13=Scharmützelseeweg
14=Stolpseeweg
Schwarzer Weg
Semmelweg
Maienwerderweg
Theresenweg
Scharfenberger Str.
Tegelorter Ufer
Ausflugsverkehr
Kinder-erholungsheim
Steinkauzg.
Parallelweg
Im Saatwinkel
Kol. Saatwinkel
Kol. am Tegeler See
Saatwinkler Steg
Kol. Salzhof
Rohrbruch-
Bocholter Weg
Billerbecker Weg
Sendener Weg
Borkener
Stadt-Garten-arbeits-schule
Philippus-Asc
Sportpl.
Spielpl.
Kita
Dülmener Pf.
Senden-horster Weg
Dattelner
Rettungsstation
Badest.
Gärtnerpfad
X33,133
5826
382
43
69

Tegel
(Bez. REINICKENDORF)
Borsigwerke
Borsighafen
Borsigdammbr.
Borsigdamm
Jugendwohnhm.
Karl-Bonhoeffer-Nervenklinik
Bieden-kopfer Str.
Egellsstr.
Beckumer Str.
Sterkrader Str.
Berliner Straße
Witte-
Rendsburger Br.
E26
AS Holzhauser Str.
Holz-hauser
Kap. Russischer Friedhof
Kol. am Brocken
Witte-straße
Sommerfelder Str.
Soltauer Str.
Breitenbachstr.
Namslau-straße
Martinusk.
Seniorenheim
Kita
Havelmüller-Grundsch.
Jugendfreizeithm.
Stockumer Str.
Emstaler Platz
Bottroper Weg
Bernhard-K.
Bernauer Straße
Wickeder Str.
Bernhard-Lichtenberg-Pl.
Holzhsr. Str.
111
Jugendfreizeithm.
Coesfelder W.
Billerbecker Weg
Stadt-Garten-arbeits-schule
J.-Leber-/A.-Brehm.-Grundsch.
Kol. a. Wanderweg
Justizvollzugsanstalt Tegel
Seidel-straße
Flohr-str.
U6
Garten-str.
Otisstr.
Kol. Waldessaum
Auguste-Viktoria-Allee
Quäker-str.
Gartenfr.
Foxweg
R.-Fuchs-Grundsch.
A.-Schweitzer-K.
Seniorenwohnhs.
AS Seidelstr.
Seidelb.
AS Eichbornd.
Antonien-str.
Scharnweberstraße
Kol. Waldblick
Philippus-K.
Ascheberger Weg
Kol. Aschebg.
Tennispl.
1=Betzdorfer Pfad
5826
384
Werdohler Weg
Siedl. Waldidyll
Der Breite Weg
Badestelle
Vogelschutzreservat
Flughafensee
Sportplatz
A. St. Exupery
Seidelstr.-br.
Cité Guynemer
Rue du Cap. Jean Maridor
Rue Joseph le Brix
Avenue-Jean-Mermoz
AS K.-Schumacher-Pl.
1=Rue du Commandant Jean Tulasne
Flughafentunnel
Flughafen Berlin-Tegel
"Otto Lilienthal"
13405
Cité Pasteur
Tennisplätze
Tennishalle
R.René Laenec
Rue Ambroise Paré
Kurt-Schumacher-Damm
R.-Schum. Br.
A.-Briand-Br.
Charles-Corcelle-Ring
Empfangsgebäude
Terminal
Tower
X9
109

REINICKEN-
DORF
Karl-Bonhoeffer-Nervenklinik
Eichborndamm
Alt-Reinickendf.
Lindauer Allee
Paracelsusbad
Kurt-Schumacher-Pl.
Afrikanische Str.
Rehberge
Scharnweberstr.
Anschlussstelle Kurt-Schumacher-Platz
13403
Julius- Leber- Kaserne
Schiller-
park
Friedhof Reinickendorf
Septimer-becken
Kienhorst-park
Wald-
straße
Lindauer Allee
Humboldt-
str.
Gotthard-
straße
Holländer-
Ollen-
hauer-
Kurt-Schumacher-Damm
Müller-
Kapweg
Roedernallee
Aroser Allee
Emmentaler
Kienhorst-
Viktoria-
Allee
Auguste-
Zobeltitz-
Septimer-
Barfus-
Thomask.
S25
U6
U8
45
71
96
7

13407
Niederschönhsn.
(Bez. PANKOW)
Schönholzer Heide
Schönholz
Friedhof
Kriegsgräbergedenkstätte
Schießanlage
P.-Zobel-Sportpl.
1=Buddestr.
Friedhof Pankow
Kapelle
Stiftung Alten-Sen.-zentr.
Flottenstraße
S25
S1,S85
46
Kol. Schönholz
Kol. Dreieck
Kolumbus-Grundsch.
St. Marien-K.
Klemkestraße
Reinickendorf
Kolpingpl.
Allee
Residenzstr.
Residenzstraße
Breitkopfbecken
Büchsenweg
Büdnerring
Sommerstr.
Nordbahnstr.
Forum f. Senioren
Frühlingstr.
Schönholzer Str.
Hermann-Str.
Heinrich-Mann-Platz
Schönholz
Gbf.-Bln.-Schönh.
S1,S25,S85
Bürgerpark
Bürgerstr.
Provinzstraße
Herbststr.
Hoppestr.
Winterstr.
Granatenstr.
Amendestraße
Reginhardstraße
Gustav-Freytag-Realsch.
Emmentaler Str.
Friedrich-Engels-Gymn.
Genfer Str.
Emmentaler Str.
Raschdorffstraße
Hausotterstraße
Mittelbruchzeile
Thaterstr.
Stargardtstr.
Senioren-freizeitzt.
Bücherei
Schäfersee
Franz-Neumann-Pl.
Pankower Allee
Lettestraße
Reginhard-Grundsch.
OSZ-Metalltechnik
Mickestraße
Neptunstr.
Aegirstr.
Gesellschaftstr.
13409
Kühnemannstraße
Kol. Scherbeneck
Sportanl. Gustav-Böß
Panke
Wilhelm-Kuhr-Str.
Wollankstr.
Gottschalkstr.
Holzstr.
Kol. Sommerglück
Kol. Holzweg
Kol. Panke
Kirchhof der Franz. Gem. III
St.-Elisabeth-Kirchhof II
Soldiner Str.
Wollankstr.
13359
Ritterlandweg
Drontheimer Str.
Kirche Maria-Regina
Holländerstraße
Lutherhs.
Kol. Schillerring
Kol. Mariabrunn
Wedding
(Bez. MITTE)
Waldersee-Str.
96
Müllerstraße
Haßlingerweg
Hansastr.
U8
U9
Hanne-Sobek-Sport-anl.
DRK-Krkhs. Mark Brandenburg
Finanza. Wedding
Osloer Straße
Osloer Str.
Schroeder-Pl.
Reinickendorfer Str.
Kol. St. Georg
Kol. Nordkap
Jüdisches Krkhs.
Hallen- und Sommerbad
Seniorenwohnhs.
Schwyzer Str.
OSZ Gesundheit
G.-Rohl-Grundsch.
Prinzenallee
Stephanusk.
W.-Hauff-Grundsch.
St. Petrus-K.
Bellermannstr.
5824
390
Badstr.
Exerzierstr.
BVG Hauptwerkst.
13349
13357
park
Seestraße
Oudenarder Str.
Hasen-clever-Platz
Ev. Geriatriezentrum Berlin
Pankstr.
Gesundbrunnen-Grundsch.
W.-Brandt-Obersch.
Nauener Str.
72
Bahamas

PANKOW
Schlosspark
Pankow
Pankow-Heinersdf.
Bornholmer Str.
Schönhsr. Allee
Vinetastr.
Sommerbad Pankow
Amalienpark
Damerowstr.
Breite Str.
Berliner Str.
Mühlenstraße
Wollankstraße
Schönholzer Str.
Granitzstraße
Kissingenstraße
Kissingen-Stadion
Prenzlauer Promenade
Rothenbachstraße
Florastraße
Maximilianstraße
Zillertalstr.
Tiroler Str.
Brennerstr.
Vinetastraße
Esplanade
Aalesunder Straße
Bornholmer Straße
Wisbyer Str.
Paul-Robeson-Str.
Schivelbeiner Str.
Schönhauser Allee
Dolomitenstr.
Arnold-Zweig-Straße
Binzstr.
Borkumstr.
Kleingartenanlage Insel Rügen
Kleingartenanlage Eigenheim a. d. Rothenbachstraße
Sophienkirchhof II
Friedhof II Pankow II
Arnimplatz
Garbáty-platz
Wolfshagener Str.
Ossietzkystr.
Tiniusstr.
Neukirchstr.
Heinersdorf
Gärtnerei
96a
109
13187
13189
10439
47
73
S2,S8
S1,S25,S85
U2

13089
48
1 = Maiglöckchenweg
2 = Tulpenweg
3 = Schreberweg
4 = Fliederweg
5 = Dahlienweg
Gbf. Heinersdorf
Stadt
Heinersdorf
(Bez.PANKOW)
Kleingartenanlage
Nordland
Blankenburger Straße
Romain-Rolland-Straße
Rolland-Straße
Malchower Straße
Kandertaler Weg
Wischbergeweg
Rennbahnstraße
Sportkomplex „Rennbahn"
Sportplätze
Klg.-Anl. Rennbahn
Tennis-Center
Gesundheitsquell
Kleingartenanlage
Darßer
Bezirksamt
Nüßlerstraße
Feldtmannstraße
Berliner Allee
Roelckestraße
Gehringstraße
Rathaus Weißensee
Finanzamt
Liebermannstr.
Joe-May-Pl.
Große Seestr.
Bernkasteler
Freilichtbühne
Blindenhm.
Der Weiße See
Freibad
Weißensee
(Bez. PANKOW)
Weißenseer Park
Busch-
Bibliothek
St.-Joseph-Krankenhs.
Pistorius-Straße
Hamburger Platz
Charlottenburger Straße
Friedhof der St. Georgen-Kirchengemeinde
1 = Wilh.-Wagenfeld-Str.
2 = Joh.-Itten-Str.
3 = Rud.-Baschant-Str.
Park-Klinik
Weißensee
Mirbach-pl.
Bethanien-Kirche
Kreuzpfuhl
Stephanus-Stift
Museum
Kulturhs.
Freies Land
Steinberg
Wasserturm
Neu Hoffnungstal
Berliner Str.
Gustav-Adolf-Str.
Lehderstr.
Langhansstr.
Streustr.
Ostseestr.
Paul-Grasse-Str.
Amalienstr.
Behaimstr.
Antonpl.
74
13086
2
Frieden
Oststr.
Ortnit-straße
Osasteig
Nornenweg
Haakonweg
Lindwurmweg
Ostaraweg
Ahrenshoop
Aschenbrödelweg

Malchower See
Grandsdlg. Malchow
(Bez. PANKOW)
Nilessiedlung
Neu-Hohenschönhausen
(Bez.LICHTENBERG)
13051
13053
Wartenbg.
Bln-Hohenschönhsn.
Wustrower Park
Barther Pfuhl
Dorfstr.
Hohenschönhauser
Chaussee
Doberaner Str.
Rostocker Str.
Egon-Erwin-Kisch-Str.
Ribnitzer Str.
Zingster Str.
Ahrenshooper Str.
Wustrower Str.
Barther Straße
Borner Str.
Darßer Straße
Graaler Weg
Bitburger Str.
Feldtmannstr.
An den Feldtmanngärten
Perler Str.
Falkenberger Chaussee
Hansastraße
Malchower Weg
Privatstr.
Drossener Str.
Königswalder Str.
Rackwitzer Str.
Tamseler Straße
Am Faulen See
Naturschutzgebiet
Fauler See
Volkspark
Suermondtstraße
Buschallee
Berliner Allee
Oranke-see
Obersee
Orankestrand
Degnerstr.
Gembitzer Str.
Biesterfelder Str.
Malchower Str.
Hauptstraße
Wartenberger Str.
Gehrenseestr.
Wollenberger Str.
Leuenberger Str.
Heckelberger Ring
Lindencenter
Hansa-Center
Friedhof d. St.Bartholomäus-Kirchengem.
Ev. Kirchengem. Weißensee
Block III
Kleingartenanl. Land in Sonne
Block II
Block I
Kleinhaussiedl.
Amtsgericht
Gymnasium
Grundschule
Sporth.
Kita
Stadion Buschallee
Käthe-Kollwitz-Str.
Mies-v.-d.-Rohe-Hs.
Freibad Orankesee
Strandbad Obersee

NSG Wartenberger/
Falkenberger Luch
Gutspark
Falkenberg
Kleingarten-
anlage 750 Jahre
Berlin
Falkenberg
(Bez.LICHTENBERG)
St.-Konrad-
v.-Parzham-
Bgm.-Ziethen-
Grundsch.
Jugendheim
Friedhof
Kap.
Dorfstr.
Dorf-
Chaussee
Ahrensfelder
Chaussee
Straße
Stege-
Hausvater-
weg
Hellersdorfer
Weg
Jugend-
heim
Kita
Abenteuer-
spielpl.
Schwarzwurzel-
Jug.-
club
Ärzte-
hs.
Dessauer
Bernburger Str.
Rohr-
pfuhl
Matibi-
Grundsch.
Prendener
Str.
Am
Gutshof
Straße
Klützer Str.
Krapeliner Str.
Grund-
schule
Jugend-
hm.
Gevesmühlener
Str.
Welsestraße
Sch. f.
Lernbeh.
Turnh.
Descartes-Obersch.
Feldmark-
Grundsch.
Sch. f.
Geistigbeh.
Bibl.
Vincent-van-Gogh-
Straße
Randowstraße
Alten-
hm.
Jugenhm.
Warnitzer
Str.
Pablo-
Melde
St.
Landes-
kriminal-
amt
Niemöller-
Grundsch.
Sch. f. Lernbeh.
Kita
Randow-
Grundsch.
Randow-
str.
Biesenbrower
Str.
Welse-
Str.
Grundsch.
Biesenbrower
straße
Wartiner
Passower
Str.
Kita
Gewerbe-
park
Seehausener
Turnh.
Jug.-
hm.
Falkenberger
Krugwiesen
Neu-
Hohenschönhausen
(Bez.LICHTENBERG)
Sport-
plätze
Röttken-
ring
Luch
Str.
Picasso-
Straße
Werkhof
Gewerbe-
gebiet
Klg.-anl.
Feierabend
Sport-
platz
Gehrenseestr.
Arnim-
str.
Gartenstadt
Hohen-
schönhausen
Hohen-
Straße
Bitterfelder
Straße
Schönhauser
Nord-
ring
Hellersdorfer
Straße
Seelgraben
Seelgraben
BSR
Betriebshof
Marzahn
Wolfener
Leunaer
Str.
Schkopauer
Mehrower Allee
Marzahn
(Bez. MARZAHN-HELLERS-
DORF)
Klärwerk
Tiefbau-
amt
Ring
Wohn-
amt
Soz.-
amt
Premnitzer
Str.
Natur-u.
Umweltа.
Wolfener Str.
Wolfener
Str.
Möwen-
teich
Gott-
fried-
Josef-
Lomar-
Christophstr.
Edgar-
Christianstr.
Dietrich-
str.
Gehrensee-
str.
Grund
sch
Hohen-
schönhsn.
Anna-
Ebermann-
Str.
Amts-
gericht
Lukasstr.
Detlev-
Roderich-
pl.
Benno-
str.
Gehrenseestraße
Klettwitzer
Str.
Bitterfelder
Teiche
Ring
Hornoer
Str.
Wolfener
VHS
Str.
Raoul-Wallenberg-Str.
Sowjet.
Ehrenhain
Hochbauamt
Park-
friedhof
Alfred-
Raoul-
Jugend
club
Spiel-
pl.
Zühlsdorfer Str.
Mühlenbecker Weg
Kita
Bas-
dorfer
Str.
Alten-
hm.
Turn-
halle
Gesamt
sch.
Basdorfer
Kita
Stenzer-
Kap.
13053
12681
Alt-
Hohenschönhausen
(Bez.LICHTENBERG)
Wollenberger
Str.
Marzahner
Straße
Gbf Nordost
Boxberger
Str.
Schwarze-
Pumpe-Weg
S75
RE3,RB12,OE60
OE60
S7,OE25
50
76

Stadt-
randsiedl.
Ahrens-
felde
Ahrensfelder Chaussee
Havemannstraße
Havemann-
straße
Eichhorster
Klub-
hs.
Rosen-
becker
Str.
Döllner
J.-J.-
Hecker-
Obersch.
Golliner Str.
Kölpiner
Str.
K.-F.-Braun-
Obersch.
Bürgeramt
S.-Lagerlöf-
Grund-
sch.
Ärzte
haus
Bibl.
Schorfheide-
Barnim-
pl.
Clara-
Zetkin-
Park
Wörlitzer
Niemegker Str.
Witten-
berger
Str.
Fläming-
str.
Kita
Dahl-
mann-
sch.
Jugendclub
Soz.-
st.
Alten-
heim
Borkheider
Ebereschen-
Grundsch.
Jugend-
verkehrs-
schule
Belziger
Ring
Belziger Ring
Kemberger
Straße
Eichepark
12689
Wuhle
Zur Wuhle
Eichner Grenzweg
Str. d. Freundschaft
Arbeit
der
Jugend
Kirchweg
Mühlen-
str.
Am
Graben
Gemeindehs.
Kita
Mehrower Weg
Klein-
gartenanl.
Ahrensfelder
Berg
Friedhof
Eichner Dorfstr.
Chaussee
Friedhofs-
weg
Schwarzwurzelstr.
N.-
Holgerson-
Sch.
Jugendförd.
BMX-
Bahn
Sport-
pl.
Greizer
Str.
Geraer
Str.
Falken-
Grundsch.
158
Köthener
Wuhletalstr.
Haupt-
zollamt
Neue Wuhle
Wuhletal-
straße
Wuhle-
talstr.
Jugend-
club
Truse-
taler
Str.
Sport-
pl.
Schwarz-
burger Str.
Sitzendorfer
Str.
Hobrecht-
Obersch.
Oberweiß-
bacher Str.
Damm
Sport-
platz
Rud.-Virchow-
Obersch.
Kinder- u.
Jugendfreizeitst.
(zu Ahrensfelde)
Erlen-
grund
Zur Tränke
In den
Wörden
Klein-
garten-
anlage
Landschafts-
park
Ahrensfelder Berge
112
Märkische
Allee
B.-Bettelheim-
Grund-
sch.
Gem.-
zentr.
Altenheim
Schleus-
inger
Lieben-
steiner
Turn-
halle
Jugend-
club
Thüringen-
Obersch.
Schleusinger
Mehrower
Allee
12687
Spiel-
pl.
EKZ
Plaza
Ärzte-
hs.
Bibl.
Kultur-
zentr.
Glambecker
Ring
Grumsiner Str.
Kita
W.-Busch-
Grundsch.
Wuhletal
Naturschutz-
Grün-
flächenamt
F.-Wankel-
Obersch.
Hellersdorfer
Weg
1 = Ahornzeile
Eiche-Süd
Birken-
Biber-
Walter-
Felsenstein-
Str.
Sella-
Hasse-
Str.
Ludwig-
Renn-
Str.
K.-F.-Friesen-
Grundsch.
Max-Hermann-Str.
Lea-Grundig-
Str.
K.-Holtz-Str.
Sozial-
amt
Blumberger
Damm
12679
Glambecker
Parsteiner
Ring
Sportpl.
Oberst.
a.d. Weide
Straße
Sozialstat.
Platsch
Kinderbad
Bürger-
park
Nachbarschafts-
zentrum
Döblin-
Turn-
halle
Döblin-
sch.
Rud.-
Leonhard-
Str.
Grund-
sch.
Turn-
halle
Ober-
sch.
Stangeweg
Grohsteig
Sport-
halle
Ringen-
walder
Hohensa
Jug.-
cl.
Brodo-
winer
Ring
Kita Bibl.
Nikolai-E.-
Bersarin-Br.
Landsberger
Allee
Straßen-
bahnhof
Fam.berat.
Zossener Str.
B.-Potter-
Grund-
sch.
Ludwigs-
felder
Str.
Raoul-
Wallenberg-
Str.
Paul-
Dessau-
Str.
Jan-
Petersen-
Str.
Oppermann-
Sport-
halle
Frei-
zeit-
forum
Turn-
halle
Wallenberg-Str.
Kita
Landsberger Allee
Heimatmus.
Kultur Gut
Meldest.
Promenade
Schönagel-
Str.
Lands-
berger
Hennicken-
dorfer Weg
Prötzeler
Ring
Hirschfelder Weg
Spitzmühler Str.
12685
Wiesen-
Blumberger
Damm
Luckenwalder
Str.
Michen-
dorfer Str.
Kita
Alten-
heim
Sartre-
Obersch.
Hellersdorfer
Str.
Klausdorfer
Str.
Wuhle

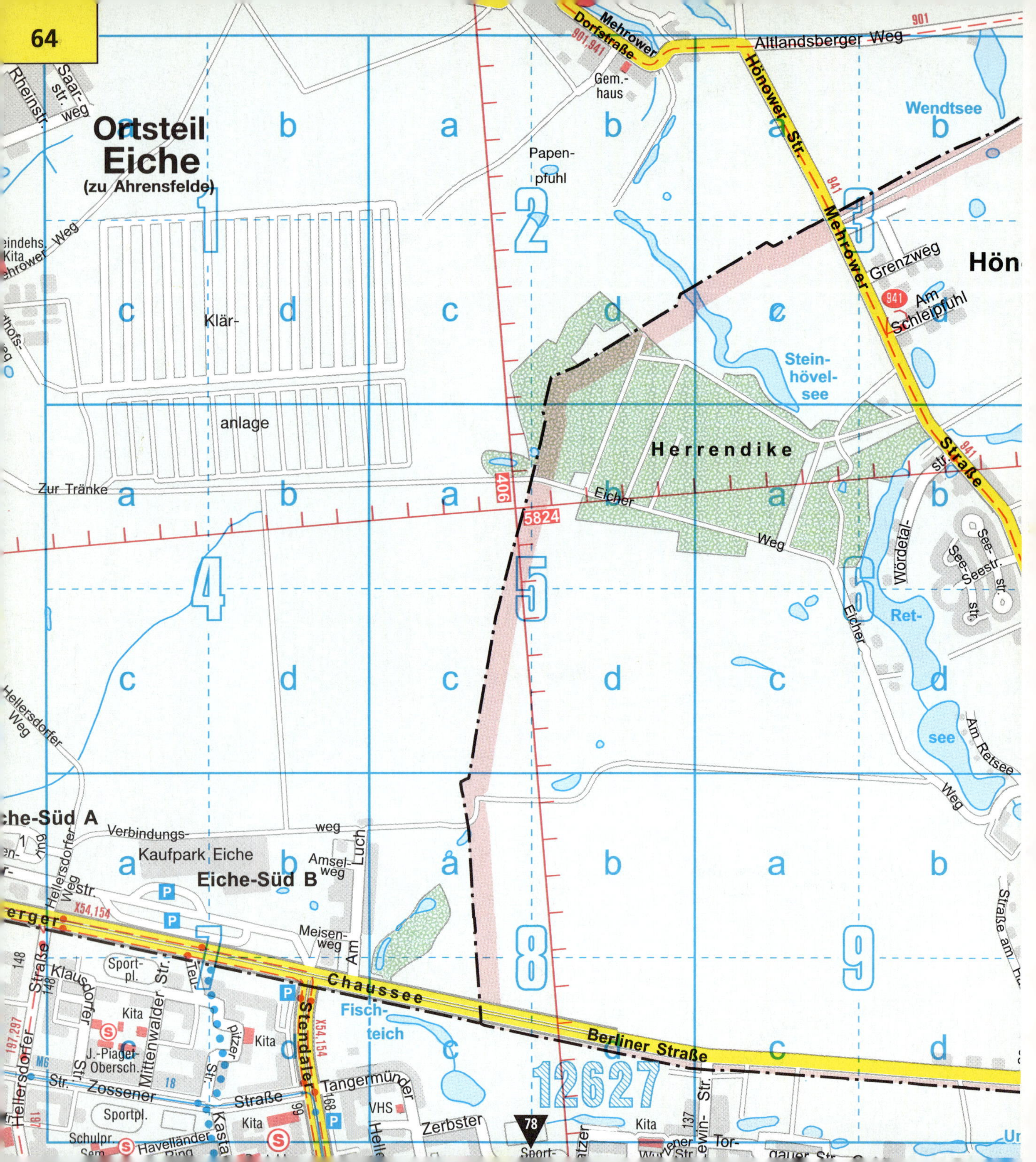

Ortsteil
Eiche
(zu Ahrensfelde)
Rheinstr.
Saar-
str.
weg
Mehrower
Dorfstraße
901,941
901
Altlandsberger Weg
Gem.-
haus
Hönower Str.
Wendtsee
Papen-
pfuhl
Mehrower
941
Grenzweg
Am
Schleipfuhl
Klär-
anlage
Stein-
hövel-
see
Herrendike
Straße
Zur Tränke
406
5824
Eicher
Weg
Wördetal-
See-
Seestr.
str.
Ret-
see
Am Retsee
Eicher
Weg
Hellersdorfer
Weg
Verbindungs-
weg
Kaufpark Eiche
Eiche-Süd B
Amsel-
weg
Luch
Hellersdorfer
Weg
Weststr.
X54,154
Meisen-
weg
Am
Chaussee
Berliner Straße
Fisch-
teich
Stendaler
X54,154
Klausdorfer
Sport-
pl.
Str.
Mittenwalder
Kita
J.-Piaget-
Obersch.
Zossener
Straße
pitzer
Str.
Kita
Tangermünder
VHS
Zerbster
Sportpl.
Kita
Havelländer
Ring
Schulpr.
Kasta
148
197,297
M6
18
168
137
12627
78
Kita
Tor-
Straße am
a
b
c
d
1
2
3
4
5
6
7
8
9

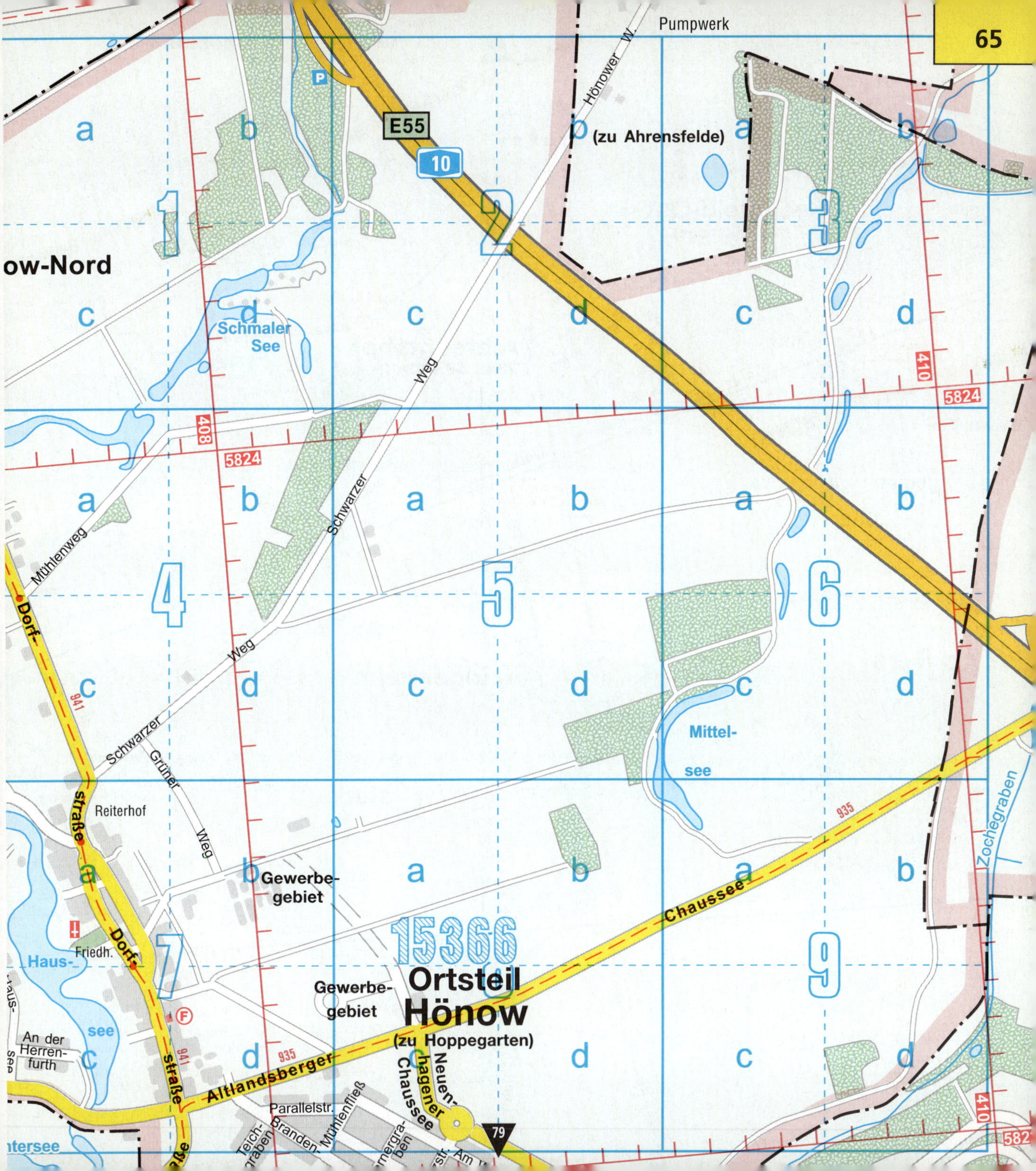

Pumpwerk
Hönower W.
(zu Ahrensfelde)
E55
10
ow-Nord
Schmaler See
Weg
Schwarzer
408
5824
410
Mühlenweg
Dorf-
941
Schwarzer
Grüner
Weg
Reiterhof
straße
Gewerbe-gebiet
Mittel-see
935
Zochegraben
Chaussee
15366
Ortsteil
Hönow
(zu Hoppegarten)
Gewerbe-gebiet
Friedh.
Haus-see
An der Herren-furth
Dorf-
straße
Altlandsberger
Neuen-hagener Chaussee
Parallelstr.
Mühlenfließ
79

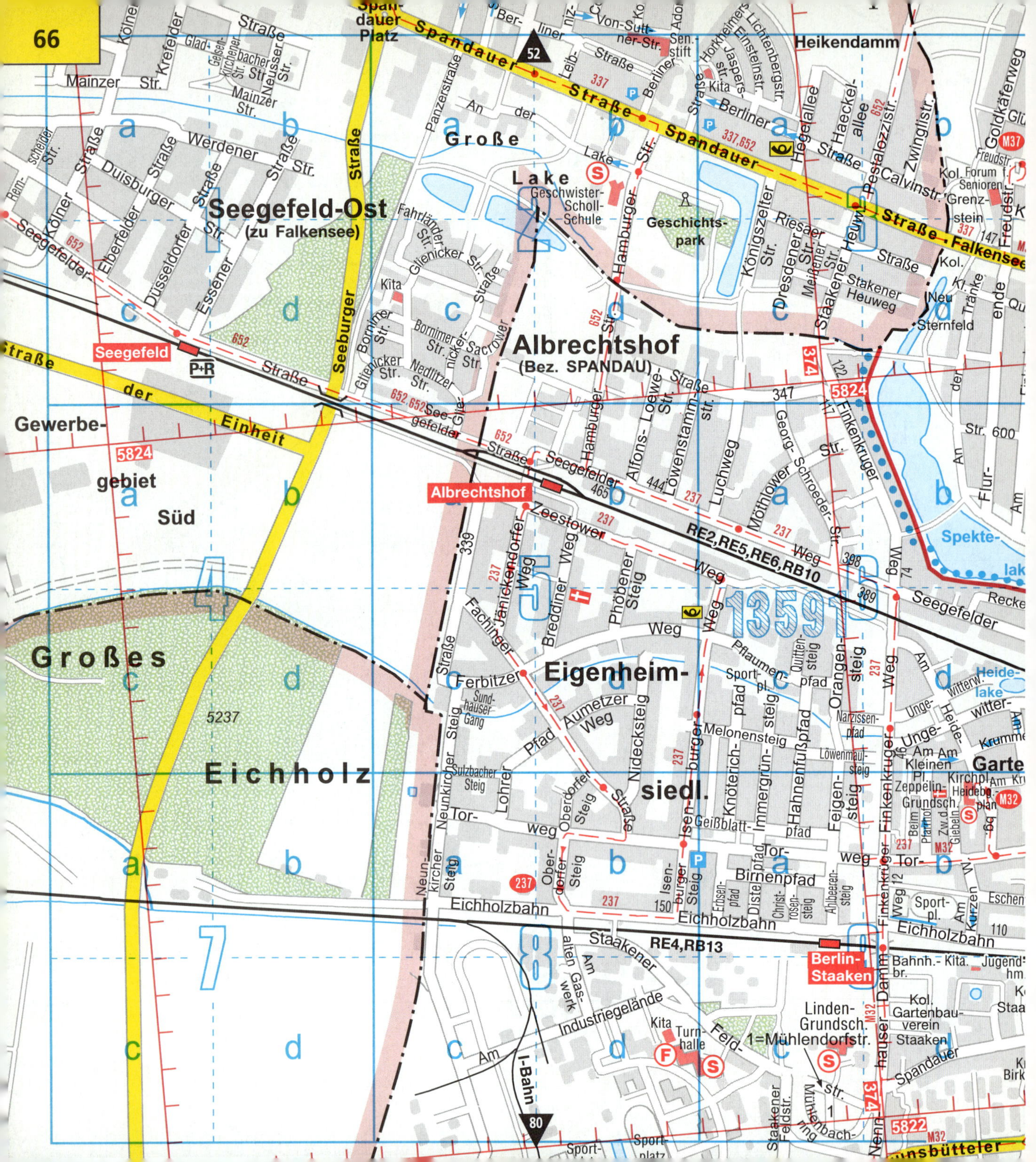
Spandauer Platz
Spandauer Straße
Heikendamm
Seegefeld-Ost
(zu Falkensee)
Große Lake
Geschwister-Scholl-Schule
Geschichtspark
Albrechtshof
(Bez. SPANDAU)
Seegefeld
Albrechtshof
Gewerbegebiet Süd
Straße der Einheit
Seegefelder Straße
Seeburger Straße
Mainzer Str.
Werdener Str.
Duisburger Straße
Elberfelder Straße
Düsseldorfer Straße
Essener Str.
Kölner Straße
Krefelder Straße
Hamburger Str.
Berliner Straße
Königszeiter Str.
Dresdener Str.
Riesaer Str.
Staakener Heuweg
Pestalozzistr.
Zwinglistr.
Calvinstr.
Neu Sternfeld
Spektelake
Finkenkruger Weg
Luchweg
Löwenstammstr.
Möthlower Weg
Georg-Schroeder-Str.
Zeestower Weg
Jänickendorfer Weg
Breddiner Weg
Phöbener Steig
Fachinger Straße
Ferbitzer Weg
Aumetzer Weg
Eigenheimsiedl.
Großes Eichholz
Nidecksteig
Melonensteig
Birnenpfad
Eichholzbahn
Staakener Straße
Industriegelände
Berlin-Staaken
Linden-Grundsch.
1=Mühlendorfstr.
Nennhauser Damm
RE2,RE5,RE6,RB10
RE4,RB13
Seegefelder Straße
Heidelake
Gartenbauverein Staaken
5824
5237
237
652
374
5822
M32
M37
52
80
Garte

Falkenhagener Feld
(BEZ. SPANDAU)
Stadtrand-siedl.
Wasserwerk Spandau
Grundsch. am Wasserwerk
Friedhof „In den Kisseln“
Kap.
Polizeischule „Joachim Lipschitz“
Meldestelle
Kron-prinzen-
Radeland-Kap.
Radeland-
Linumer Str.
Pionier-straße
Falkenseer Chaussee
Erzgebirgs-Chaussee
Osthavelländische Eisenbahn
OHE
St.-Markus-K.
Paul-Gerhardt-K.
Spektefeld
Spekte-wiesen
Spektebrücke
Großer Spektesee
Spektebecken
Seegefelder Weg
Seegefelder Straße
Reckeweg
Leuthingerweg
Meyer-weg
Haarmann-weg
Kolonie Am Haarmannsberg
Gewerbe-gebiet
Staaken
Neustaakener
Eichholzbahn
Klosterbusch-weg
Magistratsweg
Spandauer Straße
Brunsbütteler Damm
Louise-Schroeder-Siedl.
Staakener Straße
Klosterfelde
Kirche Klosterfelde
Klosterfeld-Grundsch.
Wustermarker Str.
Nauener Str.
Zeppelin-straße
Wittgensteiner Weg
Freudenberger Weg
Gütersloher Weg
Darby-str.
Frankenwald-str.
Germersheimer Platz
Zweibrücker Str.
Kisseln-allee
Am Hüllepfuhl
Hochhausweg
Felgenlake
Kiesteich
Gelsenkircher Str.
Remscheider Str.
Siegener Str.
Schulzen-str.
An der Kappe
An der Bötzowbahn
Kolonie Am alten Bahndamm
Kolonie Neuland
Luftschifferweg
Zörgiebelweg
Tor-weg
Agentur f. Arbeit
Jugend aufbau-werk
Altonaer Str.
Blankeneser Weg
Pinneberger Weg
Harburger Weg
Prisdorfer Str.
RE2, RE4, RE5, RE6, RB10, RB13
RE4, RB13
1=Elstaler Straße
1=Pirmasenser Str.
Gbf
13583
13581
53
81

54
82
Maselake-bucht
Spandauer See
Pionier-insel
Eiswerder
Kleiner Wall
Havel
Salzhof
11=Strausseeweg
12=Kölpinseeweg
13=Scharmützelseeweg
14=Stolpseeweg
15=Dambecker-See-W.
16=Rheinsberger-See-Weg
17=Woblitzseeweg
Eiswerder-brücke
1=Lasiuszeile
2=Predigergarten
3=Paula-Hirschfeld-Steig
4=Rosa-Reinglass-Steig
5=Frieda-Arnheim-Promenade
Krienicke Park
Stadion Haselhorst
Krienicke
13599
Haselhorst
(Bez. SPANDAU)
Zitadelle
Bastion Kronprinz
Bastion Brandenburg
Bastion Königin
Bastion König
Juliusturm
Zitadellen-brücke
Am Juliusturm
13585
Neuendorfer Straße
Schönwalder Allee
Vivantes Klinikum Spandau
Koeltzepark
Wröhmännerpark
Neustadt
Falkenseer Pl.
Falkenseer Damm
Askanierring
Hohenzollernring
Stadtbad Spandau Nord
Polizei-schule „Joachim Lipschitz“
13583
Georg-Ramin-Siedl.
Siedlung Kemmann-weg
Münsinger-park
Rathaus Spandau
Altst.Spandau
Altstadt
SPANDAU
Spree
Sophienwerderweg
Sophienwerder
Ruhlebener Altarm
Klär-anlage
13597
Berlin-Spandau
RB13,S75
S5
Spandau
Stresow
Stresow
Berliner Stadtreinigung Betriebshof
Cityplan S.11
Kol. Sophien-werder
Schlangengraben
RE2,RE4,RE5,RE6,RB10
Gbf. Ruhleben
TÜV
Seegefelder Straße
Klosterstraße
Altstädter Ring
Carl-Schurz-Str.
Breite Str.
Stresowstr.
Dischinger-br.
Plantage
Zitadellenweg
Haselhorst

Gartenfeld
Siemensstadt
(Bez. SPANDAU)
Paulstern
Siemenswerke
Siemenssiedl.
Am Hohenzollernkan. IV
Hohenzollernkanal
Tegeler Br.
Bernauer Straße
Gartenfelder Br.
Berlin-Spandauer Schiffahrtskanal
Saatwinkler Damm
Schießplatz
Kol. am Hohenzollernkanal
Siemens-Straße
Kolonie Vor d. Toren
Rohrbruchteich
Rohrbruchwiesen
Salzhof
Rhenaniastraße
Bootshausweg
Haselhorster Damm
Huberweg
Haselbusch
Daumstraßenbrücke
Lüdenscheider Weg
Burscheider Weg
Kita Lünette
Weihnachtskirche
Schule am Gartenfeld
Senioren-freizeitstätte
Christus-kap.
St.-Stephanus-K.
Kanalstr.
Küsterstr.
Riensbergstr.
Gartenfelder Str.
Paulsternstraße
Tiergartenweg
Simonring
Stöckelstr.
Fauchersweg
Gorgasring
Ferdinand-Friedensburg-Pl.
Haselhorst
Finanzamt
Nonnendammallee
Paulsternstr.
Rohrdamm
Rohrdamm-br.
Bolltonstr.
Kol. Neuer Exerzierpl.
Gartenfreunde Siemensstadt
Kol. Alter Exerzierpl.
Straße am Schaltwerk
ehem. Bahndamm
S-Bahn
Waldstadion
Sport- u. Freizeitzentrum Siemensstadt
Buolstr.
Harriesstr.
Senioren-wohnheim
Saatwinkler Siedlungsverein
Mittel-Siemens-Wald-stadt weg
Jungfernheideweg
Wilhelm-von-Siemens-Park
Schuckertdamm
Rodelbahn
Dihlmannstr.
Jungfernsteig
Rob.-Reinick-Grundsch.
Werner-v.-Siemens-Berufsschule
Siemens-Güterbahn
Motardstraße
Wasserwerk Jungfernheide
Klärbecken
Sternfelder Str.
Ottenbuchstr.
Kol. Sternfeld
Kol. Spreewiesen
Sickerbecken
Faule Spree
Heizkraftwerk Reuter West
Heizkraftwerk Reuter
Hafen Kraftwk. Reuter
Müllverbrennungsanl. Ruhleben
Klärwerk Ruhleben
Klärteiche
Sophienwerderweg
Spree
Spreering
Alte Spree
Lagerweg
Kol. Am Grützmachergr.
Kol. Weidegärten
Freiheit
13629

Terminal
Tower
Siedlung Mäckeritzwiesen
Hangars
Luftfracht-hof
Zoll-amt
Anschlussstelle Kurt-Schumacher-Damm
Sport-platz
Tennis-platz
Festplatz
E26
111
Trainings-platz
Gustave-
Allée du Stade
Kol. Neuland II
Kol. Eigenland
Kol. Köppensche Erben
Kol. Fabiansche Erben
Kol. Albrechtsche Erben
Kol. Beusselsche Erben
Kol. am Wasser-bunker
Mäckeritz-brücke
Vor d. Toren
Am Kanal
General-Ganeval-Br.
Hinckeldey-br.
Hohen-zollern-kanal
Saatwinkler Damm
AS Saatwinkler Damm
Anschlussstelle Flughafen Tegel
Kol. Zur Sonne
Kol. Frischauf
Kol. Bienenheim
Kol. Birkenweg
Kol. Pfefferluch
Kol. Akazienhain
Kol. Alpenrose
Kol. Waldfrieden
Kol. Heidefreiheit
Kol. Abendruh
Kol. Friedrichsweg
Kol. Einigkeit
Kol. Weidenbaum
Kol. Sonnenheim
Kol. Müllberg
Tennis-plätze
Ruder-leistungs-zentr.
1=Straße B
Baum-schule
Sportplätze Jungfernheide
Volkspark
Jungfern-heideteich
Freibad Jungfernheide
Spielpl.
Erholungsanlage
Wasserturm
Spielwiese
Hinkeldey-denkmal
Jungfernheide
Wild-gehege
G.-Böß-Freilicht-bühne
AS Heckerdamm
Jungfern-heideweg
Wilhelm-von-Siemens-Park
Schuckert-pl.
Heckerdamm
Max-Bürger-Zentr.
Forum f. Senioren
Poelchau-Oberschule
A.-Freud-Obersch.
Kita
Jugend-freizeithm.
Goebelpl.
Goebelstr.
Toeplerstr.
Halemweg
Siemensdamm
Jak.-Kaiser-Platz
1 = Dahrendorfzeile
Goerdelerdamm
Jakob-Kaiser-Pl.
AB-Meisterei
AS J.-Kaiser-Pl.
Paul-Hertz-Siedl.
Reichweindamm
Goerdeler-steg
Anschlussstelle Siemensdamm
Hauptfeuerw. Branddir.
Dreieck Charlottenburg
Mörschbr.
Kol. Stichkanal-Mulde
Kol. Stichkanal-Wickelshof
Kol. Dahmsh
Jungfernheide
Max-Dohrn-Str.
Kol. Bleibtreu I
Kol. Bleibtreu II
Kol. Charlottenbgr. Schleuse
Kol. Schleusenland
Kol. Spreewiesen 1
Kol. Spree-ufer
Nonnendamm
Schlackenweg
Kol. Tiefer Grund 2
Fürstenbrunner Weg
Spree
Schloß-garten
Belvedere
Rodelbahn
S47
S41,S42,S45,S46
84
56
Tegeler Weg
Siemenssteg
Mierendorff-

Wedding
(Bez.MITTE)
Moabit
(Bez.MITTE)
Volkspark
Rehberge
Goethe-
park
Standortkommandatur
Berlin
Plötzensee
Westhafen
Anschlussst.
Seestr.
AS
Beussel-
str.
Berliner Großmarkt
Universitätsklinikum
Charité Campus
Virchow-Klinikum
Institut für
Gärungsgewerbe
und
Biotechnologie
Bundes-
gesundheitsa.
Inst. f. Arzneimittel
Seestr.
Amrumer Str.
Westhafen
Beusselstr.
Gbf Moabit
Birkenstr.
Turmstr.
Seestraße
Amrumer
Afrikanische
Müllerstr.
Beusselstraße
Siemens-
straße
Quitzow-
str.
Perleberger
Straße
Putlitzbr.
Föhrer Str.
Saatwinkler
Damm
Hohenzollern-
kanal
Westhafen-
kanal
Berlin-
Spandauer-
Schiffahrts-
kanal
Becken II
Becken I
Ringbahn
S41,S42,S45,S46,S47
Fasanerie
Tanzpl.
Stadion
Rehberge
Rodelbahn
Wildschwein-
gehege
St.-Johannis-
und Heiland-
kirchhof
Gedenkst.
Plötzensee
Jugend-
haftanstalt
Plötzensee
Justizvollzugs-
anstalt
Jugend-
strafanstalt
Berlin
Kol. Jungbrunnen
Napoleon-Ring
H.-Maass-
Br.
Goerdeler-
dammbr.
Ludw.-
Hoffm.-
Br.
Seestraßenbr. nördl.
Seestraßenbr. südl.
BEHALA
Zentrale
Westhafen
Bundesamt f.
Ernährung u.
Forstwirtsch.
Ag.f.Arbeit
Außenstelle
Gaswerk
Charlottenburg
(stillgelegt)
Vivantes
Klinikum
Am Urban
Kleiner
Tiergart.
Wiclef-
str.
Waldenser-St.
Bugenhagenstr.
1 = M.-Jacob-Pl.
13627
10551
10553
100
5822
5824
57
85
1
2
3
7

Seestr.
Nauener Pl.
Pankstr.
Gesundbrunnen
Leopoldpl.
Wedding
Humboldthain
Amrumer Str.
Reinickendorfer Str.
Schwartzkopffstr.
Zinnowitzer Str.
Nordbf.
Oranienburg. Tor
Berlin Hbf. Lehrter Bf.
Cityplan S.12-15
Logistikzentrum Nord
MITTE
Gesundbrunnen (Bez.MITTE)
13347
13353
13355
10557
10115
10559
Humboldthöhe
Volkspark Humboldthain
Ringbahn S41,S42,S45,S46,S47
S1,S2,S25
Amsterdamer Str.
Müllerstraße
Reinickendorfer Str.
Pankstr.
Badstr.
Brunnenstraße
Gustav-Meyer-Allee
Hussitenstr.
Ackerstr.
Gartenstr.
Chausseestraße
Invalidenstraße
Perleberger Straße
Rathenower Str.
Heidestraße
Lehrter Str.
Sellerstraße
Fennstr.
Nordhafen
Spandauer Schifffahrtskanal
Schifffahrtskanal
Panke
Scharnhorststr.
Bundeswehr-Krankenhaus
Fritz-Schloß-Park
Poststadion
Stadtbad Tiergarten
Stadtbad
Humboldt-Universität
Uni Klinikum Charité
Charité Campus
Deut.Theater u. Kammerspiele
Luxemburger Str.
Sprengelstr.
Seestr.
Friedr.-Krause-Ufer
Nordufer
Zentrale Leist.-st. f. Asylbewerber
Technische Fachhochschule Berlin
Rathaus Wedding
Dankesk.
Ernst-Reuter-Siedl.
Lazaruskrankenhaus
Dorotheenstadt
Friedhof d. St.Hedwigs-Gem.
Invalidenfriedhof
ehem. Hamburger Bhf.
Landesinst. f. Gerichtl. u. Soziale Med.
Amtsgericht
Amtsgericht Wedding
Plantagen-Krematorium Urnenfriedhof
Usbekistan
Tennisplätze
Sportplätze
Kurt-Tucholsky-Grundsch.
H.-Zille
Landgericht Berlin
U-Haftanstalt
Justizvollzugs-
Oranienb. Tor
Friedrichstr.
Torstraße
Hannoversche Straße
Luisenstr.
Alexanderufer
Boyenstr.
Kieler Br.
Nordhafenbr.
Sellerbr.
Perlebgr.-Br.
Lehrter Str.
Dreysestr.
Birkenstr.
Wilsnacker Str.
Kruppstr.
Seydlitzstr.
Scheringstr.
Volta-
Bernauer
Strals-
Schlegelstr.
Tieckstr.
Novalisstr.
Borsigstr.
Wöhlertstr.
Pflugstr.
Habersaathstr.
Schwarzer Weg
Platz v. d. Neuen Tor
Humboldt-Mus.f.Naturkunde
Universität
Friedh. Kath.Akad.
Turnhalle
Inst. HUB
Erika-Heß-Eisstadion
Schulzendorfer Str.
Kunkelstr.
Schönwalder Str.
Ravenéstr.
Gerichtstr.
Wiesenstr.
Hochstr.
Grenzstr.
Gartenstr.
Liesenstr.
Dom-kirchhof
Sophien

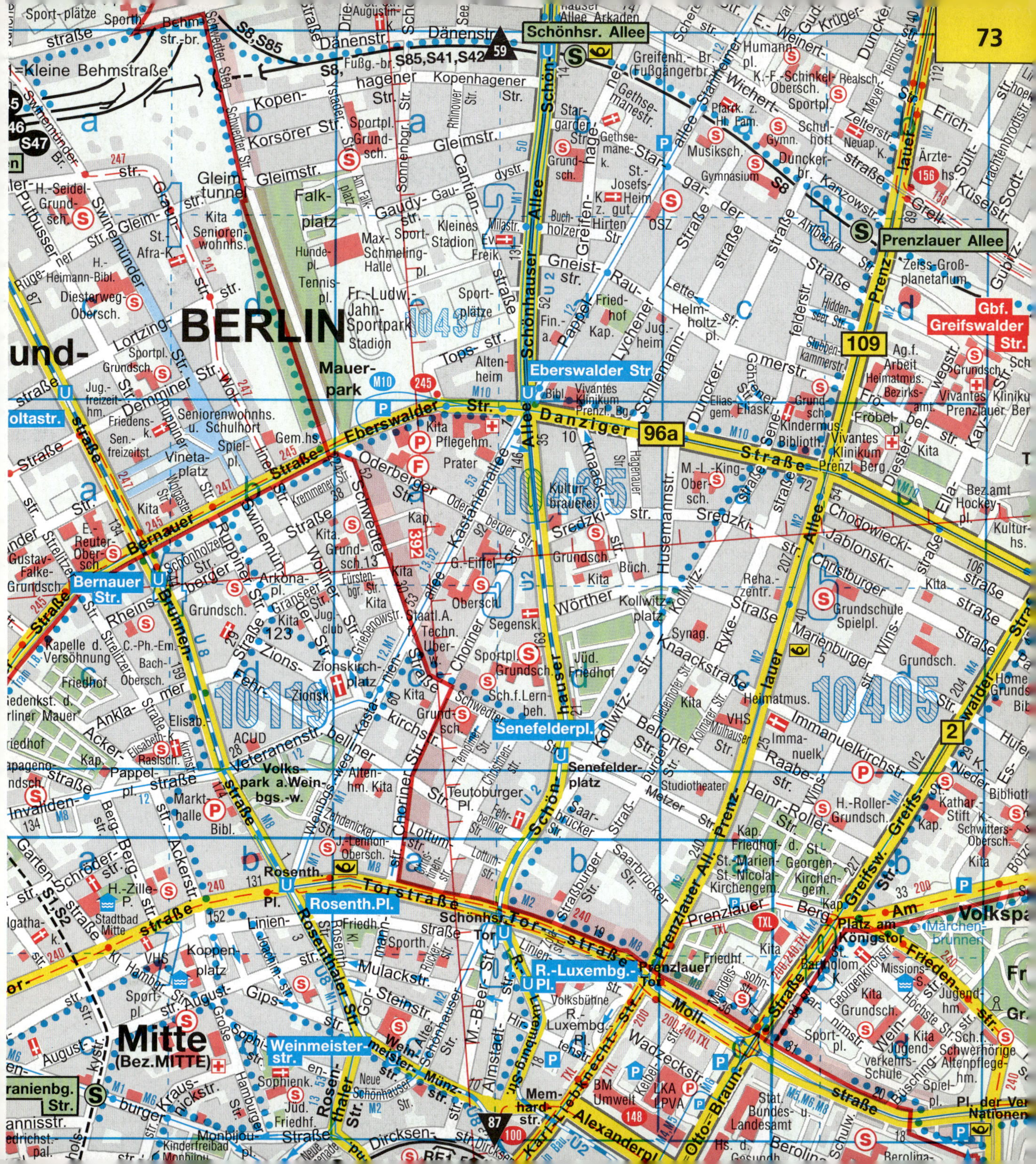
BERLIN
Mitte
(Bez.MITTE)
Schönhsr. Allee
Prenzlauer Allee
Eberswalder Str.
Bernauer Str.
Senefelderpl.
Rosenth.Pl.
R.-Luxemburg.-Pl.
Weinmeister-str.
Gbf. Greifswalder Str.
Danziger Straße
96a
109
2
10119
10435
10437
10405
Mauerpark
Falkplatz
Gleimtunnel
Fr.-Ludw.-Jahn-Sportpark Stadion
Max-Schmeling-Halle
Kleines Stadion
Kulturbrauerei
Kollwitzplatz
Senefelder-platz
Volkspark a.Weinbgs.-w.
Teutoburger Pl.
Kleine Behmstraße
Dänenstr.
Kopenhagener Str.
Korsörer Str.
Gleimstr.
Gaudystr.
Cantianstr.
Schönhauser Allee
Stargarder Str.
Greifenhagener Str.
Gneiststr.
Lychener Str.
Schliemannstr.
Duncker-str.
Wichertstr.
Erich-Weinert-Str.
Kanzowstr.
Bernauer Straße
Brunnenstr.
Ruppiner Str.
Swinemünder Str.
Wolliner Str.
Oderberger Str.
Kastanienallee
Schwedter Str.
Choriner Str.
Zionskirchplatz
Zionskirchstr.
Fehrbelliner Str.
Veteranenstr.
Invalidenstr.
Torstraße
Rosenthaler Str.
Linienstr.
Mulackstr.
Gipsstr.
Auguststr.
Sophienstr.
Neue Schönhauser Str.
Münzstr.
Alte Schönhauser Str.
Almstadtstr.
Karl-Liebknecht-Str.
Alexanderpl.
Memhardstr.
Rosa-Luxemburg-Str.
Volksbühne
Prenzlauer Tor
Mollstraße
Otto-Braun-Str.
Wadzeckstr.
Platz am Königstor
Am Friedrichshain
Märchenbrunnen
Greifsw. Str.
Immanuelkirchstr.
Heinr.-Roller-Str.
Marienburger Str.
Knaackstraße
Rykestr.
Wörther Str.
Kollwitzstr.
Belforter Str.
Metzer Str.
Saarbrücker Str.
Straßburger Str.
Sredzkistr.
Husemannstr.
Chodowieckistr.
Jablonskistr.
Christburger Str.
Winsstr.
Kap. Friedhof d. St.-Marien-St.-Nicolai-Kirchengem.
St.-Georgen-Kirchengem.
Jüd. Friedhof
Sophienk.
Monbijoustr.
Dircksenstr.
Zeiss-Großplanetarium
Bibl.
Marktpl.
Koppenplatz
Acker-str.
Bergstr.
Gartenstr.
Schröderstr.
Pl. der Vereinten Nationen
Landsberger Allee
Stadtbad Mitte
ACUD
Prater
Kita
Grundsch.
Sportpl.

Prenzlauer
(Bez.PANKOW)
Berg
Friedrichshain
(Bez. FR-KR)
Greifswalder Str.
Landsberger Allee
Storkower Str.
Gbf. Greifswalder Str.
Volkspark Prenzlauer Berg
Volkspark Anton-Saefkow
Volkspark Friedrichshain
Ernst-Thälmann-Park
Einstein-park
Jüdischer Friedhof
Ostseeplatz
Ostseestraße
Michelangelostraße
Greifswalder Straße
Danziger Straße
Storkower Straße
Landsberger Allee
Petersburger Straße
Hohenschönhauser Straße
Oderbruchstr.
Weißenseer Straße
Hansastraße
Gürtelstraße
Kniprodestraße
Berliner Straße
Friedrichshain
Karl-Lade-Str.
Bötzowstr.
Hufelandstr.
Cohnstr.
Sonnenuhr-Grundsch.
Vivantes Klinikum im Friedrichshain
Vivantes Klinikum Prenzlauer Berg
Europa Sport-Park
Berlin-Arena
Velodrom
Coubertin-Gymnasium (Sportschule)
TSC Sporthalle
Bosch Sicherheitssysteme Berlin GmbH
Bez.-amt
Senatsverw. f. Arbeit u. Frauen
Senats-Verw. für Jugend und Sport
Ag.f.Arbeit Ost
Schwimmhalle
Mühlenberg-Center
Staatl. Ballettschule
Kulturhs.
Am Alten Schlachthof
Pl. der Ver. Nationen
Friedrichs-78 Gr. Bunkerbg.
Märzgefallenen
10409
10407
10249
10247
96a
60
88

Alt-Hohenschönhausen
(Bez. LICHTENBERG)
LICHTENBERG
Fennpfuhl
(Bez.LICHTENBERG)
13055
10367
10365
Sportforum
Stadion
Berlin
Eissporthalle
Eisschnell-laufstadion
Mehrzweck-halle
Lilli-Henoch-Halle
Friedhof d. St-Marcus u.d. St.-Andreas-Kirchengem.
Friedhof d. St-Pius u.d. St-Hedwig-Kirchengem.
Bezirksamt
Bürgeramt
Gedenkstätte (ehem. Zuchthaus d. Staatssicherheit)
Landeseinwohnera. Kfz-Zulassungsst.
Wasserwerk
Evangelisches Krankenhaus Königin Elisabeth Herzberge
Krankenhausschule
BVB-Stadion
Konrad-Wolf-Straße
Landsberger Allee
Oranke-weg
Orankestraße
Roedern-straße
Werneuchener Str.
Strausberger Str.
Freienwalder Str.
Große-Leege-Str.
Gärtnerstraße
Ferdinand-Schultze-Straße
Lössauer Str.
Schleizer Str.
Plauener Str.
Neustrelitzer Str.
Zechliner Str.
Gensler-str.
Siegfriedstraße
Am Wasserwerk
Herzbergstraße
Vulkanstr.
Möllendorffstraße
Weißenseer Weg
Josef-Orlopp-Str.
Storkower Str.
Bornitzstraße
Ruschestr.
Altenhofer Str.
Marquardtstr.
Allee-center
Finanzamt
Klg.-anl. Weiße Taube
Hohenschönhsr. Tor
Möllendf.-Pass.
Loeper-pl.
61
89
192
256
398
5822
5820

13055
Marzahn
(Bez. MARZAHN-HELLERSDORF)
Marzahn
BERLIN EASTGATE
Bürknersfelde
Gewerbezentrum
Papenpfuhlbecken
Marzahner Brücke
Landsberger Allee
Märkische Allee
Allee der Kosmonauten
Rhinstraße
Poelchaustraße
Poelchaustr.
Springpfuhl
Springpfuhlpark
Wiesenburger Weg
Georg-Knorr-Str.
Bürknersfelder Str.
Grenzgrabenstr.
Wassergrundstr.
Plauener Straße
Dingelstädter Str.
Wilzenhauser Str.
Trefurter Str.
Kleingarten-anl. Sonnenblume
Allendorfer Weg
Pyramidenring
Alte Rhinstr.
HOWOGE Wohnungsbaugesellschaft GmbH
Umspannwerk
Berufsberatung
Straße 13
Franz-Schwenk-Str.
Paul-Schwenk-Str.
Arendsee-Str.
Bruno-Baum-Str.
Am Hänfling-steig
Dompfaffenweg
Pekrunstr.
Murtzaner Ring
Langhoffstr.
Barlach-Sch.
Sen.-freizeitst.
Bibl. Bezirksa.
Stadtplanungs-vermess.-amt
Bürgeramt
H.-Weigel-Pl.
Radebeuler Str.
Coswiger Str.
Beilsteiner Straße
Merler Weg
Meeraner Straße
Tiefbauamt
Vermessungsamt
Altenhm.
Herzberge
ITW FH f. Technik und Wirtschaft
Rückhaltebecken
Heizkraftwerk
Oberstufenzentr.
OSZ
Städtischer
Kleingarten
Ruwer-Steig
Gülser Weg
Kröver-Str.
Winninger Weg
Marchwitzastr.
Luise-Zietz-Str.
Eugen-Roth-Weg
Gewerbegebiet
Wohnungsamt
Sondersch.
Grundsch.
S7,S75
RE3,RB12,OE25,OE60
158
400
5822
5820
62
90

MARZAHN-
HELLERSDORF
Erholungspark
Marzahn
Chinesischer Garten
Jap. Garten
Kienberg 102
Wiesenpark
Biesdorf-Nord
12685
12683
12619
1 = Rudolf-Filler-Weg
Eisenacher Straße
Blumberger Damm
Cecilien-straße
Hellersdorfer Straße
Elisabeth-straße
Allee der Kosmonauten
Alt-Marzahn
Alt-Dorfmus.
Bibliothek
Heimatmus.
Kultur Gut
Friedhof
Kinderheim
Kita
M.-Chagall-Obersch.
Grundsch. a.d.Mühle
Geschw.-Scholl-Obersch.
Jugendclub
Stadtrandsiedl.
Klein-garten-anlage
Am Weinberg
Wuhleteich
Wuhle
Jelena-Santic-Friedenspark
E.-v.-Rotterdam-Obersch.
Sportpl.
Neue Grottkauer Str.
Kaulsdorf Nord
Polizeischule
Sportplatz
St.-Maria
Kornmandelweg
Buckower Ring
Gewerbepark
Unfallkrankenhaus Berlin
Griesinger-
Vivantes Klinikum
Teterower Ring
Clara-Zetkin-Pl.
Schwimmhalle
Stadtbibl.
Jugendclub
1=Lion-Feuchtwanger-Weg
2=Clara-Zetkin-Weg
3=Lubminer Weg
4=Gadebuscher Weg
Wuhle-Sport-
Altenheim Heringsdorfer Str.
Bansiner Str.
Zum Forsthaus
VHS Kita
Wuhle-Altenheim
Ketschendorfer Weg
Otto-Nagel-Str.
Prignitzstraße
Landsberger Allee
Lappiner Pl.
Luckenwalder
E.-Haeckel-Obersch.
Klg.-anl. Hellersdorf
Kyritzer Str.
Gothaer Str.
Suhler Str.
Alte Hellersdorfer Str.
Feldberger Ring
L.-Mies-v.d.-Rohe Obersch.
Luzinstr.
Kummerower Ring
Ehm-Welk-Str.
Cecilienpl.
Tollensestr.
Lion-Feuchtwanger-Str.
Dudweilerstr.
Hans-Fallada-Str.
Joachim-Ringelnatz-Str.
Alwineweg
Christelweg
Fridolinweg
Burghardweg
Dietheimweg
Ingeweg
Mettlacher Str.
Völklinger Str.
Garzauer Str.
Hilttrudstraße
Rotraudstraße
Oberfeldstraße
Eckermannstraße
Hirseweg
Roggenweg
Maisweg
Haferweg
Gerstenweg
Warener Str.
Spitzmühler Str.
Trappenfelder Pfad
Zinndorfer Str.
Altlandsberger Pl.
Krummenseer Str.
Bollersdorfer Weg
Hasenholzer Allee
Pekrunstr.
Mankstr.
Blenheimstr.
Rebhuhnweg
Koopweg
Vierlandenstr.
Geißenweide
Charlottenstraße
Annenstraße
Hannaweg
Poler Str.
Boschpoler Platz
Raps-weg
Weizen-weg
Promenade
Lubminer Str.
Gesamt-sch.
Klär-
63
91

Hellers-
(Bez. MARZAHN-HELLERSDORF)
dorf
Kaulsdorf
Kaulsdorf-
Nord
12629
12627
12621
Hellersdorfer Straße
Riesaer Straße
Hönower Straße
Mahlsdorfer Straße
Louis- Lewin- Str.
Cottbusser Pl.
Neue Grottkauer Str.
Kaulsdorf Nord
Hellersdorf
Markt
4=Fritz-Lang-Platz
5=Alice-Salomon-Platz
1=Kurt-Weill-Platz
2=Kurt-Weill-Gasse
3=Lil-Dagover-Gasse
7=Kokoschkaplatz
8=Kokoschka-
platz
9=Lyonel-Feininger-Str.
Liberty-
park
Cottbusser
Platz
Boulevard Kastanienallee
Stollberger
Adorfer Straße
Oelsnitzer
Hermsdorfer
Döbelner
Naturschutz-
zentr.
Schlei-
pfuhl
Kreppfuhl
Ingolstädter
Strindberg-
str.
Tschudi-
str.
Güstrower
Tolkmittstr.
Suder-
mann-
Slaby-
str.
Robert- Koch-
Rudolf-Virchow-
Str.
Werner- Straße
Hirschulzstr.
Gülzower
Str.
Lupinen-
Rosenhag
Am Rosenhag
Briesener Weg
Heinrich-Grüber-Str.
Simrock-
pl.
Markgrafen-
Schmidt-
St.-Martinus-
Quedlinburger
Böhlener
Weißenfelser Str.
Hoyerswerdaer
Str.
Sebnitzer
Mark-Twain-
Heidenauer Str.
M.-Riesenburger-
Str.
Alte Hellersdorfer Str.
Spremberger
Str.
Neuruppiner
Carola-
Neher-
Ring
John-
Heartfield-Str.
André-Str.
Wander-
Klingenthaler
Str.
Schneeberger
Str.
Glauchauer
Nossener
Jenaer
Str.
Kolobri-
Grundsch.
Branitzer
Str.
Forster
Str.
Erika-
Waltraud-
str.
Kaulsdorfer
Str.
Greifswa
Hermelinweg
Taxus-
weg
Feldrain
Kleeacker-
weg
Albrecht-
Dürer-
Feuerst.-
mus.
Flora-
str.
Melanchthon-
str.
Lemkestraße
Kaiser-
Neue Grottkauer
Kästner-
Peter-
Edel-
Maxie-
Huchel-
Cecilienstr.
Bruno-
Baum-
Hugo-Distler-Str.
Ucker-
mark-
Str.
Am Baltenring
Telemann-
str.
Schönherr-
str.
Kraetke-
str.
Ernst-
Lily-
Braun-
J.-Verne-
Obersch.
Kita
5820
5822
X54
64
92
Sportpl.
Kreuz-
kirche
Grundsch.

Ortsteil Hönow
(zu Hoppegarten)
Neuenhagen
bei Berlin
15366
Hönow-Süd
Mahlsdorf
12623
Birkenstein
(zu Hoppegarten)
Gartenstadt Neu-Birkenstein
Neuenhagener Chaus.
Hönower Ch.
Hoppegartener Straße
Dahlwitzer Straße
Hönower Weg
Thälmannstraße
Zochegraben
Ostbahn
Lindenallee
Birkenstein
S5
RB26
Kleingarten- anlage Mahlsdorf- Nordspitze
Klg.-anl. Dahlwitzer Heide
Klg.-Anl. Wacholderheide
Trainierbahn
Hechtsee
Barschsee
Friedhof
Altenheim
Amtsverw.
Gem.-verw.
Einstein-Gymn.
Sporthalle
Birkensteiner Straße
Landsberger Straße
Stralsunder Str.
Greifswalder Straße
Stettiner Str.
Libellenstraße
Dahlienstraße
Am Bergeweg
Lübecker Str.
Kieler Str.
Bremer Str.
Lemkestraße
Altonaer Str.
Kolberger Str.
Lenkestraße
Gewerbestraße
Hohe Allee
Platanenallee
Kastanienallee
Akazienstraße
Friedenstr.
Lindenstraße
Grüner Bogen
Grüner Damm
Graditzer Str.
Freiburger Str.
Karlsruher Str.
Stuttgarter Str.
Nürnberger Str.
Münchener Str.
Augsburger Str.
Bamberger Str.
Tübinger Str.
Rosenheimer Str.
Griebenweg
Götzkeweg
Köttelritzweg
Edenstr.
Mittelstr.
Garten-weg
Kleiner Weg
Farmersteg
Birkenweg
Im Grund
Im Busch
Oderbruchstraße
Märkische Str.
Weberstr.
Kaulbachstr.
Rubensstr.
Tizianstr.
Schongauer Str.
Terwestenstr.
Daffinger Weg
Wirtschaftsweg
Jahnstr.
An der Zoche
An der Zoche
Fließ
Am Fließ
E.-Wessel-Str.
Wuhleweg
Erpeweg
Hagebuttenweg
Mistelweg
Veilchenweg
Sperlingsweg
Drosselgasse
Schlehenweg
1 = Wuhleweg
2 = Erpeweg
3 = Hagebuttenweg
4 = Mistelweg
5 = Veilchenweg
6 = Sperlingsweg
7 = Drosselgasse
8 = Schlehenweg
1=Erdmännchenweg
2=Teichsängerweg
3=Terwestenstraße
1 = Am Kleinbahnhof
65
93
5820
940
941
943
395

Hamburger Chaussee
Nennhauser Damm
Heerstraße
Brunsbütteler Damm
Sportplatz
Sommerbad
Tennisplätze
Philipp-Gerlach-Weg
Bullengraben
Friedhf.
Hauptstraße
Gummiweg
Kurze Str.
Schulstraße
Werkstr.
An d. Spitze
Berolinastraße
1=Käthe-Heinemann-Weg
Zweiwinkelweg
Kita.
Weidenweg
Wiesenweg
Sackstr.
A.-Popinska-Str.
Cosmarweg
Gärtnereiring
Bergstraße
Wiesengrund
Döberitzer Weg
Buschower Weg
Am Rain
Kriegsgräbergedenkst.
ehem. Friedhof v. Charlottenburg
Siedl. Neu-Jerusalem
Str. 388
Str. 389
Str. 387
Kap. Friedh.
13591
Ausbau Dallgow-Döberitz
Talweg
Waldchen
Am Waldchen
Im Grund
Am Fort (Str. 334)
Querweg
Siedlungsweg
Hahneberg 67
ehem. Fort Hahneberg
Hahnebergweg
Fahrländer Weg
Seeburger Ch.
Dallgower Chaussee
Golfplatz
Spandauer Weg
Sportpl.
Staakener Weg
Schwarzer Weg
Spandauer Sandweg
Alte Dorfstraße
Seeburger Dorfstraße
Tennishalle
Kindergarten
Gatower Weg
Reitstall
Scholle
Poloplatz
Ortsteil Seeburg
(zu Dallgow-Döberitz)
Chausseeweg
Mühlenweg
Gem.-amt
Friedhof
Potsdamer Chaussee
Falkenw.
Habichtweg
Spielplatz
1 = Meisenweg
Döberitzer Weg
Eichenweg
Birkenweg
Fichten
Engelsfel
Natur
M32
149
X49
M37
5822
5820
372
374
663
604
639
5224
7545
7544
7543
66
94

Klosterfelde
Staaken
(Bez. SPANDAU)
Wilhelm-
stadt
(Bez.SPANDAU)
SPANDAU
13593
Egelpfuhl-
wiesen
Rudolf-
Wissell-
Siedl.
Amalien-
hof
Erholungsgebiet
Hahneberg
Siedl.
Wein-
bergs-
höhe
Karolinen-
höhe
Judenberg
49
Weinmeister-
höhe
Heerstraße
Magistratsweg
Maulbeerallee
Obstallee
Blasewitzer Ring
Wilhelmstraße
Gatower Straße
Seeburger Straße
Weinmeisterhornweg
Wilhelmstraße
Chaussee
Straße
Loschwitzer Weg
Pillnitzer Weg
Cosmarweg
Rellstabweg
Springerweg
Dörbeckweg
Südekumzeile
Weißenstadter Ring
Ludwig-Heim
Lazarusstraße
Egelpfuhlgraben
Bullengraben
Stieglakebecken
Wiesenbecken
Langes Becken
Abfanggraben
Rieselfeld-
Nördl.
Grundschule am Amalienhof
Grundschule am Weinmeisterhorn
C.-Schmid-Obersch.
Sporthalle
Laurentiuskirche
Autobus-Betriebshof
1=Ernemannzeile
2=Voigtländerzeile
3=Pulfrichzeile
4=Orelzeile
5=Bauersfeldzeile
6=An der Karolinenhöhe

Stresow
Kasernenw.
Gbf. Ruhleben
RE4,RE5,RE6,RB10
S5,S75
Chaussee
Charlottenburger
Ruhlebener
Straße
Gewerbehof
TÜV
Konkordia-Grundsch.
Zahnklinik
Bullengraben
Seeburger
Seecktstr.
Umweltbundesamt
Bertolt-Brecht-Oberschule
Wilhelmstadt
(Bez.SPANDAU)
Havel
Schlangengr.
Burgwallgr.
Schiffahrtsufer
Oberhafen
Ziegelhof
Pichelsdorfer Straße
Klosterstraße
Metzer Pl.
Wörther Platz
Schulenburgbr.
Sportplätze
Teltower Str.
Ruhlebener Str.
Freiheitswiesen
Tiefwerderbrücke
Bez. Gärtnerei
Tiefwerder
Südhafen
Tankerhafen
Spandauer
Unterhfn.
Alte Havel
Margareteninsel
Morellental
Dorfstr.
Jürgengr.
Hauptgr.
Tiefwerderwiesen
Fauler See
Klärteiche
Wasserwerk Tiefenwerder
Havelchaussee
Teltower Schanze
Hockeypl.
Schießplatz
NSG
Murellenberg
60
Murellenschlucht
162
Betckestraße
Franzstraße
Weverstraße
Wachenheimer Weg
Genfenbergstr.
Kinderheim Kiennadelschwelz
Jugendhm. Wilhelmstadt
SPANDAU
Gatower Straße
Graetschelsteig
Südpark
Südparkteich
Börnicker Str.
Heerstraße
Grimnitzsee
Jordanien
Pichelsdorf
Bocksfeld
Scharfe Lanke
Weinmeisterhorn
13595
Sackteich
Pichelsdorfer Gmünd
Pichelssee
Pichelswerder
Siemenswerderweg
Havelschlenke
Brandensteinweg
Birkeneck weg
Steffenhorn
Stößensee
Stößenseebr.
Rupenhorn
Sendemast
Britischer Soldatenfriedhof
Friedhof d. Jüd. Gemeinde
Sozialpäd. Fortbildungsstätte
Glockenturmstr.
Angerburger Allee
Thaterer
Glockenturmbr.
Eisstadion
Landesschula.
158
159
157
156
161
163
166
68
96

Spree
Freiheit
Charlottenburger Chaussee
Wiesen-
Ruhleben
Kol. Sonnenschein
Kol. Dahlemer Wiese
Kol. Fürstenbrunn
Kol. Freiland
Kol. Spreeblick
Kol. Eichtal
Kol. Kraftwerk Unterspree
S-Bahn außer Betr.
Kol. Spreegrund
Kol. Sonntagsfrieden
Park Ruhwald
Ruhwaldweg
Kol. Ruhwald
Kol. Golfpl.
Kol. Westend
Spandauer Damm
Hempelsteig
Pließ-wiese
Ruhleben
Friedhof Ruhleben
Natur-schutzgeb.
Murellenteich
Murellenweg
Brombeerweg
Biedermannweg
Machandelweg
Wacholderweg
Rominter Allee
RE2,RE4,RE5,RE6,RB10
Reichsstraße
U.-Bahn-Betriebshof
14053
14052
14050
Westendallee
Gothaallee
Brixplatz
Am Ruhlebener Tor
Hindenburgpl.
Adlerpl.
Körnerplatz
Sportforumstr.
Hueppeplatz
Gebhardtpl.
Schenckendorfpl.
Tennisplätze
Georgiipl.
Wurfplatz
Olympia-Schwimmstadion
Hockeystadion
Tennisstadion
Olympia-Stadion
Olympische Str.
Olympischer Platz
Olympisches Tor
Westtor
Hanns-Braun-Str.
Waldbühne
Olympiastadion
Sportforum
Maifeld
Glockenturm
Marathontor
Südtor
Coubertinpl.
Friedrich-Friesen-Allee
Passenheimer Str.
Landes-reitersch.
Reithalle
Reiterstadion
Tunneltor
Jesse-Owens-Allee
Trakehner Allee
Flatowallee
Flatowallee br.
Olympiastadion
Corbusierhaus
Arysallee
Heilsberger Allee
Stuhmer Allee
S75,S5
Sausuhlensee
Friedhof Heerstr.
Neu-Westend
Marathonallee
Bayernallee
Preußenallee
Ahornallee
Eichenallee
Ulmenallee
Akazienallee
Nußbaumallee
Eschenallee
Platanenallee
Kirschenallee
Steubenpl.
Hessenallee
Württembergallee
Fürstenpl.
Badenallee
Insterburgallee
Kolbe-Mus.
DRK-Krankenanst. Birkenhain
Heerstraße
Heerstraßenbrücke
Rauße-Heerdorffpl.
Pichelsberg
Scottweg
Schirwindter Allee
Dickensweg
Charlottenburg First School
Paulinenkrankenhs.
Scholzplatz
Heerstraße
Kiplingweg
Hardyweg
Stallupöner Allee
Tapiauer Allee
Lyckallee
Tannenbergallee
DRK Krankenanst. Erlengrund
Friedenskirche
Teufelsseechaussee
Siedlung Heerstr.
Soldauer Pl.
Waldschulallee
Marienburger Allee
Sendestation
CHARLOTTENBURG-WILMERSDORF
Aussichtsplateau
RE2,4,5,6,RB10
Jaffé
Wandalenallee
Warnenweg
Alemannenallee
Brücke am Heiligenberg
69
97
99

Fürstenbrunner Weg
Rudolf-Wissell-Brücke
Schloßgarten
Charlottenburg
Mausoleum
Belvedere
Karpfenteich
14059
Gbf. Charl.-bg.
Schloß Charlottenburg
Cityplan S.16-19
Spandauer Damm
AS Spandauer Damm
DRK Kliniken Westend
Luisenkirchhof III
Kaiser-Wilh.-Ged.-Kirchhof
Sportplätze Westend
14050
Westend
Westend
Luisenfriedhof
AS Kaiserdamm
Knobelsdorffstr.
Kaiserdamm
Bismarckstraße
Bismarckstr.
S.-Charlotte-Pl.
Cityplan S.11
Th.-Heuss-Pl.
Masurenallee
Messe Nord ICC
AS Kaiserd.-Süd
Lietzensee
Lietzenseepark
10627
Kantstraße
Amtsgerichtsplatz
Neue Kantstraße
Messe-Sommergarten
Messegelände
Internat. Congress Centrum
AS Messedamm
Westkreuz
Charl.bg.
RB10,RE6
10711
Halensee
Mierendorff-pl.
Mierendorffstr.
Spree
Tegeler Weg
Kaiser-Friedrich-Str.
Wilmersdorfer Str.
Goethepark
Schloßstr.
Otto-Suhr-Allee
Richard-Wagner-Platz
Eichenallee
Ahornallee
Lindenallee
Leonhardtstr.
Stuttgarter Platz
Lewishamstr.
Dahlmannstr.

Turmstr.
Alt-Moabit
Zwinglistr.
Erasmusstr.
Beusselstr.
Gotzkowskystr.
Jagowstr.
Bochumer Str.
Krefelder Str.
Stromstr.
Kaiserin-Augusta-Allee
Goslarer Platz
Spree
Spreebogen-Plaza
Wikingerufer
Elberfelder Str.
Lessingbr.
Holsteiner Ufer
Levetzowstr.
Flensburger Str.
Kraftwerk Charlottenburg (stillgelegt)
10589
10587
10555
Helmholtzstraße
Franklinstraße
Spreebord
Siemenssteg
Röntgenbr.
Dovestraße
Landwehrkanal
Einsteinufer
Wullenwebersteg
Hansa-Pl.
Hansaviertel
(Bez.MITTE)
Händelallee
Bellevue
Akademie d. Künste
Lietzow
Guericke
Luisenkirchhof
Fraunhofer
Marchstraße
Technische Universität
Hertz-Institut
Englische Str.
E.-Reuter-Hs.
Tiergarten
Straße des 17. Juni
Tier-
Richard-Wagner-Pl.
10585
Otto-Suhr-Allee
Cauerstr.
Ernst-Reuter-Platz
Charlottenb. Brücke
Müller-Breslau-Str.
Schleuseninsel
Neuer See
Dt. Oper
Bismarckstraße
E.-Reuter-Pl.
Hardenbergstr.
Chemie
Mensa
UdK
Hertzallee
Zoologischer Garten
10787
Schillerstraße
Leibnizstr.
Zoolog. Gtn.
Charlotten-burg
(Bez.CH-WI)
Goethestr.
10625
Wilmersdorfer Straße
Kantstraße
Savignyplatz
10623
Budapester Str.
Breitscheid-Pl.
Europa-center
Kurfürstenstr.
Charl.bg.
S5,S7,S9
RE-1-5
Kurfürstendamm
Tauentzienstraße
Wittenb.-pl.
Mommsenstr.
10629
Uhlandstr.
Joachimstaler Pl.
10789
Augsb. Str.
Adenauerpl.
Olivaer Pl.
Lietzenburger Str.
Nürnberger Str.
Fasanenstr.

Tiergarten-Süd
(Bez.MITTE)
Tiergarten
10785
Moabit
Bundeskanzleramt
Spree
Kongresshalle
Dt.Bundestag (P.-Löbe-Hs.)
Dt.Bundestag im Reichstag
Pl.d. Republik
Scheidemannstr.
Dorotheenstr.
Pariser Pl.
Brandenburger Tor
U.d.Linden
Unter den Linden
Behrenstr.
Friedr.str.
Schloß Bellevue (Bundespräsidialamt)
Schloßpark Bellevue
Bellevue
Großer Stern
Siegessäule
Straße des 17. Juni
Platz d. 18.März
Sowjet. Ehrenmal
Rosengarten
Flora
Lortzing
Rousseau-insel
Herkules mit der Lyra
Luiseninsel
Goethe
Lessing
Amazone
Löwendenkm.
Musikerdenkm.
Entlastungsstr.
Ebertstr.
In den Ministergärten
Potsdamer Pl.
Potsd. Pl.
Leipziger Platz
Leipziger Str.
Bundesrat
BM Finanzen
Abgeordnetenhs. von Berlin
Niederkirchnerstr.
M.-Gropius-Bau
Mohrenstr.
Wilhelmstr.
Sony-Center
Philharmonie
Kemperpl.
Lennéstr.
Bellevuestr.
Kulturforum
Gemäldegal.
Kunstgewerbemus.
Matthäikirchpl.
Staatsbibliothek
Neue Nationalgalerie
Marlene-Dietrich-Platz
Daimler-Chrysler-City
Sigismundstr.
Stauffenbergstr.
Gedenkst.dt. Widerstand
BM Verteidigung
Hiroshimastr.
Reichpietschufer
Landwehrkanal
Schöneberger Ufer
Citypl. S.12-15
Potsdamer Straße
Mendelss. Barth.-Park
Köthener Str.
Anhalter Bf.
Askan. Pl.
Stresemannstr.
Tempodrom
Hallesches Ufer
Tempelhofer Ufer
Möckernbr.
Gleisdreieck
Kurfürstenstr.
Bülowstr.
Nollendorfpl.
Lützowpl.
Lützowufer
Klingelhöferstr.
Hofjägerallee
Stülerstr.
Tiergartenstr.
Corneliusbrücke
Kleiststr.
Einemstr.
Urania
Genthiner Str.
Magdeburger Platz
Pohlstr.
Deutsches Technikmuseum
Nelly-Sachs-Park
Lüneburger Str.
Paulstr.
Alt-Moabit
Invalidenstr.
Lehrter Str.
Willy-Brandt-Str.
Moltkebrücke
Kapelle-Ufer
Reichstagufer
Schiffbauerdamm
Charité
Luisenstr.
Marienstr.
Albrechtstr.
Georgenstr.
Neustädtische Kirchstr.
Schadowstr.
Glinkastr.
Mauerstr.
Anhalter Str.
S1,S2,S26
U1 U2 U3 U4
S5,S7,S9
S75

Alexanderpl.
Hackescher Markt
Monbijou-park
Bode-museum
Museums-insel
Kinderfreibad Monbijou
Friedhf.
Neue Promenade
Dircksen-str.
Rosenstr.
Liebknecht-Str.
Spandauer Str.
Fernseh-turm
St. Marien-K.
Rathausstr.
City Quartier Dom-Aquarée
Berliner Dom
Lust-garten
Humboldt-Uni.
Dt. Hist. Mus.
Neue Wache
Linden
Unter den Linden
Staats-oper
Bebelpl.
Schloß-platz
Rathaus-br.
Marstall
Stadt-bibl.
Ephraim-palais
Nik.-viertel
Rotes Raths
Molken-markt
Kloster-str.
Parochial-str.
Littenstr.
Grunerstr.
Alexanderstraße
Karl-Marx-Allee
Schilling-str.
Bezirksamt Mitte
Jacobystr.
Kita
LPVA
Ges.-Soz. Zentr.
Neue Blumenstr.
Strausberger Platz
Strausberger Pla
Blumenstr.
Singer-str.
Grundsch.
Max-Planck-Obersch.
Sportpl.
Holzmarktstr.
Lichtenberger Str.
Freizeit-
Stralauer Str.
Roland-ufer
Spree
VR China
Jannowitzbr.
Märkischer Pl.
Märk.Mus.
Wallstr.
Brückenstr.
Sen.verw. Fin.
Michael-br.
Heizkraft-werk
Köpenicker Str.
RE1,RE2
RE3,RE
S5,S7,S9
S75
Holzmarktstr.
1 = Mehlbeerenweg
Werderscher Markt
Werdersche Str.
Breite Straße
Mühlendamm
Fischer-insel
Gertraudenstr.
Schwimmh. Fischerinsel
Spreekanal
Französische Str.
Behren-str.
Franz.Str.
Gendarmen-markt
Deutscher Dom
Hausvogtei-pl.
Kurstraße
Niederwallstr.
ADAC
Kronen-str.
Stadt-mitte
Spittel-markt
Wall-str.
Leipziger Straße
Seydelstr.
Neue Grün-str.
Alte Jakobstr.
Inselstr.
Schulze-Delitzsch-Pl.
Annenstr.
H.-Heine-Str.
Heinestr.
Mitte (Bez. MITTE)
Spielpl.
Schmidstr.
Michael-kirchpl.
Heinrich-Heine-Pl.
Berl. Wasser-betr.
Grund-schule
Sport-pl.
Melchiorstr.
Engeldamm
Bethanien-damm
Adalbertstr.
St. Thomas-K.
Krausenstr.
Zimmerstr.
Schützenstr.
Kommandantenstr.
Axel-Springer-Str.
Bundes-druckerei
Wal-Sport-platz
Otto-Suhr-Siedl.
Stallschreiberstr.
Alexandrinenstr.
Sen.-hm.
Rudi-Dutschke-Str.
Oranienstr.
Kochstr.
Friedrichstr.
Agentur f. Arbeit
Ritterstr.
Kreuzberg (Bez. FR-KR)
Jerusalems-u. Neue K.
Lindenstr.
Jakobikirch-str.
St.-Jacobi-K.
Moritzplatz
Moritzpl.
Prinzenstr.
Sen.-freizeit-st.
Oranienplatz
Waldemarstr.
Legiendamm
Dresdener Str.
Kita
Künstlerhs. Bethanien
Ausländerbüch. u. Musiksch.
Mariannenplatz
Muskauer
Besselstr.
Blumen-großmarkt
E.T.A.-Hoffmann-Prom.
Rahel-Varnhagen-Prom.
Albanien Kita
Th.-Wolf-Park
Jüd.Museum
Kollegien-haus
Jugendgästehs.
Fr.-Künstler-Str.
Waldorfsch.
St. Simeon-K.
Sen.-frei-zeit-u. wohnhs.
Wassertorstr.
Otto-Wels-Grundsch.
OSZ Konstruktion bau
Moritzstr.
Gitschiner Str.
Skalitzer Str.
Wassertorpl.
Kottbusser Tor
Kottbusser Str.
Kreuzb. mus.
Jug.freizeithm.
Blinden-anstalt
Heinrich-pl.
Reichenberger Str.
Stadtbücherei
Wrangel
Görlitz
Hunsrück-Grundsch.
Manteuffelstr.
Mariannen-str.
Kinderhm.
Jugend-zentr.
Franz-Klühs-Str.
Willy-Brandt-Haus
Mehring-Senioren-pl. wohnhs.
Hallesches Tor
Hallesches Ufer
Patent-amt
Neuenburger Str.
St.-Agnes-K.
Zossener Str.
Sommerbad Kreuzberg
Prinzenstr.
Böckler-Stadths.
Böckler-park
Jens-Nydahl-Grundsch.
Landwehrkanal
Waterloo-Ufer
Blücherpl.
Urbanstr.
Baerwaldstr.
10178
10179
10969
10999

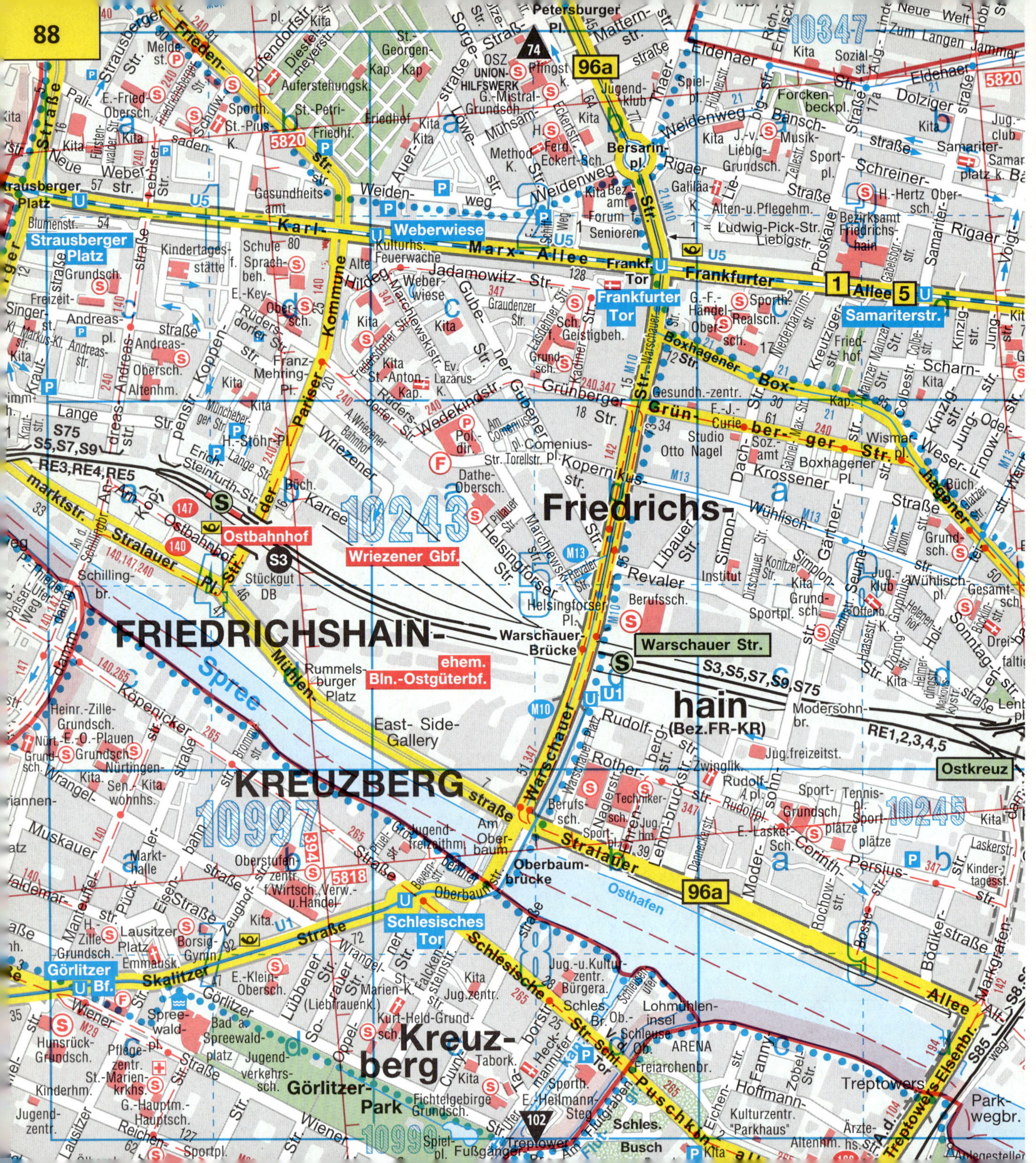
Friedrichs-
hain
(Bez.FR-KR)
FRIEDRICHSHAIN-
KREUZBERG
Kreuz-
berg
10243
10997
10245
10347
10999
Karl-Marx-Allee
Frankfurter Allee
Strausberger Platz
Weberwiese
Frankfurter Tor
Samariterstr.
Ostbahnhof
Wriezener Gbf.
Warschauer Str.
Ostkreuz
Schlesisches Tor
Görlitzer Bf.
Görlitzer Park
Spree
Osthafen
East- Side-
Gallery
Oberbaum-
brücke
Rummels-
burger
Platz
ehem.
Bln.-Ostgüterbf.
Warschauer-
Brücke
Boxhagener Pl.
Bersarin-
pl.
Stralauer Allee
Skalitzer Str.
Schlesische Str.
Wiener Str.
Petersburger Pl.
Revaler Str.
Grünberger Str.
Boxhagener Str.
Mühlenstr.
Köpenicker Str.
Warschauer Str.
Treptowers
Lohmühlen-
insel
ARENA
Fichtelgebirge
Grundsch.
Studio
Otto Nagel
96a
5820
5818

LICHTENBERG
Rummelsburg
(Bez. LICHTENBERG)
Stralau
Rummelsburger See
10367
10317
75
103
Stadtpark Lichtenberg
Stadion 1. Mai
Containerbahnh.
Frankfurter Allee
Frankfurter Allee
Magdalenenstr.
Bln.-Lichtenberg
RB12,RB24,OE25
RB26,OE60
Gbf
Nöldnerpl.
Rummelsburg
Betriebsbhf. Rummelsburg
Bezirksamt
Agentur f. Arbeit
Hans-Zoschke-Stadion
Straßenbahn u. Omnibus-Betriebsbahnhof
Oskar-Ziethen-Krkhs.
Dt. Post AG
Hanse Trading Reifen + Autoservice
Musikschule
Grüner Grund
Stadion Friedrichsfelde
Fachhochsch. f. Technik u. Wirtschaft
Möllendorffstraße
Ringbahn
Gürtelstraße
Buchberger Str.
Weitlingstr.
Lückstraße
Rummelsburger Straße
Sewanstraße
Hauptstraße
Schlichtallee
Nöldnerstr.
Türrschmidtstr.
Kaskelstr.
Münsterlandstr.
Rupprechtstr.
Leopoldpl.
Fischerstr.
Zobtener Str.
Saganer Str.
Dolgensee-Str.
Volkradstr.
Baikalstr.
Marktstraße
Neue Bahnhofstraße
Normannenstr.
Rüdigerstraße
Fanningerstr.
Gotlindestraße
Bornitzstr.
Skandinavische Str.
Einbecker Str.
Margaretenstr.
Wönnichstr.
Delbrückstr.
Sophienstraße
Atzpodienstraße
Alfredstr.
Magdalenenstr.
Ruschestr.
Siegfriedstraße
Hagenstr.
Gudrunstr.
Scheffelstr.
Pettenkoferstr.
Jessnerstraße
Dossestr.
Schulze-Boysen-Str.
Harnackstr.
Spittastraße
Pfarrstr.
Schreiberhauer Str.
S5, S7, S75
S8, S41, S42
RE1
RE2,RE3
RE54,RE5
S3
U5
1 = Karlshorster Str.
2 = Stadthausstraße
3 = Clara-Grunwald-Str.
4 = Lina-Morgenstern-Str.
5 = Alice-u.-Hella-Hirsch-Ring
6 = Paula-Fürst-Straße
1 = Am Speicher

Friedrichsfelde
(Bez. LICHTENBERG)
Tierpark
Berlin-
Friedrichsfelde
Friedrichsfelde Ost
Friedrichsfelde
Tierpark
Biesdorf-S
12681
10315
12683
10319
10318
Zentral-
friedhof
Gedenkstätte der Sozialisten
Kleingartenanl. Friedrichs-felde-Nord
„Bielefeld"
Gewerbe-
gebiet
Dreiecksee
Rhinstraße
Rosenfelder Ring
Alt-Friedrichsfelde
Seddiner Str.
Gensinger Str.
Adem-Ries-Grundsch.
Altenheim
Mühlenbg.
Akazienwäldch.
FHS f. Verw. u. Rechtspflege
Stat. Landesamt
Bildungs- u. Verwaltungszentrum
Sporthalle
Bezirksamt
Am Tierpark
A.-Kowalke-Str.
Massower Str.
Einbecker Str.
Krokodilhs.
Schloss Friedrichsfelde
Affenhaus
Cafeteria
Affentempel
Giraffenhaus
Trümmer-
berg
Dickhäuterhaus
Lenné-tempel
Hülsen-pl.
Freilicht-bühne
Alfred-Brehm-Haus
Tierpark-verwaltung
Tierklinik
Märkische Aue
Schwarzmeer-str.
Kraatzgraben
Moldau-
Balaton-
Sewan-straße
Volkradstraße
Schwimmhalle
Humboldt-Univ.
Fachhochsch. f. Techn. u. Wirtschaft
Treskow-allee
Gregorovius-weg
Robert-
Ursula-Goetze-Str.
Brehmstr.
Kötztinger Str.
Zwieseler Straße
Seegelände
Siewert-
L.-Tolstoi-Grundsch.
Weißenhöher Str.
Budsiner Str.
Schlochauer Str.
Schmellwitzer Weg
Bruchgrabenweg
Vorstadtweg
Schrodaer Str.
Beruner
Schackel
Stader
Beerfelder Str.
Allee
Haydn-str.
Beet-
Lappiner
158
76
104
400
5818
1
5

Biesdorf
(Bez.MARZAHN-
HELLERSDORF)
Klinikum
Hellersdorf
Vivantes
4=Gadebuscher W.
park
garten
Altentreptower Str.
Wuhletal
Biesdorf
Schlosspark
Parkbühne
Biesdorf
Bibliothek
Schloss
1=Nordpromenade
2=Hinter der Post
Oberfeldpark
Kita
Parkweg
Bibl.
Alt-Biesdorf
Tiefbauamt
Weißenhöher Straße
Pflegeheim u.
Altenw.
Stadtgt. Biesdf.-Süd
Elsterwerdaer Pl.
Elsterwerdaer Platz
1=Arno-Philippsthal-Str.
2=Minsker Straße
Blumberger Damm
Köpenicker Straße
Frankenholzer Weg
TAP Theater a. Park
Dillinger Str.
Ostbahn
Friedhof Biesdorf
Biesdorfer Höhe
1=Am Brodersengarten
2=Pfingstrosenweg
3=Aurinkelweg
4=Lobelienweg
5=Zu den Faltern
6=Alpenveilchenweg
7=Heidekrautweg
Städt. Friedhof
Wuhle
Kleingartenanl. Neues Leben
Ev. Kirche
Jesu-Kirche
F.-C.-Achard-Grundsch.
Chemnitzer Straße
Lenbachstr.
Habsheimer Str.
Wuhleblase
Altenheim St.-Josef-Haus
Kaulsdorfer Busch
Kleingartenanl.
Kaulsdorfer Gärten
Eschelberger Weg
Heesestraße
Alfelder Straße
Am Fuchsberg
Klingenberg-Obersch.
Grundsch.
Dohlengrund
Garziner Pl.
Straubinger Str.
Husumer Str.
Kreuzschnabelstr.
Paulinenauer Str.
Schackelsterstraße
Habichtshorst
Zauchwitzer Str.
Walslebener Pl.
Lissaer Straße
Schabbelstraße
Sport-platz
Lassaner Str.
Achardstr.
Mosbacher Weg
Am Feldberg
Auf der Höh
Gülzower Str.
Rügenwalder Weg
Wilhelmsstr.
Münsterberger Weg
Zerndorfer Str.
Ostbahn
12621

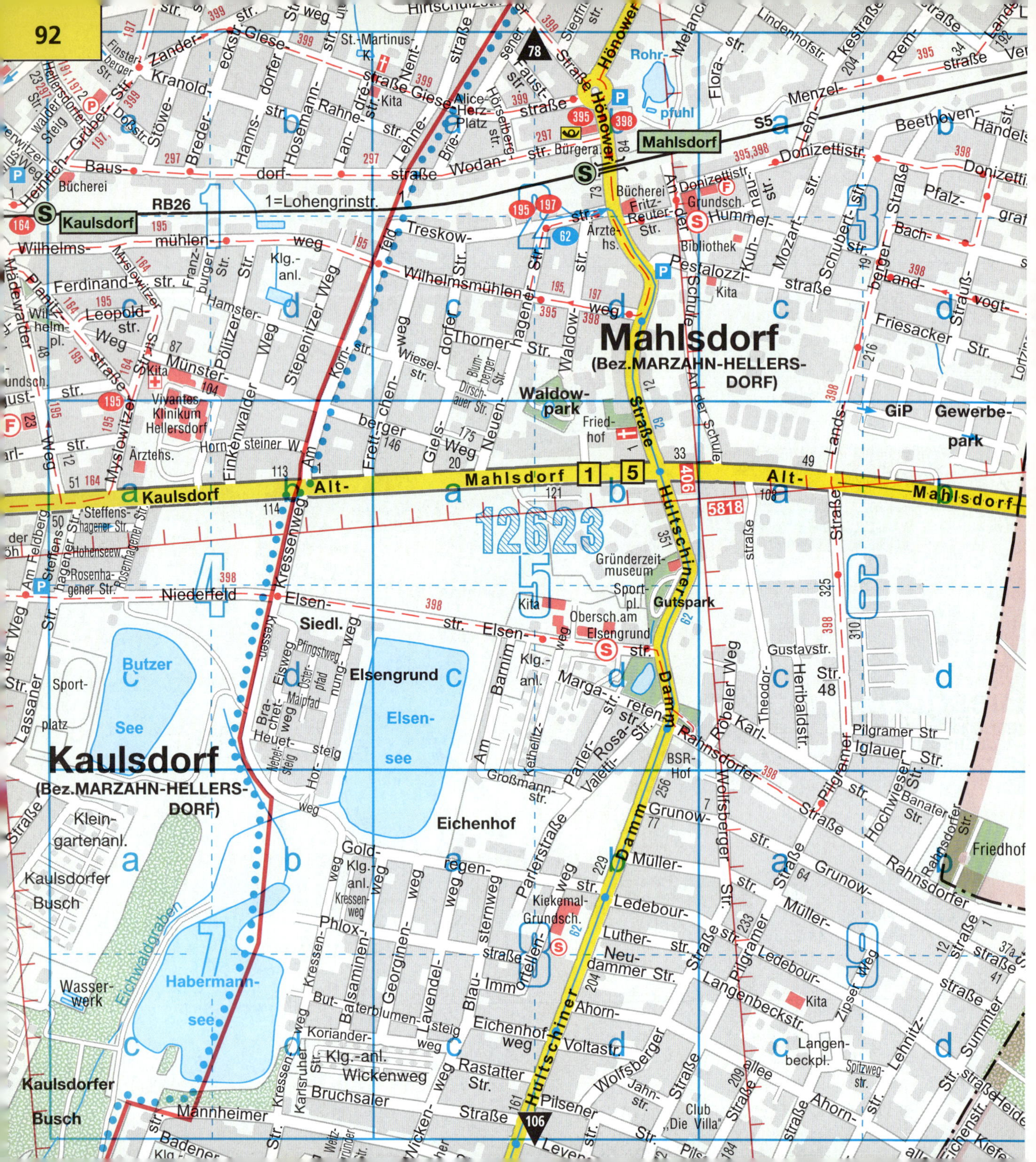
Mahlsdorf
(Bez.MARZAHN-HELLERS-
DORF)
Kaulsdorf
(Bez.MARZAHN-HELLERS-
DORF)
12623
Kaulsdorf
Mahlsdorf
Alt-Kaulsdorf
Alt-Mahlsdorf
Hönower Straße
Hultschiner Damm
Wilhelmsmühlenweg
Treskow-str.
Bausdorfstraße
Wodanstr.
Giesestraße
Zanderstr.
Kranoldstr.
Donizettistr.
Beethovenstr.
Hummelstr.
Pestalozzistr.
Mozartstraße
Schubertstr.
Landsberger Str.
Friesacker Str.
Menzelstraße
Lindenhofstr.
Flora-str.
Rohrpfuhl
Bücherei
Bibliothek
Grundsch.
Kita
Ärztehs.
Vivantes Klinikum Hellersdorf
Waldowpark
Friedhof
Thorner Str.
Kornfeld
Frettchenweg
Giels-dorfer Weg
Neuenhagener Str.
Waldowstr.
An der Schule
Stepenitzer Weg
Münsterberger Weg
Leopoldstr.
Ferdinandstr.
Myslowitzer Str.
Hornsteiner W.
Finkenwalder Str.
Kressenweg
Niederfeld
Elsenstr.
Elsengrund
Siedl. Elsengrund
Elsensee
Butzer See
Sportplatz
Habermannsee
Eichwaldgraben
Wasserwerk
Kaulsdorfer Busch
Kleingartenanl.
Eichenhof
Gründerzeitmuseum
Gutspark
Sportpl.
Obersch.am Elsengrund
Rahnsdorfer Str.
Pilgramer Straße
Grunowstr.
Müllerstr.
Ledebourstr.
Lutherstr.
Neudammer Str.
Ahornstr.
Voltastr.
Wolfsberger Str.
Langenbeckstr.
Langenbeckpl.
Heribaldstr.
Gustavstr.
Iglauer Str.
Hochwieser Str.
Banater Str.
Rahnsdorfer Str.
Friedhof
GiP Gewerbepark
Rößeler Weg
Barnim
Margaretenstr.
Rosastr.
Valetti-str.
Großmannstr.
BSR-Hof
Parlerstraße
Kiekemal-Grundsch.
Eichenhofweg
Rastatter Str.
Bruchsaler Straße
Wickenweg
Mannheimer Str.
Badener
Pilsener Str.
Club "Die Villa"
Zipser Weg
Lehnitzstr.
Summter Str.
Georginenweg
Balsaminenweg
Lavendelweg
Blaustemweg
Phloxstr.
Butterblumensteig
Korianderweg
Goldregenweg
Immortellenstraße
Mahlsdorf
Kaulsdorf
S5
RB26
1=Lohengrinstr.

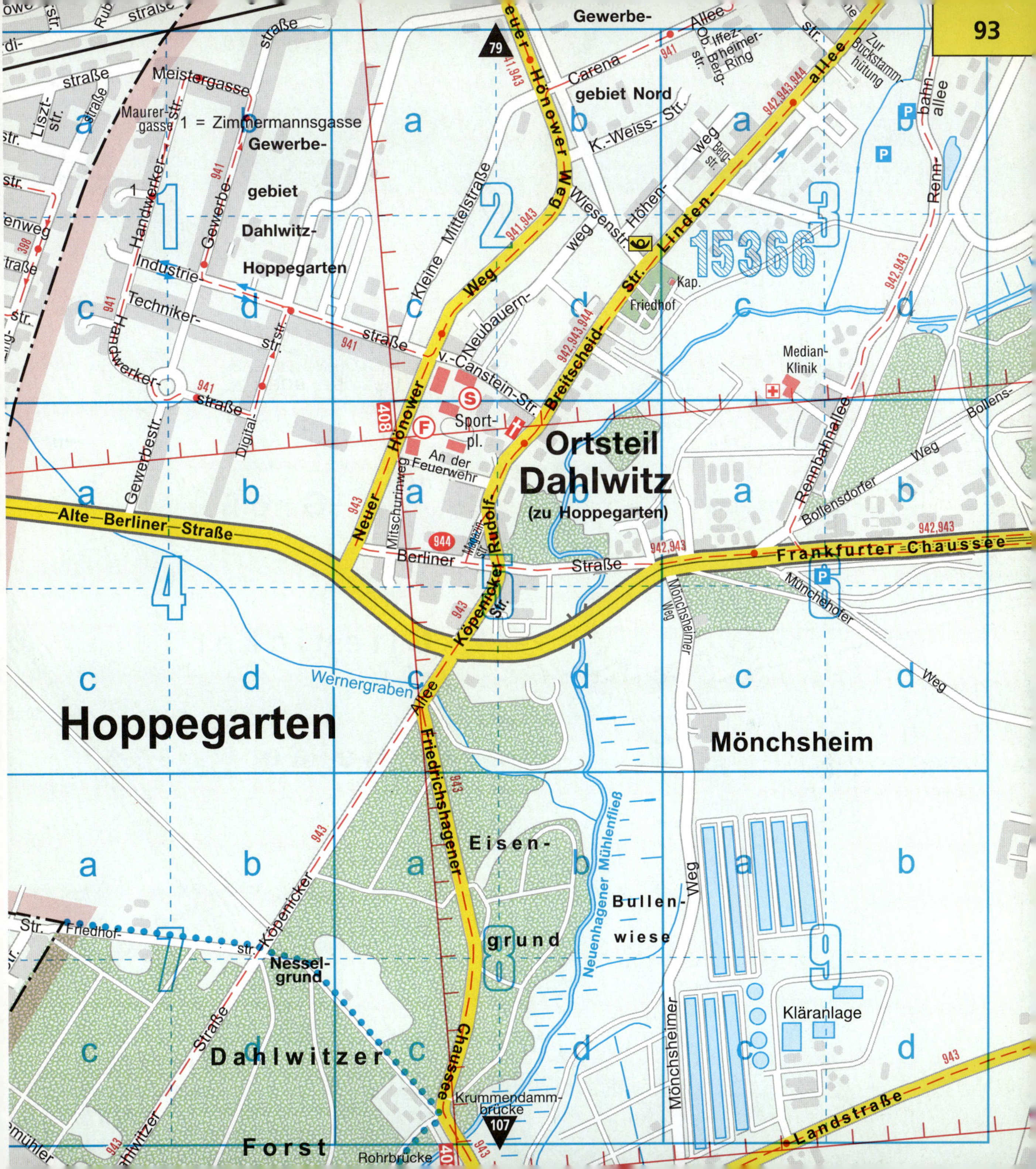
Hoppegarten
Ortsteil Dahlwitz
(zu Hoppegarten)
Mönchsheim
Gewerbegebiet Dahlwitz-Hoppegarten
Gewerbegebiet Nord
15366
Alte Berliner Straße
Frankfurter Chaussee
Neuer Hönower Weg
Hönower Weg
Breitscheid-Str.
Linden-allee
Rudolf-Str.
Köpenicker Allee
Friedrichshagener Chaussee
Köpenicker Straße
Dahlwitzer Forst
Eisengrund
Bullenwiese
Nesselgrund
Kläranlage
Median-Klinik
Sport-pl.
An der Feuerwehr
Berliner Straße
Wernergraben
Neuenhagener Mühlenfließ
Mönchsheimer Weg
Münchehofer Weg
Bollensdorfer Weg
Rennbahnallee
Landstraße
Krummendammbrücke
Rohrbrücke
Friedhof
Kap.
Meistergasse
Maurergasse
1 = Zimmermannsgasse
Handwerker-str.
Gewerbe-str.
Industrie-straße
Techniker-str.
Digital-str.
Gewerbestr.
Mitschurinweg
Kleine Mittelstraße
v.-Canstein-Str.
Neubauern-weg
Wiesenstr.
Höhenweg
K.-Weiss-Str.
Carena-Allee
Iffezheimer-Ring
Ob. Berg-str.
Zur Buckstammhütung
Friedhof-str.
Magazin-str.
Liszt-str.
79
107
408
944
941
942,943
943

Ortsteil Seeburg
(zu Dallgow-Döberitz)
Neue
Dorfstr.
Spatzenweg
Finkenweg
Milan-
Trapppen-weg
Fahrländer
Gartenpfuhl
Chaussee
Fichten
Katzenst
7542
80
372
374
5818
604,639,663
604
Seeburger Fichten
Seeburger Chaussee
Klärteiche
Groß Glienicker Heide
Potsdamer Straße
135,638
Seeburger Fenn
663
Realschule
Kita
Preußenhalle
Waldsiedlung
(zu Potsdam)
604,639
Außenweg
103
Potsdamer Chaussee
Siedlung Habichtswald
Hafeld-weg
334
Kleiner See
110
1
2
3
4
5
6
7
8
9
a
b
c
d

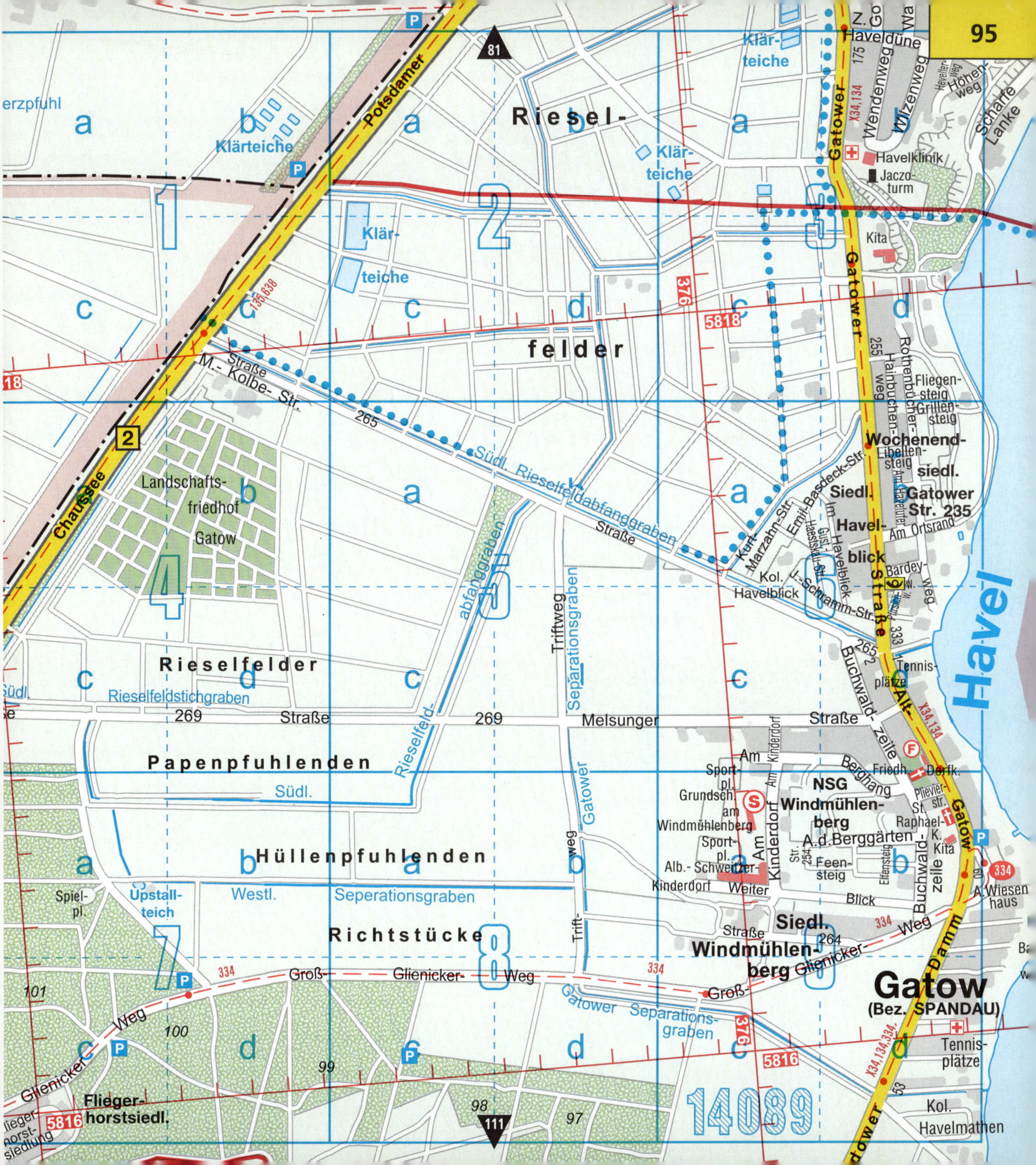
Riesel-
felder
Rieselfelder
Papenpfuhlenden
Hüllenpfuhlenden
Richtstücke
Klärteiche
Klär-
teiche
Potsdamer
Chaussee
M.- Kolbe- Str.
Straße
Südl. Rieselfeldabfanggraben
Straße
Landschafts-
friedhof
Gatow
Rieselfeldstichgraben
269
Straße
269
Melsunger
Straße
Rieselfeld-
abfanggraben
Südl.
Westl.
Seperationsgraben
Separationsgraben
Triftweg
Gatower
Trift-
weg
Upstall-
teich
Spiel-
pl.
Groß-
Glienicker-
Weg
Glienicker
Weg
Flieger-
horstsiedl.
Gatower Separations-
graben
Gatower
Gatower
Gatower Straße
Havelklinik
Jaczo-
turm
Kita
Haveldüne
Wendenweg
Wizenweg
Höhen-
weg
Scharfe
Lanke
Hainbuchen-
weg
Rothenbücher-
Fliegen-
steig
Grillen-
steig
Wochenend-
siedl.
Libellen-
steig
Gatower
Str. 235
Siedl.
Havel-
blick
Emil-Basdeck-Str.
Kurt-
Marzahn-Str.
Im Havelblick
Am Ortsrand
Bardey-
weg
Kol.
Havelblick
J.-Schramm-Str.
Buchwald-
zeile
Tennis-
plätze
Alt-
Havel
Am Kinderdorf
Sport-
pl.
Grundsch.
am
Windmühlenberg
Sport-
pl.
Alb.- Schweitzer-
Kinderdorf
Weiter
Blick
NSG
Windmühlen-
berg
A.d.Berggärten
Berghang
Feen-
steig
Friedh.
Dorfk.
Raphael-
K.
Kita
Buchwald-
zeile
A.Wiesen
haus
Siedl.
Windmühlen-
berg
Straße
Glienicker-
Weg
Groß-
Damm
Gatow
Gatow
(Bez. SPANDAU)
Tennis-
plätze
Kol.
Havelmathen
14089
81
111
376
5818
5816
334
264
265
255
175
333

Weinmeister-
horn
Kol.
Weinmeister-
grund
Scharfe
Lanke
Pichel-
Grund
Leuchtfeuer
Spielpl.
82
Rettungsstation
Kahnschänke
Rettungs-
station
Am
Postfenn
chaussee
218
150
Schullandheim
am Postfenn
Sport-
pl.
Ausflugsverkehr
378
5818
Kindertages-
stätte
am Postfenn
133
Berliner
Havel
Rettungs-
station
Yachthafen-
Brunow
Havel
Schild-
horn
Jürgen-
lanke
Am Schildhorn
152
134
Revierförsterei
Saubucht
Friedhof
Grunewald-
Forst
Spielpl.
Str.
Anlegest.
153
Schildhorn-
weg
135
Havel-
weg
Chaussee
Kuhhorn
154
81
Dachsberg
Havel-
weg
Saubucht-
weg
136
Rettungs-
station
Bade-
stelle
Havel-
Spiel-
pl.
155
115
218
116
Gatow
Kita
334
A. Wiesen-
haus
Kl.
Bade-
wiese
Havel-
chaussee
138
NSG
Pech-
see
117
Rettungsstation
Dachsgrund
Saubucht-
Badestelle
378
139
5816
Natur-
schutz-
gebiet
Saubucht
118
Tennis-
plätze
Karlsberg
79
Grunewald-
turm
Minigolf
140
112
119
Bars-
see
Anlegest.
velmathen

CHARLOTTENBURG-
-WILMERSDORF
Aussichts-
plateau
Schlitten-
bahn
Post-
fenn
Natur-
schutz-
gebiet
Kletter-
felsen
Teufelsberg
Teufelssee-
Spiel-
pl.
Teufelsseechaussee
Teufels-
fenn
NSG
Teufels-
see
Ökowerk
Teufelssee
Rettungs-
stat.
Kinder-
heim
Schildhorn-
weg
Verbindungschaussee
Neuer
Grunewald
Kol.
Alte
Spandauer
Poststr.
Teltower
Weg
Revierförsterei
Eichkamp
Waldmuseum
Waldschule
Pappel-
pl.
Auerbach-
tunnel
Sportpl.
Grunewald
Birken-
pl.
Königsweg
Schildhornweg
Schmetter-
lings-
pl.
Eich-
kampstr.
Dauerwald-
weg
Eichkamp
Siedl.
Eichkamp
Sport-
plätze
Tennis-
pl.
Waldschule
Maikäfer-
Kühler
Weg
Alte
Allee
Hornisgrund
Falterweg
Im
Son-
nen-
hof
Turn-
halle
Kita
Gymn.
Tennis-
Sporth.
Sportpl.
Tennispl.
Waldschulallee
Mommsen-
stadion
Sportplätze
Sonderschule
H.-Keller-Sch.f.
Sprachbeh.
Buchenweg
Reinfelder-
Sch.f.
Schwerh.
Gem.-hs.
Kita
Kiefern-
weg
Zikaden-
Eich-
Am Vogel-
A-V-U-S
Avus
Reithalle
Grunewald
S9
Am Bf.
Grunewald
Trabener
Auerbacher Str.
Douglas-
str.
Bettina-
Fontane-
str.
Winkler-
str.
Tennispl.
Steffi-Graf-
Stadion
G.-v.-
Cramm-
W.
Irland
Hagen-
pl.
Hunde-
kehle-
see
Frey-
tag-Str.
Ober-
haardter
Pump-
werk
Reiter-
wache
Koenigs-
NSG
Hunde-
kehle
Hunde-
kehle
Abstell-
bf.
E51
115
380
5818
5816
382
186
M19
Forst
Verbindungschaussee
Harforceweg
14055
14193
83
99
113

Messe Süd
Deutschlandhalle (Eissporth.)
Funkturm
AS Messed.-Süd
Halensee-straßenbr.
Cityplan S.11
AS Kurfürstendamm
Halensee
Freibad
Rangier- und Güterbahnhof
Werkstätten
Zollamt Grunewald
Fußgängertunnel
Rathenau-platz
Halensee
Cityplan S.16-19
Westfälische Straße
Kurfürstendamm
AS Kurf.-damm
Schwarzbacher Br.
Henriettenplatz
Lehniner Pl.
1=Sesselmannw.
2=Carionweg
3=Schwarzbacher Str.
4=Melli-Beese-Anlage
Hohenzollerndamm
Hohenzollerndammbrücke
AS Hohenzollerndamm
Südring
Koenigsallee
Koenigssee
Herthasee
Hubertussee
Dianasee
Hubertusallee
Bismarckallee
Charlottenbrunner Str.
Warmbrunner Str.
Flinsberger Platz
Eisstadion
Stadion Wilmersdorf
Grunewald
(Bez.CHARLOTTENBURG-WILMERSDORF)
Hagenplatz
Hagenstraße
Schmargendorf
(Bez.CHARLOTTENBURG-WILMERSDORF)
Hundekehlestraße
Breite Straße
Rheinbabenallee
NSG Hundekehlefenn
Forstamt Grunewald
Hundekehlegraben
Tennisplätze
Kissinger Pl.
Berkaer Pl.
Rosenecker Pl.

Wilmersdorf
(Bez.CH-WI)
Adenauerpl.
Olivaer Platz
Lietzenburger
Ludwigkirch-platz
Fasanen-
Spichernstr.
Viktoria-Luise-Pl.
Hohenzollernplatz
Hohenzollerndamm
Nachod-str.
Hohenstaufen
Konstanzer Str.
Preußen-park
Güntzelstr.
ADAC
Fehrbelliner Pl.
Bayerischer Platz
Bayer.Pl.
Berliner Str.
Wilmersdf.
Tunnel
Blissestr.
Berliner Str.
Badensche Str.
Krematorium
Friedhof Wilmersdorf
Fennsee
Volkspark
Sport-plätze
Wilmersdorf
Volkspark
Schoelerpark
R.-Wilde-Park
Raths. Schöneberg
Heidelberger Pl.
Detmolder Str.
AS Detmolder Str.
Bundespl.
AS Wexstr.
Innsbrucker Pl.
Innsbrucker Platz
S41,S42,S45,S46
Mecklenburgische
Südwest-korso
Bundesallee
Rüdeshmr.
Rüdesheimer Platz
F.-Wilh.-Pl.
Hauptstraße
Rubensstraße
Martin-Luther-Straße
Schmargendorf
14
15
16
100
10707
10719
10777
10779
10717
10713
10715
14197
12159
85
115

Schöneberg
(Bez.T-SCH)
Bülowstr.
Yorckstr. (Großgörschenstr.)
Yorckstr.
Kleistpark
Eisenacher Str.
Innsbrucker Pl.
Schönebg.
Papestr.
Tempelhof
Bln.-Anhalter Güterbf.
Viktoria-park
Kreuz-berg
Kleist-Park
Kaiser-Wilh.-Pl.
Kolonnenbr.
AS Innsbr. Pl.
AS Sachsendamm
Kreuz Schöneberg
Nelly-Sachs-Park
Spektrum Berlin
Lokschuppen
Wasserturm
Potsdamer Str.
Hauptstraße
Martin-Luther-Straße
Grunewaldstr.
Goebenstr.
Pallasstr.
Yorckstr.
Großgörschenstr.
Crellestraße
Dudenstraße
Kolonnenstr.
Dominicusstr.
Sachsendamm
Tempelhofer Weg
Torgauer Str.
Südring
Manfred-von-Richthofen-Str.
Bayernring
Boelckestraße
Alboinstr.
Hoeppnerstraße
General-Pape-Straße
Naumannstr.
Leuthener Str.
Akazienstr.
Belziger Str.
Kreuzbergstraße
Methfesselstr.
Katzbachstr.
Mehringdamm
Möckernstr.
Werdauer Weg
Priesterweg
Kulmer Str.
Bülowstr.
Winterfeldtstr.
Nollendorfstr.
Freisinger Str.
Leuthener Pl.
Werner-Voß-Damm
Berliner Wasserbetriebe
Hansakorso
1=Am Weinhang
2=An der Barthschen Promenade
3=Alte Brauerei
1=Neue Steinmetzstr.
2=Neue Kulmer Str.
1=Fritz-Bräuning-Promenade
2=Suadicanistr.
10777
10783
10781
10827
10823
10829
10963
12101
S1
S2,S26
S41,S42
S45,S46,S47
S41,S42,S45,S46,S47
86
116
103

Kreuzberg
(Bez.FR-KR)
NEUKÖLLN
Volkspark
Hasenheide
Rixdorfer Höhe
68
Rixdorfer Teich
Natur-theater
Flughafen
Berlin-Tempelhof
10961
10965
10967
12049
Mehringdamm
Gneisenaustr.
Südstern
Schönleinstr.
Hermannpl.
Boddinstr.
Pl.d.Luftbrücke
Paradestr.
Urbanhafen
Gneisenaustraße
Urbanstraße
Columbiadamm
Hasenheide
Bergmannstraße
Tempelhofer Damm
Mehringdamm
Kottbusser Damm
Hermannstraße
Jüterboger Str.
Schwiebusser Str.
Dreifaltigkeitskirchhof
St.-Johannes Basilika
Garnisonfriedhof
Sommerbad Columbiadamm
Anschlussst. Tempelhofer Damm
87
117
96
179
20

Alt-
Treptow
(Bez.TREPTOW-KÖPENICK)
TREPT
NEUKÖLLN
Rixdorf
Treptower Park
Raths. Neukölln
Karl-Marx-Str.
Leinestr.
Sonnenallee
Neukölln
Gbf. Bln.-Treptow
12047
12045
12043
12053
12059
12055
12051
96a
179
88
118
1 = Gerlachsheimer W.
2 = Wanzlikpfad
1=Neuwedeller Str.
1=Esperanto-platz
Körner-park
Südring
Landwehr-
Kiefholz-
Sonnen-allee
Karl-Marx-Str.
Hermann-straße
Weserstr.
Elsenstraße
Heidelberger Str.
Puschkinallee
Am Treptower Park
Elsenstraße
Maybach-ufer
Lohmühlen-platz
Schl. Busch
Kulturzentr. "Parkhaus"
Anlegestellen Kreisschiff.
Saalestr.
Lahn-str.

Stralau
89
Grundsch.
Stralau
K.-Marx-Denkmal
Rosen-garten
Spree
Kinder-hm.
Kap.
Friedhof "Zwingli-Stralau"
Liebes-insel
Kratzbruch
Köpenicker
Straße
Hönower
Klein-gart.
S3
1=Neuer Feldweg
DB-Werk Rummelsburg
RE1
Kraftwk. Klingenbg
Saganer
Stich-kanal
ÖW-KÖPENICK
435
Platz am Spreetunnel
allee
Treptower
Zennerbr.
Abtei
Abteibr.
Insel der Jugend
Jugendclub
96a
Spreepark
Vergnügungs-und Freizeitpark
Chaussee
Hönower Str.
Sowjet. Ehrenmal
Archenhold-Sternwarte
Park
Karpfenteich
Alt-Treptow
Poetensteig
Wasser-weg
Bulgarische Str.
Blockdamm-weg
Hoher Wallgr.
Rummelsburger
Treptower
5816
Büch.
Bezirks-amt
Grundsch.
Neue Krugallee
Klg.-anl.
Rathaus
Damm-weg
Kiehnwerderallee
Eier-häuschen
Klg.-anl. Am E-Werk
Hege-
Bulgarische
Park
Pappel-allee
Plänterwald
Orion-
S8,S9
S85
Parkstr.
Am
Sport-pl.
Kita
Neue
Waldschule
Pläntr-
Bullen-bruch
Kleingart. anl. Treptows Ruh III
Kreuztal
Klg.-anl. Sorgen-frei
Galileistraße
Damm-weg
12459
Plänterwald
Kiefholz-
Köpenicker
277
Erich-
Willi-Sänger-
Krug
Schule für Lern-beh.
wald
Sport-platz
Klg.-anlage
Wilhelmstrand
Klg.-Heide-kampgr.
Klg.-anl. Fortuna
Kol. Märk. Schweiz
Kol. Neu-köllnische Wiesen
Kol. Südpol
Klg.-anl.-Mississippi
Damm-br.
Landstr.
Lodemann
Platanen-weg
Schule f. Geistigb.
Nalepa-
Schwarzer Weg
Klein-
Weg 7
Klg.-anl. Kuckucks-heim I
Einsam-keit
Plänterwald
(Bez.TREPTOW-KÖPENICK)
Köpenicker Landstr.
Altenhm. Gesamt-sch.
12437
Kiehnwerderallee
F-11
Weg 7
garten-anlage
Kol. Freiheit
Kol. Drossel-garten
Klg.- anl. I
straße
gausstr.
Eich-Str.
Eichbusch-allee
Nernstweg
Berufssch. Garten-arbeitssch.
Sonnen-grundsch.
Damm-weg
Damm- Vogelsang wegbr. II
Kol. Stolz von Rixdi.
Klg.-anl.
Grüne Weide
Sport-pl.
S8,S9,S85
S46,S47
Sport-u.Tennispl.
96a
Lake-grund
Klg.-anl.
Lakegrund
Neue Krugallee
Wasser-schutzpol.
Klg.-anlage
Oberspree
Elbe-
Am Freibad weg
170
Tennis-pl.
Aronsstr.
Kita-beak.
Damm-
Widder-str.
S45
Kief-
Klg.-anl.
Baum-schulenweg
(Bez.TREPTOW-KÖPENICK)
Schwimmh.
Sport-plätze
Sporth.
Kölln.Heide
Steinbockstr.
Jug.cl.
Krebs-gang
Planeten-str.
Heidekamp-weg
Heidekamp-
Hänsel-str.
Bez.-amt
Zur Linde
Schön-taler W.
Mosisch-str.
Rodel-berg
Kanal
398
Tabbert-
Venus-pl.
Rübezahl-str.
Gretelstr.
Drosselbartstr.
Kita
V.-d.-Schulen-burg-Park
Sportpl.
Grund-sch.
Gesamtsch. VHS
Bibl.
Sport-pl.
Heidekampw.
holz-str.
Baumschulenweg
Reha-zentr.
Marggraff-br.
Tennispl.
J.-Kepler-Obersch.
Sen.hm.
Kolonie
Grundsch.
119
Sport-pl.

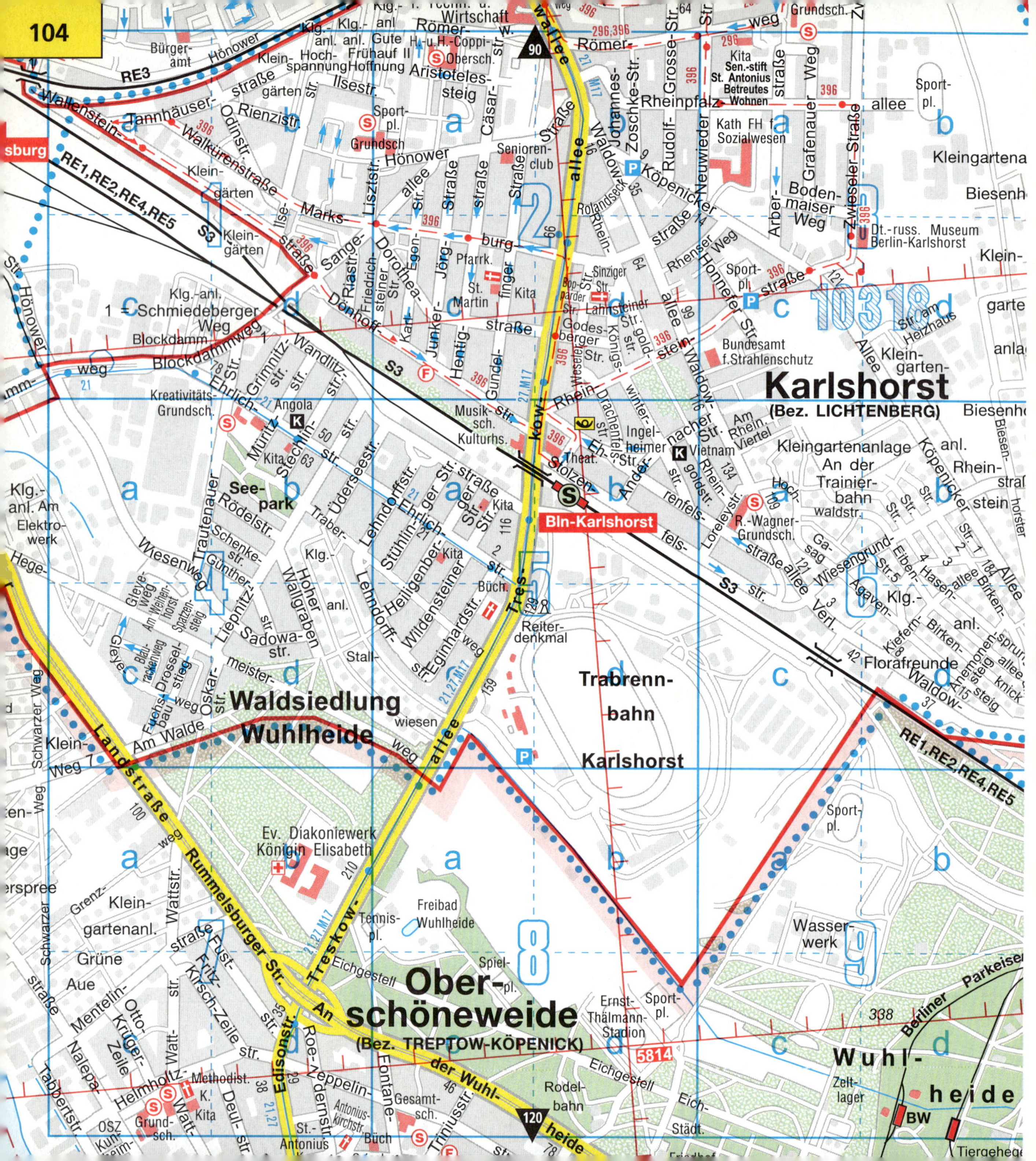
Karlshorst
(Bez. LICHTENBERG)
Ober-
schöneweide
(Bez. TREPTOW-KÖPENICK)
Waldsiedlung
Wuhlheide
Trabrenn-
bahn
Karlshorst
Wuhl-
heide
Bln-Karlshorst
Treskowallee
Rummelsburger Str.
Köpenicker Straße
Rheinpfalzallee
Hönower Str.
Blockdammweg
Ehrlichstr.
Dönhoffstraße
Marksburgstraße
Wandlitzstr.
Waldowallee
An der Wuhlheide
Edisonstr.
Wilhelminenhofstr.
Landstraße
Am Walde
Weg 7
Eichgestell
Wiesenweg
Lehndorffstr.
Heiligenberger Str.
Wildensteiner Str.
Eginhardstr.
Stühlinger Str.
Traberweg
Wallensteinstraße
Walkürenstraße
Tannhäuserstr.
Rienzistr.
Odinstr.
Ilsestraße
Liszt-str.
Hönower Wiesenweg
Kreativitäts-Grundsch.
Angola
Vietnam
Seepark
Kleingartenanlage An der Trainierbahn
Dt.-russ. Museum Berlin-Karlshorst
Bundesamt f.Strahlenschutz
Kath FH f Sozialwesen
Sen.-stift St. Antonius Betreutes Wohnen
Pfarrk. St. Martin
Senioren-club
Musik-sch.
Kulturhs.
Theat.
Reiter-denkmal
Ev. Diakoniewerk Königin Elisabeth
Freibad Wuhlheide
Tennis-pl.
Ernst-Thälmann-Stadion
Rodel-bahn
Wasser-werk
Zelt-lager
Berliner Parkeisenbahn
Gesamt-sch.
Methodist. K.
Florafreunde
Agavenweg
Wiesengrund-
R.-Wagner-Grundsch.
Sportpl.
Kleingärten
RE1,RE2,RE4,RE5
RE3
S3
M17
21
396
5814
90
120
Grundsch.
Kita
Büch.
OSZ
Grüne Aue
Schwarzer Weg
Fontanestr.
Roedernstr.
Zeppelinstr.
Deulstr.
Wattstr.
Nalepastr.
Helmholtzstr.
Otto-Krüger-Zeile
Fritz-Kirsch-Zeile
Sadowastr.
Liepnitzstr.
Trautenauer Str.
Rödelstr.
Hoher Wallgraben
Stallmeisterweg
Oskar-str.

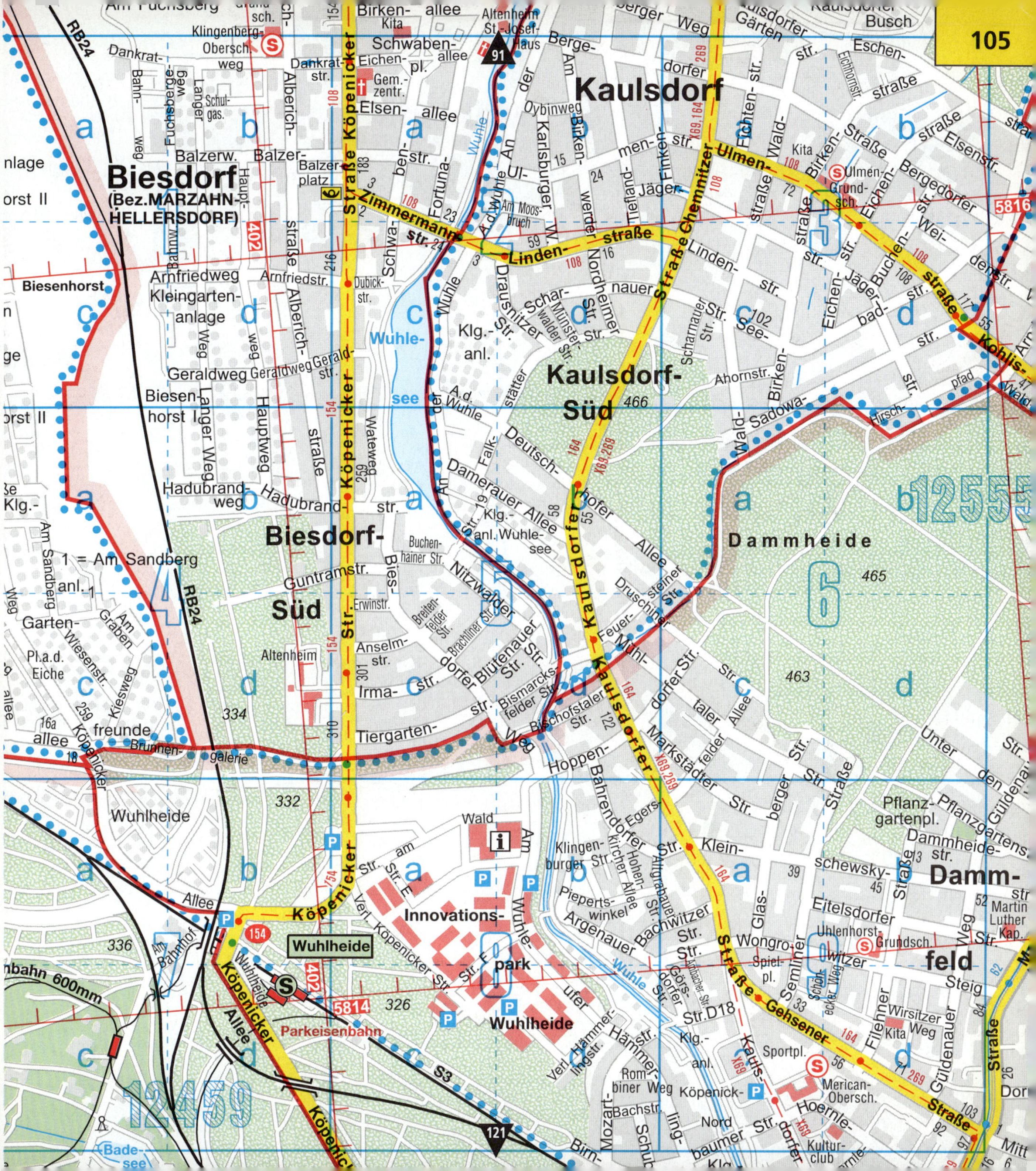
Kaulsdorf
Biesdorf
(Bez. MARZAHN-HELLERSDORF)
Kaulsdorf-Süd
Biesdorf-Süd
Dammheide
Damm-feld
Wuhlheide
Innovations-park Wuhlheide
Wuhlesee
Wuhle
Biesenhorst
Zimmermannstr.
Lindenstraße
Ulmenstraße
Chemnitzer Straße
Kaulsdorfer Straße
Köpenicker Straße
Köpenicker Str.
Köpenicker Allee
Gehsener Straße
Dammerauer Allee
Deutschhofer Allee
Hadubrandweg
Hadubrandstr.
Geraldweg
Arnfriedweg
Arnfriedstr.
Alberichstraße
Balzerplatz
Balzerw.
Dankratweg
Dankratstr.
Elsenallee
Birkenallee
Schwabenallee
Fortunaallee
Am Fuchsberg
Klingenberg-Obersch.
Altenheim St.-Josef-Haus
Gem.-zentr.
Kita
Dubickstr.
Guntramstr.
Erwinstr.
Anselmstr.
Irmastr.
Tiergartenstr.
Bischofstaler Str.
Bismarcksfelder Str.
Blütenauer Str.
Nitzwalder Str.
Buchenhainer Str.
Breitenfelder Str.
Brachliner Str.
Neuenhagener Str.
Hoppegartener Str.
Bahrendorfer Str.
Markstädter Str.
Mühltaler Str.
Feuerdorfer Str.
Druschiner Str.
Sadowastr.
Ahornstr.
Hirschpfad
Kohlisstr.
Bergedorfer Str.
Kleinschewskystr.
Eitelsdorfer Str.
Wongrowitzer Str.
Wirsitzer Weg
Güldenauer Weg
Pflanzgartenpl.
Pflanzgartenstr.
Dammheidestr.
Martin-Luther-Kap.
Grundsch.
Sportpl.
Mercan-Obersch.
Kulturclub
Hoernlestr.
Köpenicker Allee
Parkeisenbahn
Wuhlheide
Parkbahn 600mm
Am Bahnhof
Brunnengalerie
Am Sandberg
1 = Am Sandberg
Garten-freunde
Pl. a. d. Eiche
Kiesweg
Wiesenstr.
Am Graben
Kleingartenanlage
Biesenhorst I
Biesenhorst II
Langer Weg
Hauptweg
Watewег
Altenheim
Klg.-anl.
Wuhlesee
Am Moosbruch
An der Wuhle
Oybinweg
Karlsburger W.
Birkenwerder Str.
Tiefland-str.
Jägerstr.
Nordheimer Str.
Schar-nauer Str.
Scharnauer Str.
Münsterwalder Str.
Drausnitzer Str.
Waldstr.
Eichen-str.
Buchenstr.
Jägerbadstr.
Seestr.
Fichtenstr.
Kaulsdorfer Busch
Kaulsdorfer Gärten
Eschenstraße
Eichhornstr.
Elsenstr.
Weidenstr.
Klingenburger Str.
Hohenkircher Allee
Altgrabauer Str.
Bachwitzer Str.
Pieperts-winkel
Argenauer Str.
Egersdorfer Str.
Glasbacher Str.
Seminiger Str.
Schöneicher Weg
Uhlenhorster Str.
Fliehner Str.
Görsdorfer Str.
Hämmerlingstr.
Mozartstr.
Rombiner Weg
Bachstr.
Nordbaumer Str.
Unter den Güldenauer Str.
Steig
Wuhleufer
Str. E
Str. F
Str. am
Köpenicker Str.
S3
RB24
S
P
i
91
121
108
154
164
269
402
5814
5816
12459
12555
1
2
3
4
5
6
7
8
a
b
c
d
466
465
463
332
334
336
326

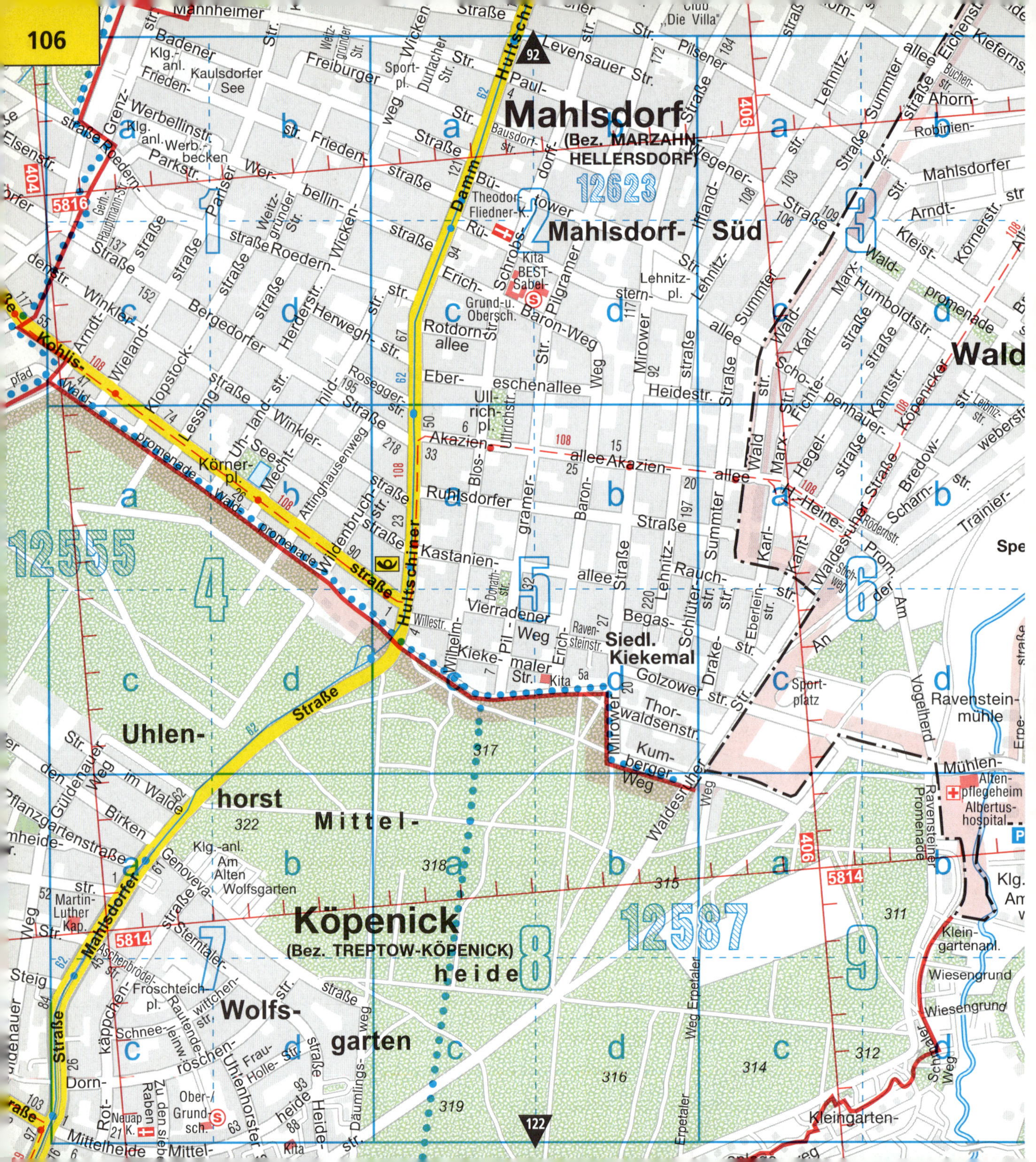
Mahlsdorf
(Bez. MARZAHN-HELLERSDORF)
12623
Mahlsdorf- Süd
Wald
12555
Siedl. Kiekemal
Uhlen-
horst
Mittel-
heide
Köpenick
(Bez. TREPTOW-KÖPENICK)
12587
Wolfs-
garten
Ravenstein-
mühle
Altenpflegeheim Albertus-hospital
Kaulsdorfer See
Hultschiner Damm
Hultschiner Straße
Mahlsdorfer Straße
Akazienallee
Kastanienallee
Eschenallee
Ruhlsdorfer Straße
Pilgramer Str.
Lehnitzstraße
Summter Straße
Waldesruher Str.
Kieler Str.
Köpenicker Str.
Heidestr.
Kiekemaler Str.
Golzower Str.
Thorwaldsenstr.
Kumberger Weg
Vogelherd
Mühlenweg
Ravensteiner Promenade
Genovevastraße
Sterntalerstraße
Frau-Holle-Str.
Uhlenhorster Straße
Dornröschenstr.
Schneewittchenstr.
Rotkäppchenstr.
Mittelheide
Kleingartenanl.
Wiesengrund
Sportplatz
Kita
Grund-u. Obersch.
Theodor-Fliedner-K.
Martin-Luther Kap.
Körnerpl.
Lehnitzpl.
Ullrichpl.
Froschteichpl.
5814
5816
406
404
108
62
92
122
311
312
314
315
316
317
318
319
322

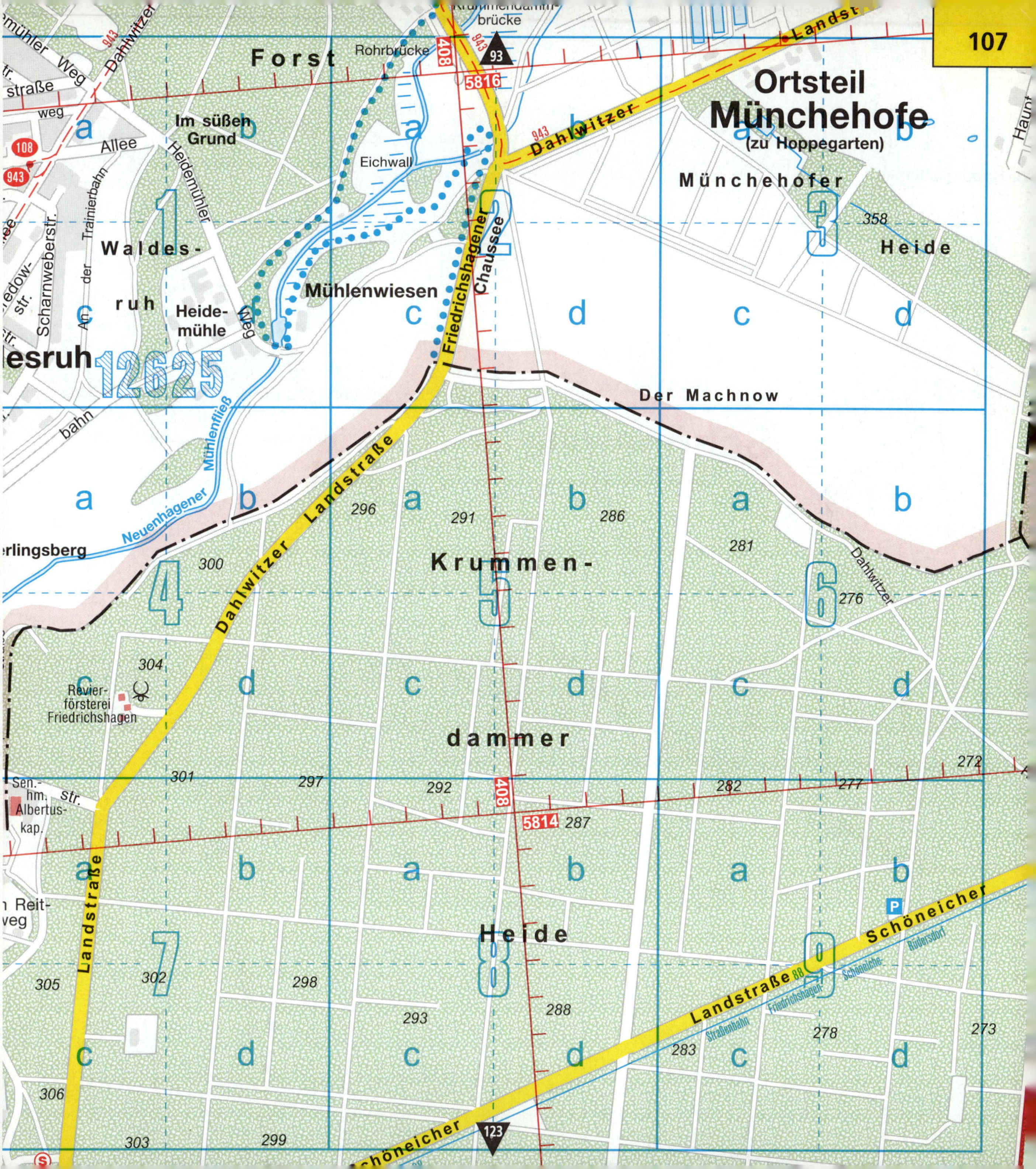
Forst
Rohrbrücke
brücke
Im süßen Grund
Allee
Heidemühler
Trainierbahn
Waldesruh
Eichwall
Mühlenwiesen
Heide-mühle
Weg
Friedrichshagener
Chaussee
Dahlwitzer
Landst
Ortsteil
Münchehofe
(zu Hoppegarten)
Münchehofer
Heide
Scharnweberstr.
An der
esruh
12625
Der Machnow
Mühlenfließ
Neuenhagener
erlingsberg
bahn
Dahlwitzer Landstraße
Krummen-
dammer
Heide
Revier-försterei Friedrichshagen
Sen.-hm.
Albertus-kap.
str.
Reit-weg
Landstraße
Schöneicher
Landstraße
Friedrichshagen
Schöneiche
Rüdersdorf
Straßenbahn
Dahlwitzer
Schöneicher
408
5816
5814
943
108
93
123
88
358
296
291
286
281
300
276
304
301
297
292
282
277
272
287
305
302
298
293
288
283
278
273
306
303
299

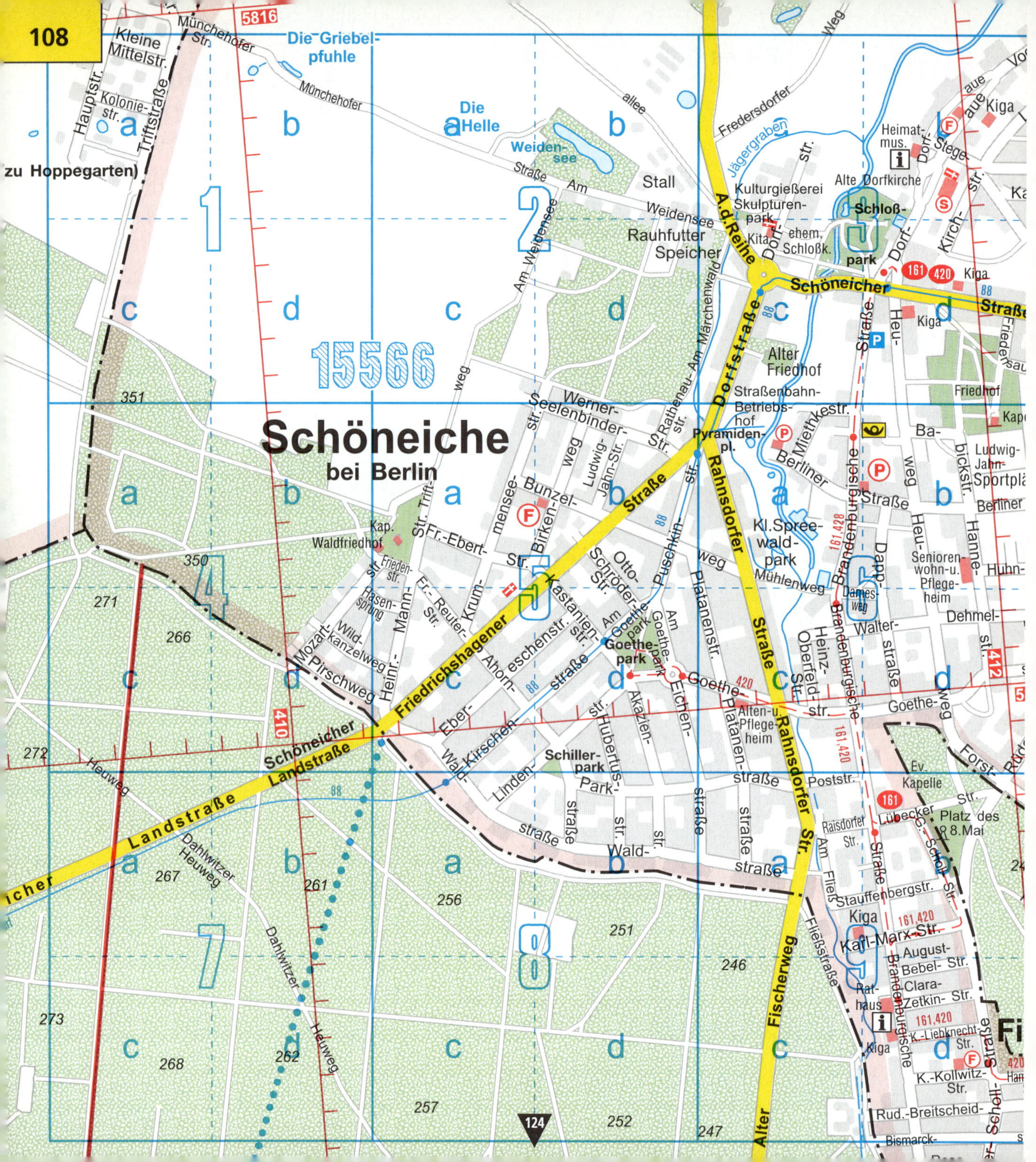

Schöneiche
bei Berlin
15566
Die Griebelpfuhle
Die Helle
Weidensee
Münchehofer Str.
Kleine Mittelstr.
Hauptstr.
Kolonie-str.
Triftstraße
zu Hoppegarten)
Am Weidensee
Weidensee
Stall
Rauhfutter Speicher
Fredersdorfer Str.
Jägergraben
Kulturgießerei Skulpturenpark
Kita
ehem. Schloßk.
Schloßpark
Alte Dorfkirche
Heimatmus.
Dorfaue
Kiga
Kirchstr.
A.d.Reihe
Dorfstraße
Schöneicher Straße
Alter Friedhof
Straßenbahn-Betriebshof
Friedhof
Werner-Seelenbinder-Str.
Rathenau-str.
Am Märchenwald
Pyramiden-pl.
Miethkestr.
Berliner Straße
Brandenburgische Straße
Rahnsdorfer Straße
Kl.Spreewaldpark
Mühlenweg
Dames-weg
Dapp-
Heuweg
Ludwig-Jahn-Sportpl.
Senioren-wohn-u. Pflegeheim
Dehmelstr.
Walterstraße
Goethe-weg
Waldfriedhof
Kap.
Frieden-str.
Hasensprung
Wildkanzelweg
Mozart-
Pirschweg
Heinr.-Mann-
Fr.-Reuter-Str.
Krummensee-
Fr.-Ebert-Str.
Bunzelweg
Birken-
Ludwig-Jahn-Str.
Otto-Schröder-Str.
Puschkinstr.
Kastanienstr.
Goethepark
Am Goethepark
Friedrichshagener Straße
Ahorn-
Eschenstr.
Eber-
Platanenstr.
Eichen-
Akazien-
Goethe-str.
Heinz-Oberfeld-Str.
Alten-u. Pflegeheim
Schöneicher Landstraße
Waldstraße
Kirschen-
Linden-
Schillerpark
Hubertus-str.
Parkstraße
Waldstraße
Platanenstraße
Poststr.
Raisdorfer Str.
Lübecker Straße
Ev. Kapelle
Platz des 8.Mai
Am Fließ
Fließstraße
Stauffenbergstr.
Kiga
Karl-Marx-Str.
August-Bebel-Str.
Clara-Zetkin-Str.
Rathaus
K.-Liebknecht-Str.
K.-Kollwitz-Str.
Rud.-Breitscheid-
Bismarck-
Scholl-Str.
Forststr.
Dahlwitzer Heuweg
Heuweg
Fischerweg
Alter Fischerweg
Mühlenweg
1 2 3 4 5 6 7 8 9
351 350 271 266 272 267 261 256 251 246 273 268 262 257 252 247
5816 410 412 420 161 88
124

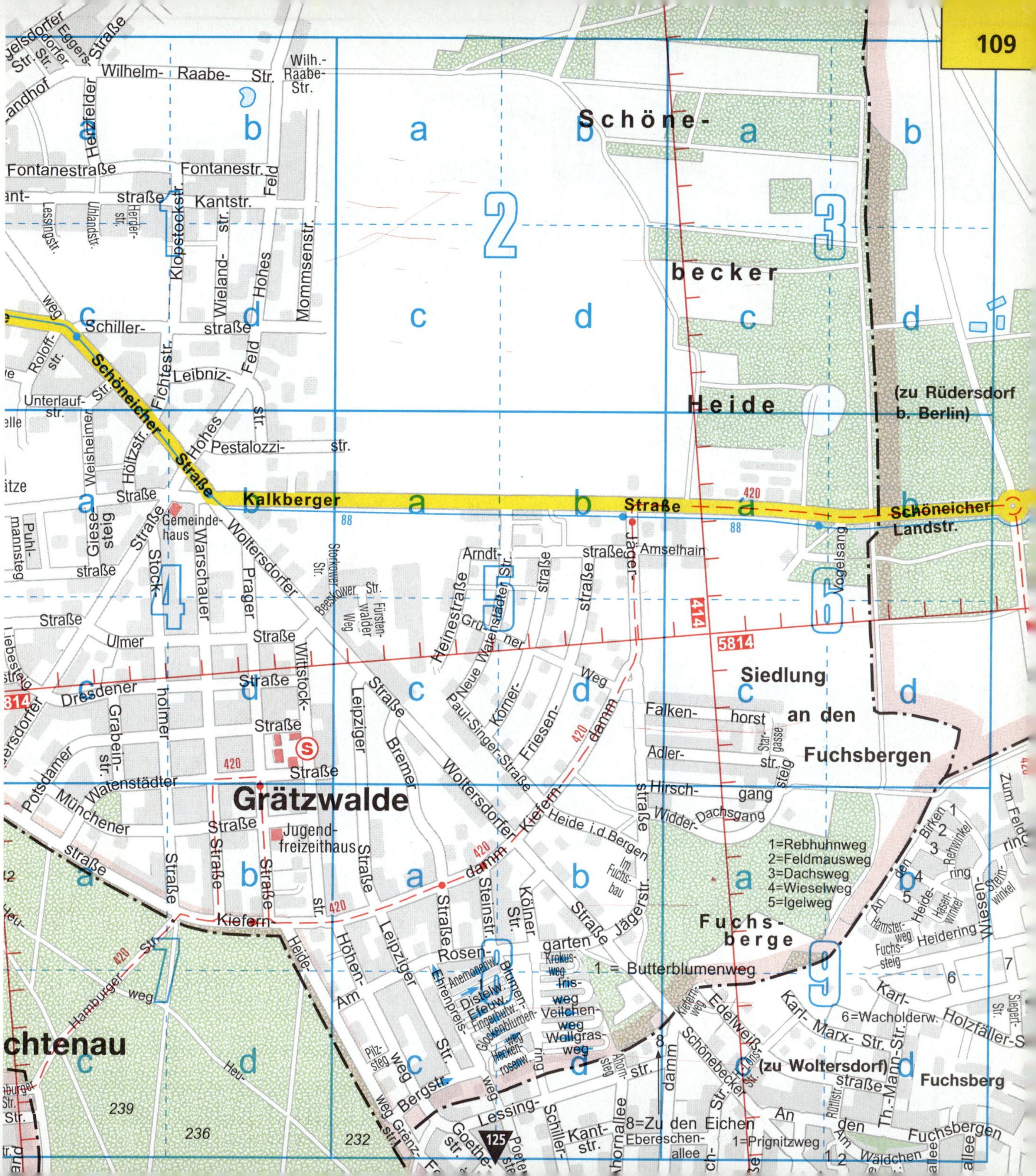

Wilhelm- Raabe- Str.
Wilh.-Raabe-Str.
Eggers-
Straße
Heinzelder
Fontanestraße
Fontanestr.
Feld
Kant- straße
Kantstr.
Lessingstr.
Uhlandstr.
Herder-str.
Klopstockstr.
Wieland- str.
Hohes
Mommsenstr.
Schöne-
becker
Heide
weg
Schiller- straße
Roloff-str.
Schöneicher Straße
Fichtestr.
Leibniz-
Feld
str.
Unterlauf-str.
Weisheimer
Hölzstr.
Hohes
Pestalozzi- str.
(zu Rüdersdorf b. Berlin)
Kalkberger Straße
Schöneicher Landstr.
420
88
Straße
Giese-steig
Puhl-mannsteg
Gemeinde-haus
Warschauer
Woltersdorfer
Stock-
Prager
Storkower Str.
Beeskower Str.
Fürsten-walder Weg
Arndt-
Heinestraße
Neue Watenstädter Str.
Grüner
straße
straße
Jäger-
Amselhain
Vogelsang
414
5814
Straße
Ulmer
Straße
Witstock-
Leipziger
Straße
Paul-Singer-Straße
Körner-
Weg
Friesen-
damm
Siedlung an den Fuchsbergen
Falken- horst
Star-gasse
Adler- str.
steig
Dresdener
Straße
Grabein-str.
holmer
Straße
Bremer
Woltersdorfer
Kiefern-
Hirsch- gang
Widder- Dachsgang
Potsdamer
Watenstädter
Straße
Grätzwalde
Münchener
Jugend-freizeithaus
Heide i.d.Bergen
Im Fuchs-bau
1=Rebhuhnweg
2=Feldmausweg
3=Dachsweg
4=Wieselweg
5=Igelweg
Birken
Rehwinkel
ring
Zum Felde ring
Stein-winkel
Wiesen-
straße
Straße
Straße
Straße
str.
damm
Steinstr.
Kölner Str.
Jägerstr.
Heide-
Hasen-winkel
Hamster-weg
Fuchs-steig
Heidering
Kiefern-
Rosen- garten
Krokus-weg
Iris-weg
Veilchen-weg
Wollgras-weg
1 = Butterblumenweg
Fuchs-berge
Edelweiß
Karl-Holzfäller-S
6=Wacholderw.
Karl- Marx- Str.
Th.-Mann-Str.
Siegert-Str.
Höhen-
Am
Leipziger
Straße
Anemonenw.
Ehrenpreis-
Distelw.
Efeuw.
Fingerhutw.
Glockenblumen-
Hecken-rosenw.
ring
Hamburger
Str.
weg
Heu-
Heu-
chtenau
Pilz-steg
weg
Str.
Bergstr.
Ahorn-steg
str.
damm
Schönebecker Str.
(zu Woltersdorf)
straße
Fuchsberg
Rütlistr.
Lessing-
Schiller-
Goethe-str.
Kant-str.
8=Zu den Eichen
Ebereschen-allee
1=Prignitzweg
An den Fuchsbergen
Am Wäldchen
allee
allee
Grenz-str.
125
239
236
232

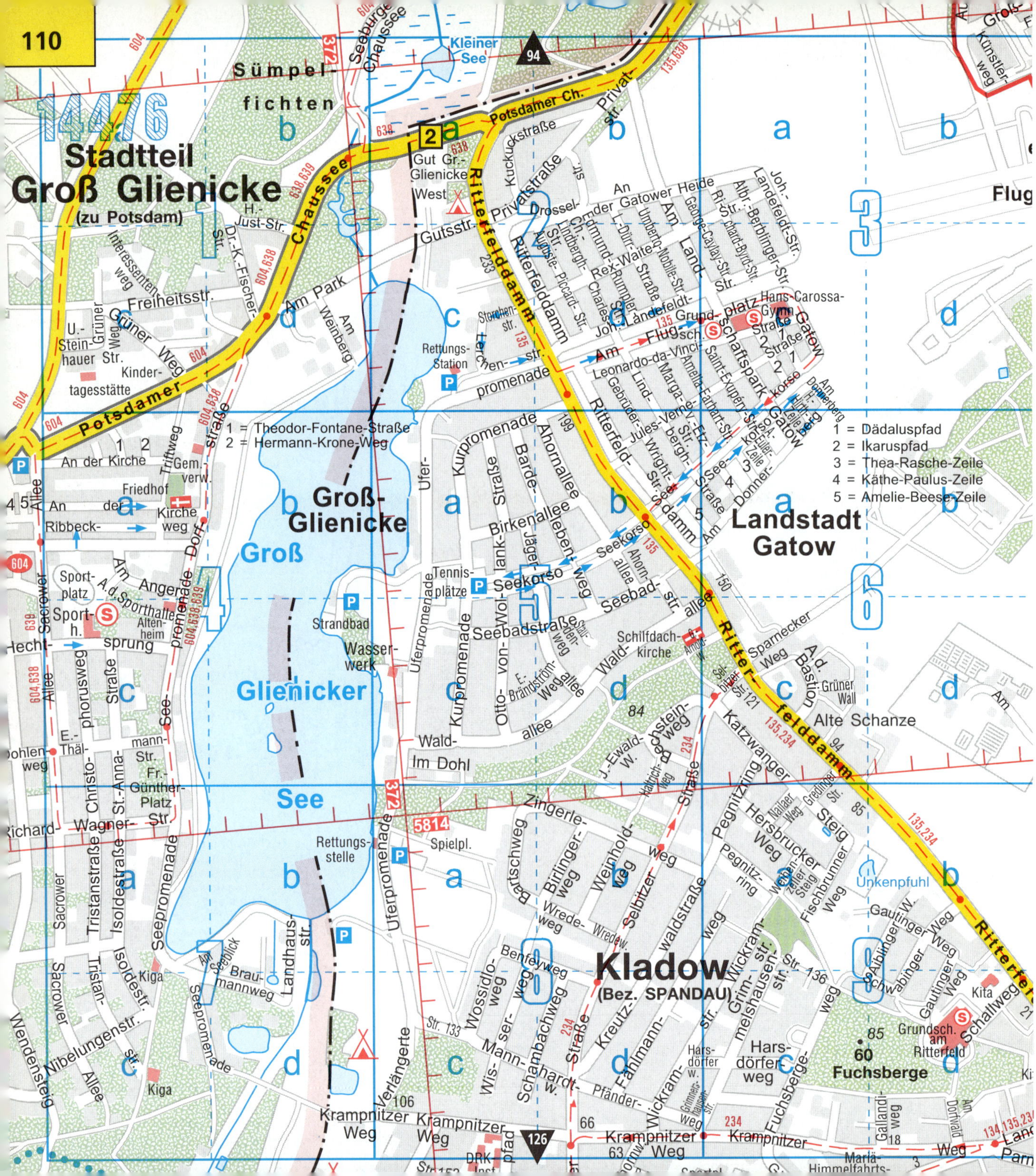

Stadtteil
Groß Glienicke
(zu Potsdam)
Sümpel-
fichten
Kleiner See
Potsdamer Ch.
Chaussee
Seeburger Chaussee
Gut Gr.-Glienicke
West
Ritterfelddamm
Kuckuckstraße
Privatstraße
Privat-str.
Gutsstr.
H.-Just-Str.
Dr.-K.-Fischer-Str.
Interessentenweg
Freiheitsstr.
Grüner Weg
U.-Steinhauer Str.
Kinder-tagesstätte
Potsdamer
Am Park
Am Weinberg
Rettungs-Station
Storchen-str.
Lerchen-str.
Am promenade
Drossel-
An der Gatower Heide
Rex-Waite-Straße
Ch.-Lindbergh-Str.
Auguste-Piccard-Str.
Edmund-Rumpler-Str.
Umberto-Nobile-Str.
George-Caylay-Str.
Ri-chard-Byrd-Str.
Albr.-Berblinger-Str.
Joh.-Landefeldt-Str.
Am Land
Hans-Carossa-Gymn.
Flug-platz
Grund-sch.
Leonardo-da-Vinci-Str.
Gebrüder-Wright-Str.
Lind-bergh-
Marga-v.-Etz-
Amelia-Earhart-Str.
Saint-Exupéry-Str.
Landschaftspark Gatow
Am Dornberg
Jules-Verne-Str.
See-Str.
Donner-
1 = Theodor-Fontane-Straße
2 = Hermann-Krone-Weg
1 = Dädaluspfad
2 = Ikaruspfad
3 = Thea-Rasche-Zeile
4 = Käthe-Paulus-Zeile
5 = Amelie-Beese-Zeile
An der Kirche
Trift-weg
Gem.-verw.
Friedhof
An der Kirche
Kirchweg
Ribbeck-
Dorf-straße
Groß-Glienicke
Groß
Glienicker
See
Kurpromenade
Ufer-
Barde-
Ahornallee
Birkenallee
Lebenweg
Jäger-
Seekorso
Ahorn-allee
Seebad-str.
Landstadt Gatow
Flug
Tennis-plätze
Sport-platz
A. d. Sporthalle
Am Angerade
Sport-h.
Alten-heim
Hecht-sprung
Strandbad
Wasser-werk
Uferpromenade
Seebadstraße
Otto-von-Wol-
E.-Brändström-Weg
Waldallee
Schilfdach-kirche
Sparnecker Weg
Ad. Bastion
Grüner Wall
Alte Schanze
Am
Sacrower Allee
phorusweg
Straße
E.-Thäl-mann-Str.
Dohlen-weg
Christo-
St.-Anna-
Fr.-Günther-Platz
Richard-Wagner-Str.
Wald-Im Dohl
J.-Ewald-W.
Bechstein-weg
Katzwanger
Ritterfelddamm
Pegnitzring
Hersbrucker Weg
Steig
Zingerle-
Bartschweg
Birlinger-weg
Weinhold-weg
Selbitzer
Rettungs-stelle
Spielpl.
Uferpromenade
Wrede-weg
Waldstraße
Fischbrunner Weg
Unkenpfuhl
Gautinger Weg
Aiblinger W.
Schwabinger Weg
Sacrower
Tristanstraße
Isoldestraße
Seepromenade
Kiga
Am Seeblick
Brau-mannweg
Landhaus-str.
Benfeyweg
Wossidlo-weg
Kladow
(Bez. SPANDAU)
Grimmelshausen-str.
Wickram-str.
Str. 136
Kita
Grundsch. am Ritterfeld
Schallweg
60 Fuchsberge
Wendensteig
Nibelungenstr.
Allee
Kiga
Seepromenade
Str. 133
Verlängerte
Wis-ser-weg
Mann-hardt-w.
Schambachweg
Kreutz-
Fahlmann-
Pfänder-
Hars-dörfer weg
Fuchsberge
Gallandiweg
Dorfwald
Krampnitzer Weg
Krampnitzer Weg
Krampnitzer Weg
DRK
Mariä-Himmelfahrts-
Weg

Gatower
Heide
Hohengatow
Helleberge
ehemaliger
Flugplatz Gatow
Luftwaffen-museum
Revierförsterei Gatow
Golfplatz
Sport-platz
Tennis-pl.
General-Steinhoff-Kaserne
14089
Kladower Damm
Sport-pl.
Kläranlage
Breitehorn
Kol. Breitehorn
Kol. Havelwiese
Kol. Havelfreude
Rettungsst.
Badestelle
Ufer
Klinik Berlin
Gemeinschafts-Krankenhaus
Havelhöhe
KranKenhs. Spandau
Gutspark
Neukladow
Altersheim (AWO)
Wasser-werk
Deutscher Entwicklungs-dienst
Sport-pl.
Kita
Finnenhaus-siedl.
Jugend-freizeit-hm.
Havel
Imchen
Imchen-platz
Kläranlage
Dorfk.
Friedhof
Jugendfreizeit-heim
Haus Hohengatow (Wohnpflege-zentrum)
Tennis-plätze
Uetzer Steig
Krielower Weg
Krielower Platz Gr.
Seepromenade
Ret-tungs-stat.
Bade-wiese
Hellebergeweg
Helleberge-platz
Helle-hang
Havelmatensteig
Besingweg
Hochwaldsteig
Karlsbergallee
Kiefernpfad
Am Kiefern-
Waldschlucht
Eulengrund
Marquardter Weg
Im
Breitehornweg
Ritterholz
Eichelmatenweg
Topeliusweg
Lönnrot-Str.
Porthanweg
Krohnweg
Runebergweg
Sibeliusweg
F.-Hanisch-Str.
Kalekoweg
Maschaallee
Ernst-
Liesegang
Imchenallee
Neukladower Allee
Kladower Damm
Alt-Kladow
Rohrsängerstr.
Dechtower Steig
Grund-sch.
Spielpl.
Ausflugsverkehr
horstsiedl.
95
127
5816
5814
374
376
334
697
X34
234
Uferw.

Minigolf
Anlegest.
96
Havel-
chaussee
218
Schwarzer
Weg
Uferw.
Seepromenade
Ret-
tungs-
stat.
Kl.
Breitehorn
Krielower
Weg
Krielower
Platz
Gr.
Bade-
wiese
141
119
120
121
92
93
94
95
97
98
123
66
67
68
69
70
71
Lieper
Bucht
Badestelle
Spielpl.
Wasserwacht
Lindwerder
W.F.
Kleine
Steinlanke
ehem.
Spreng-
platz
Schlänger
Havelberg
378
5814
Fischerhüttenweg
Fischerhütten-
E.-Gestell
Rettungsst.
itehorn
Wasser-
ski-
gebiet
Rettungsstation
Badestelle
Rettungs-
station
Große
Stein-
lanke
RE1,RE3
weg
Kronpr
128

Forst
Grunewald
STEGLITZ-ZEHLENDORF
1 = Bürstadter Weg
Anschlussstelle Hüttenweg
Verbindungschaussee
Teltower Weg
Südkehre
Kol. Hundekehle
Avus
RE1-RE3
97
2
Königsweg
Parforceweg
Hüttenweg
Großer Stern
Kleiner Stern
Koenigsallee
Kronprinzessinnenweg
E51
S7
380
5814
115
Trimm-Dich-Pfad
NSG
Grunewaldsee
Jagdschloss Grunewald
Paulsborn
Reitschule
Spielpl.
FKK-Badestelle
Rettungsstation
Umgehungsweg
382
Alte Poststraße
Poststraße
Langes Luch
NSG
Fenngraben
Revierförsterei Dachsberg
Onkel-Tom-Straße
Rodelbahn
Wasserwerk
Riemeisterfenn
Reitschule
Onkel-Toms-Hütte
NSG
Lanke
FKK-Badest.
Krumme Lanke
Quermatenweg
Sprungschanzenweg
Am Hegewinkel
Holzungsweg
Riemeisterstraße
Hochsitzweg
Eschershauser Weg
Argentinische Allee
U3
Wilskistr.
Fischtalpark
Onkel-Toms-Hütte
2.Obersch.
Sportpl.
Am Petersberg
Steward
Kinderland
Himmelsteig
Ottmachauer Steig
Zwingenberger W.
Lindenfelser W.
Viernheimer Weg
Stadtbüch.
129
14193
14163
14169

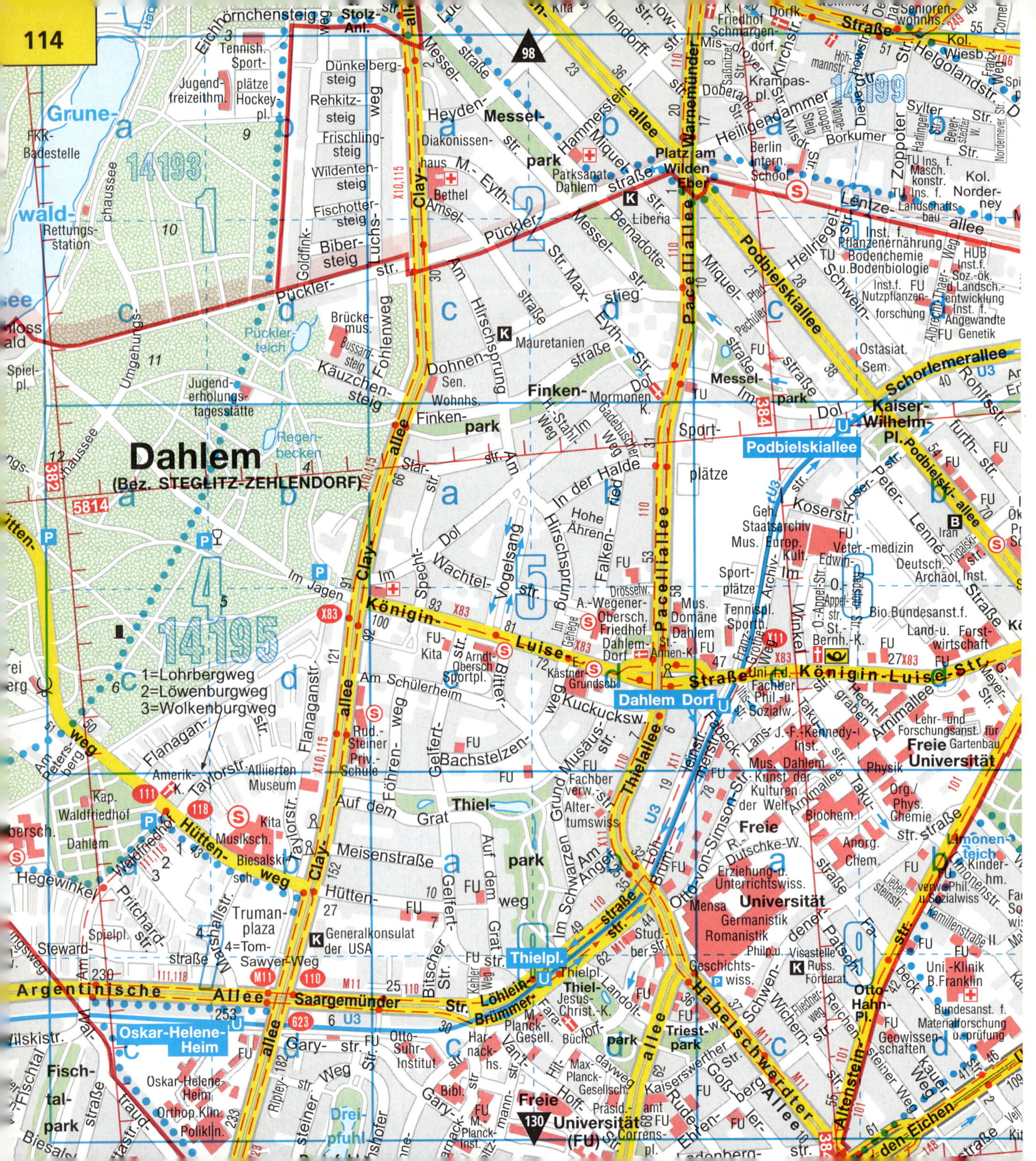
Dahlem
(Bez. STEGLITZ-ZEHLENDORF)
14193
14195
14199
Grunewald
1=Lohrbergweg
2=Löwenburgweg
3=Wolkenburgweg
Podbielskiallee
Dahlem Dorf
Thielpl.
Oskar-Helene-Heim
Freie Universität
Freie Universität (FU)
Messelpark
Finkenpark
Thielpark
Triestpark
Fischtalpark
Königin-Luise-Straße
Clayallee
Pacelliallee
Thielallee
Argentinische Allee
Saargemünder Str.
Habelschwerdter Allee
Podbielskiallee
Schorlemerallee
Hüttenweg
Pücklerstr.
Im Dol
Lentzeallee
Platz am Wilden Eber
Kaiser-Wilhelm-Pl.
Otto-Hahn-Pl.
Truman-plaza
4=Tom-Sawyer-Weg
Generalkonsulat der USA
Alliierten Museum
Mus. Dahlem
Geh. Staatsarchiv
Mus. Europ. Kult.
Domäne Dahlem
Waldfriedhof Dahlem
Botanischer Garten
Mensa
Germanistik
Romanistik
Uni.-Klinik B.Franklin
Lehr- und Forschungsanst. für Gartenbau
Max-Planck-Gesellsch.
Bundesanst. f. Materialforschung u.-prüfung
Bio.Bundesanst.f. Land-u. Forstwirtschaft
Iran
Liberia
Mauretanien
Pücklerteich
Regenbecken
Dreipfuhl
FKK-Badestelle
Rettungsstation
Jugenderholungstagesstätte
Jugendfreizeithm.
Tennisch. Sportplätze Hockeypl.
U3
98
130

Friedenau
(Bez.TEMPELHOF-SCHÖNEBERG)
Steglitz
(Bez.ST-ZE)
12161
12163
12165
12167
12169
12203
Rüdeshmr. Pl.
F.-Wilh.-Pl.
Breitenbachpl.
W.-Schreiber-Pl.
Schloßstr.
Rath. Stegl.
Friedenau
Feuerbachstr.
Raths. Steglitz
Botan. Garten
AS Breitenb. Pl.
AS Schildhorn-str.
AS Saarstr.
AS Filanda-str.
AS Schloßstr.
Botanischer Garten
1 = Zeunepromenade
2 = Rösnerstraße
1 = H.-Ehlers-Pl.
2 = Kuhligkshof-str.
Stadt-park
Südwest-korso
Schildhorn-str.
Grunewald-
Schloß-
Bundes-allee
Rhein-str.
Saar-straße
Bismarck-straße
Birkbuschstraße
Hindenburg-damm
Unter den Eichen
Albrecht-str.
Steglitzer
Berg-str.
Lepsius-
Wiesbadener
Wolfensteindamm
Siemens

Schöneberg
(Bez. T-SCH)
Tempelhof
19
20
100
AS-Alboinstr.
Deutsche Post AG
Briefzentrum
Natur-Park Schöneberger Südgelände
12157
12103
12169
12105
Vorarlberger Damm
Grazer Damm
Riemenschneider-
Uckermark-Grundsch.
Begasstr.
Barnim-Grundsch.
Grazer Platz
Nathanaelk.
Kinderheim
Vischer-
Institut f. Mikrobiologie u.Hygiene
Canovastraße
Vivantes Auguste-Viktoria-Klinikum
Rehabilitation
Thorwaldsen-
Kohl-
Priesterweg
Sonnenbad
Kaninchen-farm
Samoa
Alte Ziegen-
Wiesen-grund
Rosen-eck
Einigkeit
Wasser-turm
Siedl. Lindenhof
Lindenhof-Grundsch.
Krummer Pfuhl
Friedhof
Blanke Helle
Alboin-platz
Kaiserin-
Magirus-str.
TÜV
Egelingzeile
Obdachlosen-heim
Eresburg-straße
Burchard-
Friedrich-Tennis-Ebert-Sportanlage
Gäßnerweg
Rothariweg
Bose-str.
Boseparkk
Manteuffel-str.
Berlinicke-
Borussia-
Ring-bahn-
Stadt-reinigung
Umwelt-amt
Kaiserin-Augu
Askanisches Gymn.
Albrecht-
Augusta-
Friedr.-Wilhelm-
Burgemeisterstr.
Schula
Totila-
Friedr.-Karl-
Arnulf-straße
Attila-pl.
Preller-straße
Der Insulaner
W.-Foerster-Sternwarte
Plane-tarium
Sommer-bad
Friedhof Steglitz
Bergstr.
Rauhe Berge
Wassert. Bergstr.
Oehlert-ring
Oehlert-pl.
Sembritzkistr.
Fischer-
J.-Klepper-Pk.
Wilh.-Ostwald-Schule
Gurlittstr.
Gbf. Marienfelde
Attilastr.
Südende
Steglitzer Damm
Siemens Park
Röblingstr.
Domnauer Str.
Senioren-wohnhs.
St.-Matthias-Kirchhof
Fidelis-K.
Freilicht-bühne
Rodel-bahn
Marien-höhe
Marienhöher Weg
Eschen-allee
Chlodwig-str.
Ufer
Teltow-
Germel-mannbr.
Ullstein-str.
Rathaus-
Markgrafen
Union
Unter Uns
Einigkeit
Seelbusch
Techow-brücke
Geiserich
Gersdorf-
Kurfürsten-
Blumenweg
Pumpwerk.
Kaiser-
Ring-
Reulestr.
König-
Martin-Luther-Gedächtnis-k.
Teubertbr.
Süd-ufer
Hafen Mariendorf
Neckarsulmer
Rottweiler
Hünefeldzeile
Ellwanger
Attila-
Halske-str.
Munster-str.
Benz-
Lilienthalstr.
Markus-pl.
Stephanstr.
Brandenburgische Str.
Bühlowstraße
Liebenowzeile
Denk-str.
Borstellstr.
Siemensbr.
Karl-Lange-Brück Nord
132
5812
5814
387
388
204
140
390

Anschlussst. Tempelhofer Damm
Flughafen Berlin-Tempelhof
Tempelhof
Alt Tempelhof
Germaniastr.
Südring
AS Oberlandstr.
Oberlandstr.
AS Gradestr.
Schaffhausener Str.
Tempelhof
Francke-park
Teilestr.
Albrechtstraße
Albrechtshöhe
Vivantes Wenckebach-Klinikum
TEMPELHOF-SCHÖNEBERG
12099
Komturbr.
Industriestr.
Teltowkanal
Hafen Tempelhof
Ullsteinstr.
Ullsteinstraße
Tempelhofer Parkfriedhof
Gottl.-Dunkel-Straßen-Br.
Gbf. Teltowkanal
AS Gradestr.
Gradestraße
Neuköllner Straße
Mariendorf
(Bez. TEMPELHOF-SCHÖNEBERG)
Mariendorfer Damm
Tempelhofer Damm
Westphalweg
Eisenacher Straße
Dardanellenweg
Kirchhof Mariendf. III
Heilig-Kreuz-Friedhof
Dreifaltigk.-friedhof III
12109
Volkspark Blümelteich
Sommerbad Mariendorf
Bosporus-str.
Koppelweg
Seerosensteig
1 = Holzmannplatz
1=Einödshoferw.
Neukölln
Industriegebiet
Emser Str.
Silbersteinstr.
Oderstr.
S41,S42,S45,S46,S47
Rixdorfer Str.
Kolonie Morgenrot
Kolonie Neuer St.-Michael-Kirchhf.

Hermannstr.
Güterbf.
NME
Silberstein-straße
Frühauf-Hermanns-höhe
Vivantes Klinikum Neukölln
Mariendorfer Weg
AS Britzer Damm
Emmauskirchhof
Sen.hm.
Glasower Str.
Julius-
Delbrück-str.
Britzer Damm
Wederstr.
Zürich-Grundsch.
Bürger-
Jahn-
Rungius-straße
Friedhof Buschkrugallee
Grenzallee
AS Buschkrug-allee
Grenz-allee
Kolonie Gemeindeland Britz
Grenzallee
Kol. Alt Alpental
Schleuse Neukölln
AS Grenzallee
provis.
Kol. Sommerfreude
Kol. Blumenhain
Kol. Frohe Stunde
Kol. Sonnengarten
Dreieck Neukölln
Nobelstr.
Berliner Stadtreinigung (BSR)
Britzer Hafensteg
Hafen Britz Ost
Buschkrugbr.
Delfter Ufer
Oberstufenzentrum Metalltechnik
Sieversufer
Germaniaprom.
St.-Simeon-u. St.-Lukas-Kirchhof
Teltowkanal
Britzer Br.
Agentur f. Arbeit
Badeparadies „Blub"
Ideal-siedl.
Haarlemer Str.
Otto-Hahn-Obersch.
Kolonie Buschkrug-tal
Finanza. Neukölln-Süd
Park am Buschkrug
Tempelhofer Weg
Wilh.-Borgm.-Br.
Hafen Britz West
Kol. Wasserkante
Holzmindener Str.
Autob.-Betriebshof Britz
Blaschkoallee
Blaschkoall.
Späthstraße
Klinikum Neukölln
Psychiatrie
Akazienwäldchen
Gradestraße
Gradestraßenbrücke
Berliner Stadtreinigung (BSR)
DRK Wohnhm.
Kol. Solidarität
12347
Britz (Bez. NEUKÖLLN)
Fennpfuhl
Hufeisen
Fritz-Reuter-Allee
Onkel-Bräsig-Str.
Fritz-Karsen-Gesamtsch.
Britzer Kircht.
Schloß Britz
Gutspark Britz
Gutshof
Parchimer Allee
A.-Einstein-Obersch.
Alfred-Nobel-Obersch.
Stadion Britz-Süd
Sportplätze
A.-Leber-Berufsbildungswerk
Schillingschule
Hephatha-Grundsch.
Städt. Gartenarbeitssch.
Buschkrugallee
Kolonie am Buschkrug
Rosenhain
Neue Späthstr.
Kol. Alpen-Wiesengrund
Gbf. Britz
Mohriner Allee
Buckower Damm
Koppelweg
Kol. Zufriedenheit
Kol. Unland
Friedhof
Eisenbahn
Mittenwalder
Rudower
Goldhähnchenweg
Seniorenheim
Spielpl.

Johannisthal
(Bez. TREPTOW-KÖPENICK)
Königsheide
Siedl.
Späthsfelde
Arboretum
Inst. d.
Humboldt-Uni
Gärtnerei
Neuer
Friedhof
Alter
Städt.
Krematorium
Friedhof
Baumschulenstraße
Südostallee
Südost-
allee
Kiefholz-
straße
Kiefholz-
brücke
Rixdorfer
straße
Königsheideweg
Späthstraße
AS
Späthstr.
A.-Nemtz-
Brücke
AS
Johannis-
thaler
Chaussee
Johannisthaler Ch.
Johannis-
thaler Chaussee
Forsthausallee
Heide-
kampbr.
Baum-
schulen-
brücke
Britzer-
Allee-
Brücke
Zweigkanal
Britzer
Südost-
allee-
Brücke
Klg.-anl.
Teltowkanal I
Klg.-anl.
Mariengrund
Waldes-
grund
Nobelstr.
Kol.
Karlsruhe II
Kol.
Mariental
Schnellerstraße
Sonnen-
allee
Heidekampweg
Dornbrunner
Str.
Hallberger
Zeile
Radenzer
str.
Fritzi-Massary-Str.
Schmalenbach-
Bosch-
Kirschallee
Gemütlichkeit
Britzer Allee
Holunder-
busch
Lerchen-
höhe
Südpol
Baum-
schule
6=Taubenstraße
7=Amselstraße
8=Treidelweg
9=Eigene Scholle
10=Meran
11=Immergrün
1=Tiefland
2=Hoffnung
3=Abendfrieden
4=Eigenheim 1u.2
5=Felsenfest
Alpenrosenw.
Mahonienweg
Berberitzen-
weg
Sozialpäd.
Zentrum
Schule für
Lernbehinderte
Sport-
platz
Breites
Fenn
Hermanns-
ruh
Gemütliches
Heim
Wasser-
werk
Späthswalde
H.-Sachs-Str.
Neuseeland
Lindental
Heide
a.Wasser
Buckers-
berg
Rollett-
pl.
Turn-
halle
Grund-
schule
Spiel-
pl.
Sterndamm
Hasenheim
Wiesen-
weg
Edelweiß
Britzer
Kol. Ideal 3
E.-Keller
Br.
Kanal
Kol. Feld-
schlößchen
Frischauf
Friedens-
garten
Späthstraßenbr.
Oberdamm
12437
12487
12359
96a
S8,S9,S45,S46,S47
RB24
S85
5814
5812
113
135
103
M41
246
272
Kindertages-

Oberschöneweide
(Bez. TREP.-KÖP.)
Ndr.-schöneweide
(Bez. TREPTOW-KÖPENICK)
12439
Johannisthal
(Bez. TREPT.-KÖP.)
12487
Spree
Oberspree
Bln-Schöneweide
S85
OE36
S47
S8,S9,S45,S46
96a
104
136
5812
Betriebsbf. Schöneweide
S-Bahn Hauptwerkstatt Schöneweide
Handwerk- und Gewerbezentr.
Johannisthaler Park
An der Wuhlheide
Wilhelminenhofstraße
Wilhelminenhofstr.
Schnellerstr.
Schneller-Straße
Michael-Brückner-Str.
Adlergestell
Ostendstraße
Weiskopffstr.
Siemensstr.
Edisonstr.
Spreestr.
Brückenstr.
Karlshorster Str.
Stubenrauchbr.
Treskowbr.
Spreehöfe
Sterndamm
Groß-Berliner Damm
Hartriegelstraße
Oberspreestraße
Bruno-Bürgel-Weg
Kölnische Straße
Rudower Str.
Winckelmannstr.
Haeckelstr.
Trützschlerstr.
Segelfliegerdamm
Abramowitschallee
Benno-König-Straße
G.-Schendel-Str.
G.-Sedlmayr-Straße
Sportplätze
Sport-u. Jugendklub Stadion
Grundsch. am Birkenwäldchen
Freizeitzentrum
Kita
Fachsch. f. Schauspielk.
Friedensk.
Bezirksamt
Christusk.
Friedhof
Tiergehege
600mm
1=H.-Mirbach-Str.
1 = Pfingstberg

Wuhlheide
Badesee
Spiel-pl.
Freizeit-u. Erholungszentrum
Parkbühne
Landesmusikakademie
Hbf BPE
Berliner Parkeisenbahn
An der Wuhlheide
Spindlersfelder Straße
Wilhelm-Spindler-Brücke
Spree
Pyramidenbrücke
Lindenstraße
Stadion Alte Försterei
12459
Allee
RE2,RE4,RE5,RB24
RE1
Am Bahndamm
Hämmerlingstraße
Damm-Vorstadt
Bahnhofstraße
Mahlsdorfer Str.
Köpenick
Stellingdamm
Forum
Seelenbinder
Mandrellapl.
Kinzerallee
Amtsgericht
Vorstadt
Bellevuepark
12555
Friedrichshagener
Puchanstr.
Joachimstr.
Cardinalpl.
Annenallee
M-Jankowski-Park
Umweltamt
Fr.-Fröbel-Schule
Pl. d. 23. April
Baumgarteninsel
Musikschule
Vermess.-amt
S47
Klg.-anl.
Am Freibad Oberspree
Waldland
Reithalle
Eiselenweg
Altenhm.
Ernst-Grube-Park
Spindlersfeld
Köllnische Brücke
Bernstadter Weg
Ahornstr.
Ottomar-Geschke-Str.
Mentzelpark
Dammbrücke
Stadtbez.-Reha.
Zentrum
Flemmingstr.
Gutenbergstr.
Kreiswehrersatzamt
Köllnische Heide
12489
Adlershof
(Bez. TREPTOW-KÖPENICK)
Oberspreestr.
Siedl.
Wendenheide
Freystadter Weg
Gymnasium
Kinderbibl.
Müggelheimer Str.
Lange Br.
Köllnischer Pl.
Schloßpl.
Kunstgewerbemus.
Schloss Köpenick
Schlossinsel
Frauentog
Luisenhain
Rathaus
Altstadt
Freiheit
Kulturund Schulamt
Katzengraben
Laurenzstr.
Rosenstraße
Futranplatz
Grünauer Straße
Kietzer Vorstadt
Grundsch.
Flußbad Gartenstr.
4 = Kleine Heege
Müllerecke
Badest.
12557
Kölln. Vorstadt
(Bez. TREP-KÖP.)
Rudower Str.
Jugendamt
Bibl.
Friedhof der St. Laurentius-Gem.
Adlershofer Str.
Realsch.
Fritz-Lesch-Stadion
Dörpfeldstraße
Lange Gurke
Glienicker Str.
Klondyke
Mahlower
Pestalozzistr.
Vollkropfgraben
Städt. Friedhof
Sportpl.
Wassermannstr.
Selchowstr.
Handjerystr.
Zinsgutstr.
Kirche Freien Ev. Gem.
Jugendzentr.
Wünschelburger Gang
Bohrauer Pfad
Lohnauer Steig
Waldstr.
Hackenbergstr.
Helbigstr.
Nipkowstr.
Grünauer Str.
Straße 230
105
137

106
Elsengrund
Köpenick
(Bez. TREPTOW-KÖPENICK)
Hirschgarten
Köpenick
S3
RE1
S3,RE1
Kleingarten-
anlage
weg
Erpetal
Haupt-
Spiel-
pl.
(Erpe)
12587
Hinter
dem
Kur-
park
Tennis-
plätze
Friedrichsh
Klg.-anl.
Reichs-
bahn
Wiesen-
rain
Am
Wiesenrain
Mühlenfließ
Neuenhagener
Westend
Stiller-
Mühlweg
Löbauer
Weg
Zeile
Linden-
Straße
Schmal
Damm
Fürstenwalder
Damm
Friedrichs-
hagen
(Bez. TREPTOW-KÖPENICK)
Physik.-
techn.
Bundes-
anstalt
Material-
prüf.amt
Hirschgarten-
dreieck
Müggelsee-
damm
Sport-
platz
Gilgenburger
Str.
Jastrower
Weg
Grundsch.
Stiller-
Finanzamt
Seelenbinderstr.
Branden-
burgpl.
Bellevue-
str.
Jug.-
Kultur-
zentr.
Altenhm.
Hirsch-
garten
Bellevue-
park
Sport-
pl.
Salv.-
Allende-
Str.
hagener
Str.
Gesundh.-
zentr.
Salv.-
Allende-
Br.
Neuer W.
Jugend-
klub
Hirte
Quelle
Wißler
Spreeprom.
Hs.d
Gesund-
heit
Klinik f.
Psychotherapie
Flußbad
Kamerun
ASB-Station
Werft
Spree
Müggelspree
Mühle
Butten-
stedt-
weg
Hahns
Rauener
Weg
Charlotte-E.-Pauly-Str.
Aßmann-
Sport-
platz
Kap.
Friedhof
Kita
Sprach-
heilsch.
Peter-
Emrichstraße
Realsch.
Bölsche-
Mylius-
garten
Ahorn-
allee
Hille-
Straße
Kruse-
nick
Der Kruse-
Musik-
schule
Vermess.-
amt
Müggel-
Kol.
Müggel-
spree
Sport-
pl.
Klg.-anl.
Spree-
aue
Sport-
platz
straße
Altstadt
Klein-
Venedig
Altenheim
Daniel
Vorgara
Spielpl.
Flatow-
Obersch.
Birken-
Siedlung
Kämmerei-
heide
Amtsgraben
Straße
Gladiolenstr.
Anemonenstr.
Fliederstr.
Ellen-
Schre-
berg.
Cedern-
str.
Kleingarten-
str.
Dahlienstr.
Schmale
Gasse
Müggel-
schlößchen-
weg
Salvador-
Allende-Obersch.
Allende-
Viertel I
Amtsfeld-
Grundsch.
Jugend-
hm.
Schwimm-
halle
Pablo-
Neruda-
Str.
Volkspark
Köpenick
Revier-
först.
Wuhlh.
Sondersch.
f. Lernbehind.
Salvador-
Allende-
Str.
DRK-
Kliniken
Köpenick
Erwin-
Bock-
Str.
Salvador-
Allende-
Viertel II
Altenheim
Alfred-
Randt-Str.
Schule f.
Geistigbeh.
Sportpl.
Flatow-Obersch.
Müggelschl.-
Grundsch.
Jug.-
klub
Strand-
weg
Kämmerei-
heide
schloß-
12559
Most-
pfuhl
Badestelle
Wendenschloß-
Straße
Müggel-
heimer
Landjäger-
str.
Dorotheenstr.
Pohle-
str.
Charlotten-
str.
Grüne
Trift
Berlewitz-
weg
Kleppschweg
Mayschweg
Köpen-
Brassen-
weg
Kuriß-
weg
Fink-
Straße
Maysch-
Riebe
Plehn-
138
M69
X69
167
269
27
67
404
406
5812
320
445
452
453
454
455
457
458
459
446
447
448
449
450

107
139
Schöneicher Straße
Schöneicher
Dahlwitzer
Landesforstamt
Forstamt Köpenick
Kita
Tennis-pl.
P+R
Am
Müllroser Str.
Brösener Str.
Damm
Friedrichshagen
S3
RE 1
Fürstenwalder Damm
Fürstenwalder
damm
Bölsche-straße
Goldmann-park
Hartleben-str.
Stein-pl.
Sport-pl.
Am
Jugend-heim
Kastanien-allee
Bruno-Wille-Straße
Werl-prom.
Senioren-heime
Wasser-werk
Heizwerk
Breest-str.
Kapelle
Altenhm.
Klut-str.
Jul.-Hart-Str.
Wupatzsee-str.
see-str.
Alb.-Schweitzer-Str.
Drachholz-str.
G.-Hauptmann-Gymn.
Frank-Str.
Sp.-pl.
Störitz-seestr.
Christo-phorusk.
Karl-Grund-sch.
Rahnsdorfer Pl.
Müllensee-Straße
Kalksee-str.
Werlsee-str.
Kita
Rahnsdorfer straße
Flaken-seestr.
Peetzsee-str.
Friedrichshagen
408
5812
Müggelsee-damm
Scharnweber-straße
Karl-Pokern-Str.
Löck-nitz-str.
Stienitz-seestr.
St. Franziskus-Kap.
Museum f. Wasserwirtschaft
Dreiser-str.
Karutz-seew.
Müggelsee-
Sondersch.f. Geist.-beh.
Josef-Nawrocki-Str.
Freibad Friedrichshagen
Pfeiffergr.
Müggel-park
DLRG
Spree-tunnel (Fußg.)
Großer Müggelsee
303
299
294
289
284
279
274
290
280
275
285
336
512
568
189
170
200
60
61
88

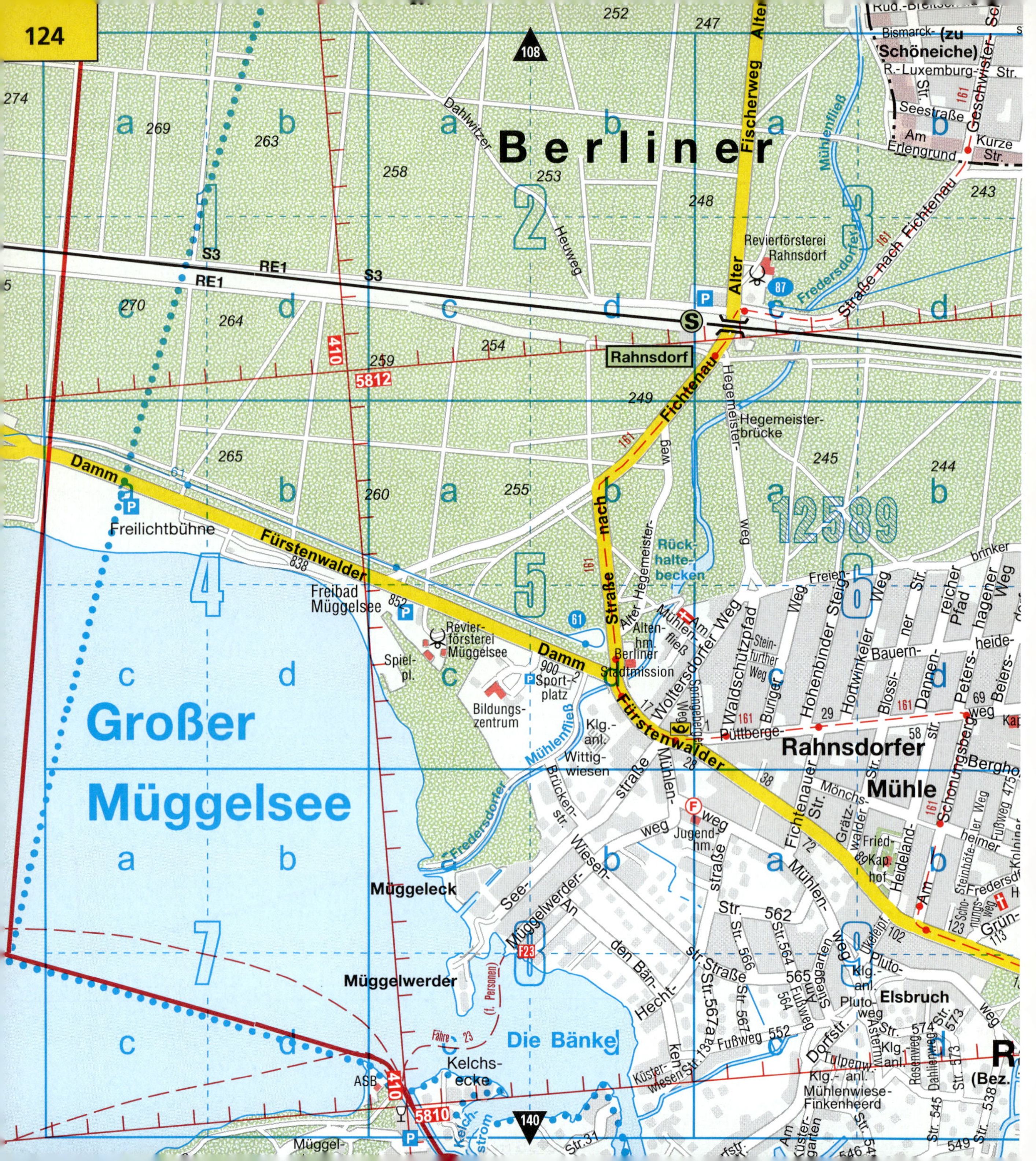
Berliner
Großer Müggelsee
Rahnsdorf
Rahnsdorfer Mühle
Fürstenwalder Damm
Fischerweg
Alter
Straße nach Fichtenau
Dahlwitzer
Heuweg
Revierförsterei Rahnsdorf
Freilichtbühne
Freibad Müggelsee
Revierförsterei Müggelsee
Spielpl.
Bildungszentrum
Sportplatz
Stadtmission
Alter Hegemeisterweg
Hegemeisterbrücke
Rückhaltebecken
Mühlenfließ
Fredersdorfer
Müggeleck
Müggelwerder
Die Bänke
Kelchsecke
Elsbruch
Wittigwiesen
Jugendhm.
Altenhm.
Woltersdorfer Weg
Waldschützpfad
Hohenbinder Steig
Hortwinkeler Weg
Püttberge-
Mühlenweg
Fichtenauer Str.
Dorfstr.
Küsterwiesen
Mühlenwiese-Finkenheerd
12589
S3
RE1
Fähre 23
(f. Personen)
(zu Schöneiche)
Seestraße
Kurze Str.
Am Erlengrund
Bismarck-
R.-Luxemburg-Str.
108
140
(Bez.

Schönblick
Stadtforst
Berliner Straße
Körner-str.
Heine-Str.
Robert-Koch-Straße
Eichen-
Maien-
Ahornallee
Ebereschen-allee
Fontane-
Wald-promenade
Förster-steig
Polte-weg
Wald-str.
Lerchen-
Lenz-höhe
Elkar-André-Str.
Fidus-allee
Lausitzstraße
Puschkin-
Fasanen-
Baltzer-straße
Barnimstr.
Märkische Str.
Wäldchen
Mittel-
Köpenicker Straße
Berliner Pl.
Kita
Sport-pl.
(zu Woltersdorf)
Straßenbahn Rahnsdorf-Woltersdorf
Birken-allee
Am Peitsand
1 = Prignitzweg
2 = Havelländische Straße
3 = Uckermarkweg
4 = Schorfheide Weg
5 = Schlaubetalweg
6 = Spreewälder Straße
7 = Müggelweg
Grenz-berge
Natur-schutz-gebiet
Püttberge 69
Wilhelmshagen
Fürsten-str.
Erkner-straße
Schettkat-str.
Diakon.Werk
Wiebelskircher-str.
Las-berg-str.
Frankenberg-
Güttländer Str.
Eich-blicker
Kirchstr.
Grenzbergeweg
Ev. Kinderhm.
Stephanus-stiftung
Altenhm. Ulmenhof
Rhedaer Weg
Weich-selmünder Weg
Nickelswalder Str.
Grünelinder
Forstmeister-
Landjäger-allee
Eichen-gestell
Bundes-filmarchiv
Wasser-werk
(zu Erkner)
Gewerbe-gebiet
Gewerbegebiet zum Wasserwerk
Wilhelms-hagen
Sdlg. im Walde
Hoch-
Langfuhrer Allee
Tabor-kirche
Friedh.
Saarower
Langewahler Weg
Zeesener Weg
Kalkbergeweg
Herzfelder
Püttberge-
Hangelsberger Gang
Kalkberge-
Hohenberger Steig
Vogelsdorfer Steig
Grase-
Grün-heider Weg
Fang-schleuser Weg
Saum weg
Kage-
Wald-weg
Wilhelm-Fahle-Stadion
Bücherei
Grund-sch.
Rahnsdorf
(TREPTOW-KÖPENICK)
Fürstenwalder Allee
Kanal I
Kanal II
Finken-
Drossel-
Kuckucksteig
Mariannen-
Neu-
Hessenwinkel
Wilhelmshagen
S3 RE1
5812
5810
412
414
109
141
161
116

Sacrower
See
Luisenberg
78
Fuchsberge
65
Kladower Straße
Kl. Hämphorn
Gr. Hämphorn
Am Hämphorn
Sacrow
(zu Potsdam)
Sacrower
Lanke
Meedehorn
Am Meedehorn
Appelhorn
Havel
Stupeecke
Hottengrund
Blücher-
Kaserne
Sport-
plätze
Kladow
(Bez. SPANDAU)
Sakrower Landstr.
Sakrower Kirchweg
Schwemmhorn
Erdzunge
Ausflugsverkehr
Meierei
Büffel-
teich
Parschen-
kessel
Luisen-
Tempel
Pfaueninsel
Pfauen-
ställe
NSG
Kavalier-
haus
Biber-
Jagd-
schirm
Wasser-
vogel-
teich
Maschinen-
haus
Schloss
Kastellanhs.
Schweizer-
haus
Personenfähre
Anlege-
stelle
Pfaueninselchaussee
Nikolskoer Weg
Rettungsst.
Badest.
Uferpromenade
Brunnen-
Krampnitzer Weg
Selbitzer
Hottengrundw.
Pottensteiner Weg
Lanzendorfer
Ernst-Hoppe-
Seniorenhm.
1=Nieplitzsteig
Kafka-
str.
Contessaweg
Quastenhorn-
Imchen-
Sakrower Kirchweg
Temme-
Sethe-
Mariä-
Himmelfahrts-
K.
Tennis-
plätze
Sportpl.
Berufs-
sch.
DRK
DRK-
Inst.
14089
14469

Jugendfreizeitheim
Kladow
Rohrsängersteig
Imchen
NSG
Anlegest.
Kirchweg
Nienedorfw.
Sakrower
Am Roten Stein
Massolleweg
Heilpäd. Zentr.
Imchenallee
Quastenhorn
Kälberwerder
Gr. Tiefehorn Badest.
Rettungsstation
Kl. Tiefehorn
Uferpromenade
Wassernixenweg
Erlenbruch
Drogentherapiezentr.
Rotkäppchenweg
Heuweg
Alter Hof
Zentralklinik Emil v. Behring
Department Lungenklinik
Standort Heckeshorn
Kita
Krankenpflegesch.
ASB-Altenhm.
ASB-Krankenhs. f. chronisch Kranke
Schwedenpavillon
Don Bosco Heim
Sportplatz
Löwensee
Neuer Friedhof Andreask.
Bosco-Steig
Seniorenheim
Am Großen Wannsee
Heckeshorn
Colomierstr.
Zum Heckeshorn
Koblanckstr.
Hermannstr.
Seglerweg
Rettungsstation
Anlegestelle Heckeshorn
Flensburger Löwe
Gedenkstätte Haus der Wannseekonferenz
Jugenderholungsheim
Ev. Hs. Schwanenwerder
Kindererholungsstätte
Jugendfreizeithm.
Schwanenwerder
Inselstr.
Aspeninstitut
Wasserschutzpolizei
Kindererholungsst.
Jugenderholungsstätte
Gruppenzeltplätze
Klare Lanke
Schwanenwerder Br.
Schwanenwerderweg
Wannseebadw.
Gr. Fenster
Versehrtenbad
Strandbad Wannsee
Rettungsstation
Großer Wannsee
14109
Wannsee
(Bez. STEGLITZ-ZEHLENDORF)
für KfZ gesperrt
Schullandheim Schöneberg
5812
5810
374
376
111
145
114
F10
BVG

STEGLITZ-
Nikolassee
(Bez. STEGLITZ-ZEHLENDORF)
Schlachtensee
ehem. Schießplatz
Avus
Kronprinzessinnenweg
Havelchaussee
Schwanenwerderweg
Wannseebadweg
Revierförsterei Nikolassee
Raststätte Grunewald
AS Spanische Allee
Spanische Allee
Stadtreinig.
E51
115
5812
5810
112
146
1=Nickisch-Rosenegk-Str.
2=Joachimstraße
Badest.
Pumpwerk
Altvaterstraße
Breisgauer Straße
Kaiserstuhlstr.
Marinesteig
Am Schlachtensee
Ev. Hospital
Rettungsstation
Strandbad
Anlegestelle
Jug. gästehs.
Wasserwerk
Wasserwerk Beelitzhof
Klärbecken
Nikolasgraben
1 = Parallelstr.
Hospital
Gabun
Rumänien
Rehwiese
Waldfriedhof
Potsdamer Chaussee
Studentendorf
Kirchhof Nikolassee
Histor. Kommission
Julius-Posener-Platz
Seniorenwhs.
Altenhm.
Nikolassee
Rehwiesengraben
Kinderheim Lindenhof
Schlachtensee
Fenster
Sportpl.
Tennispl.
Tennishalle
Sportplatz
Kita
Zwölf-Apostel-K.
J.-Tews-Grundsch.
DRK Wohnheim
Hohenzollernplatz
Lückhoffstr.
Schopenhauerstr.
Beskidenstr.
Kirchweg
Prinz-Friedrich-Leopold-Str.
Normannenstr.
Teutonenstr.
Cimbernstr.
Libellenstr.
Alemannenstr.
Borussenstr.
Münchowstr.
Am Beelitzhof
Rosemeyerweg
Burgunderstr.
Krottnaurerstr.
Matterhornstr.
Waldsängerpfad
Reifträgerweg
Palmzeile
Dubrowstr.
Wasgenstr.
Westhofener Weg
Osthofener Weg
Klepperweg
Sanat. Kliniken im Theodor-Wenzel-
Pumpwerk
Am Sandwerder
Schullandheim Schöneberg
Lohengrinstr.

45
1=Bürstadter Weg
-ZEHLENDORF
Badestelle
Alte Fischerhütte
Badest.
Waldspielpl.
1=Rauweilersteig
Krankenhs. Waldfriede
Krumme Lanke
Argentinische Allee
Onkel-Tom-Straße
Zehlendorf
(Bez. ST.-ZE.)
Riemeister-Grundsch.
Zinnowwald-Grundsch.
Pestalozzi-Sondersch. f.Lernbeh.
Peter-Lenne-Obersch.
Fischtalteich
Rodelbahn
Friedhof
Onkel-Tom-Straße
Fischerhüttenstr.
Mexikoplatz
Mexiko-pl.
Ev.Booth-Krankenhaus
Burkina Faso
Haus am Waldsee
Wald-Haus d. see-Jugend br.
Heilpäd. Thera-peutikum
Gemeindewäldchen
Gesundheitsa.
Potsdamer Str.
Potsdamer Chaussee
Lindenthaler Allee
Niklasstr.
Sri Lanka
Paul-Mebes-Park
Van-Delden Klinik
Altenhm. Hs. Tanneneck
Klinik f. Pferdekrankheiten
Gut Düppel
Institute f. Parasitologie
Tropenveterinär-medizin der FU
JVA Düppel
Museumsdorf Düppel
ehem. S-Bf. Zehlendorf-Süd
ehem. S-Bf. Düppel
Stammbahn stillgelegt
14163
14165
Buschgrabenbecken
Dauerkleingärten
Idsteiner Straße
Machnower Str.
Teltower Damm
Droste-Hülshoff-Obersch.
Schadow-Obersch.
Beucke-Obersch.
Oskar-Helene-Heim Orthopädie-klinik
Zentralklinik Emil v. Behring
Bosnien-Herzegowina
4=Satzkomer Weg
5=Genshagener Str.
6=Sputendorfer Str.
7=Gerhardsdorfer Str.
Neuruppiner Str.
Gutzmann-
113
147
10

Dahlem
(Bez. STEGLITZ-ZEHLENDORF)
Zehlendorf
(Bez. STEGLITZ-ZEHLENDORF)
Freie Universität (FU)
114
148
Dreipfuhl-park
Poliklin.
Max-Planck-Institut
Balbronner Str.
Breisacher Str.
Rappoltsweiler Str.
Leichhardtstraße
Sundgauer Str.
Clayallee
Charlottenstraße
Hertastr.
Katharinenstr.
Edithstr.
Biesalskistraße
Schützallee
Molsheimer Str.
Holländ. Mühle
Forbacher Str.
Ersteiner Str.
Schlettstadter Str.
Berliner Straße
Unter den Eichen
Thielallee
Dahlemer Weg
Mörchinger Str.
Goerzbahn
Curtiusstraße
Curtiusstr.
Lichterfelde West
Bundesanstalt f. Materialprüfung
Bundesinst. f. Risikobewertung
Ladenbergstr.
Boetticherstr.
Drakestr.
Margaretenstraße
Gardeschützenweg
Potsdamer Str.
Ringstr.
Kadettenweg
Karlpl.
Johannes-kirchpl.
Johannes-K.
Aquinata Krankenhm.
Friedrichstraße
Troppauer Str.
Freiwaldauer Weg
Spindelmühler Weg
Lotzestr.
Jägerndorfer Weg
Weißwasserweg
Pestalozzi-pl.
Weddigenweg
Steinäckerstr.
Finckensteinallee
Johanniterhospital
Karpfenpfuhl
Am Karpfenpfuhl
Güntlingstr.
Carstennstraße
Murtener Str.
Altdorfer Str.
DRK-Krankenhm.
Kinderheim
Schul- u. Vereinsbad
Kommandantenstraße
Baseler Str.
Paulinenstr.
Clemens-Brentano-Grundsch.
Sundgauer Str.
Sundgauer Brücke
Jugendfreizeithm.
Robert-W.-Kempner-Str.
Jugendverkehrsch.
Hans-Rosenthal-Seniorenfreizeitstätte
Breitenbacher Str.
Kilstetter Str.
Hampsteadstr.
Hampsteadstr.
Mühlenstraße
Zehlendorf
Stadtbad Zehlendorf
Winfriedstr.
Scharfestr.
Tennis-pl.
ehem. BVG Autobus-Betriebshof
FU (Kartellrecht u. Energierecht)
Lutherk. Herz-Jesu-K.
DRK
Krkhs.
Heim.-mus.
Gem.hs Paulus-K.
Teltower Damm
Gartenstr.
Kleinaustr.
Bogenstr.
St.-Ursula-Sch.
Charlottenburger Str.
Vopeliuspfad
Stubenrauchstr.
Seehofstr.
Mühlenfelde
Schreiberstr.
Stephanus-K.
Hochbaumstraße
Hochbaumstr.
Kolonie Sonnenschein
Kol. Abendruh
Kolonie Rütli
Kolonie Schweizerland
Schottmüllerstr.
Elmshorner Str.
Mürwiker Str.
Seehofstr.
Nienkemperstr.
Hammerstr.
Jänickestr.
Grünstreifen
Hamerlingweg
Dollartstr.
Neuwerker Weg
Melker Str.
Rilkepfad
Pinnauweg
Ostweg
Elmsstr.
Kiga
Mc-Nair-Mus.
Platz des 4. Juli
Parkfriedhof Lichterfelde
Parkkolonie
Luzerner Str.
Ostpreußendamm
Zürcher Str.
Aarauer Str.
Berner Str.
Genfer Weg
Schwesternschaft Berlin
Rotdornweg
Schwarzdornweg
Weißdornweg
Berner Land
Rütlipl.
Lausanner Str.
Thuner Str.
Ruthnerw.
Nord
Schönower Park
Schönower Str.
Herbergerweg
Kunzendorfstr.
Sportpl.
Teltower Damm
Schweizerhofpark
Altenhm.
Hochschule
K.z. Heimat
H.-Grüber Altenhm. u. Krkhs.
John-F.-Kennedy-Gesamtsch.
Biesalski-Sondersch.
Körperbeh.
Schweizerhof-Grundsch.
Am Schweizerhof
Prinz-Handjery-Str.
Leo-Baeck-Str.
Baeck-Straße
Heinr.-
Türksteinweg
Sandneyerpfad
Neuap.
14195
14169
14167
5812
5810
S1

Lichterfelde
(Bez.STEGLITZ-ZEHLENDORF)
12203
12207
12209
Bundesaufsichtsa. f. Kreditwesen
Meldest. LKA
Augusta-pl.
Burkina Faso
Friedhof Lichterfelde-Kap. Moltkestr.
Ludwig-Beck-Pl.
Kronach-sch.
Memlingstr.
Jugendfreizeithm.
Bethold-Otto-Sch.
Nik.-Aug. Otto-obersch.
Käthe-Kruse-Grundsch.
Dürer-Amtsger.
M.-v.-Laue-Obersch.
Lilienthal-Gymn.
Goethe-Obersch.
Universitätsklinikum Benjamin Franklin der FU Berlin
Klingsorpl.
Schlosspark Lichterfelde
Instut der FU
Institut der FU
Pauluskirche
Dorf-Friedhf.
Krahmersteg
Teltowkanal
Hafen Steglitz
Bäketeich
Steglitzer Pumpwerk
Hafen
Stadtreinigung
Stadion Lichterfelde
Deutsche Bibliothek Musikarchiv
Kinderheim Hs. Lankwitz
Freiland-labor Stegl.
Prinz-regent-Ludwig-Br.
Hannemannbrücke
Kirche Jesu Christi
Senioren-heim
Bäkebrücke
Tennisplätze
Willi-Graf-Obersch.
Äthiopien
Bethelkirche Bethel-Krankenhs.
Marienplatz
Seniorenheim
Berufsbildungszentrum
Telekom
Lichterfelde-Ost
Sommerbad u. Saunalandschaft
Lilienthaldenkm.
Jug.-gesundheitsdienst
DRK-Wohnhm.
Fachsch. f. Hotel-u.Gaststättengew.
Königswarter Krkhs.
Kunsthist Inst.
Kranoldplatz
Schulz-Br.
Hafen Lichterfelde
Kirche z. Hl. Familie
Hockeypl.
Sportpl.
BEWAG Kraftwerk Lichterfelde
Kolonie Ostpreußendamm
Grundsch. Unter den Kastanien
Oberhofer Pl.
Petrus-K.
Mater Dolorosa-K.
Friedhof Lankwitz
Tierfriedhof
Blindenwohnhm.
Jug.-gesundheitsdienst
Friedhof Dorfkirche Giesensdf.
Giesensdorfer Grundsch.
Osdorfer Str.
Senioren-heim
Eugen-Kleine-Brücke
Hindenburgdamm
Ostpreußendamm
Königsberger Str.
Lankwitzer Str.
Kaiser-Wilhelm-Str.
Siemensstr.
Drakestraße
Goerzallee
Hildburghauser Str.
Finckensteinallee
Ringstr.
Morgensternstr.
Bassermannweg
Devrientweg
Kaulbachstr.
Calandrellistr.
Charlottenstr.
Ferdinandstr.
Jägerstraße
Oberhofer Weg
Lange Str.
Geraer Str.
1=Reinacher Zeile
2=Nidwaldener Zeile
3=Obwaldener Zeile
4=Waadter Zeile
5=Ellen-Widmann-Pfad
6=Ines-Bolla-Pfad
7=Maggy-Breittmayer-Pf.
8=Aarberger Str.
115
149
S26
X11
M11
M85
385

12247
Lankwitz
(Bez.STEGLITZ-ZEHLENDORF)
12249
Mariendorf
Teltowkanal
Hafen Lankwitz
Kol. Karl-Lange-Brück Nord
Süd
Schünemannweg
Promenade
Frankentaler Ufer
Maulbronn
Sieversbr.
Eden-kobener Steg
Viktoria-Krkhs. f. chronisch Kranke
Lehranst. f. techn. Ass.
Stadtbad Lankwitz
Sportpl.
Eisstadion
Tennispl.
Kol. Einigkeit
Kol. Weinviertel
Kol. Am Bahndamm
Kol. Lankwitz Hafen
Freymüllerweg
Holenbrunnerweg
Bischofsweg
Kol. Dorfaue
Dorfk.
Theodosius Kran- Gnadenkenhm. kap.
Friedhof
Schneegrüner Weg
GASAG
Leonorenstr.
Kaiser-Wilhelm-Straße
Attilastraße
Bernkastler Pl.
St.-Benedikt-K.
Jug.-freizeith
Finanzamt
Lankwitz
Sieglitz
Kita Altlankwitzer Grundsch.
In den neuen Gärten
Gabainstr.
Paulus-K.
Alt-Lankwitz
Lankwitzer Straße
Lankwitzer Brücke
Kol. In Treue Fest
Kol. Sandwüste
Greinerstraße
Dederingstraße
Porschestraße
Heusingerstr.
Kitzingstr.
Großbeerenstraße
Opelweg
Industriegebiet
Wilhelm-
Paul-Schneider-Straße
Dreifaltigkeitskirche
Schulstr.
Peter-Frankenfeld-Sondersch.
Wedellstr.
Kamenzer Damm
AWO Tageskliniken und Übergangswohnhm.
Jug gesundh.-dienst
Briegerstr.
Kol. Alt Lankwitz
Haynauer Str.
Ludwig-Bechstein-Grundsch.
Kiriat-Bialik-Sporth.
Keffenbrinkweg
Trachenbergring
Thaliaweg
Beethoven-Obersch.
Kameradenweg
Dreifaltigkeitskirchhof
Gemeindepark
Rodelbahn
BFC-Preußen-sportanlage
Paul-Schneider-Grundsch.
Havensteinstr.
Frobenstr.
Am Gemeindepark
Malteserstraße
Mudrastr.
Paul-Schneider-K.
Beßstr.
Wichurastr.
Felgentreustraße
Trachenbergring
Kopernikus-Obersch.
Bröndby-Obersch.
P.-Braune-Sch.
Meldestelle
Polizeidirektion
Emmichstr.
Freie Universität
Sportpl.
Jug.-freizeithm.
Dr.-Trump-Krankenhm.
Mensa
Preysingstr.
Falkenhausenweg
Senioren-wohnhm.
K.-Th.-Schmitz-Br.
Daimlerstraße
Marienfelde
Belling-str.
Tierfriedhof
Kol. Lankwitz-Stamm
Kol. Lankwitz-Tierheim
Kol. Lankwitz
St. Marien-krankenhaus
Techn. Hilfswerk
1=Schefferweg
2=Maerckerweg
Waltershs.str.
Weygertweg
Papprtzstr.
Hohenbornweg
Emillenstr.
St.-Alfons-K.
Hranitzkystraße
Marienfelder Allee
Kiepertplatz
Zieten Grundschule am Königsgraben
Tennisplätze
Kurfürstenstr.
Geraer Straße
Apoldaer Str.
Dietrich Bonhoeffer-K.
Blankenhainer Str.
Tautenburger Str.
Tennstedter Straße
Brotteroder Straße
Frankenhauser Str.
Lutherkirchhof
Kreuzkirchhof
Friedrichrodaer Str.
Studentenhm.
Steinwald-Grund- und Sonder-sch.
Zentrale Aufnahmest. für Aussiedler
Kaiserallee
Greulichstr.
Sen.Club Buch
Jug. club
Spielpl.
116
150
101
S2

Mariendorf
(Bez. TEMPELHOF-SCHÖNEBERG)
Volkspark Mariendorf
Blümelteich
Eckernpfuhl
Rixdorfer
Britzer Straße
Britzer Str.
Mohriner Allee
Reißeckstr.
Alt-Mariendorf
Mariendorfer Damm
Heide-friedhof
Feierhalle
Karpfenpfuhl
Rothepfuhl
Türkenpfuhl
Kol. Neu-Helgoland
Kol. Charenton-le-Pont
Kol. Barnet
Kol. Wildspitz
Juncuspfuhl
Britzer Garten
Hauptsee
Liebesinsel
Festplatz
Irissee
Südl. See
Rosengarten
Orangerie
Kol. Friedland
Tennishalle
Sangerhauser Weg
Kol. Casino
Kol. Heimat-erde
Kol. Kurt Pöthig
2=Rosenrot
1 = Lienzer Pfad
Trabrennbahn Mariendorf
Pfuhl
12107
12277
Siedlung Daheim
Hundsteinweg
Hochkalterweg
Christuskirchhof
Pilatusweg
Klausenpaß
Tauernallee
Kol. Gerdsmeyer
Kol. Neuland
Kol. an der Rennbahn
Körting-
Kruckenbergstr.
Untertürkheimer Str.
Daimlerstraße
Titlisweg
Birnhornweg
Adlermühle
Frei- und Hallenbad Mariendorf
Parksiedlung Spruch
Kalksteinweg
Siedlung Neue Scholle
Neue Heimstatt
Kreidet.
Tropfst.teich
Marienfelder
Sandsteinweg
Schlierbacher Weg
Föttingerzeile
Zeugen Jehovas
Kita
96
117
151
5810
M76
M77
X76
179
181
277
282
283
376
392

Britz
(Bez. NEUKÖLLN)
Siedlung
Neuland
Garten
Buckow
(Bez. NEUKÖLLN)
Britzer
Parkfriedhof
Neukölln
Feierhalle
12349
12359
12351
12353
Britz-Süd
Johannisthaler Chaussee
Gutschmidtstraße
Buckower Damm
Johannisthaler Chaussee
Alt-Buckow
Neukölln-Mittenwalder Eisenbahn
Fritz-Erler-Allee
Fritz-Reuter-Allee
Massiner Weg
Neumarkplan
Deutsch-Kroner-Ring
Zantochweg
Ilgenweg
Roetepfuhl
Kol. Friedland 2
Spielpl.
Orangerie
Kol. Am Marienfelder Weg
Pumpwerk
Kol. Goldregen
Blütenachse
Kirschweg
Spiel- u. Werkhof
Kolonie Zur Fliederring
Ostweg
Apfelring
Zur Windmühle
Forsythien-Südring
Hüfnerweg
Britzer Mühle
Sportplatz
1=Landschöppenpfad
2=Pfarrer-Vogelsang-Weg
Urnenhain
Gärtnerei
Heimat-erde
Leonberger Ring
Rufacher Weg
Heimsbrunner Str.
Rittersporn
Edelweiß
Alpenrose
Begonie
Lilie
Tulpe
Narzisse
Senioren-heim
Sen.-wohnhs.
J.-Ch.-Blumnardt-K.
Schlosserweg
M.-Wagner-Ring
Wesenberger Ring
Spielpl.
Kita
DRK Wohnheim
U-Bahn Betriebshof
Bibliothek-Jugendzentrum Britz-Süd
Markt-pl.
Polierweg
Stellmacherweg
Zimmererweg
Maurerweg
Dachdeckerweg
Steinweg
Hochspannungsweg
Bauhüttenweg
Trägerweg
Rohrlegerweg
Sportpl.
Wetzlar-Grundschule
Tischlerweg
Töpferweg
Baufuhrweg
Klempner-g.
Maler-g.
Severingweg
Regenbecker
Grünerweg
Bruno-Taut-Ring
Rotkehlchenweg
Rotschwanzweg
Zaunkönigweg
Kolibriweg
Kormoranweg
Vivantes Klinikum Neukölln
Ida-Wolff-Geriatriezentrum Neukölln
AWO
Senioren-heim
Juchaczweg
Uhuweg
Weiß-Ring
Imbuschweg
Zadekweg
Grundsch. am Regenweiher
Bohm-Schuch-Weg
Otto-Weis-Ring
Johannisthaler Chaussee
Gropiuspass.
M.-Luther-King-K.
Anna-Siemsen-Weg
Senioren-wohnhs.
1=M.-Luther-King-Weg
Wildmeisterdamm
Paul-Rusch-Sportpl.
H.-Heimann-Grundsch.
H.-Heimann-Str.
Hörsingsteig
Kölner Damm
Wermuthweg
Eichenpfuhl
Landreiter-Sondersch.
L.-Tetzner-Grundsch.
Verw.-geb.
Hasenhegerweg
Jgd.-verk.-sch.
Heideläuferweg
Bernhard-weg
Hogenestweg
Renschweg
Großcreutzweg
Wildhüterweg
Kol. Grüner Stern
Auf der Planweide
Appelhorst
Zum Biesenwerder
Am Buschfeld
Janusz-Korczak-Grundsch.
Eichenweg
Rinslebenstraße
Seniorenwohnhs.
Mollnerweg
Dröpkeweg
Ringslebenstraße
Doevelweg
Reihnowweg
(zu Schönefeld)
Buckower Dorfteich
Friedhof
Dorfk.
Jugend-club
Sen.-hm.
Flatowallee
Kinder-hm.
Sondersch.
C.-Ruden-Grund-sch.
Sport-pl.
Chr.-Ruden-Zeile
Amtmannsgarten
Achterhöfen
Kestenzeile
Lindholzweg
Gerlinger Str.
Michel-Klinitz-Weg
Senioren-wohnhs.
Futhzeile
Stuthirtenweg
Walter-Simon-Straße
Friedr.-Ebert-Str.
Jägerweg
Hubertusweg
Karl-Liebknecht-Str.
R.-Breitscheid-Str.
Zeugen Jeh.
Amselweg
Drosselweg
Lilienweg
Dahlienweg
Rotdornweg
Erikaweg
Tulpenweg
Finkenweg
Lerchenweg
Buckower Damm
Sonderschule am Bienwaldring
Bienwaldring
Breitunger Weg
Albersweilerweg
Edisheimer Weg
Kol. Marienwerder
Gartenweg
Glimmerweg
Scholle
Warmensteinacher Str.
Delmer Steig
Trimbacher Str.
Salmbacher Str.
Am Rötepfuhl
St.-Theresia-K.
Leon.-da.-Vinci-Gymn.
Haewererstr.
Kol. Heimatfrieden
Chr.-Henkel-Str.
Bibl.
H.-Mann-Gesamtsch.
Drusenheimer Weg
F.-Arndt-Weg
Johannisthaler Chaussee
Britzer Damm
See
Oste
Kol. Friedland 2

1=Str.206 (Priesterweg)
2=Rosenweg
3=Amselsteig
113
179
12357
4
Buckow II
Gropiusstadt
(Bez. NEUKÖLLN)
Rudow
(Bez.NEUKÖLLN)
Wutzkyallee
Lipschitzallee
Zwickauer D.
Rudow
AS Stubenrauchstr.
Massantebr.
BEWAG Kraftwerk Rudow
Johannisthaler Chaussee
Rudower Straße
Neuköllner Straße
Stubenrauchstr.
Fritz-Erler-Allee
Erler-Allee
Buckower Damm
Zwickauer Damm
Kölner Damm
Alt-Rudow
Ziethener Chaussee
Waltersdorfer Chaussee
Neudecker Weg
Köpenicker Straße
Bahnhofstr.
Teltowkanal
Siedl. am Zwickauer Damm
Siedl. an d. Dörferblick
Rudower Wäldchen
Rudower Fließ
ehemalige Rieselfelder
Lipschitz-allee
Löwensteinring
Goldammerweg
Kolkrabenweg
Schwertlilienweg
Seidelbastweg
Orchideenweg
Petunienweg
Beifußweg
Glockenblumenweg
Schneeballenweg
Fuchsienweg
Lettberger Weg
Margueritenring
Kornblumenring
Kornradenstr.
Ehrenpreisweg
Meldenweg
Kappenstr.
Wegerichstraße
Kerbelweg
Buchsbaumweg
Rhabarberweg
Krokusstraße
Formerweg
Fleischerstr.
Beizerweg
Schriftsetzerweg
Uhrmacherweg
Sattlerweg
Gürtlerweg
Drehersstr.
Buchbinderweg
Teltower Weg
Zittauer Str.
Meißner Weg
Bornaer Str.
Lauchstädter Weg
Aschersleber Weg
Bitterfelder Weg
Großenhainer Weg
Horst-Caspar-Steig
Lenzelpfad
Sollmannweg
Schmiedigenpfad
Theodor-Loos-Weg
Neuköllner Str.
Matthäusweg
Södeblomweg
Sportplatz
Senioren-wohnhs.
Dreieinigkeitskirche
Lise-Meitner-Schule
Walter-Gropius-Gesamtsch.
Kombiniertes Bad
Helmholtz-Obersch.
Martin-Lichtenstein-Grundsch.
Meldestelle
Phil.-Melanchthon-K.
St. Joseph-Kirche
Dorfkirche
Bibliothek
Jungfernmühle
NME
West
5810
398
396
119
153

Johannisthal
(Bez.TREPTOW-KÖPENICK)
Natur - und
Landschaftspark
Adlershof
(in Bau)
120
12487
Siedlung
Johannes-
thal
Stadt für
Wissenschaft
Wirtschaft
und Medien
Adlershof
Eisenhutweg
Melli-Beese-Str.
Rudower Chaussee
Wissen-
schafts-u.
Wirtschafts-
standort-
Teltowkanal
113
AS
Adlershof
Hafen
Rudow-Ost
Teltow-
kanalbr.
Ernst-
Ruska-
damm
-NME-
Straße
1 = Kiefwiesensteig
3=Am Glinigk
4=Zur Rothen Laake
5=Iselersteig
Bruchland
Kleingartenanl.
Erlengrund
Oberstufen-
zentrum
Köpenicker Str.
Rudower Straße
Wegedornstr.
Semmelweisstr.
Zum Alten Windmühlen-
berg
Rübezahlallee
Priester-
pfuhl
Rudower
Höhe
70
Glashütter Weg
Neudecker Weg
Benatzkyweg
Lettberger Str.
Künnekeweg
Kol.
Rudower
Höhe
Siedlung
Kasperstr.
Siedl.
Alt-
glienicker
Höhe
Grüneck
Städt.
Friedhof
Altglie-
nicke
Katten-
pfuhl
12355
Rudow
(Bez.NEUKÖLLN)
Waltersdorfer
Chaussee
Schönefelder
Neuhofer
Dankmar-
steig
Wochen-
endsiedl.
a.d.Rud.
Höhe
M.-Ende-
Grundsch.
Matth.-
Claudius-
Grundsch.
Senioren-
wohnhaus
Alt-
glienicker
Boba
II
Siedl.
Meier
154
5808
5810
398
172
271
371
400

Adlershof
(Bez.TREPTOW-KÖPENICK)
TREPTOW-KÖPENICK
Grünau
(Bez.TREPTOW-KÖPENICK)
Alt-glienicke
(Bez. TREP.-KÖP.)
12489
12557
12527
Media Park
Lotte-Loebinger-Str.
Zum Trudelturm
2=Platz der Befreiung
3=Schneckenburger Str.
1=Waldvogelweg
1=Kirschenbaumstr.
Rohrwallinsel
Marienhain
Teltowkanal
Grünauer Brücke
Regattastraße
Wassersportallee
Adlergestell
Glienicker Weg
Grünauer Straße
Am Falkenberg
Köpenicker Straße
Hafen Altglienicke
Altglien. Brücke
Stelling-Janitzky-Brücke
Spreetal
Grünauer Kreuz
Siedlung Sachsenburg
Goldstern-Siedlung
Bez.amt f.Bau-u. Wohnungswesen
Soz.med. Dienst
Grünau
S8
S85
96a
179
121
155
RE2,RE4,RE5
RE2,OE36
RB14
RB24
S8,S9,S45,S46
S8,S85,S46
S9,S45

Berliner
Stadt-
forst
Kietzer Feld
Neue Wiesen
Köpenick
(Bez. TREPTOW-KÖPENICK)
Wendenschloß
Grünau
(Bez. TREP.-KÖP.)
Langer
See
Dahme
Stadtrand-
siedlung
Marien-
hain
Wendenschloß-
straße
Kungraben
Kuhwall
Kanonen-
berge
70
Schmetterlings-
horst
Freibad
Wendenschloß
Freibad
Grünau
Regattastrecke
Tausendmeter-
strecke
Regatta-
tribüne
DLRG-Station
Sportsch.
Revier-
försterei
Grünau
Siedl.
Grünau-Ost
Personenfähre
Kleingarten-
anlage
An der
Dahme
Klg.-anl.
Fraternitas
Klg.-anl.
Wenden-
aue
Klg.-anl.
Neue
Wiesen
Sportplatz
heide
Müggel-
berg-
platz
Ekhof-
platz
Falkendamm
Logauweg
Dregerhoff-
straße
Köpenzeile
Grüne Trift
Bukesweg
Assebургpfad
Sandschurre-
pfad
Pritstabel-
Minkwitzw.
Lossowweg
Nacht-
heide
Straße zum Müggelturm
Regatta-
straße
Sportallee
Möllhausen-
ufer
Am Langen See
Regatta-
straße
Sport-
promenade
Tennis-
platz
Bürger-
haus
Turnhalle
Sport-
platz
Kita
Grundsch.
J.-Newton-
Obersch.
Nelly-
Sachs-
Ober-
sch.
5810
5808
404
406
122
156
F12
62
68

Großer
Müggelsee
123
408
5810
Am
Müggel-
Anlegestelle
Rübe-
zahl
Müggel-
see
Rühlstein
Müggelseeperle
Der Thyrn
436
Revierförsterei
Köpenick
437
439
Damm
Köpenicker
heide
M69
435
432
431
434
Straße zum Teufelssee
424
433
430
429
Müggelheimer
Damm
Müggelhort
Straße zum
Bürger-
423
Lehr-
kabinett
Waldschule
422
Natur-
lehrpfad
Teufele-
see
416
197
421
199
198
Naturlehr-
pfad
Müggelberge
115
Müggelturm
12559
Friedhof
204
Müggelland-
Ludwigs-
höhe
Müggelheim
(Bez. TREP.-KÖP.)
Phil.-Jac.-Rauch-Str.
Ap-
weg
411
196
195
5808
Klg.-
anl. Müggelheim
I
Str.
Müggel-
408
193
405
194
Wasser-
werk
406
Enkenbacher
605
pelbacher
Weg
Hombacher
Str.
Ludwigshöhe-
Str.
611
Elmsteiner
Weg
Joh.-Jac.-Baeyer-Str.
Block
Blumen-
feld
Weg
Hirse
Marien-
lust
See
Am
Langen See
404
403
Am
Grünstadter
Str.
606a
Enkenbacher
Eppen-
Berghauser
brunner
Weg
Alsenzer
Klg.-anl.
Müggelheim
II
Sobernheimer
Roden-
bacher
Gang
Krampenburger
Mitter-
Steig
Reichwei
Hallgarter
Steig
402
1=Weg K
Bammel-
ecke
DLRG-
Station
Badestelle
157
401
191

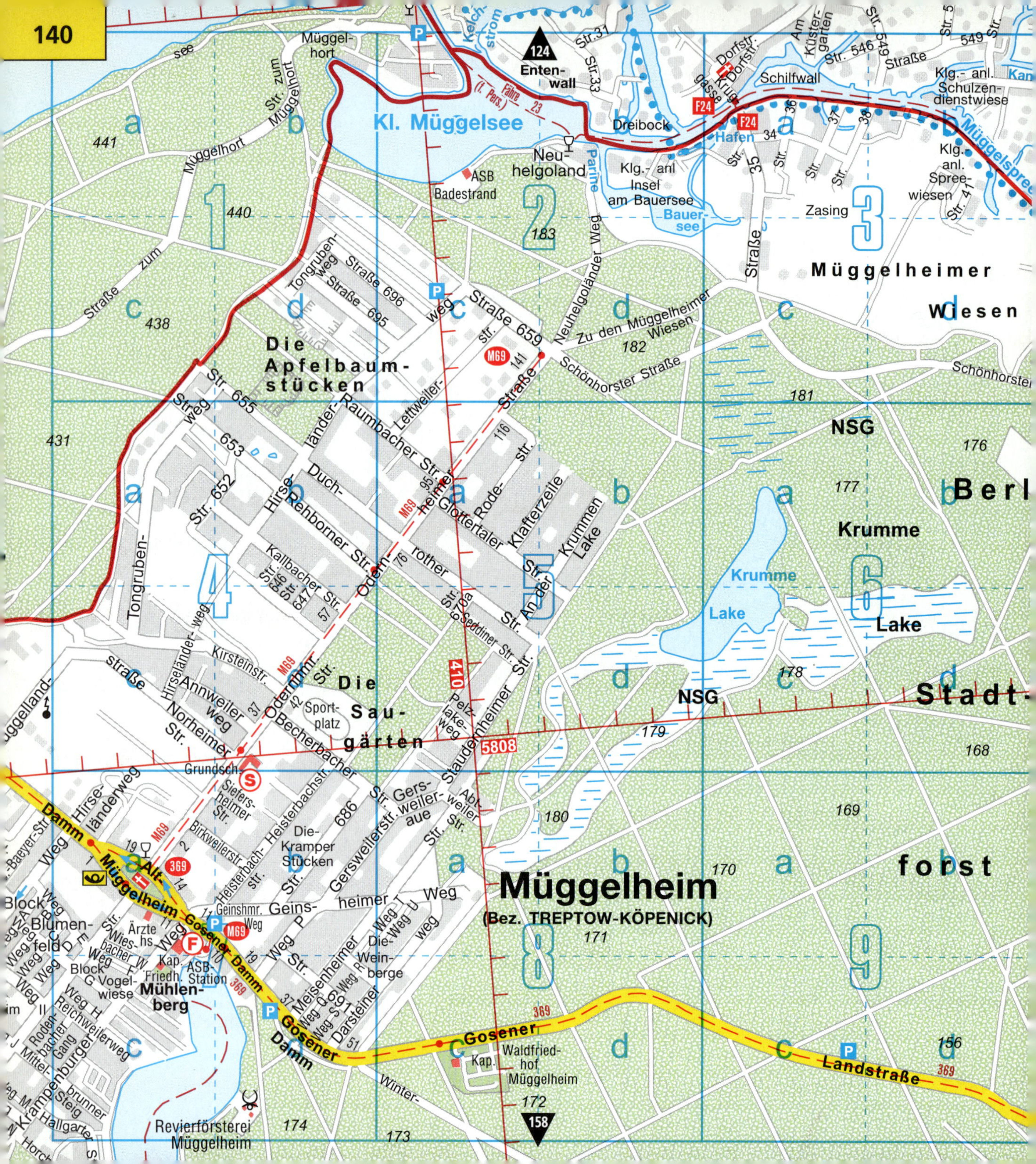

Müggelhort
Str. zum Müggelhort
Kl. Müggelsee
Fähre 23
124
Entenwall
Neuhelgoland
ASB Badestrand
Dreibock
Klg.-anl Insel am Bauersee
Bauersee
Parine
Dorfstr.
Krug
Kruggasse
Schilfwall
Am Küstergarten
Hafen
Klg.-anl. Schulzendienstwiese
Klg.-anl. Spreewiesen
Müggelspree
Zasing
Müggelheimer Wiesen
Schönhorster Straße
Zu den Müggelheimer Wiesen
Neuhelgoländer Weg
Straße zum Müggelhort
Die Apfelbaumstücken
Tongrubenweg
Straße 696
Straße 695
Straße 659
Lettweilerstr.
Raumbacher Str.
Glottertaler Str.
Rodestr.
Klafterzelle
Krummen Lake
An der Krummen Lake
Hirseländerweg
Rehborner Str.
Duchrother Str.
Odernheimer Str.
Kallbacher Str.
Seddiner Str.
Tongrubenweg
Kirsteinstr.
Hirseländer Straße
Annweiler weg
Norheimer Str.
Die Saugärten
Sportplatz
Becherbacher Str.
Pelzlakeweg
Staudenheimer Str.
Krumme Lake
NSG
Berliner Stadtforst
Grundsch.
Siefersheimer Str.
Birkweilerstr.
Heisterbachstr.
Die Kramper Stücken
Gersweilerstr.
Gersweiler aue
Abtweiler Str.
Müggelheim
(Bez. TREPTOW-KÖPENICK)
Alt-Müggelheim
Gosener Damm
Geinshmr. Weg
Ärzte hs.
Kap.
ASB-Station
Friedh.
Vogelwiese
Mühlenberg
Blumenfeld
Meisenheimer Str.
Darsteiner Weg
Weinberge
Weinbergweg
Gosener Landstraße
Waldfriedhof Müggelheim
Winterweg
Revierförsterei Müggelheim
Krampenburger Weg
Reichweilerweg
Rodenbacher Gang
Mittelsteig
Hallgarter
Damm
158
M69
369
410
5808
F24

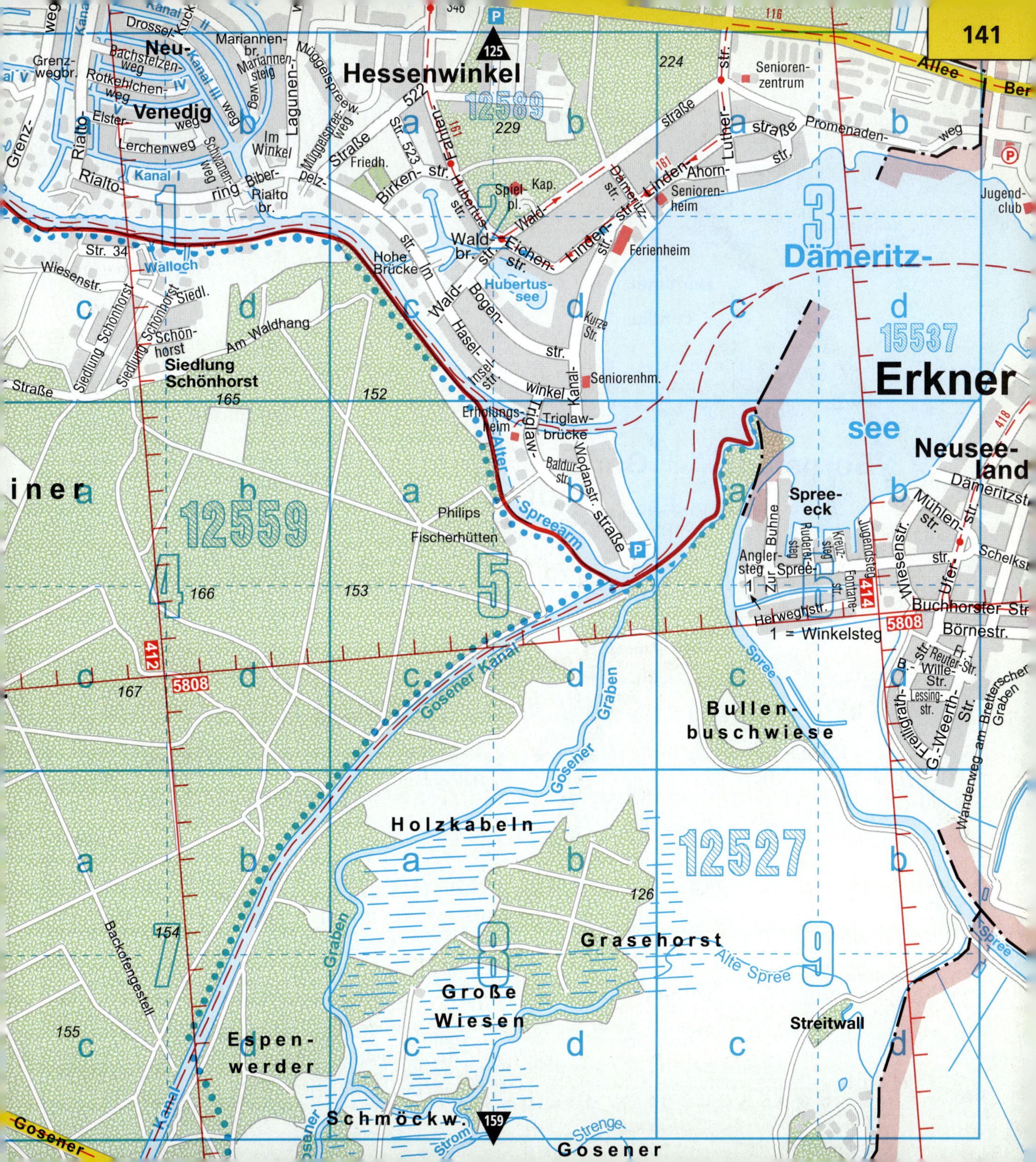
Hessenwinkel
12589
Neu-
Venedig
Dämeritz-
Erkner
see
Neusee-
land
Spree-
eck
Siedlung
Schönhorst
12559
12527
15537
Philips
Fischerhütten
Holzkabeln
Grasehorst
Große
Wiesen
Espen-
werder
Schmöckw.
Gosener
Bullen-
buschwiese
Streitwall
Gosener Kanal
Alter Spreearm
Alte Spree
Spree
Walloch
Hubertus-
see
Seniorenzentrum
Seniorenheim
Ferienheim
Seniorenhm.
Erholungsheim
Jugendclub
Triglawbrücke
Hohe Brücke
Rialto br.
Biber-
Promenadenweg
Fürstenwalder Allee
1 = Winkelsteg
Am Waldhang
Backofengestell
Wanderweg am Bretterschen Graben
Buchhorster Str.
Börnestr.
Herweghstr.
Wiesenstr.
Jugendsteg
Dämeritzstr.
Schelkstr.
Fontanestr.
Luther-
str.
Dämeritzstr.
Lindenstr.
Ahornstr.
Waldstr.
Eichenstr.
Hubertusstr.
Birkenstr.
Fahlenbergstr.
Friedh.
Kap.
Spielpl.
Hessenwinkel
Lagunenweg
Müggelspreeweg
Rialtoring
Lerchenweg
Schwanenweg
Elsterweg
Rotkehlchenweg
Bachstelzenweg
Drosselweg
Mariannensteg
Mariannenbr.
Grenzwegbr.
Grenzweg
Im Winkel
Wiesenstr.
Str. 34
Siedl. Schönhorst
Str. 522
Str. 523
Waldbogenstr.
Haselwinkel
Inselstr.
Im Wald
Kanalstr.
Kurze Str.
Triglawstr.
Wodanstr.
Balderstr.
Anglersteg
Zur Buhne
Spreesteg
Rudersteg
Kreuzsteg
Mühlenstr.
Uferstr.
Freiligrathstr.
Reuterstr.
Willestr.
Lessingstr.
G.-Weerth-Str.
Gosener Graben
Strom
Strenge
5808
412
414
418
161
116
125
159
224
229
165
152
166
153
167
154
155
126

Gartenstadt Süd (in Bau)
Reiherstand
8 = Friedrich-Kunert-Weg
9 = Ferdinand-Jühlke-Weg
10 = Nietnerstraße
11 = Georg-Potente-Weg
12 = Gustav-Meyer-Str.
13 = Rudolf-Kierski-Weg
14 = Hans-Kölle-Weg
Remisen-park
Tropen-garten
Golfplatz
Viereck-remise
Am Golfplatz
Peter-Huchel-Str.
Erich-Arendt-Str.
Am Reiher-busch
Graf-v.-Schwerin-Str.
Kolonie Am Beeren-busch
Kolonie Eintracht
Verlängerte Amts-straße
Flora-
Bornimer Feldflur
Birnenweg
Birnen-weg
Apfelw.
E.-Mendelsohn-Allee
Promenade
Mattern-
Fintelmann-
Th.-Echtermeyer-Str.
Wright-
Orville-
Kirsch-
Fr.-Encke-
H.-Zeininger-Str.
Herm.-Mächtig-Str.
Thaerstr.
Zum Lausebusch
Raub-fang
Amts-
1 = Zum Reiherstand
2 = Bussardweg
3 = Herta-Hammerbacher-Str.
4 = Walter-Funcke-Str.
5 = Herm.-Göritz-Str.
Bornstedt
Garten-stadt
Zum Kurzen Feld
6 = Heisenbergstr.
7 = Von-Klitzing-Str.
Einkaufs-zentr.
Habicht-
Fliederweg
Melchior-
Engelhard-
Mattern-Promenade
Erich-Mendelsohn-
"Biosphäre Potsdam"
ehem. Buga-Halle Biosphäre
Esplanade
Wald-park
Nedlitzer Straße
Georg-Hermann-Allee
Am Pfingst-
Amundsen-straße
Potsdamer Straße
Erwin-Barth-Str.
Grund-sch.
Sport-pl.
Kita
K.-Wachsmann-Str.
Alexander-Klein-Str.
Kiepenheuer Allee
Ein-gang
Hannes-Meyer-Str.
Horst-Bienek-Str.
Reinh.-Schneider-Str.
Herm.-Kasack-Str.
Jochen-Klepper-Str.
Strud.-
Gertrud-Feiertag-Str.
Annemarie-Wolf-Pl.
Ludwig-Boltzmann-Str.
David-Gilly-Str.
Charles-Tellier-Platz
Johan-Bouman-Pl.
Peter-Behrens-Str.
Mies-v.-d.-Rohe-Str.
Pappel-allee
Fach-hochschule
Schul-pl.
Katharinen-holz-str.
14469
Blumenstr.
Reiher-weg
Bornstedter Str.
Stechlin-weg
Bornstedter Feld
August-Bonnes-Str.
C.-Chr.-Horvath-Str.
Barth.-Neumann-Str.
Jakob-v.-Gundling-Str.
Fachhoch-schule
Rich.-Schäfer-Str.
Karen-Jeppe-Str.
Am Schragen
Stadtteil Jägervorstadt (zu Potsdam)
Ruinenberg
74
1=Moritz-von-Egidy-Str.
2=An den Gärten
3=An der Einsiedelei
4=Ulanenweg
Lendel-allee
Teufelsgraben
Grabenstr.
Eichen-allee
Born-stedter See
Krongut Bornstedt
Ribbeck-straße
Fried-hof
Amt f. Soz. u. Versorg.
J.-Goercke-Allee
Ruinenberg-str.
Garde-Ulanen-Kas.
Einsiedelei
Voltaire-weg
Brentano-
ADAC
273
Cityplan S.21
Cityplan S.20
Am Drachen-berg
Belvedere
Lindstedter Tor
Weinberg
Drachen-haus
Neue Orangerie
An der Orangerie
Maulbeer-allee
Brand. Landes-archiv
Nord.Garten
Histor. Mühle
Zur Histor. Mühle
Bilder-gal.
Schloss Sanssouci
Park-str.
Schlegel-
Tieckstr.
Mendel-
Gregor-
Am Jägertor
Weinberg-str.
Mauerstr.
Fachsch. f. Fin.
Jäger-allee
Jäger-tor
Stadtverw. Potsdam
Landr. Planung
Schopenhauer-
Botanisches Institut
Sizilianischer Garten
Neue Kammern
Weinberg-terrassen
Holl. Garten
Neptun-grotte
Obelisk
Friedens-teich
Park Sanssouci
Lustgarten
Antiken-tempel
Reiterstandbild Friedr.II
Haupt-allee
Potsdam
160
Marly-garten
Friedensk.
Grünes
Hegel-allee
Lindstedter Weg
443
444
5810
5808
366
612

15=An der Roten Kaserne
16=Fritz-von-der-Lancken-Str.
17=Friedrich-Klausing-Str.
18=Bruno-Taut-Str.
19=Max-Wundel-Str.
20=Ludwig-Lesser-Str.
Schlosspark Sacrow
Römerbank
Heilands-K.
Riesterhorn
Jungfern-see
Havel
Stadtteil Nauener Vorstadt (zu Potsdam)
Schloss Cecilienhof
Gedenkstätte
Grünes Haus
Rettungsstation
Quapphorn
ehem. Meierei
Anlegestelle
Am Pfingstberg
Wasserturm
Pflegeheim
Pfingstberg
Belvedere
Pomona Tempel
Neuer Garten
Pyramide
Schwanenbrücke
Hasengraben
Heiliger See
Marmorpalais
Obelisk
Orangerie
Planetarium
Astronom. zentrum
B.-H.-Bürgel
Portiershs.
Braunes Hs.
Treffpunkt Freizeit
Gotische Bibliothek
Glienicker Brücke
Schloss Glienicke
Schlossgarten
Jagdschloss Glienicke
Heimvolkshochschule Int. Begegnung
Glienicker Lanke
Babelsberger Enge
Stadtteil Berliner Vorstadt (zu Potsdam)
Bundesverm.amt
Eichamt
Glienicker Horn
Yachthafen
Oberst.-zentr.
Hs. der Jugend
Kulturzentr.
Potsdam
Tiefer See
Schloss Babelsberg
Kleines Schloss
Schlossmus.
Universität Potsdam
Park Babelsberg
Gerichtslaube
Matrosenhaus
Flatowturm
Friedr.-Wilhelm-Höhe
Siegessäule
Generalseiche
Kutscherhs.
Strandbad Babelsberg
Bootsverleih
Humboldtbrücke
Hans-Otto-Th. (Reithalle)
Kreiswehrersatzamt
Landesumweltamt
Klinikum Ernst-v.-Bergmann (mit Hauptpoliklinik)
Holländisches Viertel
Augenklinik
Kindermann-See
Hofgärtnerhs.
Gr. See
K.-Liebknecht-Stadion
Russische Kolonie
Amt f. Kultur
Pfingstkirche
Berliner Straße
Am Neuen Garten
Behlertstraße
Kurfürsten-
14467
14482
5810
5808
370
692
316
93
161
1

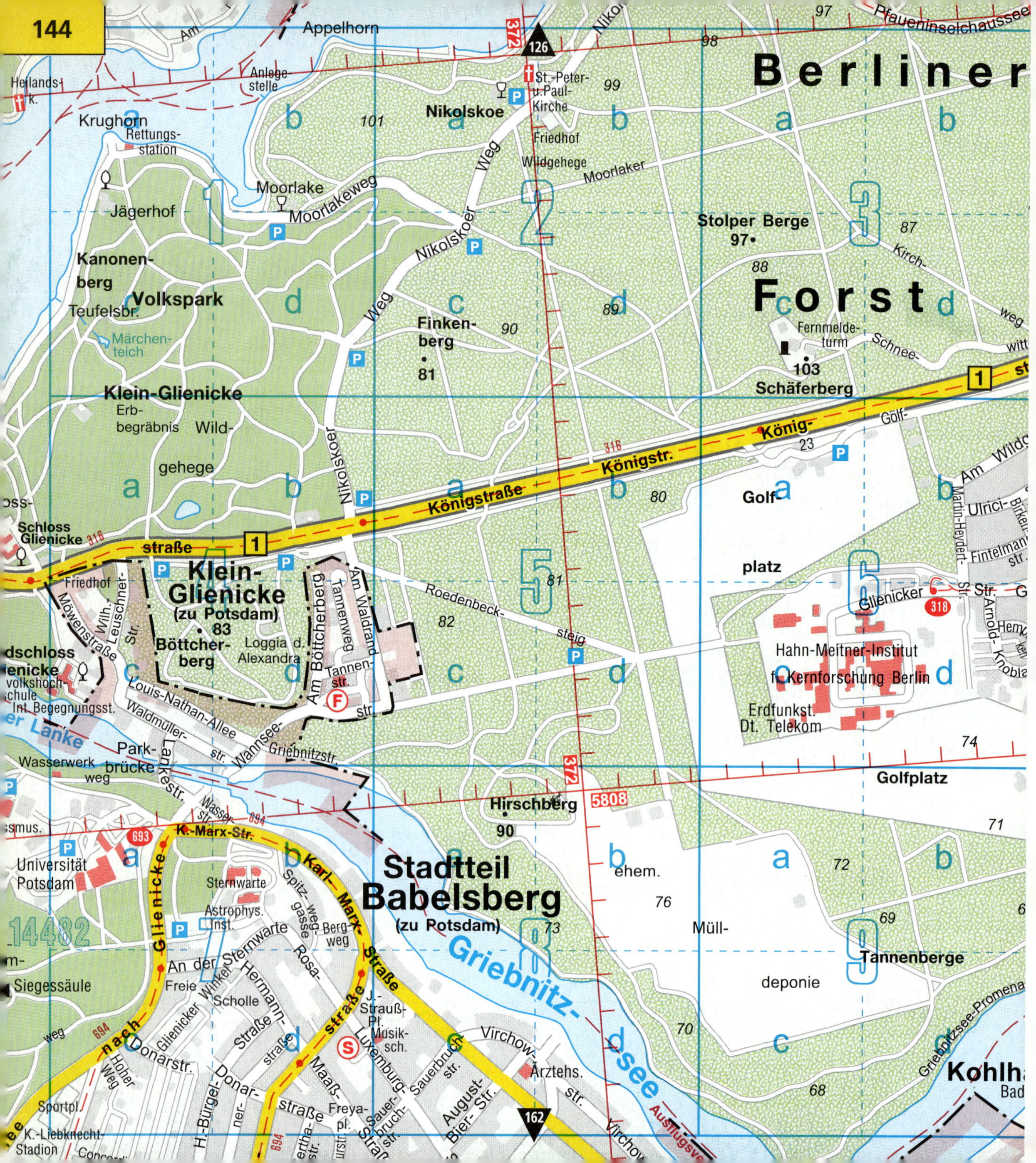
Appelhorn
Pfaueninselchaussee
Berliner
Forst
Heilands-k.
Krughorn
Rettungs-station
Anlege-stelle
Nikolskoe
St.-Peter-u.Paul-Kirche
Friedhof
Wildgehege
Moorlaker
Moorlake
Moorlakeweg
Jägerhof
Kanonen-berg
Volkspark
Teufelsbr.
Märchen-teich
Nikolskoer Weg
Finken-berg
81
Stolper Berge
97
Fernmelde-turm
103
Schäferberg
Schnee-
Kirch-
weg
Klein-Glienicke
Erb-begräbnis
Wild-gehege
Nikolskoer
Königstraße
Königstr.
König-
Golf-
Golf-platz
Am Wild
Ulrici-
Martin-Heydert-Str.
Fintelmann-str.
Schloss Glienicke
straße
Klein-Glienicke (zu Potsdam)
83
Böttcher-berg
Loggia d. Alexandra
Friedhof
Möwenstraße
Wilh.-Leuschner-Str.
Am Böttcherberg
Tannenweg
Am Waldrand
Tannen-str.
Roedenbeck-steig
Glienicker Str.
Hahn-Meitner-Institut f. Kernforschung Berlin
Erdfunkst. Dt. Telekom
Arnold-Knobl
Golfplatz
dschloss
Glienicke
volkshoch-schule
Int. Begegnungsst.
Louis-Nathan-Allee
Waldmüller-str.
Wannsee-
Griebnitzstr.
Lanke
Wasserwerk
Park-brücke
weg
Lankestr.
Wasser-str.
Hirschberg
90
K.-Marx-Str.
Universität Potsdam
Sternwarte
Astrophys. Inst.
Spitz-weg-gasse
Karl-Marx-Straße
Berg-weg
Stadtteil Babelsberg (zu Potsdam)
Griebnitz-see
ehem. Müll-deponie
Tannenberge
14482
Siegessäule
Glienicke
An der Sternwarte
Freie Scholle
Winkel
Glienicker
Hermann-straße
Rosa-
J.-Strauß-Pl.
Musik-sch.
Luxemburg-
Virchow-str.
Ärztehs.
Sauerbruch-str.
nach
Donarstr.
Hoher Weg
Sportpl.
K.-Liebknecht-Stadion
H.-Bürgel-
Donar-
Maaß-straße
Freya-pl.
August-Bier-Str.
Griebnitzsee-Promenade
Kohlha
Bad
Ausflugsv

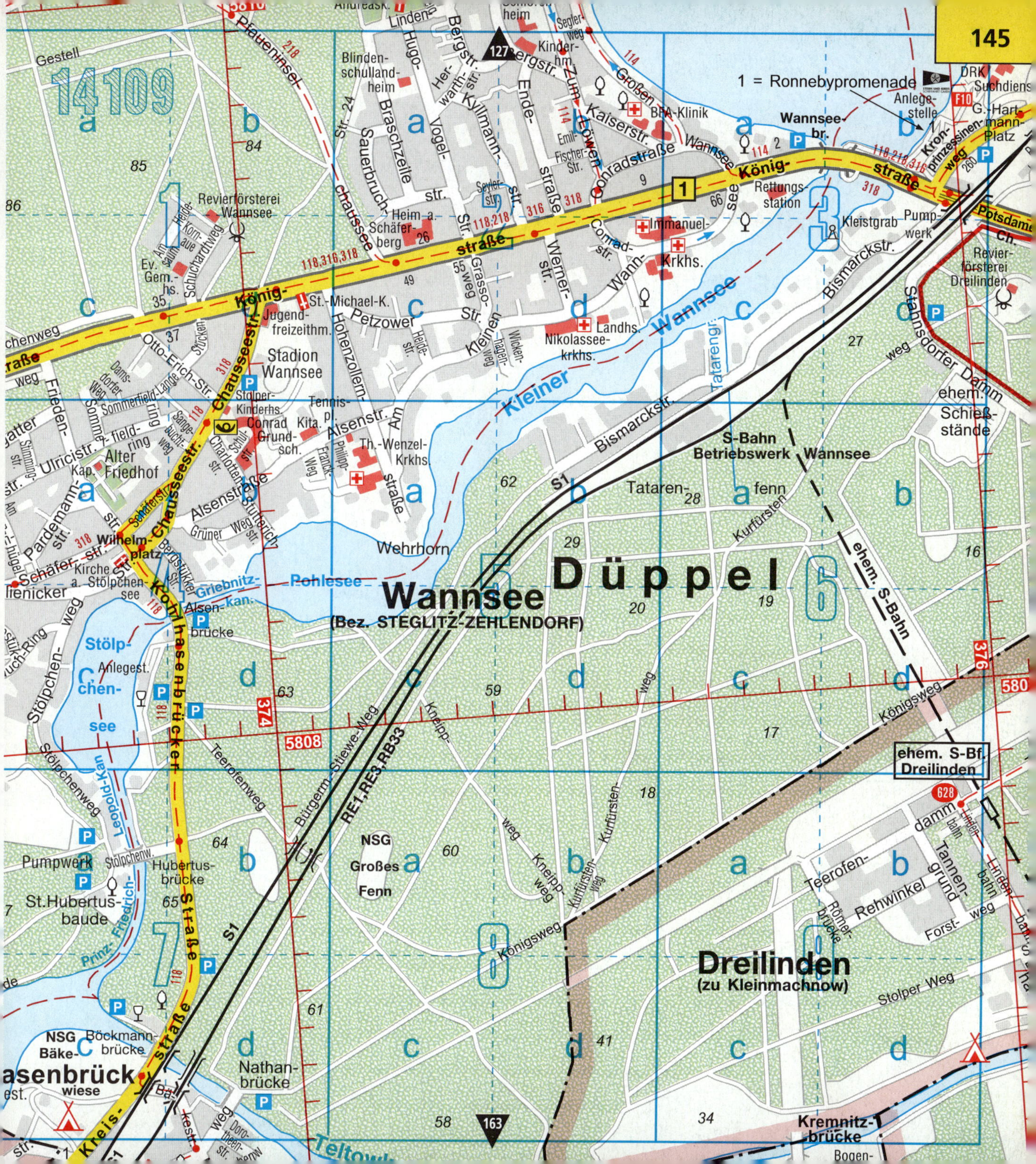
14 109
1 = Ronnebypromenade
Wannsee (Bez. STEGLITZ-ZEHLENDORF)
Düppel
Dreilinden (zu Kleinmachnow)
Kleiner Wannsee
Großen Wannsee
Pohlesee
Stölpchensee
Königstraße
Chausseestr.
Kohlhasenbrücker Straße
Potsdamer Ch.
Stahnsdorfer Damm
Bismarckstr.
Conradstraße
Kaiserstr.
Petzower Str.
Hohenzollernstr.
Alsenstr.
Wilhelmplatz
Kirche a. Stölpchensee
Alter Friedhof
Stadion Wannsee
Jugendfreizeitheim
St.-Michael-K.
Revierförsterei Wannsee
Revierförsterei Dreilinden
Immanuel-Krkhs.
Landhs. Nikolassee-krkhs.
Th.-Wenzel-Krkhs.
BRA-Klinik
Blindenschullandheim
Kleistgrab
Rettungsstation
Wannseebr.
Pumpwerk
S-Bahn Betriebswerk Wannsee
Tatarenfenn
ehem. S-Bahn
ehem. S-Bf. Dreilinden
Königsweg
Teerofenweg
Bürgerm.-Stiewe-Weg
NSG Großes Fenn
St.Hubertusbaude
Hubertusbrücke
Prinz-Friedrich-Leopold-Kan.
Böckmannbrücke
NSG Bäke-wiese
Nathanbrücke
Kremnitzbrücke
Stolper Weg
Rehwinkel
Tannengrund
Teltowkanal
Wehrhorn
Alsenbrücke
Griebnitz-Kan.
Kohlhasenbrück
RE1,RE3,RB33
S1
5808
580
374
376
628
127
163

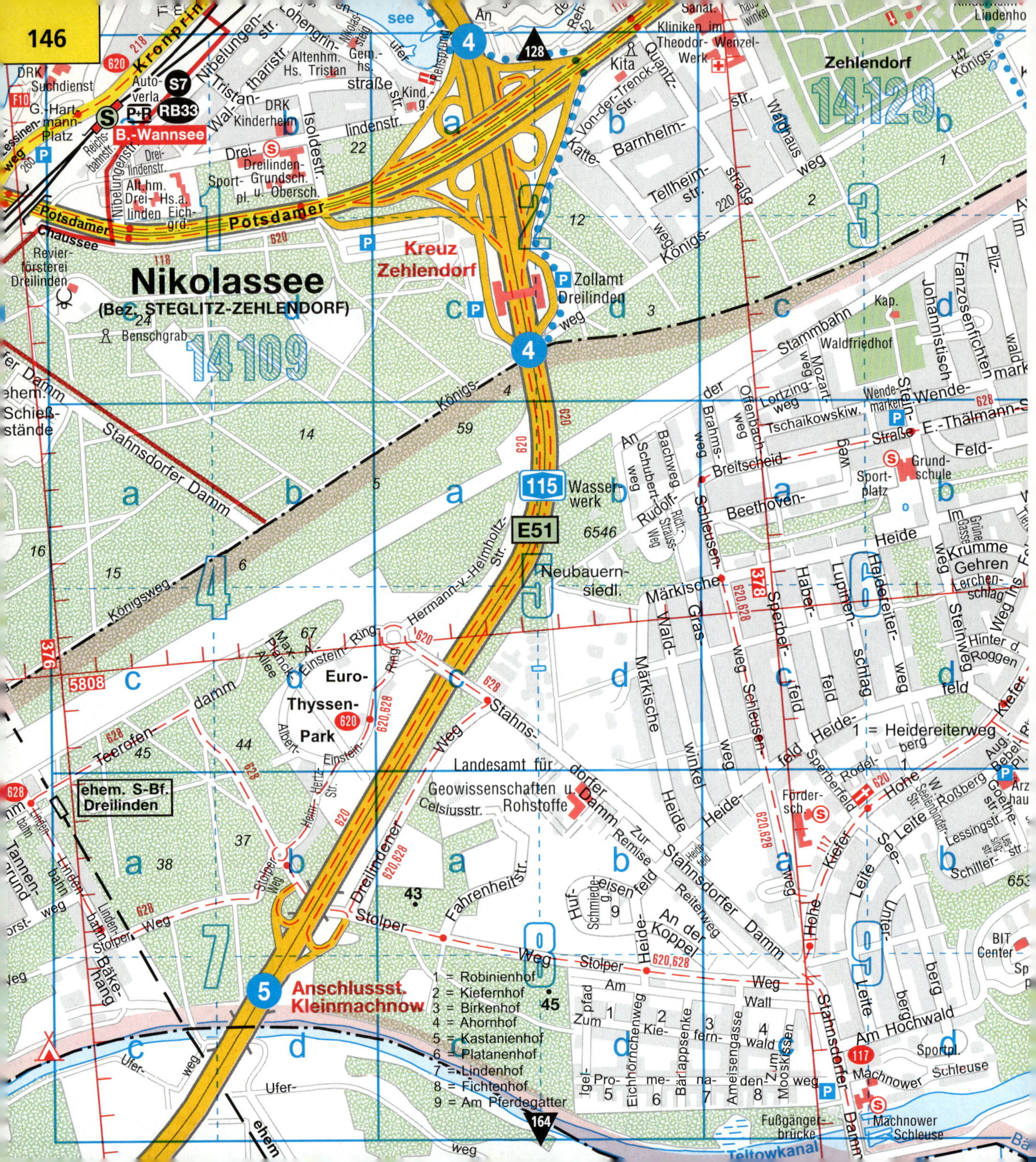
Nikolassee
(Bez. STEGLITZ-ZEHLENDORF)
14109
Zehlendorf
14129
Kreuz Zehlendorf
Anschlussst. Kleinmachnow
B.-Wannsee
Potsdamer Chaussee
Kronprinzessinnenweg
Stahnsdorfer Damm
Königsweg
Zollamt Dreilinden
Euro-Thyssen-Park
Landesamt für Geowissenschaften u. Rohstoffe
Neubauernsiedl.
Wasserwerk
Waldfriedhof
Stammbahn
ehem. S-Bf. Dreilinden
ehem. Schießstände
Revierförsterei Dreilinden
Teltowkanal
Machnower Schleuse
Fußgängerbrücke
Am Hochwald
Sportpl.
BIT Center
1 = Heidereiterweg
1 = Robinienhof
2 = Kiefernhof
3 = Birkenhof
4 = Ahornhof
5 = Kastanienhof
6 = Platanenhof
7 = Lindenhof
8 = Fichtenhof
9 = Am Pferdegatter
E51
115
Kliniken im Theodor-Wenzel-Werk
Altenhm. Hs. Tristan
Drei-Linden-Grundsch. u. Obersch.
Teerofendamm
Stolper Weg
Dreilindener Weg
Fahrenheitstr.
Celsiusstr.
Hermann-v.-Helmholtz-Str.
Albert-Einstein-Ring
Max-Planck-Allee
Heidefeld
Sperberfeld
Lupinenschlag
Breitscheidstraße
Beethovenweg
Märkische Heide
Märkische Waldstraße
Schleusenweg
Benschgrab

1=Priorter Weg
2=Freyensteinweg
3=Peetziger Weg
Kol. Schlachtensee Süd
ehem. S-Bf. Düppel
Berlepschstr.
Neuruppiner Str.
Neuruppiner
Wolfswerder
werder
Föhren-wald
5=Genshagener Straße
6=Sputendorfer Straße
7=Gerhardsdorfer Str.
Ludwigsfelder Str.
Busch-graben
Herzegowina
Gutzmann-
Behring
Ellert-
Adam-Kuckhoff-Platz
Wolfs-
Düppel-teich
der Stammbahn
Birken-schlag
Kulturhs.
Duell-pfuhl
Machnower Busch
Machnower
Sachtlebenstr.
Hans-Böhm-Zeile
Adolf-
Ribeckweg
Emil-M. Sch.
Grundsch.
Kuckuckswald
Meisen-
Brod-
Langen-
dreesch
Seematen
14532
Schlehdornweg
Heideweg
Zehlendorfer Damm
Machnower
Altenhm.
Nieritzweg
Pumpwerk
14165
Jugend-heim
Spiel-pl.
Sportpl.
Sport-platz
Tennis-pl.
Karl-Marx-Str.
Auf der Reutte
Bau-verw.
Thälmann-
Kapuziner-weg
Gradnauer-str.
Klubhs.
Dickicht
Opfer d. Fasch.
Ernst-
Klein-machnow
Am Fenn
Meierei-pfuhl
Grundschule
Sport-pl.
Machaw.
Clara-Zetkin-Str.
Scholl-
Klausener-
Fördersch. f. Geistig-behind.
Windsteiner W.
Dauer-klein-gärten
Sacht-leben
fichten
Am Bannwald
Im
Hagen
Im Hagen
6548
Geschw.-
Medon-
Eichen-
Erlen-
Lupsteiner Weg
Breiten-stein-weg
Gemeinde-amt
Jägerhorn
Hirschwechsel
Haeckelstr.
Heinr.-Mann-Str.
Fuchs-
Hohe
Graue
Hasenkamp
Eichen-
Reihe
Blach-
Puschkin-platz
Käthe-Kollwitz-Str.
Klein-machnower Weg
Jäger-
Auf der Breite
Auf der Drift
1=Kurze Reihe
Mittelbruch
Kleine Wende
Wilh.-Külz-Weg
Kiefernweg
Am Kiebitzberg
Brunnenweg
Ringweg
Wohnstift Augustinum
Bau-hafen
Lange
Wiesen-
Krumme
Weiden
Förster-Funke-Allee
Maxie-Wander-Str.
Straße d. Jugend
Th.-Münzer-Str.
Lepckestr.
Industrie-gebiet
Teltowkanal
Jahn-sportpl.
1 = Lankeweg
2 = Bäkegrund
3=Nieplitzweg
4=Zum Königsgraben
Jug.-hs. u.Schiffer-kinderh.
Fontane-str.
Tucholskyhöhe
Ober-sch.
Sport-pl.
Jug.-club
Grimme-
Schönberg
Spandauer Teich
Tennis-pl.
Stadion
Freibad Kiebitz-berge
Rammrath-brücke
Land-ratsa.
Techno-Terrain
Teltow
Stadt-verw.
Potsdamer Straße
Stuben-rauch
Friedhof
2=F.-Kayssler-Straße
63 Seeberg
Hakeburg
Zehlendorfer Damm
Bildungs-zentr. IHK
Zollamt
Oderstraße
Rheinstr.
Warthe-
Hamburger Platz
14513
Main-str.
Striewitz-
Machnower See
Friedens-brücke
Am Weinberg
Winzer-weg
Musiksch.
Gymnasium
6530
Oberstufen-zentrum Technik
Ober-stufenzentr. Technik II
Liebig-platz
Elbe-
Aug.-Bebel-Str.
Paul-Singer-
Ufer-weg
Allee am Forsthaus
Friedhof
Weinberg
Teltow
1=Moselstr.
2=Am Graben

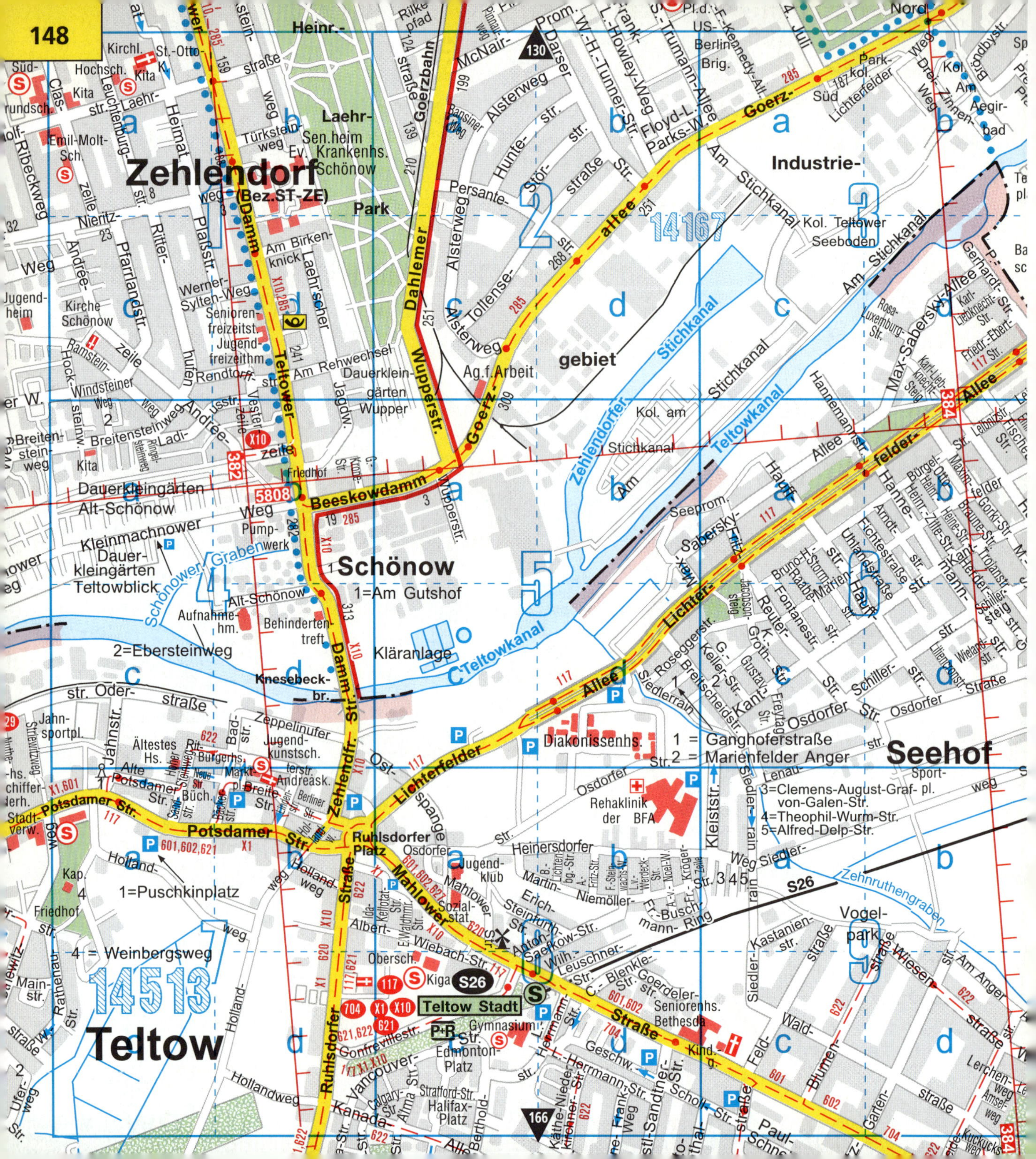
Zehlendorf
(Bez.ST-ZE)
Schönow
1=Am Gutshof
Teltow
Seehof
Industrie-
gebiet
14167
14513
Heinr.-
Laehr-
Sen.heim
Ev. Krankenhs.
Schönow
Park
Goerzbahn
Dahlemer
Wupperstr.
Goerz-
allee
Goerz-
Am Stichkanal
Kol. Teltower
Seeboden
Stichkanal
Teltowkanal
Zehlendorfer
Kol. am
Stichkanal
Seeprom.
Max-Sabersky-Allee
Lichterfelder
Allee
Beeskowdamm
Teltower
Damm
Zehlendorfer
Damm
Dauerkleingärten
Alt-Schönow
Kleinmachnower
Dauer-
kleingärten
Teltowblick
Schönower Graben
Aufnahme-
hm.
Behinderten-
treft
Kläranlage
Knesebeck-
br.
2=Ebersteinweg
Oder-
straße
Zeppelinufer
Jugend-
kunstsch.
Ältestes
Hs.
Jahn-
sportpl.
Potsdamer Str.
Ruhlsdorfer
Platz
Mahlower
Str.
Ruhlsdorfer
Straße
1=Puschkinplatz
4 = Weinbergsweg
Hollandweg
Diakonissenhs.
1 = Ganghoferstraße
2 = Marienfelder Anger
3=Clemens-August-Graf-
von-Galen-Str.
4=Theophil-Wurm-Str.
5=Alfred-Delp-Str.
Rehaklinik
der BFA
Osdorfer
Str.
Heinersdorfer
Jugend-
klub
Sozial-
stat.
Teltow Stadt
Gymnasium
Edmonton-
Platz
Halifax-
Platz
Kiga
Obersch.
Seniorenhs.
Bethesda
S26
Zehnruthengraben
Vogel-
park
Siedler-
weg
Sport-
pl.
Emil-Molt-
Sch.
Ribeckweg
Nieritz-
Pfarrlandstr.
Ritter-
Kirche
Schönow
Jugend-
heim
Windsteiner
Weg
Breitensteinweg
Kita
Werner-
Sylten-Weg
Senioren-
freizeitst.
Jugend-
freizeithm.
Am Rehwechsel
Dauerklein-
gärten
Wupper
Ag.f.Arbeit
Alsterweg
Tollense-
Persante-
Darser
McNair-
Prom.
Floyd-L.-
Parks-W.
Truman-Allee
Berlin
Brig.
Rosa-
Luxemburg-
Str.
Hannemannstr.
Sabersky-
Fritz-
Bruno-H.-
Fontanestr.
Fichtestraße
Uhlandstraße
Rosegger
Schiller-
Kantstr.
Osdorfer
Wiesen-
straße
Kastanien-
str.
Wald-
Blumen-
Goerdeler-
Leuschner-
Saefkow-Str.
Niemöller-
Steinfurth-
Wiebach-Str.
Albert-
Vancouver-
Kanada-
Strafford-Str.
Calgary-
Alma
Berthold-
Kind.-
g.
Geschw.
Hermann-
Scholl-
Paul-
Schne
Lerchen-
weg
Am Anger
Teltow

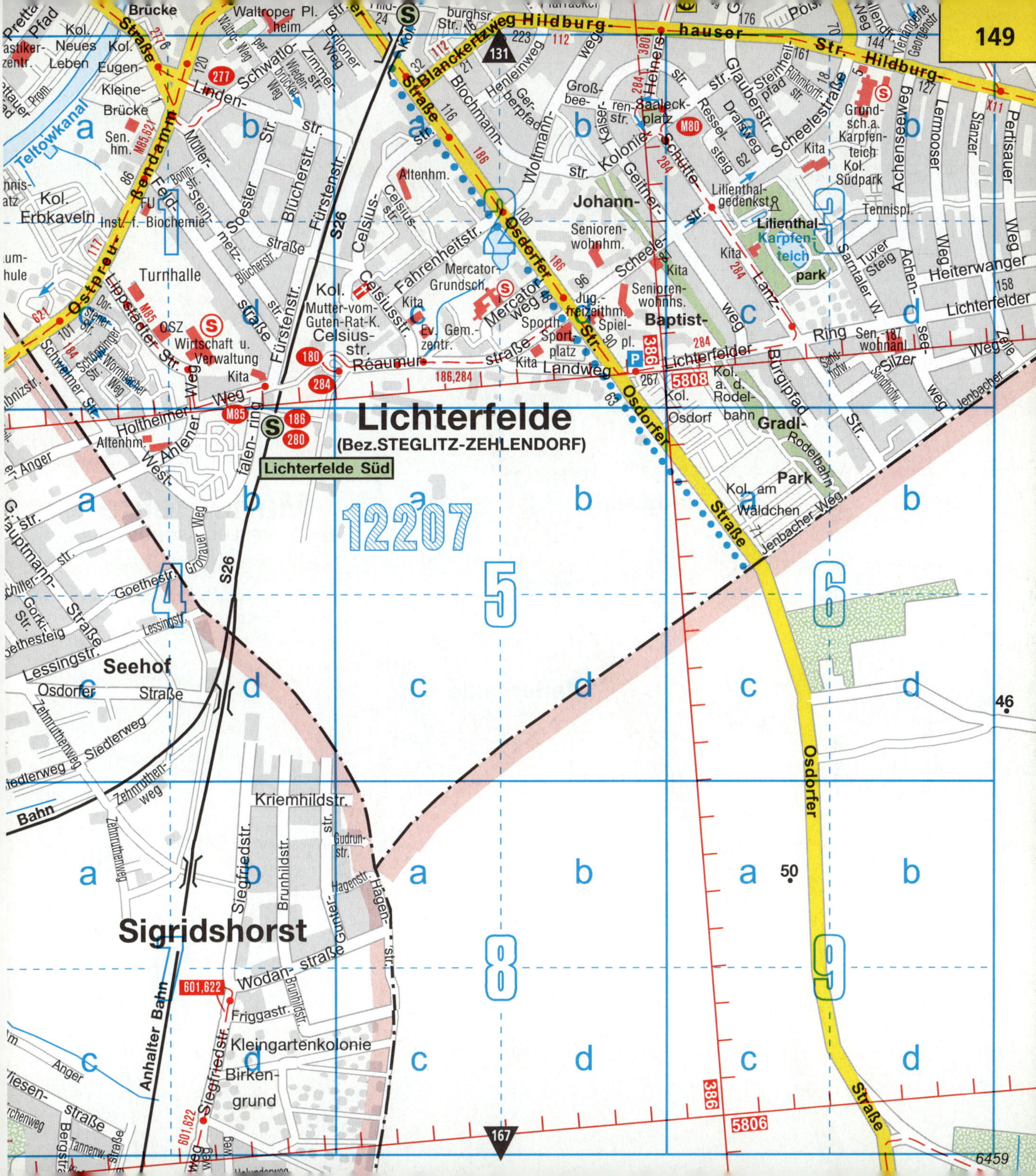
Lichterfelde
(Bez.STEGLITZ-ZEHLENDORF)
Lichterfelde Süd
12207
Sigridshorst
Seehof
Johann-
Baptist-
Lilienthal-
park
Karpfenteich
Gradl-
Park
Teltowkanal
Kol. Erbkaveln
Kol. Neues Leben
Eugen-Kleine-Brücke
Turnhalle
Ostpreußendamm
Osdorfer Straße
Hildburghauser Str.
Blanckertzweg
Lichterfelder Ring
Réaumurstraße
Landweg
Holtheimer Weg
Lippstädter Str.
Goethestr.
Lessingstr.
Siedlerweg
Zehnruthenweg
Anhalter Bahn
Kriemhildstr.
Siegfriedstr.
Brunhildstr.
Gudrunstr.
Hagenstr.
Wodanstraße
Friggastr.
Kleingartenkolonie Birkengrund
Jenbacher Weg
Kol. am Wäldchen
Kol. a. d. Rodelbahn
Kol. Osdorf
Bürgipfad
Silzer Weg
Heiterwanger Weg
Achenseeweg
Lermooser Weg
Stanzer Weg
Pertisauer Weg
Scheelestraße
Kol. Südpark
Lilienthalgedenkst.
Tennispl.
Fahrenheitstr.
Celsiusstr.
Mercatorweg
Mercator-Grundsch.
Fürstenstr.
Blücherstr.
Soester Straße
Steinmetzstraße
Wirtschaft u. Verwaltung
OSZ
Kita
Altenhm.
Senioren-wohnhm.
Jug.-freizeithm.
Sportplatz
Spielpl.
Ev. Gem.-zentr.
Mutter-vom-Guten-Rat-K.
FU Inst. f. Biochemie
S26
Bahn
1 2 3 4 5 6 7 8 9
6459

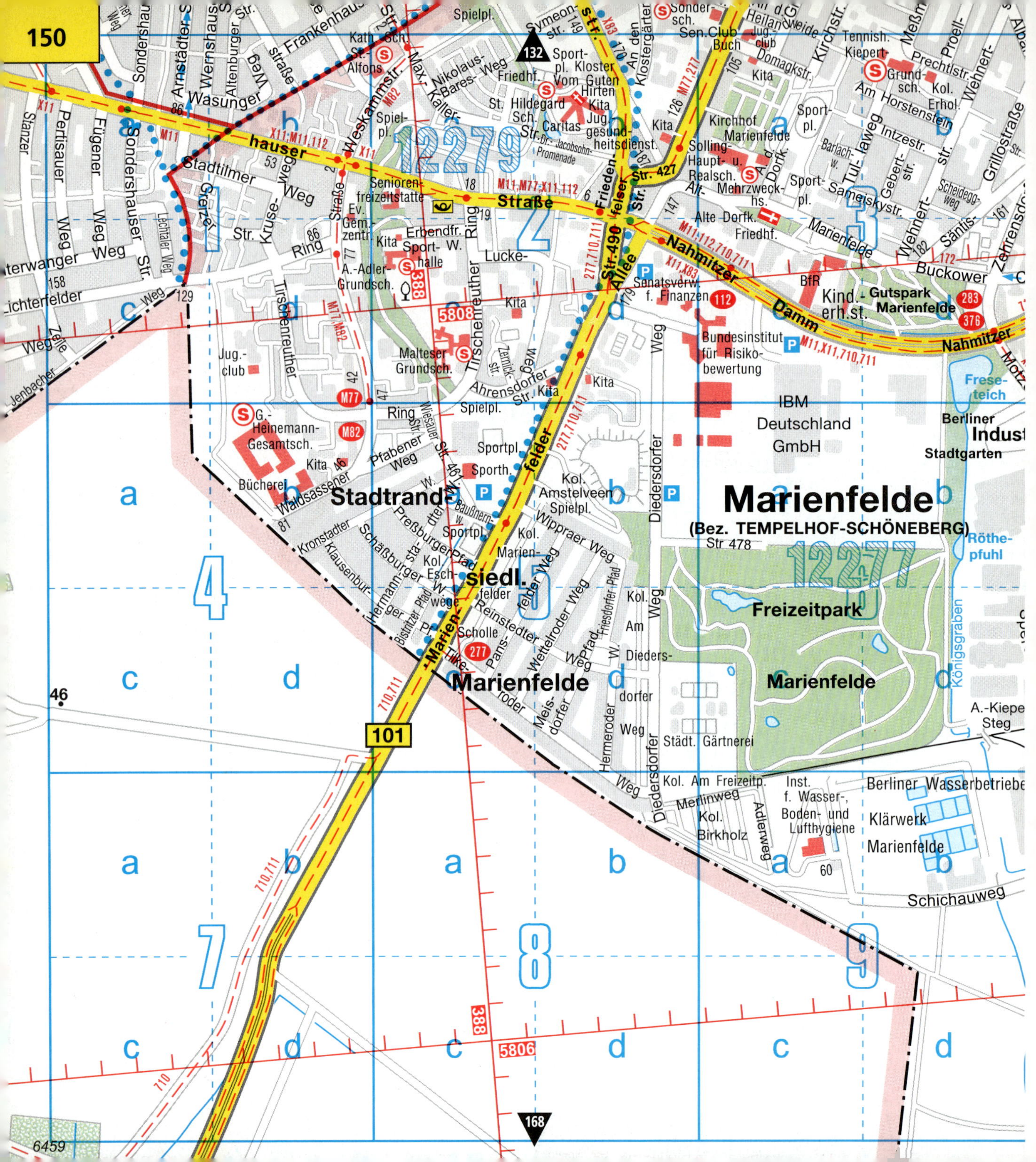

132
168
Marienfelde
(Bez. TEMPELHOF-SCHÖNEBERG)
12277
12279
Stadtrand-siedl. Marienfelde
Freizeitpark Marienfelde
IBM Deutschland GmbH
Bundesinstitut für Risikobewertung
Senatsverw. f. Finanzen
Gutspark Marienfelde
Klärwerk Marienfelde
Berliner Wasserbetriebe
Inst. f. Wasser-, Boden- und Lufthygiene
Städt. Gärtnerei
Nahmitzer Damm
Marienfelder Allee
Hildburghauser Straße
Diedersdorfer Weg
Buckower
Schichauweg
Frieden-felser Str.
Str. 490
Str. 427
Str 478
Malteser Grundsch.
G.-Heinemann-Gesamtsch.
Alte Dorfk.
Kirchhof Marienfelde
Freseteich
Röthepfuhl
Königsgraben
Berliner Indust Stadtgarten
A.-Kiepe Steg
Kol. Birkholz
Merlinweg
Adlerweg
Kol. Am Freizeitp.
101
46
6459

Lichtenrade
(Bez.TEMPELHOF-SCHÖNEBERG)
Marienfelde
Buckower Ch.
Schichauweg
12305
12307
12309
Buckower Chaussee
Marienfelder Ch.
Lichtenrader Damm
Großziethener
Volkspark Lichtenrade
Giebel-Pfuhl
zu Berliner Forst Düppel
Kol. Eisenbahn-Landwirtschaft Säntisstr.
Kol. Grenzland
Tennis- u. Squash-halle
Wohnhm. Buckower Chaussee
Lessingpl.
Kol. Eisenbahn-Landwirtsch.
Kol. Eisenbahn
Bruno-H.-Bürgel-Grundsch.
Dietrich-Bonhoeffer-K.
Andore-Leber-Grundsch.
Theodor-Haubach-Haupt- u. Real-sch.
C.-Zeiss-Gesamtsch.
G.-Büchner-Gymn.
Evang. Gemeinde-zentrum
Kirche zu d. hl. Märtyrern v. Afrika
Grundsch. Dielungsgr.
Senioren-wohn- u. freizeitst.
Herm.-Wundrich-Platz
Lenaustraße
Lessingstr.
Goethestraße
Grimmweg
Fontanestr.
Kettinger Str.
Barnetstr.
Nuthestraße
Wünsdorfer Str.
Mariendorfer Str.
Kloster-Zinna-Str.
Töpchiner Weg
Alt-Lichtenrade
Bahnhofstr.
Hermsdorfer Str.
Buckower Ch.
S2
96
133
169

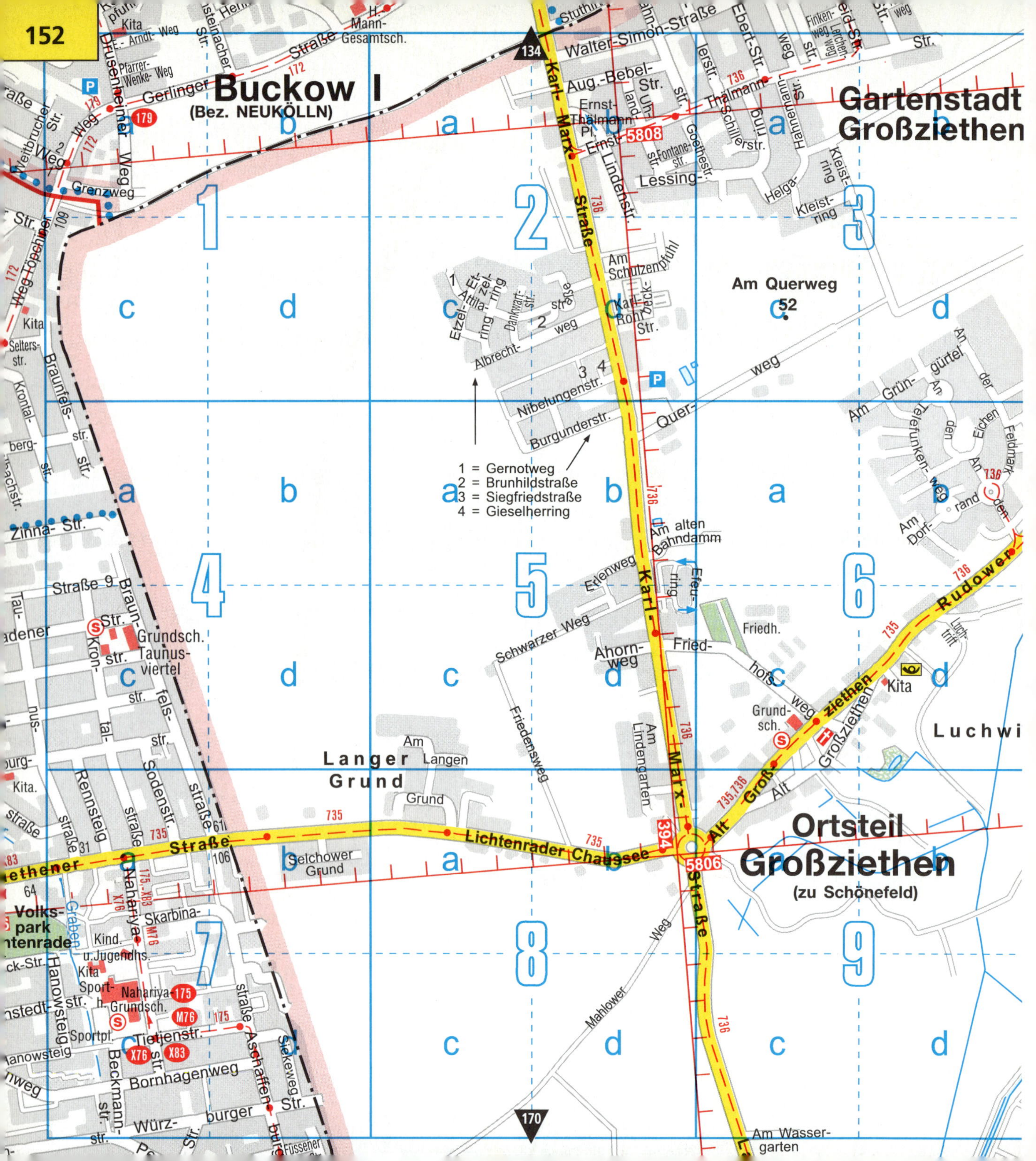
Buckow I
(Bez. NEUKÖLLN)
Gartenstadt Großziethen
Ortsteil Großziethen
(zu Schönefeld)
Am Querweg
Langer Grund
Taunus-viertel
Volks-park
Karl-Marx-Straße
Lichtenrader Chaussee
Walter-Simon-Straße
Aug.-Bebel-Str.
Ernst-Thälmann-Pl.
Lindenstr.
Lessing-
Am Schulzenpfuhl
Karl-Rohr-Str.
Albrecht-weg
Nibelungenstr.
Burgunderstr.
Quer-weg
1 = Gernotweg
2 = Brunhildstraße
3 = Siegfriedstraße
4 = Gieselherring
Am alten Bahndamm
Erlenweg
Efeu-ring
Schwarzer Weg
Ahorn-weg
Friedhofsweg
Friedh.
Friedensweg
Am Lindengarten
Rudower
Alt Großziethen
Grund-sch.
Kita
Luchwi
Selchower Grund
Am Langen Grund
Mahlower Weg
Am Wasser-garten
Gerlinger Weg
Grenzweg
Weitbrucher Str.
Braunfels-str.
Zinna-Str.
Grundsch.
Kron-str.
Rennsteig
Sodenstr.
Nahariya-str.
Skarbina-
Tietjenstr.
Bornhagenweg
Aschaffen-burger Str.
Siekeweg
Würz-burger Str.
Beckmann-str.
Hanowsteig
Kind. u. Jugendhs.
Sportpl.
Drusenheimer Weg
Pfarrer-Wenke-Weg
H.-Mann-Gesamtsch.
134
170
5808
5806
394

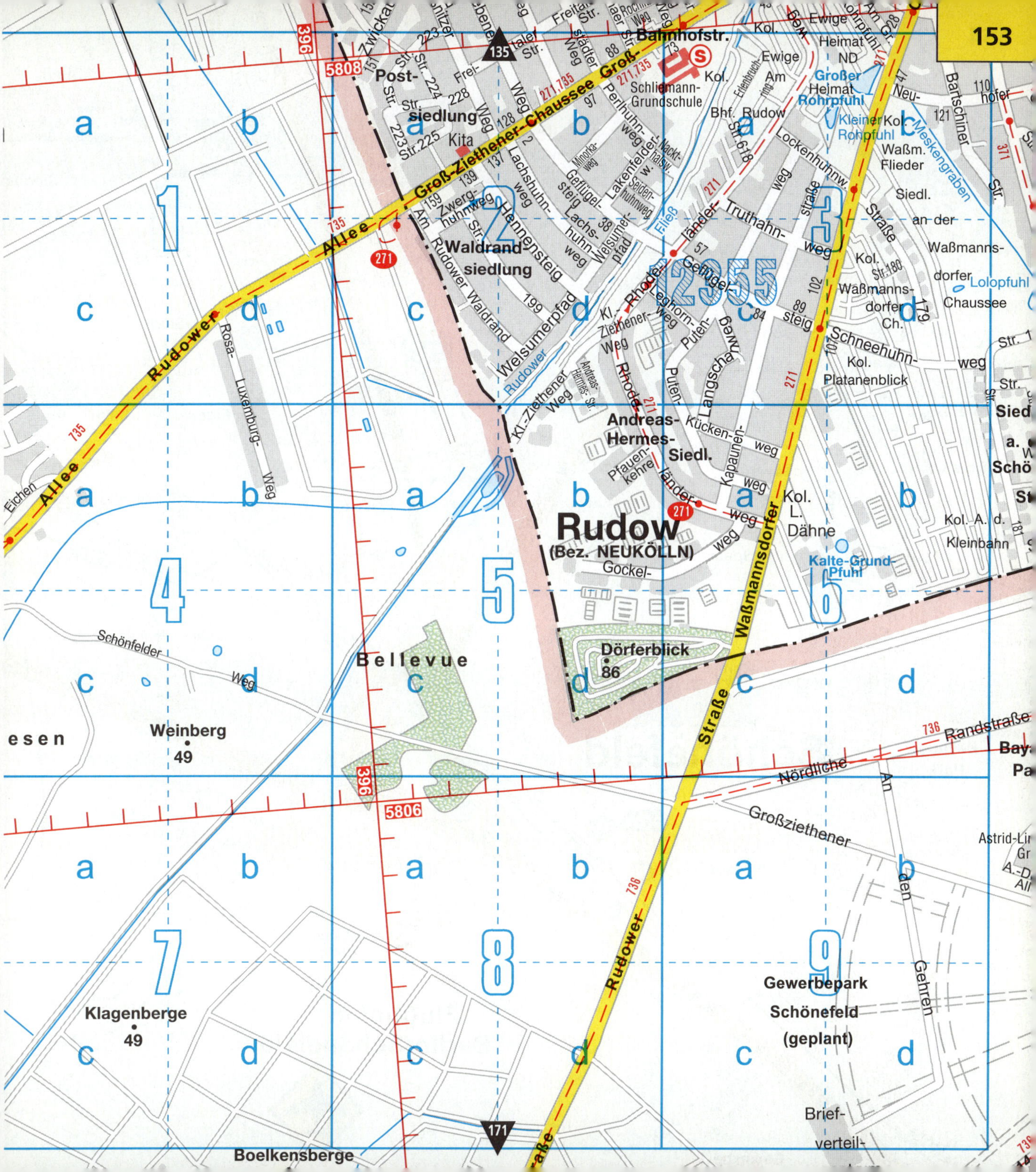

Bahnhofstr.
Post-siedlung
Kita
Groß-Ziethener-Chaussee
Rudower Allee
Waldrand-siedlung
Am Rudower Waldrand
Hennensteig
Lachshuhnweg
Welsumerpfad
Schliemann-Grundschule
Bhf. Rudow
Großer Rohrpfuhl
Kleiner Rohpfuhl
Meskengraben
Lockenhuhnw.
Truthahnweg
12355
Geflügelsteig
Leghornweg
Putenweg
Langschanweg
Schneehuhnweg
Kol. Platanenblick
Waßmannsdorfer Chaussee
Lolopfuhl
Rosa-Luxemburg-Weg
Andreas-Hermes-Siedl.
Kückenweg
Kapaunenweg
Pfauenkehre
Gockelweg
Rudow
(Bez. NEUKÖLLN)
Kol. L. Dähne
Kalte-Grund-Pfuhl
Kol. A. d. Kleinbahn
Waßmannsdorfer Straße
Dörferblick
86
Schönfelder Weg
Bellevue
Weinberg
49
Randstraße
Nördliche
Großziethener
Rudower Straße
Gewerbepark Schönefeld (geplant)
Am Gehren
Klagenberge
49
Boelkensberge
Briefverteil-
135
171
396
5808
5806
271
735
736

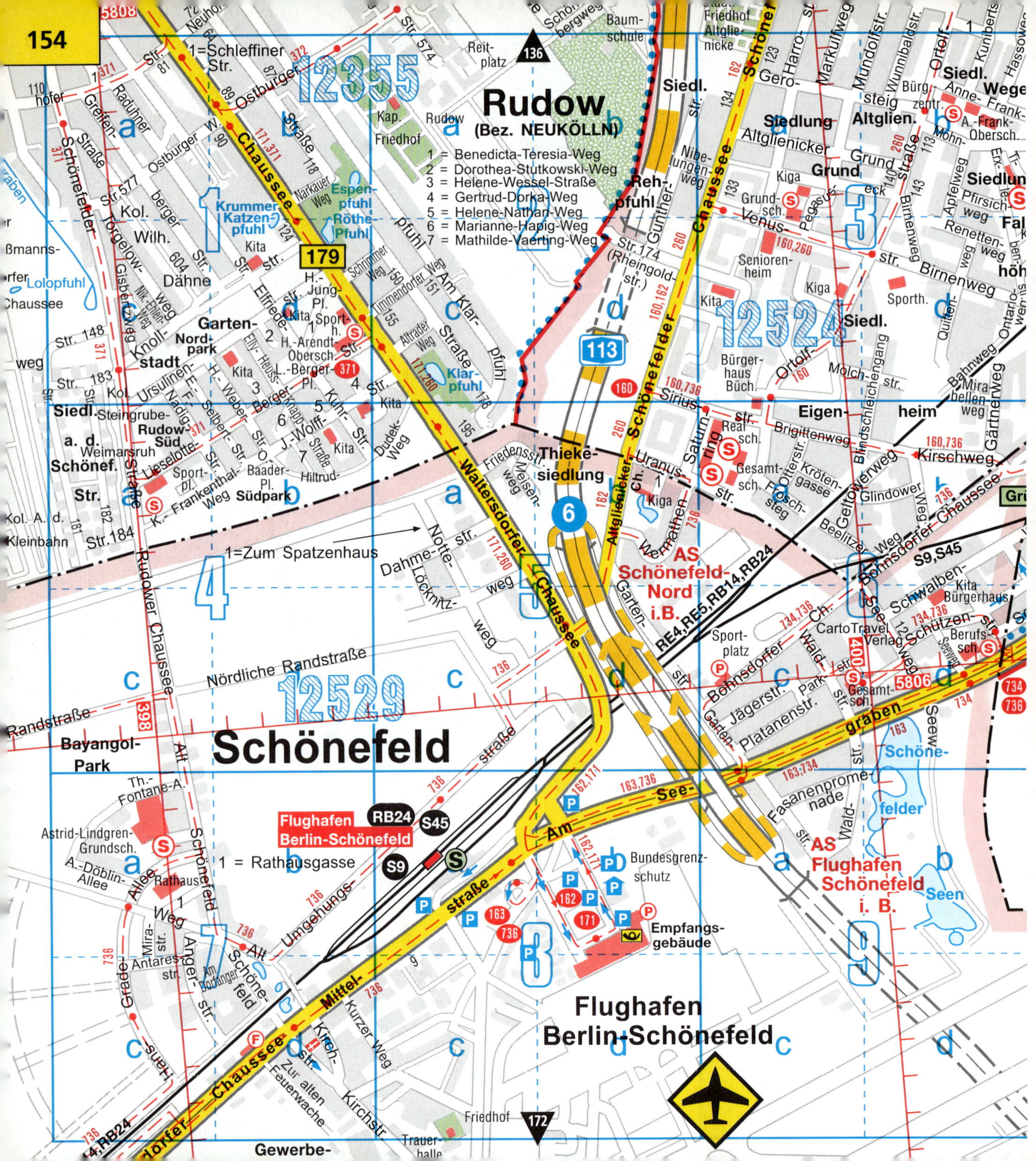
Rudow
(Bez. NEUKÖLLN)
1 = Benedicta-Teresia-Weg
2 = Dorothea-Stutkowski-Weg
3 = Helene-Wessel-Straße
4 = Gertrud-Dorka-Weg
5 = Helene-Nathan-Weg
6 = Marianne-Hapig-Weg
7 = Mathilde-Vaerting-Weg
1=Schleffiner Str.
12355
12524
12529
Schönefeld
Flughafen Berlin-Schönefeld
1=Zum Spatzenhaus
1 = Rathausgasse
Waltersdorfer Chaussee
Schönefelder Chaussee
Altglienicker Ch.
Rudower Chaussee
Nördliche Randstraße
Randstraße
Bayangol-Park
Thieke-siedlung
Garten-stadt
Rudow-Süd
Südpark
Krummer Katzenpfuhl
Espen-pfuhl
Röthe-Pfuhl
Klar-pfuhl
Lolopfuhl
Siedlung Altglien. Grund
Eigen-heim
Siedl.
Reh-pfuhl
Baum-schule
Reit-platz
Friedhof
Kap.
Kita
Sport-platz
Bürger-haus Büch.
Senioren-heim
Gesamt-sch.
Real sch.
Grund-sch.
Sporth.
Kirschweg
Birnenweg
Ortolf-str.
Sirius-str.
Venus-str.
Saturn-ring
Uranus-str.
Brigittenweg
Glindower Weg
Bohnsdorfer Chaussee
Bohnsdorfer Weg
Jägerstr.
Platanenstr.
Seegraben
Fasanenpromenade
Schönefelder Seen
AS Schönefeld-Nord i.B.
AS Flughafen Schönefeld i. B.
RE4,RE5,RB14,RB24
S9,S45
CartoTravel Verlag
Bundesgrenz-schutz
Empfangs-gebäude
Am Seegraben
Mittelstraße
Umgehungsstraße
Kirchstr.
Zur alten Feuerwache
Kurzer Weg
Astrid-Lindgren-Grundsch.
A.-Döblin-Allee
Rathaus
Th.-Fontane-A.
Alt Schönefeld
Anger-str.
Antares-str.
Dahme-str.
Nottestr.
Löcknitz-weg
Gewerbe-
Trauer-halle
113
179
6
136
172

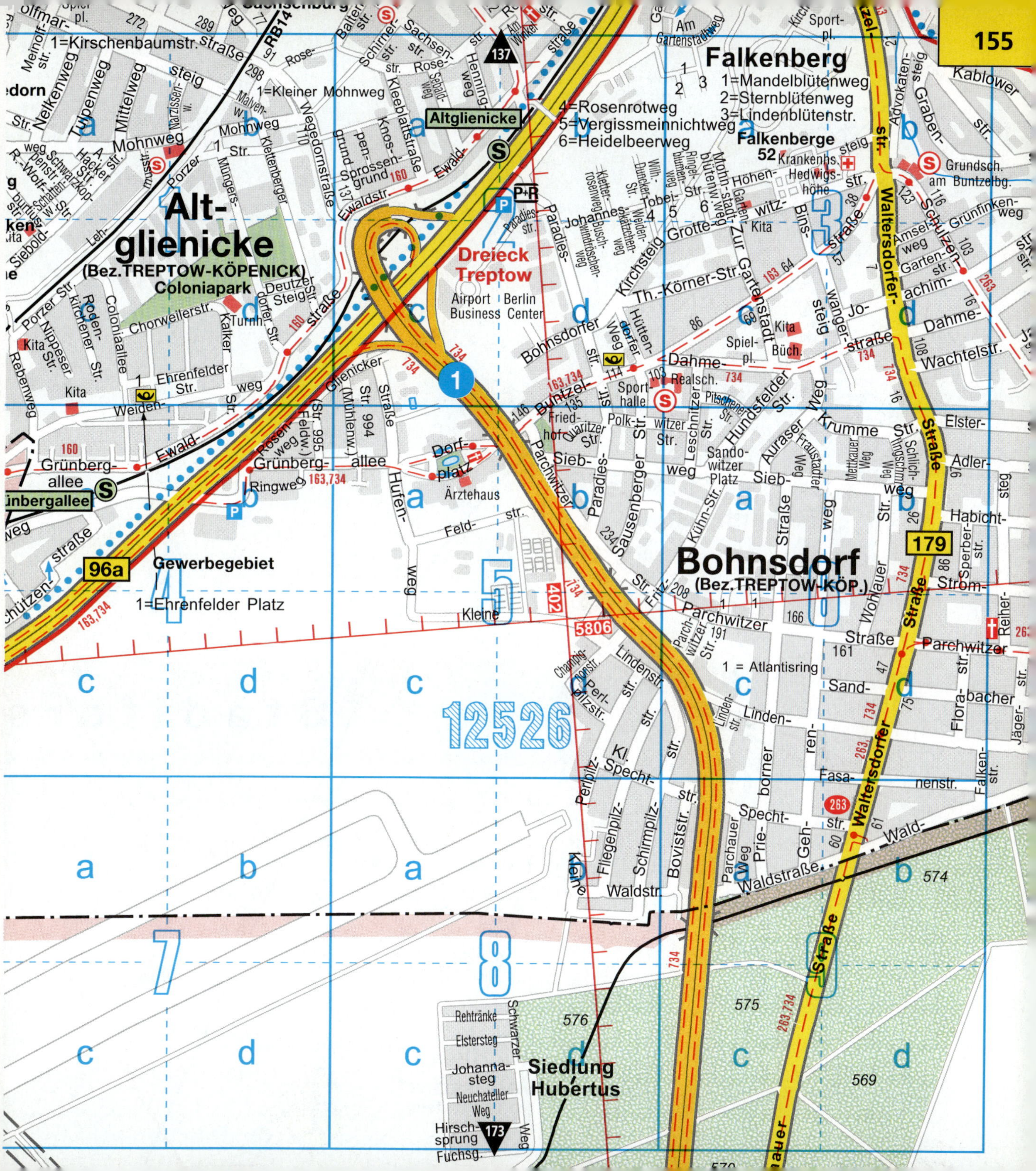

Falkenberg
1=Mandelblütenweg
2=Sternblütenweg
3=Lindenblütenstr.
Falkenberge
4=Rosenrotweg
5=Vergissmeinnichtweg
6=Heidelbeerweg
1=Kirschenbaumstr.
1=Kleiner Mohnweg
Altglienicke
Alt-glienicke
(Bez.TREPTOW-KÖPENICK)
Coloniapark
Dreieck Treptow
Airport Berlin Business Center
Bohnsdorf
(Bez.TREPTOW-KÖP.)
Gewerbegebiet
1=Ehrenfelder Platz
1 = Atlantisring
12526
Siedlung Hubertus
Grünbergallee
Waltersdorfer Straße
Grundsch. am Buntzelbg.
Krankenhs. Hedwigshöhe
Ärztehaus
Realsch.
Sporthalle
Dorfplatz
Glienicker Str.
Ewaldstr.
Mohnweg
Parchwitzer Straße
Dahmestraße
Buntzelstr.
Krumme Str.
Waldstraße
Rehtränke
Elstersteg
Johannasteg
Neuchateller Weg
Hirschsprung
Fuchsg.
96a
179
137
173
5806
402

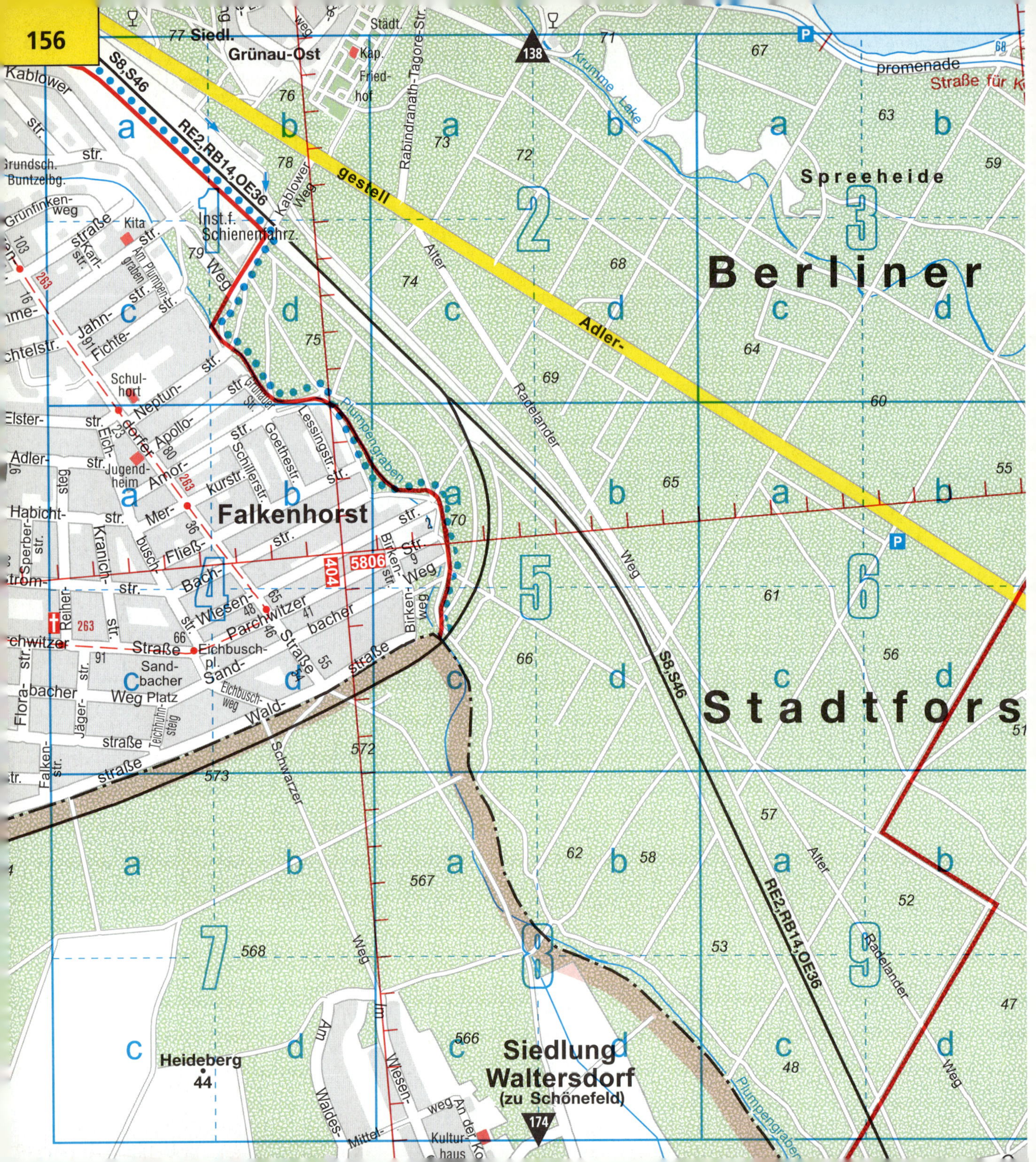
Siedl.
Grünau-Ost
Kap.
Friedhof
Städt.
Rabindranath-Tagore-Str.
138
Krumme Lake
promenade
Straße für K
Kablower str.
S8,S46
RE2,RB14,OE36
Grundsch. Buntzelbg.
Grünfinkenweg
Karl-straße
Kita
Am Plumpengraben
Inst.f. Schienenfahrz.
Kablower Weg
gestell
Alter
Adler-
Spreeheide
Berliner
Stadtfors
Jahn-str.
Fichte-str.
Schulhort
Neptun-str.
Elster-str.
Adler-str.
Eichdorfer
Apollo-str.
Jugendheim
Amor-str.
Goethestr.
Schillerstr.
Lessingstr.
kurstr.
Plumpengraben
Falkenhorst
Habicht-str.
Merbusch-str.
Fließ-str.
Kranich-str.
Sperber-str.
Bach-str.
Wiesen-str.
Parchwitzer Straße
Reiher-str.
Birken-str.
Birkenweg
Radelander Weg
5806
404
263
Sandbacher
Eichbusch-pl.
Sandbacher Weg
Platz
Eichbusch-weg
Flora-str.
Jäger-str.
Falken-str.
Teichhuhn-steig
Waldstraße
Schwarzer Weg
Heideberg
44
Am Waldes-
Im Wiesen-
Mittel-weg
An der Ko
Kulturhaus
Siedlung Waltersdorf
(zu Schönefeld)
174
Radelander Weg
Alter
P

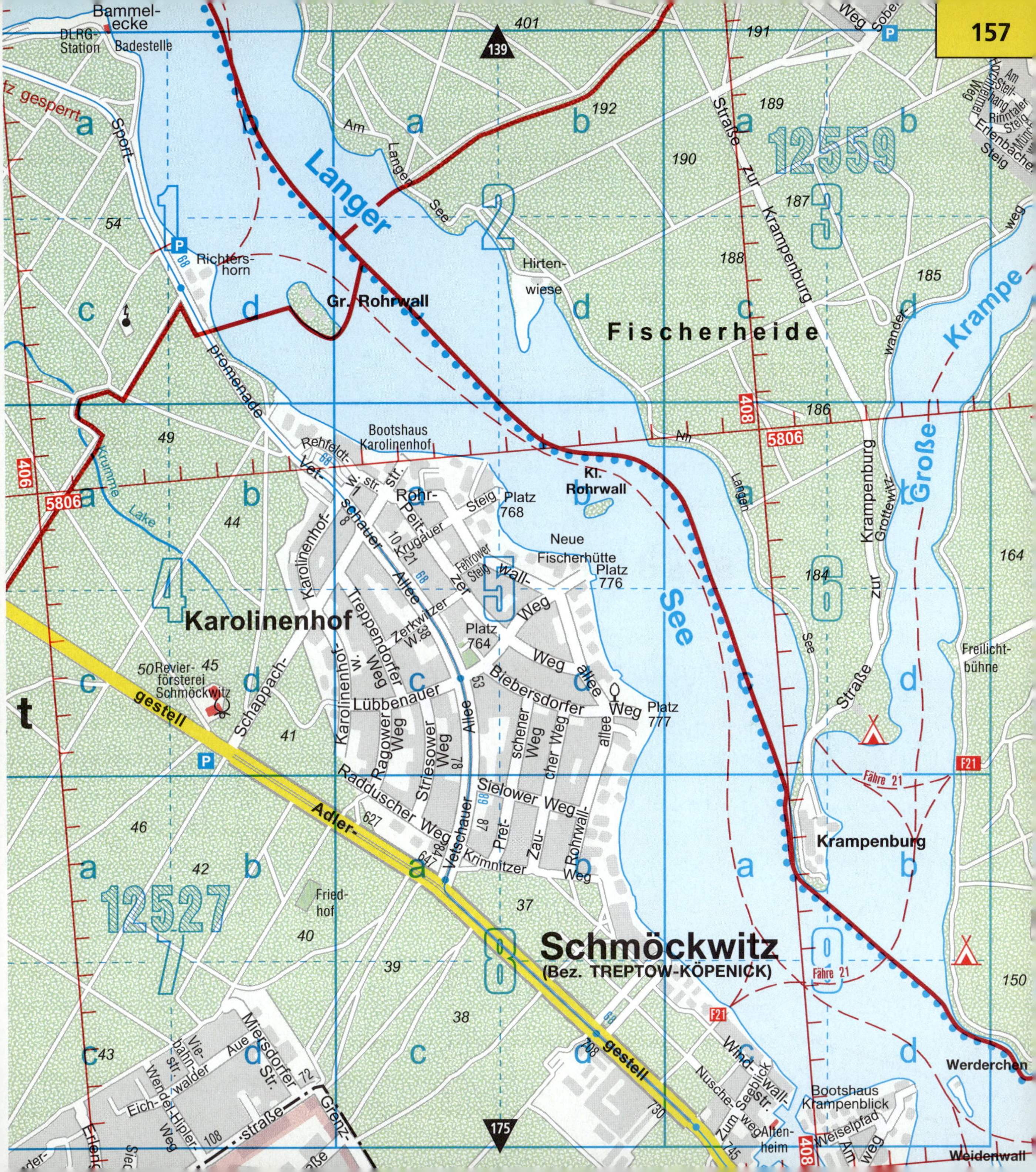
Bammel-ecke
DLRG-Station
Badestelle
139
401
191
Langer
Am
Langen
See
192
190
189
12559
187
Straße zur Krampenburg
Kfz gesperrt
Sport-promenade
54
Richtershorn
Gr. Rohrwall
Hirtenwiese
188
185
Fischerheide
Krampe
wander-
Bootshaus Karolinenhof
186
408
5806
Große
49
406
Krumme Lake
44
Rehfeldt-str.
Vetschauer Allee
Rohr-
Peit-
Krugauer
Steig
Platz 768
Kl. Rohrwall
Neue Fischerhütte
Platz 776
Fehrower Steig
Zerwall-Weg
Langen See
Krampenburg
Grottewitz-Straße zur
184
164
Karolinenhof
Karolinenhof-Weg
Treppendorfer Weg
Zerkwitzer W.
Platz 764
Weg allee
Biebersdorfer Weg
Platz 777
See
Freilicht-bühne
50 Revierförsterei Schmöckwitz
45
Schappach-
Lübbenauer
Ragower Weg
Striesower Weg
Schener Weg
cher Weg
allee
41
Radduscher Weg
627
Sielower Weg
Pret-
Zau-
Rohrwall-Weg
Krimnitzer
F21
Fähre 21
Krampenburg
Adler-gestell
46
42
647
12527
Friedhof
37
40
39
Schmöckwitz
(Bez. TREPTOW-KÖPENICK)
Fähre 21
150
38
43
Vie-bahn-str.
Wendel-Hipler-Weg
Eich-walder Aue
Mietsdorfer Str.
72
108
straße
Grenz-
175
730
Wind-wall-str.
Zum Seeblick
Nusche-weg
Bootshaus Krampenblick
Altenheim
Weiselpfad
Am Weg
Werderchen
Weidenwall
745

Revierförsterei
Müggelheim
Große
Krampe
Am Steilhang
Hochlandweg
Rinntaler Steig
Münchweiler Steig
Erlenbacher Steig
weg
12559
Schwarzer
weg
Seddinberg
63
Berliner
Stadtforst
NSG
Gosener
und Seddi
Domi
Schweine-
ecke
Nixenwall
Kl.
Seddinwall
Seddinwall
Freilicht-
bühne
Kl.
Krampe
Windwall
Seddin-
see
ASB-Station
12527
Am Zwiebusch
Zwiebusch
Windecke
Werderchen
Weidenwall

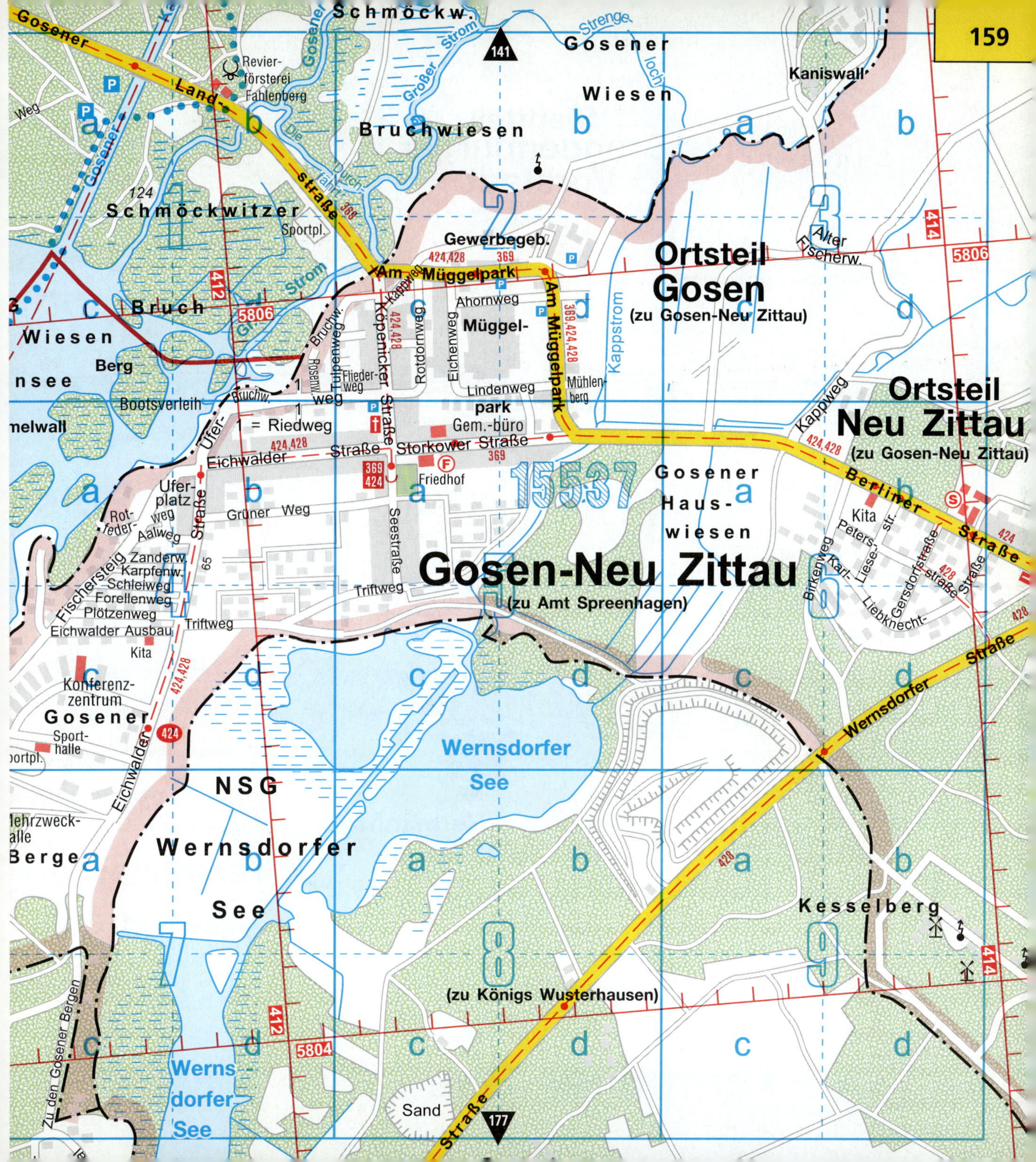
Gosener Landstraße
Schmöckw.
Gosener Wiesen
Strenge
Großer Strom
Revierförsterei Fahlenberg
Kaniswall
Bruchwiesen
Schmöckwitzer Bruch
Sportpl.
Gewerbegeb.
Ortsteil Gosen
(zu Gosen-Neu Zittau)
Alter Fischerw.
Am Müggelpark
Ahornweg
Müggelpark
Kappstrom
Wiesen
Berg
Bootsverleih
Köpenicker Straße
Rotdornweg
Eichenweg
Lindenweg
Mühlenberg
Tulpenweg
Fliederweg
Riedweg
1 = Riedweg
Gem.-büro
Storkower Straße
Eichwalder Straße
Friedhof
Uferplatz
Uferweg
Rotfederweg
Aalweg
Grüner Weg
Seestraße
Ortsteil Neu Zittau
(zu Gosen-Neu Zittau)
Kappweg
Berliner Straße
Gosener Hauswiesen
Kita
Gosen-Neu Zittau
(zu Amt Spreenhagen)
15537
Fischersteig
Zanderw.
Karpfenw.
Schleiweg
Forellenweg
Plötzenweg
Eichwalder Ausbau
Triftweg
Birkenweg
Peters-str.
Liese-
Karl-Liebknecht-Straße
Gersdorfstraße
Konferenzzentrum
Gosener Sporthalle
Eichwalder
Wernsdorfer See
Wernsdorfer Straße
NSG Wernsdorfer See
Mehrzweckhalle
Gosener Berge
Kesselberg
(zu Königs Wusterhausen)
Zu den Gosener Bergen
Sand
Straße
141
177
5806
5804
412
414
424
428
369
124

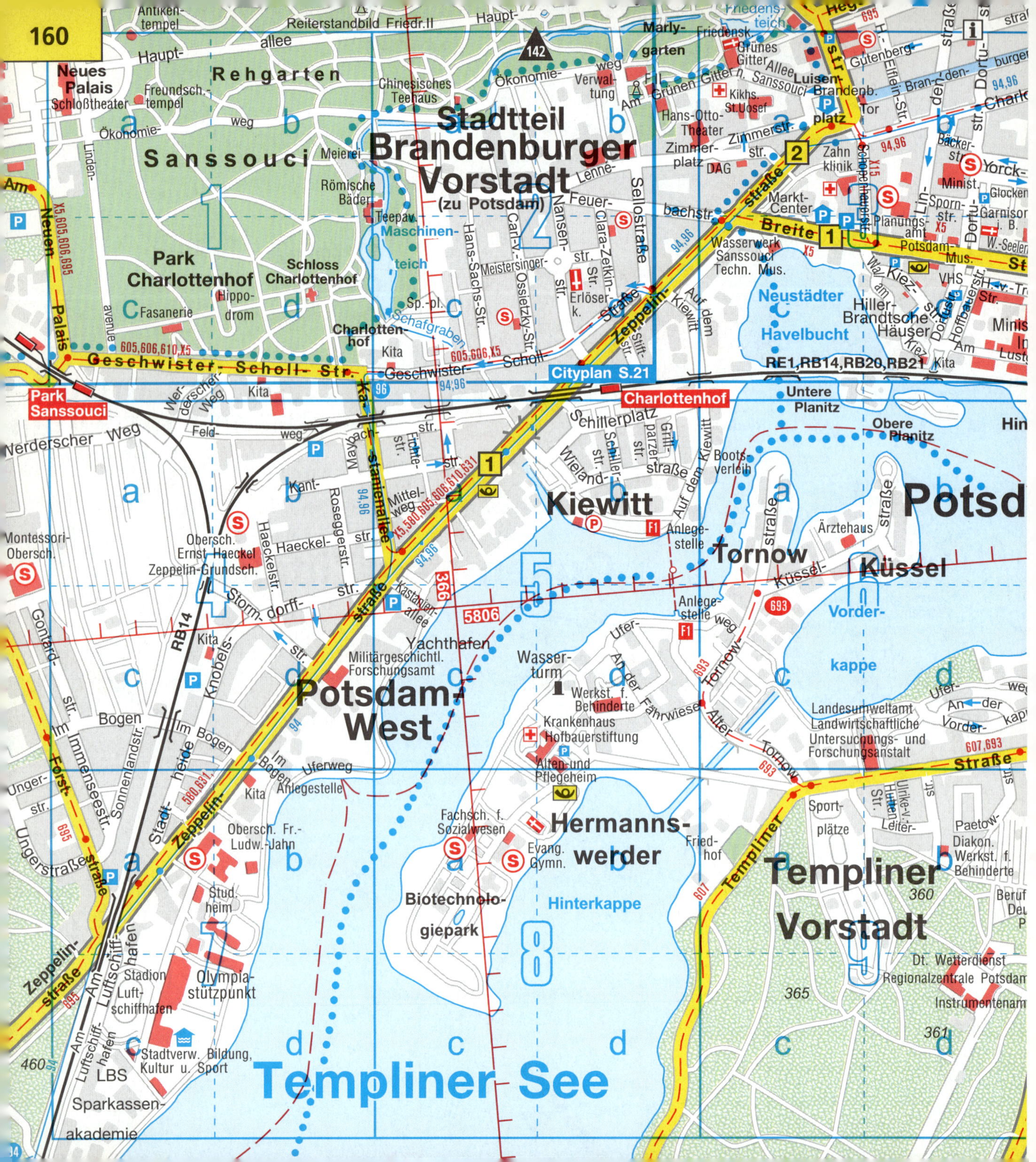
Stadtteil Brandenburger Vorstadt (zu Potsdam)
Sanssouci
Rehgarten
Neues Palais
Schloßtheater
Freundsch.-tempel
Antiken-tempel
Reiterstandbild Friedr.II
Chinesisches Teehaus
Hauptallee
Meierei
Römische Bäder
Teepav.
Maschinenteich
Park Charlottenhof
Schloss Charlottenhof
Hippodrom
Fasanerie
Charlottenhof
Schafgraben
Marlygarten
Friedensteich
Friedensk.
Grünes Gitter
Allee n. Sanssouci
Am Grünen Gitter
Kikhs. St.Josef
Hans-Otto-Theater
Zimmerplatz
Zimmerstr.
Luisenplatz
Brandenb. Tor
Zahnklinik
Markt-Center
Breite Str.
Planungsamt
Potsdam-Mus.
Wasserwerk Sanssouci Techn. Mus.
Neustädter Havelbucht
Hiller-Brandtsche Häuser
Feuerbachstr.
Lennéstr.
Sellostraße
Meistersinger-str.
Erlöser-k.
Geschwister-Scholl-Str.
Park Sanssouci
Charlottenhof
Cityplan S.21
RE1,RB14,RB20,RB21
Untere Planitz
Obere Planitz
Potsd
Schillerplatz
Kiewitt
Bootsverleih
Anlegestelle
Tornow
Küssel
Vorderkappe
Ärztehaus
Nerderscher Weg
Feldweg
Kastanienallee
Zeppelinstraße
Montessori-Obersch.
Obersch. Ernst-Haeckel
Zeppelin-Grundsch.
Haeckelstr.
Stormstr.
Kita
Yachthafen
Militärgeschichtl. Forschungsamt
Potsdam-West
Wasserturm
Werkst. f. Behinderte
Krankenhaus Hofbauerstiftung
Alten- und Pflegeheim
An der Fährwiese
Alter Tornow
Landesumweltamt
Landwirtschaftliche Untersuchungs- und Forschungsanstalt
Uferweg
Anlegestelle
Im Bogen
Obersch. Fr.-Ludw.-Jahn
Stud. heim
Stadion Luftschiffhafen
Olympiastützpunkt
Stadtverw. Bildung, Kultur u. Sport
LBS
Sparkassenakademie
Am Luftschiffhafen
Fachsch. f. Sozialwesen
Evang. Gymn.
Hermannswerder
Biotechnologiepark
Hinterkappe
Friedhof
Templiner Str.
Templiner Vorstadt
Sportplätze
Paetow-Diakon. Werkst. f. Behinderte
Dt. Wetterdienst Regionalzentrale Potsdam
Templiner See
Forststraße
Ungerstraße
Immenseestr.
Sonnenlandstr.

Zentrum-Ost
Weber-viertel
Stadtteil Teltower Vorstadt
(zu Potsdam)
Siedlung Eigenheim
Telegrafen-berg
Brauhausbg. 88
14482
14473
Potsdam Hbf
ZOB
Babelsberg
Cityplan S.20
580,601,602,603,604,605,606,607
608,609,610,611,612,614,619,631
638,639,643,650,694,695,901,927
S1 RB14,RB20
RB21
RE1
Friedrich-List-Straße
Friedrich-Engels-Straße
Babelsberger Straße
Heinrich-Mann-Allee
Leipziger Str.
Brauhausberg
Humboldtring
Nuthestraße
Rudolf-Breitscheid-Str.
Lange Brücke
Am Kanal
Kleine Fischerstr.
Eltesterstr.
1 = Bergholzer Str.
Staatskanzlei
Landesregierung
Landtag
Alter Friedhof
Neuer Friedhof
Krematorium
Wissenschaftspark
"Albert Einstein"
Einsteinturm
Geoforschungszentrum
Astrophys. Inst. Potsdam
Meteorol. Observatorium
Haus der Wirtschaft
Kleingärten
Freundschaftsinsel
Nuthepark
Horstweg
Teltower Damm
Großbeerenstr.
Kunersdorfer Str.
Drevesstr.
Heidereiterweg
Am Havelblick
Schlaatzweg
Schlaatzstr.
Dieselstraße
Humboldtgymn.
Carl-Friedr.-Benz-Oberschule
Ärztehaus
Arbeiterwohlfahrt
Landesvermessung (LGB)
Straßenbauamt Brandenburg
Sporthalle
Tennispl.
Min.f.Umwelt-Naturschutz-u. Raumordnung
Alfr.-Wegener-Inst.
Neuapost. Kirche
Grünflächenamt
Bibl.
Nikolaik.
Fachhochsch.
Filmmus.
Kulturhs.
Jugendklub
Kita
Oberlinhs.
Kulturhaus Babelsberg
Nowawes
Mühlentor
Umfahr-
Hofgärtnerhs.
Lustgtn.
Anlegest.
Kolonie Daheim
Kuners-dorfer Str.
Dameschke-weg
Am Brunnen
Waldstr.
Schilf-horst
Milanhorst
Falkenhorst
Sperberhorst
Habichthorst
Kita
Agentur f. Arbeit
Jug. soziala.
Minist. f. Soziales,Gesundheit, Arb. u. Fr.
Staatsanw. schaft
Neuendorfer Anger
Horstbrücke
Nuthe
Alte Fahrt
Neue Fahrt
Freilichtbühne
Hl.-Geist-Sen.park
Großer Berger
Grenzstraße
Spindelstr.
Tuchmacher-
Karl-Gruhl-Str.
Luther-pl.
Johannsenstr.
Fultonstr.
Wattstr.
Siemensstr.
Großbeerenstr.
An der Alten Zauche
Lähe-Kollwitz-Str.
Allg. Fördersch.
Br. Rendorf
Binsenhof
Ärztehs.
143
2
355
354
346
347
339
359
353

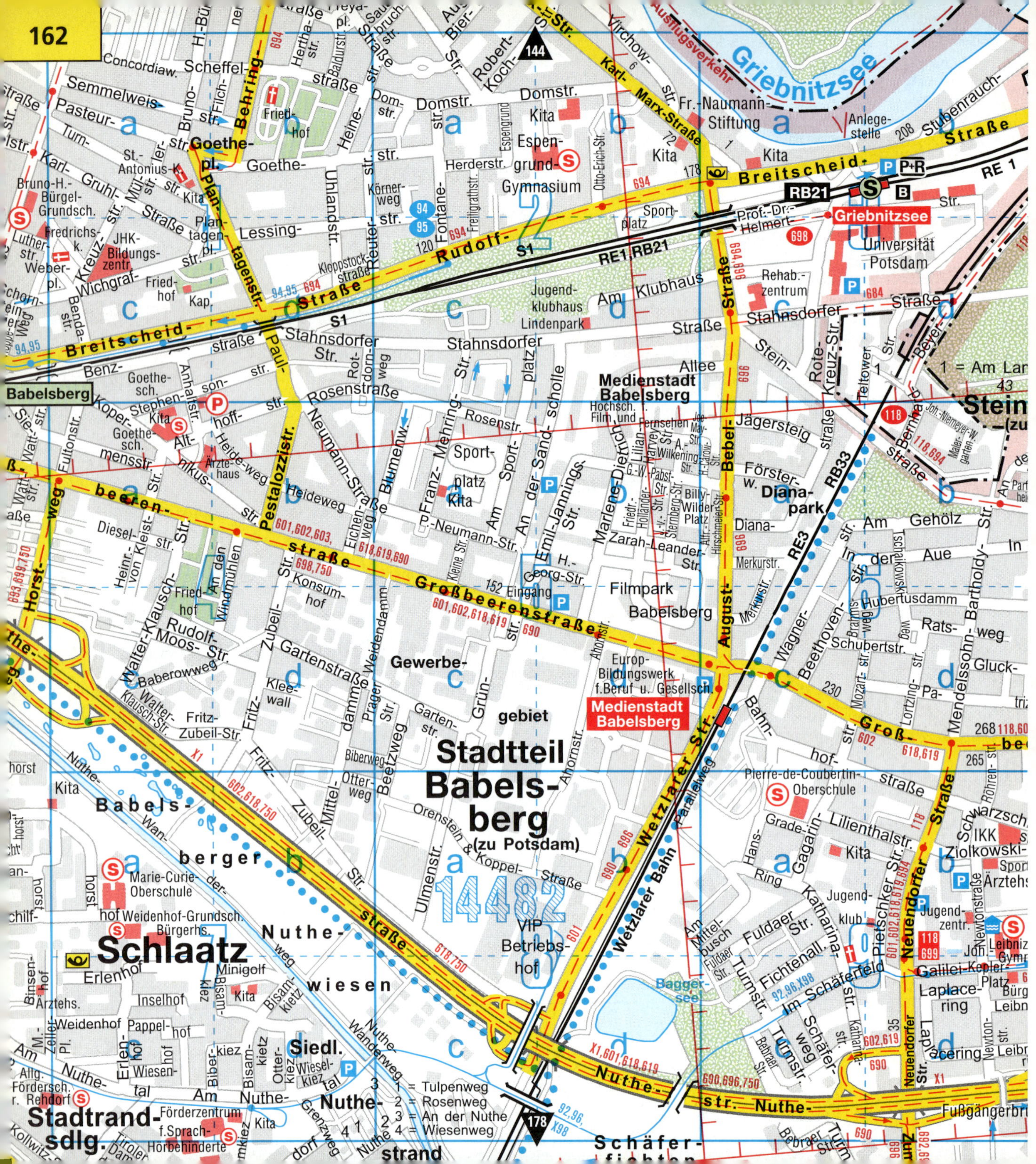
Griebnitzsee
Ausflugsverkehr
Anlegestelle
Stubenrauchstraße
Breitscheidstraße
Griebnitzsee
Universität Potsdam
Rehab.-zentrum
Stahnsdorfer Straße
Prof.-Dr.-Helmert-Str.
Fr.-Naumann-Stiftung
Karl-Marx-Straße
Virchowstr.
Robert-Koch-Str.
Domstr.
Kita
Espengrund
Gymnasium
Herderstr.
Rudolf-Breitscheid-Straße
Jugendklubhaus Lindenpark
Am Klubhaus
Sportplatz
Stahnsdorfer Str.
Rosenstraße
Medienstadt Babelsberg
Hochsch. f. Film und Fernsehen
Jägersteig
Försterweg
Dianapark
August-Bebel-Straße
Am Gehölz
In der Aue
Hubertusdamm
Mendelssohn-Bartholdy-Str.
Filmpark Babelsberg
Großbeerenstraße
Europ. Bildungswerk f. Beruf u. Gesellsch.
Medienstadt Babelsberg
Gewerbegebiet
Stadtteil Babelsberg (zu Potsdam)
14482
VIP Betriebshof
Wetzlarer Straße
Wetzlarer Bahn
Parallelweg
Baggersee
Pierre-de-Coubertin-Oberschule
Lilienthalstr.
Gagarinstr.
Neuendorfer Straße
Fichtenallee
Im Schäferfeld
Jugendklub
Nuthestraße
Schäferfichten
Babelsberg
Goethestr.
Semmelweisstr.
Pasteurstr.
Turnstr.
Karl-Gruhl-Straße
Lessingstr.
Plantagenstr.
Goethepl.
Friedhof
Pestalozzistr.
Heideweg
Neumann-Straße
Babelsberger Straße
Nuthewiesen
Schlaatz
Marie-Curie-Oberschule
Weidenhof-Grundsch.
Erlenhof
Inselhof
Stadtrandsdlg.
Nuthestrand
1 = Tulpenweg
2 = Rosenweg
3 = An der Nuthe
4 = Wiesenweg
Horstweg
144
178
RB21
RE1
S1
RB33
RE3

Teltowkanal
145
Kremnitz-
ufer
1 = Stubenrauchstraße
Teich
Eule
Albrechts
Teerofen
Albrechts Teerofen
Bogen-
schießplatz
Albrechts
Teerofen
brücke
Neue Kreis-
Königs-
Straße
Machnower
Str.
Landstraße
Potsdamer
Alte
Grüner
Weg
Teerofen-
gestell
Straße
brücker
hasen-
Parforce-
heide
stücken
Berlin)
Berufs-
bild. w. Oberlinhs.
Sonderpäd. Berufsschule
"Theodor Hoppe"
14480
Rastplatz
Am Stern
Rastplatz
Parforceheide
Wüste
Mark
(zu Stahnsdorf)
Güterfelder
Waldfriedhof
Kapelle
der Aue
Kinder-
krkhs.
Kita
Hubertusdamm
Sport-
pl.
Finanzamt Potsdam Land
Investitionsbank
d. Landes Brandenburg
Min. f.
Finanzen, Bildung,
Jug. und Sport
Landesbauleitung
Stein-
straße
Flotow-
str.
weg
Jagd-
straße
Oberfin.
direkt.
Cottbus
Ärzte-
haus
Am
Stern
Chopinstr.
Grotrianstr.
Ziolkowski-
Schulsteig
Eulenkamp
Grundsch.
Wildeber-
Wald-
Otto-Haseloff-
horn-
haus-
Str.
Kohl-
str.
Stern
Jagd-
schloss
Stern
Galilei-
straße
Niels-Bohr-
Ring
Max-Born-
Str.
Otto-Hahn-
Ring
Gauß-
str.
Sternstr.
Kiga
Max-Born-Str.
straße
Stern-
115
E51
6
Anschlussst.
Potsdam-Babelsberg
Potsdamer
Straße
Potsdamer
Damm
Frieden-
straße
Jäger-
steig
Alte
Trift
Stolper
Weg
Hirtengraben
Große
Rohr-
lake
Gewerbe-
179
5806
5804
374

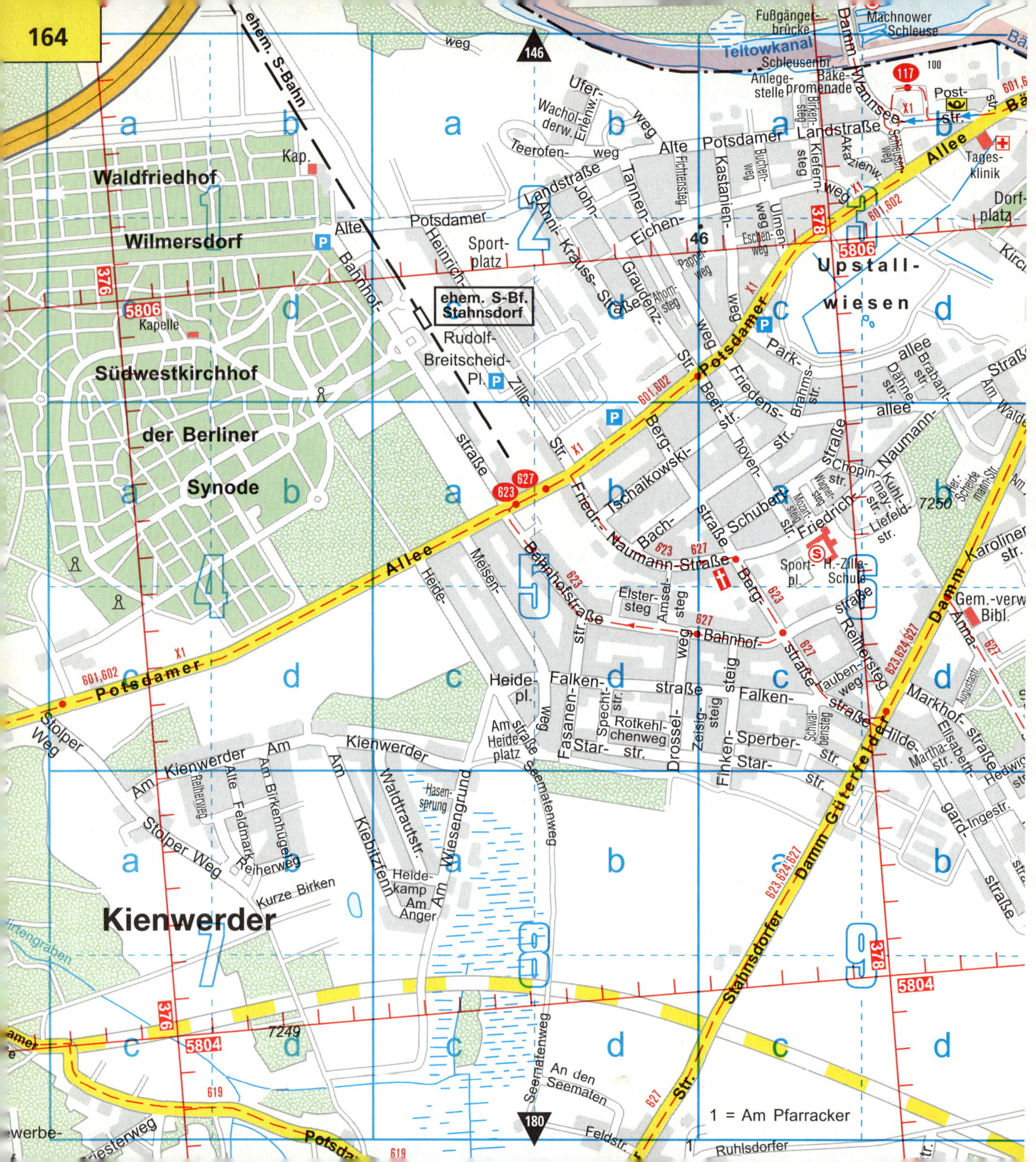

Waldfriedhof
Wilmersdorf
Südwestkirchhof
der Berliner
Synode
Kapelle
Kap.
ehem. S-Bahn
ehem. S-Bf. Stahnsdorf
Rudolf-Breitscheid-Pl.
Alte Potsdamer Landstraße
Alte Potsdamer Landstraße
Potsdamer Allee
Bahnhofstraße
Heinrich-Zille-Str.
Sportplatz
Teltowkanal
Fußgängerbrücke
Machnower Schleuse
Schleusenbr.
Anlegestelle
Bäke-promenade
Uferweg
Wacholderweg
Erlenweg
Teerofenweg
Anni-Krauss-Straße
John-
Tannen-
Eichen-
Graudenz.
Ahornsteg
Pappelweg
Fichtensteg
Kastanienweg
Buchenweg
Eschenweg
Ulmenweg
Birkensteg
Kiefernsteg
Kiefernweg
Akazienw.
Damm
Wannsee-
Schleusenweg
Post-str.
Tagesklinik
Dorfplatz
Upstallwiesen
Parkallee
Brahmsstr.
Dähnestr.
Brabantstr.
Am Walde
Friedensstr.
Beethovenstr.
Bergstr.
Tschaikowski-str.
Chopinstr.
Wagnersteg
Mozartsteg
Schubertstr.
Bachstr.
Friedrich-Naumann-Straße
Kuhlmaystr.
Liefeldstr.
Scheidemannstr.
H.-Zille-Schule
Sportpl.
Elstersteg
Amselsteg
Bahnhofstraße
Reiherstraße
Reihersteg
Taubenweg
Gem.-verw
Bibl.
Karolinenstr.
Anna-
Augustastr.
Markhofstraße
Elisabethstr.
Marthastr.
Hildegardstraße
Hedwigstr.
Ingestr.
Heidestraße
Meisenstraße
Heidepl.
Am Heideplatz
Heideweg
Falkenstraße
Fasanenstr.
Spechtstr.
Rotkehlchenweg
Drosselweg
Zeisigsteig
Finkenstr.
Sperberstr.
Starstr.
Schwalbensteg
Stolper Weg
Am Kienwerder
Kienwerder
Alte Feldmark
Am Birkenhügel
Reiherweg
Am Kiebitzfenn
Waldtrautstr.
Hasensprung
Wiesengrund
Heidekamp
Am Anger
Kurze Birken
Kienwerder
Seematenweg
An den Seematen
Stahnsdorfer Damm
Güterfelder Damm
Stahnsdorfer Str.
Feldstr.
Ruhlsdorfer
Potsdamer
1 = Am Pfarracker
146
180
7249
7250
46
100
376
378
5806
5804
623
627
117
X1
601,602
623,624,627
619

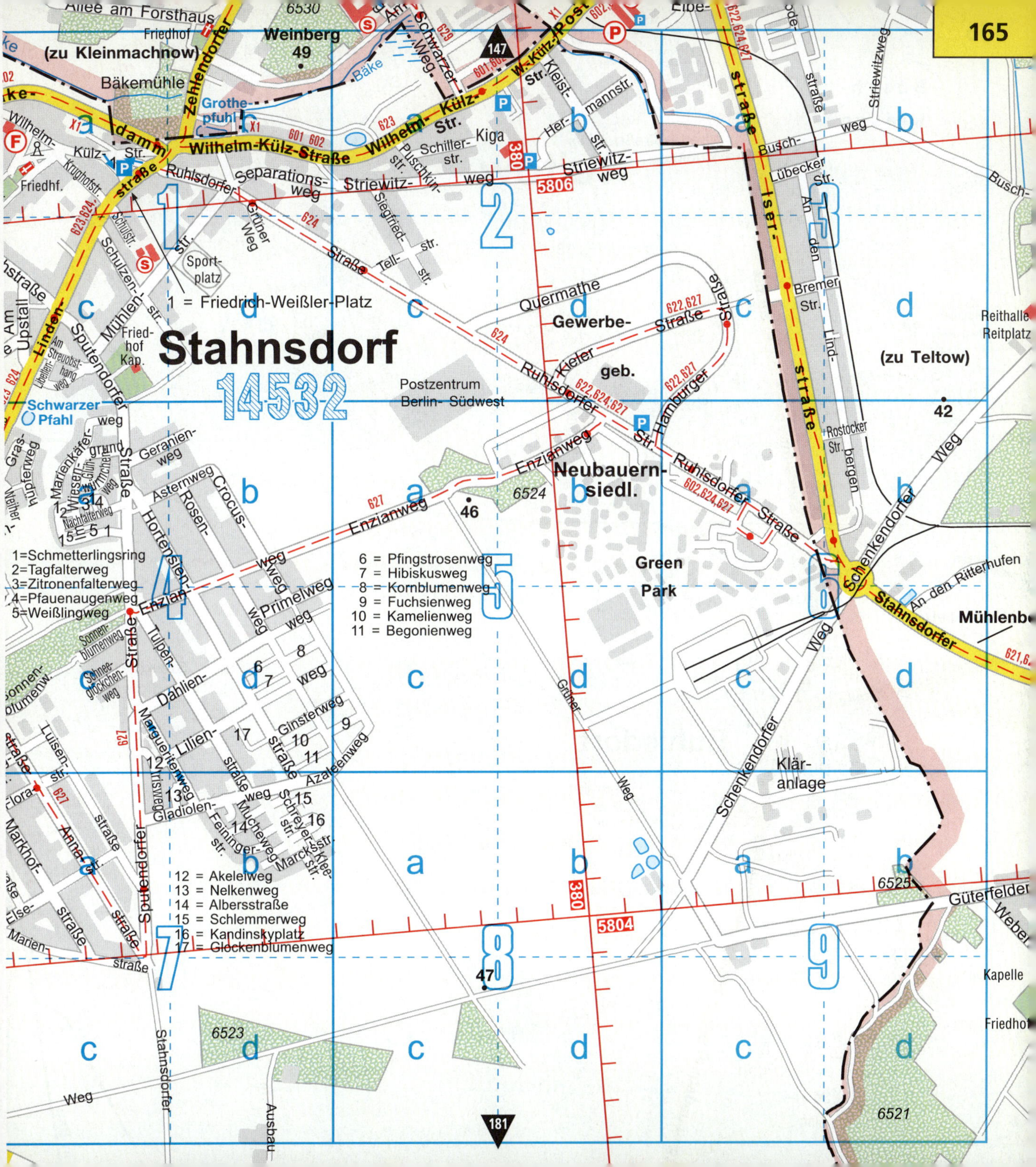
Allee am Forsthaus
Friedhof
Weinberg
49
(zu Kleinmachnow)
Bäkemühle
Zehlendorfer
Bäke
Grothepfuhl
Schwarzer Weg
W.-Külz-Post
Kleist-Str.
Hermannstr.
Wilhelm-Külz-Straße
Wilhelm-Külz-Str.
Schiller-str.
Puschkin-str.
Kiga
Striewitz-weg
Separations-weg
Ruhlsdorfer
Friedhf.
Krughofstr.
Schulstr.
Schulzen-str.
Grüner Weg
Sport-platz
Siegfried-str.
Tell-str.
Straße
1 = Friedrich-Weißler-Platz
Quermathe
Gewerbe-
geb.
Kieler
Hamburger
Straße
Stahnsdorf
14532
Mühlen-str.
Fried-hof
Kap.
Am Upstall
Linden-
Sputendorfer
Schwarzer Pfahl
Postzentrum Berlin-Südwest
Ruhlsdorfer Str.
Iser-straße
Busch-weg
Lübecker Str.
An den Lind-str.
Bremer Str.
Rostocker Str.
bergen
Striewitzweg
Reithalle
Reitplatz
(zu Teltow)
42
Enzianweg
Neubauern-siedl.
6524
46
Geranien-weg
Asternweg
Rosen-
Crocus-weg
Hortensien-
Enzian-weg
Primelweg
6 = Pfingstrosenweg
7 = Hibiskusweg
8 = Kornblumenweg
9 = Fuchsienweg
10 = Kamelienweg
11 = Begonienweg
1=Schmetterlingsring
2=Tagfalterweg
3=Zitronenfalterweg
4=Pfauenaugenweg
5=Weißlingweg
Marienkäfer-
Wiesengrund
Glühwürmchen-weg
Nachfalterweg
Grashüpferweg
Weiher
Sonnenblumenweg
Schneeglöckchen-weg
Tulpen-
Dahlien-
Lilien-
Ginsterweg
Azaleenweg
Green Park
Schenkendorfer Weg
Stahnsdorfer
An den Ritterhufen
Mühlenb
Grüner Weg
Klär-anlage
Schenkendorfer
Marguerittenweg
Luisen-str.
Flora-
Anna-str.
Markhof-
Else-
Marien-straße
Gladiolen-
Feininger-str.
Muchweg
Schreyer-str.
Marcksstr.
Klee-str.
12 = Akeleiweg
13 = Nelkenweg
14 = Albersstraße
15 = Schlemmerweg
16 = Kandinskyplatz
17 = Glockenblumenweg
Sputendorfer Straße
5804
5806
380
147
181
6525
Güterfelder
Weber
Kapelle
Friedhof
47
6523
6521
Stahnsdorfer
Weg
Ausbau

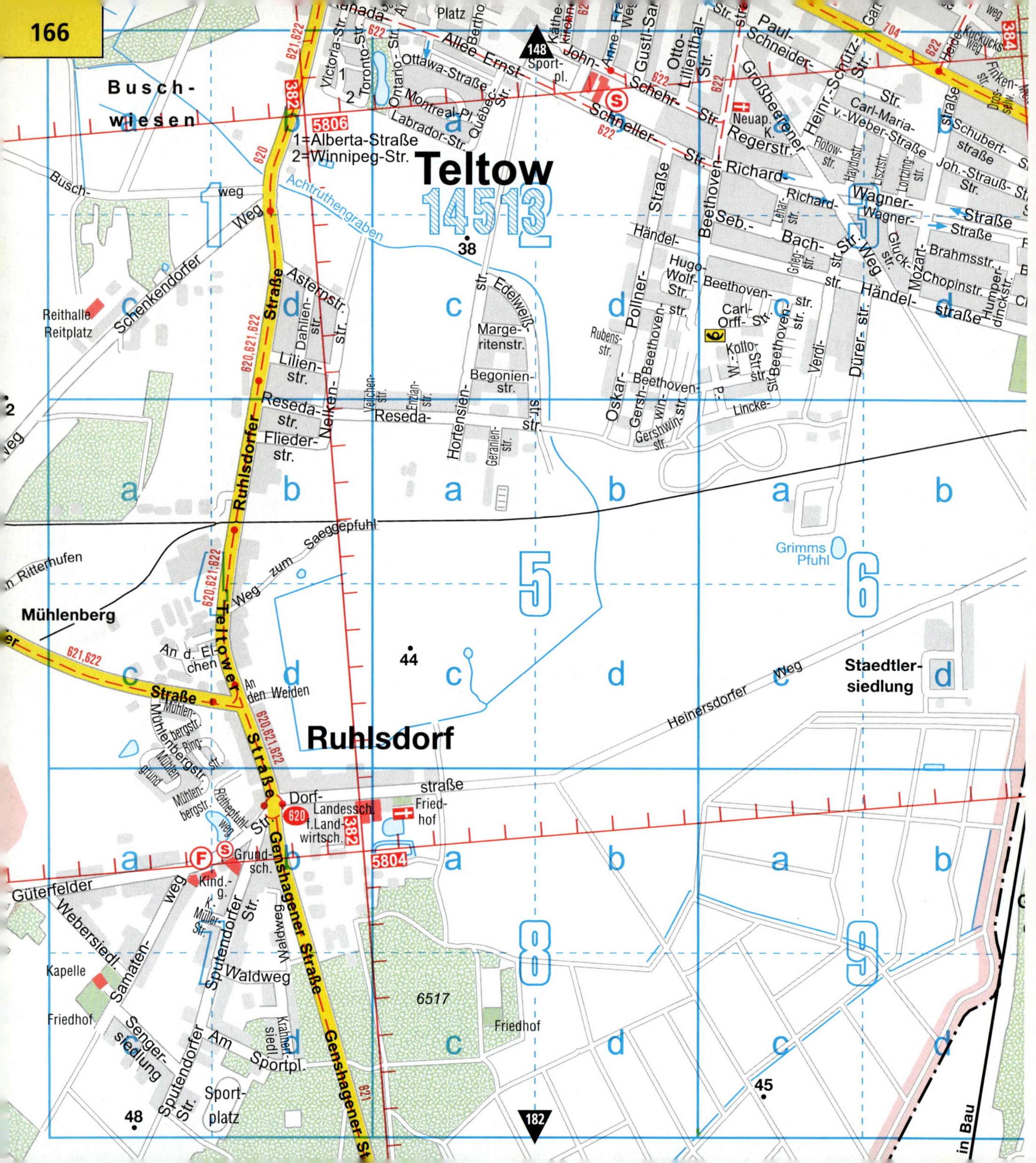
Teltow
14513
Ruhlsdorf
Busch-
wiesen
Mühlenberg
Staedtler-
siedlung
1=Alberta-Straße
2=Winnipeg-Str.
Buschweg
Schenkendorfer Weg
Reithalle
Reitplatz
Ruhlsdorfer Straße
Teltower Straße
Genshagener Straße
Asternstr.
Dahlienstr.
Lilienstr.
Resedastr.
Fliederstr.
Nelkenstr.
Veilchenstr.
Enzianstr.
Reseda-str.
Hortensienstr.
Geranienstr.
Edelweißstr.
Margeritenstr.
Begonienstr.
Achtruthengraben
Victoria-Str.
Toronto-Str.
Ontario-Str.
Ottawa-Straße
Montreal-Pl.
Quebec-Str.
Labrador-Str.
Ernst-Schneller-Str.
John-Schehr-Str.
Sport-pl.
Paul-Schneider-Str.
Otto-Lilienthal-Str.
Großbeerener Str.
Heinr.-Schütz-Str.
Carl-Maria-v.-Weber-Straße
Schubertstraße
Joh.-Strauß-Str.
Regerstr.
Richard-Wagner-Straße
Flotow-str.
Haydnstr.
Lisztstr.
Lortzingstr.
Lehár-str.
Neuap. K.
Beethovenstr.
Seb.-Bach-Str.
Händelstraße
Brahmsstr.
Chopinstr.
Mozartstr.
Gluckstr.
Humperdinckstr.
Griegstr.
Hugo-Wolf-Str.
Carl-Orff-Str.
W.-Kollo-Str.
P.-Lincke-Str.
Verdistr.
Dürerstr.
Pollnerstr.
Oskar-Straße
Rubensstr.
Gershwinstr.
Grimms Pfuhl
An d. Ritterhufen
Weg zum Saeggepfuhl
An d. Eichen
An den Weiden
Heinersdorfer Weg
Mühlenbergstr.
Ringstr.
Mühlengrund
Rittenfuhlweg
Dorfstraße
Landesschl. f.Land-wirtsch.
Friedhof
Grundsch.
Kind.-g.
K.-Müller-Str.
Güterfelder Weg
Webersiedl.
Samatenweg
Sputendorfer Str.
Waldweg
Kapelle
Friedhof
Sengersiedlung
Am Sportpl.
Krahnertsiedl.
Sportplatz
in Bau
6517
38
44
45
48
148
182
382
384
5804
5806
620
621,622
704

Heinersdorf
Birkengrund
Birkenhain
Großbeeren
14979
Teltow
Teltower Feld
Güterverkehrszentrum
Kiesberg 50
Mahlower Straße
Märkische Allee
Osdorfer Ring
Hauptstraße
Marienfelder Allee
Berliner Straße
Heinersdorfer Straße
Lilograben
Friedhof
Sportpl.
Kita u. Kulturraum
Jugendklub
Anhalter Bahn
Frankfurter Str.
Birkenhainer Ring
Ruhlsdorfer W.
Mahlower Weg
Zum Kiesberg
Am Wall
Zu den Erlen
Feldstr.
Jägerstraße
Birkenstr.
Ahornstr.
Erlenstr.
Krumme Str.
Kastanienstraße
Holunderweg
Ginsterstr.
An den Buchen
Parkallee
Fasanenstr.
Kiebitzw.
Finkenw.
Rebhuhnw.
Storchenstr.
Habichtweg
Sperberweg
Milanweg
An d. Weiden
Die Gehren
Robert-Koch-Str.
Pestalozzistr.
Hardenbergstr.
R.-Virchow-Str.
Wilhelm-Külz-Str.
Steinstraße
Eichenweg
Tulpenweg
Birkenw.
Buchenweg
Elsenweg
Holunderweg
Wiesenweg
Waldstr.
Parkstraße
Bahnstr.
Flugplatzstr.
Schubertstr.
Schumannstr.
R.-Wagner-Str.
Brahmsstr.
Chopinstr.
Tannenw.
Kiefernw.
Am Busch
Klein
Teltower Grund
6455
6454
6452
101
5804
5806
384
386
703
704
710
711
601
602
622,704
601,602,622
703,713
710,711
704,711
703,710,711,713
703,704,710,711,713
149
183
1=Käuzchenweg
2=Drosselweg
3=Schilfgasse
1=Wacholderweg
2=Fliederweg

150
Frank-
furter
Str.
711
48
Friederikenhof
(zu Großbeeren)
6457
Kapellenberg
Birkholz
6458
Kleinbeerener
43
6456
713
Heide
6451
41
Altes
Forsthaus
388
5804
6457
Birkholzer
Straße
6410
42
Mahlower
Seegraben
703
6450
Straße
6449
6412

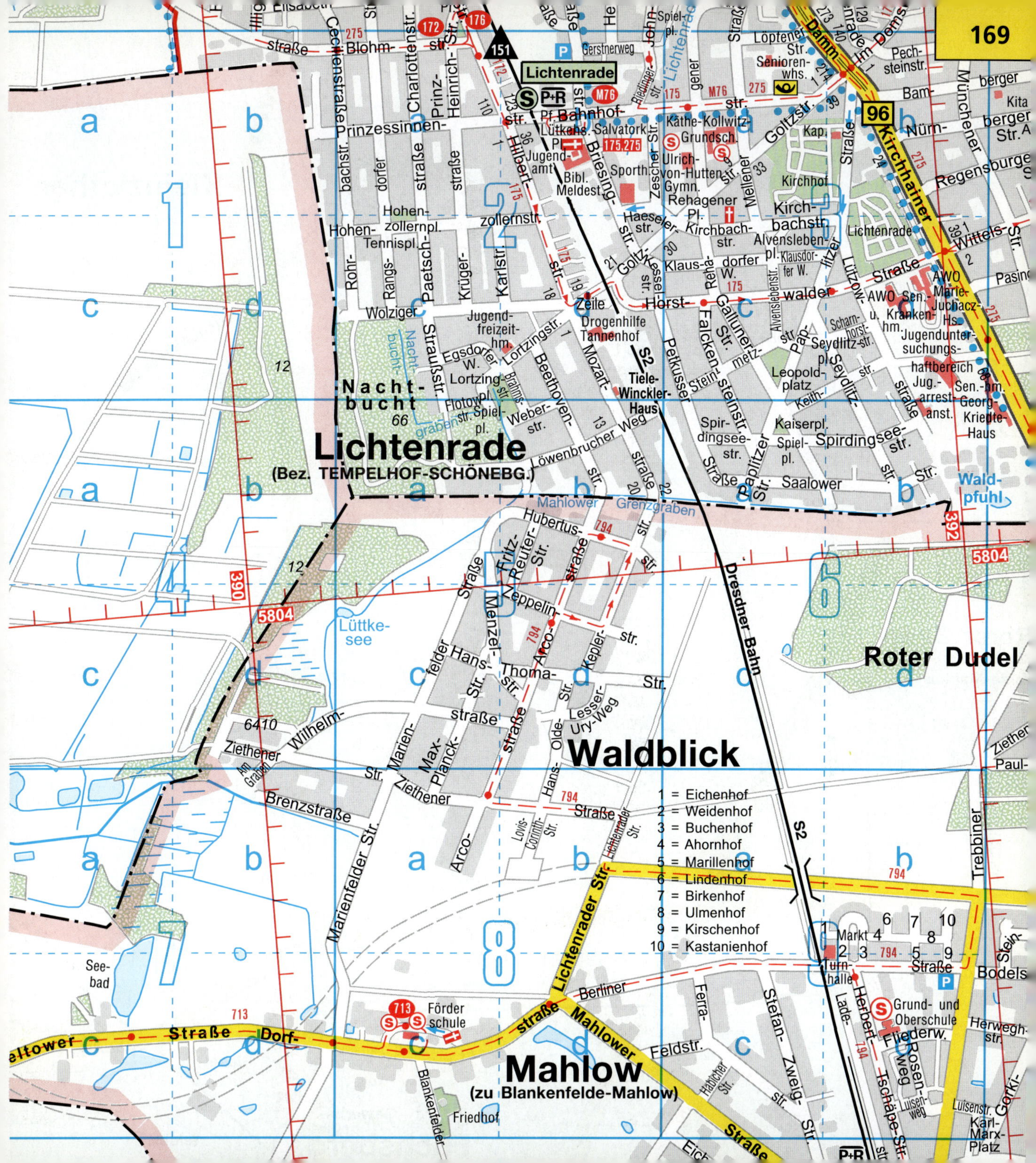
Lichtenrade
(Bez. TEMPELHOF-SCHÖNEBG.)
Waldblick
Mahlow
(zu Blankenfelde-Mahlow)
Roter Dudel
Nachtbucht
Lüttkesee
Seebad
Waldpfuhl
Dresdner Bahn
Mahlower Grenzgraben
Nachtbuchtgraben
Lichtenrader Str.
Mahlower Straße
Kirchhainer Damm
Prinzessinnenstr.
Hohenzollernstr.
Bahnhofstr.
Goltzstr.
Wolziger Str.
Zeile
Horstwalder Straße
Löwenbrucher Weg
Saalower Str.
Spirdingseestr.
Hubertusstr.
Zeppelinstr.
Hans-Thoma-Str.
Wilhelmstraße
Ziethener Straße
Brenzstraße
Marienfelder Str.
Dorfstraße
Berliner Straße
Feldstr.
Blankenfelder Str.
1 = Eichenhof
2 = Weidenhof
3 = Buchenhof
4 = Ahornhof
5 = Marillenhof
6 = Lindenhof
7 = Birkenhof
8 = Ulmenhof
9 = Kirschenhof
10 = Kastanienhof
Förderschule
Friedhof
Grund- und Oberschule
Turnhalle
Markt
Kirchhof
Tiele-Winckler-Haus
Drogenhilfe Tannenhof
Jugendfreizeitheim
Ulrich-von-Hutten-Gymn.
Seniorenwhs.
Jugenduntersuchungshaftbereich
Jug.-arrestanst.
Sen.-hm. Georg-Kriedte-Haus
5804
390
392
794
713
S2
96
151

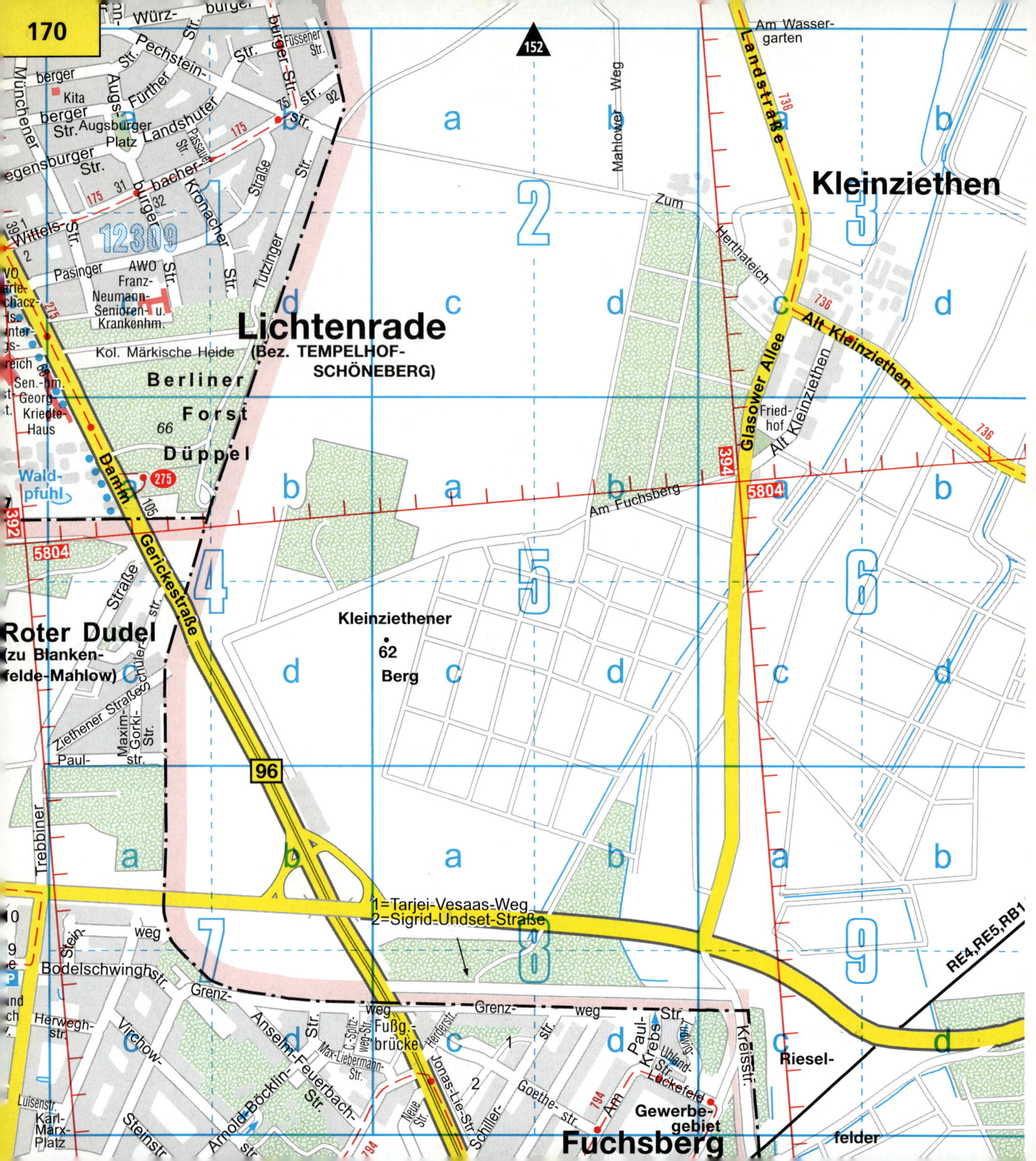
152
Lichtenrade
(Bez. TEMPELHOF-
SCHÖNEBERG)
Kleinziethen
Roter Dudel
(zu Blanken-
felde-Mahlow)
Fuchsberg
12309
Berliner
Forst
Düppel
66
Kleinziethener
62
Berg
Würz-
burger
Pechstein-
Str.
Füssener
Str.
Münchener
berger
Kita
Augs-
burger
Fürther
Augsburger
Platz
Landshuter
Passauer
Str.
Regensburger
Str.
bacher
Kronacher
Straße
Wittels-
Pasinger
AWO
Franz-
Neumann-
Senioren- u.
Krankenhm.
Tutzinger
Kol. Märkische Heide
Sen.-hm.
St.-Georg
Kriedte-
Haus
Wald-
pfuhl
Damm
Gerickestraße
Straße
Schuler-
Ziethener Straße
Maxim-
Gorki-
Str.
Paul-
Trebbiner
Stein-
weg
Bodelschwinghstr.
Herwegh-
str.
Virchow-
Luisenstr.
Karl-
Marx-
Platz
Steinstr.
Arnold-Böcklin-
Anselm-Feuerbach-
Str.
Max-Liebermann-
Str.
C.-Spitz-
weg-Str.
Fußg.-
brücke
Herderstr.
Jonas-Lie-Str.
Neue
Str.
Schiller-
Goethe-
str.
Am
Lückefeld
Uhland-
Str.
Paul-
Krebs-
Str.
Grenz-
weg
Kreisstr.
Gewerbe-
gebiet
Riesel-
felder
1=Tarjei-Vesaas-Weg
2=Sigrid-Undset-Straße
Mahlower Weg
Zum
Herthateich
Am Fuchsberg
Am Wasser-
garten
Landstraße
Glasower Allee
Alt Kleinziethen
Fried-
hof
RE4,RE5,RB1
96
275
392
394
5804
736
794
175

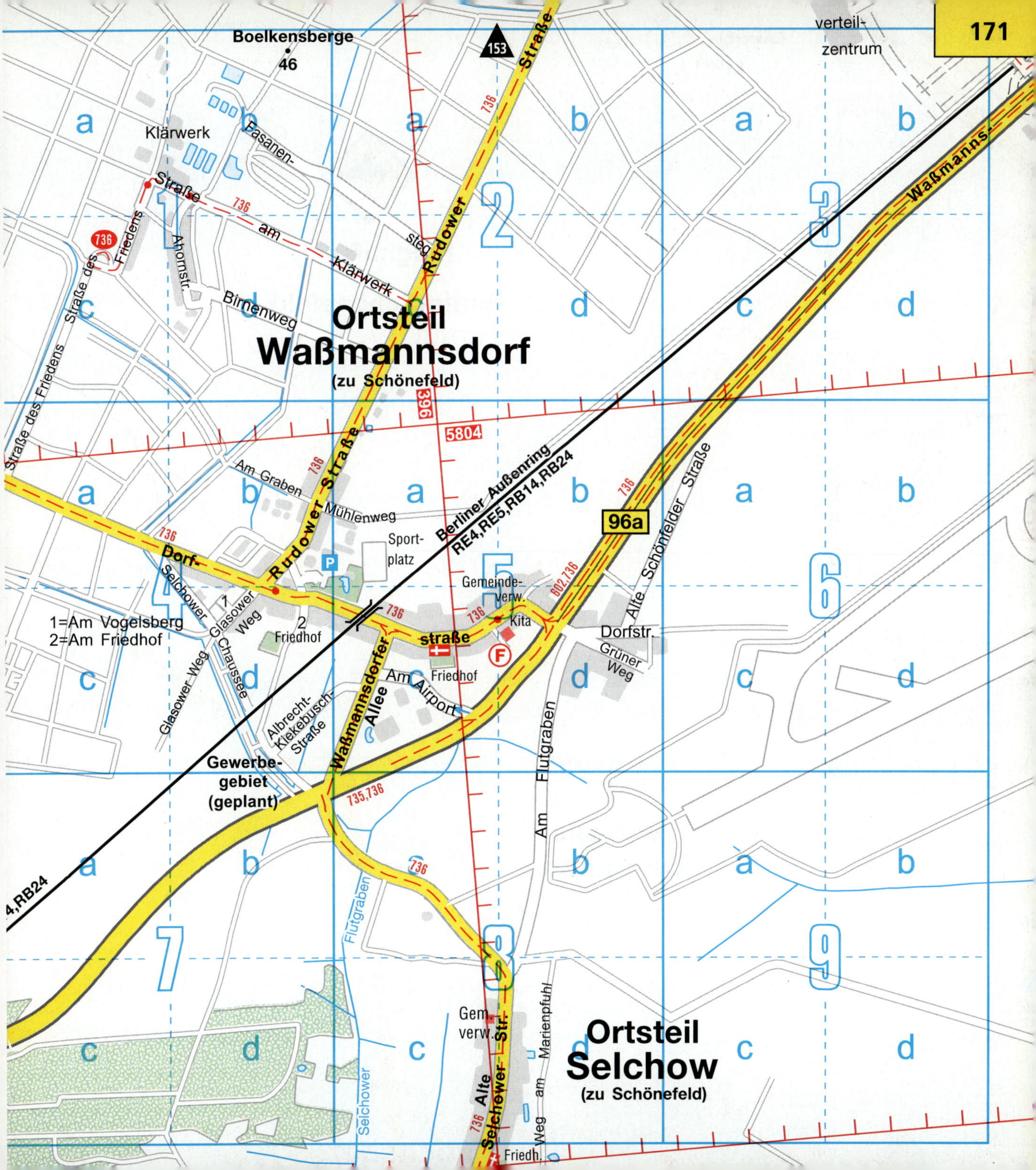

Boelkensberge
46
153
verteil-
zentrum
Klärwerk
Fasanen-
Straße
am
Klärwerk
steg
Rudower
Straße
736
Straße des
Friedens
Ahornstr.
Birnenweg
Ortsteil
Waßmannsdorf
(zu Schönefeld)
396
5804
Waßmanns
Straße des Friedens
Am Graben
Mühlenweg
Rudower Straße
Sport-
platz
Berliner Außenring
RE4,RE5,RB14,RB24
96a
Dorf-
straße
Selchower
Glasower
Weg
1=Am Vogelsberg
2=Am Friedhof
Friedhof
Gemeinde-
verw.
Kita
602,736
Dorfstr.
Grüner
Weg
Alte Schönefelder Straße
Glasower Weg
Chaussee
Albrecht-
Kiekebusch-
Straße
Waßmannsdorfer
Allee
Am Airport
Gewerbe-
gebiet
(geplant)
735,736
Am Flutgraben
4,RB24
Flutgraben
Gem.
verw.
Alte
Selchower Str.
Weg am Marienpfuhl
Ortsteil
Selchow
(zu Schönefeld)
Selchower
Friedh.

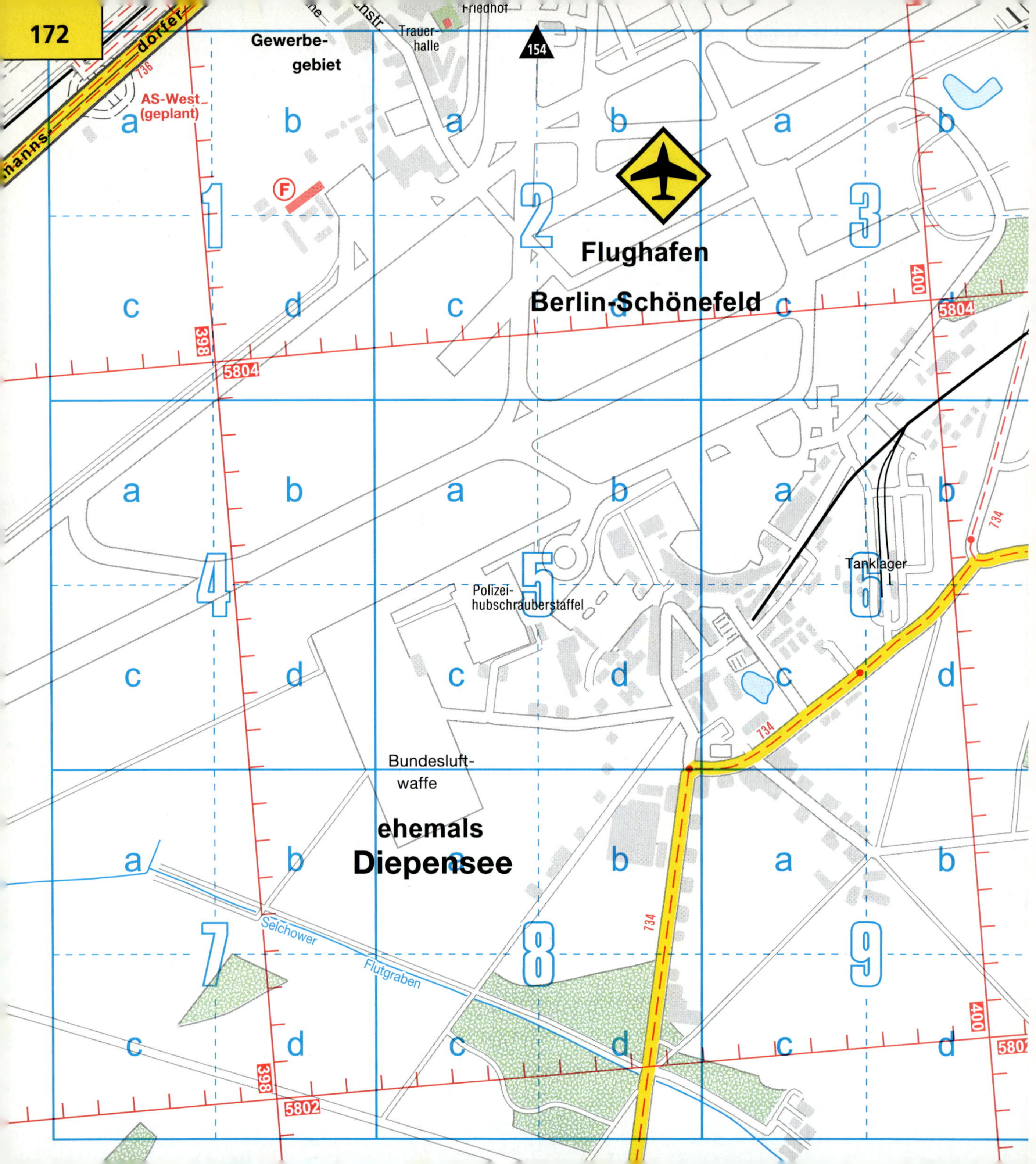
154
Friedhof
Trauer-
halle
Gewerbe-
gebiet
AS-West
(geplant)
736
Flughafen
Berlin-Schönefeld
5804
398
400
Polizei-
hubschrauberstaffel
Tanklager
734
Bundesluft-
waffe
ehemals
Diepensee
Selchower
Flutgraben
5802
1
2
3
4
5
6
7
8
9
a
b
c
d

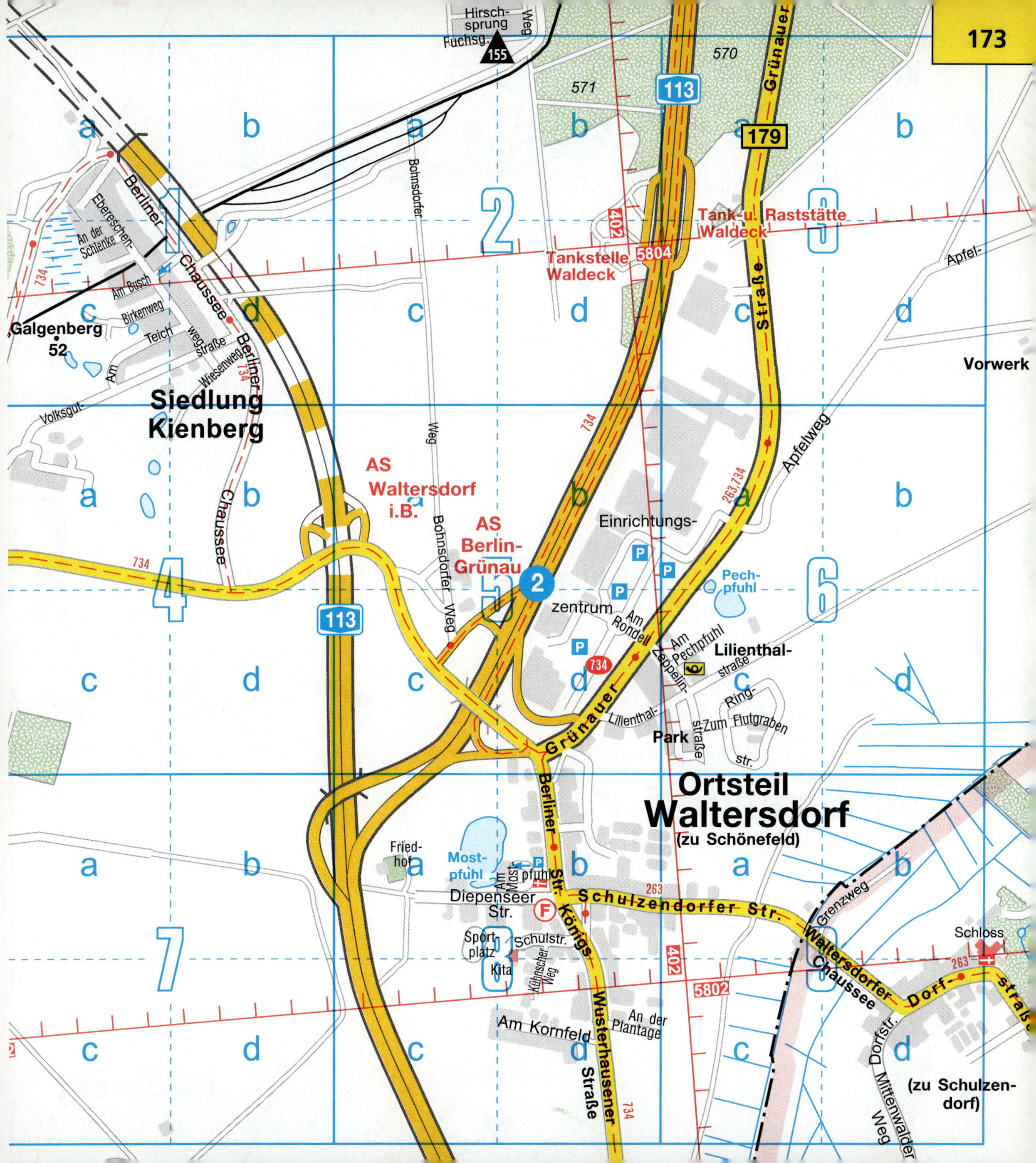

Hirsch-sprung
Fuchsg.
155
Weg
571
570
113
Grünauer
179
Berliner
Chaussee
Ebereschen-
An der Schlenke
Am Busch
Birkenweg
Teich
Weg-straße
Wiesenweg
Am
Galgenberg
52
Siedlung Kienberg
Volksgut-
Bohnsdorfer
Weg
402
Tank-u. Raststätte Waldeck
Tankstelle Waldeck
5804
Straße
Apfel-
Vorwerk
734
Chaussee
AS Waltersdorf i.B.
AS Berlin-Grünau
Bohnsdorfer Weg
2
Einrichtungs-
zentrum
Am Rondell
Am Pechpfuhl
Zeppelin-
Lilienthal-straße
Lilienthal-
Ring-
Zum Flutgraben
straße
str.
Park
Pech-pfuhl
Apfelweg
263,734
Grünauer
Berliner
Ortsteil Waltersdorf
(zu Schönefeld)
Fried-hof
Most-pfuhl
Am Most-pfuhl
Diepenseer Str.
Str.
Königs
Schulzendorfer Str.
263
Sport-platz
Schulstr.
Kita
Kühnscher Weg
Wusterhausener Straße
An der Plantage
Am Kornfeld
5802
402
Grenzweg
Waltersdorfer Chaussee
Dorf-straße
Schloss
Dorfstr.
Mittenwalder Weg
(zu Schulzen-dorf)
1 2 3 4 5 6 7 8 9
a b c d

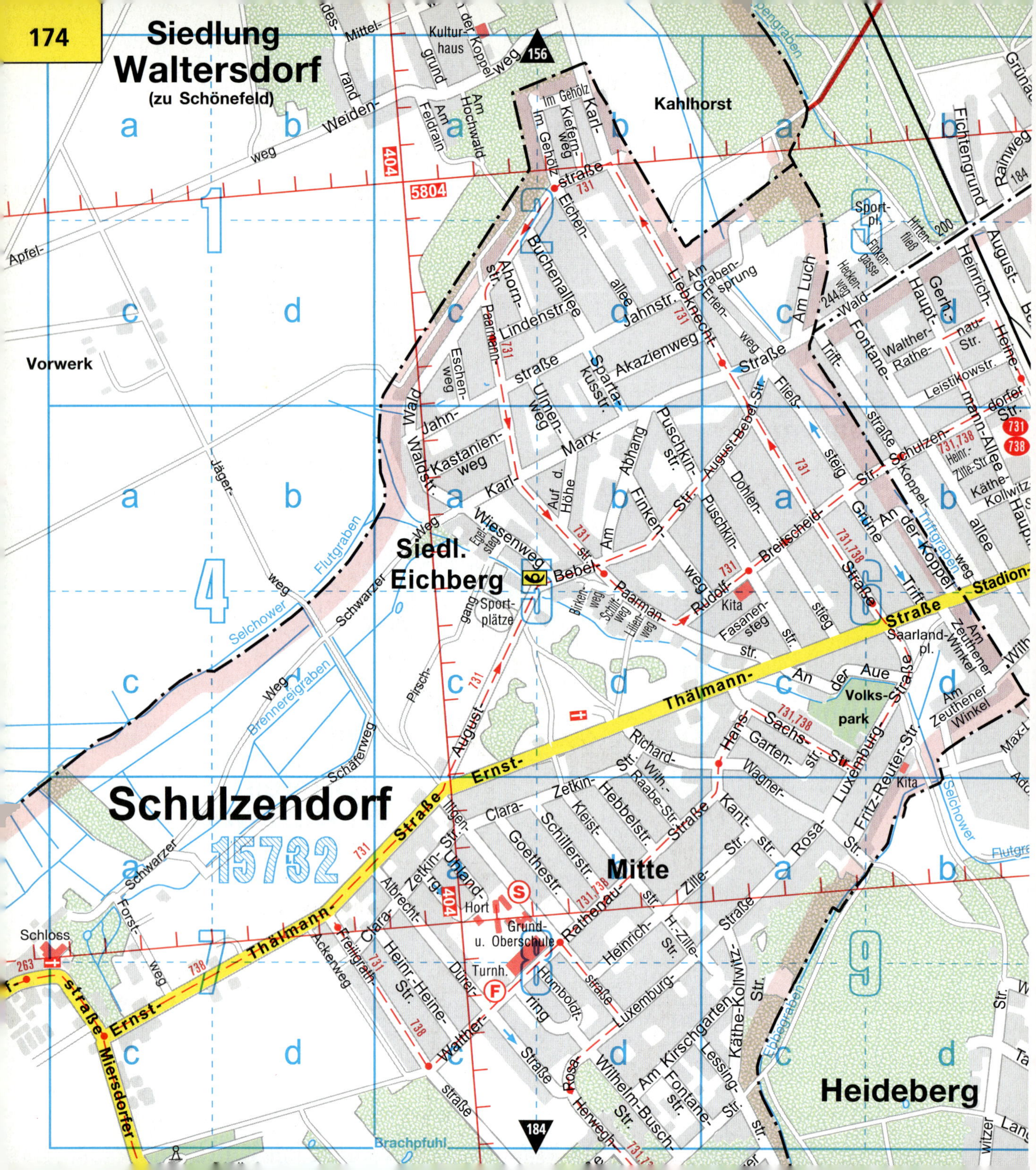
Siedlung Waltersdorf
(zu Schönefeld)
Kahlhorst
Vorwerk
Siedl. Eichberg
Schulzendorf
15732
Mitte
Heideberg
Schloss
Kulturhaus
Sportplätze
Sportpl.
Volkspark
Kita
Hort
Grund- u. Oberschule
Turnh.
Saarland-pl.
Weidenweg
Apfel-
Jägerweg
Flutgraben
Selchower Flutgraben
Brennereigraben
Schwarzer Weg
Schäferweg
Pirschgang
Forstweg
Ackerweg
Freiligrath-
Ernst-Thälmann-Straße
Miersdorfer Straße
Waldstr.
Karl-Liebknecht-Straße
Buchenallee
Eichenallee
Ahornstr.
Lindenstr.
Paarmannstraße
Jahnstr.
Akazienweg
Spartakusstr.
Ulmenweg
Eschenweg
Kastanienweg
Karl-Marx-Str.
Auf d. Höhe
Am Abhang
Finkensteig
Puschkinstr.
August-Bebel-Str.
Dohlenweg
Breitscheid-
Fließsteig
Grüne Trift
An der Koppel
Triftgraben
Wiesenweg
Bebelstr.
Birkenweg
Schilfweg
Lilienweg
Rudolf-
Fasanensteg
An der Aue
Rosa-Luxemburg-Str.
Fritz-Reuter-Str.
Hans-Sachs-Str.
Gartenstr.
Wagner-
Richard-Wagner-Str.
Wilh.-Raabe-Str.
Hebbelstr.
Kleiststr.
Schillerstr.
Goethestr.
Clara-Zetkin-Str.
Uhlandstr.
Albrecht-Dürer-Str.
Heinr.-Heine-Str.
Walther-Rathenau-Straße
Humboldtring
Heinrich-Zille-Str.
Kantstr.
Käthe-Kollwitz-Str.
Am Kirschgarten
Lessingstr.
Fontanestr.
Wilhelm-Busch-Str.
Herweghstr.
Am Luch
Graben-sprung
Erlenweg
Im Gehölz
Kiefernweg
Am Hochwald
Am Feldrain
Mittelgrund
Waldrand
An der Koppel
Heckenweg
Finkengasse
Hirtenfließ
Waldstraße
Haupt-
Gerh.-Hauptmann-
Heinrich-Heine-
August-Bebel-
Fontanestraße
Walther-Rathenau-Str.
Leistikowstr.
Schulzendorfer Str.
Heinr.-Zille-Str.
Käthe-Kollwitz-
Stadion-
Am Zeuthener Winkel
Fichtengrund
Rainweg
Ebbegraben
Brachpfuhl
156
184
404
5804
731
738
731,738
263
244
200
1
2
3
4
5
6
7
8
9
a
b
c
d

Eichwalde
Schmöckwitz
(Bez. TREPTOW-KÖPENICK)
Zeuthen
Zeuthener Heide
Schmöckwitzer Werder
Zeuthener See
Dahme
Die Grimnitz
15732
12527
15738
Gosener Straße
Godbersen-straße
Kläranlage
Pl. d. Republik
Schillerplatz
Beethovenstraße
Bahnhofallee
Humboldt-Grundsch.
Händel-pl.
Humboldt-Gymn.
Goethestr.
Rathaus
Am Stern
Chopinstr.
Wasserturm
Wasserwerk
Schmöckwitzer Str.
Mariannenstraße
Lindenstr.
Grundschule
Wernsdorfer Str.
Schmöckw. Br.
Badestelle
ASB-Station
Tschaikowskistr.
Liegewiese
Teikyo-Universität Campus-Berlin
Friedenstraße
Zeuthener Straße
Seestraße
Lessingstraße
Aug.-Bebel-Platz
Heinr.-Heine-Pl.
Spreewaldstraße
Havellandstraße
Starnberger Str.
Regensburger Str.
Würzburger Str.
Mittenwalder Str.
Ruppiner Str.
Niederlausitzstr.
Nürnberger Str.
Bayr. Pl.
Münchener Str.
Umspannwerk
Gewerbegeb.
Platz der Demokratie
Kita
Schillerstraße
Plumpengraben
Heinrich-Heine-Straße
Maxim-Gorki-Str.
Niemöllerstr.
H.-Zille-Str.
Sportplatz
Oberschule
Rathaus-
Zeuthener Wall
ASB-Station
Schwarzer Weg
Otto-Nagel-Allee
Otto-Dix-Ring
Friedhof
S8,S46
RE2,RB14,OE36
Eichwalde
406
408
5804
5802
157
185
168
733
68

Oder-Spree-Kanal
Seddinhütte Weg
Schwarze Berge
Schwarzer Weg
ASB-Station
Seddin-promenade
Schmöckwitzwerder
(Bez.TREPTOW-KÖPENICK)
Wernsdorfer Straße
Schmöckwitzwerder Süd
ASB-Station
12527
Schmöckwitzer Damm
Krossin-see
1=Rotschwänzchenweg
2=Buchfinkenweg
3=Pappelweg
4=Asternweg
Seepromenade
Uferprom.
Fliederw.
Rosenw.
Nelkenw.
Zyklamenw.
Dahlienw.
Hänflingweg
Meisenweg
Birkenweg
Hafenweg
Kiefernweg
Erlenweg
Ahornweg
Strandpromenade
Sonnenweg
Sonnenberg
Hechtweg
Barschweg
Niederlehmer Straße
Ziegenhals
Schmöckwitzer Werder
Seniorenpflegeheim "Schwanenburg"
Crossinstraße
Am Großen Zug
Zum Großen Zug
Schwarzer Weg
Barbenweg
Drosselweg
Möwenweg
Fasanenweg
5=Zanderweg
6=Forellenweg
7=Plötzenweg
8=Schleiweg
9=Amselhain

Ortsteil
Wernsdorf
(zu Königs Wusterhausen)
15537
Wernsdorfer See
Paschenberg
65
159
Paschen
Feld
Zittauer Straße
Neue Straße
Am Kanal
Steinfurter Straße
Schleuse
Schleusen-idyll
August-Bebel-Straße
Haase
Dorfstraße
Dorfstraße
Alte Dorfstr.
Friedhofstraße
Friedhof
Skabyer Straße
Waldsiedlung
Storkower Straße
Sportpl.
Kita
Werder
Bürger-büro
Seechen
Im Winkel
Chaussee
Jovestraße
Kirchsteig
Am Gräbchen
Pflege-heim für Behinderte
Kablower Weg
Schinderberge
43
Wald-eck
Siedlung Modder-berg
Ring Modderberg
Mokrinfeld
Am Oder-
Spree-Kanal
Am Werder
Sand
168
733
428,733
428
412
5802
1
2
3
4
5
6
7
8
9
a
b
c
d

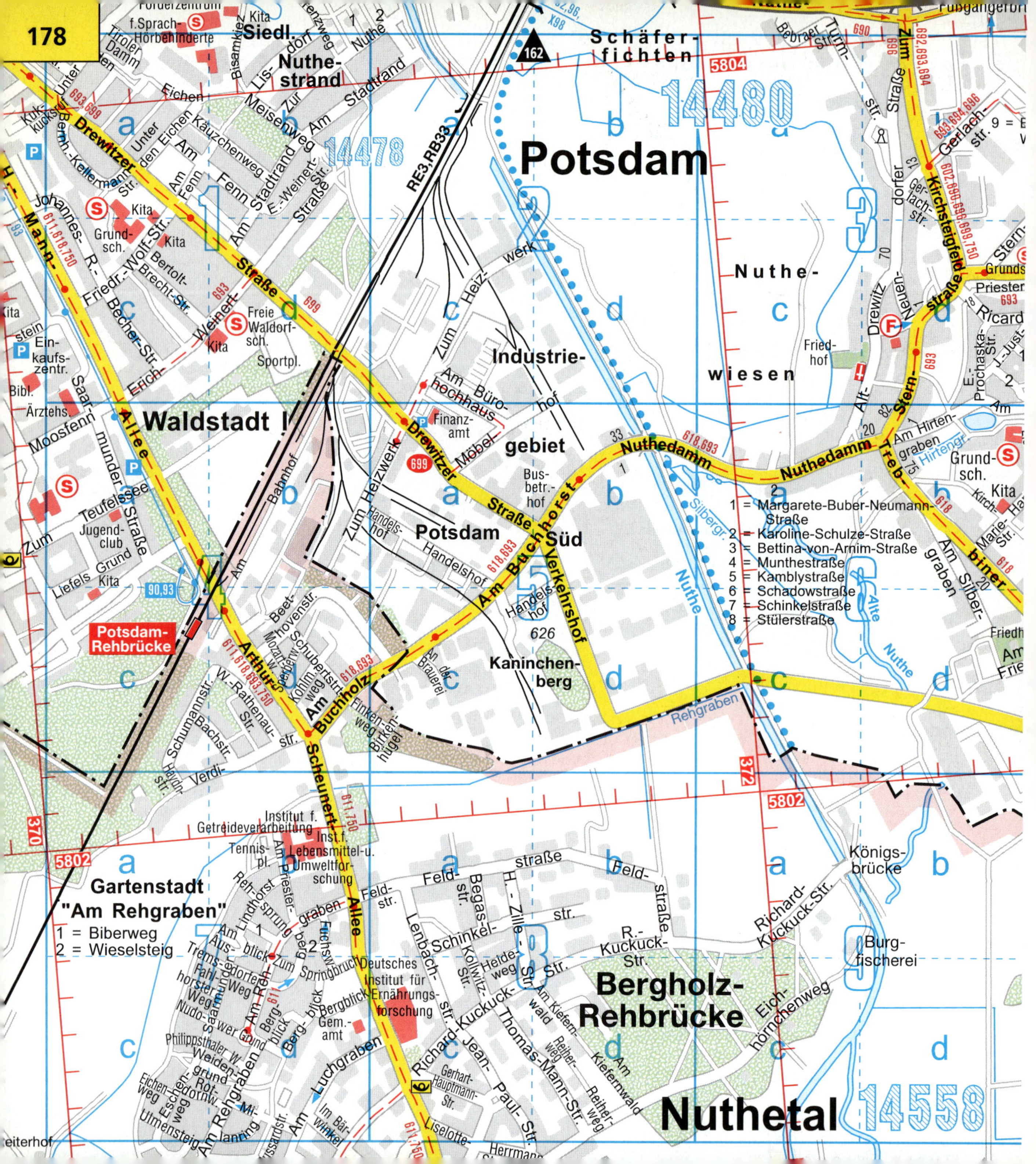
Potsdam
Schäfer-
fichten
14480
14478
14558
Nuthe-
strand
Siedl.
Nuthe-
wiesen
Industrie-
gebiet
Potsdam
Süd
Waldstadt I
Kaninchen-
berg
Potsdam-
Rehbrücke
Gartenstadt
"Am Rehgraben"
1 = Biberweg
2 = Wieselsteig
Bergholz-
Rehbrücke
Nuthetal
1 = Margarete-Buber-Neumann-Straße
2 = Karoline-Schulze-Straße
3 = Bettina-von-Arnim-Straße
4 = Munthestraße
5 = Kamblystraße
6 = Schadowstraße
7 = Schinkelstraße
8 = Stülerstraße
Drewitzer Straße
Nuthedamm
Am Buchhorst
Verkehrshof
Arthur-Scheunert-Allee
Am Buchholz
Zum Heizwerk
Am Bürohochhaus
Möbelhof
Handelshof
Finanzamt
Busbetr.-hof
Johannes-R.-Becher-Str.
Friedr.-Wolf-Str.
Bertolt-Brecht-Str.
Erich-Weinert-Straße
Saarmunder Straße
Teufelssee
Moosfenn
Liefels Grund
Am Fenn
Am Stadtrand
Käuzchenweg
Meisenweg
Unter den Eichen
Sportpl.
Freie Waldorf-sch.
Jugend-club
Einkaufs-zentr.
Ärztehs.
Bibl.
Grund-sch.
Kita
Beethovenstr.
Mozartstr.
Schubertstr.
Kohlmweg
W.-Rathenau-Str.
Schumannstr.
Bachstr.
Haydnstr.
Verdistr.
Am Brauerei
Finkenweg
Birkenhügel
Rehgraben
Nuthe
Silbergr.
Alte Nuthe
Hirtengr.
Institut f. Getreideverarbeitung
Inst. f. Lebensmittel- u. Umweltforschung
Deutsches Institut für Ernährungsforschung
Gem.-amt
Feldstraße
Begas-str.
H.-Zille-Str.
Schinkel-str.
Lenbach-str.
Kollwitz-Str.
Heldeweg
Richard-Kuckuck-Str.
R.-Kuckuck-Str.
Thomas-Mann-Str.
Jean-Paul-Str.
Am Kiefernwald
Reiherweg
Eichhörnchenweg
Königsbrücke
Burgfischerei
Luchgraben
Am Rehgraben
Im Bärwinkel
Gerhart-Hauptmann-Str.
Liselotte-
Herrmann
Springbruch
Bergblick
Am Priesterberg
Rehsprung
Lindhorst
Am Ausblick
Fuchsweg
Trebbiner Straße
Sternstraße
Zum Kirchsteigfeld
Alt-Drewitz
Neuendorfer Str.
Gerlachstr.
Am Silbergraben
Am Hirtengraben
Friedhof
RE3,RB33
162
699
5804
5802
372
370

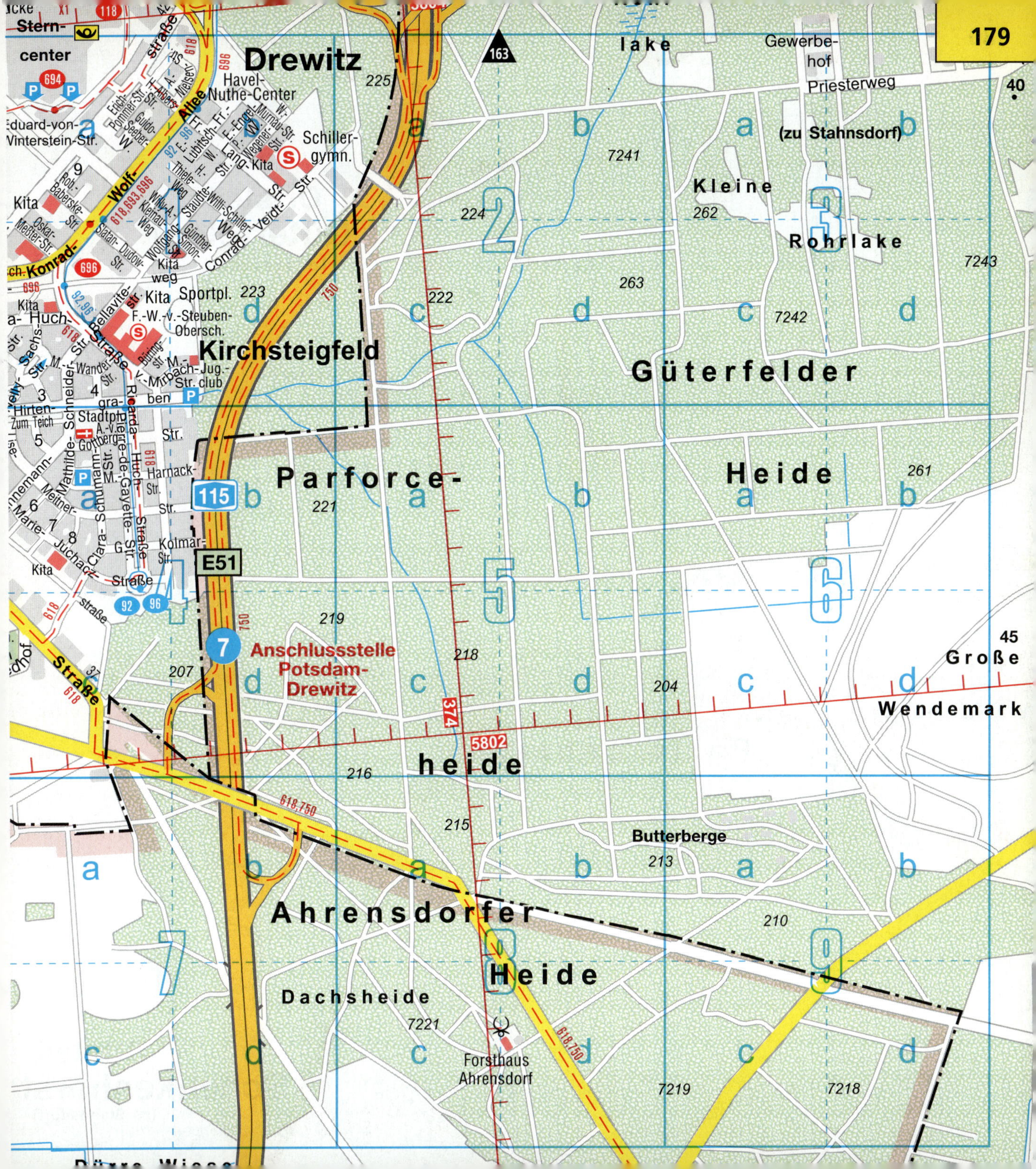
Drewitz
Havel-Nuthe-Center
Schiller-gymn.
Kirchsteigfeld
F.-W.-v.-Steuben-Obersch.
Sportpl.
Stadtpl.
Parforce-heide
Anschlussstelle Potsdam-Drewitz
115
E51
Güterfelder Heide
Kleine Rohrlake
Gewerbehof
Priesterweg
(zu Stahnsdorf)
Große Wendemark
Butterberge
Ahrensdorfer Heide
Dachsheide
Forsthaus Ahrensdorf
Stern-center
Eduard-von-Winterstein-Str.
Konrad-Wolf-Allee
Straße
Kita
lake

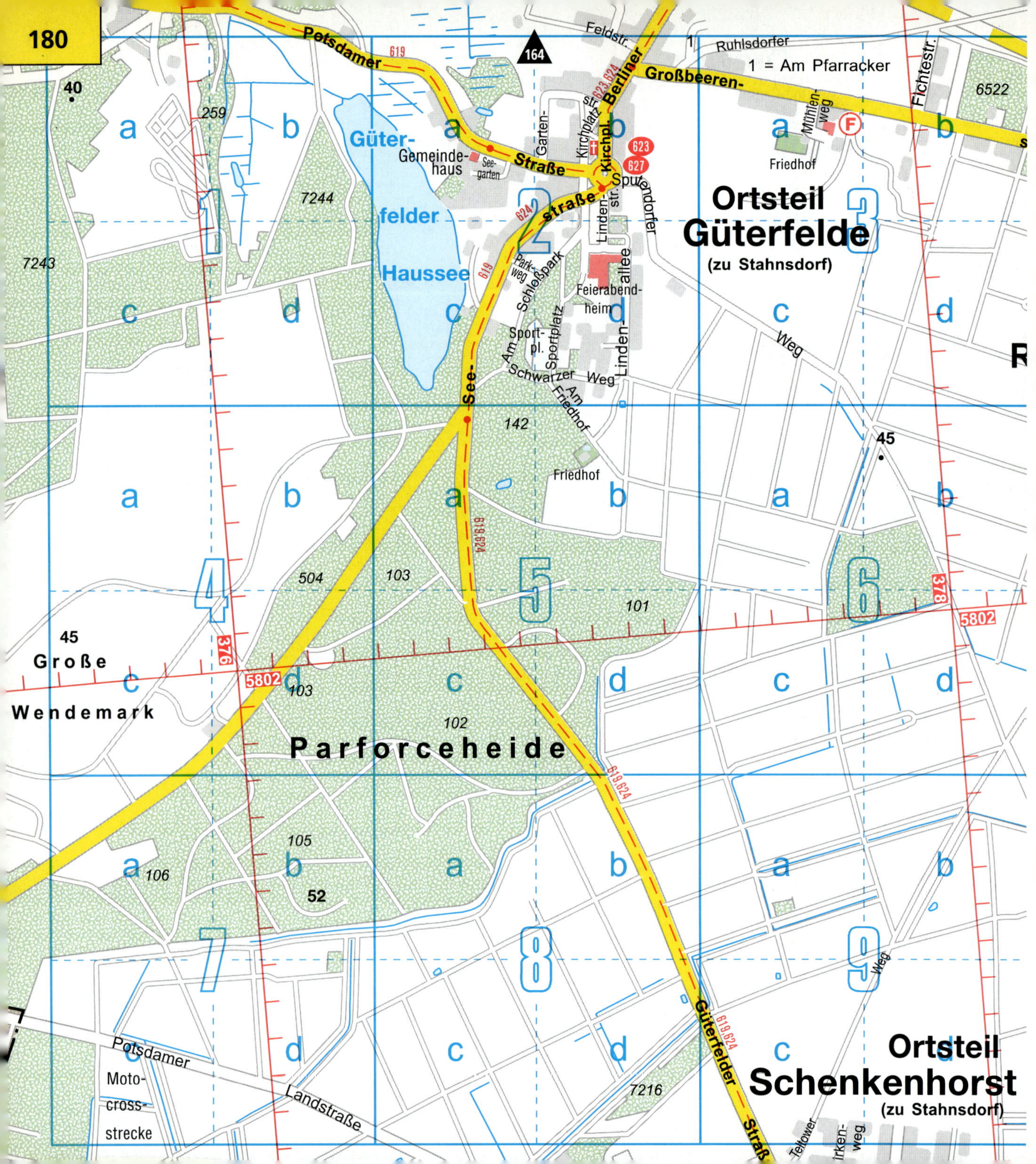
Ortsteil Güterfelde
(zu Stahnsdorf)
Ortsteil Schenkenhorst
(zu Stahnsdorf)
Güter-felder Haussee
Parforceheide
Große Wendemark
Potsdamer Straße
Berliner
Großbeeren-
Feldstr.
Ruhlsdorfer
1 = Am Pfarracker
Fichtestr.
Mühlen-weg
Friedhof
Gemeinde-haus
See-garten
Garten-
Kirchplatz
Kirchpl.
str.
Sputendorfer
Linden-str.
Lindenallee
Linden-
Seestraße
Park-weg
Schloßpark
Feierabend-heim
Sport-pl.
Sportplatz
Am Schwarzer Weg
Am Friedhof
Weg
Friedhof
Güterfelder Straß
Potsdamer Landstraße
Moto-cross-strecke
Teltower
irken-weg
Weg
164
619
623,624
624
619,624
623
627
376
378
5802
40
45
52
259
7243
7244
6522
142
504
103
101
102
105
106
7216

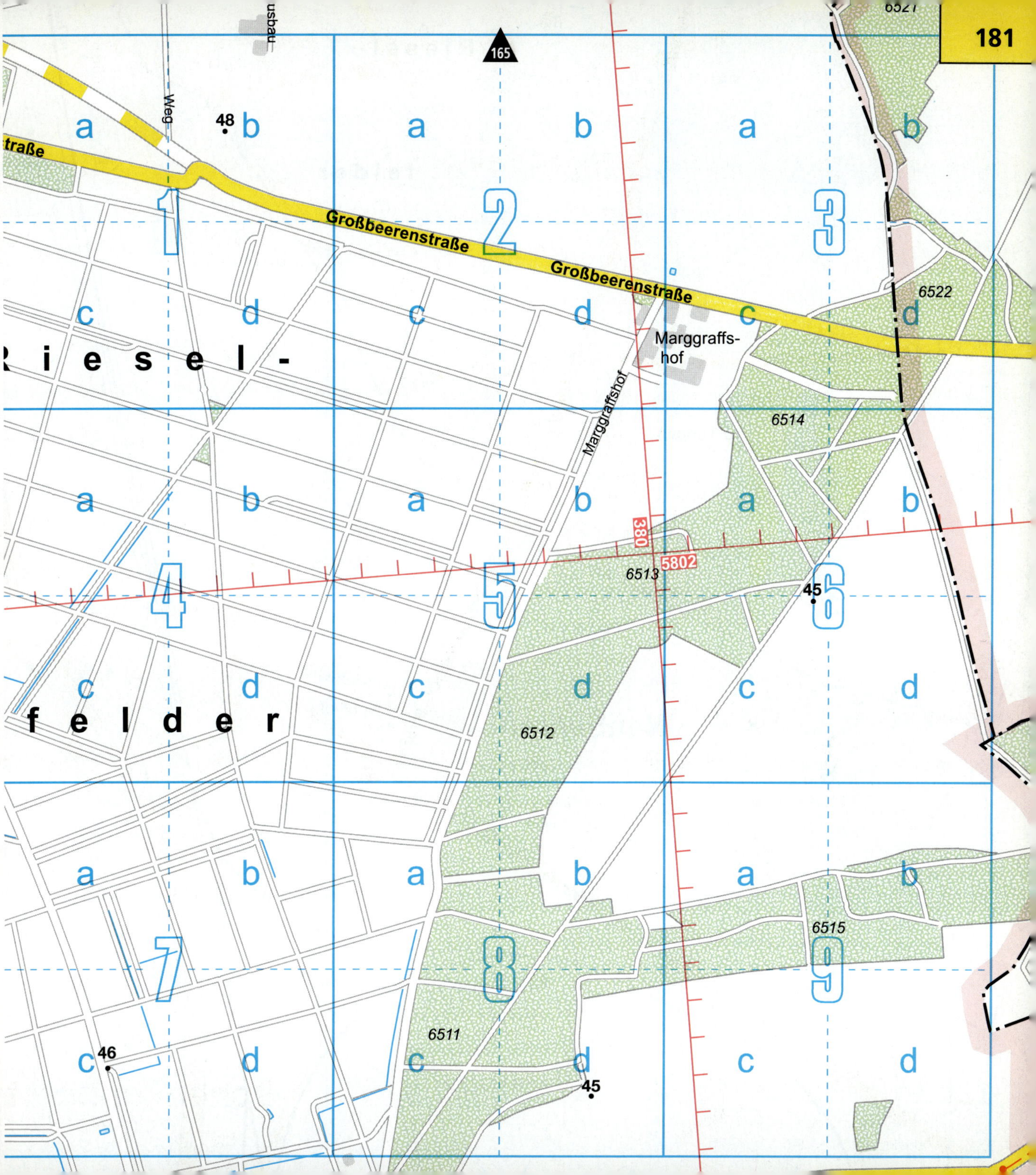
165
Weg
48
Großbeerenstraße
Großbeerenstraße
Marggraffs-
hof
Marggraffshof
6522
6514
Riesel-
felder
380
5802
6513
45
6512
6515
6511
46
45
1
2
3
4
5
6
7
8
9

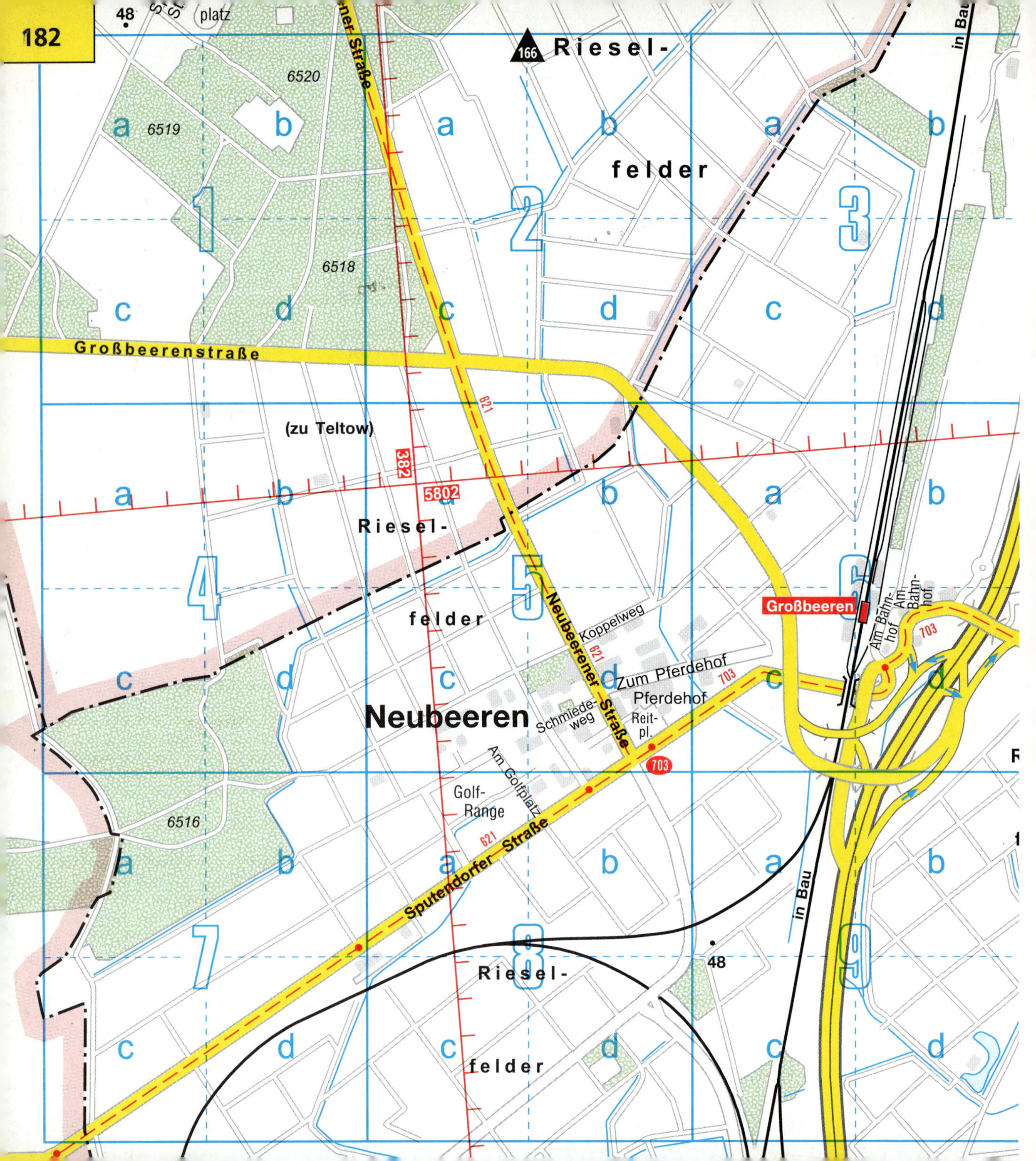

Riesel-
felder
166
6520
6519
6518
6516
48
platz
Großbeerenstraße
(zu Teltow)
Riesel-
felder
Neubeerener Straße
Neubeeren
Koppelweg
Zum Pferdehof
Pferdehof
Schmiede-
weg
Reit-
pl.
Am Golfplatz
Golf-
Range
Sputendorfer Straße
Großbeeren
Am Bahn-
hof
in Bau
Riesel-
felder
621
382
5802
703
1
2
3
4
5
6
7
8
9

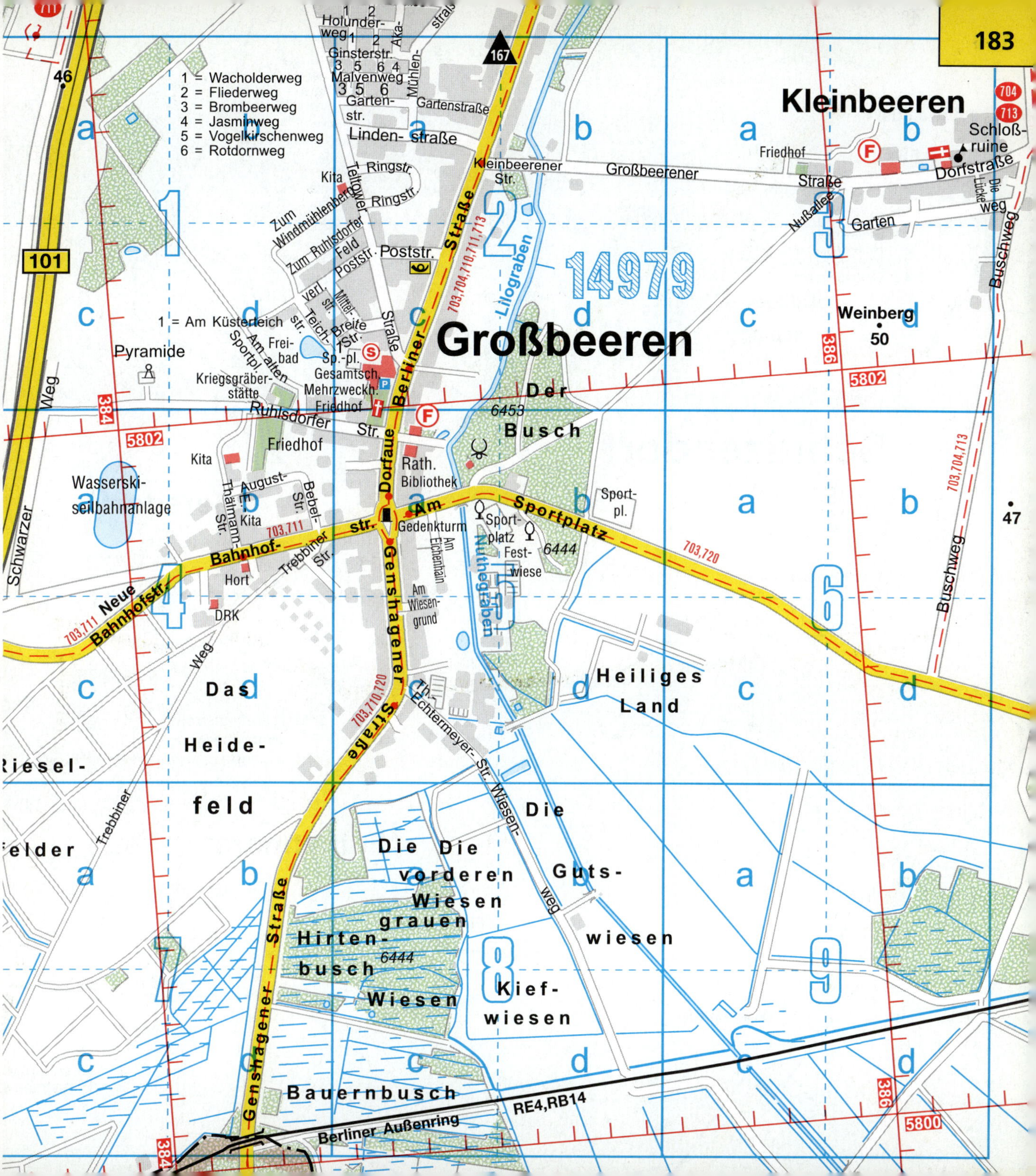
Kleinbeeren
Großbeeren
14979
1 = Wacholderweg
2 = Fliederweg
3 = Brombeerweg
4 = Jasminweg
5 = Vogelkirschenweg
6 = Rotdornweg
1 = Am Küsterteich
Holunder-weg
Ginsterstr.
Malvenweg
Aka-
Mühlen-
Garten-str.
Gartenstraße
Linden-straße
Kita
Ringstr.
Teltower
Zum Windmühlenberg
Zum Ruhlsdorfer Feld
Poststr.
Mittel-str.
verl. Teich-str.
Breite Str.
Straße
Berliner Straße
703,704,710,711,713
Kleinbeerener Str.
Großbeerener Straße
Friedhof
Schloß-ruine
Dorfstraße
Die Lücke
weg
Nußallee
Garten
Buschweg
Lilograben
Weinberg
50
Frei-bad
Sp.-pl.
Gesamtsch.
Mehrzweckh.
Friedhof
Pyramide
Am alten Sportpl.
Kriegsgräber-stätte
Ruhlsdorfer Str.
Dorfaue
Rath.
Bibliothek
Der Busch
6453
Friedhof
Kita
Wasserski-seilbahnanlage
August-Bebel-Str.
Thälmann-Str.
Ernst-
Kita
Bahnhof-str.
703,711
Am Sportplatz
Gedenkturm
Am Eichenhain
Sport-platz
Fest-wiese
6444
Sport-pl.
703,720
Trebbiner Str.
Hort
Neue Bahnhofstr.
DRK
Am Wiesen-grund
Nuthegraben
Genshagener Straße
703,710,720
Schwarzer Weg
Weg
Das Heide-feld
Riesel-felder
Trebbiner
Th.-Echtermeyer-Str.
Heiliges Land
Die Guts-wiesen
Wiesen-weg
Die vorderen Wiesen
Die grauen Wiesen
Hirten-busch
6444
Kief-wiesen
Bauernbusch
RE4,RB14
Berliner Außenring
101
46
47
167
384
386
5802
5800
704
713
703,704,713
1
2
3
4
5
6
7
8
9
a
b
c
d

174
Brachpfuhl
Friedhof
Mittenwalder Pfuhl
Mittenweider Weg
Zum Mühlen-
1 = Hirsesteig
2 = Hafergasse
3 = Weizengasse
4 = Getreidegasse
Mühlenschlag
Gerstenweg
Kölner
M.-John-Str.
Dresdener Str.
Leipziger Str.
Salzgitter Str.
Brandenburger Str.
Leipziger Platz
Freiligrath-Str.
Coburger Straße
Braun-schweiger Str.
Lessingstr.
Münchener Str.
Kita
Herwegh-Str.
Otto-Krien-Str.
Gem. amt
Otto-Krien-Pl.
Weimarer Str.
Chemnitzer Str.
Brücken-straße
Wald-str.
Im Heidewinkel
Amsel-
Park-promenade
Schmöck-
Ring-
Teich-
Fasanen-
Fürsten-
Helgolandstraße
Miersdorfer Straße
Helgo-land-pl.
Kieler Str.
Bremer Str.
Hamburger Str.
Linden-ring
Mittel-ring
Kiefern-ring
Ebbegr.
15732
Schulzendorf
Berg-weg
Freiheit-weg
Miersdorf
Birkenstr.
Miers-dorfer See
Freibad
404
5800
Henningsdorfer Str.
Helgo-
Luisen-
Schloß-platz
Schloßstr.
Sophienstr.
Berg-str.
Grenz-
Pfarr-gelände
Straße
landstr.
Dahlewitzer Chaussee
Dahlewitzer Chaus-see
Wüstemarker Weg
Schulzendorfer Str.
Dorf-
Hoherlehmer Straße
Sport-platz
Am Mühlenberg
1=Margarethenstraße
Am Ton-
wald
Papenberg 50
Jäger-berg
Am Falkenhorst
Falkenhorst
Bachstelzenweg
Hoch-
Ost-
West-
Kur-park
Rosengang
Narzissen-allee
Jasmin-weg
Am Flieder-busch
promenade
Finkenberg 49
Wüstemark
NSG
1 = Rosenanger
2 = Forsythienw
Weg nach Wüstemark
263
731,738
738

Zeuthen
Zeuthener
See
15738
12527
15745
Nord-
Rauchfangs-
werder
(Bez. TREPTOW-
KÖPENICK)
Süd-
Miersdorfer
Werder
Hoch-
land
Wildau
Niederlehmer
Werder
(zu Königs
Wusterhausen)
Dahme
Sellen-
zug-
see
Die
Baabe
Kienpfuhl
Röthe-
pfuhl
Regenrück-
haltebecken
Galgenberg
67
Rathaus-
platz
Rathaus
Oberschule
Paul Dessau
Friedhof
Goethestraße
Goethe-
str.
Linden-
allee
Fontane-
allee
Forst-
weg
Miersdorfer
Chaussee
Hankels
Ablage
Fontane-
platz
Wasser-
schutzpol.
Studenten-
wohnhm.
Techn.
Fachhoch-
schule
Sport-
pl.
Albert-
Lemaire-
Platz
Wohnungs-
verw.
Tech.- u.
Gründerzentr.
Kita
Turn-
halle
Grundsch.
am Wald
Gewerbe-
geb.
Jugend-
klub
Bibl.
Kap.
Fr.-Engels-Straße
Nordpromenade
Heidekorso
Südpromenade
Kurpromenade
Freiheit
Westkorso
Weidenring
Staats-
forst
Zeuthener
Allee
Große
Pulverberg
Puschkin-
allee
Kurpark
Am Wildgarten
Eichen-
gang
Wildbahn
Sanddornweg
Fichte-
str.
Fasanen-
hege
Sperberzug
Hahnenbalz
Heideweg
Kurt-
Hoffmann-
Str.
Fähr-
allee
Argo-
allee
Jacky-
allee
Witzer
Schmeck
Böhm-
allee
Moßkopfring
Ebel-
allee
Zeuthener
Weg
Crossin-
str.
Dahmew.
Zeuthen
S8
S46
RE2,RB14,OE36
175
263
406
5800
738
168
408
737,738
740
Damm
Weg
Str. F
Str. D
Wilhelmshavener
Str.
Stedinger
Str.
Delmenhorster
Str.
Mozartstr.
Ahornallee
Kastanien-
allee
Eichen-
allee
Platanenallee
Siegert-
pl.
Dahme-
str.
Havel-
str.
Spree-
str.
Oder-
str.
Hankel-
weg
Rhein-
str.
Donaustr.
Weserstr.
Mosel-
str.
Saar-
str.
Elbe-
str.
Neckar-
str.
Forstweg
Hankel-
weg
Miersdorfer
straße
Am Feld
Straße
Eichwalder
Straße
Bremer
Straße
Kienpfuhl
Teltower
Str.
Potsdamer
Str.
Branden-
burger Str.
Birken-
allee
Ebereschen-
allee
Hochwald-
straße
Holunder-
steg
Am Rosen-
bogen
Asternring
Veilchenweg
Wiesenring
Pirsch-
steig
Hirschsprung
Reh-
fang
Falken-
horst
Reiher-
horst
Röthe-
grund
Am Weiher
Bach-
stelzen-
gang
Fuchs-
bau
Hasen-
winkel
Spring-
feldallee
Flieder-
Morellenweg
Am Eichen-
busch
Pulver-
berg
Rot-
buchen-
ring
Pappel-
ring
Rotdorn-
ring
Kasta-
nien-
ring
Rühle-
ring
Akazien-
ring
Pla-
tanen-
ring
Ulmen-
ring
Ahorn-
ring
Hollengrund
Rüstern-
allee
Eschen-
ring
Birken-
ring
Am Stern
Kiefern-
grund
Erlen-
ring

S U S+U-Bahn-Netz

M M MetroNetz

Tarifbereich Berlin A B C — A B Haltestellen in Berlin — C Haltestellen in Brandenburg

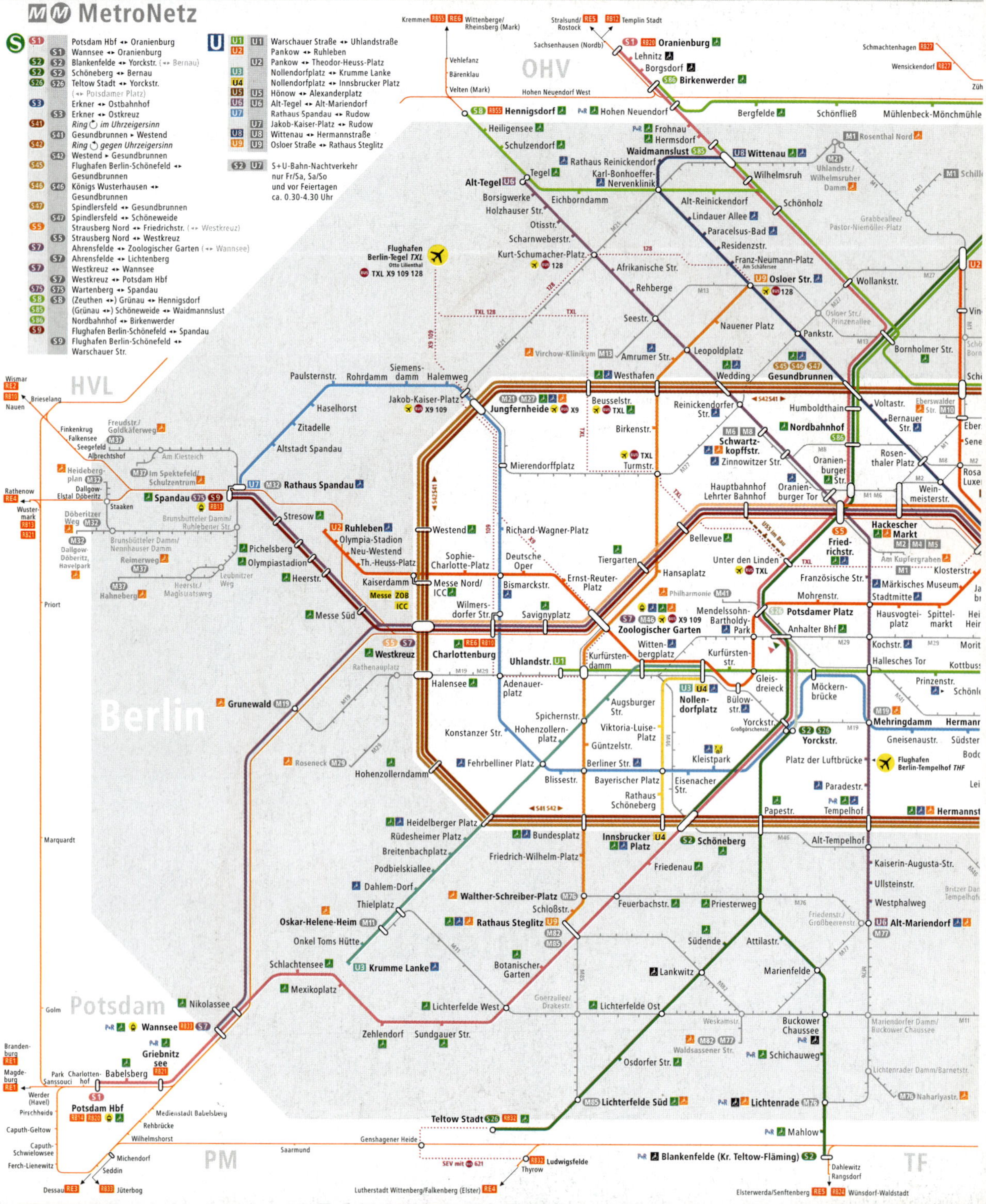

S1 Potsdam Hbf ↔ Oranienburg
S1 Wannsee ↔ Oranienburg
S2 Blankenfelde ↔ Yorckstr. (↔ Bernau)
S2 Schöneberg ↔ Bernau
S26 Teltow Stadt ↔ Yorckstr. (↔ Potsdamer Platz)
S3 Erkner ↔ Ostbahnhof
S3 Erkner ↔ Ostkreuz
S41 Ring im Uhrzeigersinn
S41 Gesundbrunnen ▸ Westend
S42 Ring gegen Uhrzeigersinn
S42 Westend ▸ Gesundbrunnen
S45 Flughafen Berlin-Schönefeld ↔ Gesundbrunnen
S46 Königs Wusterhausen ↔ Gesundbrunnen
S47 Spindlersfeld ↔ Gesundbrunnen
S47 Spindlersfeld ↔ Schöneweide
S5 Strausberg Nord ↔ Friedrichstr. (↔ Westkreuz)
S5 Strausberg Nord ↔ Westkreuz
S7 Ahrensfelde ↔ Zoologischer Garten (↔ Wannsee)
S7 Ahrensfelde ↔ Lichtenberg
S7 Westkreuz ↔ Wannsee
S7 Westkreuz ↔ Potsdam Hbf
S75 Wartenberg ↔ Spandau
S8 (Zeuthen ↔) Grünau ↔ Hennigsdorf
S85 (Grünau ↔) Schöneweide ↔ Waidmannslust
S85 Nordbahnhof ↔ Birkenwerder
S9 Flughafen Berlin-Schönefeld ↔ Spandau
S9 Flughafen Berlin-Schönefeld ↔ Warschauer Str.
U1 Warschauer Straße ↔ Uhlandstraße
U2 Pankow ↔ Ruhleben
U2 Pankow ↔ Theodor-Heuss-Platz
U3 Nollendorfplatz ↔ Krumme Lanke
U4 Nollendorfplatz ↔ Innsbrucker Platz
U5 Hönow ↔ Alexanderplatz
U6 Alt-Tegel ↔ Alt-Mariendorf
U7 Rathaus Spandau ↔ Rudow
U7 Jakob-Kaiser-Platz ↔ Rudow
U8 Wittenau ↔ Hermannstraße
U9 Osloer Straße ↔ Rathaus Steglitz
S2 U7 S+U-Bahn-Nachtverkehr nur Fr/Sa, Sa/So und vor Feiertagen ca. 0.30-4.30 Uhr
OHV
HVL
Berlin
Potsdam
PM
TF
Flughafen Berlin-Tegel TXL Otto Lilienthal
Flughafen Berlin-Tempelhof THF

…tellen in Berlin · Haltestellen in Brandenburg

Fahrscheine bitte vor Fahrtantritt entwerten.
Tickets must be validated before use.

Legende
S+U-Bahn-Linie mit Umsteigemöglichkeit
MetroTram-Linie
MetroBus-Linie
Halt nur in Pfeilrichtung
Bus-Anbindung zum Flughafen
Fernbahnhof
ZOB Zentraler Omnibusbahnhof
P+R Parkplatz
BVG-Fundbüro
Barrierefreier Nahverkehr
Barrierefreier Zugang S+U
Zugang über Rampe
MetroTram/MetroBus bedingt barrierefreie Fahrzeuge
Baumaßnahmen
S2 S26 Bis Ende November 2005 sind die Linien unterbrochen.
S5 Bis 10.12.2005 verkehrt die Linie verkürzt.
S7 Bis 10.12.2005 verkehrt die Linie geteilt.
Bezeichnung der Bahnhöfe unter Fortlassung der Tarifbezeichnung Berlin bzw. Potsdam
Berlin
BAR
MOL
LOS
LDS
TF
A
B
C
RB27 Groß Schönebeck (Schorfheide)
RE3 Stralsund/Schwedt (Oder)
OE60 Frankfurt (Oder)
Schmachtenhagen
Wensickendorf
Zühlsdorf
Wandlitzsee
Wandlitz
Basdorf
Schönwalde (Barnim)
Schönerlinde
Rüdnitz
S2 Bernau
Bernau-Friedenstal
Zepernick (bei Bernau)
Röntgental
Buch
Karow
Blankenburg
Pankow-Heinersdorf
Bergfelde
Schönfließ
Mühlenbeck-Mönchmühle
U8 Wittenau
Wilhelmsruh
Schönholz
Wollankstr.
U2 Pankow
Vinetastr.
Osloer Str.
Pankstr.
Gesundbrunnen
Bornholmer Str.
Schönhauser Allee
Prenzlauer Allee
Greifswalder Str.
Humboldthain
Voltastr.
Bernauer Str.
Eberswalder Str.
Senefelderplatz
Nordbahnhof
Rosenthaler Platz
Weinmeisterstr.
Rosa-Luxemburg-Pl.
U5 Alexanderplatz
Hackescher Markt
Friedrichstr.
Oranienburger Str.
Oranienburger Tor
Schwartzkopffstr.
Zinnowitzer Str.
Hauptbahnhof
Lehrter Bahnhof
Unter den Linden
Französische Str.
Mohrenstr.
Stadtmitte
Märkisches Museum
Klosterstr.
Jannowitzbrücke
Schillingstr.
Strausberger Platz
Weberwiese
Frankfurter Tor
Samariterstr.
Ostbahnhof
Warschauer Str.
Storkower Str.
Landsberger Allee
Frankfurter Allee
Ostkreuz
Magdalenenstr.
Lichtenberg
Friedrichsfelde Ost
Nöldnerplatz
Rummelsburg
Betriebsbahnhof Rummelsburg
Tierpark
Karlshorst
Treptower Park
Schlesisches Tor
Görlitzer Bhf
Potsdamer Platz
Anhalter Bhf
Kochstr.
Hallesches Tor
Prinzenstr.
Kottbusser Tor
Moritzplatz
Hausvogteiplatz
Spittelmarkt
Heinrich-Heine-Str.
Mendelssohn-Bartholdy-Park
Gleisdreieck
Möckernbrücke
Mehringdamm
Hermannplatz
Schönleinstr.
Gneisenaustr.
Südstern
Boddinstr.
Rathaus Neukölln
Leinestr.
Karl-Marx-Str.
Yorckstr.
Platz der Luftbrücke
Flughafen Berlin-Tempelhof THF
Paradestr.
Papestr.
Tempelhof
Hermannstr.
Neukölln
Sonnenallee
Köllnische Heide
Plänterwald
Baumschulenweg
Alt-Tempelhof
Kaiserin-Augusta-Str.
Ullsteinstr.
Westphalweg
U6 Alt-Mariendorf
Grenzallee
Blaschkoallee
Parchimer Allee
Britz-Süd
Johannisthaler Chaussee
Lipschitzallee
Wutzkyallee
Zwickauer Damm
U7 Rudow
Attilastr.
Marienfelde
Buckower Chaussee
Schichauweg
Lichtenrade
Mahlow
(Kr. Teltow-Fläming)
Dahlewitz
Rangsdorf
Elsterwerda/Senftenberg
Wünsdorf-Waldstadt
Schöneweide
Betriebsbahnhof Schöneweide
Oberspree
Spindlersfeld
Adlershof
Altglienicke
Grünbergallee
Flughafen Berlin-Schönefeld
Flughafen Berlin-Schönefeld SXF
Grünau
Eichwalde
Zeuthen
Wildau
Königs Wusterhausen
RE2 Cottbus
RB14 Hoyerswerda
Zernsdorf
Niederlehme
OE36 Frankfurt (Oder)
S75 Wartenberg
Hohenschönhausen
Gehrenseestr.
Ahrensfelde
Mehrower Allee
Raoul-Wallenberg-Str.
Marzahn
Poelchaustr.
Springpfuhl
U5 Hönow
Louis-Lewin-Str.
Hellersdorf
Cottbusser Platz
Neue Grottkauer Str.
Kaulsdorf-Nord
Wuhletal
Biesdorf
Biesdorf-Süd
Elsterwerdaer Platz
Kaulsdorf
Mahlsdorf
Birkenstein
Hoppegarten (Mark)
Strausberg Nord
Strausberg Stadt
Hegermühle
Strausberg
Petershagen Nord
Fredersdorf
Neuenhagen
RB26 Kostrzyn
Werneuchen
Seefeld (Mark)
Blumberg
Ahrensfelde Nord
Ahrensfelde Friedhof
OE25 Tiefensee
Wuhlheide
Köpenick
Hirschgarten
Friedrichshagen
Rahnsdorf
Wilhelmshagen
S3 Erkner
Fangschleuse
Frankfurt (Oder)
RE1 Eisenhüttenstadt
Die Haltestellen im Bereich der Gemeinde Schönefeld (Landkreis LDS, Wabe 5857) gehören sowohl zum Tarifbereich Berlin, Teilbereich B als auch zum Tarifbereich Landkreis Dahme-Spreewald.
Partner im Verkehrsverbund Berlin-Brandenburg

Service

BVG
Berliner Verkehrsbetriebe (BVG)
10773 Berlin
www.bvg.de - info@bvg.de
imode.bvg.de - wap.bvg.de

BVG Call Center: (030) 19 44 9
Tag und Nacht. Rund um die Uhr.
Auch am Wochenende.

BVG Fahrinfo SMS
Standort-Nr. senden an **77 3 77**

BVG Fundbüro
am U-Bhf Kleistpark/U-Bhf Bülowstr.
Potsdamer Str. 182 (nahe Pallasstraße)
10783 Berlin (Schöneberg)
(030) 19 44 9

S-Bahn Berlin GmbH
(030) 29 74 33 33
www.s-bahn-berlin.de
kundenbetreuung@s-bahn-berlin.de
DB-FundService Hotline 01805/99 05 99

S-Bahn-Kundenbüro
Am S-Bahnhof Nordbahnhof
Invalidenstr. 19
10115 Berlin (Mitte)

Die Bahn DB
www.bahn.de
11 8 61 gebührenpflichtig

Stand: 12. September 2005

BVG Berliner Verkehrsbetriebe · S Bahn Berlin Deutsche Bahn Gruppe

Liniennetz Stadtverkehr
Potsdam

Partner im: VBB

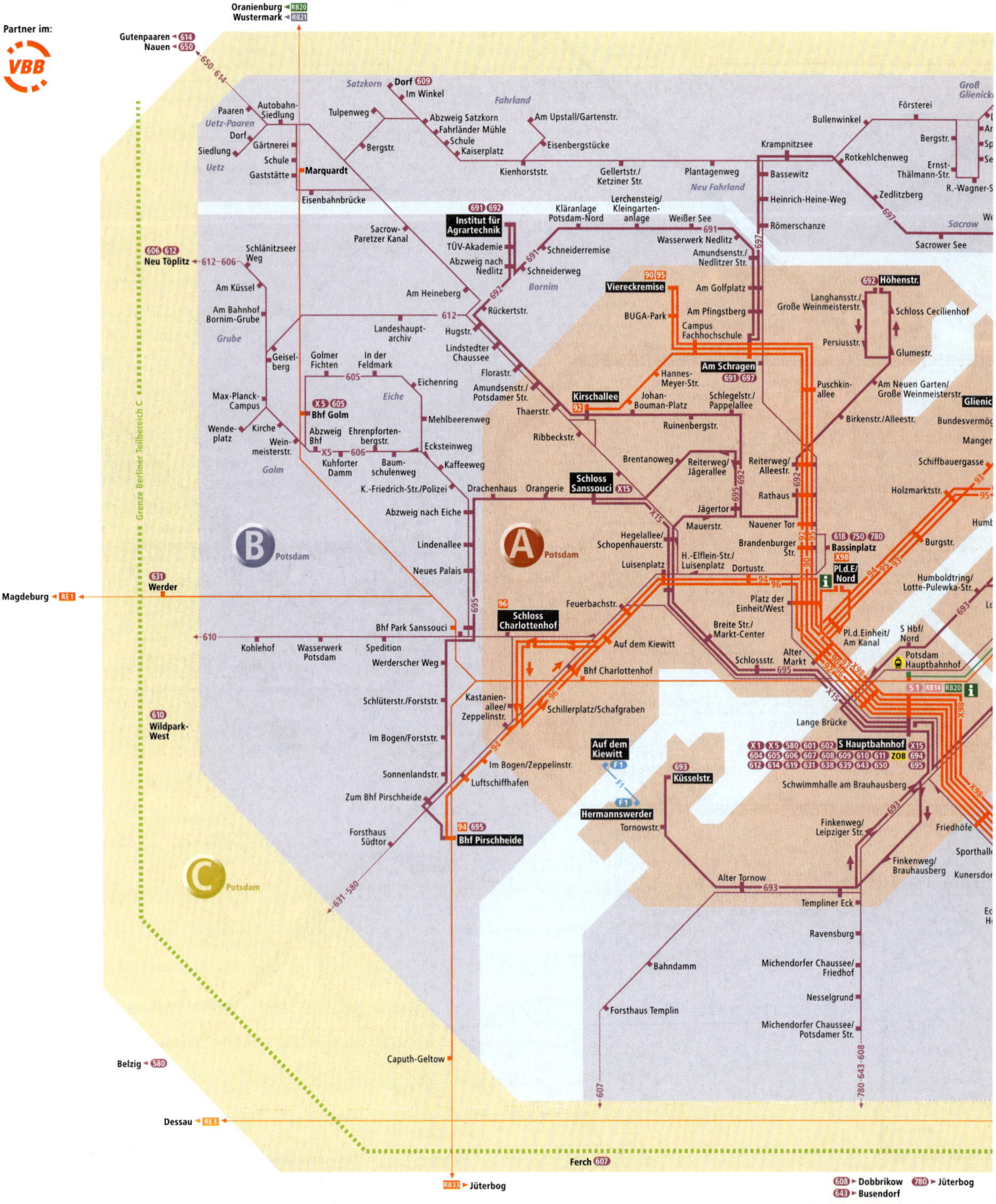

B S Tram BUS F
Oranienburg RB20
Wustermark RB21
Gutenpaaren 614
Nauen 650
Neu Töplitz 606 612
Werder 631
Magdeburg RE1
Wildpark-West 610
Belzig 580
Dessau RE3
Ferch 607
RB33 Jüterbog
608 Dobbrikow
643 Busendorf
780 Jüterbog
Satzkorn
Dorf 609
Im Winkel
Fahrland
Paaren
Uetz-Paaren
Autobahn-Siedlung
Dorf
Siedlung
Uetz
Gärtnerei
Schule
Gaststätte
Marquardt
Tulpenweg
Bergstr.
Abzweig Satzkorn
Fahrländer Mühle
Schule
Kaiserplatz
Am Upstall/Gartenstr.
Eisenbergstücke
Kienhorststr.
Gellertstr./Ketziner Str.
Plantagenweg
Neu Fahrland
Krampnitzsee
Bassewitz
Heinrich-Heine-Weg
Römerschanze
Bullenwinkel
Rotkehlchenweg
Försterei
Bergstr.
Ernst-Thälmann-Str.
Zedlitzberg
R.-Wagner-S
Groß Glienick
Sacrow
Sacrower See
Eisenbahnbrücke
Sacrow-Paretzer Kanal
691 692 Institut für Agrartechnik
TÜV-Akademie
Abzweig nach Nedlitz
Kläranlage Potsdam-Nord
Lerchensteig/Kleingarten-anlage
Weißer See
Wasserwerk Nedlitz
Schneiderremise
Schneiderweg
Bornim
Amundsenstr./Nedlitzer Str.
Schlänitzseer Weg
Am Küssel
Am Bahnhof Bornim-Grube
Grube
Am Heineberg
Rückertstr.
Landeshaupt-archiv
Hugstr.
Lindstedter Chaussee
Florastr.
Amundsenstr./Potsdamer Str.
Thaerstr.
Ribbeckstr.
90 95 Viereckremise
BUGA-Park
Am Golfplatz
Am Pfingstberg
Campus Fachhochschule
692 Höhenstr.
Langhansstr./Große Weinmeisterstr.
Schloss Cecilienhof
Persiusstr.
Glumestr.
Am Schragen 691 697
Hannes-Meyer-Str.
Johan-Bouman-Platz
Kirschallee 92
Schlegelstr./Pappelallee
Ruinenbergstr.
Puschkin-allee
Am Neuen Garten/Große Weinmeisterstr.
Birkenstr./Alleestr.
Geisel-berg
Golmer Fichten
In der Feldmark
Eiche
Eichenring
Mehlbeerenweg
Ecksteinweg
Kaffeeweg
Max-Planck-Campus
Wende-platz
Kirche
Wein-meisterstr.
Golm
X5 605 Bhf Golm
Abzweig Bhf
Ehrenpforten-bergstr.
Kuhforter Damm
Baum-schulenweg
K.-Friedrich-Str./Polizei
Drachenhaus
Orangerie
Schloss Sanssouci X15
Brentanoweg
Reiterweg/Jägerallee
Reiterweg/Alleestr.
Rathaus
Jägertor
Abzweig nach Eiche
Lindenallee
Neues Palais
Mauerstr.
Nauener Tor
Hegelallee/Schopenhauerstr.
Brandenburger Str.
618 750 780 Bassinplatz X98
Pl.d.E/Nord
Luisenplatz
H.-Elflein-Str./Luisenplatz
Dortustr.
Platz der Einheit/West
Pl.d.Einheit/Am Kanal
Breite Str./Markt-Center
Alter Markt
Schlossstr.
S Hbf/Nord
Potsdam Hauptbahnhof
S 1 RB14 RB20
Feuerbachstr.
96 Schloss Charlottenhof
Auf dem Kiewitt
Bhf Charlottenhof
Bhf Park Sanssouci
Kohlehof
Wasserwerk Potsdam
Spedition
Werderscher Weg
Schlüterstr./Forststr.
Kastanien-allee/Zeppelinstr.
Schillerplatz/Schafgraben
Im Bogen/Forststr.
Im Bogen/Zeppelinstr.
Sonnenlandstr.
Luftschiffhafen
Zum Bhf Pirschheide
Forsthaus Südtor
94 695 Bhf Pirschheide
Auf dem Kiewitt F1
Hermannswerder F1
Tornowstr.
693 Küsselstr.
Lange Brücke
S Hauptbahnhof X15
X1 X5 580 601 602 604 605 606 607 608 609 610 611 ZOB 694 612 614 619 631 638 639 643 650 695
Schwimmhalle am Brauhausberg
Finkenweg/Leipziger Str.
Finkenweg/Brauhausberg
Friedhöfe
Alter Tornow
Templiner Eck
Ravensburg
Michendorfer Chaussee/Friedhof
Nesselgrund
Michendorfer Chaussee/Potsdamer Str.
Bahndamm
Forsthaus Templin
Caputh-Geltow
Humboldtring/Lotte-Pulewka-Str.
Burgstr.
Holzmarktstr.
Schiffbauergasse
Bundesvermög
Manger
Glienic
Sporthall
Kunersdor
A Potsdam
B Potsdam
C Potsdam
Grenze Berliner Teilbereich C

Legende

94 — Straßenbahnlinie mit Haltestelle, Haltestelle nur in Pfeilrichtung und Endhaltestelle

697 — Buslinie mit Haltestelle, Haltestelle nur in Pfeilrichtung und Endhaltestelle

606 — Regionalbuslinie mit Haltestelle, Haltestelle nur in Pfeilrichtung und Endhaltestelle*

RB20 — Linie des Regionalverkehrs mit Bahnhof und Endbahnhof

S1 — S-Bahn-Linie mit Bahnhof und Endbahnhof

F1 — Fährlinie mit Anlegestelle

Fernbahnhof

* Regionalbusse fahren nicht alle Haltestellen an. Bitte informieren Sie sich in den Fahrplänen.

Information

VBB

Verkehrsverbund Berlin-Brandenburg GmbH
Hardenbergplatz 2, 10623 Berlin
0180-5-822 662 (12 Cent/min)

ViP

ViP Verkehrsbetrieb Potsdam GmbH
Fritz-Zubeil-Straße 96
14482 Potsdam
(0331) 66 14-0
Info-Telefon (0331) 66 14-275

Stadtwerke-Kundenzentren

am Hauptbahnhof
südlicher Vorplatz/ZOB

in der WilhelmGalerie
Charlottenstraße 42

am Platz der Einheit

am S-Bahnhof Babelsberg
Karl-Liebknecht-Straße 4

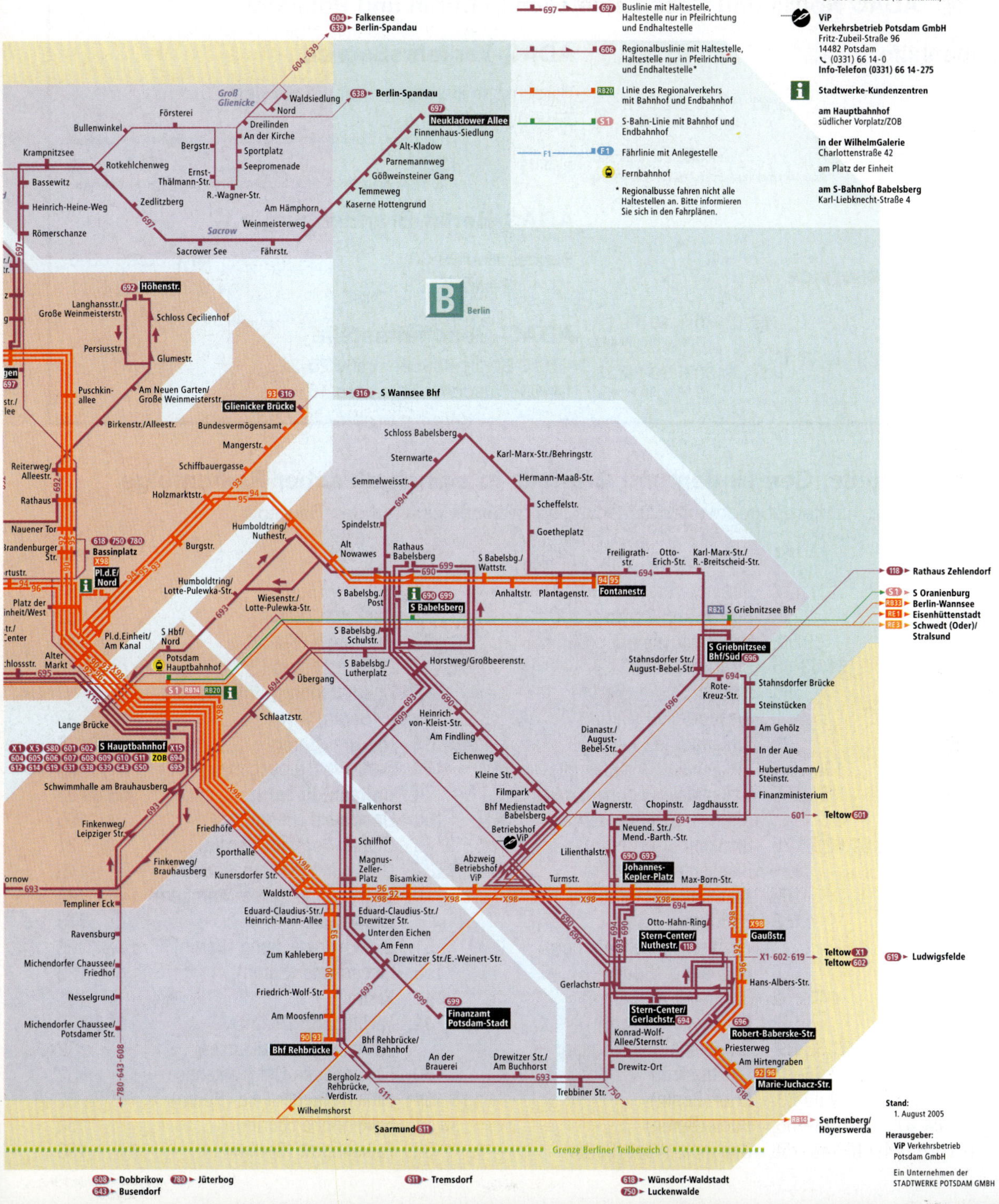

604 Falkensee
639 Berlin-Spandau
604-639
Groß Glienicke
Waldsiedlung
Nord
638 Berlin-Spandau
697 Neukladower Allee
Finnenhaus-Siedlung
Alt-Kladow
Parnemannweg
Gößweinsteiner Gang
Temmeweg
Kaserne Hottengrund
Försterei
Bullenwinkel
Dreilinden
An der Kirche
Bergstr.
Sportplatz
Seepromenade
Krampnitzsee
Rotkehlchenweg
Ernst-Thälmann-Str.
R.-Wagner-Str.
Bassewitz
Heinrich-Heine-Weg
Zedlitzberg
Am Hämphorn
Weinmeisterweg
Römerschanze
Sacrow
Sacrower See
Fährstr.
692 Höhenstr.
Langhansstr./Große Weinmeisterstr.
Schloss Cecilienhof
Persiusstr.
Glumestr.
B Berlin
Puschkinallee
Am Neuen Garten/Große Weinmeisterstr.
93 316 Glienicker Brücke
316 S Wannsee Bhf
Birkenstr./Alleestr.
Bundesvermögensamt
Mangerstr.
Schiffbauergasse
Reiterweg/Alleestr.
Rathaus
Holzmarktstr.
Nauener Tor
Brandenburger Str.
618 750 780 Bassinplatz
X98
Pl.d.E/Nord
Humboldtring/Nuthestr.
Burgstr.
Humboldtring/Lotte-Pulewka-Str.
Wiesenstr./Lotte-Pulewka-Str.
Platz der Einheit/West
Pl.d.Einheit/Am Kanal
S Hbf/Nord
Alter Markt
Potsdam Hauptbahnhof
S1 RB14 RB20
Übergang
Schlaatzstr.
Lange Brücke
X1 X5 580 601 602 S Hauptbahnhof X15
604 605 606 607 608 609 610 611 ZOB 694
612 614 619 631 638 639 643 650 695
Schwimmhalle am Brauhausberg
Finkenweg/Leipziger Str.
Friedhöfe
Sporthalle
Finkenweg/Brauhausberg
Kunersdorfer Str.
Waldstr.
Templiner Eck
Ravensburg
Michendorfer Chaussee/Friedhof
Nesselgrund
Michendorfer Chaussee/Potsdamer Str.
780-643-608
Eduard-Claudius-Str./Heinrich-Mann-Allee
Zum Kahleberg
Friedrich-Wolf-Str.
Am Moosfenn
90 93 Bhf Rehbrücke
Wilhelmshorst
Saarmund 611
Schloss Babelsberg
Sternwarte
Karl-Marx-Str./Behringstr.
Hermann-Maaß-Str.
Semmelweisstr.
Scheffelstr.
Spindelstr.
Goetheplatz
Alt Nowawes
Rathaus Babelsberg
S Babelsbg./Wattstr.
Freiligrath-str.
Otto-Erich-Str.
Karl-Marx-Str./R.-Breitscheid-Str.
S Babelsbg./Post
690 699 S Babelsberg
Anhaltstr.
Plantagenstr.
94 95 Fontanestr.
118 Rathaus Zehlendorf
S1 S Oranienburg
RB33 Berlin-Wannsee
RE1 Eisenhüttenstadt
RE3 Schwedt (Oder)/Stralsund
RB21 S Griebnitzsee Bhf
S Babelsbg./Schulstr.
S Babelsbg./Lutherplatz
Horstweg/Großbeerenstr.
Stahnsdorfer Str./August-Bebel-Str.
S Griebnitzsee Bhf/Süd 696
Rote-Kreuz-Str.
Stahnsdorfer Brücke
Steinstücken
Am Gehölz
In der Aue
Hubertusdamm/Steinstr.
Finanzministerium
Heinrich-von-Kleist-Str.
Am Findling
Eichenweg
Kleine Str.
Filmpark
Bhf Medienstadt Babelsberg
Dianastr./August-Bebel-Str.
Wagnerstr.
Chopinstr.
Jagdhausstr.
601 Teltow 601
Falkenhorst
Betriebshof ViP
Neuend. Str./Mend.-Barth.-Str.
Lilienthalstr.
690 693 Johannes-Kepler-Platz
Schilfhof
Magnus-Zeller-Platz
Bisamkiez
Abzweig Betriebshof ViP
Turmstr.
Max-Born-Str.
Eduard-Claudius-Str./Drewitzer Str.
Unter den Eichen
Am Fenn
Drewitzer Str./E.-Weinert-Str.
Otto-Hahn-Ring
Stern-Center/Nuthestr. 118
X98 Gaußstr.
X1-602-619
Teltow X1
Teltow 602
619 Ludwigsfelde
Hans-Albers-Str.
Gerlachstr.
699 Finanzamt Potsdam-Stadt
Stern-Center/Gerlachstr. 694
Konrad-Wolf-Allee/Sternstr.
696 Robert-Baberske-Str.
Priesterweg
Am Hirtengraben
92 96 Marie-Juchacz-Str.
Bhf Rehbrücke/Am Bahnhof
An der Brauerei
Drewitzer Str./Am Buchhorst
Drewitz-Ort
Bergholz-Rehbrücke, Verdistr.
Trebbiner Str.
611
750
618
RB14 Senftenberg/Hoyerswerda
Grenze Berliner Teilbereich C
608 Dobbrikow
780 Jüterbog
643 Busendorf
611 Tremsdorf
618 Wünsdorf-Waldstadt
750 Luckenwalde

Stand:
1. August 2005

Herausgeber:
ViP Verkehrsbetrieb Potsdam GmbH

Ein Unternehmen der STADTWERKE POTSDAM GMBH

ADAC Notruf und Geschäftsstellen in Berlin und Potsdam

ADAC-Pannenhilfe

0-24.00 Uhr .... ☎ 0 180 2 22 22 22
(0,06 € pro Anruf)

in allen Mobilfunknetzen .... ☎ 22 22 22
(nur Verbindungskosten des Netzbetreibers)

ADAC-Informationsservice

0-24.00 Uhr .... ☎ 0 180 5 10 11 12
(0,12 € pro Minute)

.... Fax 0 180 5 30 29 28
(0,12 € pro Minute)

ADAC-VerkehrsService

Persönliche Beratung rund um die Uhr

T-mobile, Vodafone, O_2 .... ☎ 22 4 11
(1,10 €/Minute zuzüglich Verbindungskosten abhängig vom Netzbetreiber)

e-plus .... ☎ 11 4 11
(1,10 €/Minute zuzüglich Verbindungskosten abhängig vom Netzbetreiber)

ADAC-Berlin-Brandenburg e.V.

Bundesallee 29-30 .... ☎ 0 30/86 86-0
10717 Berlin .... Fax 0 30/86 86-8 11

ADAC-Geschäftsstelle

10117 Berlin, Taubenstraße 20-22
14469 Potsdam, Jägerallee 16

Städte, Stadtteile, Gemeinden und Ortsteile in alphabethischer Reihenfolge

Die in halbfett abgedruckten Seitenzahlen beziehen sich auf den Hauptort

SEITE

Adlershof (Berlin) 121,137
AEG-Siedlung (Berlin) 35
Ahrensfelde 39,50, **51**,63-65
Albrechtshof (Berlin) 66
Alte Kolonie (Hohen Neuendorf) 26
Altglienicke (Berlin) 136,137, 154,155
Alt-Hohenschönhausen (Berlin) 61,62,75,76
Altstadt (Berlin) 121
Alt-Treptow (Berlin) 102
Am Stern (Potsdam) 163
Andreas Rabe-Siedlung (Berlin) 36
Babelsberg (Potsdam) 144,162
Baumschulenweg (Berlin) 103
Berlin **11-19,**30,31,33-39, 42-50,53-63,66-70, **71-73,**74-79,80-83, **84-87,**88-93,95-106, 110-140,144-146,148-158
Berliner Vorstadt (Potsdam) 143
Bernau bei Berlin 23
Beyschlagsiedlung (Berlin) 43
Biesdorf (Berlin) 77,91,105
Biesdorf-Nord (Berlin) 77
Biesdorf-Süd (Berlin) 105
Birkengrund (Teltow) 149,167
Birkenhain (Großbeeren) 167
Birkenstein (Hoppegarten) 79
Birkholz (Großbeeren) 168
Blankenburg (Berlin) 38,48
Blankenfelde (Berlin) 28,29,36,37
Blankenfelde-Mahlow 169,170
Blumberg (Ahrensfelde-Blumberg) 51
Bohnsdorf (Berlin) 155
Bornstedt (Potsdam) 142
Borsigwalde (Berlin) 44
Brandenburger Vorstadt (Potsdam) 160
Britz (Berlin) 118,134
Buch (Berlin) 30,31
Buchholz-West (Berlin) 37
Buckow (Berlin) 133,134
Buckow I (Berlin) 152
Buckow II (Berlin) 135
Charlottenburg (Berlin) 16-19,83-85
Charlottenburg-Wilmersdorf (Berlin) 97
Dahlem (Berlin) 114,130
Dahlwitz (Hoppegarten) 93
Dallgow-Döberitz 66,80,94
Dammfeld (Berlin) 105
Damm-Vorstadt (Berlin) 121
Dreilinden (Kleinmachnow) 145
Eiche (Ahrensfelde-Blumberg) 63,64
Eichwalde **175**
Eigenheimsiedlung (Berlin) 66
Elsengrund (Berlin) 122
Erkner 141
Falkenberg (Berlin) 50,62
Falkenhagen (Falkensee) 52
Falkenhagen Ost (Falkensee) 52
Falkenhagener Feld (Berlin) 67
Falkenhöhe (Berlin) 50
Falkenhorst (Berlin) 156

Fortsetzung Seite 191

Fortsetzung von Seite 190

SEITE

Falkenhorst (Zeuthen) 184
Falkensee 52,66
Fennpfuhl (Berlin) 75
Französisch-Buchholz (Berlin) 37,38, 47,48
Friedenau (Berlin) 99,115
Friederikendorf (Großbeeren) 168
Friedrichsfelde (Berlin) 89,90
Friedrichshagen (Berlin) 122,123
Friedrichshain (Berlin) 74,88
Friedrichshain-Kreuberg (Berlin) 74,88
Frohnau (Berlin) 25,26,33,34
Fuchsberg (Blankenfelde-Mahlow) 170
Gartenfeld (Berlin) 69
Gartenstadt (Potsdam) 142
Gartenstadt Großziethen (Schönefeld) 152
Gatow (Berlin) 95,96
Gesundbrunnen (Berlin) 58,72,73
Glienicke-Nordbahn 26,27,**35**
Gorinsee (Wandlitz) 22
Gosen (Gosen-Neu Zittau) 159
Gosen-Neu Zittau (Amt Spreenhagen) 158,**159**
Grätzwalde (Schöneiche bei Berlin) 109
Gropiusstadt (Berlin) 135
Groß Glienicke (Berlin) 110
Groß Glienicke (Potsdam) 110
Großbeeren 149,167, 168,182,**183**
Großziethen (Schönefeld) 152
Grünau (Berlin) 137,138
Grunewald (Berlin) 97,98
Güterfelde (Stansdorf) 180
Hakenfelde (Berlin) 54
Hansaviertel (Berlin) 85
Haselhorst (Berlin) 68
Heideberg (Zeuthen) 174
Heiligensee (Berlin) 32,33,42
Heinersdorf (Berlin) 48,60
Heinersdorf (Großbeeren) 167
Hellersdorf (Berlin) 77,78
Hennigsdorf **24**,**32**,42

SEITE

Hermannswerder (Potsdam) 160
Hermsdorf (Berlin) 34
Hessenwinkel (Berlin) 141
Hirschgarten (Berlin) 122
Hobrechtsfelde (Panketal) 23
Hochland (Zeuthen) 185
Hohen Neuendorf 25,26
Hohengatow (Berlin) 111
Hönow (Hoppegarten) 65,79
Hönow-Nord (Hoppegarten) 64
Hönow-Süd (Hoppegarten) 79
Hoppegarten 64,65,79, **93**,106-108
Hottengrund (Berlin) 126
Invalidensiedlung (Berlin) 26
Jägervorstadt (Potsdam) 142
Johannisthal (Berlin) 119,120,136
Karlshorst (Berlin) 90,104
Karolinenhof (Berlin) 157
Karow (Berlin) 39
Katharinensee (Mühlenbecker Land) 27,28
Kaulsdorf (Berlin) 77,78, 91,92,105
Kaulsdorf-Nord (Berlin) 77,78
Kaulsdorf-Süd (Berlin) 105
Kienwerder (Stansdorf) 164
Kietzer Vorstadt (Berlin) 121
Kiewitt (Potsdam) 160
Kindelwaldsiedlung (Glienicke/Nordbahn) 27
Kladow (Berlin) 110,126
Kleinbeeren (Großbeeren) 183
Kleinmachnow **146**,**147**
Kleinziethen (Schönefeld) 170
Kohlhasenbrück (Berlin) 144,145
Köllnische Vorstadt (Berlin) 121
Kolonie am See (Falkensee) 52
Kolonie Buch (Berlin) 30,31
Königs Wusterhausen 159,176,177
Konradshöhe (Berlin) 42,43
Köpenick (Berlin) 103-106, 122,138
Kreuzberg (Berlin) 87,88,101
Lankwitz (Berlin) 131,132
Lichtenberg (Berlin) 75,76,89
Lichtenrade (Berlin) 151,152,169,170

SEITE

Lichterfelde (Berlin) 131,149,150
Lübars (Berlin) 35
Mahlow (Blankenfelde-Mahlow) 169
Mahlsdorf (Berlin) 79,92,106
Mahlsdorf-Süd (Berlin) 106
Malchow (Berlin) 48
Margaretenhöhe (Berlin) 49
Mariendorf (Berlin) 117,133
Marienfelde (Berlin) 132,133,150
Märkisches Viertel (Berlin) 45,46
Marzahn (Berlin) 62,63,76,77
Marzahn-Hellersdorf (Berlin) 76,77
Miersdorf (Zeuthen) 184
Miersdorfer Werder (Zeuthen) 185
Mitte (Berlin) 12-15,72,73,87
Mitte (Schulzendorf) 174
Moabit (Berlin) 71
Mönchmühle (Mühlenbecker Land) 28
Mönchsheim (Hoppegarten) 93
Müggelheim (Berlin) 139,140,157
Mühlenbecker Land 26,**27**, **28**,35,36
Münchehofe (Hoppegarten) 107
Nauener Vorstadt (Potsdam) 143
Neu Zittau (Gosen-Neu Zittau) 159
Neubeeren (Großbeeren) 182
Neuenhagen bei Berlin 79
Neu-Hohenschönhausen (Berlin) 61,62
Neukölln (Berlin) 101,102
Nieder Neuendorf (Henningsdorf) 41
Niederschöneweide (Berlin) 120
Niederschönhausen (Berlin) 47
Nikolassee (Berlin) 127,128,146
Nord-Rauchfangswerder (Berlin) 185
Nuthetal 178,179
Oberschöneweide (Berlin) 104,120
Osramsiedlung (Hohen Neuendorf) 25
Panketal 23,31,39
Pankow (Berlin) 46,47,59
Paulstern (Berlin) 69

Fortsetzung Seite 192

Fortsetzung von Seite 191

SEITE

Pichelsdorf (Berlin) 82
Plänterwald (Berlin) 103
Potsdam **20,21,**94,110,126, **142,143,**144,**160-162,** 163,178,179
Potsdam-West (Potsdam) 160
Prenzlauer Berg (Berlin) 73,74
Rahnsdorf (Berlin) 124,125
Rahnsdorfer Mühle (Berlin) 124
Rehbrücke (Nuthetal) 178
Reinickendorf (Berlin) 45,46,57,58
Rixdorf (Berlin) 102
Röntgental (Panketal) 23,31
Rosenthal (Berlin) 46
Roter Dudel (Blankenfelde-Mahlow) 169,170
Rudow (Berlin) 135,136, 153,154
Ruhleben (Berlin) 83
Ruhlsdorf (Teltow) 166
Rummelsburg (Berlin) 89
Sacrow (Potsdam) 126
Schenkenhorst (Stansdorf) 180
Schildow (Mühlenbecker Land) 28
Schlaatz (Potsdam) 162
Schmargendorf (Berlin) 98
Schmöckwitz (Berlin) 157,175,185
Schmöckwitzwerder (Berlin) 176
Schöneberg (Berlin) 99,100,116
Schönefeld 134,152,153,**154,** 155,156,170-173
Schöneiche bei Berlin **108,**109
Schönerlinde (Wandlitz) 29,30
Schönfließ (Mühlenbecker Land) 27
Schönholz (Berlin) 58
Schönow (Bernau b. Berlin) 23
Schönwalde-Glien 40
Schulzendorf (Berlin) 43
Schulzendorf 173,**174,184**
Seeburg (Dallgow-Döberitz) 80,94
Seegefeld-Ost (Falkensee) 66
Seehof (Teltow) 148
Selchow (Schönefeld) 171
Siedlung Daheim (Berlin) 133
Siedlung Eichberg (Schulzendorf) 174
Siedlung Eichkamp (Berlin) 97,98

SEITE

Siedlung Falkenhöhe (Falkensee) 52
Siedlung Freie Scholle (Berlin) 44
Siedlung Großstückenfeld (Mühlenbecker Land) 28
Siedlung Habichtswald (Berlin) 94
Siedlung Heerstraße (Berlin) 83
Siedlung Kienberg (Schönefeld) 173
Siedlung Kienwerder (Berlin) 35
Siedlung Neuland (Berlin) 134
Siedlung Schönwalde (Schönwalde-Glien) 40
Siedlung Späthsfelde (Berlin) 119
Siedlung Waldidyll (Berlin) 55,56
Siedlung Waltersdorf (Schönefeld) 156,174
Siedlung Wartenberg (Berlin) 50
Siemensstadt (Berlin) 69,70
Sigridshorst (Teltow) 149
Spandau (Berlin) 11,68,81,82
Spindlersfeld (Berlin) 121
Staaken (Berlin) 66,80,81
Stadtrandsiedlung (Berlin) 63
Stadtrandsiedlung (Potsdam) 162,178
Stadtrandsiedlung Blankenfelde (Berlin) 28,29,36
Stadtrandsiedlung Karow (Berlin) 39
Stadtrandsiedlung Malchow (Berlin) 48
Stadtrandsiedlung Marienfelde (Berlin) 150
Stahnsdorf 163,**164,165,** 179-181
Steglitz (Berlin) 115
Steglitz-Zehlendorf (Berlin) 113,128,129
Steinstücken (Berlin) 162
Stolpe (Hohen Neuendorf) 25
Stolpe-Süd (Hennigsdorf) 32
Stralau (Berlin) 89
Stresow (Berlin) 82
Süd-Rauchfangswerder (Berlin) 185
Tegel (Berlin) 43,44
Tegelort (Berlin) 55
Teltow **147,148,**149, 165,**166,**167

SEITE

Teltower Vorstadt (Potsdam) 161
Tempelhof (Berlin) 101,117
Tempelhof-Schöneberg (Berlin) 116,117
Templiner Vorstadt (Potsdam) 160
Tiefwerder (Berlin) 82
Tiergarten-Süd (Berlin) 85,86
Tornow (Potsdam) 160
Treptow (Berlin) 102,103
Treptow-Köpenick (Berlin) 137
Velten 24
Waidmannslust (Berlin) 45
Waldblick (Blankenfelde-Mahlow) 169
Waldesruh (Hoppegarten) 106
Waldsiedlung Wuhlheide (Berlin) 104
Waldstadt 1 (Potsdam) 178
Waltersdorf (Schönefeld) 173
Wandlitz 22,29,30
Wannsee (Berlin) 127,145
Wartenberg (Berlin) 50
Waßmannsdorf (Schönefeld) 171
Wedding (Berlin) 57,58,71,72
Weinmeisterhöhe (Berlin) 81
Weißensee (Berlin) 60
Wendenschloß (Berlin) 138
Wernsdorf (Königs Wusterhausen) 177
Westend (Berlin) 84
Wildau **185**
Wilhelmshagen (Berlin) 125
Wilhelmsruh (Berlin) 45
Wilhelmstadt (Berlin) 81,82
Wilmersdorf (Berlin) 99
Wittenau (Berlin) 45
Wohngebiet Drewitz (Potsdam) 179
Wohngebiet Kirchsteigfeld (Potsdam) 179
Wolfsgarten (Berlin) 106
Woltersdorf 109,125
Zehlendorf (Berlin) 113,129, 130,147,148
Zentrum-Ost (Potsdam) 161
Zeuthen 174,**175,**184,**185**
Ziegenhals (Königs Wusterhausen) 176

Straßenverzeichnis in alphabetischer Reihenfolge mit Postleitzahlen

Vor den Straßennamen stehen in diesem Verzeichnis die Postleitzahlen (PLZ). Bei Straßen die mehrere PLZ erhalten haben, erscheinen diese vor den entsprechenden Hausnummern. Ein Strich (-) vor den Straßen bedeutet, daß diese keine PLZ erhalten haben, weil sie z. B. ohne Bebauung sind. Bei den Gemeinden, die nur eine PLZ erhalten haben, erscheint diese rechts neben dem Gemeindenamen, z.B.:
Bernau bei Berlin PLZ 16321

Ahrensfelde

PLZ 16356

Ahornring (Ahrensfelde) 51-8a
Ahornzeile (1) 63-9b
Ahrensfelder Berg 63-3c
Ahrensfelder Chaussee (Eiche) 51-9c
Ahrensfelder Dreieck 51-5c
Altlandsberger Weg 64-3a
Am Ährenfeld 51-8a
Am Alten Kiesberg 51-8b
Am Feldrain 50-2d
Am Graben 63-3d
Am Luch 64-7d
Am Roggenschlag 51-8c
Am Wiesenrain 50-2d
Am Wuhlegrund 51-8a
Amselsteig (2) 51-8a
Amselweg 64-7b
An der Wiese 51-9d
An der Wuhle 51-8d
Apfelsteig 51-5d
Asternweg 51-5b
August-Bebel-Straße 51-5d

Bahnstraße 51-8a
Beerenwinkel (6) 51-8b
Bergstraße (Ahrensfelde) 51-8d
Bernhard-Lichtenberg-Straße 51-6a
Bertolt-Brecht-Straße 51-7b
Biberstraße 63-9b
Birkenring 63-9b
Birkholzer Allee 50-3b
Birnenweg (4) 51-8b
Blumberger Chaussee 51-9a

Clara-Zetkin-Straße 51-2d

Dahlienstraße 50-3b
Döllner Straße 51-8d
Dorfstraße 51-8c

Ehrig-Hahn-Straße 51-3b
Eichendorffstraße (1) 51-4d
Eiche-Süd A 63-9b
Eiche-Süd B 64-7a
Eichner Chaussee 63-9b
Eichner Dorfstraße 36-6b
Eichner Grenzweg 63-3a
Elsternweg (7) 51-8b
Erich-Kästner-Straße (10) 51-7b
Erlengrund 63-6b
Ernst-Thälmann-Straße 51-5d

Fasanenstraße 51-8a
Feldstraße 51-8c
Fichtestraße 51-4c
Finkensteig 51-5c
Fliederstraße 51-5c
Florastraße (1) 50-5b
Fontanestraße (2) 51-4d
Freiligrathstraße 51-4c
Friedenstraße 51-5d
Friedhofsweg 63-3d

Gartenweg 51-8d
Gebrüder-Grimm-Straße 51-7b
Geschwister-Scholl-Straße 51-5b
Ginsterstraße 51-2d
Goethestraße 51-4c
Guntherstraße 51-1a

Hafersteig 51-8a
Hasenwinkel 51-8a
Heideweg 51-3c
Heinestraße 51-4c
Helgolandstraße 51-9d
Hellersdorfer Weg 64-7a
Henry-Kruse-Straße 51-3a
Herderstraße 51-4d
Hölderlinweg (6) 51-7b
Hönower Straße 64-3a
Hönower Weg 65-2b

Im Winkel 49-3b
Immenweg 63-3b
In den Wörden 63-6b
Irisweg (2) 51-5b

Jahnstraße 51-4d

Karl-Marx-Straße 39-9d
Karower Weg 39-5d
Kirchweg 63-3d
Kirschenallee 51-5d
Klarahöh 50-1d
Kleines Ahrensfelder Dreieck 51-5d
Kleiststraße (3) 51-4c
Kutschersteig 51-8c

Landsberger Chaussee 63-9b
Lerchensteig (5) 51-8b
Lessingstraße 51-7b
Lilienstraße 50-3a
Lindenberger Straße 51-4d
Lindenberger Weg 51-4a

Mehrower Chaussee 51-9a
Mehrower Straße 51-9a
Mehrower Weg 63-3d
Meisenweg 64-7b
Mohnblumenweg 51-8a
Mühlenstraße 63-3b

Nelkenstraße 51-5b
Neuer Schwanebecker Weg 51-4b
Novalisstraße 51-7b

Quittenhaag 51-8b

Rebhuhnwinkel 51-8b
Rheinstraße 51-9d
Rilkestraße (4) 51-7b
Ringstraße 50-2c
Rodelbergweg 51-5c
Rosenstraße 51-6a
Rudolf-Breitscheid-Straße 51-5d
Ruhrstraße 63-3b

Saarstraße 51-9d
Schillerstraße 51-4c
Schleifweg (Ahrensfelde) 51-9a
Sonnenwinkel 51-8a
Stefan-Zweig-Straße 51-7b
Steinstraße 50-2d
Stieglitzweg (1) 51-5c
Straße am Walde 51-3c
Straße der Arbeit 63-3a
Straße der Einheit 63-3a
Straße der Freundschaft 63-3a
Straße der Jugend 63-3a
Straße des Friedens 63-3a

Thälmannstraße 50-1d
Thomas-Mann-Straße (8) 51-7b
Tucholskystraße (9) 51-7b
Tulpenring (1) 51-5b

Ulmenallee 51-7d

Veilchenstraße 51-6a
Verbindungsweg 64-7a
Volkerstraße 50-3b

Wachtelweg (8) 51-8b
Wickenweg (10) 50-3b
Wiesenhain (3) 51-8a
Wiesenweg (Lindenberg) 50-2c
Wilhelm-Busch-Weg (7) 51-7b
Wilhelm-Hauff-Weg (5) 51-7b
Wilhelm-Külz-Straße 51-5b
Wuhlesteg 51-8a

Zeisigweg (9) 51-8b
Zeppelinstraße 51-3b
Zur Tränke 63-6b
Zur Wuhle 63-3a

Berlin

Abkürzungen

Adlhf. = Adlershof
Altgl. = Altglienicke
Alt-Hschönhs. = Alt-Hohenschönhausen
Alt-Tr. = Alt-Treptow

Baumsch. = Baumschulenweg
Biesdf. = Biesdorf
Blankenbg. = Blankenburg
Blankfde.. = Blankenfelde
Bohnsdf. = Bohnsdorf
Borsigw. = Borsigwalde
Buchhz. = Buchholz
Buck. = Buckow

Charlbg. = Charlottenburg

Dahl.- = Dahlem

Falkbg. = Falkenberg
Fr. Buchhz. = Französisch Buchholz
Friedhg. = Friedrichshagen
Friedhn. = Friedrichshain
Friedn. = Friedenau
Friedrfde. = Friedrichsfelde
Frohn. = Frohnau

Gesndbr. = Gesundbrunnen
Grün. = Grünau
Grwld. = Grunewald

Halens. = Halensee
Hansav. = Hansaviertel
Haselh. = Haselhorst
Heilgs. = Heiligensee
Heindf. = Heinersdorf
Helldf. = Hellersdorf
Hermsdf. = Hermsdorf
Hesswkl. = Hessenwinkel
Hschönhs. = Hohenschönhausen

Johsth. = Johannisthal

Karlsh. = Karlshorst
Kaulsdf. = Kaulsdorf
Klad. = Kladow
Kleingtkol. = Kleingartenkolonien- und anlagen
Konrdsh. = Konradshöhe
Köp. = Köpenick
Kreuzbg. = Kreuzberg

Lankw. = Lankwitz
Lichtbg. = Lichtenberg
Lichtfde. = Lichterfelde
Lichtrde. = Lichtenrade
Lüb. = Lübars

Mahlsdf. = Mahlsdorf
Malch. = Malchow
Mardf. = Mariendorf
Marfde. = Marienfelde
Marz. = Marzahn
Moab. = Moabit
Mügghm. = Müggelheim

Nkln. = Neukölln
Nklsee. = Nikolassee
Nschönhs. = Niederschönhausen
Nschönwde. = Niederschöneweide

Oberschönwde. = Oberschöneweide

Pank. = Pankow
Pläntw. = Plänterwald
Prenzl.Bg. = Prenzlauer Berg

Rahnsdf. = Rahnsdorf
Reindf. = Reinickendorf
Rosnth. = Rosenthal

Schbg. = Schöneberg
Schmargdf. = Schmargendorf
Schmöckw. = Schmöckwitz
Siemst. = Siemensstadt
Spand. = Spandau
Staak. = Staaken
Stegl. = Steglitz
Steinst. = Steinstücken

Teg. = Tegel
Tiergt. = Tiergarten
Tphf. = Tempelhof
Trept. = Treptow

Waidml. = Waidmannslust
Wanns. = Wannsee
Wartbg. = Wartenberg
Wedd. = Wedding
Weißs. = Weißensee
Wilhg. = Wilhelmshagen
Wilhr. = Wilhelmsruh
Wilmdf. = Wilmersdorf
Witten. = Wittenau

Zehldf. = Zehlendorf

Straßennamen mit Suchfeldangaben in Klammern befinden sich im Cityplan auf den Seiten 11 bis 19.

10713 **A**achener Straße 99-7b
13587 Aalemannufer 54-5b
10439 Aalesunder Straße (1) 59-8c
12205 Aarauer Straße 130-9a
12205 Aarberger Straße (8) 131-7a
13158 Abajstraße 46-6d
10587 Abbestraße 85-4b (16/D2)
12437 Abendfrieden (3) 119-4c
12109 Abendrot (Charlbg.) (Kleingtkol.) 117-8b
12307 Abendrotweg 151-7d
13627 Abendruh (Charlbg.) (Kleingtkol.) 70-6a
14167 Abendruh (Lichtfde.) (Kleingtkol.) 130-8b
12489 Abram-Joffe-Straße 136-3c
12487 Abramowitschallee 120-8c
14193 Abstellbahnhof (Kleingtkol.) 97-8b
12435 Abteibrücke 103-2c
12489 Abtstraße 137-1a
12559 Abtweiler Straße 140-8a
12621 Achardstraße 91-6c
13585 Achenbachstraße 68-5c (11/A1)
12209 Achenseeweg 149-3b
13125 Achillesstraße 39-1c
13187 Achtermannstraße 59-2b
13125 Achtrutenberg 39-4a
13509 Ackerplanweg 44-5b
Ackerstraße (Mitte) 72-6a (13/E1)
10115 Nr. 1-39, Nr. 2-40, Nr. 144-174, Nr. 145-173
13355 Nr. 45-137, Nr. 46-136
13585 Ackerstraße (Spand.) 68-4a
Adalbertstraße 87-9a
10179 Nr. 24-62, Nr. 25-63 Nr. 67-89, Nr. 68-90
14197 Adam-Kuckhoff-Platz 99-8c
13595 Adamstraße 82-4a
13627 Adam-von-Trott-Straße 70-3d
12627 Adele-Sandrock-Straße 78-3c
10117 Adele-Schreiber-Krieger-Straße (12/A2)
13507 Adelheidallee 44-4c
13591 Adelheid-Poninska-Straße 80-3c
10629 Adenauerplatz 85-7c (18/C5)
12685 Adersleber Weg 77-1d
13599 Adickesstraße 69-4a
\- Adlerbrücke 86-4d
Adlergestell 120-5c
12439 Nr. 107-143, Nr. 136-142
12489 Nr. 150-350, Nr. 201-361
12527 Nr. 364-730, Nr. 365-643, Nr. 739-787, Nr. 740-786
12527 Adlerhorst 137-5a
12107 Adlermühle 133-7b
14053 Adlerplatz 83-5a
12487 Adlershof 137-2a

12557 Adlershofer Straße 121-8b
12526 Adlerstraße 155-6b
13129 Adlerweg (Blankenbg.) 48-7a
13599 Adlerweg (Haselh.) 54-9d
12277 Adlerweg (Marfde.) 150-9a
13629 Adlerweg (Teg.) 69-3c
- Admiralbrücke 101-3a
10999 Admiralstraße 101-3a
- Adolf-Kiepert-Steg 150-6d
12205 Adolf-Martens-Straße 130-3a
12621 Adolf-Menzel-Straße 91-9c
12101 Adolf-Scheidt-Platz 100-9a
12621 Adolfstraße (Kaulsdf.) 91-3d
12167 Adolfstraße (Stegl.) 115-8b
13347 Adolfstraße (Wedd.) 72-2a
14165 Adolfstraße (Zehldf.) 147-3b
12627 Adorfer Straße 78-5a
12526 Advokatensteig 155-3b
13409 Aegirstraße 58-5d
13351 Afrikanische Straße 57-8b
10709 Agathe-Lasch-Platz (18/A6)
13509 Agathenweg 44-5a
12437 Agavensteig (Baumsch.) 119-8c
10318 Agavensteig (Karlsh.) 104-6a
12524 Agnes-Hacker-Straße 155-1a
12353 Agnes-Straub-Weg 135-5d
10249 Agnes-Wabnitz-Straße 74-8b
10557 Agnes-Zahn-Harnack-Straße (12/A2)
10555 Agricolastraße 85-2d (17/F1)
10437 Ahlbecker Straße 73-3c
13591 Ahlbeerensteig 66-9a
12207 Ahlener Weg 149-4a
13129 Ahornallee (Blankbg.) 48-2d
14050 Ahornallee (Charlbg.) 84-7b
12587 Ahornallee (Friedhg.) 122-6b
14089 Ahornallee (Klad.) 110-5b
12555 Ahornallee (Köp.) 121-5d
12623 Ahornallee (Mahlsdf.) 92-8d
13158 Ahornallee (Rosnth.) 47-4a
10557 Ahornallee (Tiergt.-S.) (12/A4)
14050 Ahornplatz 84-4b
10785 Ahornsteig 86-5c
12621 Ahornstraße (Kaulsdf.) 105-3c
12589 Ahornstraße (Rahnsdf.) 141-3a
10787 Ahornstraße (Schbg.) 86-7c
12163 Ahornstraße (Stegl.) 115-5a
14163 Ahornstraße (Zehldf.) 129-6a
12587 Ahornweg (Friedhg.) 122-5a
13059 Ahornweg (Wartbg.) 50-8c
12279 Ahrensdorfer Straße 150-2c
Ahrensfelder Chaussee 62-3a
13057 Nr. 1-125
12689 Nr. 46-162, Nr. 173
13051 Ahrenshooper Straße 61-2b
14129 Ahrenshooper Zeile 129-4a
12683 Ährenweg 91-1b
14197 Ahrweilerstraße 115-2a
14089 Aiblinger Weg 110-9d
13089 Aidastraße 60-4a
12487 Akademieplatz 136-3c
14050 Akazienallee (Charlbg.) 83-3d
12623 Akazienallee (Mahlsdf.) 106-5a
13158 Akazienallee (Rosnth.) 46-6b
13627 Akazienhain (Kleingtkol.) 70-6a
12524 Akazienhof 137-9c
12207 Akazienstraße (Lichtfde.) 131-8b
10823 Akazienstraße (Schbg.) 100-1d
10315 Akazienwäldchen (Kleingtkol.) 90-2c
- Akazienwäldchen 118-5d
14199 Akazienweg (Schmargdf.) 98-9d
13587 Akazienweg (Spand.) 54-5c
13059 Akazienweg (Wartbg.) 50-8c
12487 Akeleiweg 136-1a
13127 Akkordeonweg 47-6c
13088 Aladinweg 48-8d
12105 Alarichplatz 116-6d
12105 Alarichstraße 116-6d
12277 Albanstraße 132-9d
12683 Alberichstraße 91-7d
12349 Albersweilerweg 134-7a
12489 Albert-Einstein-Straße 136-6a
13465 Albert-Heinrich-Straße 26-1c
10365 Albert-Hößler-Straße 89-5a
13086 Albertinenstraße (Weißs.) 60-9c
14165 Albertinenstraße (Zehldf.) 129-9c
12627 Albert-Kuntz-Straße 78-2d
12043 Albert-Schweitzer-Platz 101-6b
12587 Albert-Schweitzer-Straße 122-3d
10827 Albertstraße 100-4d
12159 Albestraße 99-8d
14129 Albiger Weg 128-8b
12487 Albineaplatz 120-7a
12105 Alboinplatz 116-5b
Alboinstraße 116-6c
12103 Nr. 1-111, Nr. 2-110
12105 Nr. 113-135
10709 Albrecht-Achilles-Straße 98-3d (18/B6)
14089 Albrecht-Berblinger-Straße 110-3a
12623 Albrecht-Dürer-Straße 78-9a
14109 Albrechts Teerofen 163-2b
13629 Albrechtsche Erben (Kleingtkol.) 70-1c
12099 Albrechtshöhe (Kleingtkol.) 117-4b
10117 Albrechtstraße (Mitte) 86-3b (12/C2)
Albrechtstraße (Stegl.) 115-5c
12165 Nr. 1-11, Nr. 2-10, Nr. 121-133
12167 Nr. 12-120, Nr. 13-119
Albrechtstraße (Tphf.) 116-3c
12099 Nr. 1-41, Nr. 2-42, Nr. 121-145, Nr. 122-144
12103 Nr. 43-119, Nr. 44-120
14195 Albrecht-Thaer-Weg 114-3d
13469 Albtalweg 35-8a
12107 Albulaweg 133-8a
14052 Alemannenallee 83-9b
- Alemannenbrücke 128-7d
12524 Alemannenstraße (Altgl.) 137-7d
13465 Alemannenstraße (Frohn.) 25-9d
14129 Alemannenstraße (Nklsee.) 128-7d
10178 Alexanderplatz 73-8d (13/G2)
10179 Alexanderstraße 87-2b (13/H3)
10117 Alexanderufer 86-2b (12/B2)
12489 Alexander-von-Humboldt-Weg 136-2b
10969 Alexandrinenstraße 87-7d (15/G6)
12683 Alfelder Straße 91-7c
13591 Alfons-Loewe-Straße 66-5b
10999 Alfred-Döblin-Platz 87-8b (15/H6)
12679 Alfred-Döblin-Straße 62-9b
Alfred-Jung-Straße 75-7c
10367 Nr. 1-11, 36-Ende
10369 Nr. 12-22, Nr. 19-35
10315 Alfred-Kowalke-Straße 90-4c
12559 Alfred-Randt-Straße 122-8c
12355 Alfred-Rojek-Weg 136-4d
10365 Alfredstraße 89-2d
10557 Alice-Berend-Straße 86-1d
12623 Alice-Herz-Platz 92-2a
12627 Alice-Salomon-Platz (5) 78-1d
10317 Alice-und-Hella-Hirsch-Ring (5) 89-8c
12527 Alkenweg 137-6a
Allee der Kosmonauten 76-7a
10315 Nr. 16-22, Nr. 17-25
12681 Nr. 24-68, Nr. 27-145
12683 Nr. 88-168, Nr. 162-168
12685 Nr. 151-203
13405 Allée du Stade 70-3b
13469 Allée Marie-Curie (3) 45-1c
13469 Allée Pierre de Coubertin 45-1c
13405 Allée St. Exupéry 56-5b
12559 Allendeweg 122-4c
13053 Allendorfer Weg 76-4a
12049 Allerstraße 101-9b
12107 Allgäuer Weg 133-2d
13509 Allmendeweg 44-2b
12487 Allmersweg 120-4d
13505 Almazeile 54-6b
10119 Almstadtstraße 73-8c (13/G2)
13467 Almutstraße 35-7a
12107 Almweg 133-5b
13627 Alpenrose (Kleingtkol.) 70-6a
12349 Alpenrose 134-4c
12437 Alpenrosenweg 119-5c
12359 Alpental (Britz) (Kleingtkol.) 118-6d
12099 Alpental (Mardf.) (Kleingtkol.) 117-9a
13581 Alpenveilchen (Kleingtkol.) 81-2b
12683 Alpenveilchenweg (6) 91-6c
10589 Alpenweg 70-9c
13089 Alpnacher Weg 60-2c
14163 Alsbacher Weg 113-8c
- Alsenbrücke 145-4d
12163 Alsenstraße (Stegl.) 115-6a
14109 Alsenstraße (Wanns.) 145-4b
12559 Alsenzer Weg 139-9d
12247 Alsheimer Straße 132-1a
14167 Alsterweg 148-2c
12057 Alt Alpental (Kleingtkol.) 118-3a
12249 Alt Lankwitz (Kleingtkol.) 132-5b
12157 Alt Schöneberg (Kleingtkol.) 116-1b
12683 Alt-Biesdorf 90-3d
13129 Alt-Blankenburg 48-5a
12359 Alt-Britz 118-8c
13125 Alt-Buch 31-8a
12349 Alt-Buckow 134-7b
13503 Altdammer Weg 33-4a
12205 Altdorfer Straße 130-6c
14055 Alte Allee 97-3d
13156 Alte Baumschule (Kleingtkol.) 58-3b
10965 Alte Brauerei (3) 100-6b
13469 Alte Fasanerie 36-7d
14163 Alte Fischerhütte 129-1a
12629 Alte Hellersdorfer Straße 78-4a
Alte Jakobstraße 87-7d (15/F6)
10969 Nr. 1-47, Nr. 2-46, Nr. 103-Ende, Nr. 104-Ende
10179 Nr. 48-102, Nr. 49-103
12555 Alte Kaulsdorfer Straße 121-3b
10117 Alte Leipziger Straße (15/F5)
14193 Alte Poststraße 113-5c
12681 Alte Rhinstraße 76-4b
10119 Alte Schönhauser Straße 73-8c (13/G2)
14193 Alte Spandauer Poststraße 97-1c
12435 Alte Sternwarte (Kleingtkol.) 102-6b
12157 Alte Ziegenweide (Kleingtkol.) 116-1d
12209 Altenauer Weg 131-9c
13156 Altenberger Weg 47-4c
Altenbraker Straße 102-7d
12053 Nr. 1-19, Nr. 2-20
12051 Nr. 21-Ende, Nr. 22-Ende
14050 Altenburger Allee 83-6a
12249 Altenburger Straße 150-1b
10407 Altenescher Weg 74-2d
13055 Altenhofer Straße 75-4a
13509 Altenhofer Weg 44-8b
14195 Altensteinstraße 114-9c
12683 Altentreptower Straße 91-2a
13469 Alter Bernauer Heerweg 35-9b
13629 Alter Exerzierplatz (Kleingtkol.) 69-5b
12589 Alter Fischerweg 124-3c
12589 Alter Hegemeisterweg 124-5d
12555 Alter Markt 121-6d
- Alter Park 116-3d
12527 Alter Radelander Weg 156-2c
12524 Alter Schönefelder Weg 136-9b
12487 Alter Segelfliegerdamm 136-1a
Alt-Friedrichsfelde 89-6b
10315 Nr. 1-61, Nr. 2-60, Nr. 65-69, Nr. 66-Ende, Nr. 71-Ende
12683 Nr. 62-64, Nr. 63, Nr. 69c
14089 Alt-Gatow 95-6d
- Altglienicker Brücke 137-4a
12524 Altglienicker Grund 154-3a
12555 Altgrabauer Straße 105-8b
12685 Althansweg 77-4a
12489 Altheider Straße 136-3b
13503 Alt-Heiligensee 42-2c
12629 Alt-Hellersdorf 78-1a
13467 Alt-Hermsdorf 35-7a
12169 Althoffplatz 115-6c
12169 Althoffstraße 115-5d
14163 Altkanzlerstraße 129-2b
- Altkanzlerstraßenbrücke 129-2b
13125 Alt-Karow 39-7a
12621 Alt-Kaulsdorf 91-6a
14195 Altkircher Straße 130-2b
14089 Alt-Kladow 111-7c
Alt-Köpenick 121-6c
12555 Nr. 4-34, Nr. 17-33
12557 Nr. 39
12685 Altlandsberger Platz 77-2b
12247 Alt-Lankwitz 132-1d
Alt-Lichtenrade 151-6a
12305 Nr. 1-45, Nr. 2-48
12309 Nr. 49-137, Nr. 50-140
10587 Alt-Lietzow 84-6b (16/C1)
13469 Alt-Lübars 35-6d
12623 Alt-Mahlsdorf 92-4b
12107 Alt-Mariendorf 133-1a
12277 Alt-Marienfelde 150-2b
Altmarkstraße 115-6b
12169 Nr. 1-3, Nr. 2-4, Nr. 23-27, Nr. 24-28
12157 Nr. 5-21, Nr. 6-22a
12685 Alt-Marzahn 77-1a
Alt-Moabit 85-2a
10557 Nr. 1-9, Nr. 2-10A, Nr. 121-Ende, Nr. 122-Ende
10559 Nr. 11-25, Nr. 12-24, Nr. 87-119, Nr. 88-120
10555 Nr. 26-86b, Nr. 27-85
12559 Alt-Müggelheim 140-7a
Altonaer Straße (Hansav., Tiergt.-S.) 85-3c (17/G1)
10557 Nr. 1-Ende, Nr. 2-24
10555 Nr. 26-Ende
13581 Altonaer Straße (Kleingtkol.) 81-3b
12623 Altonaer Straße (Mahlsdf.) 79-4c
13581 Altonaer Straße (Spand.) 67-9c
13595 Alt-Pichelsdorf 82-7b
12355 Altrader Weg 154-2c
13407 Alt-Reinickendorf 57-3b
14197 Alt-Rheingau (Kleingtkol.) 98-9d
13158 Alt-Rosenthal (Kleingtkol.) 46-2b
Alt-Rudow 135-6c
12357 Nr. 1-57, Nr. 2-58
12355 Nr. 59-Ende, Nr. 60-Ende
12057 Alt-Ruhleben I (Kleingtkol.) 102-6d
12057 Alt-Ruhleben II (Kleingtkol.) 102-9b
12527 Alt-Schmöckwitz 175-3b
14165 Alt-Schönow (Kleingtkol.) 148-4a
14165 Alt-Schönow 148-4d
13597 Altstädter Ring 68-7d (11/A3)
10245 Alt-Stralau 88-9d
13507 Alt-Tegel 44-7a
Alt-Tempelhof 116-3d
12099 Nr. 1-19, Nr. 2-20
12103 Nr. 21-61, Nr. 22-52
12435 Alt-Treptow 103-1d
14129 Altvaterstraße 128-5d
13437 Alt-Wittenau 45-4d
12307 Alvenslebenplatz 169-3c
12307 Alvenslebenstraße (Lichtrde.) 169-3c
10783 Alvenslebenstraße (Schbg.) 100-2a
12683 Alwineweg 77-5a
12489 Am Adlergestell (Kleingtkol.) 120-9b
12489 Am Adlergestell 120-9d
14167 Am Aegirbad (Kleingtkol.) 148-3b
13591 Am alten Bahndamm (Kleingtkol.) 67-4d
12487 Am Alten Fenn 119-6d
12524 Am Alten Friedhof 136-9a
13591 Am alten Gaswerk 66-8b
10247 Am Alten Schlachthof 74-9c
10369 Am Alten Steuerhaus (Kleingtkol.) 74-9b
12555 Am Alten Wolfsgarten (Kleingtkol.) 106-7b
12559 Am Amtsgraben 122-7a
13158 Am Anger (Kleingtkol.) 46-8b
13156 Am Anger (Kleingtkol.) 46-9a
14195 Am Anger 114-8b
13469 Am Ansitz 44-3b
12353 Am Appelhorst 134-9a
13465 Am Ausblick 33-3a
13051 Am Außenring (Kleingtkol.) 49-5c
12621 Am Bachrain 78-7c
12107 Am Bahndamm (Kleingtkol.) 132-2b

Wäre es nicht schön, Sie könnten Ihren Urlaub einfach mit Ihrem Girokonto buchen und dabei bis zu 5 % Rückvergütung erhalten? Das können Sie haben! Mit BB MAGIC – Ihrem persönlichen Urlaubskonto.
Reisen buchen und dabei 5 % sparen. Das ist ein Girokonto!
BB MAGIC
Die persönliche Bank.
BERLINER BANK
NIEDERLASSUNG DER LANDESBANK BERLIN
www.berliner-bank.de/magic
DUO Werbeagentur

12555 Am Bahndamm (Köp.) (Kleingtkol.) 121-3a
12555 Am Bahndamm (Köp.) 121-3a
13629 Am Bahndamm (Siemst.) 69-5b
13597 Am Bahndamm (Spand.) 68-8d
14193 Am Bahnhof Grunewald 97-6d
10589 Am Bahnhof Junfernheide 70-9b
12355 Am Bahnhof Rudow (Kleingtkol.) 153-3a
13581 Am Bahnhof Spandau 68-7c
14059 Am Bahnhof Westend 84-5a
12459 Am Bahnhof Wuhlheide 105-7c
12165 Am Bäkequell 115-8a
Am Baltenring 78-7a
12621 Nr. 1-69, Nr. 2-70
12619 Nr. 74-82, Nr. 75-83
13591 Am Baluschekweg (Kleingtkol.) 81-2a
13503 Am Bärensprung 43-1b
12623 Am Barnim 92-5c
12559 Am Bauersee (Kleingtkol.) 140-2b
14129 Am Beelitzhof 128-7b
12559 Am Berg 122-4c
14089 Am Berghang 95-6c
12347 Am Bergpfuhl 118-7c
13051 Am Berl 49-8d
10969 Am Berlin-Museum 87-7b
13465 Am Biberbau 34-2c
12355 Am Bildhauerweg (Kleingtkol.) 135-9a
12683 Am Binsengrund 91-8a
14109 Am Birkenhügel 144-6b
14167 Am Birkenknick 148-1d
12621 Am Birkenwerder 105-2b
13589 Am Bogen 67-1c
13507 Am Borsigturm 44-7d
13158 Am Botanischen Garten 36-8d
14209 Am Böttcherberg 144-4d
12347 Am Brandpfuhl 118-7c
12347 Am Braunschweiger Ufer (Kleingtkol.) 118-4b
13053 Am Breiten Luch 61-6b
12347 Am Britzer Garten (1) 133-3a
13509 Am Brocken (Kleingtkol.) 56-3a
12683 Am Brodersengarten (1) 91-5d
12524 Am Bruchland 136-6a
13509 Am Brunnen 44-5d
13467 Am Buchenberg 34-8a
12487 Am Buckersberg 119-8d
13507 Am Buddeplatz 44-7b
13156 Am Bürgerpark 58-3c
12353 Am Buschfeld 134-9b
12359 Am Buschkrug (Kleingtkol.) 118-9b
10243 Am Comeniusplatz 88-5a
10367 Am Containerbahnhof 89-1d
13503 Am Dachsbau 32-9b
13127 Am Dählingsberg 29-9c
12587 Am Damm 123-1b
13125 Am Danewend 38-6b
13469 Am Dianaplatz 44-3b
12277 Am Diedersdorfer Weg (Kleingtkol.) 150-5d
13403 Am Doggelhof 57-4a
14089 Am Donnerberg 110-6a
13437 Am Dorfanger 45-4d
13503 Am Dorfteich (2) 33-8c
14089 Am Dorfwald 110-9d
14055 Am Dornbusch 98-1a
13465 Am Eichenhain 25-8d
12353 Am Eichenquast 134-6c
12167 Am Eichgarten 115-9c
13125 Am Elsebrocken 39-1c
12247 Am Elsenbruch 131-3a
14195 Am Erlenbusch 114-3d
12355 Am Espenpfuhl 136-7c
13505 Am Eulenhorst 54-3b
10318 Am E-werk (Kleingtkol.) 103-6b
13587 Am Fährweg (Kleingtkol.) 54-6c
12524 Am Falkenberg 137-7b
10437 Am Falkplatz 73-2a
13053 Am Faulen See 61-8b
12621 Am Feldberg 91-6d
13127 Am Feldweg (Kleingtkol.) 37-8b
12167 Am Fenn 115-9d
10713 Am Fenn I+II (Kleingtkol.) 99-4d
10117 Am Festungsgraben (13/E3)
13189 Am Feuchten Winkel 47-9d
12165 Am Fichtenberg 115-7b
13589 Am Finkenherd 66-6b
14169 Am Fischtal 129-3b
14055 Am Fliederbusch 98-1a
13507 Am Fließ (Kleingtkol.) 43-6d
13129 Am Fließ 48-5b
10965 Am Flughafen (Kleingtkol.) 101-5a
14089 Am Flugplatz Gatow 110-2d
12435 Am Flutgraben 102-2b
13469 Am Fölzberg 35-9b
13587 Am Forstacker 54-7b
13591 Am Fort 80-6a
12459 Am Freibad (Kleingtkol.) 103-9b
13469 Am Freibad 35-4d
12439 Am Freibad Oberspree (Kleingtkol.) 121-4b
12307 Am Freizeitpark (Kleingtkol.) 150-8b
10407 Am Friedrichshain 73-9b
13503 Am Fuchsbau 42-3b
12683 Am Fuchsberg (Kleingtkol.) 91-7c
14169 Am Fuchspaß 113-9d
12524 Am Gartenstadtweg 137-9c
13057 Am Gehrensee 51-7a
12249 Am Gemeindepark 132-4d
12555 Am Generalshof 121-6a
12524 Am Glinigk (3) 136-5b
14053 Am Glockenturm 83-4c
12587 Am Goldmannpark 123-1c
14050 Am Golfweg 83-3d
13129 Am Graben (Blankenbg.) (1) 48-5a
10318 Am Graben (Karlsh.) 105-4c
13088 Am Graben (Malch.) 60-2b
12355 Am Großen Rohrpfuhl 135-9d
14109 Am Großen Wannsee 127-5d
12487 Am Grünen Anger 120-4d
13465 Am Grünen Hof 33-3d
13465 Am Grünen Zipfel 34-1c
13437 Am Grüngürtel 45-4c
13599 Am Grützmachergraben (Kleingtkol.) 69-7a
10711 Am Güterbahnhof Halensee (18/A6)
14167 Am Gutshof (Lichtfde.) (1) 148-4b
13059 Am Gutshof (Wartbg.) 50-7c
13581 Am Haarmannsberg (Kleingtkol.) 67-8a
13597 Am Hain 83-1a
12357 Am Hanffgraben 135-9b
12487 Am Haselbusch 120-4c
13587 Am Haselluch 54-5d
13599 Am Havelgarten 68-3b
14089 Am Havelufer 95-6b
13059 Am Hechtgraben (Kleingtkol.) 50-8c
14169 Am Hegewinkel 113-9a
13591 Am Heideberg 66-6d
13627 Am Heidebusch 70-6c
12107 Am Heidefriedhof 133-1b
14163 Am Heidehof 129-4c
14109 Am Heidesaum 145-1c
13088 Am Heimenstein 60-3a
13583 Am Heimhort 67-6b
12109 Am Hellespont 117-9c
14195 Am Hirschsprung 114-2c
13503 Am Hirschwechsel 43-1a
13125 Am Hohen Feld 39-7b
10713 Am Hohenzollerndamm (Kleingtkol.) 99-4a
13629 Am Hohenzollernkanal (Kleingtkol.) 69-1b
12277 Am Horstenstein 150-3a
13437 Am Hügel 44-6b
13589 Am Hüllepfuhl 67-4a
13156 Am Iderfenngraben 46-8d
13591 Am Industriegelände 66-8c
12349 Am Irissee 133-3c
13469 Am Jartz 35-9a
10961 Am Johannistisch 101-1b
Am Juliusturm 68-8a (11/B2)
13599 Nr. 1-79, Nr. 2-60
13597 Nr. 86-104, Nr. 87-105
13465 Am Kahlschlag 33-3d
13587 Am Kanal (Altgl.) 54-5b
12527 Am Kanal (Grün.) 137-5a
13405 Am Kanal (Siemst.) 70-2d
10785 Am Karlsbad 86-8b
14167 Am Karpfenpfuhl 130-5d
13437 Am Kesselpfuhl 44-6d
13125 Am Kiebitzpfuhl 38-9a
14089 Am Kiefernhang 111-3c
12347 Am Kienpfuhl 117-9d
12524 Am Kiesberg 136-8b
13591 Am Kiesteich (Kleingtkol.) 67-4c
13591 Am Kiesteich 67-4d
12557 Am Kietzer Feld 138-4b
14089 Am Kinderdorf 95-9a
13589 Am Kirchenland 67-1c
12355 Am Klarpfuhl 154-2c
13437 Am Klauswerder 45-5c
13591 Am Kleinen Platz 66-6d
14109 Am Kleinen Wannsee 145-5a
13469 Am Klötzgraben 35-9b
13585 Am Koeltzepark 68-5a
10179 Am Köllnischen Park 87-6a (15/H5)
13156 Am Konsulat 47-7a
13159 Am Koppelgraben (Kleingtkol.) 37-4d
Am Kornfeld 92-4b
12623 Nr. 1-81
12621 Nr. 2-86
13505 Am Krähenberg 42-9a
13465 Am Kringel 33-3d
10179 Am Krögel (3) (13/G4)
13591 Am Krug 66-9b
13591 Am Krummen Weg 66-6d
12555 Am Krusenick 122-4c
10117 Am Kupfergraben 87-1a (13/E3)
13591 Am Kurzen Weg 66-9b
12589 Am Küstergarten 140-3a
14109 Am Landeplatz (1) 162-3d
14089 Am Landschaftspark Gatow 110-2b
12559 Am Langen See 138-8b
13591 Am Langen Weg 66-6d
14169 Am Lappjagen 113-9b
13629 Am Laubwald 69-3d
13467 Am Lehnshof 34-9b
13469 Am Leitbruch 44-3b
10319 Am Lindenplatz 90-4c
13051 Am Luchgraben 39-8d
Am Lupinenfeld 78-5c
12621 Nr. 1-57, Nr. 2-56
12623 Nr. 58-92, Nr. 59-91
10178 Am Lustgarten (13/F3)
12349 Am Marienfelder Weg (Kleingtkol.) 134-1c
12347 Am Mickelbruch 118-5b
12621 Am Moosbruch 105-2b
12559 Am Müggelberg 139-9a
12559 Am Müggelsee 122-9d
10825 Am Mühlenberg 99-6d
12589 Am Mühlenfließ 124-5d
13158 Am Nesselweg (Kleingtkol.) 46-2d
12621 Am Niederfeld 91-6d
10115 Am Nordbahnhof (1) 72-9b
13437 Am Nordgraben (Kleingtkol.) 45-6c
Am Nordgraben 44-6c
13509 Nr. 1-5, Nr. 2-Ende
13437 Nr. 6-Ende, Nr. 7-Ende
13353 Am Nordhafen 72-4d
10178 Am Nußbaum (13/G3)
10243 Am Oberbaum 88-8a
12057 Am Oberhafen (Nkln.) 118-3a
13597 Am Oberhafen (Spand.) 82-2a
12527 Am Oder-Spree-Kanal 177-1a
13593 Am Omnibushof 81-6b
14089 Am Ortsrand 95-6b
13469 Am Osrücken 35-8d
10243 Am Ostbahnhof 88-4a
13437 Am Packereigraben 44-6b
10785 Am Park (1) (14/B5)
14195 Am Petersberg 114-7a
12209 Am Pfarracker (Kleingtkol.) 131-8d
12209 Am Pfarracker 131-8b
13467 Am Pfingstberg 34-2d
12209 Am Pfuhl 131-8d
13595 Am Pichelssee 82-7d
13465 Am Pilz 26-8b
12435 Am Plänterwald 103-4d
12526 Am Plumpengraben 156-1c
13465 Am Poloplatz 26-4d
13127 Am Posseberg 29-9d
14055 Am Postfenn 96-2b
13437 Am Priesteracker 44-6b
13465 Am Priesterberg 33-3a
12524 Am Pumpwerk 137-8a
13465 Am Querschlag 34-1a
13591 Am Rain 80-2d
13437 Am Rathaus (Kleingtkol.) 45-7a
10825 Am Rathaus 99-6d
13437 Am Rathauspark 45-7a
14165 Am Rehwechsel 148-1d
12587 Am Reitweg (Kleingtkol.) 106-9b
10318 Am Rheinischen Viertel 104-6a
13467 Am Ried 35-4c
14089 Am Ritterholz 110-6d
13469 Am Rohrbusch 35-5b
13629 Am Rohrdamm (Kleingtkol.) 69-2d
14163 Am Rohrgarten 128-9d
13158 Am Rollberg (Kleingtkol.) 47-1c
13158 Am Rollberg 46-6b
13465 Am Rosenanger 34-2d
12623 Am Rosenhag 78-6c
13509 Am Rosensteg (1) 44-5d
14089 Am Roten Stein 127-1a
12349 Am Rötepfuhl 134-7c
10245 Am Rudolfplatz 88-9a
12355 Am Rudower Waldrand 153-2a
14053 Am Ruhlebener Tor 83-4b
14055 Am Rupenhorn 82-9c
10318 Am Sandberg 105-4a
13125 Am Sandhaus 30-9b
14109 Am Sandwerder 128-7c
13407 Am Schäfersee (Kleingtkol.) 58-4c
13407 Am Schäfersee 58-4c
10625 Am Schillertheater 85-4d (16/D3)
Am Schlachtensee 128-5c
14163 Nr. 2-20
14129 Nr. 22-148, Nr. 141-Ende
13597 Am Schlangengraben 68-8d
12623 Am Schlehdorn 79-4a
12559 Am Schloßberg 122-7a
12683 Am Schloßhof 91-2a
13187 Am Schloßpark 59-2a
12685 Am Schmeding 76-3d
12589 Am Schonungsberg 124-9b
14195 Am Schülerheim 114-4d
14167 Am Schweizerhof 130-7d
14089 Am Schwemmhorn 126-3c
12527 Am Seddinsee 157-9d
13503 Am See (Kleingtkol.) 42-2d
13599 Am See 69-1a
13467 Am Seeschloß 35-7a
13435 Am Seggeluchbecken (Kleingtkol.) 45-3a
13581 Am Spandauer Wasserturm 67-9a
10245 Am Speicher (1) 89-7d
12559 Am Spielplatz 122-8a
13509 Am Sportplatz (Kleingtkol.) 44-5c
10589 Am Spreebord 84-3d
13469 Am Springebruch 35-9a
10367 Am Stadtpark (Lichtbg.) 89-1b
12167 Am Stadtpark (Stegl.) 115-9c
13409 Am Stand 58-1b
12559 Am Steilhang 158-1a
13089 Am Steinberg (Kleingtkol.) 60-4c
13086 Am Steinberg 59-9b
13437 Am Steinbergpark 44-6b
13125 Am Stener Berg 31-5d
14167 Am Stichkanal (Kleingtkol.) 148-5b
14167 Am Stichkanal 148-5b
12589 Am Stieggarten 124-9c
12347 Am Straßenbahnhof 118-4b
12489 Am Studio 136-3d
13503 Am Südfeld 43-1c
13595 Am Südpark 82-4a
13507 Am Tegeler Hafen 44-7a
13599 Am Tegeler See (Kleingtkol.) 55-7c
13503 Am Tegelgrund 43-2b
13125 Am Teichberg (Kleingtkol.) 39-7d
12359 Am Teltowkanal (Kleingtkol.) 118-6d
13158 Am Tempelgraben (2) 46-8b
10965 Am Tempelhofer Berg 101-1c
13587 Am Teufelsbruch 54-5b
Am Tierpark 90-4b
10315 Nr. 1-31, Nr. 2-30
10319 Nr. 32-80, Nr. 33-91
12349 Am Töpchiner Weg (Kleingtkol.) 151-3b
12435 Am Treptower Park 102-3a
13437 Am Triftpark 45-4c
12109 Am Türkenpfuhl (Kleingtkol.) 117-9c
13503 Am Unterholz 43-1a
14163 Am Vierling 129-2a
13469 Am Vierrutenberg 35-5d
14167 Am Vierstückenpfuhl 130-7b
14055 Am Vogelherd 97-3d
10715 Am Volkspark 99-5c

Ihre Partner für Reifen
+ Autoservice:
Von der Reifengasbefüllung bis zur saisonalen Reifen-einlagerung und mobilen Reifenmontage vor Ort.
10319 Berlin-Lichtenberg
Sewanstraße 2
✆ 030-51066073
Mo. - Fr. 8:00 - 19:00 Uhr
Sa. 9:00 - 13 Uhr
HT Reifen + Autoservice
Frankfurter Allee
Weitlingstraße
Lückstr.
Rummelsburger Straße
Sewanstraße
Unser Autoservice
- Achsvermessung
- Ölservice
- Bremsenservice
- Batterieservice
- Haupt- und Abgasuntersuchung
- Inspektionen
- Klimaservice
- Autoglasservice
- Karosserie und Lack
- typenoffen
HANSE-TRADING

HOWOGE
... MEHR ALS GEWOHNT
Neue Wohnung?
Eigenes Haus?
Gewerberäume?
Nichts wie rein!
www.howoge.de

Neue Sicherheitswelten entdecken.
BOSCH
Technik fürs Leben
Erleben Sie innovative Sicherheitslösungen und unser komplettes Angebot an Servicedienstleistungen. Für mehr Effizienz und mehr Wirtschaftlichkeit sowie umfassenden Schutz für Menschen und Werte. Sicherheit, die beruhigt. Mehr Informationen erhalten Sie unter www.bosch-sicherheitssysteme.de oder unter der Telefonnummer 030 42107200.
Bosch Sicherheitssysteme GmbH
Vertriebsniederlassung Berlin · 10407 Berlin · Storkower Str. 101
Telefon: 030 42107200 · Fax: 030 42107458

10407 Am Volkspark Prenzlauer Berg (Kleingtkol.) 74-6a
13127 Am Vorwerk 29-9b
13437 Am Waidmannseck 45-1b
12683 Am Waldberg 91-7c
13159 Am Wäldchen (Blankf.) 36-3a
12209 Am Wäldchen (Kleingtkol.) 149-6a
13591 Am Wäldchen (Staak.) 80-5d
10318 Am Walde 104-4c
13507 Am Waldessaum (Kleingtkol.) 56-2d
14169 Am Waldfriedhof 114-7c
12559 Am Waldhang 141-1d
14129 Am Waldhaus 128-9c
13467 Am Waldidyll 34-7d
13467 Am Waldpark 34-6b
14109 Am Waldrand 144-4b
13597 Am Wall 68-7b (11/A3)
13507 Am Wanderweg (Kleingtkol.) 56-2c
13587 Am Wasserbogen 54-9a
13629 Am Wasserbunker (Kleingtkol.) 70-1c
13089 Am Wasserturm 59-6b
10365 Am Wasserwerk 75-9a
13469 Am Wechsel 44-3a
12683 Am Weidenbruch 91-4d
10117 Am Weidendamm (12/D3)
10318 Am Weihenhorst 104-4c
12683 Am Weinberg (Kleingtkol.) 77-5d
10965 Am Weinhang (1) 100-6b
14165 Am Weißen Steg 129-9b
14055 Am Westkreuz 84-8c
14169 Am Wieselbau 113-9c
13469 Am Wiesenende 35-9a
12557 Am Wiesengraben 138-4b
13158 Am Wiesengrund 46-5a
12621 Am Wiesenhang 78-7d
14089 Am Wiesenhaus 95-9b
12587 Am Wiesenrain 122-2c
12359 Am Wiesenweg (Kleingtkol.) 119-7d
12524 Am Wiesenweg 137-9c
14109 Am Wildgatter 144-6b
12524 Am Winkel 155-2b
10243 Am Wriezener Bahnhof 88-4b
12555 Am Wuhleufer 105-8b
10117 Am Zeughaus 87-1d (13/F3)
13156 Am Zingergraben 46-2b
10117 Am Zirkus 86-3b (12/D2)
10178 Am Zwirngraben (1) (13/F2)
13593 Amalienhof 81-4a
13593 Amalienhof I (Kleingtkol.) 81-4a
13593 Amalienhof II (Kleingtkol.) 81-4b
13581 Amalienhofstraße 81-3c
\- Amalienpark 59-2a
12247 Amalienstraße (Lankw.) 131-6d
13086 Amalienstraße (Weißs.) 60-5c
13467 Amandastraße 34-6b
12685 Amanlisweg 76-6b
12555 Ambacher Straße 105-9a
13437 Amboßweg 45-5b
13589 Ameisenweg (Spand.) 67-1a
13405 Ameisenweg (Wedd.) 70-3b
14089 Amelia-Earhart-Straße 110-2d
14089 Amelie-Beese-Zeile (5) 110-5b
13409 Amendestraße 58-4b
12167 Amfortasweg 115-8d
12527 Ammerseestraße 137-6d
13587 Amorbacher Weg 54-8c
12526 Amorstraße 156-4a
12357 Ampferweg 135-5d
13353 Amrumer Straße 71-3c
12349 Amsel 133-6b
13467 Amselgrund 44-2a
12685 Amselhainer Weg 77-2b
13129 Amselsteg 48-4c
12487 Amselsteig (3) 135-3a
12437 Amselstraße (Baumsch.) (7) 119-7b
14195 Amselstraße (Dahl., Schmargdf.) 114-2a
13125 Amselstraße (Pank.) 38-6b
12526 Amselweg (Bohnsdf.) 155-3d
13599 Amselweg (Haselh.) 69-1a
13403 Amselweg (Reindf.) 56-3d
13589 Amselweg (Spand.) 53-7b
12277 Amstelveen (Kleingtkol.) 150-5b
13347 Amsterdamer Straße 72-1a
14057 Amtsgerichtsplatz 84-9a (16/A4)
12555 Amtsstraße 121-9b
12349 An den Achterhöfen 134-7b
12589 An den Bänken 124-8b
14089 An den Berggärten 95-9a
13088 An den Feldtmanngärten 61-4a
13467 An den Fließtalhöfen 35-7a
13597 An den Freiheitswiesen 82-3a
13599 An den Haselbüschen 69-1c
14129 An den Hubertshäusern 128-9b
12277 An den Klostergärten 150-2b
10317 An den Knabenhäusern 89-7d
13599 An den Rohrbruchwiesen 54-9d
12623 An den Siedlergärten 78-6d
13159 An den Teichen (Kleingtkol.) 28-6b
12435 An den Treptowers 102-3b
13156 An den Zingerwiesen 46-8b
10783 An der Apostelkirche 86-7d
13503 An der Aussicht 32-6c
13125 An der Autobahn (Kleingtkol.) 39-2c
14055 An der Avus (Kleingtkol.) 97-6b
13129 An der Bahn (Kleingtkol.) 38-8a
13129 An der Bahn 47-9b
10965 An der Barthschen Promenade (2) 100-6b
14089 An der Bastion 110-6c
13583 An der Bötzowbahn (Kleingtkol.) 67-8b
10249 An der Brauerei 74-8c
13465 An der Buche 34-1c
10317 An der Bucht 89-7b
12557 An der Dahme (Kleingtkol.) 138-1c
12277 An der Dorfkirche 150-3a
13589 An der Felgenlake 67-4a
14052 An der Fließwiese 83-1d
14089 An der Gatower Heide 110-2b
13503 An der Hasenfurt 43-1a
13587 An der Havelspitze 68-3a
13509 An der Heide 44-5d
12277 An der Heilandsweide 132-9c
13158 An der Industriebahn (Rosnth.) 36-8d
13088 An der Industriebahn (Weißse.) 60-6c
13583 An der Kappe (Kleingtkol.) 67-6c
13583 An der Kappe 67-5d
13593 An der Karolinenhöhe (6) 81-8a
12355 An der Kleinbahn (Kleingtkol.) 153-6b
10117 An der Kolonnade 86-6b (14/C5)
13403 An der Koppel 57-2d
13505 An der Krähenheide 55-1a
13503 An der Kremmener Bahn 33-7d
12559 An der Krummen Lake 140-5c
13125 An der Laake 39-8a
13581 An der Lazarusstraße (Kleingtkol.) 81-3a
13629 An der Mäckeritzbrücke 69-3d
13507 An der Malche 43-6c
13051 An der Margaretenhöhe 49-5d
10179 An der Michaelbrücke 87-6b
13507 An der Mühle 44-4c
12355 An der Nachtbucht 136-4d
13407 An der Nordbahn (Kleingtkol.) 45-9b
13509 An der Oberrealschule 44-5c
13125 An der Panke 38-5c
13158 An der Priesterkoppel 46-2d
13353 An der Putlitzbrücke 71-6d
14129 An der Rehwiese 128-8c
12107 An der Rennbahn (Kleingtkol.) 133-4a
12209 An der Rodelbahn (Kleingtkol.) 149-3c
12355 An der Rudower Höhe 136-5c
12209 An der Schäferei 131-9b
10243 An der Schillingbrücke 88-4a
13503 An der Schneise 43-1d
12623 An der Schule 92-2b
10178 An der Spandauer Brücke 87-2a (13/F3)
13591 An der Spitze 80-2a
13599 An der Spreeschanze 68-8b
12487 An der Südostallee (Kleingtkol.) 120-1c
10318 An der Trainier-Bahn (Kleingtkol.) 104-6a
13589 An der Tränke 66-6b
10787 An der Urania 86-7c (19/H5)
13158 An der Vogelweide 46-2b
12355 An der Werderlake 136-5c
13503 An der Wildbahn 42-3b
12621 An der Wuhle 105-5a
An der Wuhlheide 104-7d
12459 Nr. 2-250, Nr. 3-131b
12555 Nr. 256, 263
12623 An der Zoche 79-5b
13127 Ancillonweg 47-2b
13158 Andanteweg 46-5d
10318 Andernacher Straße 104-5b
10439 Andersenstraße 59-7d
12349 Andersenweg (Buck.) 133-6c
13088 Andersenweg (Malch.) 48-8d
12557 Andersonweg 138-4a
12109 Andlauer Weg 117-7d
13503 Andornsteig 33-7a
12347 Andreasberger Straße 118-1c
12355 Andreas-Hermes-Siedlung 153-5b
12355 Andreas-Hermes-Straße 153-2d
13187 Andreas-Hofer-Platz 59-8a
10243 Andreasplatz 88-1c
10243 Andreasstraße 88-4a
14165 Andréezeile 148-1c
12109 Äneasstraße 117-8c
10318 Anemonensteig 104-6d
12559 Anemonenstraße 122-7b
12357 Angelikaweg 135-2c
14055 Angerburger Allee 82-6c
12305 Angermünder Straße (Lichtrde.) 151-6b (13/G1)
13435 Angersbacher Pfad 45-2d
12555 Angersteinweg 121-5a
13158 Angerweg 46-8a
13503 Anglersiedlung Heiligensee 32-5b
13587 Anglerverein Einigkeit (Kleingtkol.) 54-6c
10963 Anhalter Steg 86-9c
10963 Anhalter Straße 86-9b
14163 Anhaltinerstraße 129-6c
10115 Anklamer Straße 73-4c
12107 Ankogelweg 133-8d
13127 Anna-Bruseberg-Straße 37-5b
12627 Annaburger Straße 78-3c
13053 Anna-Ebermann-Straße 61-9b
10178 Anna-Louisa-Karsch-Straße 87-1b (13/F3)
12205 Anna-Mackenroth-Weg 131-7a
\- Anna-Nemitz-Brücke 119-4c
12353 Anna-Nemitz-Weg 134-6a
12489 Anna-Seghers-Straße 120-9d
12353 Anna-Siemsen-Weg 134-6b
12247 Annastraße 131-6b
12524 Anne-Frank-Straße 154-3b
13053 Annemariestraße 61-8c
12555 Annenallee 121-3c
12683 Annenstraße (Biesdf.) 76-6b
10179 Annenstraße (Mitte) 87-5b (15/G5)
12559 Annweilerweg 140-4c
Ansbacher Straße 99-3a (19/G6)
10787 Nr. 1-21, Nr. 2-24
10789 Nr. 26-38, Nr. 27-35
10777 Nr. 37-Ende, Nr. 40-Ende
10365 Anschluß Röder (Kleingtkol.) 75-9b
13593 Anschützweg 81-5c
12683 Anselmstraße 105-5c
13465 Ansgarstraße 25-9c
13403 Antonienstraße 56-6b
12459 Antoniuskirchstraße 104-7d
13086 Antonplatz 60-8c
10369 Anton-Saefkow-Platz 74-9b
10407 Anton-Saefkow-Straße 74-4a
12057 Antonsruh (Kleingtkol.) 102-6b
13347 Antonstraße 72-1d
12621 Anton-von-Werner-Straße 91-9a
13158 Anton-Webern-Weg 46-5c
13353 Antwerpener Straße 71-3b
12043 Anzengruberstraße 102-4d
12349 Apfel 133-6a
13127 Apfelallee (Fr. Buchhz.) 37-5a
12109 Apfelallee (Mardf.) 117-9a
12349 Apfelring 134-1c
12524 Apfelweg (Altgl.) 154-3b
12347 Apfelweg (Britz) 117-9b
13158 Apfelweg (Rosnth.) 47-1a
13629 Apfelweg (Siemst.) 69-5d
13629 Apfelweg (Siemst.) 70-1b
12683 Apfelwicklerstraße 91-5c
12249 Apoldaer Straße 132-7c
12683 Apollofalterallee 91-5c
12526 Apollostraße 156-4a
Apostel-Paulus-Straße 100-4a
10823 Nr. 1-9, Nr. 12-24, Nr. 25-Ende, Nr. 26-Ende
10825 Nr. 11-23, Nr. 12-24
12559 Appelbacher Weg 139-9a
12205 Appenzeller Straße 130-9d
12437 Aprikosensteig 119-8a
12357 Arabisweg 136-4d
13158 Aralienweg 46-6b
10318 Arberstraße 104-3c
10315 Archenholdstraße 89-9a
10317 Archibaldweg 89-8a
14195 Archivstraße 114-6c
10587 Arcostraße 85-1c (16/C1)
13055 Arendsweg (Hschönhs.) 75-3d
10365 Arendsweg (Lichtbg.) 75-6b
12103 Arenholzsteig 116-3a
12555 Argenauer Straße 105-8b
Argentinische Allee 129-5a
14163 Nr. 1-1225, Nr. 2-120
14169 Nr. 129-251, Nr. 130-248
12527 Argoallee 185-2d
13465 Ariadnestraße 26-7d
13405 Aristide-Briand-Brücke 56-9d
10318 Aristotelessteig 104-2a
13159 Arkenberge (Kleingtkol.) 28-6d
13127 Arkenberger Damm 29-9c
13127 Arkenberger Grund (Kleingtkol.) 29-7b
10435 Arkonaplatz 73-4b
13189 Arkonastraße 59-5b
13409 Armbrustweg 58-1d
13349 Armenische Straße 58-7a
10551 Arminiusstraße 71-9c
12489 Arndtplatz 137-1b
12489 Arndtstraße (Adlhf.) 121-7d
10965 Arndtstraße (Kreuzbg.) 101-1c
12623 Arndtstraße (Mahlsdf.) 106-1c
12627 Arneburger Straße 78-1b
12683 Arnfriedstraße 105-1d
12683 Arnfriedweg 105-1c
13467 Arnheidstraße 34-6d
12357 Arnikaweg 135-5a
14195 Arnimallee 114-9a
10439 Arnimplatz 59-8c
13053 Arnimstraße 62-4c
12165 Arno-Holz-Straße 115-4c
14109 Arnold-Knoblauch-Ring 144-6d
13088 Arnold-Schönberg-Platz 60-9c
13189 Arnold-Zweig-Straße 59-5d
12683 Arno-Philippsthal-Straße (1) 91-4b
13127 Arnouxstraße 37-8b
12683 Arnsberger Straße 91-7c
12249 Arnstädter Straße 150-1a
10407 Arnswalder Platz 74-4c
12105 Arnulfstraße 116-5c
12057 Aronsstraße 103-7a
13407 Aroser Allee 57-6b
13469 Artemisstraße 34-9d
12487 Arthur-Müller-Straße 120-7b
10369 Arthur-Weisbrodt-Straße 74-9a
13465 Artuswall 33-3a
14055 Arysallee 83-8a
12349 Asbestweg 133-9b
12309 Aschaffenburger Straße (Lichtrde.) 152-7d
10779 Aschaffenburger Straße (Wilmdf., Schbg.) 99-3c
13507 Ascheberg (Kleingtkol.) 56-4b
13507 Ascheberger Weg 56-4a
12555 Aschenbrödelstraße 106-7a
13088 Aschenbrödelweg (1) 60-3a
12355 Ascherslebener Weg 135-8c
13089 Asgardstraße 48-7c
13587 Ashdodstraße (2) 54-9c
13465 Askaloner Weg 34-1d
13585 Askanierring 68-1c
10963 Askanischer Platz 86-9a
13587 Asniérsstraße 54-9c
13587 Aspenweg 54-5c
12557 Asseburgpfad 138-1b
14197 Aßmannshauser Straße 99-7b
12587 Aßmannstraße 122-6b
13189 Asta-Nielsen-Straße 59-6c
12347 Asterngrund (Kleingtkol.) 133-3a
12203 Asternplatz 115-7c
13437 Asternweg (Borsigw.) 44-6c
12347 Asternweg (Britz) 117-9d
13627 Asternweg (Charlbg.) 70-6d
13127 Asternweg (Fr. Buchhz.) 48-1a
13599 Asternweg (Haselh.) 55-7c
13599 Asternweg (Haselh.) 68-3b

● NAMHAFTE UNTERNEHMEN IN BERLIN, HOTELS, KULTUR, MUSEEN, FREIZET

MODERNISIERUNG UND RÜCKBAU VON PLATTENBAUTEN
LOGGIA-, BALKON- UND FASSADENSYSTEME

MAHLO BAU GMBH

SCHLÜSSELFERTIGES BAUEN
ALTBAUSANIERUNG
BAU VON FLOATINGHÄUSERN

FRIEDHOFSTR. 20
12625 WALDESRUH / BERLIN
☎ 0 33 42 / 37 69-0
INFO@MAHLOBAU.DE, WWW.MAHLOBAU.DE

Myer's Hotel BERLIN
Das individuelle und privat geführte Hotel mit Flair
Metzer Straße 26 · 10405 Berlin-Prenzlauer Berg
Telefon +49-(0)30-440140, Telefax +49-(0)30-44014104
www.MYERSHOTEL.de
(73-8b/9a)

DIBt

Deutsches Institut für Bautechnik
Kolonnenstraße 30 L · 10829 Berlin
Telefon 030 / 7 87 30-0 · Telefax 7 87 30-3 20
(Sie finden uns im Planquadrat 100-5b)

DIN

DIN Deutsches Institut für Normung e. V.
Beuth Verlag GmbH
Burggrafenstraße 6 · 10787 Berlin
www.din.de
www.beuth.de

(17/H4)

Direktverkauf
Montag – Donnerstag 09:00 – 15:30 Uhr
Freitag 09:00 – 15:00 Uhr

Beuth Berlin · Wien · Zürich

STERN UND KREIS SCHIFFAHRT GMBH
Ein Unternehmen der Hegemann-Gruppe

STERN UND KREIS
FASZINATION VOM WASSER AUS

Puschkinallee 15
12435 Berlin
Tel. 030/53 63 60-0
Fax 030/53 63 60-99
www.sternundkreis.de
info@sternundkreis.de

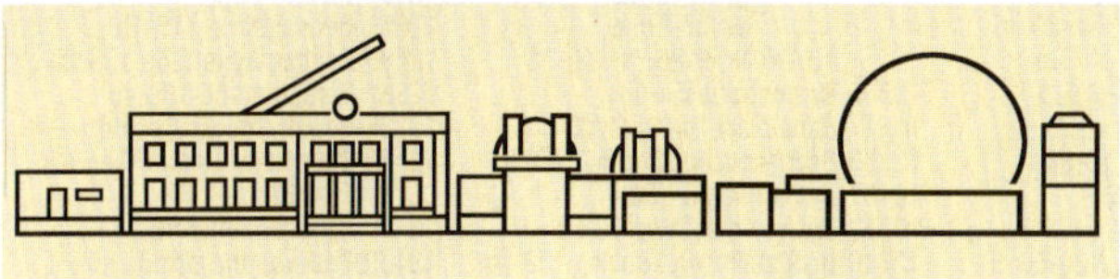

Archenhold-Sternwarte	**Zeiss-Großplanetarium Berlin**
Alt-Treptow 1	Prenzlauer Allee 80
12435 Berlin	10405 Berlin
Telefon 534 80 80	Telefon 42 18 45 12
Telefax 534 80 83	Telefax 4 25 12 52
(Sie finden uns im Planquadrat 103-1d)	(Sie finden uns im Planquadrat 73-3d)

Mitglieder der Stiftung Deutsches Technikmuseum Berlin - Stiftung öffentlichen Rechts.

Ihre Wohnträume in guten Händen

ZAPF-Wohnen ist ein bundesweit führender Anbieter hochwertiger Doppel- und Reihenhäuser in Massivbauweise für private Bauherren. ZAPF-Wohnen steht für höchste Qualität, ansprechende Architektur in lebenswerter Umgebung und bezahlbares Wohneigentum.

TOP-HÄUSER • TOP-LAGEN • TOP-ANGEBOTE

0 30/32 67 67 32
www.zapf-wohnen.de

Seit über 100 Jahren ZAPF

ZAPF

Verwaltungsgesellschaft Bürohaus Berlin
Willy-Brandt-Haus
Wilhelmstraße 140 · 10963 Berlin
Telefon 030 / 259 93-700 · Telefax 030 / 259 93-720
www.willy-brandt-haus.de
(87-7c)

DEUTSCHLANDHALLE BERLIN
MESSEDAMM 26 · 14055 BERLIN
TELEFON 030 / 30 38-42 21
INTERNET: www.deutschlandhalle.de
(11/A3)

AKADEMIE DER KÜNSTE
ab Mai 2005: Pariser Platz 4 und Hanseatenweg 10 · www.adk.de
(12/C4+17/H1)

FILM MUSEUM BERLIN
DEUTSCHE KINEMATHEK

Filmmuseum Berlin, Filmhaus (Sony Center)
Potsdamer Straße 2 (Potsdamer Platz), 10785 Berlin
Deutsche Filmgeschichte, Künstliche Welten, Sonderausstellungen
Filme, Fotos, Plakate, Drehbücher, Modelle, Skizzen, Kostüme
Geöffnet: Di-So 10-18 Uhr, Do 10-20 Uhr
Telefon 030 / 300 903 0
www.filmmuseum-berlin.de

MAUERMUSEUM-MUSEUM HAUS AM CHECKPOINT CHARLIE Berlin-Kreuzberg
Friedrichstraße 43-45 · 10969 Berlin · Tel. 030 / 2 53 72 50 · Fax 030 / 2 51 20 75
(Sie finden uns im Planquadrat 15/E6)

13599 Asternweg (Haselh.) 69-5c
12109 Asternweg (Mardf.) 117-8b
12589 Asternweg (Rahnsdf.) 124-9d
13158 Asternweg (Rosnth.) 46-3b
13629 Asternweg (Siemst.) 69-5d
13629 Asternweg (Siemst.) 70-2c
13629 Asternweg (Teg.) 69-8d
13437 Asternweg (Wilhr.) 45-6c
13051 Astridstraße 49-8a
12526 Atlantisring (1) 155-6c
13507 Attendorner Weg 56-1d
12105 Attilagarten 116-6c
12103 Attilaplatz 116-6c
12105 Attilastraße (Kleingtkol.) 116-8b
Attilastraße 132-1b
12105 Nr. 1-67, Nr. 2-68, Nr. 108-180, Nr. 109-179
12247 Nr. 69-107, Nr. 70-106
12623 Attinghausenweg 106-4b
10365 Atzpodienstraße 89-2d
13465 Auber Steig 34-2c
13127 Aubertstraße 37-8c
12619 Auerbacher Ring 78-4b
14193 Auerbacher Straße 97-6d
14193 Auerbachtunnel 97-6c
14169 Auerhahnbalz 113-9d
12685 Auersbergstraße 77-1c
10249 Auerstraße 88-2a
12524 Auerswaldstraße 136-9b
14195 Auf dem Grat 114-7b
13469 Auf dem Mühlenberg 35-9b
12489 Auf dem Oktogon 136-2c
12681 Auf der Alm (Kleingtkol.) 90-2a
13599 Auf der Hallig (Kleingtkol.) 55-7c
12621 Auf der Höh 91-6b
12353 Auf der Planweide 134-9a
12681 Aufbau (Kleingtkol.) 76-8d
13158 Auffacher Weg 46-6a
12683 Augenfalterstraße 91-5c
12309 Augsburger Platz 170-1a
12309 Augsburger Straße (Lichtrde.) 170-1a
10789 Augsburger Straße (Wilmdf., Schbg., Charlbg.) 85-8d
12203 Augustaplatz 131-1a
13053 Augustastraße (Hschönhs.) 61-8c
12203 Augustastraße (Lichtfde.) 131-1c
13597 Augusta-Ufer 68-7b (11/A2)
14053 August-Bier-Platz 83-4b
10829 August-Druckenmüller-Brücke 100-8d
10785 Auguste-Hauschner-Straße (14/C5)
13353 Augustenburger Platz 71-6b
14089 Auguste-Piccard-Straße 110-2c
14089 August-Euler-Zeile 110-6a
13403 Auguste-Viktoria-Allee 56-6b
Auguste-Viktoria-Straße (Grwld., Schmargdf.) 98-8d
14193 Nr. 79-118
14199 Nr. 1-75, Nr. 40-67
13467 Auguste-Viktoria-Straße (Hermsdorf) 34-6d
12355 August-Froehlich-Straße 136-5c
10247 August-Lindemann-Straße 88-3b
13127 August-Siebke-Straße 48-1a
12621 Auguststraße (Kaulsdf.) 91-6b
12209 Auguststraße (Lichtfde.) 131-9a
Auguststraße (Mitte) 73-7c (13/E2)
10117 Nr. 1-27, Nr. 2-28, Nr. 60-Ende, Nr. 61-Ende
10119 Nr. 28-58, Nr. 29-59
13591 Aumetzer Weg 66-5d
13581 Aumühler Straße 67-7d
12526 Auraser Weg 155-6a
12683 Aurinkelweg (3) 91-5b
12683 Aurorafalterweg 91-5c
14089 Außenweg 94-9b
10711 Ausstellung (Kleingtkol.) 98-2a
13469 Avenue Charles de Gaulle 44-3d
13405 Avenue Jean Mermoz 56-5d
14055 Avus 113-2a
Axel-Springer-Straße 87-4d
10969 Nr. 39-53, Nr. 40-54, Nr. 65-Ende
10117 Nr. 54A-Ende, Nr. 55-63
13089 Axenstraße 60-2a
13437 Azaleenweg (Rosnth.) 44-6c
13581 Azaleenweg (Spand.) 67-8c

13503 **B**aaber Steig 32-6b
10715 Babelsberger Straße 99-6c
12099 Bacharacher Straße 117-3c
12161 Bachestraße 99-8d
13129 Bachstelzenweg (Blankbg.) 48-4d
14195 Bachstelzenweg (Dahl.) 114-5c
12589 Bachstelzenweg (Rahnsdf.) 141-1a
12526 Bachstraße (Bohnsdf.) 156-4c
12555 Bachstraße (Köp.) 105-8d
12623 Bachstraße (Mahlsdf.) 92-3d
10555 Bachstraße (Tiergt.-S.) 85-6a (17/G2)
13127 Bachweg 37-5a
12555 Bachwitzer Straße 105-8b
12359 Backbergstraße 118-8a
12355 Bäckerstraße 135-9c
13467 Backnanger Straße 34-5d
12559 Backofengestell 141-7a
14052 Badenallee 83-6c
12101 Badener Ring 100-6c
12623 Badener Straße 106-1a
Badensche Straße 99-5b
10825 Nr. 1-9, Nr. 2-8, Nr. 50-Ende, Nr. 51-Ende
10715 Nr. 10-48, Nr. 11-49
12527 Baderseestraße 137-9b
14129 Badeweg 128-4c
13437 Bad-Steben-Straße 45-7b
13357 Badstraße 58-8d
13593 Baedekerweg 81-5b
- Baerwaldbrücke 87-8c
10961 Baerwaldstraße 101-2c
12683 Baggerseestraße 91-4a
- Bahnhofbrücke 66-9d
13467 Bahnhofplatz 34-6c
13129 Bahnhofstraße (Blankenbg.) 48-4a
12159 Bahnhofstraße (Blankfde.) 115-3b
13127 Bahnhofstraße (Buchhz.) 47-3d
13055 Bahnhofstraße (Hschönhs.) 75-2b
13125 Bahnhofstraße (Karow) 38-6c
12555 Bahnhofstraße (Köp.) 121-6a
12207 Bahnhofstraße (Lichfde.) 131-5a
Bahnhofstraße (Lichtrde.) 169-2b
12305 Nr. 1-29, Nr. 2-28, Nr. 38-Ende, Nr. 39-Ende
12307 Nr. 30-36, Nr. 31-37
13159 Bahnhofstraße (Schbg.) 36-5c
12277 Bahnstraße 132-9b
12524 Bahnweg (Altgl.) 154-3d
12683 Bahnweg (Biesdf.) 105-1d
13509 Bahnweg (Witten.) 44-9b
12555 Bahrendorfer Straße 105-5d
10245 Bahrfeldtstraße 89-7c
10319 Baikalstraße 89-9b
12207 Bäkebrücke 131-5a
12167 Bäkepark 115-8d
12207 Bäkestraße (Lichtfde.) 131-5a
14109 Bäkestraße (Wanns.) 145-7c
12203 Bäketal (Kleingtkol.) 115-8c
10319 Balatonstraße 90-7a
14195 Balbronner Straße 130-2a
12349 Baldersheimer Weg 151-2b
12589 Baldurstraße 141-5b
10709 Ballenstedter Straße 99-1c (18/C6)
13583 Ballersdorfer Straße 67-5b
12359 Ballinstraße 118-2b
13125 Ballonplatz 39-1c
12623 Balsaminenweg 92-7d
12524 Baltenstraße 155-2a
13127 Baltrum (Kleingtkol.) 37-6d
13127 Baltrumstraße 37-6b
13591 Baluschekweg 81-2a
12683 Balzerplatz 105-1b
12683 Balzerstraße 105-1b
12683 Balzerweg 105-1b
12051 Bambachstraße 118-1a
12309 Bamberger Straße (Lichtrde.) 169-3b
Bamberger Straße (Wilmdf., Schbg.) 99-6a (19/G6)
10777 Nr. 1-11, Nr. 2-12
10779 Nr. 13-29, Nr. 14-30
13587 Bamihlstraße 54-8d
12623 Banater Straße 92-9b
10559 Bandelstraße 72-7c
10247 Bänschstraße 88-3a
12619 Bansiner Straße 77-9d
14167 Bansiner Weg 148-2a
12489 Barbara-McClintock-Straße 136-2b
12249 Barbarastraße 132-4a
10781 Barbarossaplatz 100-1c
Barbarossastraße 99-3c
10781 Nr. 1-17, Nr. 2-18, Nr. 48-Ende, Nr. 49-Ende
10779 Nr. 19-47, Nr. 20-46
13505 Bärbelweg 54-2d
12557 Barbenweg 138-2a
10713 Barbrücke 99-4d
14089 Bardelebenweg 110-5a
14089 Bardeyweg 95-6b
12489 Bärdorfer Zeile 121-7b
12439 Bärenlauchstraße 120-6d
12685 Bärensteinstraße 77-1b
13349 Barfusstraße 57-9d
14163 Barkenhof 129-7c
12277 Barlachweg 150-3a
13591 Barmbeker Weg 67-7c
13509 Barnabasstraße 44-2d
12207 Barnackufer 131-7b
12107 Barnet (Kleingtkol.) 133-2d
12305 Barnetstraße 151-5c
13585 Barnewitzer Weg 68-1c
14129 Barnhelmstraße 146-2b
12689 Barnimplatz 63-2a
10249 Barnimstraße 73-9c
13505 Barschelplatz 54-6d
12167 Barsekowstraße 115-8b
10713 Barstraße 99-7b
12359 Bartas Grund (Kleingtkol.) 118-6d
12055 Bartastraße 102-8b (13/G2)
10178 Bartelstraße (13/G2)
13051 Barther Straße 61-2d
13465 Barthstraße 26-7b
10557 Bartningallee 85-3d (17/G1)
12355 Bartschiner Straße 135-9d
14089 Bartschweg 110-8a
10961 Baruther Straße 101-1a
12349 Basaltweg 133-9c
12679 Basdorfer Straße 62-9c
13509 Basdorfer Zeile 44-5d
12205 Baseler Straße (Lichtfde.) 130-9b
13407 Baseler Straße (Reindf.) 57-6b
13509 Basiliusweg 44-5a
12207 Bassermannweg 131-5b
13357 Bastianstraße 72-3a
12349 Battenheimer Weg 133-9d
12353 Bat-Yam-Platz 135-4c
12589 Bauernheideweg 124-6d
13159 Bauernweg 28-6d
13593 Bauersfeldzeile (5) 81-5c
12621 Bauerwitzer Weg 91-3b
12351 Bauführerweg 134-5b
10117 Bauhofstraße 87-1a (13/E3)
12351 Bauhüttenweg 134-5c
13189 Baumbachstraße 59-9a
12159 Baumeisterstraße 115-3b
12101 Bäumerplan 100-9a
13595 Baumertweg 82-4d
12555 Baumgarteninsel (Kleingtkol.) 121-6a
13597 Baumgartensteg 82-2b
12351 Baumläuferweg 135-1a
13505 Baummardersteig 54-3a
12437 Baumschulenbrücke 119-1d
12437 Baumschulenstraße 119-4b
12621 Bausdorfstraße (Kaulsdf.) 92-1a
12623 Bausdorfstraße (Mahlsdf.) 106-2a
12279 Baußnernweg 150-5a
10829 Bautzener Platz 100-2d
10829 Bautzener Straße 100-5b
10707 Bayerische Straße 99-1d (18/D6)
10779 Bayerischer Platz 99-6a
14052 Bayernallee 83-6c
12101 Bayernring 100-6c
Bayreuther Straße 85-9d (19/H5)
10787 Nr. 1-7, Nr. 2-8, Nr. 37-Ende, Nr. 38-Ende
10789 Nr. 9-35, Nr. 10-36
13505 Beatestraße 54-6d
10117 Bebelplatz 87-1c (13/E4)
12559 Becherbacher Straße 140-4d
13407 Becherweg 57-3c
10713 Bechstedter Weg 98-6b
12349 Bechsteinweg (Buck.) 133-6c
14089 Bechsteinweg (Klad.) 110-5d
12157 Beckerstraße 115-3d
12309 Beckmannstraße 152-7c
13507 Beckumer Straße 56-1b
13125 Bedeweg 39-5a
12524 Beelitzer Weg 154-6a
13125 Beerbaumstraße 39-1c
14163 Beerenstraße 129-5a
10318 Beerfelder Straße 90-9b
12435 Beermannstraße 102-3a
13589 Beerwinkel 67-4b
14167 Beeskowdamm 148-4b
12683 Beethovenstraße (Biesdf.) 90-3d
12247 Beethovenstraße (Lankw.) 131-3c
12307 Beethovenstraße (Lichtrde.) 169-2d
12623 Beethovenstraße (Mahlsdf.) 92-3b
13158 Beethovenstraße (Willhr.) 46-8a
13127 Beethovenweg 37-5c
13599 Beetzseeweg (18) 54-9d
12623 Begasstraße (Mahlsdf.) 106-5d
12157 Begasstraße (Schbg.) 115-3b
12349 Begonie 134-4c
12203 Begonienplatz 115-7b
13437 Begonienweg 44-6c
10585 Behaimstraße (Charlbg.) 84-6b
13086 Behaimstraße (Weißs.) 74-2a (16/B2)
13587 Behelfsheimsiedlung (Kleingtkol.) 54-5d
Behmstraße 72-3b
13357 Nr. 1-31, Nr. 6-50
10439 Nr. 65-79, Nr. 66-78
13357 Behmstraßenbrücke 59-7c
13597 Behnitz 68-8a (11/B2)
10117 Behrenstraße 86-6a (12/C4)
12437 Behringstraße 103-8d
13437 Bei den Wörden 44-6d
12589 Beiersdorfer Weg 124-6d
12357 Beifußweg 135-1b
12681 Beilsteiner Straße 90-2a
13591 Beim Pfarrhof 66-9b
12355 Beizerweg 135-9a
13503 Bekassinenweg 42-3d
13349 Belfaster Straße 57-8b
10405 Belforter Straße 73-5d
13357 Bellermannstraße 58-9c
10557 Bellevueallee 86-1d (14/A5)
12555 Bellevuepark 121-6b
12555 Bellevuestraße (Köp.) 122-1d
10785 Bellevuestraße (Tiergt.-S.) 86-5d (14/B5)
10557 Bellevue-Ufer 86-1c
12249 Bellingstraße (Kleingtkol.) 132-7a
12249 Bellingstraße 132-7a
13403 Belowstraße 57-4d
Belßstraße 132-5c
12277 Nr. 1-35, Nr. 2-36
12249 Nr. 37-97, Nr. 40-92
12689 Belziger Ring 63-2d
10823 Belziger Straße 100-4c
12355 Benatzkyweg 136-7b
12051 Bendastraße 118-1b
12489 Bendemannstraße 136-2b
12557 Bendigstraße 138-4b
10785 Bendlerbrücke (14/A6)
12355 Benedicta-Teresia-Weg (1) 154-1d
13465 Benediktinerstraße 33-3c
13469 Benekendorffstraße 35-7c
13088 Benfelder Straße 60-9c
14089 Benfeyweg 110-8a
10785 Ben-Gurion-Straße 86-5d
13187 Benjamin-Vogelsdorff-Straße 59-4b
12159 Bennigsenstraße 99-9c
12489 Benno-König-Straße 120-8d
13053 Bennostraße 62-7a
14163 Benschallee 129-7c
12683 Bentschener Weg 90-3b
12167 Benzmannstraße 116-7a
12277 Benzstraße 133-7c
12437 Berberitzenweg 119-8a

KULTUR, MUSEEN, FREIZEIT, AUSFLUGSZIELE

16540 HOHEN NEUENDORF BB

Vorwahl: 03303 · Einw.: 21650
Landkreis Oberhavel · amtsfrei

Stadtteile: 16562 Bergfelde, 16556 Borgsdorf, 16540 Hohen Neuendorf, 16540 Stolpe
Amtsgericht in Oranienburg, S-Bahn-Stationen, Bus-Stadtlinie, Länderinstitut für Bienenkunde e.V.

Sehenswert: Wasserturm, Chinesische Pagode, Briesetal, Bieselheide, Havel bei Pinnow.
Sport- und Freizeitangebot: Wandern, Golf, Reiten, 8 Hotel-/Gaststättenbetriebe rund 200 Betten, Tagungsräume, 3 Tankstellen. Grund-, Real- u. Gesamtschule, Gymnasium. Fläche: 4809 ha.

Auskünfte: Stadtverwaltg. Hohen Neuendorf, Oranienburger Str. 2, 16540 Hohen Neuendorf. Telefon 0 33 03 / 5 28-0, Telefax 0 33 03 / 50 07 51, Internet: www.hohen-neuendorf.de
e-mail: honeu@hohen-neuendorf.de Bgm.: Monika Mittelstädt

KLINIKEN UND KRANKENHÄUSER

Bundeswehrkrankenhaus Berlin
Scharnhorststraße 13
10115 Berlin
Telefon 030 / 28 41 -0
Telefax 030 / 28 41 -1043
www.bundeswehrkrankenhaus-berlin.de

Fachabteilungen:
Innere, Chirurgie, Neurochirurgie, Dermatologie, HNO, Neurologie, Psychiatrie und Psychotherapie, Orthopädie, Intensivmedizin, Urologie
– Für die Bürger unserer Stadt – (72-5d)

HELIOS Klinikum Emil von Behring

Walterhöferstraße 11 · 14165 Berlin
Telefon: 030 / 81 02-0

Lungenklinik Heckeshorn
Zum Heckeshorn 33 · 14109 Berlin
Telefon: 030 / 80 02-0

E-Mail: info@berlin-behring.helios-kliniken.de
www.helios-kliniken.de / berlin-behring

Martin • Luther • Krankenhaus
Akademisches Lehrkrankenhaus
Caspar-Theyß-Str. 27
14193 Berlin
Telefon 030 / 8 95 50 (98-5b/6a)

PARK-KLINIK WEISSENSEE

Schönstraße 80, 13086 Berlin
Telefon: 030 96 28-0
Telefax: 030 96 28-40 05
Internet: www.park-klinik.com
E-Mail: mail@park-klinik.com

Chirurgie • Frauenheilkunde • Gesundheitszentrum • Hals-, Nasen- und Ohrenheilkunde, Plastische Operationen • Innere Medizin • Interdisziplinäre Intensivstation • Neurologie • Orthopädie • Plastische Chirurgie u. Handchirurgie • Physiotherapie

Tiele-Winckler-Haus GmbH
Einrichtungen für Menschen mit geistiger und seelischer Behinderung
Regionalleitung • Mozartstraße 21-22 • 12307 Berlin-Lichtenrade • Fon (030) 747092-0 • Fax (030) 7445016
• E-Mail: behindertenhilfe@twh.friedenshort.de

Berchtesgadener Straße 99-3d
10779 Nr. 1-11, Nr. 2-12,
Nr. 28-Ende,
Nr. 29-Ende
10825 Nr. 13-27, Nr. 14-26
13403 Berenhorststraße 57-4d
12527 Berg 159-1c
13349 Berg und Tal (Kleingtkol.) 57-5d
12437 Bergaustraße 103-7b
Bergedorfer Straße 105-2b
12621 Nr. 1-91, Nr. 2-92
12623 Nr. 93-217, Nr. 94-218
13503 Bergemannweg 42-3b
10439 Bergener Straße 59-7d
Bergengruenstraße 129-4a
14129 Nr. 1-53b, Nr. 2-66
14163 Nr. 55-71, Nr. 70-84
13158 Bergeshöhe 46-3d
13465 Bergfelder Stadtweg 26-2d
13465 Bergfelder Weg 26-7b
10829 Bergfrieden (Schbg.) (Kleingtkol.) 100-8c
12099 Bergfrieden (Tphf.) (Kleingtkol.) 117-2c
10969 Bergfriedstraße 87-8d
12359 Berggeist (Kleingtkol.) 119-7a
12559 Berghauser Straße 139-9c
14197 Bergheimer Platz 115-2a
14197 Bergheimer Straße 115-2a
12589 Berghofer Weg 124-6d
12099 Bergholzstraße 117-6b
12057 Bergiusstraße 118-3b
10961 Bergmannstraße (Kreuzbg.) 101-1c
14163 Bergmannstraße (Zehldf.) 129-6a
13158 Bergrutenpfad 46-6a
13355 Bergstraße (Gesndbr.) 72-6d
13467 Bergstraße (Hermsdf.) 34-5a
10115 Bergstraße (Mitte) 73-7a (13/E1)
12559 Bergstraße (Siedl. Schönhorst) (Mügghm.) 141-1d
13591 Bergstraße (Staak.) 80-3d
12169 Bergstraße (Stegl.) 115-5d
14109 Bergstraße (Wanns.) 127-8c
13403 Bergstraße (Witten.) 56-6a
14109 Bergstücker Straße 145-4a
13159 Bergweg (Blankfde.) 28-6d
13627 Bergweg (Charlbg.) 71-4b
14050 Bergweg (Charlbg.) 83-3b
14199 Berkaer Platz 98-8d
Berkaer Straße 98-8a
14199 Nr. 1-13, Nr. 2-14,
Nr. 31-Ende,
Nr. 32-Ende
14193 Nr. 15-29, Nr. 16-30
13055 Berkenbrücker Steig 75-4b
14165 Berlepschstraße 147-1b
12557 Berlewitzweg 122-7c
13587 Berlicher Weg 54-5d
10553 Berlichingenstraße 71-8a
10245 Berlin Osten II (Kleingtkol.) 89-7a
13088 Berliner Allee 74-2a
10785 Berliner Freiheit (14/C5)
- Berliner Stadtgarten 150-6b
13159 Berliner Straße (Blankfde.) 36-6b
13127 Berliner Straße (Buchhz.) 47-3b
13089 Berliner Straße (Heindf.) 60-4c
13467 Berliner Straße (Hermsdf.) 34-3c
Berliner Straße (Pank., Prenzl. Bg.) 59-2c
13187 Nr. 1-13, Nr. 2-14,
Nr. 115-Ende,
Nr. 116-Ende
13189 Nr. 15-113, Nr. 16-114
13507 Berliner Straße (Reindf., Teg.) 44-7b
Berliner Straße (Wilmdf.) 99-4a
10715 Nr. 1-41, Nr. 2-40,
Nr. 128-Ende,
Nr. 129-Ende
10713 Nr. 42-126, Nr. 43-127
14169 Berliner Straße (Zehldf., Dahl.) 130-4a
12103 Berlinickeplatz 116-3b
12165 Berlinickestraße 115-8a
Bernadottestraße 98-7d
14193 Nr. 1-15b, Nr. 2-14
14195 Nr. 16-Ende,
Nr. 17-Ende
12305 Bernauer Straße (Lichtrde.) 151-6a
Bernauer Straße (Mitte, Gesnbr.) 72-6d
10435 Nr. 45-50
13355 Nr. 51-118
Bernauer Straße (Teg.) 69-2a
13507 Nr. 1-151, Nr. 2-Ende
13629 Nr. 171-Ende
10963 Bernburger Straße (Kreuzbg.) 86-9a
12689 Bernburger Straße (Marz.) 62-3b
10963 Bernburger Treppe (14/C6)
12247 Bernecker Weg 132-2d
12205 Berner Land (Kleingtkol.) 130-9b
12205 Berner Straße 130-9b
10367 Bernhard-Bästlein-Straße 75-7b
14109 Bernhard-Beyer-Straße 162-6b
13507 Bernhard-Lichtenberg-Platz 56-2d
13627 Bernhard-Lichtenberg-Straße (Charlbg.) 70-9a
10407 Bernhard-Lichtenberg-Straße (Prenzl. Bg.) 74-4a
10715 Bernhardstraße 99-8b
14193 Bernhard-Wieck-Promenade 98-7a
13088 Bernkasteler Straße 60-9b
13587 Bernkasteler Weg 54-5c
12247 Bernkastler Platz 132-1a
12247 Bernkastler Straße 132-1c
13435 Bernshausener Ring 45-2a
12489 Bernstadter Weg 121-4d
12349 Bernsteinring 133-9b
13507 Bernstorffstraße 44-7b
12353 Berntweg 134-8b
12524 Bernulfstraße 136-9d
10178 Berolinastraße (Mitte) 87-3a (13/H2)
13591 Berolinastraße (Staak.) 80-2a
10249 Bersarinplatz 88-2b
10557 Berta-Benz-Straße (2) (12/A3)
13467 Bertastraße (Hermsdf.) 35-4a
13053 Bertastraße (Hschönhs.) 61-7d
12489 Berta-Waterstradt-Straße 137-1b
12043 Berthelsdorfer Straße 102-5c
13599 Berthold-Schwarz-Straße 69-4b
14167 Bertholdstraße 130-5c
10117 Bertolt-Brecht-Platz (12/D3)
13467 Bertramstraße 35-4c
13088 Bertricher Weg 61-4a
12683 Beruner Straße 90-6d
12249 Beselerstraße 132-4d
12524 Besenbinderstraße 137-4c
14089 Besingweg 111-3d
14129 Beskidenstraße 128-8b
10969 Besselstraße 87-7a
12103 Bessemerstraße 116-5b
13595 Betckestraße 82-4b
Bethaniendamm 87-6c
10997 Nr. 1-49
10999 Nr. 51-Ende
10117 Bethlehemkirchplatz (14/D6)
14193 Bettinastraße 97-6d
10557 Bettina-von-Arnim-Ufer 86-1d (12/A4)
13507 Betzdorfer Pfad (1) 56-4b
14163 Beuckestraße 129-6c
- Beusselbrücke 71-8a
13629 Beusselsche Erben (Kleingtkol.) 70-1a
10553 Beusselstraße 85-2a
12527 Beutenweg 175-3a
13125 Beuthener Straße 38-9a
10117 Beuthstraße (Mitte) 87-5a (15/F5)
13156 Beuthstraße (Nschönhs.) 47-7b
10997 Bevernstraße 88-8a
14199 Beverstedter Weg 114-3b
13595 Beyerstraße 82-4b
12167 Beymestraße 115-9a
12277 Beyrodtstraße 132-8d
13503 Beyschlag-Siedlung 43-2a
13503 Beyschlagstraße 43-2a
- Beyschlagtunnel 33-8c
12247 Biberacher Weg 116-8c
12589 Biberpelzstraße 141-1b
14195 Bibersteig 114-1d
12527 Biebersdorfer Weg 157-5c
12053 Biebricher Straße 102-4c
13507 Biedenkopfer Straße 56-1b
14052 Biedermannweg 83-1d
13125 Bielckenweg 31-5a
13627 Bielefelder Straße (Charlbg.) 70-6c
10709 Bielefelder Straße (Wilmdf.) 99-4a
10315 Bielefeldt (Kleingtkol.) 90-1a
13407 Bieler Straße 57-6b
13627 Bienenheim (Kleingtkol.) 70-3d
13129 Bienenweg (Blankbg.) 48-4b
13589 Bienenweg (Spand.) 67-1a
12349 Bienwaldring 134-7a
14169 Biesalskistraße 113-9d
12683 Biesdorfer Friedhofsweg 91-5a
12683 Biesdorfer Promenade 76-9d
12683 Biesdorfer Weg 105-5a
13465 Bieselheider Weg 26-8b
13057 Biesenbrower Straße 62-1c
10318 Biesenhorst I (Kleingtkol.) 105-1c
10318 Biesenhorst II (Kleingtkol.) 104-3b
10318 Biesenhorster Weg 104-6b
13359 Biesentaler Straße 58-9b
13055 Biesenthaler Straße 75-6a
14165 Biesestraße 129-9b
13053 Biesterfelder Straße 61-9c
10315 Bietzkestraße 89-6c
13465 Bifröstweg 33-2d
12355 Bildhauerweg 135-8d
13507 Billerbecker Weg 55-3d
13591 Billstedter Pfad 67-7c
13503 Bilsenkrautstraße 32-9b
14193 Bilsestraße 98-7a
12349 Bimssteinweg 133-6c
14197 Binger Loch (Kleingtkol.) 99-7c
14197 Binger Straße 115-1a
12526 Binswangersteig 155-3a
13189 Binzstraße 59-5d
10717 Birger-Forell-Platz 99-5c
12165 Birkbusch 115-8a
12167 Birkbuschgarten 115-9c
Birkbuschstraße 115-8d
12165 Nr. 1-9, Nr. 2-8,
Nr. 96-Ende,
Nr. 97-Ende
12167 Nr. 10-94, Nr. 11-95
12683 Birkenallee (Biesdf.) 91-8c
10318 Birkenallee (Karlsh.) 104-6b
14089 Birkenallee (Klad.) 110-5a
12589 Birkenallee (Rahnsdf.) 125-1a
13595 Birkeneck (Kleingtkol.) 82-5d
13127 Birkengrund (Kleingtkol.) 37-3c
10318 Birkenknick 104-6d
14193 Birkenplatz 97-8b
12623 Birkensteinweg 79-8a
12526 Birkenstraße (Bohnsdf.) 156-5a
12621 Birkenstraße (Kaulsdf.) 105-3c
12559 Birkenstraße (Köp.) 122-5c
Birkenstraße (Moab.) 71-9a
10559 Nr. 1-27, Nr. 2-28,
Nr. 51-Ende,
Nr. 52-Ende
10551 Nr. 29-49, Nr. 30-50
12589 Birkenstraße (Rahnsdf.) 141-2a
14050 Birkenwäldchen (Kleingtkol.) 84-1c
12439 Birkenweg (Adlhf.) 120-6d
12526 Birkenweg (Bohnsdf.) 156-5c
13627 Birkenweg (Charlbg.) 70-6a
14050 Birkenweg (Charlbg.) 83-3d
13599 Birkenweg (Haselh.) 69-1a
13627 Birkenweg (Kleingtkol.) 70-3c
12557 Birkenweg (Köp.) 137-2b
13589 Birkenweg (Spand.) 53-7b
13587 Birkenweg (Spand.) 54-4d
13405 Birkenweg (Wedd.) 71-1a
13439 Birkenwerderstraße 45-6b
12527 Birkheidering 138-7d
12307 Birkholz (Kleingtkol.) 150-8b
13059 Birkholzer Weg 50-7a
12351 Birkhuhnweg 135-1a
12559 Birkweilerstraße 140-7a
14089 Birlingerweg 110-8b
12555 Birnbaumer Straße 105-8d
13159 Birnbaumring 36-2b
12349 Birne 133-6b
13591 Birnenpfad 66-9a
12524 Birnenweg (Altgl.) 154-3b
13158 Birnenweg (Rosnth.) 47-1b
13629 Birnenweg (Siemst.) 69-5b
12107 Birnhornweg 133-7b
12247 Bischofsgrüner Weg 132-2b
Bischofstaler Straße 105-5d
12555 Nr. 1-18
12683 Nr. 20-23
14163 Bischweiler Straße 129-2d
14193 Bismarckallee 98-4c
- Bismarckbrücke 98-4d
14193 Bismarckplatz (Grwld.) 98-2c
13585 Bismarckplatz (Spand.) 68-4b
12683 Bismarcksfelder Straße 105-5d
14050 Bismarcksruh (Kleingtkol.) 84-1c
13467 Bismarcksteg 34-9c
Bismarckstraße (Charlbg.) 84-6c (16/B3)
10625 Nr. 1-33, Nr. 2-32,
Nr. 91-Ende,
Nr. 92-Ende
10627 Nr. 34-90, Nr. 35-89
13585 Bismarckstraße (Spand.) 68-4d (11/A1)
Bismarckstraße (Stegl.) 115-9b
12157 Nr. 1-9, Nr. 2-10,
Nr. 65-77, Nr. 66-76
12169 Nr. 11-63, Nr. 12-64b
14109 Bismarckstraße (Wanns.) 145-5b
14165 Bismarckstraße (Zehldf.) 129-9c
13503 Bisonweg 33-7c
10785 Bissingzeile 86-8d
12279 Bistritzer Pfad 150-5c
Bitburger Straße 61-4a
13088 Nr. 1-Ende, Nr. 2-24,
Nr. 114-Ende
13051 Nr. 26-112
14195 Bitscher Straße 114-8c
12681 Bitterfelder Straße 62-5c
12355 Bitterfelder Weg 135-8c
14195 Bitterstraße 114-5c
13088 Bizetstraße 74-2a
10439 Björnsonstraße (Prenzl. Bg.) 59-7d
12163 Björnsonstraße (Stegl.) 115-4b
13595 Blakenheideweg 81-9d
13125 Blanchardstraße 38-3d
12209 Blanckertzweg 149-2a
12161 Blankenbergstraße 115-2b
13129 Blankenburg (Kleingtkol.) 47-6b
13125 Blankenburger Chaussee 48-3a
Blankenburger Pflasterweg 48-5a
13051 Nr. 4-79
13129 Nr. 79-Ende
Blankenburger Straße (Fr. Buchhz., Nschönhs.) 47-7d
13156 Nr. 2-134, Nr. 3-133
13127 Nr. 135-Ende,
Nr. 136-Ende
13089 Blankenburger Straße (Heindf.) 60-1c
13127 Blankenburger Weg 47-6b
13581 Blankeneser Weg 67-7d
13159 Blankenfelder Chaussee (Blankfde.) 36-6c
13469 Blankenfelder Chaussee (Lüb.) 36-4c
13127 Blankenfelder Straße (Buchhz.) 37-8c
12249 Blankenhainer Straße (Lankw.) 132-7c
13591 Blankensteinweg 81-2a
13403 Blankestraße 57-5c
12359 Blaschkoallee 118-5c
12347 Blaschkotal (Kleingtkol.) 118-5c
13593 Blasewitzer Ring 81-5b
13503 Bläßhuhnweg 43-1c
13127 Blaubeerweg 37-8c
14055 Bläulingsweg 97-6b
12209 Blaumeisenweg 131-8d
14199 Blaupunkt (Kleingtkol.) 98-9b
10318 Blaurackenweg 104-4c
12623 Blausternweg 92-8c
13086 Blechenstraße 60-8b
10367 Bleckmannweg 89-1d
13627 Bleibtreu I (Kleingtkol.) 70-8c
13627 Bleibtreu II (Kleingtkol.) 70-8c
Bleibtreustraße 85-7d (19/E5)
10623 Nr. 1-21, Nr. 2-20,
Nr. 37-Ende, 38-Ende
10707 Nr. 22-36a, Nr. 23-35
13187 Bleicheroder Straße 59-2b
12277 Bleichertstraße 132-9c

\- Bleichröderpark 59-1d
12685 Blenheimstraße 77-1a
13509 Blesener Zeile 44-6c
12524 Blindschleichengang 154-6b
10713 Blissestraße 99-8a
13435 Blitzenroder Ring 45-2b
12209 Blochmannstraße 149-2a
13357 Blochplatz 72-3a
12559 Block Blumenfeld 139-9b
12559 Block Vogelwiese 140-7c
\- Blockbrücke 67-8c
10318 Blockdamm (Kleingtkol.) 104-1c
Blockdammweg 103-6b
10317 Nr. 1-7, Nr. 2, Nr. 12, Nr. 32, Nr. 6-10, Nr. 11-Ende
10318 Nr. 14-30, Nr. 34-36
12307 Blohmstraße 151-7c
13437 Blomberger Weg 45-4b
12589 Blossiner Straße 124-6d
10961 Blücherplatz 101-1a
10961 Blücherstraße (Kreuzbg.) 101-1a
12207 Blücherstraße (Lichtfde.) 149-1d
14163 Blücherstraße (Zehldf.) 129-5b
Blumberger Damm 91-2c
12683 Nr. 4-14
12685 Nr. 11-161
12679 Nr. 162-218
12687 Nr. 179-281, Nr. 285-319
12623 Blumberger Straße 92-2c
12685 Blumenbachweg 77-1c
12057 Blumenhain (Kleingtkol.) 118-3b
10243 Blumenstraße (Friedhn.) 87-3d
13585 Blumenstraße (Spand.) 68-4b
13156 Blumenthalstraße (Nschönhs.) 46-6c
10783 Blumenthalstraße (Schbg.) 100-2a
12103 Blumenthalstraße (Tphf.) 116-3d
14163 Blumenthalstraße (Zehldf.) 129-5a
13127 Blumenweg (Fr. Buchhz.) 48-1a
12105 Blumenweg (Mardf.) 116-9c
13437 Bluncckstraße 57-2b
12349 Blütenachse 134-1c
12683 Blütenauer Straße 105-5c
10709 Blüthgenstraße 99-1c
12051 Boberstraße 118-1a
13587 Boca-Raton-Straße (1) 54-9c
13507 Bocholter Weg 55-6b
10555 Bochumer Straße 85-3a
10967 Böckhstraße 101-3a
\- Böcklerpark 87-8d
10969 Böcklerstraße 87-8d
10245 Böcklinstraße 88-6d
\- Böckmannbrücke 145-7c
12357 Bocksbartweg 135-6c
13595 Bocksfelde Neu (Kleingtkol.) 81-9b
13595 Bocksfelde-Alt (Kleingtkol.) 82-7a
13595 Bocksfeldplatz 82-4c
13595 Bocksfeldstraße 82-4c
12053 Boddinplatz 102-4c
12053 Boddinstraße 102-4c
12437 Bodelschwinghstraße 119-2a
10318 Bodenmaiser Weg 104-3a
12524 Bodenreform (Kleingtkol.) 137-4b
10178 Bodestraße 87-1b (13/E3)
13629 Bödikersteig 69-9b
10245 Bödikerstraße 88-9d
12307 Bodmerstraße 151-8c
12619 Bodo-Uhse-Straße 78-7a
12101 Boelckestraße 100-9a
13125 Boenkestraße 38-8b
14195 Boetticherstraße 130-2b
12207 Bogenstraße (Lichtfde.) 131-8a
12589 Bogenstraße (Rahnsdf.) 141-2c
14169 Bogenstraße (Zehldf.) 130-4c
14163 Bogotastraße 129-1d
12627 Böhlener Straße 78-3a
12527 Böhmallee 185-3d
13589 Böhmerwaldweg 67-6a
12055 Böhmische Straße 102-8d
\- Böhmischer Platz 102-8b
12351 Bohm-Schuch-Weg 134-6a
13503 Bohnsacker Steig 32-8d
12524 Bohnsdorfer Chaussee 154-6d
12526 Bohnsdorfer Kirchsteig 155-2d
12527 Bohnsdorfer Straße 137-6a
12524 Bohnsdorfer Weg 136-9b
12309 Bohnstedtstraße 151-9d
12489 Bohrauer Pfad 121-4d
13125 Bohrerzeile 39-4b
12619 Boizenburger Straße 77-9c
14167 Bolchener Straße 130-5c
13158 Boleroweg 46-5d
14050 Bolivarallee 83-6b
13503 Bölkauer Pfad 32-6c
12489 Bölkowstraße 136-3a
12685 Bollersdorfer Weg 77-2b
13509 Bollestraße 44-5d
13595 Bollmannweg 81-6d
12587 Bölschestraße 123-4c
13591 Bolteweg 81-2c
13599 Boltonstraße 69-8a
14195 Boltzmannstraße 130-2a
10179 Bona-Peiser-Weg 87-6d
13469 Bondickstraße 44-3d
10589 Bonhoefferufer 84-3a
13509 Bonifaziusstraße 44-2c
12207 Boninstraße 149-1b
14197 Bonner Straße 115-1b
12207 Boothstraße 131-5b
10245 Bootsbauerstraße 89-7c
13599 Bootshausweg 69-1c
10318 Bopparder Straße 104-2d
10967 Boppstraße 101-3d
12249 Boraweg 132-4b
13585 Borchertweg 68-4c
13503 Borgfelder Steig 32-8d
13403 Borggrevestraße 57-2d
12555 Borgmannstraße 121-3d
13439 Borgsdorfer Straße 45-6b
13156 Boris-Pasternak-Weg 59-1a
13507 Borkener Weg 56-4a
12689 Borkheider Straße 63-2c
13581 Borkumer Straße (Spand.) 68-7c (11/A3)
14199 Borkumer Straße (Wilmdf., Schmargdf.) 114-3a
13189 Borkumstraße 59-5a
13583 Borkzeile 68-7a
12355 Bornaer Straße 135-8c
13357 Bornemannstraße 72-2a
13467 Bornepfad 35-7a
13051 Borner Straße 61-2d
13086 Börnestraße 74-2a
12309 Bornhagenweg 151-9d
13439 Bornholm I (Kleingtkol.) 59-7b
13439 Bornholm II (Kleingtkol.) 59-7b
Bornholmer Straße 59-7c
10439 Nr. 1-21, Nr. 2-20, Nr. 72-96, Nr. 73-95
13359 Nr. 44-Ende, Nr. 45-Ende
13595 Börnicker Straße 82-4c
10711 Bornimer Straße 98-2c
Bornitzstraße 89-1b
10367 Nr. 1-37, Nr. 6-42
10365 Nr. 44-82
12053 Bornsdorfer Straße 102-4d
10711 Bornstedter Straße 98-2a
12163 Bornstraße 115-2c
13088 Borodinstraße 74-2a
13509 Borsigaue (Kleingtkol.) 44-8b
13507 Borsigdamm 44-7c
\- Borsigdammbrücke 55-3b
10115 Borsigstraße 72-9b (12/D1)
13509 Borsigwalder Weg 44-8d
12167 Borstellstraße 116-7c
14129 Borussenstraße 128-7d
12103 Borussia (Kleingtkol.) 116-3b
Borussiastraße 116-3b
12103 Nr. 2-18, Nr. 3-19, Nr. 56-76, Nr. 57-75
12099 Nr. 20-54, Nr. 21-55
12683 Boschpoler Platz 77-4c
12683 Boschpoler Straße 76-6d
12057 Boschweg 119-1a
\- Bösebrücke 59-7c
12107 Bösensteinweg 133-8a
\- Bosepark 116-3d
12103 Bosestraße 116-3c
12685 Boskoopweg 77-1a
12109 Bosporusstraße 117-8d
10245 Bossestraße 88-9b
\- Botanischer Garten (Stegl.) 115-7a
\- Botanischer Volkspark 36-9d
12555 Böttcherstraße 121-6c
13357 Böttgerstraße 72-3a
13125 Böttnerstraße 38-8a
13507 Bottroper Weg 56-1d
10407 Bötzowstraße 74-7a
Bouchéstraße 102-2c
12059 Nr. 42-68a, Nr. 43-69a
12435 Nr. 5-37, Nr. 8-28, Nr. 75-85, Nr. 76-84
12627 Boulevard Kastanienallee 78-1d
13467 Boumannstraße 34-8c
12489 Boveristraße 136-3c
12526 Boviststraße 155-9a
12681 Boxberger Straße 76-2b
10245 Boxhagener Platz 88-6a
10245 Boxhagener Straße 88-3c
14055 Boyenallee 83-9a
10115 Boyenstraße 72-5c
10825 Bozener Straße 99-6a
10713 Brabanter Platz 99-7b
10713 Brabanter Straße 99-7b
12623 Brachetweg 92-4d
12683 Brachfelder Straße 91-4c
12683 Brachliner Straße 105-5c
10961 Brachvogelstraße 87-7d
10589 Brahestraße 70-9c
14193 Brahmsstraße (Grwld.) 98-7b
12203 Brahmsstraße (Lichtfde.) 115-8c
12307 Brahmsstraße (Lichtrde.) 169-2d
12165 Braillestraße 115-7b
13589 Bramwaldweg 67-3c
12277 Brandaustraße 133-7d
\- Brandenburger Tor 86-3c (12/C4)
12167 Brandenburgische Straße (Stegl.) 116-7c
Brandenburgische Straße (Wilmdf.) 99-1a (18/C5)
10713 Nr. 1-15, Nr. 2-14, Nr. 67-Ende, Nr. 68-Ende
10707 Nr. 16-66, Nr. 17-65
12555 Brandenburgplatz 122-1d
13629 Brandenburgweg 70-1b
13595 Brandensteinweg 82-8b
10969 Brandesstraße 87-7d
12683 Brandorfer Weg 91-4c
13467 Brandtstraße 34-9b
14050 Branitzer Platz 84-4a
12627 Branitzer Straße 78-6a
10318 Brascheweg 90-8d
14109 Braschzeile 145-2a
12557 Brassenpfad 122-7d
13583 Bratringweg 67-5d
13158 Bratvogelweg 46-5d
13585 Brauereihof 30 68-5a
12209 Brauerplatz 131-8b
12209 Brauerstraße 131-8d
13086 Brauhausstraße 59-9b
10587 Brauhofstraße 84-3d (16/B1)
12524 Braunellenplatz 136-8b
12524 Braunellensteig 136-9a
Braunfelsstraße 151-3d
12305 Nr. 1-41, Nr. 2-42
12309 Nr. 67-131, Nr. 68-130
12347 Braunlager Straße 118-4a
12055 Braunschweiger Straße 102-8c
12347 Braunschweiger Ufer 118-4a
12683 Braunsdorfstraße 91-1c
14050 Braunsfelde (Kleingtkol.) 83-3d
12683 Brebacher Weg 91-2c
13507 Breckerfelder Pfad 56-4a
13591 Breddiner Weg 66-5d
12621 Bredereckstraße 92-1a
10551 Bredowstraße 71-9c
14057 Bredtschneiderstraße 84-7b (11/O1)
12587 Breestpromenade 123-1c
10707 Bregenzer Straße 99-1b (18/D6)
13187 Brehmestraße 59-4a
10318 Brehmstraße 90-9c
14195 Breisacher Straße 130-2a
14129 Breisgauer Straße 128-6b
13509 Breitachzeile 44-8a
12557 Breite Gasse 121-9a
10178 Breite Straße (Mitte) 87-2c (13/F4)
13187 Breite Straße (Pank.) 59-1d
14199 Breite Straße (Schmargdf.) 98-9c
13597 Breite Straße (Spand.) 68-8a (11/B2)
12167 Breite Straße (Stegl.) 115-8b
14089 Breitehorn 111-6d
14089 Breitehornweg 111-3c
14195 Breitenbachplatz 115-1c
13509 Breitenbachstraße 44-9c
12683 Breitenfelder Straße 105-5c
14165 Breitensteinweg 147-6b
13159 Breiter Weg (Blankfde.) 28-6d
12487 Breiter Weg (Johsth.) 120-4c
13409 Breitkopfstraße 58-1d
10789 Breitscheidplatz 85-9a (17/G4)
12349 Breitunger Weg 133-6a
10318 Brekowweg 90-8d
12207 Bremer Straße (Lichtfde.) 131-4d
12623 Bremer Straße (Mahlsdf.) 79-7a
10551 Bremer Straße (Moab.) 71-9c
10557 Bremer Weg 85-6a (17/G2)
13187 Brennerstraße 59-7b
12163 Brentanostraße 115-4a
12159 Breslauer Platz 115-3a
14167 Brettnacher Straße 130-5a
13587 Breubergweg 54-7b
12249 Brieger Straße 132-5a
10713 Brienner Straße 99-4b
13407 Brienzer Straße 58-4d
13589 Brieselangweg 53-9c
12623 Briesener Weg 92-2a
12053 Briesestraße 102-7a
12307 Briesingstraße 169-2b
Brigittenstraße 131-6b
12247 Nr. 1-15, Nr. 6-12
12249 Nr. 14-20, Nr. 17-19
12524 Brigittenweg 154-6a
12207 Briloner Weg 131-7d
12169 Brinkmannstraße 116-4d
13349 Bristolstraße 57-9b
14167 Brittendorfer Weg 130-5a
12437 Britzer Allee (Kleingtkol.) 119-4b
Britzer Allee 119-4b
12057 Nr. 1
12437 Nr. 11-50
\- Britzer Brücke 118-5a
12347 Britzer Damm 118-7d
\- Britzer Garten 133-3d
12359 Britzer Hafensteg 118-3c
12109 Britzer Straße (Mariendf.) 133-2a
12439 Britzer Straße (Nschönwde.) 120-5a
12359 Britzer Wiesen (Kleingtkol.) 119-7c
12057 Britzer-Allee-Brücke 119-1d
12051 Britzkestraße 118-2c
13187 Brixener Straße 59-8a
14052 Brixplatz 83-6a
12059 Brockenstraße 102-5b
13129 Brockenweg 48-6a
12621 Brodauer Straße 91-3c
13088 Brodenbacher Weg 60-6d
13437 Brodersenstraße 45-8b
12679 Brodowiner Ring 63-8b
13159 Brombeerweg (Blankfde.) 47-1b
14052 Brombeerweg (Charlbg.) 83-4b
13089 Bromelienweg 60-2c
10997 Brommystraße 88-4d
12207 Bröndbystraße 148-3b
14055 Brontéweg 83-7a
12489 Brook-Taylor-Straße 136-3c
12587 Brösener Straße 123-1b
\- Brosepark Pankow 47-7b
12249 Brotteroder Straße 132-7d
12683 Bruchgrabenweg 90-6b
12623 Bruchsaler Straße (Mahlsdf.) 92-7d
10715 Bruchsaler Straße (Wilmdf.) 99-9a
12247 Bruchwitzstraße 132-1a
\- Brücke am Heiligenthalhügel 83-9d
12527 Brückeneck (Kleingtkol.) 137-5a
10179 Brückenstraße (Mitte) 87-6a (15/H5)
12439 Brückenstraße (Nschönwde.) 120-1d
12589 Brückenstraße (Rahnsdf.) 124-5d
12167 Brückenstraße (Stegl.) 115-9c
13156 Brückenweg 47-5b
12247 Brucknerstraße 131-3b
10785 Brüder-Grimm-Gasse (14/B6)
12205 Brüderstraße (Lichtfde.) 130-3d
10178 Brüderstraße (Mitte) 87-5a (13/F4)
13595 Brüderstraße (Spand.) 82-1c
12157 Brüggemannstraße 116-1c
14195 Brümmerstraße 114-8c
10829 Brunhildstraße 100-5a
12555 Brunnengalerie 105-4c
13357 Brunnenplatz 72-2b

Brunnenstraße 72-3b (13/F1)
10119 Nr. 1-31, Nr. 2-30, Nr. 161-Ende, Nr. 162-Ende
10115 Nr. 32-50, Nr. 33-49, Nr. 138-160, Nr. 139-159
13355 Nr. 53-135, Nr. 54-136
13156 Brunnenweg (Nschönhs.) 58-3b
13158 Brunnenweg (Rosnth.) 46-3b
14109 Brunnenweg (Wanns.) 126-9d
12159 Brünnhildestraße 99-9c
13125 Bruno-Apitz-Straße 39-1b
12051 Bruno-Bauer-Straße 118-2a
12685 Bruno-Baum-Straße 76-6a
12439 Bruno-Bürgel-Weg 120-6a
12524 Brunolfweg 136-9c
12277 Bruno-Möhring-Straße 132-9a
12359 Bruno-Taut-Ring 134-3a
12524 Bruno-Taut-Straße 137-9c
12247 Bruno-Walter-Straße 131-6a
12587 Bruno-Wille-Straße 123-1d
13507 Brunowplatz 44-7a
13507 Brunowstraße 44-7a
Brunsbütteler Damm 80-3b (11/A3)
13581 Nr. 1-259, Nr. 2-260
13591 Nr. 261-367, Nr. 262-366
13581 Brunsbüttler Damm (Kleingtkol.) 81-3a
13125 Brunswickenweg 31-2c
13407 Brusebergstraße 57-3c
12055 Brusendorfer Straße 102-9a
12109 Brussaer Weg 133-2a
13353 Brüsseler Straße 71-3d
10365 Buchberger Straße 89-4b
12355 Buchbinderweg 135-9a
10557 Buchenallee (12/A4)
13469 Büchenbronner Steig (1) 35-8a
12683 Buchenhainer Straße 105-5a
12623 Buchenstraße 105-3d
14055 Buchenweg (Kleingtkol.) 97-3d
13629 Buchenweg (Siemst.) 69-5b
13587 Buchenweg (Spand.) 54-5c
13125 Bucher Chaussee 39-4b
13127 Bucher Straße 37-6d
12351 Buchfinkweg 135-1c
13127 Buchholz (Kleingtkol.) 47-2d
13159 Buchholzer Straße (Blankfde.) 36-6d
13159 Buchholzer Straße (Kleingtkol.) 37-4a
13156 Buchholzer Straße (Nschönhs.) 47-7b
10437 Buchholzer Straße (Prenzl. Bg.) 73-2d
13627 Buchholzweg 71-4a
13158 Buchhorster Straße 46-4d
12489 Büchnerweg (Adlhf.) 137-1c
13156 Büchnerweg (Nschönhs.) 47-4c
12357 Buchsbaumweg 135-6b
13409 Büchsenweg 58-1b
12107 Buchsteinweg 133-4d
13353 Buchstraße 71-6b
14195 Buchsweilerstraße 130-2d
14089 Buchwaldzeile 95-9b
12487 Buckersberg (Kleingtkol.) 119-8d
Buckower Chaussee 150-3d
12305 Nr. 3-23, Nr. 2-24, Nr. 140-160, Nr. 141-161
12277 Nr. 25-135, Nr. 26-136
12349 Buckower Damm 118-7d
12683 Buckower Ring 77-8a
10787 Budapester Straße 85-9a (17/F4)
13507 Buddeplatz 44-7b
13127 Buddestraße (Nschönhs.) (1) 58-3c
13507 Buddestraße (Teg.) 44-4d
13409 Büdnerring 58-2c
12683 Budsiner Straße 90-6b
10551 Bugenhagenstraße 71-9c
10369 Buggenhagenstraße 74-9a
12163 Buggestraße 115-1c
12349 Bühler Weg 133-9d
13086 Bühringstraße 60-4c
12167 Buhrowstraße 116-7d
12557 Bukesweg 138-2a
12435 Bulgarische Straße 103-4b
13465 Bulgenbachweg 26-8b
- Bullenbruch 103-6a
13125 Bullenwiese (Kleingtkol.) 38-3c
12621 Büllinger Straße 91-8b
10783 Bülowstraße (Schbg.) 86-7d
14163 Bülowstraße (Zehldf.) 129-5a
12683 Bültenring 91-8a
13086 Bundenbacher Weg 60-8b
10715 Bundesallee (Kleingtkol.) 99-5d
Bundesallee 85-8d (19/F5)
10719 Nr. 1-15, Nr. 2-16
10717 Nr. 17-39, Nr. 181-207
10715 Nr. 41-59, Nr. 42-60, Nr. 156-178, Nr. 157-179
12161 Nr. 61-142, Nr. 76-130
10715 Bundesplatz 99-8b
- Bundesplatztunnel 99-8b
10555 Bundesratufer 85-3c
12101 Bundesring 100-6d
13465 Bundschuhweg 26-8d
10117 Bunsenstraße (12/C2)
13505 Buntspechtstraße 54-2d
12526 Buntzelstraße 155-5b
13125 Bunzlauer Straße 38-9a
13629 Buolstraße 69-5b
13583 Burbacher Weg 67-6a
12103 Burchardstraße 116-3c
12157 Burenland (Kleingtkol.) 116-1d
Burgemeisterstraße 116-6a
12099 Nr. 1-7, Nr. 2-6, Nr. 82-84, Nr. 83-Ende
12103 Nr. 8-80, Nr. 9-81
10365 Bürgerheimstraße 89-2d
14109 Bürgermeister-Stiewe-Weg 145-7b
- Bürgerpark Marzahn 58-3d
- Bürgerpark Pankow 63-7b
13469 Bürgersruh (Kleingtkol.) 36-8a
12347 Bürgerstraße (Britz) 118-1d
13409 Bürgerstraße (Reindf.) 58-2d
13465 Burgfrauenstraße 34-1b
12623 Burggrafenstraße (Mahlsdf.) 78-8d
10787 Burggrafenstraße (Tiergt.-S.) 85-9b (17/H4)
12683 Burghardweg 77-5c
12101 Burgherrenstraße 100-6b
12209 Bürgipfad 149-3c
13353 Burgsdorfstraße 72-4b
10178 Burgstraße 87-1b (13/F3)
14129 Burgunder Straße (Nklsee.) 128-8a
14197 Burgunder Straße (Wilmdf.) 99-8c
13595 Burgunderweg 82-7b
13597 Burgwallschanze (Kleingtkol.) 82-2a
13129 Burgwallstraße 48-1d
12589 Buriger Weg 124-6c
12681 Bürknersfelde 76-2a
13053 Bürknersfelder Straße 76-1d
12047 Bürknerstraße 101-3b
13599 Burscheider Weg 69-4a
14163 Bürstadter Weg (1) 129-2a
13088 Buschallee 60-9b
14165 Buschgrabenweg 147-3a
13583 Buschhüttener Weg 67-6b
12683 Buschiner Platz 76-9b
12683 Buschiner Straße 76-9b
10249 Büschingstraße 73-9d
12359 Buschkrug (Kleingtkol.) 118-6a
12359 Buschkrugallee 118-2d
- Buschkrugbrücke 118-2d
12359 Buschkrugtal (Kleingtkol.) 118-6a
13591 Buschower Weg 80-5d
12347 Buschrosenplatz 118-5a
12347 Buschrosensteig 118-5a
12526 Buschwindröschenweg 155-2d
12161 Büsingstraße 115-2d
13125 Busonistraße 38-6d
14195 Bussardsteig 114-1d
14163 Busseallee 129-2d
13503 Büssower Weg 32-6b
13503 Büsumer Pfad 42-2b
12623 Bütower Straße 106-2a
12587 Buttenstedtweg 122-6d
12623 Butterblumensteig 92-7d
13357 Buttmannstraße 72-2b
12527 Büxensteinallee 137-9b
14055 Byronweg 83-8a
12347 **C**afeastraße 117-6d
12247 Calandrellistraße 131-3c
13435 Calauer Straße 45-3a
13086 Caligariplatz 59-9d
13467 Calvinstraße (Hermsdf.) 34-8a
10557 Calvinstraße (Moab.) 86-1c
13349 Cambridger Straße 57-8b
13507 Campestraße 43-6d
14165 Camphausenstraße 129-9a
12157 Canova (Kleingtkol.) 116-1d
12157 Canovastraße 116-1c
10437 Cantianstraße 73-2a
12105 Cantorsteig 117-7c
10589 Caprivibrücke 84-3d (16/C1)
12555 Cardinalplatz 121-3c
12555 Cardinalstraße 121-5b
10709 Carionweg (2) 98-6b
12165 Carl-Heinrich-Becker-Weg 115-4d
10961 Carl-Herz-Ufer 101-2a
14193 Carl-Ludwig-Schleich-Promenade 98-5c
13581 Carlo-Schmid-Platz 81-3c
12489 Carl-Scheele-Straße 136-2d
13597 Carl-Schurz-Brücke (11/B2)
13597 Carl-Schurz-Straße 68-7d (11/A2)
12309 Carl-Steffeck-Straße 151-9d
10559 Carl-von-Ossietzky-Park 86-1a
10825 Carl-Zuckmayer-Brücke 99-6d
12165 Carmerplatz 115-8a
10623 Carmerstraße 85-8a (17/E4)
10587 Carnotstraße 85-1b
12619 Carola-Neher-Straße 78-4a
10115 Caroline-Michaelis-Straße 72-6c
10117 Caroline-von-Humboldt-Weg (13/F4)
12205 Carstennstraße 130-6c
10318 Cäsarstraße 104-2a
13088 Caseler Straße 60-9b
12349 Casino (Kleingtkol.) 133-6b
14193 Caspar-Theyß-Straße 98-5a
12109 Catostraße 117-8d
10587 Cauerstraße 85-4b (16/D2)
13587 Cautiusstraße 54-7d
13467 Cecilienallee 34-6b
12159 Ceciliengärten 99-9d
12619 Cecilienplatz (Helldf.) 77-9b
13467 Cecilienplatz (Hermsdf.) 34-6a
Cecilienstraße (Helldf., Biesdf.) 76-6d
12619 Nr. 220-Ende, Nr. 223-Ende
12683 Nr. 1-179, Nr. 2-182
12247 Cecilienstraße (Lankw.) 131-6b
12307 Cecilienstraße (Lichtrde.) 151-7d
12559 Cedernstraße 122-8a
13405 Cedernweg 71-1a
12207 Celsiusstraße 149-2c
13158 Centweg 46-2a
13158 César-Franck-Straße 46-5d
13127 Cevennenstraße 47-2b
13053 Chamierstraße 75-1b
10965 Chamissoplatz 101-1c
13127 Chamissostraße (Fr. Buchhz.) 47-3b
13587 Chamissostraße (Spand.) 54-8c
12526 Champignonstraße 155-5d
13127 Chantiéweg 47-2b
12109 Charenton-le-Pont (Kleingtkol.) 133-2b
10117 Charitéplatz (12/C2)
10117 Charitéstraße 86-3a (12/C3)
12487 Charles-Boutard-Straße 120-8c
13405 Charles-Corcelle-Ring 56-9d
14163 Charles-H.-King-Straße 129-7a
14089 Charles-Lindbergh-Straße 110-2d
12587 Charlotte-E.-Pauly-Straße 122-6d
13597 Charlottenbrücke 68-8a (11/B2)
14193 Charlottenbrunner Straße 98-5b
10557 Charlottenburger Brücke 85-5b (17/F2)
13597 Charlottenburger Chaussee 82-3a
13086 Charlottenburger Straße (Weißs.) 60-7a
14169 Charlottenburger Straße (Zehldf.) 130-4a
10587 Charlottenburger Ufer 84-3c (16/B1)
12683 Charlottenstraße (Biesdf.) 77-4a
10315 Charlottenstraße (Friedrfde.) 90-5a
12557 Charlottenstraße (Köp.) 121-9d
12247 Charlottenstraße (Lankw.) 131-6b
12307 Charlottenstraße (Lichtrde.) 169-2a
Charlottenstraße (Mitte, Kreuzbg.) 87-1c (13/E3)
10117 Nr. 16-80, Nr. 17-79
10969 Nr. 1-15, Nr. 2-14, Nr. 81-Ende, Nr. 82-Ende
13156 Charlottenstraße (Nschönhs., Rosnth.) 47-5a
13597 Charlottenstraße (Spand.) 68-7b (11/A2)
14109 Charlottenstraße (Wanns.) 145-4b
13127 Chartronstraße 47-2b
Chausseestraße (Mitte, Gesundbr., Wedd.) 72-5d (12/C1)
10115 Nr. 1-61, Nr. 2-62, Nr. 84-Ende, Nr. 85-Ende
13353 Nr. 63-83, Nr. 64-82
14109 Chausseestraße (Wanns.) 145-4a
12621 Chemnitzer Straße 105-3c
10829 Cheruskerstraße 100-5c
12527 Chiemseestraße 137-9b
- Chinesischer Garten 77-2d
12105 Chlodwigstraße 116-6c
12203 Chlumer Straße 115-7d
10405 Chodowieckistraße 73-6b
13088 Chopinstraße 74-3a
Choriner Straße 73-8a
10119 Nr. 1-17, Nr. 2-18, Nr. 65-Ende, Nr. 66-Ende
10435 Nr. 19-63, Nr. 20-64A
12524 Chorweilerstraße 155-1c
10405 Christburger Straße 73-6a
12683 Christelweg 77-5a
12349 Christian-Henkel-Straße 134-7d
13053 Christianstraße 62-7a
10119 Christinenstraße 73-8a (13/G1)
12349 Christoph-Ruden-Straße 134-8a
13053 Christophstraße 62-4c
13591 Christrosensteig 66-9a
14059 Christstraße 84-5b (16/A2)
13125 Chronisteneck 39-1c
10407 Chrysanthemenstraße 74-6c
12205 Churer Zeile 130-9b
10709 Cicerostraße 98-6b (18/B6)
12524 Cimbernstraße (Altgl.) 137-7a
14129 Cimbernstraße (Nklsee.) 128-8a
13405 Cité Guynemer 56-6a
13405 Cité Pasteur 56-9c
10557 Claire-Waldoff-Promenade 72-7d
14199 Claire-Waldoff-Weg 98-9d (12/D2)
10317 Clara-Grunwald-Straße (3) 89-8c
10557 Clara-Jaschke-Straße (12/A3)
12689 Clara-Zetkin-Park 63-1d
12619 Clara-Zetkin-Platz 77-9d
12619 Clara-Zetkin-Weg (2) 77-9c
14165 Claszeile 129-9d
10557 Claudiusstraße 85-3b
14163 Clauertstraße 129-7b
10629 Clausewitzstraße 85-7c (18/C5)
Clayallee 130-4a
14195 Nr. 1-167, Nr. 2-234, Nr. 173-233
14169 Nr. 169-171, Nr. 235-Ende, Nr. 242-Ende
13089 Clematisweg 60-1d
13127 Clementweg 37-5d
13507 Coesfelder Weg 56-1c
10409 Cohnstraße 74-1b
10247 Colbestraße 88-6b
12099 Colditzbrücke 117-4d
12099 Colditzstraße 117-4b
14169 Colmarer Weg 130-2c
14109 Colomierstraße 127-8b
12524 Coloniaallee 155-1c
12524 Coloniapark 155-1c
10965 Columbiadamm 101-4a
10243 Comeniusplatz 88-5a
13127 Condéstraße 37-6c

10407 Conrad-Blenkle-Straße 74-5c
14109 Conradstraße (Wanns.) 145-2b
13509 Conradstraße (Witten.) 44-8b
14089 Contessaweg 126-3b
10365 Coppistraße 89-5c
10117 Cora-Berliner-Straße (12/C4)
14055 Cordesstraße 98-1a (11/C3)
10245 Corinthstraße 88-9a
13349 Corker Straße 57-9b
10785 Corneliusbrücke 85-9b (17/H3)
12247 Corneliusstraße (Lankw.) 131-3d
10787 Corneliusstraße (Tiergt.-S.) 85-6d (17/H3)
14195 Correnplatz 130-2b
12159 Cosimaplatz 99-8d
13591 Cosmarweg 80-3d
12681 Coswiger Straße 76-5c
10407 Cotheniusstraße 74-8a
13156 Cottastraße 58-3d
12627 Cottbusser Platz 78-1c
12627 Cottbusser Straße 78-1c
14053 Coubertinplatz 83-4d
10787 Courbiérestraße 86-7c
12247 Crailsheimer Straße 116-7d
12157 Cranachstraße 115-3b
13469 Creienfelder Weg (1) 35-9b
10827 Crellestraße 100-5a
10319 Criegernweg 90-5c
13465 Criolloweg 26-4c
13059 Crivitzer Straße 61-3b
13187 Crusemarkstraße 59-2a
14059 Crusiusstraße 84-5a
12277 Culemeyerstraße 133-7d
13127 Cunistraße 37-8b
Cunostraße 98-9c
14193 Nr. 44-64, Nr. 45-65
14199 Nr. 1-43, Nr. 2-42, Nr. 66-Ende, Nr. 67-Ende
12205 Curtiusstraße 130-5b
10997 Cuvrystraße 88-8c
10555 Cuxhavener Straße 85-3c (17/G1)
10407 Cyanenstraße 74-6c
13469 Cyclop (Kleingtkol.) 45-1d
Cyclopstraße 45-1d
13437 Nr. 1-7, Nr. 2-6
13469 Nr. 9-Ende, Nr. 8-Ende
10439 Czarnikauer Straße 59-7d
10829 Czeminskistraße 100-5a

13599 **D**abelowseestraße (7) 68-3b
13593 Daberkowstraße 81-8d
12351 Dachdeckerweg 134-5a
13507 Dacheroedenstraße 43-6d
14193 Dachsberg 98-7b
14193 Dachsgrund 96-8a
12107 Dachsteinweg 133-5d
14109 Dachsweg 71-1a
14089 Dädaluspfad (1) 110-3c
12623 Daffingerweg 79-7b
13158 Daheim 2 (Kleingtkol.) 47-2c
12555 Daheimstraße 121-5c
Dahlemer Weg 148-2c
14169 Nr. 1-9, Nr. 2-10
14167 Nr. 11-Ende, Nr. 12-Ende
14050 Dahlemer Wiese (Kleingtkol.) 83-2a
12347 Dahliensteg 117-9d
12559 Dahlienstraße 122-8b
13627 Dahlienweg (Charlbg.) 70-6d
10589 Dahlienweg (Charlbg.) 71-7a
13127 Dahlienweg (Fr. Buchhz.) 38-7c
13599 Dahlienweg (Haselh.) 69-5c
13088 Dahlienweg (Malch.) (5) 60-2d
12589 Dahlienweg (Rahnsdf.) 124-9d
13629 Dahlienweg (Siemst.) 70-2c
13587 Dahlienweg (Spand.) 54-5b
13351 Dahlienweg (Wedd.) 71-1c
13088 Dahlienweg (Weißs.) 60-5a
13437 Dahlienweg (Witten.) 44-6b
13437 Dahlienweg (Witten.) 45-6c
10629 Dahlmannstraße 84-9d (18/B5)
12623 Dahlwitzer Heide (Kleingtkol.) 79-5c
12589 Dahlwitzer Heuweg 107-6b
12587 Dahlwitzer Landstraße 123-1a
12623 Dahlwitzer Straße 79-4b
12526 Dahmestraße (Bohnsdf.) 155-3c
12527 Dahmestraße (Grün.) 137-6d
12681 Dahmeweg 76-5b
10589 Dahmshof (Kleingtkol.) 70-9b
13403 Dahnstraße 57-5a
13627 Dahrendorfzeile (1) 70-8b
12277 Daimlerstraße 132-6d
12167 Dalandweg 115-8d
13583 Dallgower Straße 67-9b
14165 Dallwitzstraße 129-9a
13351 Damarastraße 57-8a
10711 Damaschkestraße 84-9c (18/B5)
13599 Dambecker-See-Weg (15) 68-3b
13503 Dambockstraße 43-4b
12621 Damerauer Allee 105-5a
12589 Dämeritzstraße 141-2b
13187 Damerowstraße 59-2d
13503 Damkitzstraße 33-7c
12555 Dammbrücke (Köp.) 103-4d
- Dammbrücke (Pläntw.) 121-6c
- Dammbrücke (Spand.) (11/B1)
12555 Dammheidestraße 105-9b
13158 Dammsmühler Straße 46-6b
Dammweg (Nkln.) 103-7c
12437 Nr. 1-203
12435 Nr. 6-184
12057 Nr. 204-Ende, Nr. 205-Ende
13593 Dammweg (Spand.) 81-6a
12437 Dammwegbrücke 103-7a
14109 Damsdorfer Weg 145-1c
13503 Damwildsteig 43-4a
14059 Danckelmannstraße 84-5b (16/A2)
10439 Dänenstraße 73-1b
13125 Danewendplatz 38-6b
Dankmarsteig 136-8d
12355 Nr. 1-13
12524 Nr. 17-Ende, Nr. 20-Ende
12683 Dankratstraße 105-1b
12683 Dankratweg 105-1a
10365 Dankwartstraße 89-3b
10245 Danneckerstraße 88-8b
12589 Dannenreicher Pfad 124-6d
13439 Dannenwalder Weg 45-5b
Danziger Straße 73-5b
10435 Nr. 1-71, Nr. 2-72
10405 Nr. 75-117, Nr. 76-118
10407 Nr. 119-Ende, Nr. 120-Ende
13589 Darbystraße 67-2d
12109 Dardanellenweg 117-8c
10707 Darmstädter Straße 99-1b (18/D6)
14167 Darser Straße 148-2b
13503 Darsiner Weg 33-4c
13088 Darßer Bogen 61-1c
Darßer Straße 60-3c
13051 Nr. 4-200
13088 Nr. 201-Ende, Nr. 202-Ende
12559 Darsteiner Weg 140-7d
10589 Darwinstraße 85-1c
13051 Dasburger Weg 61-5b
13507 Dattelner Weg 55-6b
14055 Dauerwaldweg 97-3c
12555 Däumlingsweg (Köp.) 106-7d
13088 Däumlingsweg (Malch.) 60-3a
13599 Daumstraße 54-9d
13599 Daumstraßenbrücke 69-4a
13587 David-Francke-Straße 54-9c
14199 Davoser Straße 98-8d
12683 Debenzer Straße 90-9b
13158 Debussystraße 46-5c
13156 Dechertstraße 47-9a
14089 Dechtower Steig 111-7c
12107 Dederingstraße 132-6a
13503 Deeper Pfad 33-4c
12435 Defreggerstraße 102-6b
13627 Degenhof (Kleingtkol.) 71-4c
13053 Degnerstraße 75-2b
13156 Dehmelstraße 46-9a
14197 Deidesheimer Straße 99-7d
13469 Deilinge (Kleingtkol.) 35-5b
13469 Deilingeweg 35-5d
14163 Deisterpfad 113-9a
12163 Deitmerstraße 115-5b
14193 Delbrückstraße (Grwld., Schmargdf.) 98-4d
10315 Delbrückstraße (Lichtbg., Friedfde.) 89-6c
12051 Delbrückstraße (Nkln.) 118-1b
12359 Delfter Ufer 118-3c
12349 Delmer Steig 134-7a
12057 Delphinstraße 103-7c
13627 Delpzeile 70-5d
13355 Demminer Straße (Gesndbr.) 73-4a
13059 Demminer Straße (Wartbg.) 61-3b
13591 Deniszeile 67-7b
12167 Denkstraße 116-7d
10783 Dennewitzplatz 100-2a
Dennewitzstraße 100-2b
10785 Nr. 1-7, Nr. 2-8, Nr. 37-Ende, Nr. 38-Ende
10783 Nr. 9-33, Nr. 10-34
13507 Der Breite Weg 56-4c
12169 Der Insulaner 116-4b
13465 Der Zwinger 34-2a
13627 Derbyweg 70-6d
12249 Derfflingerstraße (Lankw.) 131-6d
10785 Derfflingerstraße (Tiergt.-S.) 86-7d
14057 Dernburgstraße 84-8a (18/A5)
13509 Desideriusweg 44-5a
10963 Dessauer Straße (Kreuzbg., Mitte) 86-9a (14/C6)
12689 Dessauer Straße (Marz.) 62-3b
12249 Dessauerstraße 131-9b
12349 Dessenheimer Weg 134-7c
13507 Dessinstraße 56-2d
13053 Detlevstraße 62-7b
Detmolder Straße 99-7b
10715 Nr. 1-17, Nr. 2-18, Nr. 50-Ende, Nr. 51-Ende
10713 Nr. 19-49, Nr. 20-48
13189 Dettelbacher Weg 59-3c
12459 Deulstraße 104-7d
13407 Deutsche Straße 58-4a
12621 Deutschhofer Allee 105-5b
12349 Deutsch-Kroner-Ring 134-1a
10367 Deutschmeisterstraße 89-1b
12355 Deutschtaler Straße 136-7a
12524 Deutzer Steig 155-1d
12207 Devrientweg 131-2d
13086 DGZ-Ring 60-4c
13503 Diakonieweg (1) 33-7d
13469 Dianaplatz 44-3b
13469 Dianastraße 44-3b
14055 Dickensweg 83-7a
Dickhardtstraße 115-3c
12159 Nr. 1-13, Nr. 2-14, Nr. 44-Ende, Nr. 45-Ende
12161 Nr. 15-43, Nr. 16-42
12109 Didostraße 117-8c
12559 Die Kramper Stücken 140-7b
12559 Die Weinberge 140-7b
13581 Diedenhofener Straße 82-1b
10405 Diedenhofer Straße 73-6c
12277 Diedersdorfer Weg 150-8b
10967 Dieffenbachstraße 101-2b
12305 Dielingsgrund 151-2d
13051 Dierhagener Straße 61-2d
12057 Dieselstraße 102-6d
10249 Diestelmeyerstraße 88-1b
10405 Diesterwegstraße 73-6b
12683 Diethelmweg 77-5c
10365 Dietlindestraße 89-3b
10407 Dietrich-Bonhoeffer-Straße 74-4c
13437 Dietrichinger Weg 45-1d
13053 Dietrichstraße 62-7b
13156 Dietzgenstraße 47-1c
14199 Dievenowstraße 114-3b
13629 Dihlmannstraße 69-6a
12167 Dijonstraße 115-9c
14199 Dillenburger Straße 114-3b
Dillgesstraße 132-4a
12247 Nr. 1-15, Nr. 2-14
12249 Nr. 16-Ende, Nr. 17-Ende
12683 Dillinger Weg 91-2c
13053 Dingelstädter Straße 76-1d
12683 Dingolfinger Straße 91-2c
13465 Dinkelsbühler Steig 34-2a
12307 Dinnendahlstraße 151-7c
Dircksenstraße 87-2a (13/F2)
10179 Nr. 1-35, Nr. 2-36
10178 Nr. 37-Ende, Nr. 38-Ende
10245 Dirschauer Straße (Friedhn.) 88-6c
12623 Dirschauer Straße (Mahlsdf.) 92-2c
12109 Dirschelweg 117-8c
13597 Dischingerbrücke 68-7d (11/A3)
12683 Distelfalterstraße 91-5d
12357 Distelfinkweg (Buck.) 135-1d
13583 Distelfinkweg (Spand.) 67-5d
13591 Distelpfad 66-9a
13627 Distelweg (Charlbg.) 71-4c
13158 Distelweg (Rosnth.) 46-2d
13129 Ditfurter Straße 48-2b
12247 Dittersbacher Weg 132-2d
12627 Döbelner Straße 78-5b
12355 Döbelner Weg 135-8d
13051 Doberaner Straße (Malch.) 61-2a
14199 Doberaner Straße (Schmargdf.) 114-3a
10557 Döberitzer Straße 72-8a (12/A1)
13591 Döberitzer Weg 80-5a
13158 Döbrabergweg 47-4a
13587 Doehlweg 54-5a
12353 Doevelweg 134-8d
12247 Döhlauer Pfad 132-2d
12683 Dohlengrund 91-7a
13505 Dohlenstraße 54-3b
13629 Dohlenweg 69-3a
13351 Dohnagestell 71-1b
13467 Dohnensteig 44-1b
14195 Dohnenstieg 114-2c
13053 Döhrendahlstraße 61-9d
12169 Doldenweg 116-8a
10319 Dolgenseestraße 89-9d
14167 Dollartstraße 130-8c
12689 Döllner Straße 51-8d
13187 Dolomitenstraße 59-7b
10247 Dolziger Straße 88-3b
12277 Domagkstraße 150-3a
Dominicusstraße 100-4c
10823 Nr. 1-27, Nr. 2-30
10827 Nr. 29-Ende, Nr. 32-Ende
12359 Dömitzer Straße 118-9a
12527 Dommelwall 158-6b
12105 Domnauer Straße 116-5d
12685 Dompfaffenweg 76-6a
13089 Donarstraße 60-1a
12623 Donathstraße 106-5c
12043 Donaustraße 102-4a
14109 Don-Bosco-Steig 127-8c
10117 Dönhoffplatz (15/F5)
10318 Dönhoffstraße 104-1d
12623 Donizettistraße 92-2b
13465 Donnersmarckallee 33-6b
13465 Donnersmarckplatz 33-3d
13591 Dörbeckweg 81-1b
12359 Dörchläuchtingstraße 118-8b
13437 Dorfanger 45-4d
12247 Dorfaue (Kleingtkol.) 132-1b
12305 Dörfelweg 151-4b
12526 Dorfplatz 155-5a
13057 Dorfstraße (Falkbg.) 62-2a
12621 Dorfstraße (Kaulsdf.) 91-3c
13051 Dorfstraße (Malch.) 61-1b
12589 Dorfstraße (Rahnsdf.) 140-3a
13597 Dorfstraße (Spand.) 82-5b
13059 Dorfstraße (Wartbg.) 49-9d
10245 Döringstraße 88-6d
12683 Dornacher Straße 91-7d
12437 Dornbrunner Straße 119-2d
13505 Dorndreherweg 42-9b
13351 Dornenweg 71-1c
12555 Dornröschenstraße 106-7c
13088 Dornröschenweg 48-9c
10318 Dorotheastraße 104-2c
12355 Dorothea-Stutkowski-Weg (2) 154-1d
12524 Dorothea-Viehmann-Straße 136-6c
13349 Dorotheenstadt 57-5d
12557 Dorotheenstraße (Köp.) 122-7a
10117 Dorotheenstraße (Mitte) 86-3c (12/C4)
14109 Dorotheenstraße (Wanns.) 145-7d
12489 Dörpfeldstraße 137-1a
12207 Dorstener Straße 149-1c
10555 Dortmunder Straße 85-3a
10247 Dossestraße (Friedhn.) 89-4a
12307 Dossestraße (Lichtrde.) 151-8a
12621 Doßstraße 92-1a
10367 Dottistraße 89-2c
14193 Douglasstraße 97-6d
10587 Dovebrücke (16/D1)
10587 Dovestraße 85-1d (16/D1)
13127 Dr.-Dorsch-Allee 37-5c
12279 Dr.-Jacobsohn-Promenade 150-2b
12587 Dr.-Jacoby-Weg 123-1a
13127 Dr.-Markus-Straße 47-3b
13597 Dr.-Pfuhl-Theunerkauf (Kleingtkol.) 82-5a
10318 Drachenfelsstraße 104-2d
12587 Drachholzstraße 123-1c
12487 Draesekestraße 119-9d
12209 Draisweg 149-3a
12205 Drakestraße (Lichtfde.) 130-3a

12623 Drakestraße (Mahlsdf.) 106-6c
10787 Drakestraße (Tiergt.-S.) 85-6d (17/H3)
12683 Dramburger Straße 91-8a
13125 Dranweg 31-2c
12621 Drausnitzer Straße 105-2c
13439 Drebkauer Straße 45-6c
12557 Dregerhoffstraße 138-2c
12355 Dreherweg 135-9a
12589 Dreibock 140-2b
13409 Dreieck (Kleingtkol.) 58-2a
13089 Dreieck Nord (Kleingtkol.) 48-7c
13509 Dreifelderweg 44-5b
13627 Dreilinden (Kleingtkol.) 71-4c
14109 Dreilindenstraße 146-1a
13125 Drei-Linien-Weg 39-4d
14195 Dreipfuhlpark 130-1b
12587 Dreiserstraße 123-4a
14167 Drei-Zinnen-Weg 148-3b
13509 Drenziger Zeile 44-8d
Dresdener Straße 87-5d (15/G5)
10999 Nr. 8-28, Nr. 9-27, Nr. 115-Ende, Nr. 116-Ende
10179 Nr. 31-113, Nr. 32-114
14057 Dresselsteg 84-8a
14057 Dresselstraße (1) 84-8a
13467 Drewitzer Straße 34-5d
10559 Dreysestraße 72-7c
10439 Driesener Straße 73-2a
13359 Drontheimer Straße 58-5d
12353 Dröpkeweg 134-8b
12055 Drorystraße 102-8b
12349 Drossel 133-6d
12057 Drosselbartstraße 103-7c
13088 Drosselbartweg 60-2b
12435 Drosselgarten (Kleingtkol.) 103-7a
13627 Drosselsteg (Charlbg.) 70-3c
12527 Drosselsteg (Grün.) 137-5a
10318 Drosselstieg 104-4c
14089 Drosselstraße 110-2a
14195 Drosselweg (Dahl.) 114-5d
13599 Drosselweg (Haselh.) 69-1a
12589 Drosselweg (Rahnsdf.) 125-7c
13589 Drosselweg (Spand.) 53-7a
13129 Drosselweg (Weißs.) 48-4d
13053 Drossener Straße 61-5d
12524 Drössestraße 137-8c
13509 Drostestraße 44-8d
10629 Droysenstraße 84-9d (18/B5)
12059 Drübecker Weg 102-6a
12355 Druckerkehre 135-9d
Druschiner Straße 105-5b
12555 Nr. 24-52
12621 Nr. 9-22
12349 Drusenheimer Weg 133-9d
14195 Drygalskistraße 114-6b
13351 Dualastraße 71-3c
13437 Dübelpfad 45-6c
12683 Dubickstraße 105-2c
13349 Dubliner Straße 57-9c
14129 Dubrowplatz 129-4c
Dubrowstraße 128-6d
14163 Nr. 1-23, Nr. 2-18
14129 Nr. 24-Ende, Nr. 25-Ende
12559 Duchrother Straße 140-4b
10965 Dudenstraße 100-6a
12683 Dudweilerstraße 77-5d
10707 Duisburger Straße 99-1a (18/C6)
12683 Dukatenfalterweg 91-5d
13507 Dülmener Pfad 55-3d
10437 Dunckerbrücke 73-3a
Dunckerstraße 73-6a
10437 Nr. 1-25, Nr. 2-26, Nr. 67-Ende, Nr. 68-Ende
10439 Nr. 27-65, Nr. 28-64
13509 Dünenweg 44-5b
14195 Dünkelbergsteig 114-1b
12163 Dünther Straße 115-5b
12163 Düppelstraße (Stegl.) 115-5d
14163 Düppelstraße (Zehldf.) 129-6c
12157 Dürerplatz 115-3b
12203 Dürerstraße 131-4a
12247 Dürkheimer Straße 132-1d
12623 Durlacher Straße (Mahlsdf.) 106-2a
10715 Durlacher Straße (Wilmdf.) 99-5d
12359 Dürtenstraße 118-9a
13187 Dusekestraße 59-1d
Düsseldorfer Straße 99-1a (18/C6)
10719 Nr. 1-15, Nr. 2-16, Nr. 65-Ende, Nr. 66-Ende
10707 Nr. 17-63, Nr. 18-64
13469 Düsterhauptstraße 34-9d
13583 Dyrotzer Straße 67-5c

10969 **E**.-T.-A.-Hoffmann-Promenade 87-7a
12527 Ebelallee 185-6b
10249 Ebelingstraße 74-8d
13125 Ebenrotsteig 39-5a
14197 Eberbacher Straße 99-7c
14050 Ebereschenallee (Charlbg.) 83-6b
12623 Ebereschenallee (Mahlsdf.) 106-2c
10965 Eberhard-Roters-Platz 100-6b
10367 Eberhardstraße 89-1a
13465 Eberhardtstraße 26-1c
12623 Eberleinstraße 106-6c
13581 Ebersdorfer Platz 81-3a
13581 Ebersdorfer Straße 81-3a
10827 Ebersstraße 100-7a
14165 Ebersteinweg (2) 148-4a
10437 Eberswalder Straße 73-5a
\- Ebertbrücke (13/E3)
10117 Ebertstraße 86-6c (12/C4)
10249 Ebertystraße 74-8b
14167 Echtermeyerstraße 130-4d
13591 Eckenerweg 67-4c
12683 Eckermannstraße 91-1a
13353 Eckernförder Platz 71-5b
10249 Eckertstraße 88-2b
13585 Eckschanze 68-1c
12487 Ecksteinweg 120-4b
13127 Eddastraße 47-3b
13465 Edelhofdamm 34-2a
13505 Edeltrautweg 54-3c
12359 Edelweiß (Britz) (Kleingtkol.) 119-7a
13127 Edelweiß (Pank.) (Kleingtkol.) 37-6c
12349 Edelweiß 134-4c
13158 Edelweißstraße 46-7b
13437 Edelweißweg 45-9a
12167 Edenkobener Steg 132-1a
12247 Edenkobener Weg 132-1a
13583 Ederkopfweg 67-6c
12059 Ederstraße 102-9a
13053 Edgarstraße 62-4c
13349 Edinburger Straße 57-9a
12459 Edisonstraße 120-1b
14169 Edithstraße 130-1a
14089 Edmund-Rumpler-Straße 110-2b
12051 Edmundstraße 118-2a
13591 Eduard-Bernstein-Weg 81-2a
12051 Eduard-Müller-Platz 118-1b
12207 Eduard-Spranger-Promenade 131-4d
10317 Eduardstraße 89-5d
14163 Edwin-C.-Diltz-Straße 129-7b
14195 Edwin-Redslob-Straße 114-6a
12357 Efeuweg 135-5c
12349 Effenhügel 133-6c
12103 Egelingzeile 116-2d
13507 Egellsstraße 56-2a
13581 Egelpfuhlstraße 81-2b
13581 Egelpfuhlwiesen (Kleingtkol.) 81-2c
12555 Egersfelder Allee 105-8b
14193 Egerstraße 98-8a
12307 Egestorffstraße 151-7c
14163 Eggepfad 113-8b
10315 Eggersdorfer Straße 89-6d
13509 Egidysteg 44-2b
13509 Egidystraße 44-2b
10318 Eginhardstraße 104-5c
12349 Egisheimer Weg 134-7a
10317 Egmontstraße 89-3d
13059 Egon-Erwin-Kisch-Straße 49-9c
12307 Egsdorfer Weg 169-2c
12619 Ehm-Welk-Straße 77-6d
14195 Ehrenbergstraße (Dahl.) 130-2b
10245 Ehrenbergstraße (Friedhn.) 88-8b
12524 Ehrenfelder Platz (1) 155-1c
12524 Ehrenfelder Straße 155-1c
10318 Ehrenfelsstraße 104-5b
13467 Ehrenpfortensteig 34-7d
12357 Ehrenpreisweg 135-6c
10318 Ehrlichstraße 104-1c
10825 Ehrwalder Straße 99-6c
10318 Eibenallee 104-6b
12487 Eibenweg 120-4a
12357 Eibischstraße 135-6b
12527 Eibseestraße 137-6d
12589 Eichbergstraße 125-7b
Eichborndamm 56-6b
13403 Nr. 1-209, Nr. 2-208, Nr. 215-Ende
13437 Nr. 236-Ende
12437 Eichbuschallee 103-8a
12526 Eichbuschplatz 156-4c
12526 Eichbuschstraße 156-4a
12526 Eichbuschweg 156-4d
13505 Eichelhäherstraße 42-9c
14089 Eichelmatenweg 111-7a
12683 Eichenallee (Biesdf.) 105-2a
14050 Eichenallee (Charlbg.) 83-6a
12355 Eichenauer Weg 135-9d
10115 Eichendorffstraße 72-9b (12/D1)
\- Eichengestell 125-9a
\- Eichenhof 92-8a
12623 Eichenhofweg 92-8c
13435 Eichenroder Ring 45-2b
12435 Eichenstraße (Alt-Tr.) 88-9c
12623 Eichenstraße (Kaulsdf.) 105-3d
13156 Eichenstraße (Nschönhs.) 46-9b
12589 Eichenstraße (Rahnsdf.) 141-2d
13589 Eichenweg (Spand.) 53-7b
13587 Eichenweg (Spand.) 54-5c
13405 Eichenweg (Wedd.) 71-1a
12459 Eichgestell 104-7d
13591 Eichholzbahn 66-8a
14193 Eichhörnchensteig 114-1a
12621 Eichhornstraße (Kaulsdf.) 105-3b
10785 Eichhornstraße (Tiergt.-S.) 86-5d (14/B6)
12689 Eichhorster Straße 63-2a
13435 Eichhorster Weg 45-2a
14055 Eichkampstraße 97-6c
14055 Eichkatzweg 97-3d
13509 Eichstädter Weg 44-8b
13597 Eichtal (Kleingtkol.) 83-2a
12527 Eichwalder Aue 157-7c
13158 Eichweg 47-1c
13469 Eichwerdersteg 35-5a
14129 Eiderstedter Weg 128-6b
10178 Eiergasse (13/G4)
13129 Eifelstraße 48-2c
12437 Eigene Scholle (Baumsch.) (9) 119-7b
13158 Eigene Scholle (Rosnth.) 46-5b
10367 Eigenheim (Kleingtkol.) 75-7c
12437 Eigenheim 1 und 2 (4) 119-4c
13089 Eigenheim an der Rothenbachstraße (Kleingtkol.) 59-3d
12489 Eigenheimgasse 120-9d
13629 Eigenland (Kleingtkol.) 70-1a
13089 Eigerstraße 60-4b
12627 Eilenburger Straße 78-3b
12355 Eilenburger Weg 135-8d
14165 Eilertstraße 147-3a
13086 Eilveser Straße 60-7d
Einbecker Straße 89-6a
10317 Nr. 16-38
10315 Nr. 39-119, Nr. 44-90
Einemstraße 86-7a
10787 Nr. 1-11, Nr. 2-12
10785 Nr. 13-Ende, Nr. 14-Ende
12349 Einemweg 133-6c
13407 Einheit I (Kleingtkol.) 57-2b
12057 Einhornstraße 103-7c
13627 Einigkeit (Charlbg.) (Kleingtkol.) 70-6a
12437 Einigkeit (Johsth.) (Kleingtkol.) 119-4d
12247 Einigkeit (Lankw.) (Kleingtkol.) 132-1a
12105 Einigkeit (Mardf.) (Kleingtkol.) 116-9a
13159 Einigkeit (Rosnth.) (Kleingtkol.) 46-3a
12157 Einigkeit (Schbg.) (Kleingtkol.) 116-4b
13437 Einigkeit (Witten.) (Kleingtkol.) 45-1b
12109 Einödshoferweg (1) 117-7d
13156 Einsame Eiche (Kleingtkol.) 47-5c
12435 Einsamkeit (Kleingtkol.) 103-7a
13127 Einsiedel (Kleingtkol.) 47-6a
\- Einsteinpark 74-1d
10409 Einsteinstraße 74-5a
10587 Einsteinufer 85-1d (16/D1)
13359 Eintracht (Gesndbr.) (Kleingtkol.) 58-9a
12435 Eintracht (Trept.) (Kleingtkol.) 102-3d
10827 Eintrachtstraße 59-2c
12159 Eisackstraße 100-7a
13407 Eisbärenweg 58-4a
12439 Eisblumensteig 120-6a
12555 Eiselenweg 121-5a
12109 Eisenacher Straße (Mardf.) 117-7a
Eisenacher Straße (Marz., Helldf.) 77-2a
12629 Nr. 1-63, Nr. 2-62
12685 Nr. 90-Ende, Nr. 91-Ende
Eisenacher Straße (Schbg.) 100-1c
10777 Nr. 1-15, Nr. 2-14, Nr. 108-Ende, Nr. 109-Ende
10781 Nr. 16-40, Nr. 17-41, Nr. 83-107, Nr. 84-106
10823 Nr. 42-82, Nr. 43-81
12305 Eisenbahn (Lichtrde.) (Kleingtkol.) 151-5c
13507 Eisenbahn (Teg.) (Kleingtkol.) 44-4a
12305 Eisenbahn-Landwirtschaft (Lichtrde.) (Kleingtkol.) 151-5c
12277 Eisenbahn-Landwirtschaft Säntisstraße (Kleingtkol.) 151-1a
10997 Eisenbahnstraße 88-7a
13156 Eisenblätterstraße 46-8b
13507 Eisenhammerweg 44-7a
13403 Eisenhartsteig 45-7d
Eisenhutweg 136-1a
12487 Nr. 2-Ende, Nr. 3-127
12489 Nr. 129-Ende
10709 Eisenzahnstraße 98-6b (18/C6)
13583 Eiserfelder Ring 67-6c
\- Eiserne Brücke (13/E3)
12683 Eisfalterweg 91-5c
13587 Eiskeller 52-2a
10789 Eislebener Straße 85-8d (19/F5)
12305 Eisnerstraße 151-4b
14169 Eisvogelweg 113-9d
12249 Eiswaldtstraße 132-4d
12623 Eisweg 92-4d
13585 Eiswerder 68-2d
\- Eiswerderbrücke 68-5b
13585 Eiswerderstraße 68-5b
13585 Eiswerderufer 68-5b
14129 Eitel-Fritz-Straße 129-4a
12555 Eitelsdorfer Straße 105-9a
12683 Eitelstraße (Biesdf.) 76-9b
10317 Eitelstraße (Lichtbg.) 89-8b
12305 Ekensunder Platz 151-8b
12305 Ekensunder Weg 151-8a
12557 Ekhofplatz 138-7b
12557 Ekhofstraße 138-7b
12437 Ekkehardstraße 103-8d
10555 Elberfelder Straße 85-3c
12045 Elbestraße 102-4b
12459 Elbeweg 103-9b
12059 Elbingeroder Weg 102-2c
13503 Elchdamm 42-5b
12555 Elcknerplatz 121-3d
10247 Eldenaer Straße 88-2b
13127 Elfenallee 47-3b
14089 Elfensteig 95-9b
12355 Elfriede-Kuhr-Straße 154-1d
13053 Elfriedestraße 61-8c
10319 Elfriede-Tygör-Straße 90-4d
14193 Elgersburger Straße 98-8b
10557 Elisabeth-Abegg-Straße (12/A3)
\- Elisabeth-Bergner-Park 115-1d
13156 Elisabeth-Christinen-Straße 47-8b
12205 Elisabeth-Feller-Weg 131-7a
13599 Elisabeth-Flickenschildt-Straße 68-6a
10115 Elisabethkirchstraße 73-4c
13057 Elisabeth-Schiemann-Straße 62-3b
12355 Elisabeth-Selbert-Straße 154-1c
12683 Elisabethstraße (Biesdf.) 77-4a
12247 Elisabethstraße (Lankw.) 131-6b

12307 Elisabethstraße (Lichtrde.) 151-7d
13585 Elisabethstraße (Spand.) 68-4b
13187 Elisabethweg 59-1b
12169 Elisenstraße 115-9a
13587 Elkartweg 54-6a
13467 Elkesteig 34-6d
10405 Ella-Kay-Straße 73-6b
10557 Ella-Trebe-Straße (12/A2)
12205 Ellen-Widmann-Pfad (5) 131-7a
13357 Ellerbeker Straße 59-7c
12487 Ellernweg 119-6d
13051 Ellistraße 49-5c
10367 Elli-Voigt-Straße 75-8a
12347 Ellricher Straße 118-1c
12247 Ellwanger Straße 116-8c
12355 Elly-Heuss-Knapp-Straße 154-1d
14167 Elmshorner Straße 130-8b
12559 Elmsteiner Weg 139-9c
13589 Elmweg 67-3c
13189 Elsa-Brändström-Straße 59-5d
14089 Elsa-Brändström-Weg 110-5c
12159 Elsastraße (Friedn.) 99-9c
13053 Elsastraße (Hschönhs.) 61-8a
13599 Elsa-Wagner-Straße 68-6b
\- Elsbruch 124-9d
13088 Else-Jahn-Straße 60-9b
10783 Else-Lasker-Schüler-Straße 86-7d
12683 Elsenallee 105-2a
12621 Elsenborner Weg 91-8d
13467 Elsenbruchstraße 34-8b
\- Elsenbrücke 88-9d
12555 Elseneck 122-1b
13437 Elsenpfuhlstraße 45-8a
12059 Elsensteg 102-5b
12621 Elsenstraße (Kaulsdf.) 105-3b
12623 Elsenstraße (Mahlsdf.) 92-4d
Elsenstraße (Nkln., Alt-Tr.) 102-5b
12059 Nr. 42-84, Nr. 43-85
12435 Nr. 1-41, Nr. 2-40, Nr. 86-Ende, Nr. 87-Ende
12347 Elsenweg 117-9b
13467 Elsestraße 35-1c
10623 Else-Ury-Bogen 85-8a (17/E4)
13581 Elsflether Weg 82-1a
13597 Elsgrabenweg 82-3c
10781 Elßholzstraße 100-1d
13583 Elstaler Straße (1) 67-9b
13505 Elstergasse 42-9a
12527 Elstergrund 175-1a
14199 Elsterplatz 98-8b
12527 Elstersteg 137-6a
12526 Elsterstraße (Bohnsdf.) 155-6b
12055 Elsterstraße (Nkln.) 102-8d
12589 Elsterweg (Rahnsdf.) 141-1a
13403 Elsterweg (Reindf.) 56-3d
13583 Elsterweg (Spand.) 67-6c
13629 Elsterweg (Teg.) 69-3a
12683 Elsterwerdaer Platz 91-4b
13587 Elswerder (Kleingtkol.) 54-6d
13465 Eltviller Straße 34-2b
12681 Eltzbachweg 90-2a
Elvirasteig 129-4a
14163 Nr. 1-Ende
14129 Nr. 2-Ende
10317 Emanuelstraße 89-8b
10551 Emdener Straße 71-8d
13585 Emdenzeile 68-1d
14089 Emil-Basdeck-Straße 95-6a
14109 Emil-Fischer-Straße 145-2b
12277 Emilienstraße 132-9a
\- Emil-Schulz-Brücke 131-4d
10557 Emma-Herwegh-Straße (12/A2)
10317 Emma-Ihrer-Straße 89-7d
Emmentaler Straße 57-6b
13407 Nr. 1-89, Nr. 2-88
13409 Nr. 90-Ende, Nr. 91-Ende
12249 Emmichstraße 132-5c
13627 Emmy-Zehden-Weg 71-4b
12587 Emrichstraße 122-6d
10719 Emser Platz 2 (Kleingtkol.) 99-1d
10719 Emser Platz 99-1d
12051 Emser Straße (Nkln.) 117-3b
10719 Emser Straße (Wilmdf.) 99-2c (19/E6)
13507 Emstaler Platz 56-1c
10969 Enckestraße 87-7a
10319 Enckevortweg 90-5c
14109 Endestraße 145-2b
12207 Engadiner Weg 131-7a
12205 Engelberger Straße 131-7a
10179 Engeldamm 87-6c
12487 Engelhardstraße 120-4d
13403 Engelmannweg 57-4c
13435 Engelroder Weg 45-3a
13595 Enger Steig 82-4c
14195 Englerallee 115-4a
10587 Englische Straße 85-5b (17/F2)
\- Englischer Garten 85-3d (17/H1)
12559 Enkenbacher Weg 139-9a
13465 Enkircher Straße 26-8d
12589 Entenwall 140-2a
10557 Entlastungsstraße 86-5b (12/B4)
12203 Enzianstraße 115-7c
10587 Eosanderplatz 84-3c
10587 Eosanderstraße 84-3c (16/B1)
13409 Epensteinplatz 58-5b
13409 Epensteinstraße 58-5b
14059 Epiphanienweg 84-5c
12559 Eppenbrunner Weg 139-9c
14195 Eppinger Straße 130-2a
10553 Erasmusstraße 71-8c
14193 Erbacher Straße 98-4b
12279 Erbendorfer Weg 150-2c
13158 Erbeskopfweg 47-4a
12207 Erbkaveln (Kleingtkol.) 149-1c
13591 Erbsenpfad 66-9a
13089 Erdastraße 60-1b
13127 Erdbeerweg 38-7c
14193 Erdener Straße 98-4b
12623 Erdmännchenweg (1) 79-7c
14163 Erdmann-Graeser-Weg 129-2c
10827 Erdmannstraße 100-5a
13125 Erekweg 39-2c
13089 Eremitenstraße 59-3d
12103 Eresburgstraße 116-2b
10825 Erfurter Straße 99-6d
13159 Erholung (Blankfde.) (Kleingtkol.) 37-4b
12167 Erholung (Lichtfde.) (Kleingtkol.) 115-8c
12277 Erholung (Marfde.) (Kleingtkol.) 150-3b
13403 Erholung (Reindf.) (Kleingtkol.) 57-1d
12203 Erholung (Stegl.) (Kleingtkol.) 115-8c
\- Erholungspark Marzahn 77-2d
13509 Erholungsweg 44-5a
13503 Erich-Anger-Weg 43-1b
12623 Erich-Baron-Weg 106-2c
10407 Erich-Boltze-Straße 74-4d
12307 Erich-Hermann-Platz 151-8c
12619 Erich-Kästner-Straße 78-4c
10319 Erich-Kurz-Straße 90-7b
10369 Erich-Kuttner-Straße 74-9a
Erich-Lodemann-Straße 103-4d
12435 Nr. 1-39, Nr. 2-Ende
12437 Nr. 41-Ende
10249 Erich-Nehlhans-Straße 74-9c
10243 Erich-Steinfurth-Straße 88-4a
12489 Erich-Thilo-Straße 136-3c
13156 Erich-Weinert-Siedlung 58-3b
Erich-Weinert-Straße 59-8d
10439 Nr. 1-89, Nr. 2-86
10409 Nr. 91-Ende, Nr. 92-Ende
10319 Erieseering 90-7d
12439 Erikastraße 120-6a
13503 Erikaweg 42-6a
10999 Erkelenzdamm 87-8d
12589 Erknerstraße 125-5c
12043 Erkstraße 102-4d
12053 Erlanger Straße 102-4a
12559 Erlenbacher Steig 157-3b
12355 Erlenbruchring 153-3a
\- Erlenbusch 115-4a
12524 Erlengrund (Altgl.) (Kleingtkol.) 136-6d
13127 Erlengrund (Fr. Buchhz.) (Kleingtkol.) 38-7a
13587 Erlengrund (Spand.) (Kleingtkol.) 42-8c
12527 Erlengrund 157-7c
12167 Erlenstraße (Kleingtkol.) 115-8c
12559 Erlenstraße (Köp.) 122-5c
12167 Erlenstraße (Stegl.) 115-8a
13503 Erlenweg (Heilgs.) (4) 42-1d
13587 Erlenweg (Spand.) 54-4d
12163 Ermanstraße 115-4b
10713 Ermslebener Weg 99-4d
10117 Erna-Berger-Straße (14/C6)
13591 Erna-Sack-Straße 80-3d
13507 Erndtebrücker Weg 56-2c
13593 Ernemannzeile (1) 81-5c
12349 Ernst-Arndt-Weg 152-1a
12489 Ernst-Augustin-Straße 136-3d
13059 Ernst-Barlach-Straße 49-9c
12619 Ernst-Bloch-Straße 77-9d
13591 Ernst-Bruch-Zeile 81-1b
14059 Ernst-Bumm-Weg 84-2c
13125 Ernst-Busch-Straße 39-1b
10407 Ernst-Fürstenberg-Straße 74-4d
\- Ernst-Grube-Park 121-5a
12555 Ernst-Grube-Straße 121-5d
12621 Ernst-Haeckel-Straße 78-8d
10997 Ernst-Heilmann-Steg 88-8c
\- Ernst-Keller-Brücke 119-8c
12489 Ernst-Lau-Straße 136-2d
14165 Ernst-Lemmer-Ring 129-9c
14089 Ernst-Liesegang-Ufer 111-8c
13125 Ernst-Ludwig-Heim-Straße 39-2a
10369 Ernst-Reinke-Straße 74-9a
10587 Ernst-Reuter-Platz 85-5c (17/E2)
13355 Ernst-Reuter-Siedlung 72-6d
14129 Ernst-Ring-Straße 128-5d
12683 Ernstroder Weg 90-6b
12489 Ernst-Ruska-Ufer 136-6a
12437 Ernststraße (Baumsch.) 119-2b
13509 Ernststraße (Teg., Witten.) 44-8c
\- Ernst-Thälmann-Park 74-4a
\- Ernst-Zinna-Weg 74-7d
12683 Erntedankweg 91-1b
12107 Erntesegen (Kleingtkol.) 116-8d
12587 Erpetal (Kleingtkol.) 122-2b
12623 Erpetaler Weg 122-2b
12587 Erpeweg 122-2c
14169 Ersteiner Straße 130-1d
13127 Ertragreich (Kleingtkol.) 48-1a
12559 Erwin-Bock-Straße 122-8a
12683 Erwinstraße 105-5c
12524 Erxlebenstraße 154-3b
13589 Erzgebirgsweg 67-2d
13509 Eschachstraße 44-4d
12621 Eschelberger Weg 91-8d
14050 Eschenallee (Charlbg.) 83-6d
12105 Eschenallee (Kleingtkol.) 116-6c
13158 Eschenallee (Nschönhs.) 46-6d
12437 Eschenbachstraße 103-8d
13189 Eschengraben 59-8b
12161 Eschenstraße (Friedn.) 99-8d
Eschenstraße (Kaulsdf., Mahlsdf.) 105-3b
12621, 12623
13587 Eschenweg 54-4d
13591 Eschenwinkel 66-9b
14163 Eschershauser Weg 113-8d
12099 Eschersheimer Straße 117-3b
12279 Eschwege (Kleingtkol.) 150-5a
12101 Eschwegering 100-9d
10407 Esmarchstraße 74-7a
12055 Esperantoplatz (1) 102-9a
13187 Esplanade 59-7b
10555 Essener Straße 85-3a
12555 Essenplatz 122-1a
13465 Eßlinger Steig (1) 34-3a
12277 Estersstraße 132-9a
12619 Etkar-André-Straße 78-4c
10777 Ettaler Straße 99-3a (19/G5)
13469 Ettenheimer Pfad 35-7d
13086 Ettersburger Weg 60-7d
13156 Etzelstraße 46-8d
12351 Eugen-Bolz-Kehre 135-4a
12207 Eugen-Kleine-Brücke (Kleingtkol.) 149-1a
\- Eugen-Kleine-Brücke 131-7c
12683 Eugen-Roth-Weg 76-9d
10407 Eugen-Schönhaar-Straße 74-4c
10115 Eule 163-2a
13088 Eulenspiegelweg 60-2b
13629 Eulenweg 69-3b
13357 Eulerstraße 58-9d
13125 Eupener Straße 31-4b
\- Europaplatz (12/B2)
13469 Eutinger Weg 35-7c
12159 Evastraße 99-9c
12524 Ewaldstraße 155-4a
13127 Eweststraße 47-6b
12355 Ewige Heimat (Kleingtkol.) 135-9c
13357 Exerzierstraße 58-8d
12355 Exiner Straße 136-7c
10555 Eyke-von-Repkow-Platz 85-2d (17/F1)
10965 Eylauer Straße 100-6a
12105 Eythstraße 116-5b

14195 **F**abeckstraße 114-6c
13629 Fabiansche Erben (Kleingtkol.) 70-1c
10589 Fabriciusstraße 70-9c
13591 Fachinger Straße 66-5c
13089 Fafnerstraße 48-7a
13127 Fagottstraße 47-6a
13409 Fahlandgasse 58-4d
12589 Fahlenbergstraße 141-2a
14089 Fählmannweg 110-8d
12527 Fährallee 185-3c
13593 Fahremundstraße 81-8b
12207 Fahrenheitstraße 149-2c
13591 Fahrlander Weg 80-5d
13503 Fährstraße 42-1d
13587 Fährweg 54-6c
10997 Falckensteinstraße (Kreuzbg.) 88-8c
12307 Falckensteinstraße (Lichtrde.) 169-3c
12524 Falkenberg (Kleingtkol.) 137-4c
Falkenberger Chaussee 61-6a
13051 Nr. 1-23
13053 Nr. 2-80
13059 Nr. 91-Ende
13057 Nr. 110-Ende
13088 Falkenberger Straße 60-9b
12524 Falkenbrunn (Kleingtkol.) 137-8b
12524 Falkenbrunnstraße 137-8d
12557 Falkendamm 138-5a
13585 Falkenhagener Straße 68-1c
13585 Falkenhagener Tor 68-1c
12249 Falkenhausenweg 132-8d
13059 Falkenhöhe 1932 e.V. (Kleingtkol.) 50-8a
13059 Falkenhöhe Nord e.V. (Kleingtkol.) 50-5c
13159 Falkenhorst 37-5a
13505 Falkenhorststraße 42-9c
13505 Falkenplatz 42-9c
14195 Falkenried 114-5b
Falkenseer Chaussee 66-3d
13583 Nr. 1-75, Nr. 2-74, Nr. 216-280
13589 Nr. 76-214, Nr. 77-125
13585 Falkenseer Damm 68-4c (11/A1)
13597 Falkenseer Platz 68-4d (11/A1)
13129 Falkensteg 48-7a
14199 Falkensteiner Straße 99-7a
12526 Falkenstraße 155-9b
Falkentaler Steig 34-4b
13467 Nr. 1-97, Nr. 2-96
13465 Nr. 98-Ende, Nr. 99-Ende
13589 Falkenweg 53-7a
10437 Falkplatz 73-1b
12621 Falkstätter Straße 105-5a
12053 Falkstraße 102-4c
13593 Falstaffweg 81-9a
14055 Falterweg (Charlbg.) 97-6b
13439 Falterweg (Gesnbr.) 59-7b
13089 Familiengärten Heinersdorf (Kleingtkol.) 48-7d
13187 Famos (Kleingtkol.) 59-4c
12589 Fangschleuser Weg 125-7a
10365 Fanningerstraße 89-2d
10963 Fanny-Hensel-Weg 86-9a
12435 Fanny-Zobel-Straße 88-9c
14195 Faradayweg 114-8d
12555 Färberstraße 121-5d
12689 Farmergasse 63-1a
12439 Farnstraße 120-6c
13159 Fasanenplan 37-5a
10719 Fasanenplatz 99-2a (19/F5)
12526 Fasanenstraße (Bohnsdf.) 155-9a
Fasanenstraße (Charlbg., Wilmdf.) 99-2b (19/F6)
10623 Nr. 1-21, Nr. 2-20, Nr. 75-Ende, Nr. 76-Ende
10719 Nr. 22-30, Nr. 23-31A, Nr. 32-64, Nr. 33-65, Nr. 67-73, Nr. 68-74
13129 Fasanenweg (Blankbg.) 48-4d
13403 Fasanenweg (Reindf.) 56-3d
13589 Fasanenweg (Spand.) 53-7a
10787 Fasanerieallee 85-6d (17/H2)
13089 Fasoltstraße 60-1c
12685 Fastolfsteg 76-3d
13599 Faucherweg 69-4c

12107 Faulhornweg 133-8b
13437 Fäustelweg 45-6c
12623 Fauststraße 92-2a
13127 Favierweg 37-8a
13439 Fechner (Kleingtkol.) 46-1d
10717 Fechnerstraße 99-5a
14089 Feensteig 95-9a
12161 Fehlerstraße 99-8c
12557 Fehleweg 138-1c
12305 Fehlingstraße 151-6c
13353 Fehmarner Straße 71-6b
10707 Fehrbelliner Platz 99-1d
10119 Fehrbelliner Straße (Mitte, Prenzl. Bg.) 73-4d
13585 Fehrbelliner Straße (Spand.) 68-4b
13585 Fehrbelliner Tor 68-1b
12527 Fehrower Steig 157-5a
13053 Feierabend (Lichtbg) (Kleingtkol.) 62-4c
12109 Feierabend (Mardf.) (Kleingtkol.) 117-8b
12621 Feierabendweg 78-6c
13591 Feigensteig 66-9a
10969 Feilnerstraße 87-4d (15/F6)
12619 Feldberger Ring 77-6d
12099 Feldblume (Kleingtkol.) 117-1c
12557 Feldblumenweg 138-4b
13589 Feldgrabensteig 67-1c
13469 Feldlerchenweg 35-9b
13088 Feldmannsburg (Kleingtkol.) 61-4d
13051 Feldmannsburg (Kleingtkol.) 61-5a
13509 Feldmarkweg 44-6a
12623 Feldrain 78-6d
12359 Feldschlößchen (Kleingtkol.) 119-4c
12349 Feldspatweg 133-9c
12305 Feldstedter Weg 151-2c
13158 Feldsteg 58-2a
12526 Feldstraße (Bohnsdf.) 155-5a
13355 Feldstraße (Gesndbr.) 72-6d
12207 Feldstraße (Lichtfde.) 149-1a
13585 Feldstraße (Siedl. Schönhorst.) (Mügghm.) (141-1c)
13585 Feldstraße (Spand.) 68-4b (11/A1)
Feldtmannstraße 60-6b
13088 Nr. 1-47, Nr. 2-46, Nr. 117-Ende, Nr. 118-Ende
13051 Nr. 49-115, Nr. 50-116
13159 Feldweg (Blankfde.) 29-7a
13158 Feldweg (Rosnth.) 46-3d
13599 Feldzeugmeisterstraße (Haselh.) 69-5c
10557 Feldzeugmeisterstraße (Moab.) 72-7a
12249 Felgentreustraße 132-5d
12099 Felixstraße 117-4b
13467 Fellbacher Platz 34-9a
13467 Fellbacher Straße 34-8b
12437 Felsenfest (5) 119-4c
12357 Fenchelweg 119-8c
13353 Fennbrücke 72-4d
13059 Fennpfuhlweg 49-9d
12439 Fennstraße (Nschönwde.) 120-4b
Fennstraße (Wedd.) 72-4d
13347 Nr. 1-3, Nr. 2-4
13353 Nr. 5-Ende, Nr. 6-Ende
13591 Ferbitzer Weg 66-5c
12629 Fercher Straße (Helldf.) 77-3a
14165 Fercher Straße (Zehldf.) 129-8c
13599 Ferdinand-Friedensburg-Platz 69-4c
13055 Ferdinand-Schultze-Straße 75-3b
12621 Ferdinandstraße (Kaulsdf.) 92-1c
12209 Ferdinandstraße (Lichtfde.) 131-6c
- Fernsehturm 87-2a (13/G3)
13597 Festplatzweg (Spand.) 68-8d
13593 Festplatzweg (Spand.) 81-6a
13437 Fetschowzeile 45-7a
13089 Feuchter Winkel (Kleingtkol.) 47-9d
12353 Feuchtwangerweg 135-8a
12157 Feuerbachbrücke 115-3c
12163 Feuerbachstraße 115-5b
13589 Feuerkäferweg 67-1d
12621 Feuersteiner Straße 105-5d
13403 Feuerweg 45-7d
10827 Feurigstraße 100-4c
12685 Fichtelbergstraße 77-4a
12589 Fichtenauer Straße 124-9a
12527 Fichtengrund 174-3b
12621 Fichtenstraße 105-3a
13587 Fichtenweg 54-5a
12526 Fichtestraße (Bohnsdf.) 156-1c
13467 Fichtestraße (Hermsdf.) 34-9c
10967 Fichtestraße (Kreuzbg.) 101-3c
13587 Fichtewiese (Kleingtkol.) 42-8c
10965 Fidicinstraße 101-4a
12487 Fielitzstraße 119-9d
13089 Figarostraße 59-3d
12305 Fignerweg 151-2c
12169 Filandastraße 115-9a
12555 Filehner Straße 105-9d
13591 Filmwerkeweg 67-7c
12305 Finchleystraße 151-9c
12205 Finckensteinallee 130-5d
12357 Fingerhutweg 136-4a
12349 Fink 133-6d
12557 Finkeldeweg 122-7c
12629 Finkelsteinstraße 78-7d
12527 Finkengasse 174-3c
13629 Finkenherd 69-5d
13591 Finkenkruger Weg 66-6a
14195 Finkenpark 114-2c
12527 Finkenschlag 137-5b
13595 Finkensteig 81-9d
14195 Finkenstraße (Dahl.) 114-5a
12621 Finkenstraße (Kaulsdf.) 105-3a
12621 Finkenwalder Weg 92-4b
12347 Finkenweg (Britz) 117-9d
13599 Finkenweg (Haselh.) 69-1a
12109 Finkenweg (Mardf.) 117-7a
12589 Finkenweg (Rahnsdf.) 125-7c
13629 Finkenweg (Teg.) 69-3c
- Finnenhaussiedlung 111-7a
13507 Finnentroper Weg 56-1d
10439 Finnländische Straße 59-7d
10247 Finowstraße (Friedhn.) 88-6b
12045 Finowstraße (Nkln.) 102-5c
12621 Finsterberger Straße 78-7c
13435 Finsterwalder Brücke 45-3a
13435 Finsterwalder Straße 45-2d
14109 Fintelmannstraße 144-6b
12459 Firlstraße 120-2a
14089 Fischbrunner Weg 110-9a
14163 Fischer-Dieskau-Weg 129-6c
14163 Fischerhüttenstraße 129-1b
14129 Fischerhüttenweg 112-5c
10179 Fischerinsel 87-5a (13/G4)
10317 Fischerstraße (Rumbg.) 89-8a
13597 Fischerstraße (Spand.) 68-8a (11/B2)
13595 Fischerweg 82-7a
13465 Fischgrundbrücke 34-2c
13359 Fischhauser Weg 58-6a
14195 Fischottersteig 114-1b
14169 Fischtalpark 113-9d
10245 Fischzug 89-7c
14129 Flachsweg 129-1c
13129 Flaischlenstraße 38-7d
12587 Flakenseestraße 123-4b
12689 Flämingstraße 63-1d
14195 Flanaganstraße 114-4c
13585 Flankenschanze 68-4d (11/A1)
12557 Flansweg 138-1b
14055 Flatowallee 83-8a
14055 Flatowalleebrücke 83-7b
13589 Flatower Straße 53-9c
12349 Fläzsteinpfad 134-4d
12355 Fleischerstraße 135-8b
13125 Fleißiges Lieschen (Kleingtkol.) 39-2c
10557 Flemingstraße 86-1b
12555 Flemmingstraße (Köp.) 121-9a
12163 Flemmingstraße (Stegl.) 115-4b
10557 Flensburger Straße 85-3d
14163 Flererhof 129-7c
12277 Fleschweg 133-7c
12489 Fliederallee 120-9d
12351 Fliedergrund (Kleingtkol.) 135-1b
12559 Fliederstraße (Köp.) 122-8a
12109 Fliederstraße (Mardf.) 117-8a
13587 Fliederstraße (Spand.) 54-6a
13627 Fliederweg (Charlbg.) 70-6a
13599 Fliederweg (Haselh.) 69-5c
13503 Fliederweg (Heilgs.) (5) 42-1d
13088 Fliederweg (Malch.) (4) 60-2d
13158 Fliederweg (Nschönhs.) 47-1d
13127 Fliederweg (Pank.) 38-7c
13403 Fliederweg (Reindf.) 56-3b
12527 Fliederweg (Schmöckw.) 175-1a
13595 Fliederweg (Spand.) 82-7a
13629 Fliederweg (Teg.) 69-5b
13629 Fliederweg (Teg.) 70-2c
12099 Fliederweg (Tphf.) 117-5a
13437 Fliederweg (Witten.) 44-6c
13437 Fliederweg (Witten.) 45-9a
14195 Fliednerweg 114-9c
12526 Fliegenpilzstraße 155-8b
14089 Fliegensteig 95-3d
14089 Fliegerhorstsiedlung 94-9d
12526 Fließstraße (Bohnsdf.) 156-4a
12439 Fließstraße (Nschönwde.) 120-1d
12589 Fließstraße (Rahnsdf.) 108-9a
13467 Fließtalstraße 44-3a
14193 Flinsberger Platz 98-5d
13507 Flohrstraße 56-2d
12107 Floningweg 133-5a
13437 Flora (Kleingtkol.) 45-9a
10318 Florafreunde (Kleingtkol.) 104-6d
13187 Florapromenade 59-4b
12526 Florastraße (Bohnsdf.) 155-6d
13125 Florastraße (Karow) 38-6c
12623 Florastraße (Mahlsdf.) 92-3a
13187 Florastraße (Pank.) 59-4a
12163 Florastraße (Stegl.) 115-5b
13469 Florastraße (Waidml.) 35-7c
13051 Florentinestraße 49-5c
12489 Florian-Geyer-Straße 120-9d
13437 Flötnerweg 45-8d
10555 Flotowstraße (Hansav.) 85-3c (17/G1)
12203 Flotowstraße (Lichtfde.) 115-8c
12307 Flotowstraße (Lichtrde.) 169-5a
13581 Flottbeker Weg 67-7d
13407 Flottenstraße 57-3b
10785 Flottwellstraße 86-8d
14167 Floyd-L.-Parks-Weg 148-2b
12107 Fluchthornweg 133-8c
13405 Flughafen Berlin-Tegel "Otto Lilienthal" 56-8a
12101 Flughafen Berlin-Tempelhof 101-7b
14089 Flughafen Gatow (ehemaliger) 110-3b
Flughafenstraße 101-6d
12053 Nr. 1-49, Nr. 2-52
12049 Nr. 58-Ende, Nr. 61-Ende
13589 Flurende 66-6b
12357 Flurweg 135-5a
12439 Flutstraße 120-4b
14195 Fohlenweg 114-2c
14195 Föhrenweg 114-8a
13353 Föhrer Brücke 71-6d
13353 Föhrer Straße 71-6b
12489 Fokkerstraße 120-8c
13595 Földerichplatz 82-4a
13595 Földerichstraße 82-4b
13593 Folkungerstraße 81-9a
10785 Fontaneplatz (3) (14/C6)
10967 Fontanepromenade 101-2d
14193 Fontanestraße (Grwld.) 97-6d
13467 Fontanestraße (Hermsdf.) 34-6b
12305 Fontanestraße (Lichtrde.) 151-5c
12049 Fontanestraße (Nkln.) 101-6d
12459 Fontanestraße (Oberschönwde.) 104-8c
13158 Fontanestraße (Wilhr.) 46-7a
14169 Forbacher Straße 130-1d
13189 Forchheimer Straße 59-6a
10247 Forckenbeckplatz 88-3a
14199 Forckenbeckstraße 98-8b
12107 Forddamm 133-4a
13359 Fordoner Straße 58-6c
13159 Forkensteig 36-2b
13125 Forkenzeile 39-4d
13467 Forlenweg 34-9b
12355 Formerweg 135-8b
12437 Formosa (Kleingtkol.) 119-4d
12627 Forster Straße (Helldf.) 78-3c
10999 Forster Straße (Kreuzbg.) 102-1a
12353 Försterweg (Buck.) 134-6c
13505 Försterweg (Teg.) 42-6c
12437 Forsthausallee 119-1d
- Forsthaustunnel 43-3b
12589 Forstmeisterweg 125-8c
13467 Forststraße (Hermsdf.) 44-2a
12163 Forststraße (Stegl.) 115-1c
14163 Forststraße (Zehldf.) 129-5a
13627 Forstweg (Charlbg.) 70-6c
13465 Forstweg (Reindf.) 33-6a
12349 Forsythien-Südring 134-4b
12435 Fortuna (Kleingtkol.) 103-4d
12683 Fortunaallee 105-2a
12489 Forum 136-3c
12277 Föttingerzeile 133-8c
13403 Foxweg 56-3d
10999 Fraenkelufer 101-2b
12047 Framstraße 102-1c
12099 Franckepark 117-1c
13627 Fränkelplatz 70-6a
14052 Frankenallee 84-7a
12589 Frankenbergstraße 125-7b
13467 Frankendorfer Steig 34-5c
12249 Frankenhauser Straße 150-1b
12683 Frankenholzer Weg 91-2c
13129 Frankensteinstraße 38-8a
12524 Frankenstraße (Altgl.) 137-7d
13129 Frankenstraße (Blankbg.) 38-7d
10781 Frankenstraße (Schbg.) 100-1c
12247 Frankentaler Ufer 132-1b
13589 Frankenwaldstraße 67-2d
Frankfurter Allee 88-2d
10247 Nr. 1-111, Nr. 2-110
10365 Nr. 113-255a
10317 Nr. 262-Ende
10243 Frankfurter Tor 88-2d
14167 Frank-L.-Howley-Weg 130-8d
10587 Franklinstraße 85-2c (17/E1)
12681 Frank-Schweitzer-Straße 76-2d
12623 Frans-Hals-Platz 78-9b
12623 Frans-Hals-Straße 78-9d
12621 Franzburger Straße 92-1c
14197 Franz-Cornelsen-Weg 114-3b
12489 Franz-Ehrlich-Straße 136-3b
14193 Franzenbader Straße 98-5c
14195 Franz-Grothe-Weg 114-6c
12307 Franziusweg 151-7b
10369 Franz-Jacob-Straße 74-9d
10969 Franz-Klühs-Straße 87-7c
12347 Franz-Körner-Straße 118-5a
10969 Franz-Künstler-Straße 87-7b
10243 Franz-Mehring-Platz 88-1d
10319 Franz-Mett-Straße 90-4d
13587 Franz-Meyer-Straße 68-3a
13409 Franz-Neumann-Platz 58-4d
10117 Französische Straße 86-6b (12/D4)
13125 Franz-Schmidt-Straße 31-8a
12679 Franz-Stenzer-Straße 76-3a
12247 Franzstraße (Lankw.) 131-6a
13595 Franzstraße (Spand.) 82-4b
13437 Fräsersteig 45-5d
12557 Fraternitas (Kleingtkol.) 138-4a
13088 Frau-Elster-Weg 60-2b
10719 Frauenburger Pfad 83-9c
13407 Frauenfelder Weg 58-7b
12437 Frauenlobstraße 119-2a
14053 Frauenplatz 83-4b
12357 Frauenschuhweg 135-3c
12207 Frauenstraße 131-5d
12555 Frau-Holle-Straße 106-7d
13088 Frau-Holle-Weg 48-8d
10587 Fraunhoferstraße 85-4b (16/D2)
12526 Fraustadter Weg 155-6a
13593 Freddy-Scheinpflug-Allee 81-6b
Fredericiastraße 84-4d
14059 Nr. 1-5, Nr. 2-6, Nr. 27-Ende, Nr. 28-Ende
14050 Nr. 7-25, Nr. 8-26
10243 Fredersdorfer Straße 88-1d
12589 Fredersdorfer Weg 124-9b
13503 Freester Weg 33-4c
Fregestraße 115-3c
12159 Nr. 1-23, Nr. 2-24a, Nr. 56-80, Nr. 57-81
12161 Nr. 25-55, Nr. 26-54
10365 Freiaplatz 89-3a
10365 Freiastraße 89-3a
12107 Freibergstraße 133-1c
12623 Freiburger Straße 106-1b
13409 Freie Scholle (Reindf.) (Kleingtkol.) 58-5b
13581 Freie Scholle (Spand.) (Kleingtkol.) 81-2b
12047 Freie Stunde (Kleingtkol.) 102-1c
12589 Freienbrinker Saum 124-6a
13359 Freienwalder Straße (Gesndbr.) 58-9b
13055 Freienwalder Straße (Hschönhs.) 75-2b
12305 Freiertweg 151-3c
13089 Freies Land (Kleingtkol.) 60-4c
12355 Freigutweg 136-4d

12057 Freiheit (Kleingtkol.) 103-7a
12555 Freiheit (Köp.) 121-6d
13597 Freiheit (Spand.) 68-9d
(11/B3)
13407 Freiheitsweg (Reindf.) 57-3b
13505 Freiheitsweg (Teg.) 43-7a
13597 Freiheitswiesen 82-2d
13467 Freiherr-vom-Stein-Straße
(Hermsdf.) 34-8b
10825 Freiherr-vom-Stein-Straße
(Schbg.) 99-6c
14050 Freiland (Kleingtkol.) 83-2b
13509 Freilandweg 44-2d
10967 Freiligrathstraße 101-2d
13129 Freischützstraße 48-1b
10781 Freisinger Straße 100-1c
12355 Freitaler Straße 153-2a
12205 Freiwaldauer Weg 130-2d
13407 Freizeit (Kleingtkol.) 45-9a
13469 Freizeit- und Erholungspark
Lübars 36-7b
12277 Freizeitpark Marienfelde
150-6c
13507 Freizeitpark Tegel 43-6c
12623 Frettchenweg 92-5a
14165 Fretzdorfer Weg 147-2a
13583 Freudenberger Weg 67-6a
13349 Freudental (Kleingtkol.) 57-9a
13589 Freudstraße 66-3b
- Freybrücke 82-8a
14165 Freyensteinweg (2) 147-1b
12247 Freymüllerweg 132-2a
12489 Freystadter Weg 121-5c
13156 Frickastraße 46-8b
12683 Fridolinweg 77-5c
13585 Frieda-Arnheim-Promenade
(5) 68-5b
13086 Frieda-Seidlitz-Straße 60-7a
10317 Friedastraße 89-6a
14057 Friedbergstraße 84-8d (18/A5)
12047 Friedelstraße 102-1c
13086 Frieden (Kleingtkol.) 117-6c
12159 Friedenauer Brücke 115-3d
12279 Friedenfelser Straße 150-2b
10319 Friedenhorster Straße 90-7d
12359 Friedensgarten (Kleingtkol.)
119-7a
12103 Friedensplatz 116-6b
12057 Friedenstal (Kleingtkol.)
102-9b
13158 Friedensteg 46-8c
12489 Friedenstraße (Adlhf.) 137-1a
10249 Friedenstraße (Friedhn.) 73-9b
12555 Friedenstraße (Köp.) 121-3a
12623 Friedenstraße (Mahlsdf.)
106-1a
12107 Friedenstraße (Mardf.) 133-1c
14109 Friedenstraße (Wanns.)
145-1c
12307 Friedensweg (Lichtrde.)
151-8a
13158 Friedensweg (Nordende)
47-1d
- Friedenthalpark 98-2c
12355 Friederike-Nadig-Straße
154-1c
13505 Friederikestraße 54-3b
13053 Friedhofstraße 75-1b
13158 Friedhofsweg 47-1d
12349 Friedland 1 (Kleingtkol.)
134-1a
12349 Friedland 2 (Kleingtkol.)
133-3b
12349 Friedland 3 (Kleingtkol.)
133-6a
12489 Friedlander Straße 121-7c
10557 Friedrich-Ebert-Platz (12/C3)
13351 Friedrich-Ebert-Siedlung 57-8a

Friedrich-Engels-Straße 46-2d
13156 Nr. 1-107, Nr. 2-106
13158 Nr. 119-Ende,
Nr. 120-Ende
12103 Friedrich-Franz-Straße 116-6d
14053 Friedrich-Friesen-Allee 83-4c
10829 Friedrich-Gerlach-Brücke
100-7b
10829 Friedrich-Haak-Brücke 100-8d
14089 Friedrich-Hanisch-Straße
111-7b
10245 Friedrich-Junge-Straße 103-1a
13403 Friedrich-Karl-Straße (Reindf.)
57-5c
12103 Friedrich-Karl-Straße (Tphf.)
116-6d
12353 Friedrich-Kayßler-Weg 135-4d
13353 Friedrich-Krause-Ufer 71-6d
12487 Friedrich-List-Straße 119-3d
10557 Friedrich-List-Ufer 72-8c
(12/B2)
13627 Friedrich-Olbricht-Damm
71-1c
13125 Friedrich-Richter-Straße 39-1b
12249 Friedrichrodaer Straße 132-6c
10243 Friedrichsberger Straße 88-1a
10178 Friedrichsbrücke 87-1b
(13/F3)
12347 Friedrichsbrunner Platz 118-1c
12347 Friedrichsbrunner Straße
118-1c
10315 Friedrichsfelde-Nord
(Kleingtkol.) 90-1a
12681 Friedrichsfelde-Ost
(Kleingtkol.) 90-1b
10118 Friedrichsgracht (13/F4)
12555 Friedrichshagener Straße
121-6a
14199 Friedrichshall (Kleingtkol.)
98-9d
14199 Friedrichshaller Straße 98-9c
13089 Friedrichshöhe (Kleingtkol.)
59-6d
12169 Friedrichsruher Platz 115-6b
14193 Friedrichsruher Straße
(Schmargdf.) 98-2d
12169 Friedrichsruher Straße (Stegl.)
115-6a
- Friedrichstadtpassagen
(15/E5)
10969 Friedrich-Stampfer-Straße
87-7c
10318 Friedrichsteiner Straße 104-1d
13467 Friedrichsthaler Weg 34-8a
12205 Friedrichstraße (Lichtfde.)
130-3c
Friedrichstraße (Mitte,
Kreuzbg.) 72-9d (12/D2)
10117 Nr.47-205, Nr. 48-204
10969 Nr. 1-45, Nr. 2-46,
Nr. 205-Ende,
Nr. 207-Ende
13585 Friedrichstraße (Spand.) 68-5c
(11/A1)
13627 Friedrichsweg (Kleingtkol.)
70-6a
12161 Friedrich-Wilhelm-Platz 99-8d
13409 Friedrich-Wilhelm-Straße
(Reindf.) 58-4b
Friedrich-Wilhelm-Straße
(Tphf.) 116-6a
12099 Nr. 1-13, Nr. 2-14,
Nr. 82-98, Nr. 83-99
12103 Nr. 15-81, Nr. 16-80
12489 Friedrich-Wöhler-Straße
136-2d
12527 Friedrich-Wolf-Straße 137-6b
12623 Friesacker Straße 92-3d
12277 Friesdorfer Pfad 150-5d

12524 Friesenstraße (Altgl.) 137-7d
10965 Friesenstraße (Kreuzbg.,
Tphf.) 101-4b
13156 Friesenstraße (Nschönhs.)
46-8d
13086 Friesickestraße 60-7d
12359 Frischauf (Britz) (Kleingtkol.)
119-7a
13627 Frischauf (Charlbg.)
(Kleingtkol.) 70-3d
13589 Frischauf (Spand.)
(Kleingtkol.) 67-3d
13435 Frischborner Weg 45-2d
13627 Frischer Wind (Kleingtkol.)
70-6d
14195 Frischlingsteig 114-1b
13089 Frithjofstraße 48-7c
Fritschestraße 84-6a (16/B2)
10585 Nr. 1-31, Nr. 2-30,
Nr. 64-Ende,
Nr. 65-Ende
10627 Nr. 32-62, Nr. 33-63
12163 Fritschweg 115-4b
12101 Fritz-Bräuning-Promenade (1)
100-9a
10825 Fritz-Elsas-Straße 99-6d
Fritz-Erler-Allee 134-3a
12351 Nr. 2-152, Nr. 9-109
12353 Nr. 153-Ende,
Nr. 154-Ende
13156 Fritz-Erpenbeck-Ring 47-7a
12057 Fritzi-Massary-Straße 119-1d
12459 Fritz-Kirsch-Zeile 104-7c
12526 Fritz-Kühn-Straße 155-5d
12627 Fritz-Lang-Platz (4) 78-1d
12627 Fritz-Lang-Straße 78-1d
12359 Fritz-Reuter-Allee 118-6c
12623 Fritz-Reuter-Straße (Mahlsdf.)
92-2b
13156 Fritz-Reuter-Straße
(Nschönhs.) 47-4d
10827 Fritz-Reuter-Straße (Schbg.)
100-7a
10407 Fritz-Riedel-Straße 74-5c
10243 Fritz-Schiff-Weg 88-2d
10559 Fritz-Schloß-Park 72-7c
Fritz-Werner-Straße 133-4c
12107 Nr. 1-57, Nr. 2-56d,
Nr. 71-Ende
12277 Nr. 58-Ende, Nr. 65-69
14199 Fritz-Wildung-Straße 98-6c
12161 Fröaufstraße 115-2d
10405 Fröbelplatz 73-6b
10405 Fröbelstraße 73-3d
12249 Frobenstraße (Lankw.) 131-9b
10783 Frobenstraße (Schbg.) 100-1b
13585 Frobenstraße (Spand.) 68-4a
12627 Frohburger Straße 78-5b
12057 Frohe Stunde (Kleingtkol.)
118-3b
12109 Fröhliche Eintracht
(Kleingtkol.) 117-8a
13465 Frohnauer Brücke 34-1b
Frohnauer Straße 34-1c
13467 Nr. 1-103, Nr. 2-104
13465 Nr. 106-110,
Nr. 107-111,
Nr. 112-Ende,
Nr. 113-Ende
13595 Fröhnerstraße 81-9b
12487 Frohsinn (Baumsch.)
(Kleingtkol.) 119-8b
13159 Frohsinn (Kleingtkol.) 37-7d
12157 Frohsinn (Schbg.) (Kleingtkol.)
116-1b
13088 Frohsinn (Weißs.) (Kleingtkol.)
61-4c
13469 Frohsinn I (Kleingtkol.) 35-8a
13469 Frohsinn II (Kleingtkol.) 35-9c
13437 Frommpromenade 45-5c

12165 Fronhoferstraße 115-8a
12349 Froschkönig 133-9b
13088 Froschkönigweg 60-2b
12524 Froschsteg 154-6a
12555 Froschteichplatz 106-7c
13089 Frostraße 60-1a
13587 Frühauf (Spand.) (Kleingtkol.)
54-6c
13509 Frühauf (Witten.) (Kleingtkol.)
44-9a
10318 Frühauf II (Kleingtkol.) 90-7d
12051 Frühauf-Hermannshöhe
(Nkln.) (Kleingtkol.) 118-1a
13158 Frühlingstraße 58-2d
13403 Frühlingsweg (Reindf.) 57-4b
13403 Frühlingsweg (Teg.) 56-6a
13125 Frundsbergstraße 38-6a
12527 Fuchsbau (Grün.) 137-5d
10318 Fuchsbau (Karlsh.) 104-4c
13407 Fuchsbauplatz 57-3d
12683 Fuchsbergeweg (Biesdf.)
105-1b
14089 Fuchsbergeweg (Klad.) 110-9c
12357 Fuchsienweg 135-2d
13465 Fuchsring 26-7a
13437 Fuchsschwanzweg 45-5d
13465 Fuchssteinerweg 34-2a
13629 Fuchsweg (Teg.) 69-3a
13405 Fuchsweg (Wedd.) 71-1a
12209 Fügener Weg 150-1a
10777 Fuggerstraße 85-9d (19/G5)
12099 Fuhrmannstraße 117-1a
13587 Fuldaer Weg 54-5d
Fuldastraße 102-4b
12043 Nr. 1-9, Nr. 2-10,
Nr. 53-Ende,
Nr. 54-Ende
12045 Nr. 11-51, Nr. 12-52
12359 Fulhamer Allee 118-8a
12557 Funkelgang 138-2a
10961 Fürbringerstraße 101-1b
12107 Furkastraße 133-5c
13469 Fürst-Bismarck-Straße 34-9d
13503 Fürstenauer Weg 32-8d
10435 Fürstenberger Straße 73-5a
14050 Fürstenbrunn (Kleingtkol.)
83-2b
14050 Fürstenbrunner Brücke 84-1a
Fürstenbrunner Weg 70-7c
14059 Nr. 1-79, Nr. 2-70
14050 Nr. 72-Ende,
Nr. 81-Ende
13465 Fürstendamm 34-1b
14052 Fürstenplatz 83-6d
12207 Fürstenstraße (Lichtfde.)
149-1d
14163 Fürstenstraße (Zehldf.) 129-5b
12589 Fürstenwalder Allee 124-5d
Fürstenwalder Damm 122-4b
12587 Nr. 243-Ende,
Nr. 260-610
12589 Nr. 838-Ende
10243 Fürstenwalder Straße 88-1a
12589 Fürstenweg (Rahnsdf.) 125-8b
13589 Fürstenweg (Spand.) 54-7c
12309 Fürther Straße (Lichtrde.)
170-1a
10777 Fürther Straße (Wilmdf.)
99-3a (19/G5)
14193 Furtwänglerstraße 98-4d
12309 Füssener Straße 170-1b
12589 Fußweg 475 124-9b
12589 Fußweg 552 124-9c
12589 Fußweg 564 124-9c
12459 Fuststraße 104-7a
12353 Futhzeile 134-8d
12555 Futranplatz (3) 121-6d

12247 **G**abainstraße 132-2c
10247 Gabelsbergerstraße 88-3d

13505 Gabelweihstraße 54-3b
13086 Gäblerstraße 60-4d
13507 Gabrielenstraße 43-9b
10963 Gabriele-Tergit-Promenade
86-9a (14/C6)
10245 Gabriel-Max-Straße 88-6a
12619 Gadebuscher Straße 91-3a
14195 Gadebuscher Weg (Dahl.)
114-5b
12619 Gadebuscher Weg (Kaulsd.)
(4) 91-3a
13187 Gaillardstraße 59-4a
13587 Gaismannshofer Weg 54-7d
12109 Gajusstraße 117-9c
13597 Galenstraße 68-7b (11/A2)
13187 Galenusstraße 47-8d
12435 Galileistraße 103-4b
14089 Gallandiweg 110-9d
10589 Gallesteig 70-9c
12109 Gallipoliweg 117-8d
12307 Galluner Straße 169-3c
12249 Gallwitzallee 132-4a
10587 Galvanistraße 85-1d (16/D1)
13503 Gambiner Weg 33-4c
13409 Gamsbartweg 58-1d
13439 Gandenitzer Weg 46-1c
12043 Ganghoferstraße (Nkln.)
102-5c
12163 Ganghoferstraße (Stegl.)
115-4b
12353 Gansbergsteig 135-4a
14163 Gänseblümchenweg 129-7a
13507 Gänsewerder 55-3a
14089 Ganzhornweg 126-2b
13189 Garbátyplatz 59-5a
12683 Garbenpfad 91-1b
13158 Garbenweg 46-3d
12203 Gardeschützenweg 130-3b
14059 Gardes-du-Corps-Straße 84-5a
13158 Garibaldistraße 46-7b
13587 Garmischer Weg 54-9a
10178 Garnisonkirchplatz (13/F3)
13156 Gartenbau Nordend
(Kleingtkol.) 47-5a
13591 Gartenbauverein Staaken
(Kleingtkol.) 66-9d
- Gartenfeld 69-1d
13599 Gartenfelder Brücke 69-2c
13599 Gartenfelder Straße 69-4c
13403 Gartenfreunde (Kleingtkol.)
56-3d
13158 Gartenfreunde Nordend
(Kleingtkol.) 47-5a
13629 Gartenfreunde Siemensstadt
(Kleingtkol.) 69-5b
10318 Gartenfreunde Wuhlheide
(Kleingtkol.) 105-4c
13355 Gartenplatz 72-6a
12355 Gartenstadt 154-1c
13053 Gartenstadt
Hohenschönhausen 62-4c
Gartenstadtweg 137-8d
12524 Nr. 1-105, Nr. 2-106
12526 Nr. 107-Ende,
Nr. 108-Ende
12683 Gartenstraße (Biesdf.) 91-5a
13129 Gartenstraße (Blankbg.) 48-2c
12526 Gartenstraße (Bohnsdf.)
155-3d
13127 Gartenstraße (Fr. Buchhz.)
47-3a
13355 Gartenstraße (Gesnbr.) 72-6a
12557 Gartenstraße (Köp.) 121-9b
Gartenstraße (Mitte, Gesndbr.)
73-7a (12/D1)
10115 Nr. 1-31, Nr. 2-32,
Nr. 83-Ende,
Nr. 84-Ende
13355 Nr. 37-81, Nr. 38-82

13088 Gartenstraße (Weißs.) 60-9d
14169 Gartenstraße (Zehldf.) 129-6d
10787 Gartenufer 85-6c (17/G3)
13127 Gartenvörde (Kleingtkol.) 37-5d
13629 Gartenweg (Straße 208) 69-2d
13593 Gärtnerallee (Kleingtkol.) 81-5b
13593 Gärtnereiring 80-3d
10245 Gärtnerstraße (Friedhn.) 88-6a
13055 Gärtnerstraße (Hschönhs.) 75-3a
12207 Gärtnerstraße (Lichtfde., Lankw.) 131-2d
12524 Gärtnerweg (Altgl.) 154-6b
13503 Gärtnerweg (Heilgs.) 42-6b
14195 Garystraße 114-7d
12683 Garzauer Straße 77-5d
12683 Garziner Platz 91-7b
10318 Gasag 104-6a
12103 Gäßnerweg 116-3c
10717 Gasteiner Straße 99-5a
Gatower Straße 95-3b
13595 Nr. 1-219, Nr. 2-220
14089 Nr. 221-Ende, Nr. 222-Ende
13125 Gatterweg 39-5c
12307 Gätzschmannpfad 151-7d
12349 Gaudacher Straße 151-3b
12353 Gaudigweg 134-6b
10437 Gaudystraße 73-2c
13158 Gauert (Kleingtkol.) 46-4d
10589 Gaußstraße (Charlbg.) 70-9d
12459 Gaußstraße (Oberschönwde.) 120-3c
14089 Gautinger Weg 110-9b
13465 Gawanstraße 33-3c
12277 Gebertstraße 150-3b
14053 Gebhardtplatz 83-4b
13088 Gebrüder-Grimm-Weg 60-3a
12487 Gebrüder-Wright-Allee 120-7d
14089 Gebrüder-Wright-Straße 110-2d
14195 Gebweilerstraße 130-2a
13409 Gedonstraße 58-5a
12355 Geflügelsteig 153-2b
13581 Gehlberger Straße 81-3a
13053 Gehrenseestraße 61-9d
12526 Gehrenweg 155-9a
13088 Gehringstraße 60-5b
12555 Gehsener Straße 105-9c
10961 Geibelstraße (Kreuzbg.) 101-2b
12205 Geibelstraße (Lichtfde.) 130-3c
12305 Geibelstraße (Lichtrde.) 151-5a
13465 Geierpfad 26-5b
12559 Geinsheimer Weg 140-7b
10777 Geisbergstraße 99-3a (19/G5)
14197 Geisenheimer Straße 115-1b
12105 Geiserich (Kleingtkol.) 116-8b
12105 Geiserichstraße 116-9a
13591 Geißblattpfad 66-8b
12685 Geißenweide 77-4b
13627 Geißlerpfad 70-4d
13627 Geitelsteig 70-4d
12627 Geithainer Straße 78-6a
12209 Geitnerweg 149-2b
14195 Gelfertstraße 114-8a
12203 Gélieustraße 115-8c
12489 Gellertstraße (Adlhf.) 137-1a
13127 Gellertstraße (Fr. Buchhz.) 48-1a
13597 Gellertweg 82-2a
12555 Gelnitzstraße 122-1c
13583 Gelsenkircher Straße 67-5d
12524 Geltower Weg 154-6a
13053 Gembitzer Straße 61-9c
12359 Gemeindeland Britz (Kleingtkol.) 118-2b
12249 Gemeindepark Lankwitz 132-4b
14163 Gemeindewäldchen Zehlendorf 129-6a
12489 Gemeinschaftsstraße 120-9d
13503 Gemsenpfad 33-7d
13189 Gemündener Straße 59-3c
12487 Gemütliches Heim (Kleingtkol.) 119-6c
13627 Gemütlichkeit (Charlbg.) (Kleingtkol.) 71-4c
12437 Gemütlichkeit III (Baumsch.) (Kleingtkol.) 119-4a
10117 Gendarmenmarkt 87-4a (13/E4)
13403 General-Barby-Straße 57-4a
13629 General-Ganeval-Brücke 70-2d
12101 General-Pape-Straße 100-8b
General-Woyna-Straße 57-4a
13403 Nr. 1-65, Nr. 2-66
13405 Nr. 67-69, Nr. 70-72
10829 Geneststraße 100-8d
13595 Genfenbergstraße 82-4d
13407 Genfer Straße 57-6b
12205 Genfer Weg 130-9b
13158 Genossenschaftssteg 46-8c
12489 Genossenschaftsstraße 121-7a
13059 Genossenschaftsweg 50-7c
12555 Genovevastraße 106-7a
14165 Genshagener Straße (5) 147-2b
10315 Gensinger Straße 90-2c
13055 Genslerstraße 75-6a
13353 Genter Straße 71-3b
10785 Genthiner Straße 86-7d
13125 Georg-Benjamin-Straße 31-8c
10409 Georg-Blank-Straße 74-1a
10785 George-C.-Marshall-Brücke 86-8b
14089 George-Caylay-Straße 110-2b
10629 George-Grosz-Platz (18/D5)
10629 George-Grosz-Platz 85-7d
10249 Georgenkirchstraße 73-9d
13129 Georgenstraße (Blankbg.) 48-6c
12209 Georgenstraße (Lichtfde.) 131-9d
10117 Georgenstraße (Mitte) 86-3d (12/D3)
12489 Georges-de-Caters-Straße 120-8a
14053 Georgiiplatz 83-4a
12057 Georgina (Kleingtkol.) 102-6d
12623 Georginenweg 92-8c
12681 Georg-Knorr-Straße 76-2d
14055 Georg-Kolbe-Hain 83-8b
10369 Georg-Lehnig-Straße 74-9b
13583 Georg-Ramin-Siedlung 68-7a
12489 Georg-Schendel-Straße 136-3a
13591 Georg-Schroeder-Straße 66-6a
14167 Georg-Steger-Weg 130-7b
13357 Georgstraße (Gesndbr.) 59-7c
12621 Georgstraße (Kaulsdf.) 91-3d
12169 Georg-von-Siemens-Park 116-8a
10711 Georg-Wilhelm-Straße 98-2b (18/A6)
12689 Geraer Ring 63-1c
Geraer Straße 131-9c
12209 Nr. 1-49, Nr. 2-50
12249 Nr. 51-93, Nr. 54-86
12683 Geraldstraße 105-1d
12683 Geraldweg 105-1c
12203 Geranienstraße 115-7b
12209 Gerberpfad 149-2a
12621 Gerdastraße 91-9c
10715 Gerdauer Straße 99-5b
12107 Gerdsmeyer (Kleingtkol.) 133-4b
12105 Gerdsmeyerweg 116-5d
14165 Gerhardsdorfer Straße (7) 129-8d
12487 Gerhard-Sedlmayr-Straße 120-7d
10557 Gerhardtstraße 86-1b
12355 Gerhard-Winkler-Weg 136-7a
- Gerhart-Hauptmann-Anlage 99-2b
12623 Gerhart-Hauptmann-Straße 106-1a
13347 Gerichtstraße 72-1d
10589 Gerickeshof (Kleingtkol.) 71-7c
10557 Gerickesteg 86-1c
14129 Gerkrathstraße 128-8b
12043 Gerlachsheimer Weg (1) 102-8a
13505 Gerlindeweg 54-3c
Gerlinger Straße 152-1a
12353 Nr. 2-22
12349 Nr. 34-Ende, Nr. 49-Ende
12524 Germanenplatz 137-7b
12524 Germanenstraße (Altgl.) 137-7a
13156 Germanenstraße (Nschönhs.) 46-8a
12099 Germania (Kleingtkol.) 117-1d
12099 Germaniagarten 117-3c
12347 Germaniapromenade 118-1d
12099 Germaniastraße 117-1a
12105 Germelmannbrücke 116-9b
13439 Germendorfer Straße 45-6a
13583 Germersheimer Platz 67-6d
13583 Germersheimer Weg 67-6d
10365 Gernotstraße 89-3d
12487 Gernotweg 119-8c
13129 Gernroder Straße 48-5b
12247 Gernsheimer Straße 132-1b
14197 Gerolsteiner Straße 99-7d
12524 Gerosteig 154-3a
12205 Gersauer Weg 131-4d
12105 Gersdorfstraße 116-9a
14089 Gerstäckerweg 126-3a
12683 Gerstenweg 91-1b
12305 Gerstnerweg 169-2b
12559 Gersweileraue 140-8a
12559 Gersweilerstraße 140-7b
10179 Gertraudenbrücke (15/F5)
10178 Gertraudenstraße 87-5a (15/F5)
14165 Gertraudstraße 129-9c
12355 Gertrud-Dorka-Weg (4) 154-1d
10117 Gertrud-Kolmar-Straße 86-6a (14/C5)
13467 Gertrudstraße (Hermsdf.) 35-1c
13053 Gertrudstraße (Hschönhs.) 61-7d
10629 Gervinusstraße 84-9c (18/B5)
13053 Gerzlower Straße 61-8b
10117 Geschwister-Scholl-Straße 87-1a (13/E3)
13409 Gesellschaftstraße 58-5c
12305 Gessepfad 151-3c
10829 Geßlerstraße 100-5b
14050 Gesundheitspflege (Kleingtkol.) 84-1c
13088 Gesundheitsquell (Kleingtkol.) 60-2d
10437 Gethsemanestraße 73-2b
13469 Getreideweg (4) 35-9b
10317 Geusenstraße 89-4d
13125 Gewanneweg 39-1c
13507 Gewerbegebiet "Am Borsigturm" 44-7d
13597 Gewerbehof 82-2b
13127 Gewerbepark Pankow-Nord 29-9c
12043 Geygerstraße 102-5c
13351 Ghanastraße 57-8a
12359 Gielower Straße 118-8d
12623 Gielsdorfer Straße 92-5a
10585 Gierkeplatz 84-6b (16/B1)
10585 Gierkezeile 84-3d (16/B1)
13088 Giersstraße 61-4d
10629 Giesebrechtstraße 85-7c (18/C5)
10713 Gieselerstraße 99-1d
12207 Giesensdorf (Kleingtkol.) 131-7c
12207 Giesensdorfer Straße 131-4d
Giesestraße 92-1b
12621 Nr. 1-67, Nr. 2-66
12623 Nr. 68-Ende, Nr. 69-Ende
12587 Gilgenburger Pfad 122-2d
12587 Gilgenburger Straße 122-2d
14163 Gilgestraße 129-4d
14193 Gillweg 98-2d
14165 Gimpelsteig 129-9d
14165 Ginsterheide 147-2a
13627 Ginsterweg (Charlbg.) 71-4c
12623 Ginsterweg (Mahlsdf.) 79-4a
12623 GiP Gewerbepark 92-6b
10119 Gipsstraße 73-7d (13/F1)
12357 Girlitzweg 135-1d
13467 Gisbertasteig 35-4a
12355 Gisbertzweg 154-1c
10317 Giselastraße 89-8b
10969 Gitschiner Straße 87-7d
13583 Glacisweg 68-7a
12683 Gladauer Weg 91-4a
12559 Gladiolenstraße 122-7b
13127 Gladiolenweg (Fr. Buchhz.) 38-7c
13599 Gladiolenweg (Haselh.) 69-1a
13581 Gladiolenweg (Spand.) 81-2d
12679 Glambecker Ring 63-5d
Glambecker Weg 34-4b
13476 Nr. 2-34, Nr. 5-39a
13465 Nr. 38-Ende, Nr. 41-Ende
12205 Glandzeile 130-9b
12437 Glanzstraße 103-8d
12205 Glarner Straße 131-7a
12107 Glärnischweg 133-5c
12555 Glasberger Straße 105-9a
10245 Glasbläserallee 89-7c
10365 Glaschkestraße 89-2a
12305 Glaserweg 151-2a
13349 Glasgower Straße 57-9c
12355 Glashütter Weg 136-8a
13503 Glaskrautstraße 32-9d
12051 Glasower Straße 118-1b
10439 Glaßbrennerstraße 59-9c
10247 Glatzer Straße 88-6b
12209 Glauberstraße 149-3a
12627 Glauchauer Straße 78-5c
Gleditschstraße 100-1d
10781 Nr. 1-71, Nr. 26-72
10823 Nr. 74-Ende, Nr. 75-Ende
Gleimstraße 73-1c
10437 Nr. 10-60, Nr. 11-61
13355 Nr. 62-Ende, Nr. 63-Ende, Nr. 1-5, Nr. 2-6
13555 Gleimtunnel 73-1b
12683 Gleiwitzer Straße 91-7d
10318 Gleyeweg 104-4c
14109 Glienicker Brücke 143-6a
12526 Glienicker Straße (Bohnsdf.) 155-1d
13467 Glienicker Straße (Hermsdf.) 34-6c
12557 Glienicker Straße (Kleingtkol.) 137-2b
12557 Glienicker Straße (Köp.) 121-8d
14109 Glienicker Straße (Wanns.) 144-6c
12489 Glienicker Weg 137-1d
13589 Gliensteig 53-8d
12349 Glimmerweg 133-9c
12524 Glindower Weg 154-6a
13599 Glindowseestraße 54-9d
10117 Glinkastraße 86-3d (12/D4)
12357 Glockenblumenweg 135-1b
14163 Glockenstraße 129-2d
14055 Glockenturmbrücke 82-6d
Glockenturmstraße 82-9a
14053 Nr. 1-21, Nr. 2-18
14055 Nr. 20-Ende, Nr. 23-Ende
13627 Gloedenpfad 70-6c
10999 Glogauer Straße 102-1b
12555 Gloriastraße 121-5c
12559 Glottertaler Straße 140-5a
13585 Glöwener Straße 68-1c
10829 Glück im Winkel (Kleingtkol.) 100-8c
13357 Glücksburger Straße 59-7c
12247 Gluckweg 131-6b
13589 Glühwürmchenweg 66-3b
10961 Gneisenaustraße 101-1c
14193 Gneiststraße (Grwld.) 98-4b
10437 Gneiststraße (Prenz. Bg.) 73-2d
13088 Gnomenplatz 60-3d
12355 Gockelweg 153-5b
12527 Godbersenstraße 175-2a
13437 Godelienweg 44-6a
10318 Godesberger Straße 104-2d
13627 Goebelplatz 70-4d
Goebelstraße 69-6d
13627 Nr. 1-115, Nr. 2-118
13629 Nr. 117-151, Nr. 120-122
10783 Goebenstraße (Schbg.) 100-2a
12167 Goebenstraße (Stegl.) 115-9c
13055 Goeckestraße 75-5a
13627 Goerdelerdamm 70-8b
13353 Goerdelerdammbrücke 71-5c
13627 Goerdelersteg 70-9b
Goerzallee 148-5a
12207 Nr. 1-145, Nr. 2-144
14167 Nr. 146-Ende, Nr. 147-Ende
10627 Goethepark (Charlbg.) 84-9b (16/B3)
13351 Goethepark (Wedd.) 71-2d
12526 Goethestraße (Bohnsdf.) 156-4b
Goethestraße (Charlbg.) 84-9b (16/C3)
10623 Nr. 1-13, Nr. 2-12, Nr. 74-Ende, Nr. 75-Ende
10625 Nr. 14-72, Nr. 15-73
12207 Goethestraße (Lichtfde.) 131-5c
12305 Goethestraße (Lichtrde.) 151-5a
12459 Goethestraße (Oberschönwde.) 120-1b
Goethestraße (Weißs.) 60-7c
10409 Nr. 2-8, Nr. 3-7
13086 Nr. 13-Ende, Nr. 14-Ende
13158 Goethestraße (Wilhr.) 46-7a

14163 Goethestraße (Zehldf.) 129-4b
13127 Goetheweg 37-8b
12627 Gohliser Straße 78-3a
10437 Göhrener Straße 73-3c
12351 Goldammerstraße 135-4a
12249 Goldaper Straße 131-9b
13599 Goldbeckweg 68-6b
12107 Goldenes Horn 133-2b
12349 Goldesel 133-6d
14195 Goldfinkweg 114-1d
12359 Goldhähnchenweg 118-9d
13589 Goldkäferweg 66-3b
12357 Goldlackweg 135-5b
12247 Goldmühler Weg 132-2c
12357 Goldrautenweg 135-5b
12349 Goldregen (Kleingtkol.) 134-1d
12623 Goldregenstraße 92-7b
12307 Goldschmidtweg 151-7b
12524 Goldsternweg 137-4b
14050 Golfplatz (Kleingtkol.) 83-3d
14109 Golfweg 144-6b
13465 Gollanczstraße 26-4c
12689 Golliner Straße 63-2b
12107 Göllweg 133-8c
13585 Golmer Straße 68-1c
10965 Golßener Straße 101-5a
12307 Goltzstraße (Lichtrde.) 169-2d
10781 Goltzstraße (Schbg.) 100-1d
13587 Goltzstraße (Spand.) 54-8c
13627 Golzenweg 70-6b
12623 Golzower Straße 106-5d
12437 Gondeker Straße 119-3a
10178 Gontardstraße 87-2b (13/G2)
12101 Gontermannstraße 100-9c
13599 Gorgasring 69-4c
12487 Gorissenstraße 120-7d
Gorkistraße 44-7b
13507 Nr. 1-21, Nr. 2-20
13509 Nr. 22-156, Nr. 23-155
13437 Nr. 159-Ende, Nr. 172-Ende
10997 Görlitzer Straße 88-7c
Görlitzer Ufer 102-2a
10997 Nr. 1, Nr. 2
10999 Nr. 4-Ende, Nr. 5-Ende
- Görlitzer-Park 88-7d
10119 Gormannstraße 73-8c (13/F1)
12161 Görresstraße 99-8d
13187 Görschstraße 59-4a
12555 Görsdorfer Straße 105-8d
13437 Göschenplatz 45-5a
13437 Göschenstraße 45-5a
12559 Gosener Damm 140-7a
12559 Gosener Landstraße 140-8c
10589 Goslarer Platz 85-1a
10589 Goslarer Ufer 71-7c
12161 Goßlerstraße (Friedn.) 115-2b
14195 Goßlerstraße 114-9c
10777 Gossowstraße 100-1a (19/H6)
14089 Gößweinsteiner Gang 126-3a
13595 Götelstraße 82-5a
13359 Gotenburger Straße 58-9a
12524 Gotenstraße (Altgl.) 137-7a
10829 Gotenstraße (Schbg.) 100-8c
13595 Gotenweg 81-9d
Gotha-Allee 83-2d
14050 Nr. 1-15, Nr. 2-16
14052 Nr. 17-Ende, Nr. 18-Ende
12629 Gothaer Straße (Helldf.) 77-3b
10823 Gothaer Straße (Schgb.) 100-4a
10439 Gotlandstraße 59-8c
10365 Gotlindestraße 89-2a
14089 Gottfried-Arnold-Weg 110-5d
14050 Gottfried-Keller-Straße 84-4d
12489 Gottfried-Leibniz-Straße 136-3c
13053 Gottfriedstraße 62-4c
14193 Gottfried-von-Cramm-Weg 97-6d
Gotthardstraße 57-5c
13407 Nr. 1-99, Nr. 2-90
13403 Nr. 92-Ende, Nr. 101-Ende
12169 Göttinger Straße 116-4a
12099 Gottlieb-Dunkel-Straße 117-5d
12099 Gottlieb-Dunkel-Straßen-Brücke 117-6a
13359 Gottschalkstraße 58-6b
13357 Gottschedstraße 72-2a
13467 Götzestraße 34-9c
12623 Götzkeweg 79-5d
10553 Gotzkowskybrücke 85-2a
10555 Gotzkowskystraße 85-2b
12099 Götzstraße 117-1d
13088 Gounodstraße 74-2b
13086 Goyastraße 60-7d
12247 Graacher Straße (Lankw.) 132-1b
13088 Graacher Straße (Weißs.) 60-6d
13051 Graaler Weg 61-4b
13156 Grabbeallee 59-1c
12683 Grabensprung 91-7d
12526 Grabenstraße (Bohnsdf.) 155-3b
12209 Grabenstraße (Lichtfde.) 131-8b
13158 Grabenweg 46-3b
13129 Grabenwinkel (Kleingtkol.) 48-7a
12169 Grabertstraße 116-7b
12435 Grabowstraße 102-2c
Gradestraße 117-5d
12347 Nr. 1-127, Nr. 2-126
12099 Nr. 128-175, Nr. 129-174
12347 Gradestraßenbrücke 117-6d
10967 Graefestraße 101-3c
13595 Graetschelsteig 81-6d
10318 Grafenauer Weg 104-3a
12205 Gräfenberger Weg 130-5b
12249 Gräfentaler Straße 132-7c
13587 Grafenwalder Weg 68-1b
12623 Graffplatz 79-7b
13403 Graf-Haeseler-Straße 57-4a
10777 Grainauer Straße 99-3a (19/G6)
13465 Gralsburgsteig 26-7a
13465 Gralsritterweg 25-9d
13629 Grammestraße 69-9b
13409 Granatenstraße 58-5b
13465 Graneweg 33-5b
13189 Granitzstraße 59-5b
10435 Granseer Straße 73-4d
12349 Graphitweg 133-9c
12589 Grasehorstweg 125-4c
12351 Grasmückenweg 135-1a
13581 Grässeweg 81-2b
14109 Grassoweg 145-2c
12589 Grätzwalder Straße 124-9b
12527 Grauammerpfad 137-5b
12621 Graubündener Straße 91-9a
10243 Graudenzer Straße 88-2c
13355 Graunstraße 73-1a
12349 Grauwackeweg 133-8d
12167 Gravelottestraße 115-8d
13127 Gravenstein (Kleingtkol.) 38-7a
13127 Gravensteiner Aue (Kleingtkol.) 38-7d
12685 Gravensteiner Steg 77-1c
13127 Gravensteinstraße 37-9d
12157 Grazer Damm 116-1a
12157 Grazer Platz 116-1a
13435 Grebenhainer Weg 45-2c
14089 Gredinger Straße 110-9a
13349 Greenwicher Straße 57-8b
13507 Greenwichpromenade 43-9b
14195 Gregor-Mendel-Straße 115-1c
10318 Gregoroviusweg 90-8c
12355 Greifenberger Straße 154-1a
10437 Greifenhagener Brücke 73-2b
10437 Greifenhagener Straße 73-2d
12487 Greifstraße 120-4d
12623 Greifswalder Straße (Mahlsdf.) 78-6b
Greifswalder Straße (Prenzl. Bg.) 73-9b
10405 Nr. 1-89, Nr. 2-90, Nr. 190-Ende, Nr. 191-Ende
10409 Nr. 117-167, Nr. 118-166
12107 Greinerstraße 132-6a
12279 Greizer Straße (Marfde.) 150-1a
12689 Greizer Straße (Marz.) 63-1c
10409 Grellstraße 73-3b
13597 Grenadierstraße 68-8c (11/B3)
12487 Grenzallee (Johsth.) 119-9a
12109 Grenzallee (Mardf.) 117-9a
12057 Grenzallee (Nkln.) 118-2b
12057 Grenzalleebrücke 118-3a
12589 Grenzbergeweg 125-8c
12165 Grenzburgstraße 115-8a
13053 Grenzgrabenstraße 76-1b
12277 Grenzland (Kleingtkol.) 151-2a
14165 Grenzpfad 129-9b
13589 Grenzstein (Kleingtkol.) 66-3b
13355 Grenzstraße (Gesndbr.) 72-5b
12623 Grenzstraße (Mahlsdf.) 106-1a
12347 Grenzweg (Britz) 117-9b
13627 Grenzweg (Charlbg.) 70-9b
10589 Grenzweg (Charlbg.) 71-7c
13127 Grenzweg (Fr. Buchhz.) 37-8a
12487 Grenzweg (Johsth.) 119-8b
12307 Grenzweg (Lichtrde.) 151-7b
12109 Grenzweg (Mardf.) 117-9a
12349 Grenzweg (Mardf.) 152-1a
12459 Grenzweg (Oberschönwde.) 104-7a
12589 Grenzweg (Rahnsdf.) 141-1a
13158 Grenzweg (Rosnth.) 46-6c
13158 Grenzweg (Rosnth.) 47-1a
13437 Grenzweg (Wilhr.) 45-8b
12589 Grenzwegbrücke 141-1a
13189 Greta-Garbo-Straße 59-5d
12057 Gretelstraße 103-7d
14055 Grethe-Weiser-Weg 83-7d
12277 Greulichstraße 132-9c
13059 Grevesmühlener Straße 61-3d
12103 Greveweg 116-6c
10435 Griebenowstraße 73-5c
12623 Griebenweg 79-8a
14109 Griebnitzsee-Promenade 144-9d
12459 Griechische Allee 120-1b
12459 Griechischer Park 120-1b
14193 Griegstraße 98-7a
12305 Griembergweg 151-3c
14193 Grieser Platz 98-6a
12683 Griesingerpark 77-8c
13589 Griesingerstraße 53-7c
14089 Grillensteig 95-6b
13405 Grillenweg 71-1a
12277 Grillostraße 150-3b
12163 Grillparzerstraße 115-4a
12439 Grimaustraße 120-5a
13503 Grimbartsteig 42-3b
14089 Grimmelshausenstraße 110-9c
12107 Grimmingweg 133-8c
10967 Grimmstraße (Kreuzbg.) 101-3a
12305 Grimmstraße (Lichtrde.) 151-5c
13595 Grimnitzsee (Kleingtkol.) 82-5c
13595 Grimnitzseeweg 82-4d
10318 Grimnitzstraße (Karlsh.) 104-1d
13595 Grimnitzstraße (Spand.) 82-4d
13089 Grimselweg 60-2d
13407 Grindelwaldweg 57-6d
12163 Gritznerstraße 115-4b
10997 Gröbenufer 88-8a
13585 Groenerstraße 68-4d (11/A1)
12679 Grohsteig 63-8a
13125 Grollstraße 31-5a
10623 Grolmanstraße 85-8a (17/E3)
12207 Gronauer Weg 149-4b
13347 Groninger Straße 58-7d
10407 Grönland (Kleingtkol.) 74-6a
13357 Gropiusstraße (Gesndbr.) 58-8d
13053 Gropiusstraße (Hschönhs.) 75-2a
13125 Groscurthstraße 31-8c
10963 Großbeerenbrücke 86-9d
Großbeerenstraße (Kreuzbg.) 100-3d
10963 Nr. 1-27, Nr. 2-26, Nr. 62-96, Nr. 63-95
10965 Nr. 27a-61, Nr. 28a-60
12209 Großbeerenstraße (Lichtfde.) 149-2b
Großbeerenstraße (Marfde.) 132-6d
12107 Nr. 1-133, Nr. 2-88
12277 Nr. 90-Ende, Nr. 169-Ende
12487 Groß-Berliner Damm 120-4a
12353 Großcreutzweg 134-9a
10115 Große Hamburger Straße 73-7d (13/E2)
13587 Große Kienhorst Bogen 52-2b
10178 Große Präsidentenstraße (13/F2)
13595 Große Promenade 82-7a
10557 Große Querallee 86-5a (14/A5)
13086 Große Seestraße 60-5c
10577 Große Sternallee 86-4a
13055 Große-Leege-Straße 75-5a
12355 Großenhainer Weg 135-8d
10178 Großer Jüdenhof (13/G3)
12527 Großer Rohrwall 157-1d
13599 Großer Spreering 69-7b
14193 Großer Stern (Grwld.) 113-1d (11/D2)
10557 Großer Stern (Tiergt.-S.) 86-4a (17/H2)
13587 Großer Wall 54-9b
10557 Großer Weg 85-6a (17/G2)
10787 Großfürstenplatz 86-1d
14089 Groß-Glienicker Weg 94-9d
Großgörschenstraße 100-2c
10827 Nr. 1-11, Nr. 2-10, Nr. 30-Ende, Nr. 31-Ende
10829 Nr. 12-28, Nr. 13-29
13403 Großkopfstraße 57-5c
12623 Großmannstraße 92-8a
12459 Großstraße 120-2a
12355 Groß-Ziethener Chaussee 153-2a
12309 Groß-Ziethener Straße 151-9a
12526 Grottewitzstraße 155-3c
12559 Grottewitzwanderweg 157-6b
12621 Grottkauer Straße 78-4d
13593 Gruberzeile 81-5c
14163 Grumbacher Weg 129-2a
13156 Grumbkowstraße 47-5b
12679 Grumsiner Straße 63-5d
12557 Grünauer Brücke 137-3c
12524 Grünauer Straße (Altgl.) 137-4c
12526 Grünauer Straße (Bohnsdf.) 156-1d
12557 Grünauer Straße (Kleingtkol.) 121-9c
12557 Grünauer Straße (Köp.) 121-9a
12527 Grünauer Weg 174-3b
Grünbergallee 155-4a
12526 Nr. 1-101, Nr. 2-100, Nr. 269-321, Nr. 270-320
12524 Nr. 126-214, Nr. 129-229
Grünberger Straße 88-2d
10243 Nr. 1-25, Nr. 2-24
10245 Nr. 26-90, Nr. 27-91
13125 Grundackerweg 39-4c
12527 Gründerstraße (Kleingtkol.) 137-9d
12526 Gründerstraße 137-9d
13159 Grundweg 28-9b
12459 Grüne Aue (Kleingtkol.) 104-7c
12683 Grüne Aue 91-5b
- Grüne Brücke 33-8c
12557 Grüne Trift (Köp.) 122-7a
13059 Grüne Trift (Wartbg.) 50-8c
12557 Grüne Trift am Walde 122-7d
12437 Grüne Weide (Kleingtkol.) 103-7d
13089 Grüne Wiese (Kleingtkol.) 60-4c
13589 Grünefelder Straße 53-9c
12589 Grünelinder Straße 125-8c
10315 Grüner Grund (Kleingtkol.) 89-6b
12353 Grüner Stern (Buck.) (Kleingtkol.) 134-9a
13127 Grüner Stern (Fr. Buchhz.) (Kleingtkol.) 37-6b
14089 Grüner Wall 110-6c
12347 Grüner Weg (Britz) 118-7a
Grüner Weg (Britz, Buck.) 134-3c
12359 Nr. 2-88, Nr. 5-87
12351 Nr. 94-Ende
13599 Grüner Weg (Haselh.) 69-5c
12349 Grüner Weg (Mardf.) 133-6a
14109 Grüner Weg (Wanns.) 145-4b
10179 Grunerstraße 87-2d (13/G3)
12157 Grünes Tal (Kleingtkol.) 116-1b
14193 Grunewald (Kleingtkol.) 97-5b
Grunewaldstraße (Schbg.) 99-6a (11/B3)
10823 Nr. 1-37, Nr. 2-38, Nr. 66-Ende, Nr. 67-Ende
10825 Nr. 39-65, Nr. 40-64
13597 Grunewaldstraße (Spand.) 68-8c
12165 Grunewaldstraße (Stegl.) 115-4c
12526 Grünfinkenweg 155-3d
12587 Grünfließer Gang 122-2c
12589 Grünheider Weg 124-9b
13581 Grünhofer Weg 81-3b
13581 Grünlandberg (Kleingtkol.) 81-2d
13437 Grünlandtal (Kleingtkol.) 44-6d
13437 Grünlandweg 44-6d
13627 Grünlichweg 70-6a
Grünlingweg 118-9c
12359 Nr. 1-3b, Nr. 2-2b
12351 Nr. 4-Ende, Nr. 7-Ende

12623 Grunowstraße (Mahlsdf.) 92-8b
13187 Grunowstraße (Pank.) 59-2c
13409 Grünrockweg 58-1d
13469 Grünspechtweg 36-7a
12559 Grünstadter Weg 139-9c
12349 Grünsteinweg 133-6c
12555 Grünstraße 121-9a
10179 Grünstraßenbrücke (15/G5)
12357 Grünstreifen (Rudow) (Kleingtkol.) 135-6d
14167 Grünstreifen (Zehldf.) (Kleingtkol.) 130-4d
Grüntaler Straße 72-3b
13357 Nr. 1-33, Nr. 2-32, Nr. 77a-Ende, Nr. 78-Ende
13359 Nr. 34-76, Nr. 35-77
12107 Grüntenstraße 133-2a
13507 Grußdorfstraße 44-7b
13599 Grützmacherweg 68-6b
10245 Gryphiusstraße 88-6d
10243 Gubener Straße 88-2c
10409 Gubitzstraße 74-1c
10365 Gudrunstraße 89-3c
12487 Gudrunweg 119-8d
10439 Gudvanger Straße 73-3a
10587 Guerickestraße 85-1d (16/D1)
14129 Guernicaplatz 128-6d
13435 Guhlener Zeile 45-2d
13351 Guineastraße 71-3a
12555 Güldenauer Weg 105-9d
12437 Güldenhofer Ufer 119-3a
13156 Güllweg 47-7c
12681 Gülser Weg 76-8c
Gülzower Straße 91-3a
12619 Nr. 1-Ende, Nr. 74-Ende
12621 Nr. 2-36
13591 Gummiweg 80-3a
10318 Gundelfinger Straße 104-5a
13086 Günter-Litfin-Straße 60-4d
14129 Guntersblumer Weg 128-6d
12524 Guntherstraße (Altgl.) 154-2d
10365 Guntherstraße (Lichtbg.) 89-3c
10318 Güntherstraße 104-4a
12487 Guntherweg 119-8c
12683 Guntramstraße 105-4b
10717 Güntzelstraße 99-2c
13159 Gurkensteig 28-8d
12169 Gurlittstraße 116-7b
13465 Gurnemanzpfad 25-9c
10247 Gürtelstraße (Friedhn.) 89-4a
Gürtelstraße (Prenzl. Bg., Weißs.) 74-2a
13088 Nr. 1-13, Nr. 2-14
10409 Nr. 16-Ende, Nr. 17-Ende
12355 Gürtlerweg 135-5d
13086 Gustav-Adolf-Straße 59-9d
10178 Gustav-Böß-Straße (13/G3)
13405 Gustave-Courbet-Straße 70-3b
14193 Gustav-Freytag-Straße (Grwld.) 97-6d
10827 Gustav-Freytag-Straße (Schbg.) 100-4c
14089 Gustav-Haestskau-Straße 95-6a
14109 Gustav-Hartmann-Platz 145-3b
12489 Gustav-Kirchhoff-Straße 136-3d
14167 Gustav-Krone-Straße 148-4b
12163 Gustav-Mahler-Platz 115-4a
13355 Gustav-Meyer-Allee 72-3c
14195 Gustav-Meyer-Straße 114-6d
10829 Gustav-Müller-Platz 100-5c
10829 Gustav-Müller-Straße 100-8a
13583 Gustavs Ruh 1 (Kleingtkol.) 67-5d
12623 Gustavstraße 92-6c
10369 Gustav-Zahnke-Straße 74-9a
12524 Gustelstraße 136-9c
12621 Güstrower Straße 78-7b
14163 Gut Düppel 129-8a
14089 Gut Groß Glienicke West 110-2a
13469 Gutachstraße 35-7c
13627 Gute Hoffnung (Charlbg.) (Kleingtkol.) 70-6d
10318 Gute Hoffnung (Karlsh.) (Kleingtkol.) 90-8c
10587 Gutenbergstraße (Charlbg.) 85-5b (17/F1)
12621 Gutenbergstraße (Kaulsdf.) 91-3b
12557 Gutenbergstraße (Köp.) 121-9a
13129 Gutenfelsstraße 48-1b
12347 Guter Wille (Kleingtkol.) 117-9d
14165 Gütergotzer Straße 129-8d
13583 Gütersloher Weg 67-5b
14167 Gütlingstraße 130-5d
12359 Gutschmidtstraße 134-2a
13465 Gutshofstraße 26-8d
12163 Gutsmuthsstraße 115-2c
14053 Gutsmuthsweg 83-4b
12359 Gutspark Britz 118-8a
\- Gutspark Falkenberg 50-8d
12277 Gutspark Marienfelde 150-3d
14089 Gutspark Neukladow 111-8a
14089 Gutsstraße 110-2c
12589 Güttlander Straße 125-7b
13503 Güttlandring 32-6c
10827 Gutzkowstraße 100-7a
14165 Gutzmannstraße 147-3a
13127 Guyotstraße 37-8c

13589 **H**aackzeile 67-2c
14129 Haagstraße 128-8b
13088 Haakonweg 60-3c
12359 Haarlemer Straße 118-5b
13591 Haarmannweg 67-7b
10245 Haasestraße 88-6d
14195 Habelschwerdter Allee 114-8d
12099 Haberechtstraße 117-3d
10779 Haberlandstraße 99-3c
13591 Haberlandweg 67-7c
10713 Habermannplatz 99-5a
13627 Habermannzeile 70-5d
10115 Habersaathstraße 72-8b (12/B1)
12057 Haberstraße 118-3d
12683 Habichtshorst 91-8a
12526 Habichtstraße (Bohnsdf.) 155-6b
13505 Habichtstraße (Konrdsh.) 42-9d
13469 Habichtstraße (Lüb.) 35-6d
13629 Habichtweg 69-3b
10589 Habsburger Ufer (Kleingtkol.) 71-7c
10589 Habsburger-Gaußstraße (Kleingtkol.) 70-9d
10781 Habsburgerstraße 100-1a
12621 Habsheimer Straße 91-8b
13591 Hackbuschstraße 67-7a
12489 Hackenbergstraße 121-7c
Hackerstraße 115-2d
12161 Nr. 1-5, Nr. 2-6, Nr. 27-29, Nr. 28-30
12163 Nr. 7-25, Nr. 8-26
10178 Hackescher Markt (13/F2)
14089 Hackländerweg 126-2b
13503 Hademarscher Weg 32-8d
12163 Haderslebener Straße 115-4c
13187 Hadlichstraße 59-2c
12683 Hadubrandstraße 105-4b
12683 Hadubrandweg 105-4a
13125 Haduweg 39-1d
12487 Haeckelstraße 120-7c
13627 Haeftenzeile 70-5c
14050 Haeselerstraße (Charlbg.) 84-4d
12307 Haeselerstraße (Lichtrde.) 169-2d
12349 Haewererweg 134-7d
14089 Hafeldweg 94-9d
10963 Hafenplatz 86-9a
12357 Hafenstraße 136-4a
12683 Hafersteig 91-1b
13465 Haflingerpfad (1) 26-4c
12685 Hagebuttenhecke 76-3c
12487 Hagedornstraße 120-4b
10965 Hagelberger Straße 100-3d
10435 Hagenauer Straße 73-5b
13059 Hagenower Ring 49-9c
14193 Hagenplatz 97-9b
14193 Hagenstraße (Grwld.) 98-7a
13125 Hagenstraße (Karow) 38-9b
10365 Hagenstraße (Lichtbg.) 89-3c
13593 Hahnebergweg 80-6b
12159 Hähnelstraße 99-9c
13591 Hahnenfußpfad 66-9a
12587 Hahns Mühle 122-6c
13465 Hainbuchenstraße 25-8d
14089 Hainbuchenweg 95-3d
13589 Hainleiteweg 67-6a
12439 Hainstraße 120-2c
13587 Hakenfelder Straße 54-7a
13469 Halalistraße 44-3b
Halbauer Weg 132-5b
12247 Nr. 1-17, Nr. 2-18
12249 Nr. 19-25, Nr. 20-24
13125 Halbe-Hufen-Weg 39-4a
10711 Halberstädter Straße 98-3c
13627 Halemweg 70-8a
Halenseestraße 84-7d (11/D2)
10711 Nr. 1-35, Nr. 2-36
14055 Nr. 37-Ende, Nr. 38-Ende
10711 Halenseestraßenbrücke 98-2a (11/D3)
12305 Halker Zeile 151-2a
13189 Hallandstraße 59-8b
12437 Hallberger Zeile 119-2d
10587 Hallerstraße 85-2a
10963 Hallesche Straße 86-9d
10963 Hallesches Ufer 86-9d
10963 Hallesche-Tor-Brücke 87-7c
12559 Hallgarter Steig 139-9d
13437 Hallichpromenade 45-5c
13599 Halligweg 55-7d
14050 Halmstraße 84-4c
13629 Halskesteig 69-9b
12167 Halskestraße 116-7c
12683 Haltoner Straße 91-4b
14089 Haltrichweg 110-8b
12621 Hamannweg 78-7c
13465 Hambacher Weg 34-2d
13086 Hamburg (Kleingtkol.) 60-4c
13086 Hamburger Platz 60-7a
12623 Hamburger Straße (Mahlsdf.) 79-7a
12589 Hamburger Straße (Rahnsdf.) 109-7c
13591 Hamburger Straße (Staak.) 66-5b
14167 Hamerlingweg 130-8c
14055 Hammarskjöldplatz 84-7b (11/C1)
12555 Hämmerlingstraße 105-8d
14199 Hammersteinstraße 114-2b
14167 Hammerstraße 130-8c
14167 Hampsteadstraße 130-4c
Hamsterstraße 92-1c
12623 Nr. 1-3, Nr. 2-4
12621 Nr. 5-6
14197 Hanauer Straße 99-7b
12045 Hand in Hand (Kleingtkol.) 102-1d
10557 Händelallee 85-6a (17/G2)
12203 Händelplatz 115-7d
12623 Händelstraße 92-3b
12489 Handjerystraße (Adlhf.) 121-7d
Handjerystraße (Friedn.) 115-2b
12159 Nr. 1-43, Nr. 2-42, Nr. 66-98, Nr. 67-99
12161 Nr. 44-64, Nr. 45-65
12459 Handwerk- und Gewerbezentrum 120-2c
12685 Hänflingsteig 76-6a
12589 Hangelsberger Gang 125-4c
13465 Hangweg 33-2d
12277 Hanielweg 132-8b
10117 Hannah-Ahrendt-Straße (14/C5)
10587 Hannah-Karminski-Straße 85-5b
12683 Hannaweg 77-4d
12359 Hanne Nüte 118-6c
12247 Hannemannbrücke 115-9c
12347 Hannemannstraße 118-5c
10115 Hannoversche Straße 72-9c (12/C1)
14053 Hanns-Braun-Platz 83-4b
14053 Hanns-Braun-Straße 83-4d
12621 Hannsdorfer Straße 92-1b
10409 Hanns-Eisler-Straße 74-1d
12309 Hanowsteig 151-9d
10555 Hansabrücke 85-3c (17/G1)
12101 Hansakorso (Kleingtkol.) 100-8d
10555 Hansaplatz (17/G1)
13409 Hansastraße (Gesndbr.) 58-8a
Hansastraße (Weißs.,Alt-Hschönhs.,Neu-Hschönhs.) 74-3b
13053 Nr. 1-5, Nr. 2-4
13088 Nr. 6-202, Nr. 7-201
13051 Nr. 203-Ende, Nr. 204-Ende
10555 Hansa-Ufer 85-3c (17/F1)
10557 Hansaviertel 85-3d (17/H1)
13595 Hansaweg 82-7a
14165 Hans-Böhm-Zeile 147-3a
10557 Hanseatenweg 85-3d (17/H1)
Hänselstraße 119-1b
12057, 12437
12683 Hans-Fallada-Straße 77-5d
13127 Hans-Jürgen-Straße 47-6c
10407 Hans-Otto-Straße 74-7a
13587 Hans-Poelzig-Straße 54-9c
10367 Hans-Rodenberg-Platz 89-1b
10825 Hans-Rosenthal-Platz 99-9a
12487 Hans-Sachs-Straße (Johsth.) 119-8b
12205 Hans-Sachs-Straße (Lichtfde.) 130-3a
12053 Hans-Schiftan-Straße 102-4d
12489 Hans-Schmidt-Straße 136-3a
13351 Hans-Schomburgk-Promenade 71-5a
13127 Hans-Schumacher-Straße 37-5b
12169 Hanstedter Weg 116-7b
12435 Hans-Thoma-Straße 102-3d
10785 Hans-von-Bülow-Straße (2) (14/C5)
12487 Hanuschkestraße 136-1b
12305 Happestraße 151-6c
12685 Harbertssteg 76-3d
14055 Harbigstraße 97-3b
13581 Harburger Weg 67-8c
13189 Hardangerstraße 59-9a
Hardenbergplatz 85-8b (17/F3)
10623 Nr. 1-Ende, Nr. 2-6, Nr. 10-Ende
10787 Nr. 8
10623 Hardenbergstraße 85-5c (17/E3)
14055 Hardyweg 83-7d
13127 Harfenweg 47-6a
12105 Harkortstraße 116-5c
14199 Harlinger Straße 114-3b
10589 Harlingeroder Weg 85-1a
12359 Harmonie (Kleingtkol.) 118-9b
14195 Harnackstraße (Dahl.) 130-2a
10365 Harnackstraße (Lichtbg.) 89-5a
12555 Harnischweg 121-5a
13629 Harriesstraße 69-6a
12524 Harrosteig 154-3a
12353 Harry-Liedtke-Pfad 135-8b
14167 Harry-S.-Trumann-Allee 130-8d
14089 Harsdörferweg 110-8d
12587 Hartlebenstraße 123-1d
12207 Hartmannstraße 131-5b
14163 Hartmannsweilerweg 129-2b
13129 Hartmutstraße 48-1d
12439 Hartriegelstraße 120-5d
13591 Hartwichzeile 67-7b
13129 Harzburger Straße (Blankbg.) 48-2d
13187 Harzburger Straße (Pank.) 59-2b
Harzer Straße 102-2c
12059 Nr. 1-103, Nr. 2-102
12435 Nr. 118
13187 Harzgeroder Straße 59-2b
12059 Harztal (Kleingtkol.) 102-5b
13599 Haselbusch (Kleingtkol.) 69-1c
13599 Haselhorster Damm 69-1c
13629 Haselhorster Weg 69-5a
13503 Haselhuhnweg 43-1c
12349 Haselnußweg 133-6b
12347 Haselsteig 117-9d
12353 Hasenhegerweg 134-8b
13581 Hasenheide (Kleingtkol.) 81-3d
10967 Hasenheide 101-2d
12359 Hasenheim (Kleingtkol.) 119-7b
12685 Hasenholzer Allee 77-2b
12527 Hasenlauf 137-5d
13585 Hasenmark 68-4d (11/A1)
14193 Hasensprung (Grwld.) 98-4a
10318 Hasensprung (Karlsh.) 104-6b
13469 Hasensprung (Kleingtkol.) 36-7a
13629 Hasensprung (Siemst.) 69-5c
14193 Hasensprungbrücke 98-4a
12487 Hasensteg 119-5d
13627 Hasenweg (Charlbg.) 70-9b
13589 Hasenweg (Spand.) 53-7b
13593 Hasenweg (Spand.) 81-6b
13405 Hasenweg (Teg.) 71-1a
12209 Hasselfelder Weg 131-8d
13505 Hasselwerder 43-9c
12439 Hasselwerderstraße 120-4b
13187 Hasseroder Straße 59-3a
13189 Haßfurter Weg 59-3c
13409 Haßlingerweg 58-7b
12524 Hassoweg 154-3b
13465 Hattenheimer Straße (Frohn.) 34-2a
12099 Hattenheimer Straße (Tphf.) 117-3d
13507 Hattinger Weg 56-4a
12681 Hatzenporter Weg 90-2b

13509 Hatzfeldtallee 44-5c
10585 Haubachstraße 84-6a (16/B2)
13088 Hauffallee 48-8d
10317 Hauffstraße 89-4d
12349 Hauffweg (Britz) 133-6a
13127 Hauffweg (Fr. Buchhz.) 37-5c
13597 Hauptbahnhof Spandau (Kleingtkol.) 68-8d
13159 Hauptstraße (Blankfde.) 28-6d
13127 Hauptstraße (Fr. Buchhz.) 37-6d
13055 Hauptstraße (Hschönhs.) 61-9c
10317 Hauptstraße (Lichtbg.) 89-7a
12109 Hauptstraße (Mardf.) 117-5d
13158 Hauptstraße (Rosnth., Wilhelmsr.) 46-7b
Hauptstraße (Schbg., Friedn.) 99-9d
10827 Nr. 1-63a, Nr. 2-62, Nr. 96-Ende, Nr. 97-Ende
12159 Nr. 65-95, Nr. 70-74
13591 Hauptstraße (Staak.) 80-3a
12683 Hauptweg (Biesdf.) 105-1b
13159 Hauptweg (Blankfde.) 36-2b
12359 Hauptweg (Britz) 119-7a
13627 Hauptweg (Charlbg.) 70-6b
10589 Hauptweg (Charlbg.) 70-9a
14050 Hauptweg (Charlbg.) 83-3b
13129 Hauptweg (Fr. Buchhz.) 47-6d
13503 Hauptweg (Heilgs.) 42-3c
13089 Hauptweg (Heindf.) 59-3d
13125 Hauptweg (Karow) 38-5c
12621 Hauptweg (Kaulsdf.) 78-7d
13627 Hauptweg (Mitte) 70-6b
13156 Hauptweg (Nschönhs.) 46-9c
13437 Hauptweg (Reindf.) 45-9a
13158 Hauptweg (Rosnth.) 46-3c
13629 Hauptweg (Siemst.) 69-8d
13589 Hauptweg (Spand.) 53-8a
13581 Hauptweg (Spand.) 81-3b
13593 Hauptweg (Spand.) 81-6c
13597 Hauptweg (Spand.) 82-2a
13629 Hauptweg (Teg.) 70-1b
13059 Hauptweg (Wartbg.) 50-8c
13437 Hauptweg (Witten.) 44-6b
12587 Hauptweg 122-2b
10249 Hausburgstraße 74-8b
12487 Haushoferstraße 119-9b
13589 Hauskavelweg 67-4a
13409 Hausotterplatz 58-5b
13409 Hausotterstraße 58-4b
12107 Hausstockweg 133-4b
13057 Hausvaterweg 62-3a
10117 Hausvogteiplatz 87-4b (13/E4)
10559 Havelberger Straße 71-9b
14089 Havelblick (Kleingtkol.) 95-6c
Havelchaussee 82-6a
14193 Nr. 57-101, Nr. 58-100
14055 Nr. 104-160, Nr. 107-161
13597 Nr. 193-195
13599 Haveleck (Kleingtkol.) 54-9d
14089 Havelfreude (Kleingtkol.) 111-6c
12629 Havelländer Ring 78-1a
14089 Havelmatensteig 111-3b
14089 Havelmathen (Kleingtkol.) 95-9d
13509 Havelmüller (Kleingtkol.) 44-5b
13509 Havelmüllerweg 44-5d
13587 Havelschanze 68-2a
13595 Havelschlenke 82-8a
13597 Havelstraße 68-8a (11/B2)
14193 Havelweg 96-4d
14089 Havelwiese (Kleingtkol.) 111-6d

12689 Havemannstraße 63-1b
12249 Havensteinstraße 132-4c
12359 Havermannstraße 118-6c
12489 Havestadtplatz 136-6b
12683 Haydnstraße (Biesdf.) 90-3d
Haydnstraße (Stegl., Lichtfde.) 115-8c
12167, 12203
12249 Haynauer Straße 132-5d
10585 Hebbelstraße 84-6a (16/A2)
13403 Hechelstraße 57-4d
14195 Hechtgraben 114-6c
12589 Hechtstraße 124-8d
13055 Heckelberger Ring 61-9d
12527 Heckenweg 174-3c
13627 Heckerdamm (Kleingtkol.) 71-4c
13627 Heckerdamm 70-4c
10997 Heckmannufer 88-8d
Hedemannstraße 86-9b
10963, 10969
12487 Hederichweg 119-9c
10117 Hedwigskirchgasse (13/E4)
12159 Hedwigstraße (Friedn., Schnbg.) 115-3a
13467 Hedwigstraße (Hermsdf.) 35-4b
13053 Hedwigstraße (Hschönhs.) 61-8d
13585 Hedwigstraße (Spand.) 68-2c
13086 Hedwigstraße (Weiß.) 60-8a
Heegermühler Weg 46-8a
13156, 13158
13465 Heerruferweg 33-3a
Heerstraße (Charlbg., Staak., Spand.) 80-2c(11/ C1)
14052 Nr. 1-33, Nr. 2-34
14055 Nr. 35-165, Nr. 36-166
13595 Nr. 167-285, Nr. 168-286
13593 Nr. 287-549, Nr. 288-550
13591 Nr. 551-695, Nr. 552-694
12621 Heerstraße (Kaulsdf.) 91-8d
13593 Heerstraße (Kleingtkol.) 81-6a
14055 Heerstraßenbrücke 83-9a
12683 Heesestraße (Biesdf.) 91-8c
12169 Heesestraße (Stegl.) 115-5d
13629 Hefnersteig 70-7a
14163 Hegauer Weg 129-8b
10117 Hegelplatz (13/E3)
12589 Hegemeisterbrücke 124-6a
10318 Hegemeisterweg (Karlsh.) 103-6b
12589 Hegemeisterweg (Rahnsdf.) 124-3c
12487 Heide am Wasser (Kleingtkol.) 119-8d
13591 Heidebergplan 66-9b
13357 Heidebrinker Straße 72-3b
12683 Heidefalterweg 91-5c
13627 Heidefreiheit (Kleingtkol.) 70-6a
- Heidekampbrücke 119-1d
12435 Heidekampgrund (Kleingtkol.) 103-4c
12437 Heidekampweg 103-7d
12683 Heidekrautweg (7) 91-6c
12555 Heidekrugstraße 106-7d
12589 Heidelandstraße 124-9b
12353 Heideläuferweg 134-5d
12526 Heidelbeerweg (6) 155-3a
14197 Heidelberger Platz 99-7a
Heidelberger Straße 102-2a
12059, 12435
12437 Heidemühler Weg 119-2b
12627 Heidenauer Straße 78-2c
10249 Heidenfeldstraße 74-8c

13467 Heidenheimer Straße 34-8b
10178 Heidereutergasse (13/F3)
13597 Heidereuterstraße 82-2a
13627 Heideschlößchen (Kleingtkol.) 71-4c
13467 Heidestraße (Hermsdf.) 34-9c
12623 Heidestraße (Mahlsdf.) 106-2d
10557 Heidestraße (Moab.) 72-4d (12/A1)
14109 Heidestraße (Wanns.) 145-2c
13585 Heidetor 68-5c (11/B1)
12487 Heideweg 119-8a
10779 Heilbronner Straße (Schbg.) 99-3d
10711 Heilbronner Straße (Wilmdf.) 98-2b (18/A5)
10178 Heiligegeistgasse (13/F3)
10178 Heiligegeistkirchplatz (13/F3)
10318 Heiligenberger Straße 104-5a
14199 Heiligendammer Straße 114-3a
13503 Heiligenseestraße 42-2b
13055 Heiligenstadter Straße 75-6a
13437 Heiligental 45-8b
13627 Heilmannring 70-4d
14055 Heilsberger Allee 83-8a
13627 Heimat (Kleingtkol.) 70-6d
14165 Heimat 130-7c
12349 Heimaterde (Kleingtkol.) 133-6d
12349 Heimatfrieden (Kleingtkol.) 134-7d
13129 Heimburgstraße 48-1b
13589 Heimchenweg 67-1d
13089 Heimdallstraße 59-3b
13125 Heimfriedstraße 38-6b
12169 Heimgarten (Kleingtkol.) 116-4c
12559 Heimgartenstraße 122-7b
12209 Heimkehlenstraße 131-9c
12349 Heimsbrunner Straße 134-4c
12163 Heimstättenweg 115-4b
10965 Heimstraße 101-4b
13089 Heinersdorf (Kleingtkol.) 59-6d
13129 Heinersdorfer Straße (Blankenbg.) 48-7b
12209 Heinersdorfer Straße (Lichtfde.) 149-2b
13086 Heinersdorfer Straße (Weiß.) 59-9d
13127 Heineweg (Fr. Buchhz.) 37-5d
13597 Heineweg (Spand.) 82-2a
13627 Heinickeweg 70-5c
12305 Heinitzweg 151-2b
14129 Heinrich-Albertz-Platz 129-4a
13156 Heinrich-Böll-Straße 47-4d
Heinrich-Grüber-Straße 91-3b
12621 Nr. 1-189, Nr. 2-100, Nr. 108-188
12619 Nr. 102-106
10179 Heinrich-Heine-Platz 87-6c (15/H6)
10179 Heinrich-Heine-Straße 87-8b (15/G6)
- Heinrich-Hertz-Park (14/B5)
10178 Heinrich-Hertz-Platz (13/F2)
14167 Heinrich-Laehr-Park 148-1b
10823 Heinrich-Lassen-Park 100-4c
13156 Heinrich-Mann-Platz 58-3d
13156 Heinrich-Mann-Straße 58-3b
12487 Heinrich-Mirbach-Straße (1) 120-7c
10999 Heinrichplatz 87-9d
10405 Heinrich-Roller-Straße 73-9a
12057 Heinrichs Ruh (Kleingtkol.) 102-9b
12057 Heinrich-Schlusnus-Straße 119-1d

12167 Heinrich-Seidel-Straße 116-7c
14195 Heinrich-Stahl-Weg 114-5b
12207 Heinrichstraße (Kleingtkol.) 131-8c
10317 Heinrichstraße (Lichtbg., Friedrfde.) 89-6c
12207 Heinrichstraße (Lichtfde.) 131-8c
10557 Heinrich-von-Gagern-Straße 86-2d (12/B4)
10783 Heinrich-von-Kleist-Park 100-1d
10115 Heinrich-Zille-Park 73-7a (13/E1)
10557 Heinrich-Zille-Siedlung 72-7d
14050 Heinrich-Zille-Weg 83-3d
13467 Heinsestraße 34-6c
12099 Heinweg 117-2c
10407 Heinz-Bartsch-Straße 74-8a
13158 Heinz-Brandt-Straße 45-6d
13589 Heinzelmännchenweg (2) 53-7b
13347 Heinz-Galinski-Straße 58-8c
10407 Heinz-Kapelle-Straße 74-4d
13189 Heinz-Knobloch-Platz 59-5c
10587 Heisenbergstraße 85-2a
12559 Heisterbachstraße 140-7b
12157 Heiterkeit (Kleingtkol.) 116-1b
12209 Heiterwanger Weg 149-3d
10711 Hektorstraße 98-3a (18/B6)
12489 Helbigstraße 121-7c
13055 Heldburger Straße 75-6b
12355 Helene-Jung-Platz 154-1d
12355 Helene-Nathan-Weg (5) 154-4b
10245 Helenenhof 88-6d
12205 Helene-von-Mülinen-Weg 130-9b
12355 Helene-Weber-Straße 154-1c
12681 Helene-Weigel-Platz 76-9a
12355 Helene-Wessel-Straße (3) 154-1d
13505 Helgaweg 54-3c
13088 Helgiweg 60-3a
10557 Helgoländer Ufer 86-1a
14199 Helgolandstraße 114-3b
12685 Heliosstraße 77-4b
14089 Hellebergeplatz 111-3a
14089 Hellebergeweg 111-3a
12629 Hellersdorf (Kleingtkol.) 77-3b
12627 Hellersdorfer Promenade 64-7d
Hellersdorfer Straße 77-9b
12621 Nr. 1-35, Nr. 2-36
12619 Nr. 39-141
12627 Nr. 171-227, Nr. 231-239
13057 Hellersdorfer Weg (Falkbg.) 62-3a
12689 Hellersdorfer Weg (Marz.) 62-3c
14089 Hellmuth-Hirth-Zeile 110-3c
14195 Hellriegelstraße 114-3c
10245 Helmerdingstraße 88-6d
10437 Helmholtzplatz 73-3c
10587 Helmholtzstraße (Charlbg.) 85-1d
12459 Helmholtzstraße (Oberschönwde.) 104-7c
13051 Helminestraße 49-5d
13503 Helmkrautstraße 32-9b
10717 Helmstedter Straße 99-3c
10827 Helmstraße 100-5a
13591 Helmut-Käutner-Weg 81-2a
12057 Helmutstal (Kleingtkol.) 102-6d
10243 Helsingforser Platz 88-5c
10243 Helsingforser Straße 88-5a
13465 Helweg 33-2d

13503 Hemmingstedter Weg 42-2d
14052 Hempelsteig 83-1a
14109 Hempstücken 144-6d
12305 Hendonstraße 151-8d
10367 Hendrichplatz 89-2a
12209 Henleinweg 149-2a
12355 Hennensteig 153-2a
12679 Hennickendorfer Weg 63-8c
13503 Hennigsdorfer Straße 32-8d
12524 Henningweg 155-2a
12627 Henny-Porten-Straße 78-1b
13437 Henricistraße 45-8d
13583 Henri-Dunant-Platz 67-6a
10178 Henriette-Herz-Platz (13/F2)
10711 Henriettenplatz 98-2b (18/A6)
13127 Henrionweg 47-2a
12487 Henry-Farman-Straße 120-8d
13593 Hensoldtweg 81-5c
10318 Hentigstraße 104-2c
13125 Hentzeweg 39-5c
14163 Heppenheimer Weg 129-2b
14057 Herbartstraße 84-8a
14167 Herbergerweg 130-4c
13088 Herbert-Baum-Straße 60-8d
13086 Herbert-Bayer-Straße 60-7b
10623 Herbert-Lewin-Platz (17/F2)
14193 Herbertstraße (Grwld.) 98-5a
10827 Herbertstraße (Schbg.) 100-4b
10369 Herbert-Tschäpe-Straße 74-6c
10785 Herbert-von-Karajan-Straße 86-5d (14/B6)
13435 Herbsteiner Straße 45-2d
13409 Herbststraße 58-2c
10625 Herderstraße (Charlbg.) 85-4d (16/D3)
12623 Herderstraße (Mahlsdf.) 106-1d
12163 Herderstraße (Stegl.) 115-4b
12623 Heribaldstraße 92-6c
10367 Heringer Straße 89-1b
12619 Heringsdorfer Straße 77-9d
12435 Herkomerstraße 102-3d
10785 Herkulesbrücke 86-7a
10785 Herkulesufer 86-7a
Hermann-Blankenstein-Straße 74-8b
10249 Nr. 4-44
10247 Nr. 45-49
12051 Hermannbrücke 118-1b
12489 Hermann-Dorner-Allee 136-2c
12165 Hermann-Ehlers-Platz (1) 115-5c
12157 Hermann-Ganswindt-Brücke 100-8c
13158 Hermann-Günther-Straße (3) 46-8a
13156 Hermann-Hesse-Straße 58-3c
13353 Hermann-Maass-Brücke 71-5d
13403 Hermann-Piper-Straße 45-7b
10967 Hermannplatz 101-3d
13589 Hermann-Schmidt-Weg 67-2d
12487 Hermannsruh (Kleingtkol.) 119-5d
12279 Hermannstadter Weg 150-5c
10243 Hermann-Stöhr-Platz 88-4b
Hermannstraße (Nkln.) 101-6b
12049 Nr. 1-83, Nr. 2-82, Nr. 179-Ende, Nr. 180-Ende
12051 Nr. 84-178, Nr. 85-177
14109 Hermannstraße (Wanns.) 127-8c
14163 Hermannstraße (Zehldf.) 129-1b
12309 Hermann-Wundrich-Platz 151-9d
12623 Hermelinweg 78-6d
12277 Hermeroder Weg 150-8b
12167 Hermesweg 115-9d

13467 Hermsdorfer Damm 44-1d
12627 Hermsdorfer Straße (Helldf.) 78-5a
13437 Hermsdorfer Straße (Witten.) 45-4c
12487 Herrenhausstraße 120-7a
12049 Herrfurthplatz 101-9b
12049 Herrfurthstraße (Nkln.) 101-9b
12163 Herrfurthstraße (Stegl.) 115-5a
13469 Herrnholzweg 35-9a
12043 Herrnhuter Weg 102-8a
14089 Hersbrucker Weg 110-9a
13507 Herscheider Weg 56-1c
10589 Herschelstraße 84-3a
12055 Hertabrücke 118-1b
13053 Hertastraße (Hschönhs.) 61-8c
12051 Hertastraße (Nkln.) 118-1b
14169 Hertastraße (Zehldf.) 130-1a
13597 Hertefeldstraße 68-8a (11/B2)
12161 Hertelstraße 115-2a
13156 Herthaplatz 47-7b
14193 Herthastraße (Grwld.) 98-4b
13189 Herthastraße (Pank.) 59-9d
12621 Hertwigswalder Steig 91-3b
10787 Hertzallee 85-5d (17/F3)
12059 Hertzbergplatz 102-5d
12055 Hertzbergstraße 102-8b
13158 Hertzstraße 46-7a
12524 Herulerstraße 137-8a
13595 Herulerweg 81-9d
12207 Herwarthstraße (Lichtfde.) 131-5c
14109 Herwarthstraße (Wanns.) 145-2a
12487 Herweghstraße (Johsth.) 120-7c
12623 Herweghstraße (Mahlsdf.) 106-1d
13129 Herwigstraße 48-1d
Herzbergstraße 75-7b
10367 Nr. 1-9, Nr. 2-10, Nr. 149-155
10365 Nr. 19-139, Nr. 20-140
12357 Herzblattweg 136-4c
12589 Herzfelder Steig 125-4c
13156 Hessen (Kleingtkol.) 46-8b
13158 Hessen (Kleingtkol.) 46-8b
14052 Hessenallee 83-6c
12101 Hessenring 100-9a
10115 Hessische Straße 72-9a (12/C1)
13581 Hettnerweg 81-2b
12487 Heubergerweg 119-9b
14059 Heubnerweg 84-2a
13359 Heubuder Straße 58-6c
12623 Heuetsteig 92-4d
12107 Heukuppenweg 133-2c
12107 Heusingerstraße 132-6b
12589 Heuweg (Rahnsdf.) 108-9b
14109 Heuweg (Wanns.) 127-7a
13595 Hevellerweg 95-3b
10825 Hewaldstraße 99-6d
Heydenstraße 114-2a
14199 Nr. 1-21, Nr. 2-22
14195 Nr. 23-Ende, Nr. 24-Ende
10825 Heylstraße 99-9b
13187 Heynstraße 59-4b
13089 Hibiskusweg 60-5a
10437 Hiddenseer Straße 73-3c
13189 Hiddenseestraße 59-5b
13158 Hielscherstraße 46-7b
13509 Hieronymusweg 44-5a
12307 Hilbertstraße 169-2b
13507 Hilchenbacher Weg 56-2c
Hildburghauser Straße 131-8c
12207, 12209
12279 Nr. 1-19c, Nr. 2-28, Nr. 27-73, Nr. 40-70
12249 Nr. 72-90, Nr. 75-91, Nr. 93-241g
10785 Hildebrandstraße 86-4d
10243 Hildegard-Jadamowitz-Straße 88-1d
10715 Hildegardstraße 99-5c
13089 Hildestraße 60-1a
13467 Hillmannstraße 34-8b
14163 Hilssteig 113-8d
12355 Hiltrud-Dudek-Weg 154-4b
12683 Hiltrudstraße 77-5c
12349 Himbeere 133-6b
14129 Himbeersteig 128-9d
14163 Himmelsteig 113-8c
13627 Hinckeldey (Kleingtkol.) 70-3c
13627 Hinckeldeybrücke 70-3c
10629 Hindemithplatz (16/C4)
12203 Hindenburgdamm 131-4d
14053 Hindenburgplatz 83-4b
10117 Hinter dem Gießhaus (13/E3)
12587 Hinter dem Kurpark 122-3a
10117 Hinter dem Zeughaus (13/E3)
13589 Hinter den Gärten 67-4a
13407 Hinter der Dorfaue 57-3b
10117 Hinter der Katholischen Kirche 87-1d (13/E4)
12685 Hinter der Mühle 77-1b
12683 Hinter der Post (2) 91-1c
12347 Hippelstraße 118-5a
10785 Hiroshimasteg 86-7b
10785 Hiroshima-Straße 86-4d
10317 Hirschberger Straße 89-4c
12679 Hirschfelder Weg 63-8d
Hirschgartenstraße 122-1d
12587 Nr. 1-Ende
12555 Nr. 2-Ende
14163 Hirschhorner Weg 113-8c
13589 Hirschkäferweg 66-3b
12623 Hirschpfad 105-6b
12587 Hirschsprung 122-2c
12559 Hirseländerweg 140-7a
12683 Hirseweg 77-7b
12621 Hirsinger Straße 91-8d
12527 Hirtenfließ 174-3d
12557 Hirtengarten 138-5a
10178 Hirtenstraße 73-8d (13/G2)
12587 Hirteplatz 122-5a
12555 Hirtestraße 121-3b
12621 Hirtschulzstraße 78-8c
12351 Hirtsieferzeile 135-4b
12249 Hirzbacher Weg 132-7a
12107 Hirzerweg 133-1c
14195 Hittorfstraße 114-8d
10785 Hitzigallee 86-8a (14/A6)
12623 Hobeckweg 79-8b
10999 Hobrechtbrücke 102-1a
13125 Hobrechtsfelder Chaussee 30-9a
Hobrechtstraße 101-3b
12043 Nr. 1-7, Nr. 2-10, Nr. 75-Ende, Nr. 76-Ende
12047 Nr. 11-71, Nr. 12-72
14167 Hochbaumstraße 130-5c
12207 Hochbergplatz 131-8a
12207 Hochbergweg 131-8a
12107 Hochfeilerweg 133-5a
12107 Hochgallweg 133-1d
13589 Hochhausweg 67-4a
13469 Hochjagdstraße 44-3b
12107 Hochkalterweg 133-5a
10829 Hochkirchstraße 100-5b
12349 Hochkönigweg 133-3c
12589 Hochlandstraße 125-7c
10709 Hochmeisterplatz 98-3b (18/B6)
14169 Hochsitzweg 113-9c
10318 Hochspannung (Kleingtkol.) 104-1b
12349 Hochspannungsweg (Britz) 133-9b
12351 Hochspannungsweg (Buck.) 134-5a
12359 Hochspannungsweg (Rudow) 135-1a
13347 Hochstädter Straße 72-1b
10249 Höchste Straße 73-9d
13357 Hochstraße (Gesndbr.) 72-2d
12209 Hochstraße (Lichtfde.) 131-8c
12349 Hochthronweg 133-3c
12349 Hochtristenweg 133-3c
14089 Hochwaldsteig 111-3c
10318 Hochwaldstraße 104-6a
12623 Hochwieser Straße 92-9b
14169 Hochwildpfad 113-9b
14165 Hocksteinweg 148-1c
13089 Hödurstraße 60-1c
12107 Hoeftweg 133-1d
10367 Hoenerweg 89-2c
12101 Hoeppnerstraße 100-9c
12555 Hoernlestraße 105-9c
12307 Hoeschweg 151-7d
12487 Hoevelstraße 119-9b
13627 Hofackerzeile 70-5d
14165 Hoffbauerpfad 147-3d
12489 Hoffmannstraße (Adlhf.) 121-7c
12435 Hoffmannstraße (Alt-Tr.) 88-9c
10713 Hoffmann-von-Fallersleben-Platz 99-4a
12437 Hoffnung (2) 119-4c
13127 Hoffnung (Kleingtkol.) 47-6c
13599 Hoffnung Süd (Kleingtkol.) 69-4d
13055 Hofheimer Straße 75-3d
12355 Hofjagdweg 136-7b
13465 Hofjägerallee (Frohn.) 26-8c
10785 Hofjägerallee (Tiergt.-S.) 86-4a
13125 Hofzeichendamm 39-4b
12353 Hogenestweg 134-8b
14195 Hohe Ähren 114-5b
12589 Hohe Brücke 141-2c
13467 Hohefeldstraße 34-5b
12589 Hohenberger Steig 125-4d
12589 Hohenbinder Steig 124-6c
12437 Hohenbirker Weg 119-2b
12249 Hohenbornweg 132-8b
10829 Hohenfriedbergstraße 100-5a
13053 Hohengraper Weg 61-8b
13465 Hohenheimer Straße 34-2a
12555 Hohenkircher Allee 105-8b
12679 Hohensaatener Straße 63-8b
Hohenschönhauser Straße (Lichtbg., Prenzl. Bg.) 74-6c
10369, 10407
Hohenschönhauser Straße (Marz., Falkbg., Wartbg.) 62-5c
12681, 13057
13055 Hohenschönhauser Tor 75-4a
10315 Hohenschönhauser Weg (Friedrfde.) 90-2c
13051 Hohenschönhauser Weg (Weißs., Malch.) 61-1b
12621 Hohenseeweg 92-4a
10967 Hohenstaufenplatz 101-3b
Hohenstaufenstraße 99-3c (19/G6)
10781 Nr. 1-11, Nr. 2-10a, Nr. 54a-Ende, Nr. 55-Ende
10779 Nr. 22-52, Nr. 1-53
12526 Höhensteig 155-3a
14055 Hohensteinallee 83-8d
14197 Hohensteiner Straße 99-7d
14163 Hohentwielsteig 129-5d
12689 Hohenwalder Straße 51-8d
13159 Höhenweg (Blankfde.) 28-6d
13595 Höhenweg (Spand.) 95-3b
Hohenzollerndamm 98-8c (19/F6)
10717 Nr. 2-26, Nr. 3-25, Nr. 189-Ende, Nr. 190-Ende
10713 Nr. 27-47, Nr. 28-48, Nr. 156-188, Nr. 157-187
14199 Nr. 50-152, Nr. 51-153
- Hohenzollerndammbrücke 98-6b
12307 Hohenzollernplatz (Lichtrde.) 169-2c
14129 Hohenzollernplatz (Nklsee.) 128-8a
10717 Hohenzollernplatz (Wilmdf.) 99-2c (19/E6)
13585 Hohenzollernring 68-1c
13467 Hohenzollernstraße (Hermsdf.) 34-5d
12307 Hohenzollernstraße (Lichtrde.) 169-1d
14109 Hohenzollernstraße (Wanns.) 145-1d
14163 Hohenzollernstraße (Zehldf.) 129-6c
10713 Hoher Bogen 98-6d
13597 Hoher Steinweg 68-5c (11/B1)
10318 Hoher Wallgraben 104-4b
12587 Hoher Weg 122-5a
13629 Hohlweg 70-1d
14199 Hohmannstraße 114-3a
14193 Höhmannstraße 97-9b
12101 Höhndorfstraße 100-6a
14129 Hoiruper Straße 128-5c
12621 Holbeinstraße (Kaulsdf.) 91-8b
Holbeinstraße (Lichterfde.) 131-1c
12205 Nr. 1-11, Nr. 2-12, Nr. 63-69, Nr. 64-70
12203 Nr. 13-61, Nr. 14-62
12437 Holderbusch (Kleingtkol.) 119-4d
14050 Hölderlinstraße 84-4c
12247 Holenbrunner Weg 132-2a
Hollabergweg 133-7c
12107 Nr. 2-26, Nr. 3-29
12277 Nr. 33-91, Nr. 34-92
13407 Holländerstraße 57-5d
14169 Holländische Mühle 130-2c
13469 Höllentalweg 45-1b
12489 Hollstraße 121-7c
10557 Holsteiner Ufer 85-3b
Holsteinische Straße (Stegl., Friedn.) 115-5b
12163 Nr. 1-13, Nr. 2-14, Nr. 48-64, Nr. 49-63
12161 Nr. 15-47, Nr. 16-46
10717 Holsteinische Straße (Wilmdf.) 99-5a
14163 Holstweg 129-8a
10245 Holteistraße 88-6d
12351 Höltermannsteig 134-6b
12207 Holtheimer Weg 149-4a
10629 Holtzendorffplatz 84-9c (18/A5)
14057 Holtzendorffstraße 84-9c
12437 Holunderbusch (Kleingtkol.) 119-4a
13159 Holunderweg (Blankfde.) 47-1b
12359 Holunderweg (Britz) 119-7c
13587 Holunderweg (Spand.) 54-5c
13507 Holwedestraße 43-6d
13509 Holzhauser Straße 56-2b
13086 Holzkircher Straße 60-4d
12099 Holzmannplatz (1) 117-3d
12099 Holzmannstraße 117-3b
Holzmarktstraße 87-3c (13/H4)
10179 Nr. 1-17, Nr. 2-Ende, Nr. 53-Ende
10243 Nr. 21-45
12347 Holzmindener Straße 118-4b
Holzstraße 58-5d
13359 Nr. 1-15, Nr. 2-14
13409 Nr. 17-Ende, Nr. 18-Ende
14169 Holzungsweg 113-9b
13359 Holzweg (Kleingtkol.) 58-6c
13403 Holzweidepfad 57-2d
14197 Homburger Straße 99-7c
12309 Homburgstraße 151-6d
13156 Homeyerstraße 58-3b
12161 Homuthstraße 115-2a
10318 Honnefer Straße 104-2d
10318 Hönower Straße (Karlsh.) 104-2b
12623 Hönower Straße (Mahlsdf.) 92-2b
10319 Hönower Weg 89-9d
Hönower Wiesenweg 103-3d
10317, 10318
12621 Honsfelder Straße 91-8b
10787 Hopfengrabenbrücke (17/G3)
12357 Hopfenweg 135-5a
13469 Höpfertsteig 35-6d
14163 Hoppe (Kleingtkol.) 129-5d
12555 Hoppendorfer Straße 105-5d
13581 Hoppenrader Weg 67-9b
13409 Hoppestraße 58-2d
13465 Horandweg 25-9d
12109 Horazweg 117-8d
13469 Horber Straße 35-7d
12559 Horchheimer Weg 157-3b
12559 Hornbacher Weg 139-9a
12349 Hornblendeweg 133-8d
12685 Hornetweg 76-6b
12524 Hornkleepfad 136-8b
12681 Hornoer Ring 62-8b
12621 Hornsteiner Weg 92-4a
10963 Hornstraße 100-3b
12623 Hornungweg 92-7b
12623 Hörselbergstraße 92-2a
12353 Hörsingsteig 134-6d
12353 Horst-Caspar-Steig 135-5c
13125 Hörstenweg 31-4b
13127 Horster Weg 47-2d
12157 Horst-Kohl-Straße 115-6b
12307 Horstwalder Straße 169-2d
14059 Horstweg 84-5d (16/A3)
12203 Hortensienplatz 115-7d
12203 Hortensienstraße 115-7c
13127 Hortensienweg (Fr. Buchhz.) 48-4c
13581 Hortensienweg (Staak.) 67-8c
13437 Hortensienweg (Witten.) 44-6a
10318 Horterweg 90-8d
12589 Hortwinkeler Weg 124-6c
12621 Hosemannstraße (Kaulsdf.) 92-1b
10409 Hosemannstraße (Prenzl. Bg.) 74-1c
13585 Hospitalstraße 68-4b
12277 Hossauerweg 133-7c
14089 Hottengrund 126-2d
14089 Hottengrundweg 126-2b
12627 Hoyerswerdaer Straße 78-3a
12277 Hranitzkystraße 132-8b
12487 Hubert-Latham-Straße 120-8d
14193 Hubertusallee 98-8a

14193 Hubertusbader Straße 98-7d
14193 Hubertusbrücke 145-7a
13125 Hubertusdamm 38-6c
10365 Hubertusstraße (Lichtbg.) 89-2d
12589 Hubertusstraße (Rahnsdf.) 141-2a
13589 Hubertusstraße (Spand.) 53-8b
12163 Hubertusstraße (Stegl.) 115-5b
13469 Hubertusstraße (Waidml.) 34-9d
13465 Hubertusweg 26-1d
13599 Huberweg 69-1c
10247 Hübnerstraße 88-3a
14053 Hueppeplatz 83-4b
10407 Hufelandstraße 74-4c
12526 Hufenweg 155-5a
12349 Hüfnerweg 134-4b
13585 Hügelschanze 68-4a
13127 Hugenottenplatz 37-8d
13587 Hugo-Cassirer-Straße 68-3a
12619 Hugo-Distler-Straße 78-7b
12353 Hugo-Heimann-Straße 134-6d
10117 Hugo-Preuß-Brücke 86-2b (12/B2)
14109 Hugo-Vogel-Straße 145-2a
12557 Hugo-Wolf-Steig 138-7b
10319 Hülsenplatz 90-5c
12623 Hultschiner Damm 106-5c
10439 Humannplatz 73-3a
13403 Humannstraße 57-1c
13158 Humboldt (Rosnth.) (Kleingtkol.) 46-6c
13507 Humboldt (Teg.) (Kleingtkol.) 44-4c
13507 Humboldtmühle 44-4c
13357 Humboldtsteg 72-3a
14193 Humboldtstraße (Grwld.) 98-5b
12305 Humboldtstraße (Lichtrde.) 151-5b
Humboldtstraße (Reindf.) 57-5a
13407 Nr. 5-21, Nr. 6-20, Nr. 90-Ende, Nr. 91-Ende
13403 Nr. 22-88, Nr. 23-89
12623 Hummelstraße 92-3c
13589 Hümmlingweg 67-2d
12247 Humperdinckstraße 131-6b
13599 Hunckemüllerweg 69-5a
14193 Hundekehle (Kleingtkol.) 97-9a
14199 Hundekehlestraße 98-8c
13156 Hundingstraße 46-8b
12526 Hundsfelder Straße 155-6a
12107 Hundsteinweg 133-1d
12247 Hünefeldzeile 116-8c
12169 Hünensteig 115-9b
14195 Hüninger Straße 130-2c
13086 Hunsrückstraße 60-8b
14167 Huntestraße 148-2a
10319 Huronseestraße 89-9c
10435 Husemannstraße 73-6a
13355 Hussitenstraße 72-3c
12489 Husstraße 120-9d
12683 Husumer Straße 91-7b
12359 Hüsung 118-8b
12526 Hüttendorfer Weg 155-2d
12059 Hüttenroder Weg 102-5a
13465 Huttenstraße (Frohn.) 26-7b
10553 Huttenstraße (Moab.) 71-7c
Hüttenweg 113-1c
14195 Nr. 1-51, Nr. 2-50
14193 Nr. 52-Ende, Nr. 53-Ende
13627 Hüttigpfad 71-4a
13407 Huttwiler Weg 58-1c
12203 Hyazinthenstraße 115-7c
13127 Hyazinthenweg 38-7c

12351 **I**bisweg 135-1a
10439 Ibsenstraße 59-7b
10587 Iburger Ufer 85-1c
13156 Idastraße 47-8a
10963 Ida-Wolff-Platz 86-9d
12157 Ideal (Kleingtkol.) 116-1b
12359 Ideal 3 (Kleingtkol.) 119-7d
13159 Ideallee 37-5a
- Idealsiedlung 118-5a
13159 Idehorst (Kleingtkol.) 37-5a
14163 Idsteiner Straße (Kleingtkol.) 129-8b
14163 Idsteiner Straße 129-8b
13089 Idunastraße 59-3b
12107 Ifenpfad 133-8c
12623 Ifflandstraße (Mahlsdf.) 106-3c
10179 Ifflandstraße (Mitte) 87-3c
12357 Igelkolbensteig 135-2b
12557 Igelsteig 138-4b
13629 Igelweg (Siemst.) 69-5a
13351 Igelweg (Wedd.) 71-1a
12623 Iglauer Straße 92-6c
12487 Igo-Etrich-Straße 120-8d
14195 Ihnestraße 130-1d
14089 Ikaruspfad (2) 110-3c
13435 Ilbeshäuser Weg 45-2c
10587 Ilburger Ufer (16/C1)
12349 Ilgenweg 134-1b
13509 Illerzeile 44-8a
12307 Illigstraße 151-7d
12161 Illstraße 115-3a
12109 Illzacher Weg 117-7d
14193 Ilmenauer Straße 98-8b
10589 Ilsenburger Straße 85-1a
13129 Ilsenburgstraße 48-1d
12053 Ilsenhof 102-7d
14129 Ilsensteinweg 129-4a
10557 Ilse-Schaeffer-Straße (1) (12/A3)
10318 Ilsestraße (Karlsh., Lichtbg.) 104-1d
Ilsestraße (Nkln.) 102-7d
12051 Nr. 1-3, Nr. 2-4, Nr. 23-Ende, Nr. 24-Ende
12053 Nr. 7-21, Nr. 8-22
14195 Iltisstraße 114-6c
13629 Iltisweg 69-3a
13465 Im Amseltal 26-7c
12349 Im Amtmannsgarten 134-7b
12621 Im Augarten 78-7d
12355 Im Bauernbusch 136-4d
13509 Im Brachfeldwinkel 44-2d
12487 Im Brombeerwinkel 120-4a
14089 Im Dohl 110-5c
14195 Im Dol 114-5a
12309 Im Domstift 169-3b
12305 Im Eck 133-8c
13629 Im Eichengrund 69-6b
13503 Im Erpelgrund 42-3b
14089 Im Eulengrund 111-3c
13465 Im Fischgrund 34-2c
12167 Im Gartenheim (1) 115-9c
14195 Im Gehege 114-5d
14169 Im Gestell 129-3b
13591 Im Grund 80-5d
12589 Im Haselwinkel 141-2c
14089 Im Havelblick 95-6b
13629 Im Heidewinkel 69-6b
14055 Im Hornisgrund 97-6b
13403 Im Hufenschlag 57-1a
14195 Im Jagen 114-4b
14163 Im Kieferngrund 129-3a
14163 Im Kinderland 113-8d
12107 Im Lesachtal 133-5d
14129 Im Mittelbusch 128-8d
14167 Im Mühlenfelde 130-4d
13503 Im Rehgrund 32-9d
13469 Im Riedgrund 35-5b
13403 Im Rodeland 57-1d
12347 Im Rosengrund 117-9d
13599 Im Saatwinkel 55-7d
14167 Im Schönower Park 130-7a
14195 Im Schwarzen Grund 114-8b
13589 Im Spektefeld 67-4a
13469 Im Vogtland 35-6d
13503 Im Waldwinkel 43-2b
13469 Im Wiesenbusch 35-5c
14195 Im Winkel (Dahl.) 114-6a
12589 Im Winkel (Rahnsdf.) 141-1b
13437 Im Wolfsgartenfeld 45-8a
12109 Imbrosweg 117-8c
Imbuschweg 134-3d
12351 Nr. 23-31b, Nr. 24-30
12353 Nr. 32-Ende, Nr. 39-Ende
14089 Imchen 127-1b
14089 Imchenallee 126-3d
14089 Imchenplatz 111-7d
12307 Imhoffweg 151-7a
12527 Imkerweg (Schmöckw.) 175-3a
13629 Imkerweg (Siemst.) 69-5d
10405 Immanuelkirchstraße 73-6c
12169 Immenweg 116-7a
12437 Immergrün (11) 119-4d
12437 Immergrün (Kleingtkol.) 119-4d
13591 Immergrünsteig 66-9a
12623 Immortellenweg 92-8c
12349 In den Gärten 134-7a
13437 In den Kaveln 44-6d
10117 In den Ministergärten 86-6a (14/C5)
12247 In den neuen Gärten 132-1d
13505 In den Schifferbergen 42-5d
14195 In der Halde 114-5b
12107 In Treue Fest (Kleingtkol.) 132-3c
Indira-Gandhi-Straße 60-9c
13088 Nr. 3-25, Nr. 110-133
13053 Nr. 62-109
13349 Indische Straße 58-7c
13089 Indrastraße 59-3d
13509 Industriebahn (Kleingtkol.) 44-5b
12277 Industriegebiet Marienfelde 150-6b
12099 Industriestraße 117-5c
12205 Ines-Bolla-Pfad (6) 131-7a
10785 Inge-Beisheim-Platz (14/C5)
10557 Ingeborg-Drewitz-Allee 86-1b (12/A3)
13089 Ingeborgstraße 48-7d
10318 Ingelheimer Straße 104-5b
12683 Ingeweg 77-5c
12621 Ingolstädter Straße 78-5d
12105 Ingostraße 116-8b
12249 Ingridpfad 132-4c
13125 Ingwäonenweg 39-8a
- Innovationspark Wuhlheide 105-8a
10827 Innsbrucker Platz 99-9b
10825 Innsbrucker Straße 99-6b
Innstraße 102-5c
12045 Nr. 2-10, Nr. 3-11, Nr. 31-Ende, Nr. 32-Ende
12043 Nr. 17-29, Nr. 18-30
13509 Innungsstraße 56-3b
12559 Insel am Bauernsee 140-2b
12435 Insel der Jugend 103-2c
13189 Insel Rügen (Kleingtkol.) 59-5b
10179 Inselbrücke (13/G4)
10179 Inselstraße (Mitte) 87-5b (15/G5)
14129 Inselstraße (Nklsee.) 127-3a
12589 Inselstraße (Rahnsdf.) 141-2c
14055 Insterburgallee 83-5d
13407 Interessentenweg 45-9a
10627 Internationales Congress Centrum (ICC) 84-7d (11/D2)
12277 Intzestraße 150-3b
10115 Invalidenpark (12/B1)
Invalidenstraße 86-1b (12/A2)
10115 Nr. 1-43, Nr. 2-44, Nr. 89-Ende, Nr. 90-Ende
10557 Nr. 50-78, Nr. 75-79b
13347 Iranische Straße 58-7d
10317 Irenenstraße 89-6a
13089 Irisring 60-2c
13581 Irisweg 81-2d
12683 Irmastraße 105-5c
12683 Irmfriedstraße 77-5d
14169 Irmgardstraße 130-1a
12053 Isarstraße 102-4d
13503 Isegrimsteig 43-1c
13088 Isegrimweg 48-8d
12621 Iselbergplatz 78-7b
12621 Iselbergstraße 78-7a
12524 Iselersteig (5) 136-5b
13591 Isenburger Steig 66-8b
13591 Isenburger Weg 66-8b
14169 Isenheimer Weg 130-1d
13583 Iserlohner Straße 67-5b
12435 Isingstraße 102-2a
10439 Isländische Straße 59-7d
12159 Isoldestraße (Friedn.) 99-9a
14109 Isoldestraße (Nklsee.) 146-1b
14163 Ithweg 113-8d
13587 Iznikstraße (3) 54-9c

13437 **J**.-Weigandt-Weg 44-6a
10405 Jablonskistraße 73-6b
12527 Jackyallee 185-3a
13509 Jacobsenweg 44-8d
13086 Jacobsohnstraße 60-7a
10179 Jacobystraße 87-3a (13/H3)
13595 Jaczostraße 81-9b
13581 Jadeweg 82-1a
14163 Jaehnstraße 129-2d
14055 Jafféstraße 83-9d (11/C3)
14109 Jagdschloss Glienicke 143-6d
14193 Jagdschloß Grunewald 113-3d
14089 Jägerallee 110-5a
14195 Jägerhof 144-1c
12205 Jägerndorfer Zeile 130-5b
13465 Jägerstieg (Frohn.) 26-5a
14165 Jägerstieg (Zehldf.) 147-1b
12526 Jägerstraße (Bohnsdf.) 156-4c
12621 Jägerstraße (Kaulsdf.) 105-2b
12555 Jägerstraße (Köp.) 121-6d
12209 Jägerstraße (Lichtfde.) 131-8b
10117 Jägerstraße (Mitte) 86-6b (12/D4)
13595 Jägerstraße (Spand.) 82-4b
13503 Jägerweg (Heilgs.) 42-3b
13351 Jägerweg (Wedd.) 71-1a
13467 Jagowstraße (Hermsdf.) 34-8d
10555 Jagowstraße (Moab.) 85-2d
13585 Jagowstraße (Spand.) 68-5a (17/F1)
14053 Jahnplatz 83-4b
12526 Jahnstraße (Bohnsdf.) 156-1c
12347 Jahnstraße (Britz) 118-1d
13467 Jahnstraße (Hermsdf.) 34-9a
10967 Jahnstraße (Kreuzbg.) 101-3d
12623 Jahnstraße (Mahlsdf.) 92-8d
13057 750 Jahre (Kleingtkol.) 50-9d
10969 Jakobikirchstraße 87-8a
13627 Jakob-Kaiser-Platz 70-8b
12489 James-Franck-Straße 136-2c
10249 James-Hobrecht-Straße 88-3b
12043 Jan-Hus-Weg 102-8a
13591 Jänickendorfer Weg 66-5c
14167 Jänickestraße 130-7b
13629 Janischweg 69-6a
12555 Janitzkystraße 122-1a
10179 Jannowitzbrücke (13/H4)
12679 Jan-Petersen-Straße 63-7b
12045 Jansastraße 102-4b
12627 Jänschwalder Straße 78-3c
13437 Jansenstraße 45-8a
12627 Janusz-Korczak-Straße 78-1d
14055 Japanischer Garten 84-7d (11/D2)
14052 Jasminweg (Charlbg.) 83-2c
13125 Jasminweg (Pank.) 38-7c
13355 Jasmunder Straße 72-6b
12587 Jastrower Weg 122-5a
13437 Jathoweg 45-8a
13127 Jean-Calas-Weg 37-5d
12355 Jeanette-Wolff-Straße 154-4b
13469 Jean-Jaurès-Straße 45-1a
10623 Jeanne-Mammen-Bogen (17/E4)
12305 Jean-Paul-Weg 151-1d
10623 Jebensstraße 85-8b
12629 Jelena-Santic-Friedenspark 77-6b
12627 Jenaer Straße (Helldf.) 78-5d
10717 Jenaer Straße (Wilmdf.) 99-3c
12209 Jenbacher Weg 149-6a
13583 Jenneweg 68-4c
13189 Jenny-Lind-Straße 59-6c
12627 Jerichower Straße 78-1b
10117 Jerusalemer Straße 87-4b (15/E5)
14053 Jesse-Owens-Allee 83-7a
10247 Jessnerstraße 89-4a
Jeverstraße 115-6a
12169 Nr. 1-5a, Nr. 19-21
12157 Nr. 6-18
10711 Joachim-Friedrich-Straße 98-3c (18/B6)
12353 Joachim-Gottschalk-Weg 135-5c
10557 Joachim-Karnatz-Allee 86-1d
12683 Joachim-Ringelnatz-Straße 77-5d
10719 Joachimstaler Platz 85-8d (17/F4)
Joachimstaler Straße 85-8d (19/F5)
10623 Nr. 1-9, Nr. 2-8, Nr. 38-Ende, Nr. 39-Ende
10719 Nr. 10-36, Nr. 11-37
13055 Joachimsthaler Straße 75-6a
12526 Joachimstraße (Bohnsdf.) 155-3d
12555 Joachimstraße (Köp.) 121-6a
10119 Joachimstraße (Mitte) 73-7b (13/F1)
14129 Joachimstraße (Zehldf.) (2) 129-4c
12163 Joachim-Tiburtius-Brücke 115-5b
12163 Jochemplatz 115-5b
- Jochen-Klepper-Park 116-7b
14129 Jochen-Klepper-Weg 128-8b
12359 Jochen-Nüßler-Straße 118-9a
13627 Jockeyweg 70-6d
13086 Joe-May-Platz 60-6c
14193 Johannaplatz 98-5a
12205 Johanna-Spyri-Weg 130-9b
12167 Johanna-Stegen-Straße 115-8d

13581 Johannastraße 81-3a
12439 Johanna-Tesch-Straße 120-6b
- Johann-Baptist-Gradl-Park 149-2b
12627 Johannes-Bobrowski-Straße 78-2d
13086 Johannes-Itten-Straße (2) 60-7b
12205 Johanneskirchplatz 130-6a
13158 Johannes-Kupke-Straße 46-6a
14109 Johannes-Niemeyer-Weg 162-6b
14165 Johannesstraße 129-9d
12526 Johannes-Tobei-Straße 155-2d
12487 Johannes-Werner-Straße 120-7c
10318 Johannes-Zoschke-Straße 104-2b
14089 Johann-Ewald-Weg 110-5d
10709 Johann-Georg-Straße 98-3a (18/B6)
12489 Johann-Hittorf-Straße 136-2d
13159 Johannisbeerweg 37-8c
14197 Johannisberg (Kleingtkol.) 99-7d
14197 Johannisberger Straße 115-1b
14055 Johannisburger Allee 83-8c
10117 Johannisstraße 72-9d (12/D2)
Johannisthaler Chaussee 134-5c
12359 Nr. 113-169, Nr. 162-170
12351 Nr. 171-443, Nr. 174-442
12437 Nr. 41-83, Nr. 4-100
12487 Johannisthaler Park 120-4c
10961 Johanniterstraße 101-1b
12559 Johann-Jacob-Baeyer-Straße 139-9b
14089 Johann-Landefeldt-Straße 110-2d
10711 Johann-Sigismund-Straße 98-3a (18/A6)
14167 John-F.-Kennedy-Allee 130-9c
10825 John-F.-Kennedy-Platz 99-6d
10557 John-Foster-Dulles-Allee 86-1d (12/A4)
12619 John-Heartfield-Straße 78-4a
12305 John-Locke-Straße 151-8d
10407 John-Schehr-Straße 74-4a
10365 John-Sieg-Straße 89-4b
10551 Jonasstraße (Moab.) 71-9c
12053 Jonasstraße (Nkln.) 102-7c
12685 Jonathanweg 77-4a
12435 Jordanstraße (Alt-Tr.) 102-2b
13595 Jordanstraße (Spand.) 82-4a
13505 Jörsstraße 54-6b
13053 Josef-Höhn-Straße 62-4c
12587 Josef-Nawrocki-Straße 123-4c
Josef-Orlopp-Straße 75-7d
10367 Nr. 1-31
10365 Nr. 32-90, Nr. 33-91
10557 Joseph-Haydn-Straße (17/G2)
14193 Joseph-Joachim-Platz 98-8a
12057 Joseph-Schmidt-Straße 119-1b
10785 Joseph-von-Eichendorff-Gasse (14/B6)
12489 Jostweg (Adlhf.) 121-8c
13465 Jostweg (Frohn.) 26-8d
13088 Jötunsteig 60-3d
12351 Juchaczweg 134-3d
10178 Jüdenstraße (Mitte) 87-2d (13/G3)
13597 Jüdenstraße (Spand.) 68-7b (11/A2)
12557 Judisgasse 121-9b
10369 Judith-Auer-Straße 74-6d
13629 Jugendplatz 69-6d
13629 Jugendweg 69-6d
14163 Jugenheimer Weg 129-2b
14089 Jules-Verne-Straße 110-5b
13357 Jülicher Straße 73-1a
13407 Julierstraße 57-6c
10115 Julie-Wolfthorn-Straße 72-9b
12587 Julius-Hart-Straße 123-1d
10829 Julius-Leber-Brücke 100-5a
13405 Julius-Leber-Kaserne 57-7c
13057 Julius-Meyen-Straße (1) 51-7c
10709 Julius-Morgenroth-Platz 99-4a
14129 Julius-Posener-Platz 128-8d
13627 Juliusruh (Kleingtkol.) 70-6d
12051 Juliusstraße 118-1d
13599 Juliusturmbrücke (11/B2)
13129 Jungbornstraße 48-2d
13627 Jungbrunnen (Kleingtkol.) 71-4a
10117 Jungfernbrücke (13/F4)
13627 Jungfernheide (Kleingtkol.) 70-6a
10589 Jungfernheide 71-7a
13629 Jungfernheideweg 69-3d
12351 Jungfernmühle 135-1d
12524 Jungfernsteg 136-9a
13629 Jungfernsteig (1) 69-9b
12207 Jungfernstieg 131-5d
10247 Jungstraße 88-6b
13589 Junikäferweg 67-1a
10318 Junker-Jörg-Straße 104-2c
13467 Junostraße 35-7a
12057 Jupiterstraße (Nkln.) 119-1a
13405 Jupiterstraße (Reindf.) 57-4c
14089 Jürgen-Schramm-Straße 95-6a
12489 Justus-von-Liebig-Straße 136-6b
10965 Jüterboger Straße 101-4b
14169 Juttastraße 130-1°

13158 **K**abelitzweg 46-5c
12347 Kabelpfuhlweg 117-9c
12527 Kablower Weg 155-3b
12205 Kadettenweg 130-3c
10243 Kadiner Straße 88-2d
14089 Kafkastraße 126-3c
12589 Kageler Weg 125-4d
10713 Kahlstraße 99-7b
12621 Kainzstraße 78-8a
12277 Kaiserallee 132-8d
14057 Kaiserdamm 84-7b (11/D1)
- Kaiserdammbrücke 84-5c
12161 Kaisereiche 115-3a
Kaiser-Friedrich-Straße 84-3c (16/B1)
10585 Nr. 1-29, Nr. 2-30
10627 Nr. 31-75, Nr. 32-74
12105 Kaisergarten (Kleingtkol.) 117-7c
Kaiserin-Augusta-Allee 84-3b
10553 Nr. 1-29, Nr. 2-30, Nr. 96-Ende, Nr. 97-Ende
10589 Nr. 31-95, Nr. 32-94
- Kaiserin-Augusta-Brücke 85-1a
Kaiserin-Augusta-Straße 116-6a
12099 Nr. 1-7, Nr. 2-6, Nr. 79-85, Nr. 80-86
12103 Nr. 8-78, Nr. 9-77
12101 Kaiserkorso 100-6d
12685 Kaiserkronenweg 76-3d
12307 Kaiserplatz 169-6a
12209 Kaiserstraße (Lichtfde.) 149-2b
12105 Kaiserstraße (Mardf.) 116-9c
13589 Kaiserstraße (Spand.) 54-7c
14109 Kaiserstraße (Wanns.) 145-2b
14129 Kaiserstuhlstraße 128-6a
14195 Kaiserswerther Straße 114-8d
14195 Kaiser-Wilhelm-Platz (Dahl.) 114-6b
10827 Kaiser-Wilhelm-Platz (Schbg.) 100-4b
12247 Kaiser-Wilhelm-Straße 131-6d
14109 Kälberwerder 127-4a
10777 Kalckreuthstraße 86-7c (19/H5)
10713 Kalischer Straße 99-4c
12589 Kalkbergeweg 125-7a
12524 Kalker Straße 155-1d
10713 Kalkhorster Straße 99-4c
10117 Kalkscheunenstraße (12/D2)
12587 Kalkseestraße 123-5a
12349 Kalksteinweg 133-8b
12559 Kallbacher Straße 140-4b
12355 Kálmánweg 136-8c
12357 Kalmusweg 135-6c
13127 Kalvinistenweg 47-3a
12305 Kambergstraße 151-6b
13409 Kamekestraße 58-2d
13507 Kamener Weg 56-4a
12249 Kamenzer Damm 132-5a
12249 Kameradenweg 132-4a
13351 Kamerun (Kleingtkol.) 71-3c
13351 Kameruner Straße 71-3c
12203 Kamillenstraße 114-9b
13127 Kamisardenplatz 37-6c
13597 Kammerstraße 68-8a (11/B2)
13465 Kammgasse 34-4b
10589 Kamminer Straße 84-3a
13627 Kampweg (Charlbg.) 71-4c
13509 Kampweg (Teg.) 44-2d
13599 Kanalstraße (Haselh.) 69-4b
12589 Kanalstraße (Rahnsdf.) 141-5b
12357 Kanalstraße (Rudow) 135-3d
13599 Kanalweg (Haselh.) 55-7c
13509 Kanalweg (Witten.) 44-9b
13583 Kandeler Weg 67-6d
13089 Kandertaler Weg 60-2c
12157 Kaninchenfarm (Kleingtkol.) 116-1d
13627 Kaninchenweg 70-9b
12559 Kaniswall 159-3a
12524 Kanne (Kleingtkol.) 137-5a
12055 Kanner Straße 102-8d
13627 Kantinenweg 71-4a
Kantstraße (Charlbg.) 84-9a (16/A4)
10623 Nr. 1-29, Nr. 2-30, Nr. 137-Ende, Nr. 138-Ende
10625 Nr. 31-51, Nr. 32-50, Nr. 118-136, Nr. 119-135
10627 Nr. 52-116, Nr. 53-117
12169 Kantstraße (Stegl.) 115-6c
- Kanzlergarten (12/A3)
- Kanzlerpark (12/A3)
12101 Kanzlerweg 100-6d
10439 Kanzowstraße 73-3a
12355 Kapaunenstraße 153-6a
13629 Kapellensteig 69-9b
13159 Kapellenweg (Blankfde.) 37-4d
13159 Kapellenweg (Kleingtkol.) 37-4d
13595 Kapellenweg (Spand.) 81-9b
10117 Kapelle-Ufer 86-2b (12/B3)
12357 Kappenstraße 135-9a
13405 Kapweg 57-8a
13125 Karestraße 39-1c
10625 Karl-August-Platz 85-7a (16/C3)
10318 Karl-Egon-Straße 104-2c
12347 Karl-Elsasser-Straße 118-4a
12169 Karl-Fischer-Weg (Kleingtkol.) 116-8a
12169 Karl-Fischer-Weg 116-7b
12587 Karl-Frank-Straße 123-4a
- Karl-Heinrich-Brücke (11/B1)
14163 Karl-Hofer-Straße 129-5a
12687 Karl-Holtz-Straße 63-8a
12435 Karl-Kunger-Straße 102-2a
10369 Karl-Lade-Straße 74-9a
12167 Karl-Lange-Brück Nord (Kleingtkol.) 116-7c
12247 Karl-Lange-Brücke Süd (Kleingtkol.) 132-1a
10178 Karl-Liebknecht-Straße 87-1d (13/F3)
Karl-Marx-Allee 87-3a (13/H2)
10178 Nr. 1-51, Nr. 2-52
10243 Nr. 53-143, Nr. 54-140
12043 Karl-Marx-Platz 102-8a
Karl-Marx-Straße 101-6b
12043 Nr. 1-183, Nr. 2-188
12055 Nr. 189-239, Nr. 190-240
12057 Nr. 241-Ende, Nr. 242-Ende
12489 Karl-Otto-Reinsch-Straße 136-3b
12205 Karlplatz 130-3d
12587 Karl-Pokern-Straße 123-4a
14193 Karlsbader Straße 98-8a
14089 Karlsbergallee 111-3d
12621 Karlsburger Weg 105-2b
14169 Karl-Schmidt-Rottluff-Weg 130-2c
10781 Karl-Schrader-Straße 100-1c
13127 Karlsgarten (Kleingtkol.) 37-8c
12049 Karlsgartenstraße 101-6d
12623 Karlshafener Straße 78-8b
13627 Karlshofer Wiese I (Kleingtkol.) 71-4a
13627 Karlshofer Wiese II (Kleingtkol.) 71-4a
10317 Karlshorster Straße (Lichtbg.) (1) 89-7b
12439 Karlshorster Straße (Nschönwde.) 120-1c
13469 Karlsruh (Kleingtkol.) 36-4d
12057 Karlsruhe II (Kleingtkol.) 119-1d
12623 Karlsruher Straße (Mahlsdf.) 92-7d
10711 Karlsruher Straße (Wilhelmsdf.) 98-3a (18/A6)
13189 Karlstadter Straße 59-3c
12167 Karl-Stieler-Straße 115-9b
12526 Karlstraße (Bohnsdf.) 156-1c
12621 Karlstraße (Kaulsdf.) 91-6b
12557 Karlstraße (Köp.) 121-9d
12307 Karlstraße (Lichtrde.) 169-2d
12623 Karlstraße (Mahlsdf.) 92-6c
- Karl-Theodor-Schmitz-Brücke 132-9b
10369 Karl-Vesper-Straße 74-9a
12487 Karl-Ziegler-Straße 136-2b
13465 Karmeliterweg 33-6a
10827 Kärntener Straße 100-7a
12527 Karolinenhofweg 157-5c
13593 Karolinenhöhe (Kleingtkol.) 81-8b
13593 Karolinenhöhe 81-7b
13507 Karolinenstraße (Teg.) 44-4a
14165 Karolinenstraße (Zehldf.) 129-9d
14052 Karolingerplatz 84-7a (11/C1)
13125 Karow Nord 38-3d
13125 Karower Chaussee 39-1d
13129 Karower Damm 48-2d
13125 Karower Straße (Buchhz.) 31-8a
13156 Karower Straße (Nschönhs.) 47-8b
13127 Karower Weg 38-7b
13469 Karpfenteich (Kleingtkol.) 35-9b
12435 Karpfenteichstraße 102-6b
12353 Karsenzeile 134-6b
13159 Kartoffelsteig 36-2b
12587 Karutzseeweg 123-4d
Karwendelstraße 131-4c
12203 Nr. 1-45, Nr. 2-44
12205 Nr. 46-60, Nr. 47-Ende
13503 Karwitzer Pfad 33-4c
13597 Kasernenweg 68-8c
13465 Kasinoweg 34-1b
10317 Kaskelstraße 89-4c
12524 Kasperstraße 136-9c
13129 Kastanienallee (Blankbg.) 48-2d
Kastanienallee (Charlbg.) 84-4c
14050 Nr. 1-15, Nr. 2-16, Nr. 27-39, Nr. 28-Ende
14052 Nr. 17-25, Nr. 18-26
12587 Kastanienallee (Friedhg.) 123-1c
12627 Kastanienallee (Helldf.) 64-7d
12623 Kastanienallee (Mahlsdf.) 106-5a
Kastanienallee (Prenzl. Bg., Mitte) 73-5c
10119, 10435
13158 Kastanienallee (Rosnth.) 46-5c
10557 Kastanienallee (Tiergt.-S.) 86-4a
13125 Kastanienhain (Kleingtkol.) 38-5b
12209 Kastanienstraße 131-8b
14199 Kastanienweg (Schmargdf.) 98-9b
13587 Kastanienweg (Spand.) 54-5a
14109 Kätchenweg 163-1b
12489 Katharina-Boll-Dornberger-Straße 136-2b
10787 Katharina-Heinroth-Ufer 85-6d (17/H3)
10557 Katharina-Paulus-Straße (12/A2)
10711 Katharinenstraße (Wilmdf.) 98-3a (18/A6)
14169 Katharinenstraße (Zehldf.) 129-3d
12353 Käthe-Dorsch-Ring 135-5c
12355 Käthe-Frankenthal-Weg 154-4a
13591 Käthe-Heinemann-Weg (1) 80-3d
10407 Käthe-Niederkirchner-Straße 73-6d
14089 Käthe-Paulus-Zeile (4) 110-6a
13053 Kätheplatz 61-8c
13467 Käthestraße (Hermsdf.) 35-4b
13053 Käthestraße (Hschönhs.) 61-8d
13359 Kattegatstraße 58-6b
12524 Kattenstraße 137-7c
14129 Katteweg 146-2b
13593 Kattfußstraße 81-9a
13125 Kattowitzer Straße 38-9a
12489 Kattunsteig 120-6d
10965 Katzbachstraße 100-6a
12555 Katzengraben 121-6d
- Katzengrabensteg 121-6d
13465 Katzensteg (1) 34-2a
10829 Katzlerstraße 100-2d
14089 Katzwanger Steig 110-6c
10713 Kaubstraße 99-4a
12247 Kaulbachstraße (Lankw.) 131-6a
12623 Kaulbachstraße (Mahlsdf.) 79-7c

12621 Kaulsdorfer Busch (Kleingtkol.) 91-9c
12621 Kaulsdorfer Gärten 91-9c
12623 Kaulsdorfer See (Kleingtkol.) 106-1a
Kaulsdorfer Straße 105-5d
12621 Nr. 1-91, Nr. 2-92b
12555 Nr. 95-299, Nr. 98-320
12557 Kaumanns Gasse 121-9a
14163 Kaunstraße 129-4b
12157 Kauschstraße 116-1c
14195 Käuzchensteig 114-1d
13187 Kavalierstraße 59-2a
12249 Keffenbrinkweg 132-5b
14195 Kehler Weg 114-8c
13509 Kehrwieder 44-5d
10178 Keibelstraße 73-8d (13/H2)
13503 Keilerstraße 33-7d
12307 Keithstraße (Lichtrde.) 169-6a
10787 Keithstraße (Schbg., Tiergt.-S.) 85-9b (17/H4)
12489 Kekuléstraße 136-6a
13088 Kelberger Weg 61-4b
12059 Kelbraer Straße 102-6c
12589 Kelchsecke 124-8c
12169 Kelchstraße 116-8a
10777 Kelheimer Straße 99-3a (19/G5)
13437 Kellenzeile 45-5d
12167 Kellerstraße 116-7a
13589 Kellerwaldweg 67-2d
12524 Keltensteig 137-7b
13595 Keltererweg 81-9d
12689 Kemberger Straße 63-5b
13583 Kemmannweg 68-7a
10785 Kemperplatz 86-5d (14/B5)
10589 Keplerstraße (Charlbg.) 84-3b
12459 Keplerstraße (Oberschönwde.) 120-3a
12357 Kerbelweg 135-6a
13125 Kerkowstraße 38-9a
12357 Kernbeißerweg 135-1b
13125 Kernerstraße 38-5d
10317 Kernhofer Straße 89-4d
13591 Kerrweg 81-1b
12353 Kerschensteinerweg 135-4c
13581 Kerstenweg 82-1b
14163 Kesperhof 129-7c
10829 Kesselsdorfstraße 100-5b
12307 Kesselstraße 169-2d
12349 Kestenzeile 134-7d
12623 Kethelitzweg 92-8a
12683 Ketschendorfer Weg 77-4c
13509 Kettelerpfad 44-2c
12305 Kettinger Straße 151-5c
13589 Ketziner Weg 53-9c
12349 Keuperweg 133-8d
13353 Kiautschoustraße 72-4a
12685 Kiebitzgrund 76-3b
13129 Kiebitzweg 48-7a
10318 Kiefernallee 104-6d
14055 Kiefernweg (Charlbg.) 97-3d
13629 Kiefernweg (Siemst.) 69-5a
13351 Kiefernweg (Wedd.) 71-1a
13503 Kiefheider Weg 33-7a
- Kiefholzbrücke 119-3a
Kiefholzstraße 102-2a
12057, 12059, 12435, 12437
12357 Kiefwiesensteig (1) 136-4d
12059 Kiehler Grund (Kleingtkol.) 102-6c
12059 Kiehlufer 102-2c
12437 Kiehnwerderallee 103-5b
12555 Kiekebuschstraße 121-3d
12623 Kiekemaler Straße 106-5c
10367 Kielblockstraße 89-1b
- Kieler Brücke 72-5c
12623 Kieler Straße (Mahlsdf.) 78-6d
10115 Kieler Straße (Mitte) 72-5c
12163 Kieler Straße (Stegl.) 115-5d
10783 Kielganstraße 86-7d
12359 Kielingerstraße 118-9b
12685 Kienbergstraße 77-1d
12347 Kienheideweg 118-5b
- Kienhorstpark 57-3a
Kienitzer Straße 101-9b
12053 Nr. 1-33, Nr. 2-90
12049 Nr. 91-Ende, Nr. 92-Ende
12277 Kiepertplatz 132-9b
12277 Kiepertstraße 132-8b
12524 Kiesbergplatz 136-5d
13469 Kieselbronner Weg 35-8d
12209 Kiesstraße 131-9a
13159 Kiesweg (Blankfde.) 29-7a
10318 Kiesweg (Karlsh.) 105-4c
13627 Kiesweg (Wedd.) 71-4b
12557 Kietz 121-9b
- Kietzbrücke 121-9b
13595 Kietzer Feld (Kleingtkol.) 82-4c
12555 Kietzer Straße 121-6d
- Kietzer Vorstadt 121-9b
10365 Kietzer Weg 89-4a
12459 Kilianistraße 120-1b
14167 Kilstetter Straße 130-4d
12249 Kindelbergweg 132-7c
13599 Kindelseeweg (9) 68-3b
14089 Kindlebenstraße 126-3b
12555 Kinzerallee 121-3c
10247 Kinzigstraße 88-6b
14055 Kiplingweg 83-7c
12347 Kirchallee 117-9b
12307 Kirchbachstraße (Lichtrde.) 169-3c
10783 Kirchbachstraße (Schbg.) 100-2a
14129 Kirchblick 128-6b
13593 Kirchengelände (Spand.) (Kleingtkol.) 81-5d
13509 Kirchengelände (Teg.) (Kleingtkol.) 44-4b
13127 Kirchenweg 38-7b
12043 Kirchgasse (Nkln.) 102-5c
13597 Kirchgasse (Spand.) (11/B2)
13507 Kirchgasse (Teg.) 44-7a
12309 Kirchhainer Damm 169-3b
Kirchhofstraße (Nkln.) 102-8c
12055 Nr. 1-7a, Nr. 2-6, Nr. 35-Ende, Nr. 40-Ende
12051 Nr. 10-34, Nr. 11-33
13585 Kirchhofstraße (Spand.) 68-5a
12209 Kirchmeisterweg 131-8b
13627 Kirchnerpfad 70-6c
13509 Kirchplatz (Borsigw.) 44-9c
13591 Kirchplatz (Staak.) 66-9b
12526 Kirchsteig 137-9c
13129 Kirchstraße (Blankbg.) 48-6a
12555 Kirchstraße (Köp.) 121-6d
12277 Kirchstraße (Marfde.) 150-3a
10557 Kirchstraße (Moab.) 86-1a
12589 Kirchstraße (Rahnsdf.) 125-8c
13158 Kirchstraße (Rosnth.) 46-6b
14199 Kirchstraße (Schmargdf.) 114-3a
14163 Kirchstraße (Zehldf.) 129-6d
13127 Kirchweg (Fr. Buchhz.) 48-1a
14129 Kirchweg (Nklsee.) 128-8b
14109 Kirchweg (Wanns.) 144-3d
12437 Kirschallee 119-4a
12349 Kirsche 133-6b
14050 Kirschenallee 83-6d
12524 Kirschenbaumstraße (1) 136-9d
13629 Kirschenweg (Siemst.) 70-1b
13629 Kirschenweg (Teg.) 69-5b
12353 Kirschnerweg 134-6a
12524 Kirschweg (Altgl.) 154-6b
12349 Kirschweg (Britz) 134-1d
12559 Kirsteinstraße 140-4c
13589 Kisselnallee 67-3d
13158 Kissingen (Rosnth.) (Kleingtkol.) 46-2d
14199 Kissingen (Schmargdf.) (Kleingtkol.) 98-9d
13189 Kissingenplatz 59-5b
13189 Kissingenstraße 59-5b
14199 Kissinger Platz 98-9a
14199 Kissinger Straße (Schmargdf.) 98-8b
12157 Kissinger Straße (Stegl.) 115-6b
12277 Kitzingstraße 132-6a
14089 Kladower Damm 111-7c
12559 Klafterzeile 140-5a
13129 Klagenfurter Straße 48-3d
13407 Klamannstraße 57-2d
12689 Klandorfer Straße 51-8c
12683 Klara-Schabbel-Straße 91-7c
13053 Klarastraße (Hschönhs.) 61-8c
12459 Klarastraße (Oberschönwde.) 120-2c
14059 Kläre-Bloch-Platz (16/A2)
10553 Klarenbachstraße 85-1b
13597 Klärwerkstraße 83-1a
12629 Klausdorfer Straße 64-7c
12307 Klausdorfer Weg 169-3c
12279 Klausenburger Pfad 150-4b
14059 Klausenerplatz 84-5b (16/A1)
12107 Klausenpaß 133-5c
14050 Klaus-Groth-Straße 84-4c
13467 Klaushager Weg 34-5c
13627 Klausingring 70-8b
10589 Klaustaler Straße (Charlbg.) 85-1a
13187 Klaustaler Straße (Pank.) 47-8d
13587 Kleckersdorf (Kleingtkol.) 68-2a
12623 Kleeackerweg 78-9b
12109 Kleeblatt (Kleingtkol.) 117-8b
12524 Kleeblattstraße 155-2a
12357 Kleestraße 135-6c
12359 Kleiberweg 135-1b
14089 Klein Breitehorn 112-1a
13351 Klein-Afrika (Kleingtkol.) 57-8d
14169 Kleinaustraße 130-4a
10963 Kleinbeerenstraße 86-9d
10178 Kleine Alexanderstraße (13/G2)
10243 Kleine Andreasstraße 88-1c
10119 Kleine Auguststraße (13/F1)
13357 Kleine Behmstraße (1) 72-3b
13503 Kleine Brüderstraße (3) 42-1d
- Kleine Eiswerderbrücke 68-3c
13599 Kleine Eiswerderstraße 68-3d
10178 Kleine Getraudenstraße (4) (13/F4)
Kleine Hamburger Straße 73-7c (13/E1)
10115 Nr. 1-13, Nr. 2-14, Nr. 24-Ende, Nr. 25-Ende
10117 Nr. 15-23, Nr. 16-22
12557 Kleine Heege (4) 121-9b
13156 Kleine Homeyerstraße 59-1a
12045 Kleine Innstraße 102-5a
10117 Kleine Jägerstraße (1) (15/F5)
10117 Kleine Kurstraße (15/F5)
12526 Kleine Lindenstraße 155-5c
10243 Kleine Markusstraße 87-3d
13585 Kleine Mittelstraße 68-4b
10965 Kleine Parkstraße 100-3d
10178 Kleine Präsidentenstraße (13/F2)
10119 Kleine Rosenthaler Straße 73-7b (13/F1)
12526 Kleine Spechtstraße 155-5d
12526 Kleine Waldstraße 155-8b
12524 Kleiner Mohnweg (1) 155-1b
12349 Kleiner Muck 133-6d
- Kleiner Park 116-3d
13589 Kleiner Querweg 66-3d
12527 Kleiner Rohrwall 157-5b
12527 Kleiner Seddinwall 158-6c
10557 Kleiner Stern (Tiergt.-S.) 86-4b (11/D2)
14169 Kleiner Stern (Zehldf.) 113-2d
10559 Kleiner Tiergarten 71-9d
13587 Kleiner Wall 68-3a
13627 Kleiner Wiesenweg 70-6a
12683 Kleiner-Heufalter-Weg 91-5c
12101 Kleineweg 100-9b
13589 Kleingartenpark Radeland (Kleingtkol.) 53-8d
12559 Kleingartenstraße 122-5c
- Kleinhaussiedlung (Hermsdf.) 61-9a
- Kleinhaussiedlung (Hschönhs.) 35-1c
14165 Kleinmachnower Weg 147-6d
13587 Kleinreuther Weg 54-7d
12555 Kleinschewskystraße 105-9a
12555 Klein-Venedig 122-4c
12355 Klein-Ziethener Weg 153-5b
10787 Kleiststraße (Schbg.) (19/H5)
14163 Kleiststraße (Zehldf.) 129-1d
13127 Kleistweg 37-5d
Klemkestraße 58-1d
13409 Nr. 1-103, Nr. 2-104
13158 Nr. 114-Ende, Nr. 115-Ende
12351 Klempnergasse 134-5b
13407 Klenzepfad 57-6a
12557 Klepschweg 122-7c
12524 Klettenberger Straße 155-1b
12357 Klettenweg 136-4a
12526 Kletterrosenweg 155-2b
12681 Klettwitzer Straße 62-8a
13357 Klever Straße 58-9d
14193 Klindworthsteig 98-7a
10785 Klingelhöferstraße 86-4c
12555 Klingenburger Straße 105-8b
13587 Klingenhofer Steig 54-7d
12627 Klingenthaler Straße 78-4b
12435 Klingerstraße 103-4a
12203 Klingsorplatz 131-2a
Klingsorstraße 131-2a
12167 Nr. 1-93c, Nr. 2-96
12203 Nr. 95a-119, Nr. 106-120
13585 Klinkeplatz 68-1b
13509 Klinnerweg 44-9a
14165 Klistostraße 147-3b
13403 Klixstraße (Reindf.) 56-6b
10823 Klixstraße (Schbg.) 100-1c
10965 Kloedenstraße 101-4b
12557 Klondyke (Kleingtkol.) 121-8d
13597 Klönnerweg 82-1b
12623 Klopstockstraße (Mahlsdf.) 106-4a
10557 Klopstockstraße (Tiergt.-S., Hansav.) 85-6a (17/G2)
Klopstockstraße (Zehldf.) 129-1c
14163 Nr. 1-35, Nr. 2-32
14129 Nr. 34-Ende, Nr. 37-Ende
13591 Klosterbuschweg 67-7b
13509 Klosterfelder Weg 44-8b
13467 Klosterheider Weg 34-5c
10179 Klosterstraße (Mitte) 87-2d (13/G3)
13581 Klosterstraße (Spand.) 82-1b (11/A3)
13595 Klosterweg 82-7a
12309 Kloster-Zinna-Straße 151-6b
13156 Klothildestraße 47-8a
13469 Klötzesteig 35-6c
12249 Klüberstraße 132-5b
10785 Kluckstraße 86-8c
12681 Klüsserather Weg 90-3a
12587 Klutstraße 123-1c
13059 Klützer Straße 62-1a
Knaackstraße 73-5b
10405 Nr. 1-35, Nr. 2-34
10435 Nr. 37-Ende, Nr. 38-Ende
13465 Knappenpfad 34-1d
13407 Knauerstraße 45-9c
12157 Knausplatz 115-3d
14193 Knausstraße (Grwld.) 98-7b
12157 Knausstraße (Stegl.) 115-3d
13467 Kneippstraße 34-5c
14109 Kneippweg 145-5c
- Knesebeckbrücke 148-4d
Knesebeckstraße (Charlbg.) 85-8c (19/E5)
10623 Nr. 1-37, Nr. 2-36, Nr. 66-Ende, Nr. 67-Ende
10719 Nr. 39-65
12205 Knesebeckstraße (Lichtfde.) 130-3a
14167 Knesebeckstraße (Zehldf.) 130-7a
12157 Kniephofstraße 115-6a
13465 Kniggeweg 26-7a
10407 Kniprodestraße 74-7b
- Knobelsdorffbrücke 84-5c
Knobelsdorffstraße 84-4d (16/A3)
14059 Nr. 1-93, Nr. 2-92
14050 Nr. 94-Ende, Nr. 95-Ende
12355 Knollstraße 154-1c
10245 Knorrpromenade 88-6b
12524 Knospengrund 155-2a
13591 Knöterichpfad 66-9a
13589 Knüllweg 67-2d
13156 Köberlesteig 59-1b
10785 Köbisstraße 86-4c
14109 Koblanckstraße 127-8d
10715 Koblenzer Straße 99-8a
14052 Koburgallee 83-3c
10825 Koburger Straße 100-4c
12527 Kochelseestraße 137-9b
13587 Kochemer Weg 54-5d
10249 Kochhannstraße 74-8c
10969 Kochstraße (Kreuzbg.) 86-6d (14/D6)
12105 Kochstraße (Mardf.) 116-9d
- Koeltzepark 68-5a
14193 Koenigsallee 113-2d
- Koenigsalleebrücke 98-4b
13403 Kögelstraße 57-5a
13591 Köhlbrandweg 67-7d
12205 Köhlerstraße 130-6a
10999 Kohlfurter Straße 87-9c
14109 Kohlhasenbrücker Straße 145-4c
12623 Kohlisstraße 105-3d
12351 Kohlmeisenweg 135-1b
10587 Kohlrauschstraße 85-4b (16/D2)
12683 Kohlweißlingstraße 91-5a
13583 Kohstallweg 67-5d
12627 Kokoschkaplatz (8) 78-2c
12627 Kokoschkastraße (7) 78-2a
14199 Kolberger Platz 98-8d
13357 Kolberger Straße (Gesndbr.) 72-2d

12623 Kolberger Straße (Mahlsdf.) 79-7b
12351 Kolibriweg 134-3a
13597 Kolk 68-8a (11/B2)
12351 Kolkrabenweg 135-1a
14059 Kollatzstraße 84-5a
- Köllnische Brücke 121-5a
12439 Köllnische Straße 120-5a
- Köllnischer Fischmarkt (13/G4)
- Köllnischer Park (13/H4)
12557 Köllnischer Platz 121-8b
12109 Kollostraße 117-7d
10435 Kollwitzplatz 73-5d
Kollwitzstraße 73-5d
10405 Nr. 1-57, Nr. 2-56
10435 Nr. 58-Ende, Nr. 59-Ende
10405 Kolmarer Straße 73-6c
12353 Kölner Damm 134-6c
13409 Kolonie der BVG (Kleingtkol.) 58-5a
12059 Kolonie NCR (Kleingtkol.) 102-9a
Koloniestraße (Gesndbr.) 58-8d
13357 Nr. 1-13, Nr. 2-12, Nr. 144-Ende, Nr. 145-Ende
13359 Nr. 14-142, Nr. 15-143
12209 Koloniestraße (Lichtfde.) 149-2b
13583 Kolonieweg (Spand.) 67-6c
13597 Kolonieweg (Spand.) 82-2a
- Kolonnenbrücke 100-5b
Kolonnenstraße 100-5a
10827 Nr. 1-7, Nr. 2-8, Nr. 56-Ende, Nr. 57-Ende
10829 Nr. 9-55, Nr. 10-54
12689 Kölpiner Straße 63-2b
13409 Kolpingplatz 58-1c
13599 Kölpinseeweg (12) 54-9d
10969 Kommandantenstraße (Kreuzbg., Mitte) 87-4d (15/F5)
12205 Kommandantenstraße (Lichtfde.) 130-6d
- Komturbrücke 117-5a
12099 Komturstraße 117-5a
13351 Kongostraße 71-3a
12349 König-Drosselbart-Weg 133-6d
14059 Königin-Elisabeth-Straße 84-4b
14195 Königin-Luise-Platz 114-6d
14195 Königin-Luise-Straße 114-4d
13465 Königsbacher Zeile 26-7d
12207 Königsberger Straße 131-4d
13627 Königsdamm (Kleingtkol.) 70-6b
12249 Königsgraben (Kleingtkol.) 132-7b
Königsheideweg 119-4b
12437 Nr. 1-13, Nr. 16-114
12487 Nr. 116-296, Nr. 117-297
13439 Königshorster Straße 45-3d
12621 Königshütter Weg 91-6d
13088 Königskinderweg 60-2b
14193 Königsmarckstraße 98-7d
13595 Königsplatz 82-7a
12527 Königsseestraße 138-4c
13129 Königsteinstraße (Blankenbg.) 38-8c
12309 Königsteinstraße (Lichtrde.) 151-6d
12105 Königstraße (Mardf.) 116-9c
13589 Königstraße (Spand.) 68-1a
14109 Königstraße (Wanns.) 143-6d
14163 Königstraße (Zehldf.) 129-6c
12107 Königstuhlweg 133-5c
13053 Königswalder Straße 61-5d
14193 Königsweg (Grwld.) 113-2c
13595 Königsweg (Spand.) 82-7a
13507 Königsweg (Teg.) 44-4d
Königsweg (Wanns., Nklsee., Zehldf.) 163-1a
14163 Nr. 1-81, Nr. 2-142
14129 Nr. 200-250
14109 Nr. 300-400
10318 Königswinterstraße 104-2d
10245 Konitzer Straße 88-6a
13595 Konkordiastraße 82-4a
10557 Konrad-Adenauer-Straße (12/B3)
12105 Konradinstraße 116-6c
13505 Konradshöher Straße 43-7c
13055 Konrad-Wolf-Straße 75-4a
Konstanzer Straße 99-4a (18/C6)
10707 Nr. 1-15a, Nr. 2-14, Nr. 48-Ende, Nr. 49-Ende
10709 Nr. 16-46, Nr. 17-47
13465 Konzer Platz 26-8c
10437 Kopenhagener Straße (Prenzl. Bg.) 73-2a
Kopenhagener Straße (Reindf., Nschönhs.) 58-1a
13407 Nr. 1-75, Nr. 2-74
13158 Nr. 82-Ende, Nr. 83-Ende
10318 Köpenicker Allee 104-2b
10317 Köpenicker Chaussee 103-2b
Köpenicker Landstraße 103-4b
12435 Nr. 29-55, Nr. 38-66
12437 Nr. 77-277, Nr. 78-296
12524 Köpenicker Straße (Altgl.) 136-9b
12683 Köpenicker Straße (Biesdf., Köp.) 91-4b
12487 Köpenicker Straße (Johsth.) 120-7c
Köpenicker Straße (Mitte, Kreuzbg.) 87-6a (15/H5)
10179 Nr. 36-136
10997 Nr. 1-29, Nr. 2-28
12355 Köpenicker Straße (Rudow) 135-9b
12555 Köpenick-Nord (Kleingtkol.) 105-9c
12557 Köpenzeile 122-7d
Kopernikusstraße (Friedhn.) 88-5b
10243 Nr. 1-5, Nr. 2-6, Nr. 31-35, Nr. 32-36
10245 Nr. 7-17, Nr. 18-30
12205 Kopernikusstraße (Lichtfde.) 131-4a
12053 Kopfstraße 102-7a
10965 Kopischstraße 101-4a
10315 Köpitzer Straße 90-4b
12347 Koppelweg (Britz) 117-9d
13465 Koppelweg (Frohn.) 26-8c
10115 Koppenplatz 73-7b (13/E1)
13629 Köppensche Erben (Kleingtkol.) 70-1a
10243 Koppenstraße 88-4a
12355 Korbmacherweg (2) 135-9c
12623 Korianderweg 92-7d
12524 Korkedamm 136-6a
12359 Korlinweg 118-9c
12351 Kormoranweg 134-3d
14109 Kornaue 145-1d
12357 Kornblumenring 135-6c
14050 Kornblumenweg 83-2b
13587 Kornburger Weg 68-1b
- Körnerpark 102-7d
14053 Körnerplatz (Charlbg.) 83-5a
13127 Körnerplatz (Fr. Buchhz.) 37-5c
12623 Körnerplatz (Mahlsdf.) 106-4a
13156 Körnerstraße (Nschönhs.) 47-4b
13585 Körnerstraße (Spand.) 68-5a
Körnerstraße (Stegl.) 115-6c
12169 Nr. 1-17, Nr. 2-16, Nr. 50-58, Nr. 51-59
12157 Nr. 21-49, Nr. 22-48
10785 Körnerstraße (Tiergt.-S.) 86-8d
13127 Körnerweg 37-5d
12683 Kornmandelweg 77-7b
12205 Kornmesserstraße 131-4c
12357 Kornradenstraße 135-6c
13469 Kornweg (3) 35-9b
10437 Korsörer Straße 73-1b
10967 Körtestraße 101-2d
12107 Körtingstraße 132-3d
12487 Koschatweg 119-9c
14199 Kösener Straße 98-8d
12619 Koserower Straße 91-3b
14195 Koserstraße 114-6a
12109 Kosleckweg 117-8c
13357 Kösliner Straße 72-2a
13437 Kossätenstraße 45-8c
14165 Kösterstraße 129-9c
- Köthener Brücke 86-8b
10963 Köthener Straße (Kreuzbg.) 86-9a (14/C6)
12689 Köthener Straße (Marz.) 63-1c
- Kottbusser Brücke 87-9d
Kottbusser Damm 101-3b
10967 Nr. 63-Ende
12047 Nr. 1-37
10999 Kottbusser Straße 87-9c
12623 Kötteritzweg 79-5c
12169 Kottesteig 116-4c
13629 Köttgenstraße 69-6a
12459 Kottmeierstraße 120-2b
10318 Kötztinger Straße 90-9c
12305 Kraatzweg 151-3c
10245 Krachtstraße 89-7c
13589 Kraepelinweg 66-3b
10315 Kraetkestraße (Friedrfde.) 90-4c
Kraetkestraße (Kaulsdf.) 78-8c
12621 Nr. 7-29, Nr. 16-28
12619 Nr. 51-53, Nr. 52-52
13597 Kraftwerk Unterspree (Kleingtkol.) 83-2a
13125 Krähenfußzeile 39-4b
12527 Krähenhorst (Grün.) 175-1a
12527 Krähenhorst (Schmöckw.) 137-5b
12207 Krahmersteg 131-2c
12207 Krahmerstraße 131-2c
13589 Krämerweg 53-8d
14199 Krampasplatz 114-3a
- Krampenburg 157-9a
12559 Krampenburger Weg 139-9d
14089 Krampnitzer Weg 110-7d
14163 Kramstaweg 129-7b
13439 Krangener Weg 46-4a
12526 Kranichstraße 156-4a
12209 Kranoldplatz (Lichtfde.) 131-6c
12051 Kranoldplatz (Nkln.) 118-2a
12621 Kranoldstraße (Kaulsdf.) 92-1a
12051 Kranoldstraße (Nkln.) 118-1b
13503 Krantorweg 32-6c
14055 Kranzallee 83-7c
14199 Kranzer Straße 98-6c
10245 Kratzbruch 103-2a
10117 Krausenstraße 87-4c
10115 Krausnickstraße 73-7c (13/E2)
10243 Krautstraße 87-6b
12057 Krebsgang 103-7c
10555 Krefelder Straße 85-3a
12349 Kreideweg 133-6c
12161 Kreisauer Straße 99-8c
10435 Kremmener Straße 73-4b
14109 Kremnitzufer 163-1b
12621 Kreppfuhlweg 78-5d
12623 Kressenweg (Kleingtkol.) 92-7b
12623 Kressenweg 92-7d
13591 Kretzerzeile 81-1d
12203 Kreutzerweg 131-2a
10247 Kreutzigerstraße 88-3c
14089 Kreutzwaldstraße 110-8d
10965 Kreuzbergstraße 100-6a
13125 Kreuzburger Straße 38-9a
13156 Kreuzgraben 47-4d
14197 Kreuznacher Straße 115-1d
13465 Kreuzritterstraße 34-1d
12683 Kreuzschnabelstraße 91-7b
13158 Kreuzsteg 58-2a
10117 Kreuzstraße (Mitte) (13/F4)
13187 Kreuzstraße (Pank.) 59-4a
12435 Kreuztal (Kleingtkol.) 103-4c
13507 Kreuztaler Weg 56-1d
14089 Krielower Platz 111-3d
14089 Krielower Weg 111-3b
10365 Kriemhildstraße 89-3b
- Krienicke Park 68-6a
13585 Krienickesteig 68-5a
12527 Krimnitzer Weg 157-8a
12359 Krischanweg 118-9c
14089 Krohnweg 111-7d
12357 Krokusstraße 135-9b
12309 Kronacher Straße 170-1a
14193 Kronberger Straße 98-8c
12309 Kronbergstraße 151-6d
12489 Kroneckerstraße 136-3c
10117 Kronenstraße 86-6b (14/D5)
- Kronprinzenbrücke (12/B3)
10711 Kronprinzendamm 98-2a
13589 Kronprinzenstraße 67-3b
Kronprinzessinenweg 145-3b
14109 Nr. 1-19, Nr. 2-20, Nr. 161-Ende, Nr. 162-Ende
14129 Nr. 21-159, Nr. 22-160
12279 Kronstadter Weg 150-4b
13125 Krontaler Straße 38-8a
Krontalstraße 151-3d
12309 Nr. 1-99, Nr. 2-28
12305 Nr. 42-68c
13059 Kröpeliner Straße 62-1a
13629 Kroppenstedtweg 69-6b
10245 Krossener Straße 88-6a
12524 Krötengasse 154-6a
14129 Krottnaurerstraße 128-5b
12681 Kröver Straße 76-8c
13581 Krowelstraße 82-1b
12107 Kruckenbergstraße 133-4a
12527 Krugauer Steig 157-5a
12307 Krügerstraße (Lichtrde.) 169-2c
10439 Krügerstraße (Prenzl. Bg.) 59-9c
12589 Kruggasse 140-3a
13127 Krugpfuhl (Kleingtkol.) 37-8a
13127 Krugpfuhl 37-8b
13129 Krugstege 48-5a
12435 Krüllsstraße 102-2a
13581 Krumme Gärten 82-1c
12526 Krumme Straße (Bohnsdf.) 155-6a
Krumme Straße (Charlbg.) 85-7a (16/C4)
10585 Nr. 1-21, Nr. 2-22, Nr. 73-Ende, Nr. 74-Ende
10627 Nr. 23-71, Nr. 24-72
12203 Krumme Straße (Lichtfde.) 131-1d
13089 Krumme Straße (Pank.) 48-7c
12685 Krummenseer Straße 77-2a
13627 Krummer Weg 71-4a
13627 Krummerweg 71-4c
10317 Krummhübler Straße 89-4c
13503 Krumminer Weg 32-5d
13507 Krumpuhler Weg 56-1c
Kruppstraße 72-7a
10557 Nr. 1-9, Nr. 2-10, Nr. 14-Ende, Nr. 15-Ende
10559 Nr. 11-13, Nr. 12
12305 Krusauer Straße 151-2c
12279 Kruseweg 150-1d
12099 Krysiakweg 117-2c
10367 Kubornstraße 89-2a
10587 Kucharskistraße 85-2a
12355 Kückenweg 153-6a
13156 Kuckhoffstraße 46-9c
12349 Kuckuck 133-6d
12435 Kuckucksheim I (Kleingtkol.) 103-7a
12437 Kuckucksheim II (Kleingtkol.) 118-6b
12589 Kuckuckssteig 141-1b
14089 Kuckuckstraße 110-2a
13129 Kuckucksweg (Blankenbg.) 48-4c
14195 Kuckucksweg (Dahl.) 114-5d
13158 Kuckucksweg (Rosnth.) 46-2b
14193 Kudowastraße 98-6c
13595 Küfersteig 81-9d
10825 Kufsteiner Straße 99-9a
13125 Kugelbaumweg 22-8d
10439 Kuglerstraße 59-8d
12167 Kühlebornweg 115-8d
13089 Kühler Grund (Heindf.) (Kleingtkol.) 60-2c
12059 Kühler Grund (Nkln.) (Kleingtkol.) 102-9a
13403 Kühler Grund (Witten.) (Kleingtkol.) 45-7a
14055 Kühler Weg 97-3d
13409 Kühleweinstraße 58-5a
12165 Kuhligkshofstraße (2) 115-5c
13051 Kühlungsborner Straße 61-2a
12623 Kuhnaustraße 92-3c
13409 Kühnemannstraße 58-5b
13595 Kuhnertstraße 82-4d
12559 Kuhwall 138-3d
13581 Kujampelweg 81-3a
13587 Kulbeweg 54-8a
13055 Küllstedter Straße 75-6b
10777 Kulmbacher Straße 99-3a (19/G6)
10783 Kulmer Straße 100-2c
12683 Kulmseestraße 91-1a
12169 Külzer Straße 115-6a
12623 Kumberger Weg 106-5d
12619 Kummerower Ring 77-9a
12159 Kundrystraße 99-8d
12349 Künheimer Weg 133-9c
12459 Kunheimstraße 120-1a
12524 Kunibertstraße 154-3b
12105 Kunigundenstraße 116-6d
13347 Kunkelstraße 72-5b
12355 Künnekeweg 136-8c
14057 Kuno-Fischer-Platz 84-8b (16/A4)
14057 Kuno-Fischer-Straße 84-8b (16/A4)
14089 Künstlerweg 94-9d
14193 Kunz-Buntschuh-Straße 98-2d
14165 Kunzendorfstraße 129-9b
10367 Kunzeweg 89-2a
10715 Kuppenheimer Straße 99-9a
13159 Kürbissteig 36-2b

12681 Kürenzer Straße 90-2b
Kurfürstendamm 98-2d (18/A6)
10719 Nr. 11-45, Nr. 12-44, Nr. 197-Ende, Nr. 198-Ende
10707 Nr. 46-68, Nr. 47-69, Nr. 165-179, Nr. 166-188, Nr. 181-195, Nr. 192-196
10709 Nr. 70-76, Nr. 71-75, Nr. 77-99, Nr. 78-100, Nr. 140-164, Nr. 141-163
10711 Nr. 101-117, Nr. 102-118, Nr. 119-129a, Nr. 120-128, Nr. 130-138, Nr. 131-139
- Kurfürstendammbrücke (18/A6)
13467 Kurfürstenstraße (Hermsdf.) 34-8c
12249 Kurfürstenstraße (Lankw.) 131-6d
12105 Kurfürstenstraße (Mardf.) 116-9c
Kurfürstenstraße (Tiergt.-S., Schbg.) 85-9b (17/H4)
10785 Nr. 1-69, Nr. 2-70, Nr. 123-Ende, Nr. 124-Ende
10787 Nr. 71-91, Nr. 72-90, Nr. 101-121, Nr. 102-122
14109 Kurfürstenweg 145-8b
13467 Kurhausstraße 34-5a
12557 Kürißweg 122-7c
14055 Kurländer Allee 83-9d
10783 Kurmärkische Straße 86-7d
- Kurpark Friedrichshagen 122-3b
14089 Kurpromenade 110-5c
10117 Kurstraße (Mitte) 87-1d (13/F4)
14129 Kurstraße (Nklsee.) 128-6d
13585 Kurstraße (Spand.) 68-5a
12349 Kurt Pöthig (Kleingtkol.) 133-6c
10249 Kurt-Exner-Straße 74-9c
14089 Kurt-Marzahn-Straße 95-6a
12099 Kurt-Pfennig-Platz 16-3a
13405 Kurt-Schumacher-Damm 70-5d
13405 Kurt-Schumacher-Platz 57-5c
12627 Kurt-Weill-Gasse (2) 78-1d
12627 Kurt-Weill-Platz (1) 78-1b
10315 Kurze Straße (Friedrfde.) 90-4b
13467 Kurze Straße (Hermsdf.) 34-5b
12487 Kurze Straße (Johsth.) 119-9a
13189 Kurze Straße (Pank.) 59-9c
12589 Kurze Straße (Rahnsdf.) 141-2d
13158 Kurze Straße (Rosnth.) 46-7a
13585 Kurze Straße (Spand.) 68-4b
13591 Kurze Straße (Staak.) 80-2b
12167 Kurze Straße (Stegl.) 115-8b
13503 Kurzebracker Weg 32-8b
13125 Kurze-Enden-Weg 38-3d
12587 Kurzer Steig 122-2d
13627 Kurzer Weg 71-4a
10409 Küselstraße 73-3b
13599 Küsterstraße 69-4b
12589 Küsterwiesen 124-8d
12305 Küstriner Platz 151-3d
13055 Küstriner Straße (Hschönhs.) 75-5a
12305 Küstriner Straße (Lichtrde.) 151-3d
12105 Küterstraße 116-9d
10781 Kyffhäuserstraße 100-1c
13051 Kyllburger Weg 61-5d
12203 Kyllmannstraße (Lichtfde.) 131-1a
14109 Kyllmannstraße (Wanns.) 145-2a
Kynaststraße (Friedhn., Lichtbg.) 89-7c
10245 Nr. 1-17
10317 Nr. 19-22
12629 Kyritzer Straße 77-3a
14165 Kyritzer Weg 129-8c

13503 **L**abeser Weg 32-6d
13357 Laböer Straße 59-7c
10967 Lachmannstraße (1) 101-3b
12355 Lachshuhnweg 153-2b
13505 Lachtaubenweg 42-9a
12167 Lacknerstraße 116-7c
13509 Ladeburger Weg 44-8b
14195 Ladenbergstraße 130-2b
14169 Ladenstraße 113-9c
10557 Ladestraße (12/B2)
14165 Ladiusstraße 148-4a
14167 Laehr'scher Jagdweg 148-1d
Laehrstraße 148-1a
14167 Nr. 1-9, Nr. 2-10
14165 Nr. 11-Ende, Nr. 12-Ende
13127 La-Famille-Straße 47-3c
13599 Lagerweg 69-7a
12589 Lagunenweg 141-1b
12527 Lahmertstraße 137-6d
10318 Lahnsteiner Straße 104-2d
12055 Lahnstraße 118-2a
13469 Lahrer Pfad 35-7d
12437 Lakegrund (Kleingtkol.) 103-8d
12437 Lakegrund 103-8b
12355 Lakenfelderweg 153-2b
10589 Lambertstraße 70-9c
12621 Lammersdorfer Weg 91-8d
13409 Lampesteig 58-1d
13053 Land in Sonne (Kleingtkol.) 61-6d
14197 Landauer Straße 99-8c
14199 Landecker Straße 98-6c
13435 Landenhäuser Weg 45-2c
14052 Länderallee 83-9b
12487 Landfliegerstraße 120-7b
12557 Landgartenweg 138-1d
10787 Landgrafenstraße 86-7a (17/H4)
10717 Landhausstraße 99-2d
12589 Landjägerallee 125-8b
- Landjägerbrücke 121-6d
12555 Landjägerstraße 121-9b
14195 Landoltweg 114-8d
12353 Landreiterweg 134-5d
12621 Landréstraße 92-1b
Landsberger Allee 74-7c
10249 Nr. 2-102, Nr. 15-77
10407 Nr. 79-127
10369 Nr. 106-186, Nr. 131-193
10367 Nr. 200-276
13055 Nr. 201-345
10365 Nr. 358-360
12681 Nr. 362-Ende, Nr. 367-409
12679 Nr. 441-Ende
12305 Landsberger Straße (Lichtrde.) 151-3c
12623 Landsberger Straße (Mahlsdf.) 92-6a
- Landschaftspark Wuhletal 63-5b
12349 Landschöppenpfad (1) 134-8a
12309 Landshuter Straße (Lichtrde.) 170-1a
10779 Landshuter Straße (Schbg.) 99-3c
14089 Landstadt Gatow 110-6a
12623 Landvogtstraße 92-3d
12207 Landweg 149-2d
- Lange Brücke 121-9a
13437 Lange Enden 45-4a
12489 Lange Gurke (Kleingtkol.) 121-8c
10243 Lange Straße (Friedhn.) 88-4a
12209 Lange Straße (Lichtfde.) 131-9c
12109 Lange Straße (Mardf.) 117-8a
14109 Lange Stücken 145-1c
13503 Langenauer Weg 32-9a
12623 Langenbeckplatz 92-9c
10249 Langenbeckstraße (Friedhn.) 74-7b
12623 Langenbeckstraße (Mahlsdf.) 92-9c
12249 Langensalzaer Straße 132-7c
- Langenscheidtbrücke 100-5a
10827 Langenscheidtstraße 100-2c
12169 Langensteiner Weg 116-8a
12683 Langer Weg 105-1b
12555 Langerhansstraße 121-3c
13599 Langer-See-Straße (1) 54-9d
10369 Langes Höhe (Kleingtkol.) 74-6b
12589 Langewahler Weg 125-7a
12589 Langfuhrer Allee 125-7b
13086 Langhansstraße 59-9b
12681 Langhoffstraße 76-6c
12247 Langkofelweg 132-1d
14052 Langobardenallee 84-7a (11/C1)
13465 Langohrzeile 34-3c
12355 Langschanweg 153-6a
13125 Lanker Straße 38-9b
13595 Lankestrand 82-7b
12247 Lankwitz Hafen (Kleingtkol.) 132-2a
- Lankwitzer Brücke 132-3c
12209 Lankwitzer Straße (Lichtfde., Lankw.) 131-6c
12107 Lankwitzer Straße (Mardf.) 132-3c
12249 Lankwitz-Stamm (Kleingtkol.) 132-7a
12249 Lankwitz-Tierheim (Kleingtkol.) 132-7a
12249 Lankwitz-Zieten (Kleingtkol.) 132-7a
14195 Lansstraße 114-6c
13125 Lanzelotstraße 39-4b
14089 Lanzendorfer Weg 126-2c
12683 Lappiner Platz 77-7c
12683 Lappiner Straße 76-9d
14055 Lärchenweg (Charlbg.) 97-3b
13629 Lärchenweg (Siemst.) 69-5b
13127 La-Rochelle-Straße 37-8d
10243 Lasdehner Straße 88-2d
13585 Lasiuszeile (1) 68-5a
10245 Laskerstraße 88-9b
12621 Lassallestraße (Kaulsdf.) 91-9a
12589 Lassallestraße (Rahnsdf.) 125-5c
12621 Lassaner Straße 91-6d
14193 Lassenstraße 98-4d
12689 Lattichweg 62-3b
14197 Laubacher Straße (Kleingtkol.) 99-7b
14197 Laubacher Straße 99-8a
14197 Laubenheimer Straße 115-1b
12107 Lauberhornweg 133-5b
12045 Laubestraße 102-5a
12527 Laubnitzer Pfad 138-7c
12351 Laubsängerweg 134-3b
12683 Lauchhammerstraße 90-9d
12355 Lauchstädter Weg 135-8c
13189 Laudaer Straße 59-6a
12157 Lauenburger Platz 115-6b
Lauenburger Straße 115-9b
12157 Nr. 1-27, Nr. 2-32
12169 Nr. 29-119, Nr. 34-118
12459 Laufener Straße 120-2c
12683 Lauinger Straße 91-5a
12555 Laurenzstraße (1) 121-6c
13465 Laurinsteig 33-3a
12205 Lausanner Straße 130-9b
10997 Lausitzer Platz 88-7a
10999 Lausitzer Straße 102-1a
13129 Lautentaler Straße 48-2c
13189 Lauterbachstraße 59-5b
12347 Lauterberger Straße 118-1c
12159 Lauterstraße 99-9c
12107 Lauxweg 132-3d
12623 Lavendelweg 92-8c
13581 Lazarusstraße (Kleingtkol.) 81-3d
13581 Lazarusstraße 81-2b
Lea-Grundig-Straße 63-7d
12679 Nr. 2-50
12687 Nr. 45-83
13407 Lebensfreude (Reindf.) (Kleingtkol.) 45-9a
12099 Lebensfreude (Tphf.) (Kleingtkol.) 117-2c
12524 Leberblumenweg 137-4d
10829 Leberstraße 100-8a
13127 Le-Bonheur-Straße 47-3c
10243 Lebuser Straße 88-1a
12209 Lechtaler Weg 150-1a
12623 Ledebourstraße 92-8b
14165 Leester Weg 147-2a
12161 Lefèvrestraße 115-2a
12355 Leghornweg 153-2d
Legiendamm 87-9a (15/H6)
10179 Nr. 2-28
10969 Nr. 30-42
13086 Lehderstraße 59-9d
13627 Lehmannshof (Kleingtkol.) 71-4a
12099 Lehmberg (Kleingtkol.) 117-6d
10245 Lehmbruckstraße 88-8b
12524 Lehmfeldsteig 136-6d
12524 Lehmusstraße 155-1c
10318 Lehndorffstraße 104-4b
12621 Lehnestraße 92-2a
12487 Lehnfeldsteig 136-5d
10709 Lehniner Platz 98-3b (18/B5)
12623 Lehnitzplatz 106-2d
12623 Lehnitzstraße 106-5d
10557 Lehrter Straße 72-4d (12/A1)
12435 Leiblstraße 103-4a
Leibnizstraße 85-7d (18/D5)
10625 Nr. 1-37, Nr. 2-38, Nr. 69-Ende, Nr. 70-Ende
10629 Nr. 39-65, Nr. 40-64
14195 Leichhardtstraße 130-1b
12359 Leidener Straße 118-6c
12049 Leinestraße 101-9d
10117 Leipziger Platz 86-6c (14/C5)
10117 Leipziger Straße 86-6c (14/C5)
12627 Leisniger Straße 78-6c
14050 Leistikowstraße 84-4c
13086 Lemgoer Straße 60-6c
12623 Lemkestraße 92-3a
12305 Lenaustraße (Lichtrde.) 151-2a
12047 Lenaustraße (Nkln.) 101-3d
10245 Lenbachplatz 88-6d
10245 Lenbachstraße (Friedhn.) 88-6d
12621 Lenbachstraße (Kaulsdf.) 91-8d
12623 Lenbachstraße (Mahlsdf.) 78-9d
12157 Lenbachstraße (Stegl.) 115-3d
13407 Lengeder Straße 45-9c
10785 Lennéstraße 86-5d (14/B5)
13629 Lenther Steig 69-6d
14195 Lentzeallee 114-3a
12353 Lenzelpfad 135-4d
Leo-Baeck-Straße 130-7c
14165 Nr. 2-22, Nr. 3-25
14167 Nr. 28-50, Nr. 33-51
14193 Leo-Blech-Platz 98-7b
13125 Leobschützer Straße 38-6a
14089 Leonardo-da-Vinci-Straße 110-2d
12349 Leonberger Ring 134-4d
13156 Leonhard-Frank-Straße 58-3d
14057 Leonhardtstraße 84-9a (16/A4)
12101 Leonhardyweg 100-9b
10717 Leon-Jessel-Platz 99-5a
12247 Leonorenstraße 131-3b
12307 Leopoldplatz (Lichtrde.) 169-3c
13347 Leopoldplatz (Wedd.) 72-1b
12621 Leopoldstraße (Kaulsdf.) 92-1c
10317 Leopoldstraße (Lichtbg.) 89-5c
12057 Leo-Slezak-Straße 119-1b
Lepsiusstraße 115-4d
12163 Nr. 1-83, Nr. 2-82
12165 Nr. 84-Ende, Nr. 85-Ende
12249 Lerbacher Weg 132-7b
12437 Lerchenfeld (Kleingtkol.) 119-7b
12437 Lerchenhöhe (Kleingtkol.) 119-4a
12437 Lerchenstraße (Baumsch.) 119-7b
14089 Lerchenstraße (Klad.) 110-2c
12437 Lerchenweg (Baumsch.) 119-7b
13129 Lerchenweg (Blankbg.) 48-7a
13599 Lerchenweg (Haselh.) 54-9d
12109 Lerchenweg (Mardf.) 117-7a
12589 Lerchenweg (Rahnsdf.) 141-1a
13589 Lerchenweg (Spand.) 53-7b
13629 Lerchenweg (Teg.) 69-3c
13351 Lerchenweg (Wedd.) 71-1a
12209 Lermooser Weg 149-3b
14059 Lerschpfad 84-5a
12526 Leschnitzer Straße 155-6a
13503 Lesewitzer Steig 32-9b
10557 Lesser-Ury-Weg 72-7d (12/A2)
- Lessingbrücke 85-3a
12053 Lessinghöhe 102-7b
12305 Lessingplatz 151-5a
12526 Lessingstraße (Bohnsdf.) 156-4b
10555 Lessingstraße (Hansav.) 85-3c (17/G1)
12305 Lessingstraße (Lichtrde.) 151-5a
12623 Lessingstraße (Mahlsdf.) 106-4a
12169 Lessingstraße (Stegl.) 115-6c
13158 Lessingstraße (Wilhr.) 46-4c

13507 Letmather Weg 56-4a
13509 Letschiner Weg 44-8b
12355 Lettberger Straße 136-7b
13409 Letteallee 58-5c
13409 Letteplatz 58-5c
13627 Letterhausweg 70-8a
10437 Lettestraße 73-3c
12559 Lettweilerstraße 140-5a
13503 Letzkauer Steig 32-8b
13593 Leubnitzer Weg 81-5b
14165 Leuchtenburgstraße 130-7c
13055 Leuenberger Straße 61-9c
13509 Leuenberger Zeile 44-8c
12681 Leunaer Straße 62-6b
13627 Leuningerpfad 70-6d
10999 Leuschnerdamm 87-9a (15/H6)
10829 Leuthener Platz 100-5c
10829 Leuthener Straße 100-5c
13591 Leuthingerweg 67-5c
12623 Levensauer Straße 106-2a
10555 Levetzowstraße 85-2b
12357 Levkoienweg 135-5b
10439 Lewaldstraße 59-9c
10629 Lewishamstraße 84-9d (16/B4)
12435 Lexisstraße 102-2c
Leydenallee 115-8b
12167 Nr. 35-89, Nr. 36-90
12165 Nr. 91-Ende, Nr. 92-Ende
12053 Leykestraße 102-7a
12161 Liane-Berkowitz-Platz 115-2a
12524 Lianenweg 136-9b
10245 Libauer Straße 88-5b
12527 Libboldallee 137-9d
14089 Libellensteig 95-6b
14129 Libellenstraße 128-8c
12047 Liberdastraße 102-1a
13088 Lichtelfensteg 60-3a
13055 Lichtenauer Straße 75-3c
- Lichtenberger Brücke 89-3c
Lichtenberger Straße 87-3d
10178 Nr. 1-11, Nr. 2-12
10243 Nr. 13-17, Nr. 14-18, Nr. 40, 41
10179 Nr. 20-Ende, Nr. 21-Ende
12627 Lichtenhainer Straße 78-2d
Lichtenrader Damm 151-2b
12305 Nr. 1-57, Nr. 2-274, Nr. 115-225
12309 Nr. 61-95
12049 Lichtenrader Straße 101-6d
10787 Lichtensteinallee 85-6d
- Lichtensteinbrücke (17/H3)
12207 Lichterfelde (Kleingtkol.) 131-6c
Lichterfelder Ring 149-2d
12279 Nr. 81-121, Nr. 86-124a
12209 Nr. 125-Ende, Nr. 126-Ende
14167 Lichterfelder Weg 148-3a
13465 Lichtungsweg 33-2b
13587 Lichtwarkweg 54-5a
12167 Liebenowzeile 116-7d
12687 Liebensteiner Straße 63-4a
14195 Liebensteinstraße 114-9b
13125 Liebenstraße 38-8b
13055 Liebenwalder Straße (Hschöhns.) 75-6a
13347 Liebenwalder Straße (Wedd.) 72-1b
13088 Liebermannstraße 60-6c
13127 Liebermannweg 37-5c
13439 Lieberoser Straße 45-5b
10245 Liebesinsel 103-2a
13509 Liebfrauenweg 44-2c

10247 Liebigstraße 88-3a
- Liebknechtbrücke (13/F3)
12587 Liebstadter Gang 122-2d
13503 Liebstöckelweg 32-9b
10999 Liegnitzer Straße 102-1b
13403 Lienemannstraße 57-1d
12557 Lienhardweg 138-4c
12107 Lienzer Pfad (1) 133-5d
10318 Liepnitzstraße 104-4d
13469 Lierbacher Weg 35-7d
13507 Liesborner Weg 56-1a
12355 Lieselotte-Berger-Platz 154-1d
12355 Lieselotte-Berger-Straße 154-4a
12524 Lieselstraße 136-9c
Liesenstraße 72-5d
10115 Nr. 1-7, Nr. 2-8
13355 Nr. 9-15, Nr. 10-16
13347 Nr. 18-Ende, Nr. 19-Ende
13503 Liessauer Pfad 32-9b
Lietzenburger Straße 99-1b
10789 Nr. 1-51, Nr. 2-50
10719 Nr. 52-98, Nr. 53-97
10707 Nr. 99-Ende, Nr. 100-Ende
- Lietzenseebrücke 84-8a
- Lietzenseepark 84-8b (16/A3)
14057 Lietzenseeufer 84-8b (16/A4)
12437 Ligusterweg 119-4d
12627 Lil-Dagover-Gasse (3) 78-1d
12349 Lilie 134-4c
12167 Liliencronstraße 115-9d
12203 Lilienstraße 115-7c
- Lilienthalpark 149-3c
10965 Lilienthalstraße 101-5b
12359 Lilienweg (Britz) 119-7d
10589 Lilienweg (Charlbg.) 71-7a
13599 Lilienweg (Haselh.) 55-7c
13599 Lilienweg (Haselh.) 69-5a
13127 Lilienweg (Pank.) 38-7b
13629 Lilienweg (Teg.) 70-2c
13437 Lilienweg (Waidml.) 44-6d
13437 Lilienweg (Wilhdf.) 45-6c
10405 Lilli-Henoch-Straße 74-1c
13599 Lilly-Palmer-Promenade 68-6b
12619 Lily-Braun-Straße 78-7c
14163 Limastraße 129-1d
13353 Limburger Straße 71-6b
Limonenstraße 114-9b
14195, 12203
10317 Lina-Morgenstern-Straße (4) 89-8c
10315 Lincolnstraße 89-6d
13407 Lindauer Allee 57-2c
10781 Lindauer Straße 100-1a (19/H6)
13129 Lindenallee (Blankbg.) 48-4b
14050 Lindenallee (Charlbg.) 84-4c
12587 Lindenallee (Friedhg.) 122-3d
13088 Lindenallee (Weißs.) 60-9c
10829 Lindenbaum (Kleingtkol.) 116-2a
13156 Lindenberger Straße (Nschönhs.) 47-8b
13059 Lindenberger Straße (Wartbg.) 50-7c
13129 Lindenberger Weg (Blankbg.) 48-3c
13125 Lindenberger Weg (Buch) 31-8a
13627 Lindenblüte (Kleingtkol.) 71-4b
12526 Lindenblütenstraße (3) 155-3a
14163 Lindenfelser Weg 113-8c
10829 Lindenhain (Kleingtkol.) 116-2a
10409 Lindenhoekweg 74-1a
13127 Lindenhof (Buch) 29-9b

12103 Lindenhof (Friedn.) 116-5a
13127 Lindenhof (Kleingtkol.) 37-3a
12555 Lindenhof (Köp.) 122-1a
13597 Lindensteg (11/A3)
12683 Lindenstraße (Biesdf.) 91-5a
12526 Lindenstraße (Bohndf.) 155-6c
12621 Lindenstraße (Kaulsdf.) 105-2d
12555 Lindenstraße (Köp.) 121-2d
10969 Lindenstraße (Kreuzbg.) 87-7b (15/F6)
12207 Lindenstraße (Lichtfde.) 149-1b
12589 Lindenstraße (Rahnsdf.) 141-2d
12527 Lindenstraße (Schmöckw.) 175-3a
12559 Lindenstraße (Siedl. Schönhorst) (Müßggelhm.) 141-1c
14109 Lindenstraße (Wanns.) 127-8c
12487 Lindental (Kleingtkol.) 119-8d
14163 Lindenthaler Allee 129-7d
13597 Lindenufer 68-8c (11/B3)
13053 Lindenweg (Hschönhs.) 75-2a
14199 Lindenweg (Schmargdf.) 98-9b
13587 Lindenweg (Spand.) 54-5c
13059 Lindenweg (Wartbg.) 50-8c
13351 Lindenweg (Wedd.) 71-1b
12623 Linderhofstraße 78-8d
12527 Linderoder Weg 138-7d
12349 Lindholzweg 134-7d
12487 Lindhorstweg 119-9c
13347 Lindower Straße 72-2c
14193 Lindwerder 112-4b
13088 Lindwurmweg 60-3b
Linienstraße 72-9d (12/D2)
10178 Nr. 1-35, Nr. 2-36
10119 Nr. 41-87, Nr. 42-88, Nr. 193-223, Nr. 194-224
10115 Nr. 93-165, Nr. 94-164
12359 Liningstraße 118-5d
10785 Linkstraße 86-9a (14/C6)
12305 Lintruper Straße 151-2b
13589 Linumer Straße 67-3b
12619 Lion-Feuchtwanger-Straße 77-9c
12619 Lion-Feuchtwanger-Weg (1) 77-9c
12203 Lipaer Straße 115-7d
13465 Lippizanerweg 26-4c
14199 Lippspringer Weg 98-9d
12207 Lippstädter Straße 149-1c
Lipschitzallee 135-7a
12351 Nr. 2-34, Nr. 7-33
12353 Nr. 35-Ende, Nr. 36-Ende
12353 Lipschitzplatz 135-4c
10407 Liselotte-Herrmann-Straße 74-4c
10589 Lise-Meitner-Straße 70-9d
Lissabonallee 129-7a
14129 Nr. 6
14163 Nr. 7-34
12683 Lissaer Straße 91-7a
13435 Lißberger Zeile 35-8d
10318 Lisztstraße (Karlsh.) 104-2c
12623 Lisztstraße (Mahlsdf.) 93-1a
13127 Lisztweg 37-5c
10179 Littenstraße 87-2b (13/H3)
13349 Liverpooler Straße 57-9a
12109 Liviusstraße 117-8d
10715 Livländische Straße 99-8b
14163 Lloyd-G.-Wells-Straße 129-7d
12587 Löbauer Weg 122-3c
13503 Lobber Steig 32-6a
10969 Lobeckstraße 87-8c

12683 Lobelienweg (4) 91-5d
12557 Lobitzweg 122-7c
13503 Löblauer Pfad 32-6c
12355 Lockenhuhnweg 153-3a
12587 Löcknitzstraße 123-4b
14165 Loebellstraße 129-8d
12681 Loefer Weg 90-2b
10367 Loeperplatz 75-7d
13467 Loerkesteig 34-5a
12101 Loewenhardtdamm 100-6a
12557 Logauweg 138-4d
12623 Lohengrinstraße (Kaulsdf., Mahlsdf.) (1) 92-2a
14109 Lohengrinstraße (Nklsee.) 128-7d
12355 Löheweg 135-7b
14195 Löhleinstraße 114-8c
13189 Lohmestraße 59-5b
10587 Lohmeyerstraße 84-6a (16/B1)
- Lohmühlenbrücke 102-1d
12059 Lohmühlenplatz 102-1d
12435 Lohmühlenstraße 102-2c
12489 Lohnauer Steig 121-7b
14169 Lohrbergweg (1) 114-7a
13591 Lohrer Pfad 66-8a
13089 Lokistraße 60-1a
12487 Lokiweg 119-8b
13349 Londoner Straße 57-8b
14089 Lönnrotweg 111-7a
13125 Lönsstraße 38-5d
12305 Löptener Straße 169-3a
12059 Loraberg (Kleingtkol.) 102-5b
14197 Lorcher Straße 115-1a
10318 Loreleystraße 104-6a
12209 Lorenzstraße 131-6c
12099 Lorenzweg 117-4b
12247 Lörracher Straße 116-7d
12307 Lortzingplatz 169-2c
13355 Lortzingstraße (Gesndbr.) 73-1c
12307 Lortzingstraße (Lichtrde.) 92-3d
12623 Lortzingstraße (Mahlsdf.) 169-2d
10789 Los-Angeles-Platz 85-9c (17/F4)
10587 Loschmidtstraße 85-4a (16/D1)
13593 Loschwitzer Weg 81-4b
13055 Lössauer Straße 75-3c
13125 Lossebergplatz 39-4b
12355 Lößnitzer Weg 135-8c
12557 Lossowweg 138-1b
12157 Lothar-Bucher-Straße 115-6a
13053 Lotharstraße 62-4c
13467 Lotosweg 35-7a
12683 Lötschbergstraße 90-6b
10623 Lotte-Lenya-Bogen 85-8b (17/F4)
12487 Lotte-Loebinger-Straße (6) 137-4a
10119 Lottumstraße 73-8a (13/G1)
14055 Lötzener Allee 83-9c
12205 Lotzestraße 130-5b
12487 Louis-Blériot-Straße 120-8a
13359 Louise-Schroeder-Platz 58-7b
13591 Louise-Schroeder-Siedlung 67-7c
12627 Louis-Lewin-Straße 78-6a
13627 Löwe (Kleingtkol.) 71-4c
10315 Löwenberger Straße 89-3d
12307 Löwenbrucher Weg 169-5b
- Löwenbrücke (17/H2)
14169 Löwenburgweg (2) 114-7a
13591 Löwenmaulsteig 66-6c
13591 Lowenstammstraße 66-5b
12353 Löwensteinring 135-4a
12357 Löwenzahnweg 135-5b
10249 Löwestraße (Friedhn.) 88-2a

12623 Löwestraße (Mahlsdf.) 78-9d
12359 Lowise-Reuter-Ring 118-8b
13435 Lübarser Straße 45-2c
13159 Lübarser Weg 36-2d
12527 Lübbenauer Weg 157-5c
10997 Lübbener Straße 88-7d
12623 Lübecker Straße (Mahlsdf.) 79-4a
10559 Lübecker Straße (Moab.) 71-9d
13407 Lübener Weg 57-3c
13503 Lubminer Pfad 32-5d
12619 Lubminer Straße 77-9c
12619 Lubminer Weg (3) 77-9c
12623 Lübzer Straße 78-8b
14195 Luchsweg 114-2c
13591 Luchweg 66-6a
14199 Luciusstraße 98-8c
10969 Luckauer Straße 87-8b
12629 Luckenwalder Straße (Helldf.) 63-9c
10963 Luckenwalder Straße (Kreuzbg.) 86-9c
12279 Luckeweg 150-2c
14129 Lückhoffstraße 128-8b
10317 Lückstraße 89-8b
12249 Lüdeckestraße 132-5d
13599 Lüdenscheider Weg 69-4a
13351 Lüderitzstraße 57-9c
12555 Lüdersstraße 121-6d
14089 Lüdickeweg 126-3c
13583 Lüdinghauser Weg 67-5b
13465 Ludolfingerplatz 34-1b
13465 Ludolfingerweg 33-3b
10587 Lüdtgeweg 85-1c (16/C1)
14197 Ludwig-Barnay-Platz 115-1b
12203 Ludwig-Beck-Platz 131-1b (14/B6)
10785 Ludwig-Beck-Straße (14/B6)
12489 Ludwig-Boltzmann-Straße 136-2d
14089 Ludwig-Dürr-Straße 110-2b
10557 Ludwig-Erhard-Ufer (12/B3)
13581 Ludwig-Heim (Kleingtkol.) 81-2a
10553 Ludwig-Hoffmann-Brücke 71-5c
10719 Ludwigkirchplatz 99-2a (19/E6)
10719 Ludwigkirchstraße 99-2a (19/E6)
12437 Ludwig-Klapp-Straße 103-8d
- Ludwig-Lesser-Park 26-7b
10243 Ludwig-Pick-Straße (1) 88-2d
13127 Ludwig-Quidde-Straße 48-1c
Ludwig-Renn-Straße 63-7a
12679 Nr. 1-45, Nr. 2-56
12687 Nr. 58-72, Nr. 67-69
12435 Ludwig-Richter-Straße 103-4a
12247 Ludwigsburger Weg 116-7d
12629 Ludwigsfelder Straße (Helldf.) 63-9d
14165 Ludwigsfelder Straße (Zehldf.) 129-8d
12559 Ludwigshöheweg 139-9c
12619 Ludwigsluster Straße 91-3a
12621 Ludwig-Turek-Straße 78-8a
13591 Luftschifferweg 67-7a
12355 Luise Dähne (Kleingtkol.) 153-6a
12103 Luise-Henriette-Straße 117-1c
10829 Luisengärten (Kleingtkol.) 100-8c
12555 Luisenhain 121-6c
10785 Luiseninsel 86-5c
- Luisenkirchhof I (16/D1)
- Luisenkirchhof III 84-1a
10585 Luisenplatz 84-3c (16/B1)
13505 Luisenstraße (Konrdsh.) 54-3c

12557 Luisenstraße (Köp.) 121-9b
12209 Luisenstraße (Lankw., Lichtfde.) 131-6c
10117 Luisenstraße (Mitte) 72-9c (12/C2)
13407 Luisenweg (Reindf.) 57-3b
13595 Luisenweg (Spand.) 82-7b
Luise-Zietz-Straße 90-3b
12683 Nr. 12-128, Nr. 13-85
12681 Nr. 87-129
Luitpoldstraße 99-3b (19/H6)
10781 Nr. 1-15a, Nr. 2-16, Nr. 35-Ende, Nr. 36-Ende
10777 Nr. 17-33, Nr. 18-34
12203 Lukas-Cranach-Straße 131-1d
13053 Lukasstraße 62-7b
12527 Lummenweg 137-6a
13189 Lunder Straße 59-9a
10557 Lüneburger Straße 86-1c (12/A3)
13599 Lünette 69-4a
12357 Lupinenweg 135-9b
14165 Lupsteiner Weg 147-6b
10178 Lustgarten 87-1d (13/F3)
- Lutherbrücke 86-1d
13585 Lutherplatz 68-4b
12305 Lutherstraße (Lichtrde.) 151-9a
12623 Lutherstraße (Mahlsdf.) 92-8b
13156 Lutherstraße (Nschönhs.) 46-9b
12589 Lutherstraße (Rahnsdf.) 141-3a
13585 Lutherstraße (Spand.) 68-5a
12167 Lutherstraße (Stegl.) 115-8b
12524 Lutizenstraße 137-7c
13581 Lutoner Straße 81-2c
13583 Lutter-Korth (Kleingtkol.) 67-6c
13353 Lüttich (Kleingtkol.) 71-3d
10319 Lüttichauweg 90-5c
13353 Lütticher Straße 71-3d
14195 Lützelsteiner Weg 130-1b
10711 Lützenstraße (Kleingtkol.) 98-2b
10711 Lützenstraße 98-2b (18/A6)
10785 Lützowplatz 86-7a
12307 Lützowstraße (Lichtrde.) 169-3d
10785 Lützowstraße (Tiergtn.-S.) 86-7b
Lützowufer 86-7a (17/H3)
10785 Nr. 1-19, Nr. 2-18
10787 Nr. 20-Ende, Nr. 21-Ende
12681 Lütztalweg 90-2b
13353 Luxemburger Straße 71-6b
12205 Luzerner Straße 130-9d
12619 Luzinstraße 77-6d
10437 Lychener Straße 73-2d
14055 Lyckallee 83-8c
14193 Lynarstraße (Grwld.) 98-5a
13585 Lynarstraße (Spand.) 68-4b
13353 Lynarstraße (Wedd.) 72-4b
12627 Lyonel-Feininger-Straße (9) 78-2a

13435 **M**aarer Straße 45-5b
10777 Maaßenstraße 86-7d
14052 Machandelweg 83-2c
14109 Machnower Straße (Wanns.) 163-1b
14165 Machnower Straße (Zehldf.) 147-3a
12105 Machonstraße 116-9b
12355 Mackebenweg 136-8c
12347 Mackenroder Weg 118-2c
- Mäckeritzbrücke 70-1c
13629 Mäckeritzstraße 70-4c
12621 Mädewalder Weg 91-3d
12249 Maerckerweg (2) 132-5d
12307 Maffeistraße 151-7d
10179 Magazinstraße 87-3c (13/H3)
12055 Magdalenenkirchhof 102-8c
10365 Magdalenenstraße 89-2c
10785 Magdeburger Platz 86-7b
12205 Maggy-Breittmayer-Pfad (7) 131-4c
12103 Magirusstraße 116-2d
Magistratsweg 67-7d
13593 Nr. 1-31, Nr. 2-30
13591 Nr. 32-Ende, Nr. 33-Ende
12489 Magnusstraße 136-3c
13088 Mahlerstraße 74-2b
12557 Mahlower Straße (Köp.) 121-8d
12049 Mahlower Straße (Nkln.) 101-6d
12627 Mahlsdorfer Straße (Helldf.) 78-6b
12555 Mahlsdorfer Straße (Köp.) 121-3b
12623 Mahlsdorf-Nordspitze (Kleingtkol.) 79-5a
13595 Mahnkopfweg 82-8a
12437 Mahonienweg 119-5c
12359 Maiblume (Kleingtkol.) 118-6b
10787 Maienstraße 86-7c
13599 Maienwerder 55-7a
13599 Maienwerderweg 55-7d
10407 Maiglöckchenstraße 74-6c
13088 Maiglöckchenweg (1) 60-2d
14055 Maikäferpfad 97-3b
13589 Maikäferweg 53-7c
12161 Mainauer Straße 99-8d
10247 Mainzer Straße (Friedhn.) 88-3d
12053 Mainzer Straße (Nkln.) 102-4a
10715 Mainzer Straße (Wilmdf.) 99-8a
12623 Maipfad 92-4d
12683 Maisweg 91-1b
13156 Majakowskiring 59-1a
12359 Malchiner Straße 118-9c
13088 Malchower Aue 48-9d
Malchower Chaussee 60-3d
13051 Nr. 2
13088 Nr. 1, Nr. 10
13089 Malchower Straße 60-1d
13129 Malchower Weg (Blankenbg.) 48-4c
13053 Malchower Weg (Hschönhs.) 61-6a
14109 Malergarten 162-6b
12351 Malersteig 134-5b
13125 Malmedyer Straße 31-4b
10439 Malmöer Straße 59-7d
13347 Malplaquetstraße 58-7c
13593 Malschweg 81-8b
Malteserstraße 132-4b
12247 Nr. 1-11, Nr. 2-22
12249 Nr. 13-125, Nr. 24-138
12277 Nr. 135-189, Nr. 142-184a
12203 Malvenstraße 114-9b
12524 Malvenweg 155-1b
12526 Mandelblütenweg (1) 155-3a
10409 Mandelstraße 74-1b
12555 Mandrellaplatz 121-3d
13053 Manetstraße 75-1b
12101 Manfred-von Richthofen-Straße 100-9b
12047 Manitiusstraße 102-1a
12685 Manksweg 77-1c
13158 Männertreuweg (Rosnth.) 47-1b
12357 Männertreuweg (Rudow) 135-3a
12099 Männertreuweg (Tphf.) 117-5a
14089 Mannhardtweg 110-8c
14199 Mannheim (Kleingtkol.) 98-9d
12623 Mannheimer Straße (Mahlsdf.) 92-7c
10713 Mannheimer Straße (Wilmdf.) 99-4d
Mannsfelder Straße 98-6b
10713 Nr. 1-21, Nr. 2-22
10709 Nr. 23-Ende, Nr. 24-Ende
12277 Manntzstraße 132-9c
10783 Mansteinstraße 100-2d
12203 Manteuffelstraße (Lichtfde.) 131-1b
12103 Manteuffelstraße (Tphf.) 116-6d
14052 Marathonallee 83-6c
12683 Maratstraße 90-3b
14197 Marbacher Straße 115-2c
10789 Marburger Straße 85-9c (19/G5)
12249 Marchandstraße 132-8c
- Marchbrücke (17/E1)
13088 Märchenland (Kleingtkol.) 48-9c
13088 Märchenweg 48-9a
14053 Marchhof 83-4d
10243 Marchlewskistraße 88-2c
10587 Marchstraße 85-5a (17/E2)
12681 Marchwitzastraße 76-9b
12107 Marconistraße 133-1c
12623 Marderweg (Mahlsdf.) 78-6d
13629 Marderweg (Siemst.) 69-3a
13351 Marderweg (Wedd.) 71-1b
12055 Mareschstraße 102-9a
13593 Mareyzeile 81-5c
10587 Margarete-Kühn-Straße (17/E1)
13127 Margaretenaue 47-6d
13051 Margaretenhöhe-Nord (Kleingtkol.) 49-5c
13597 Margareteninsel (Kleingtkol.) 82-5b
14193 Margaretenstraße (Grwld.) 98-2c
10317 Margaretenstraße (Lichtbg.) 89-6a
12203 Margaretenstraße (Lichtde.) 130-3b
12623 Margaretenstraße (Mahlsdf.) 92-5d
10407 Margarete-Sommer-Straße 74-7b
10117 Margarete-Steffin-Straße (12/C3)
10407 Margarete-Walter-Straße 74-4b
14089 Marga-von-Etz-Straße 110-5b
13127 Margeritenweg (Fr. Buchhz.) 38-7b
13627 Margeritenweg (Siemst.) 70-9b
13595 Margeritenweg (Spand.) 82-7c
13351 Margeritenweg (Wedd.) 71-1d
- Marggraffbrücke 103-9c
12357 Margueritenring 135-6c
12109 Margueritenweg 117-8b
10961 Marheinekeplatz 101-1d
13407 Mariabrunn (Kleingtkol.) 58-4a
13407 Mariabrunner Weg 57-6b
- Maria-Jankowski-Park 121-6a
12355 Marianne-Hapig-Weg (6) 154-4b
- Mariannenbrücke 141-1b
10997 Mariannenplatz 87-9b
12589 Mariannensteig 141-1b
Mariannenstraße (Kreuzbg.) 87-9d
10997 Nr. 1-7, Nr. 2-6, Nr. 47-Ende, Nr. 48-Ende
10999 Nr. 8-46, Nr. 9-45
12209 Mariannenstraße (Lichtfde.) 131-9b
12527 Mariannenstraße (Schmöckw.) 175-2b
10315 Marie-Curie-Allee 89-9a
10625 Marie-Elisabeth-Lüders-Straße 85-4d (16/D2)
13057 Marie-Elisabeth-von-Humboldt-Straße 63-1a
13053 Marie-Luise-Straße 61-8c
14199 Marienbader Straße 98-8c
14055 Marienburger Allee 83-9d
10405 Marienburger Straße 73-6c
Mariendorfer Damm 117-4c
12099 Nr. 1-3, Nr. 2-4
12109 Nr. 5-129, Nr. 6-128
12107 Nr. 130-446, Nr. 131-447
12051 Mariendorfer Weg 117-3d
Marienfelder Allee 150-5c
12277 Nr. 1-143, Nr. 2-140
12279 Nr. 145-213, Nr. 146-200
12349 Marienfelder Chaussee 151-2b
12277 Marienfelder Scholle (Kleingtkol.) 150-5a
12309 Marienfelder Straße 151-9c
12109 Marienglück (Kleingtkol.) 117-9a
12437 Mariengrund (Kleingtkol.) 119-2c
12557 Marienhain 137-3d
12105 Marienhöhe (Kleingtkol.) 116-8d
12105 Marienhöher Weg 116-8b
12207 Marienplatz 131-5b
13127 Marienstraße (Fr. Buchhz.) 47-3c
12207 Marienstraße (Lichtfde.) 131-8b
10117 Marienstraße (Mitte) 86-3a (12/C3)
12459 Marienstraße (Oberschönwde.) 120-2d
13159 Mariental (Kleingtkol.) 28-8d
12057 Mariental 2 (Kleingtkol.) 119-1d
12437 Marientaler Straße (Baumsch.) 119-2b
12359 Marientaler Straße (Britz) 118-6a
12349 Marienwerder (Kleingtkol.) 134-7a
12587 Marienwerderweg (Friedhg.) 122-2d
13587 Marienwerderweg (Spand.) 54-5d
12205 Marie-Vögtlin-Weg 131-7a
14129 Marinesteig 128-5b
12163 Markelstraße 115-2c
13439 Markendorfer Straße 45-5b
13053 Markfriedstraße 62-7b
10711 Markgraf-Albrecht-Straße 98-3a (18/B6)
10245 Markgrafendamm 88-9d
13465 Markgrafenstraße (Frohn.) 26-7d
Markgrafenstraße (Kreuzbg., Mitte) 87-1c (13/E4)
10969 Nr. 5-19a, Nr. 63-67, Nr. 85-87, Nr. 6-20
10117 Nr. 23-29, Nr. 33-47, Nr. 53-57, Nr. 22-46, Nr. 56-64, Nr. 66-68, Nr. 80, Nr. 86
12623 Markgrafenstraße (Mahlsdf.) 78-8d
12105 Markgrafenstraße (Mardf.) 116-9b
14163 Markgratenstraße (Zehldf.) 129-6d
14195 Markircher Weg 130-2a
Märkische Allee 76-9a
12681 Nr. 40-178, Nr. 45-18
12679 Nr. 180-276
12687 Nr. 280-304
12689 Nr. 320-412
10319 Märkische Aue (Kleingtkol.) 90-7a
12309 Märkische Heide (Kleingtkol.) 170-1c
12057 Märkische Schweiz (Kleingtkol.) 103-4c
12681 Märkische Spitze 76-9c
13435 Märkische Zeile (1) 45-3d
10179 Märkischer Platz 87-2d (13/H4)
10179 Märkisches Ufer 87-5b (15/G5)
14197 Markobrunner Straße 115-1b
12524 Markomannenstraße 137-7d
10318 Marksburgstraße 104-1b
13407 Markscheiderstraße 58-1a
12555 Markstädter Straße 105-5d
13409 Markstraße 58-4d
12627 Markt (Helldf.) 78-2c
13597 Markt (Spand.) 68-8a (11/B2)
12489 Marktplatz (Adlhf.) 121-7c
12359 Marktplatz (Britz) 134-2b
12109 Marktplatz (Mardf.) 117-7c
13437 Marktplatz 45-8b
10317 Marktstraße (Lichtbg.) 89-4c
13597 Marktstraße (Spand.) 68-8a (11/B2)
12627 Mark-Twain-Straße 78-2c
12524 Markulfweg 154-3a
12167 Markusplatz 116-7c
13088 Markus-Reich-Platz 74-2b
10785 Marlene-Dietrich-Platz 86-5d (14/B6)
13505 Marlenestraße 54-3d
12109 Marmaraweg 133-2b
14089 Marquardter Weg 111-3c
- Marschallbrücke 86-3c (12/C3)
13585 Marschallstraße 68-1d
12203 Marschnerstraße 115-8c
14169 Marshallstraße 114-7d
13405 Marsstraße 57-4d
12359 Martha Baer (Kleingtkol.) 118-9b
12681 Martha-Arendsee-Straße 76-6a
13467 Marthastraße (Hermsdf.) 35-4a
12205 Marthastraße (Lichtfde.) 130-6b
13156 Marthastraße (Nschönhs.) 47-7b
13158 Marthastraße (Pank.) 46-8a
13597 Martin-Albertz-Weg 68-7b (11/A2)
14163 Martin-Buber-Straße 129-6d
14109 Martin-Heydert-Straße 144-6b
12353 Martin-Luther-King-Weg 134-6b
13467 Martin-Luther-Straße (Hermsdf.) 34-8c
Martin-Luther-Straße (Schbg.) 100-7a (19/H5)
10777 Nr. 1-35, Nr. 2-34
10779 Nr. 36-74, Nr. 37-73
10825 Nr. 75-Ende, Nr. 76-Ende
12359 Martin-Mährlein-Weg 119-7a
13357 Martin-Opitz-Straße 58-8c

12627 Martin-Riesenburger-Straße 78-2c
13503 Martin-Rudloff-Weg (3) 33-8c
12167 Martinstraße 115-8b
12359 Martin-Wagner-Ring 134-2a
12277 Martiusweg 133-7c
13589 Marwitzer Straße 53-9c
- Marx-Engels-Forum (13/F3)
- Marzahner Brücke 76-3c
Marzahner Chaussee 90-2c
10315 Nr. 1-41, Nr. 2-42
12681 Nr. 47-203, Nr. 48-204
12679 Marzahner Promenade 76-3a
13053 Marzahner Straße 75-3b
13509 Marzahnstraße 44-5c
14089 Mascha-Kaléko-Straße 111-7d
13587 Maselake (Kleingtkol.) 54-9a
13587 Maselakeweg 54-8d
- Massantebrücke 135-3d
12349 Massiner Weg 134-1a
12357 Maßliebweg 135-5a
12163 Maßmannstraße 115-2c
14089 Massolleweg 127-1a
10315 Massower Straße 90-4a
14057 Masurenallee 84-7a (11/C1)
13189 Masurenstraße 59-5c
13587 Masurenweg 54-5d
Matenzeile 61-6b
13053 Nr. 1-23, Nr. 4-16
13051 Nr. 26-28
13125 Matestraße 39-4a
10551 Mathilde-Jacob-Platz (1) 71-9c
12459 Mathildenstraße 120-2d
13627 Mathildesweg 70-6a
12355 Mathilde-Vaerting-Weg (7) 154-4b
10245 Matkowskystraße 88-6d
13503 Mattenbuder Pfad 32-8b
Matterhornstraße 128-5d
14163 Nr. 1-15, Nr. 2-20
14129 Nr. 21-101, Nr. 22-106
10249 Matternstraße 88-2b
13465 Mattersburger Weg 34-1c
10829 Matthäifriedhofsweg 116-1b
10785 Matthäikirchplatz 86-5c (14/B6)
12355 Matthäusweg 135-7b
12435 Matthesstraße 102-3c
10249 Matthiasstraße 74-7d
13127 Matthieustraße 37-8d
- Mauerpark 73-1d
10117 Mauerstraße (Mitte) 86-6b (12/D4)
13597 Mauerstraße (Spand.) 68-7b (11/A2)
13627 Mauerweg (Charlbg.) 71-4d
13593 Mauerweg (Spand.) 81-6c
13593 Maulbeerallee 81-2c
13159 Maulbeerweg (Blankfde.) 47-2a
12359 Maulbeerweg (Britz) 119-7a
12247 Maulbronner Ufer 132-2a
12351 Maurerweg 134-2c
13158 Maurice-Ravel-Straße 46-5d
10365 Mauritiuskirchstraße 89-1d
13437 Mauschbacher Steig 45-1d
12277 Mauserstraße 151-1a
13467 Max-Beckmann-Platz 34-6c
10119 Max-Beer-Straße 73-8c (13/G2)
12489 Max-Born-Straße 136-2d
10369 Max-Brunnow-Straße 74-9a
13125 Max-Burghardt-Straße 39-1b
10589 Max-Dohrn-Straße 70-9c
10713 Maxdorfer Steig 99-4b
14195 Max-Eyth-Straße 114-2a
10249 Max-Fettling-Platz 74-7d
12687 Max-Herrmann-Straße 63-4d
12619 Maxie-Wander-Straße 78-4c
12279 Maximilian-Kaller-Straße 150-2a
14089 Maximilian-Kolbe-Straße 95-1d
13465 Maximiliankorso 33-3c
10317 Maximilianstraße (Lichtbg.) 89-5d
13187 Maximilianstraße (Pank.) 59-4d
13347 Max-Josef-Metzger-Platz 72-1d
13189 Max-Koska-Straße 59-9d
13189 Max-Lingner-Straße 59-5d
12353 Max-Pallenberg-Pfad 135-8a
12489 Max-Planck-Straße 136-6b
13086 Max-Steinke-Straße 60-8c
13347 Maxstraße 72-1b
13355 Max-Urich-Straße 72-6b
Maybachufer 101-3b
12047 Nr. 1-45, Nr. 2-44
12045 Nr. 46-Ende, Nr. 47-Ende
13088 Mayener Weg 61-4a
12557 Mayschweg 122-7c
13127 Mazetstraße 47-2b
14167 McNair-Promenade 148-2a
12623 Mechthildstraße 106-4b
14197 Mecklenburgische Straße (Kleingtkol.) 99-7b
Mecklenburgische Straße 98-9d
10713 Nr. 1-21, Nr. 2-22a, Nr. 76-Ende, Nr. 77-Ende
14197 Nr. 23-73, Nr. 24-72
13629 Mecklenburgweg 70-1b
13507 Medebacher Weg 44-7a
12681 Meeraner Straße 76-4d
Meerscheidtstraße 84-4d (11/D1)
14057 Nr. 1-7, Nr. 2-8
14050 Nr. 9-Ende, Nr. 10-Ende
12487 Megedestraße 119-9b
10243 Mehlbeerenweg (1) 87-6b
12524 Mehldornpfad 136-6c
10715 Mehlitzstraße 99-5d
13469 Mehlweg 35-9b
- Mehringbrücke 87-7c
Mehringdamm 101-4a
10961 Nr. 8-72, Nr. 21-69
10965 Nr. 73-129c, Nr. 80-128
13465 Mehringer Straße 26-8c
10969 Mehringplatz 87-7c
12687 Mehrower Allee 63-4c
13435 Mehrower Zeile 45-3c
10719 Meierottostraße 99-2b (19/F6)
10719 Meinekestraße 85-8d (19/F5)
14052 Meiningenallee 83-6a
10823 Meininger Straße 100-4a
12524 Meinolfstraße 155-1a
12277 Meisdorfer Pfad 150-5d
12349 Meise 133-6d
12524 Meisengrund (Kleingtkol.) 137-5c
12559 Meisenheimer Straße 140-7d
14195 Meisenstraße 114-7b
13583 Meisenweg (Spand.) 67-5d
13593 Meisenweg (Spand.) 81-6a
13437 Meisenweg (Witten.) 45-9a
12355 Meißner Weg 135-8a
13503 Meistergasse (2) 42-1d
13595 Melanchthonplatz 81-6b
13467 Melanchthonstraße (Hermsdf.) 34-8c
12247 Melanchthonstraße (Lankw.) 132-4b
12623 Melanchthonstraße (Mahlsdf.) 92-2b
10557 Melanchthonstraße (Moab.) 86-1a
13595 Melanchthonstraße (Spand.) 82-4a
10179 Melchiorstraße 87-6c
12357 Meldenweg 135-6c
13503 Meldorfer Steig 42-3a
12357 Melissenweg 135-2b
14167 Melker Straße 130-8c
Mellener Straße 169-3a
12305 Nr. 1-33, Nr. 2-30
12307 Nr. 32-56, Nr. 35-59
10319 Mellenseestraße 90-7c
13403 Meller Bogen 57-1c
10711 Melli-Beese-Anlage (4) 98-2d
12487 Melli-Beese-Straße 136-1d
13591 Melonensteig 66-5d
14089 Melsunger Straße 95-5d
10178 Memhardstraße 73-8d (13/G2)
12203 Memlingstraße 131-1b
Menckenstraße 115-6c
12169 Nr. 1-7, Nr. 2-6, Nr. 24-30, Nr. 25-29
12157 Nr. 8-22, Nr. 9-23a
- Mendelssohn-Bartholdy-Park 86-9a
10405 Mendelssohnstraße 73-9c (13/H1)
13187 Mendelstraße 47-8d
12435 Mengerzeile 102-2c
12459 Mentelinstraße 104-7c
- Mentzelpark 121-5d
Mentzelstraße (Köp.) 121-8b
12557 Nr. 1-3, Nr. 2
12555 Nr. 5-35, Nr. 12-34
14193 Menzelstraße (Grwld.) 98-7a
12623 Menzelstraße (Mahlsdf.) 92-3a
12157 Menzelstraße (Schbg.) 115-3d
13127 Menzelweg 37-5c
14165 Menzer Weg 129-8c
12437 Meran (10) 119-4d
10825 Meraner Straße 99-6d
12207 Mercatorweg 149-2c
13469 Mergelweg 35-5c
12057 Mergenthalerring 102-6d
12247 Mergentheimerstraße 116-8c
13587 Merianweg 54-5a
12526 Merkurstraße (Bohnsdf.) 156-4a
13405 Merkurstraße (Reindf.) 57-4d
12681 Merler Weg 76-8a
13465 Merlinweg (Frohn.) 33-3a
12277 Merlinweg (Marfde.) 150-8b
12489 Merlitzstraße 136-3b
14052 Merowingerweg 83-9b
12689 Merseburger Straße (Marz.) 62-3b
10823 Merseburger Straße (Schbg.) 100-4b
13587 Mertensstraße 54-8a
13583 Merziger Straße 67-6d
13507 Mescheder Weg 56-5a
Messe Berlin (11/C3)
Messedamm 98-1b (11/C3)
14057 Nr. 1-9, Nr. 2-10
14055 Nr. 11-25, Nr. 12-26
- Messedammbrücke 98-1a (11/C3)
- Messegelände 84-7c (11/C2)
- Messelpark 114-2a
14195 Messelstraße 114-2a
12277 Meßmerstraße 150-3b
13593 Messterweg 81-5a
10317 Metastraße 89-6b
13405 Meteorstraße 57-4c
13627 Meterweg 71-4b
10965 Methfesselstraße 100-6b
10825 Mettestraße 99-9a
12526 Mettkauer Weg 155-6b
12683 Mettlacher Straße 77-5b
13353 Mettmannplatz 72-4d
13595 Metzer Platz 82-1d
10405 Metzer Straße (Prenzl. Bg.) 73-8b
13595 Metzer Straße (Spand.) 82-1c
12099 Metzplatz 117-4a
13053 Meusebachstraße 61-9c
13125 Mewesstraße 31-2d
14163 Mexikoplatz 129-4b
13593 Meydenbauerweg 81-5c
13088 Meyerbeerstraße 74-2a
10439 Meyerheimstraße 73-3b
10629 Meyerinckplatz (18/C5)
13591 Meyerweg 67-7b
12057 Michael-Bohnen-Ring 119-1b
10179 Michaelbrücke 87-6a
12439 Michael-Brückner-Straße 120-4b
10179 Michaelkirchplatz 87-6c (15/H6)
10179 Michaelkirchstraße 87-6c
10409 Michelangelostraße 74-2a
13435 Michelbacher Zeile 35-8d
12349 Michel-Klinitz-Weg 134-7d
13587 Michelstadter Weg 54-8c
12629 Michendorfer Straße (Helldf.) 63-9d
14165 Michendorfer Straße (Zehldf.) 129-8c
10319 Michiganseestraße 89-9d
13409 Mickestraße 58-5c
13089 Midgardstraße 48-7a
12621 Mieltschiner Straße 91-9a
10589 Mierendorffplatz 84-3b
10589 Mierendorffstraße 84-3c
12527 Miersdorfer Straße 157-7d
12055 Mierstraße 102-8d
12307 Miethepfad 151-4d
13505 Milanstraße 54-3b
10437 Milastraße 73-2c
14169 Milinowskistraße 129-3d
12555 Militscher Weg 121-8a
12355 Millöckerweg 136-8c
14195 Milowstraße 115-1c
13189 Miltenberger Weg 59-2d
14055 Miltonweg 83-7d
13089 Mimestraße 60-1b
12357 Mimosenweg (Rudow) 136-4a
12099 Mimosenweg (Tphf.) 117-5a
10589 Mindener Straße 84-3a
13465 Minheimer Straße 26-7c
12359 Miningstraße 118-8b
12557 Minkwitzweg 138-1d
12355 Minorkaweg 153-2b
12683 Minsker Straße (2) 91-4b
12357 Minzeweg 119-8c
Miquelstraße 98-8c
14199 Nr. 1-43, Nr. 2-44
14195 Nr. 45-Ende, Nr. 46-Ende
12524 Mirabellenweg 154-3d
13509 Miraustraße 44-6c
13086 Mirbachplatz 60-8c
12623 Mirower Straße 106-5d
14199 Misdroyer Straße 114-3a
12435 Mississippi (Kleingtkol.) 103-4d
12357 Mistelweg 136-4a
13409 Mittelbruchzeile 58-4b
12559 Mittelbrunner Steig 139-9d
12055 Mittelbuschweg 102-8d
12555 Mittelheide 106-7c
13158 Mittelsteg 46-8c
13129 Mittelstraße (Blankbg.) 48-5b
13089 Mittelstraße (Heindf.) 60-1b
13055 Mittelstraße (Hschönhs.) 75-4b
12109 Mittelstraße (Mardf.) 117-8a
10117 Mittelstraße (Mitte) 86-3d (12/D4)
13158 Mittelstraße (Rosnth.) 47-4a
13585 Mittelstraße (Spand.) 68-4b
Mittelstraße (Stegl.) 115-5d
12165 Nr. 1-3, Nr. 2-4, Nr. 39-41, Nr. 40
12167 Nr. 5-37, Nr. 6-38
14163 Mittelstraße (Zehldf.) 129-6c
12524 Mittelweg (Altgl.) 155-1a
12487 Mittelweg (Charlbg.) 119-8b
13627 Mittelweg (Charlbg.) 70-6b
10589 Mittelweg (Charlbg.) 70-9d
13503 Mittelweg (Heilgs.) 42-6b
12621 Mittelweg (Helldf.) 78-7d
12053 Mittelweg (Nkln.) 102-7b
13158 Mittelweg (Rosnth.) 46-3d
13158 Mittelweg (Rosnth.) 47-1d
13629 Mittelweg (Siemst.) 69-3d
13629 Mittelweg (Siemst.) 69-5b
13593 Mittelweg (Spand.) 81-6a
13509 Mittelweg (Witten.) 44-9b
12629 Mittenwalder Straße (Helldf.) 64-7c
10961 Mittenwalder Straße (Kreuzbg.) 101-1d
13587 Mittenwalder Weg 54-9a
12627 Mittweidaer Straße 78-5b
- Moabiter Brücke 85-3b
- Möckernbrücke 86-9d
Möckernstraße 100-3d
10963 Nr. 1-61, Nr. 2-60, Nr. 91-147, Nr. 92-146
10965 Nr. 62-90, Nr. 63-89
- Modersohnbrücke 88-6c
10245 Modersohnstraße 88-9a
13587 Mögeldorfer Weg 54-7d
13351 Mohasistraße 57-8a
12526 Mohnblütenweg 155-3a
12101 Mohnickesteig 100-9c
12524 Mohnweg (Altgl.) 154-3b
12357 Mohnweg (Rudow) 135-5b
12683 Mohrenfalterweg 91-5c
10117 Mohrenstraße 86-6b (14/D5)
12347 Mohriner Allee 133-3a
14055 Mohrunger Allee 83-8b
12489 Moissistraße 137-1a
12524 Molchstraße 154-3c
10319 Moldaustraße 90-7a
10179 Molkenmarkt 87-2c (13/G4)
10367 Möllendorffstraße 75-7b
12587 Möllenseestraße 123-5a
13597 Möllentordamm 68-5c (11/B1)
10117 Mollergasse (13/E3)
14167 Möllerpfad 130-5d
13127 Möllersfelde (Kleingtkol.) 37-5c
13127 Möllersfelde 37-2d
13158 Möllersfelder Straße 46-4d
13127 Möllersfelder Weg (Kleingtkol.) 37-4b
13159 Möllersfelder Weg 37-4a
12557 Möllhausenufer 138-7b
12353 Mollnerweg 134-8b
Mollstraße 73-9c (13/H1)
10178 Nr. 1-17, Nr. 2-18
10249 Nr. 19-31, Nr. 20-30
10405 Nr. 33-35, Nr. 34-36
14059 Mollwitzstraße 84-2c
14195 Molsheimer Straße 130-2a
- Moltkebrücke 86-2a (12/A3)
12203 Moltkestraße 115-7c
10629 Mommsenstraße (Charlbg.) 84-9d (16/C4)
12203 Mommsenstraße (Lichtfde.) 130-3d
- Monbijoubrücke (13/E3)
- Monbijoupark 87-1a (13/E2)
10178 Monbijouplatz 87-1b (13/E2)

10117 Monbijoustraße 87-1a (13/E3)
13158 Mönchmühler Straße 46-2b
12589 Mönchsheimer Straße 124-9a
13597 Mönchstraße 68-8a (11/B2)
12349 Mondsteinpfad 133-9a
13357 Mönkeberger Straße 59-7c
12109 Monopolstraße 117-4c
12105 Monschauer Weg 116-9b
13407 Montanstraße 57-3b
- Monumentenbrücke 100-5b
Monumentenstraße 100-5a
10829 Nr. 1-13, Nr. 2-Ende, Nr. 31-Ende
10965 Nr. 15-29
- Moorlaker Gestell 144-2b
14109 Moorlakeweg 144-1d
13509 Moorweg 44-2c
12435 Moosdorfstraße 102-3d
12435 Moosdorf-Zeidler (Kleingtkol.) 102-3c
12347 Moosrosenstraße 118-4d
12439 Moosstraße 120-5d
13509 Moränenweg 44-2d
14169 Mörchinger Straße 130-4b
13597 Morellental (Kleingtkol.) 82-5b
12109 Morgengrauen (Kleingtkol.) 117-8a
12099 Morgenrot (Kleingtkol.) 117-5c
12207 Morgensternstraße 131-8a
12347 Morgentau (Kleingtkol.) 118-5d
12437 Mörikestraße 119-2a
- Moritzbrücke (11/A2)
10969 Moritzplatz 87-8b (15/G6)
12489 Moritz-Seeler-Straße 136-3d
10969 Moritzstraße (Kreuzbg.) 87-8c
13597 Moritzstraße (Spand.) 68-7b (11/A2)
12109 Morsbronner-Weg 117-7a
13089 Morschacher Weg 60-2a
- Mörschbrücke 70-8b
10587 Morsestraße 85-2a
12053 Morusstraße 102-4d
12621 Mosbacher Straße 91-6c
12159 Moselstraße 115-3a
13125 Möserstraße 38-6b
12437 Mosischstraße 103-8d
12527 Moßkopfring 185-6b
Motardstraße 69-8b
13629 Nr. 1-101, Nr. 2-100
13599 Nr. 102-144, Nr. 103-145
13591 Möthlower Straße 66-6a
13503 Mottlaupfad 32-6c
12277 Motzener Straße 150-3d
Motzstraße 99-3c (19/G6)
10777 Nr. 1-77, Nr. 2-72
10779 Nr. 74-Ende, Nr. 79-Ende
12683 Möwenweg (Biesdf.) 91-6c
12351 Möwenweg (Buck.) 118-9d
13595 Möwenweg (Nkln.) 81-9b
13589 Möwenweg (Spand.) 53-7a
12355 Mozartring 136-8d
12683 Mozartstraße (Biesdf.) 90-3d
12555 Mozartstraße (Köp.) 121-2b
12247 Mozartstraße (Lankw.) 131-3a
12307 Mozartstraße (Lichtrde.) 169-2d
12623 Mozartstraße (Mahlsd.) 92-3c
13158 Mozartstraße (Pank.) 46-8a
13407 Mudrackzeile 58-4c
12249 Mudrastraße 132-5c
13627 Mügelweg 70-6b
12557 Müggelbergallee 138-4d
12557 Müggelbergplatz 138-4d
12589 Müggeleck 124-8a
12559 Müggelheim I (Kleingtkol.) 139-9a
12559 Müggelheim II (Kleingtkol.) 139-9d
Müggelheimer Damm 122-7d
12557 Nr. 1, Nr. 12
12559 Nr. 193-269
12557 Müggelheimer Straße 121-9a
12559 Müggelhort 140-1b
12559 Müggellandstraße 139-6d
- Müggelpark 123-4c
12559 Müggelschlößchenweg 122-7b
12587 Müggelseedamm 122-5a
12559 Müggelseeperle 139-2d
12559 Müggelspree (Kleingtkol.) 122-4c
12589 Müggelspreeweg 141-1b
10247 Müggelstraße 89-4a
12589 Müggelwerder 124-7d
12589 Müggelwerderweg 124-8a
12487 Mühlbergstraße 120-7c
13591 Mühlenbachring 66-9c
12679 Mühlenbecker Weg 62-9d
10315 Mühlenberg (Friedrfde.) (Kleingtkol.) 90-1d
13469 Mühlenberg (Lüb.) (Kleingtkol.) 35-9b
12559 Mühlenberg 140-7c
10178 Mühlendamm 87-2c (13/G4)
- Mühlendammbrücke 87-2c (13/G4)
13591 Mühlendorfstraße (1) 66-9c
13467 Mühlenfeldstraße 44-2a
13053 Mühlengrund (Kleingtkol.) 61-9b
13129 Mühlenstraße (Blankbg.) 48-6c
13127 Mühlenstraße (Fr. Buchhz.) 37-9a
10243 Mühlenstraße (Friedhn.) 88-4d
12249 Mühlenstraße (Lankw.) 132-4b
13187 Mühlenstraße (Pank.) 59-1d
14167 Mühlenstraße (Zehldf.) 130-7a
13627 Mühlenweg (Charlbg.) 71-4b
13089 Mühlenweg (Pank.) 59-6b
12589 Mühlenweg (Rahnsdf.) 124-5d
13505 Mühlenweg (Reindf.) 42-6c
12589 Mühlenwiese-Finkenheerd (Kleingtkol.) 124-9c
13469 Mühlsteinweg (2) 35-9b
12555 Mühltaler Straße 105-5d
12587 Mühlweg 122-3c
10249 Mühsamstraße 88-2a
10119 Mulackstraße 73-8c (13/F1)
10405 Mülhauser Straße 73-6c
13583 Mülheimer Straße 67-5b
13627 Müllberg (Kleingtkol.) 70-6a
10967 Müllenhoffstraße 101-3a
13437 Müller (Kleingtkol.) 45-9a
10623 Müller-Breslau-Straße 85-5b (17/F2)
12557 Müllerecke 121-9c
10365 Müllersruh (Kleingtkol.) 89-2b
12207 Müllerstraße (Lichtfde.) 149-1b
12623 Müllerstraße (Mahlsdf.) 92-8b
13585 Müllerstraße (Spand.) 68-5a
Müllerstraße (Wedd., Gesndbr.) 57-8b
13353 Nr. 1-41, Nr. 2-40, Nr. 137-Ende, Nr. 138-Ende
13349 Nr. 42-136, Nr. 43-135
12587 Müllroser Straße 123-1b
13503 Mümmelmannweg 33-7c
10243 Müncheberger Straße 88-4a
13125 Münchehagenstraße 39-4b
13465 Münchener Straße (Frohn.) 25-9c
12309 Münchener Straße (Lichtrde.) 169-3b
Münchener Straße (Schbg.) 99-3d
10777 Nr. 1-3, Nr. 2-4
10779 Nr. 5-23, Nr. 6-24, Nr. 33-51, Nr. 34-52
10825 Nr. 25-31, Nr. 26-32
14129 Münchowstraße 128-7b
12559 Münchweilersteig 158-1a
12524 Mundolfstraße 154-3b
12524 Müngersdorfer Straße 155-1b
- Münsinger Park 68-7b (11/A2)
13597 Münsingerstraße 68-7b (11/A2)
Münsterberger Weg 91-3c
12621 Nr. 1-127, Nr. 2-128
12623 Nr. 130-188, Nr. 131-187
12169 Munsterdamm 116-7a
10317 Münsterlandplatz 89-5d
10317 Münsterlandstraße 89-5d
10709 Münstersche Straße 99-1c
12621 Münsterwalder Straße 105-2d
10178 Münzstraße 73-8c (13/G2)
14053 Murellenschlucht 82-6d
14052 Murellenweg 83-1d
10318 Müritzstraße 104-4b
12623 Murmeltierweg 79-7c
12205 Murtener Straße 130-6c
12681 Murtzaner Ring 76-6a
14167 Mürwiker Straße 130-8a
14195 Musäusstraße 114-8b
12349 Muschelkalkweg 133-9c
- Museumsinsel 87-1b (13/E3)
10117 Museumstraße (13/E3)
13589 Musikerweg 53-7b
10997 Muskauer Straße 87-9b
13088 Muspelsteig 60-2b
12099 Mussehlbrücke 117-6a
12101 Mussehlstraße 100-6d
13465 Mustangweg 26-4c
12163 Muthesiusstraße 115-5a
14129 Mutter-Mochow-Weg 129-7a
12107 Muttlerweg 133-5b
13088 Mutziger Straße 60-9c
12627 Mylauer Weg 78-1d
12587 Myliusgarten 122-6b
13509 Myrtenweg 44-5d
12621 Myslowitzer Straße 92-4a

13469 **N**ach der Höhe 45-1a
10779 Nachodstraße 99-2b (19/F6)
13088 Nachtalbenweg 60-3a
13629 Nachtigallenweg 69-3d
13129 Nachtigallsteg 48-4d
13351 Nachtigalplatz 57-8d
13589 Nachtweideweg 68-1a
12099 Nackenheimer Weg 117-3b
12355 Nackthalsweg 153-2b
13125 Nadrauer Straße 31-6c
10245 Naglerstraße 88-8b
13469 Nagolder Pfad 35-7c
12309 Nahariyastraße 152-7a
13125 Nahestraße 38-8b
12277 Nahmitzer Damm 150-2d
14089 Nailaer Weg 110-9a
12459 Nalepastraße 103-9b
13507 Namslaustraße 56-1a
12047 Nansenstraße 102-1c
13127 Nantesstraße 37-8c
12355 Narkauer Weg 154-1b
12349 Narzisse 134-4c
13591 Narzissenpfad 66-6c
12524 Narzissenweg (Altgl.) 155-1b
13503 Narzissenweg (Heilgs.) 42-6a
13581 Narzissenweg (Staak.) 81-2d
13351 Narzissenweg (Wedd.) 71-1c
10717 Nassauische Straße 99-2d
13509 Nassenheider Weg 44-8b
13629 Natalissteig 69-6d
14109 Nathanbrücke 145-7d
13347 Nauener Platz 72-2a
Nauener Straße 67-9c
13583 Nr. 2, Nr. 3-5, Nr. 65-69, Nr. 66-68
13581 Nr. 7-11, Nr. 8-10, Nr. 61A-63A, Nr. 62-64A
10409 Naugarder Straße 74-1a
14197 Nauheimer Straße 99-7c
10829 Naumannstraße 100-8c
12627 Naumburger Ring 78-2a
12057 Naumburger Straße 118-2b
Naunynstraße 87-9a
10997 Nr. 2-32, Nr. 3-31, Nr. 60-Ende, Nr. 61-Ende
10999 Nr. 33-59, Nr. 34-58
13127 Navarraplatz 37-9a
13347 Nazarethkirchstraße 72-1d
12305 Neanderstraße 151-5a
12107 Nebelhornweg 133-2d
12623 Nebelsteig 92-7b
14195 Nebinger Straße 130-2a
12053 Neckarstraße 102-4d
12247 Neckarsulmer Straße 116-8c
10711 Nedlitzer Straße 98-2d
13507 Neheimer Straße 55-3d
14059 Nehringstraße 84-5b (16/A2)
14055 Neidenburger Allee 83-9c
12051 Neißestraße 118-1a
12109 Nelkenallee 117-9a
12203 Nelkenstraße 115-7b
12524 Nelkenweg (Altgl.) 155-1a
13627 Nelkenweg (Charlbg.) 70-6d
13599 Nelkenweg (Haselh.) 69-5c
13503 Nelkenweg (Heilgs.) 42-6a
13127 Nelkenweg (Pank.) 38-7b
13629 Nelkenweg (Siemst.) 70-2c
13581 Nelkenweg (Spand.) 81-2a
13629 Nelkenweg (Teg.) 69-8d
13437 Nelkenweg (Waidml.) 44-6c
13351 Nelkenweg (Wedd.) 71-1c
10783 Nelly-Sachs-Park 86-8d
12627 Nelly-Sachs-Straße 78-2c
12489 Neltestraße 120-9d
13591 Nennhauser Damm 80-2c
12621 Nentwigstraße 92-2a
12526 Neptunstraße (Bohnsdf.) 156-4a
13409 Neptunstraße (Reindf.) 58-5d
12559 Neptunsweg 122-4c
12057 Nernstweg 103-7a
13125 Nerthusweg 39-1d
12307 Nespersteig 151-4d
13158 Nesselweg 46-2d
Nestorstraße 98-6b (18/B6)
10711 Nr. 1-5, Nr. 2-4, Nr. 57-59, Nr. 58
10709 Nr. 6-56, Nr. 7-55A
13583 Netphener Weg 67-5d
13347 Nettelbeckplatz 72-2c
13125 Nettestraße 38-9c
12051 Netzestraße 101-9d
13089 Neu Hoffnungstal (Kleingtkol.) 59-6b
13589 Neu Sternfeld (Kleingtkol.) 66-3d
13059 Neubrandenburger Straße 61-3b
13465 Neubrücker Straße 33-2b
12203 Neuchateller Straße 115-7c
12623 Neudammer Straße 92-8d
12355 Neudecker Weg 135-9d
10245 Neue Bahnhofstraße 89-4c
13585 Neue Bergstraße 68-1d
10179 Neue Blumenstraße 87-3b
13585 Neue Brücke (11/B1)
14059 Neue Christstraße 84-5b (16/A2)
12169 Neue Filandastraße 115-9a
12619 Neue Grottkauer Straße 77-6d
10179 Neue Grünstraße 87-5c (15/F5)
12305 Neue Heimat 151-5d
13347 Neue Hochstraße 72-5b
10179 Neue Jakobstraße 87-5b (15/G5)
10179 Neue Jüdenstraße (13/G4)
14057 Neue Kantstraße 84-8a (16/A4)
14109 Neue Kreisstraße 163-1a
Neue Krugallee 103-5a
12435 Nr. 22-52, Nr. 21-43
12437 Nr. 2-4, Nr. 14, Nr. 56-230, Nr. 209-219
10827 Neue Kulmer Straße (2) 100-2c
10178 Neue Promenade 87-1b (13/F2)
10179 Neue Roßstraße 87-5b (15/G5)
10178 Neue Schönhauser Straße 73-8c (13/F2)
13187 Neue Schönholzer Straße 59-4b
12359 Neue Späthbrücke 118-6d
12437 Neue Späthstraße 118-6d
10827 Neue Steinmetzstraße (1) 100-2c
13581 Neue Straße (Staak.) 67-7d
12103 Neue Straße (Tphf.) 116-3b
14163 Neue Straße (Zehldf.) 129-6a
10243 Neue Weberstraße 88-1a
10249 Neue Welt 74-9d
12557 Neue Wiesen (Kleingtkol.) 138-2c
12557 Neue Wiesen 138-2d
12157 Neue Zeit (Kleingtkol.) 116-1d
13587 Neuenahrer Weg 54-5b
10969 Neuenburger Straße 87-7d
13585 Neuendorfer Straße 68-5c (11/B1)
12623 Neuenhagener Straße 92-5a
13599 Neuer Exerzierplatz (Kleingtkol.) 69-5a
10319 Neuer Feldweg (1) 103-3b
14059 Neuer Fürstenbrunner Weg (Kleingtkol.) 84-1b
12524 Neuer Garten I (Kleingtkol.) 136-6b
12524 Neuer Garten II (Kleingtkol.) 137-4c
14193 Neuer Schildhornweg 97-4b
13158 Neuer Steg 58-2a
12587 Neuer Weg (Köp., Friedhg.) 122-4b
12109 Neuer Weg (Mardf.) 117-5c
13593 Neuer Weg (Spand.) 81-6a
13583 Neuer Wiesengrund (Kleingtkol.) 68-4c
10407 Neues Heim (Prenzl. Bg.) (Kleingtkol.) 74-2d
13158 Neues Heim (Rosnth.) (Kleingtkol.) 46-5b
12355 Neues Heim (Rudow) (Kleingtkol.) 136-5c
12683 Neues Leben (Biesdf.) (Kleingtkol.) 91-5d
12207 Neues Leben (Lichtfde.) (Kleingtkol.) 149-1a
13437 Neues Leben (Reindf.) (Kleingtkol.) 45-9a
10533 Neues Ufer 71-7a
13503 Neufährer Steig 32-8b

12685 Neufahrwasserweg 77-1a
14059 Neufertstraße 84-5b (16/A1)
12435 Neu-Friedland (Kleingtkol.) 102-6a
13583 Neuhausweg 68-7a
12109 Neu-Helgoland (Kleingtkol.) 133-2b
12559 Neuhelgoland 140-2a
12559 Neuhelgoländer Weg 140-2d
12355 Neuhofer Straße (Kleingtkol.) 136-8c
12355 Neuhofer Straße 153-3b
13089 Neukirchstraße 59-3b
14089 Neukladower Allee 111-7b
12057 Neuköllner Schweiz (Kleingtkol.) 102-6d
Neuköllner Straße 135-5a
12357 Nr. 201-331, Nr. 202-334
12355 Nr. 333-Ende, Nr. 336-Ende
12057 Neuköllnische Allee 102-9c
12057 Neuköllnische Brücke 102-9c
12057 Neuköllnische Wiesen (Kleingtkol.) 103-4c
13127 Neuland (Fr. Buchhz.) (Kleingtkol.) 37-5d
12107 Neuland (Mardf.) (Kleingtkol.) 133-4a
13158 Neuland (Rosnth.) (Kleingtkol.) 46-6a
13591 Neuland (Staak.) (Kleingtkol.) 67-7a
13437 Neuland 44-6a
13629 Neuland I (Kleingtkol.) 70-1b
13629 Neuland II (Kleingtkol.) 70-1a
13509 Neulandweg 44-2d
13469 Neu-Lübars (Kleingtkol.) 36-7c
13088 Neumagener Straße 60-6d
13088 Neumagener Straße 60-6d
13051 Neu-Malchow (Kleingtkol.) 49-4d
10178 Neumannsgasse (13/F4)
13189 Neumannstraße 59-2d
12349 Neumarkplan 118-7d
13585 Neumeisterstraße 68-4b
13591 Neunkircher Steig 66-8a
12629 Neuruppiner Straße (Helldf.) 77-3b
14165 Neuruppiner Straße (Zehldf.) 147-1b
12487 Neuseeland (Kleingtkol.) 119-9a
- Neustadt 68-4d
13125 Neustädter Straße 38-5d
10117 Neustädtische Kirchstraße 86-3b (12/D3)
13055 Neustrelitzer Straße 75-5b
- Neu-Venedig 141-1a
13503 Neuwarper Pfad 32-6b
12053 Neuwedeller Straße (1) 102-7b
14167 Neuwerker Weg 130-8c
10318 Neuwieder Straße 104-3a
13053 Neuzeller Weg 61-5d
12489 Newtonstraße 136-2b
13465 Nibelungenstraße (Frohn.) 25-9d
14109 Nibelungenstraße (Nklsee., Wanns.) 146-1a
12524 Nibelungenweg 154-2b
12589 Nickelswalder Straße 125-7d
14129 Nickisch-Rosenegk-Straße (1) 128-6c
12247 Nicolaistraße 131-3a
13591 Nidecksteig 66-8b
12205 Nidwaldener Zeile (2) 131-7a
12557 Niebergallstraße 138-4d
12487 Nieberstraße 120-4d
10629 Niebuhrstraße 85-7c (16/C4)
13503 Niebüller Weg 42-3c
13158 Niederauer Weg (1) 46-6a
10247 Niederbarnimstraße 88-3c
13589 Niederheideweg 53-7b
Niederkirchnerstraße 86-6c (14/C6)
10117 Nr. 1-5, Nr.2-6
10963 Nr. 7, Nr. 8
10117 Niederlagstraße 87-1d (13/E4)
13587 Niederneuendorfer Allee 42-7d
12355 Niederschlemaer Weg 136-5c
12439 Niederschöneweide (Kleingtkol.) 120-6b
13158 Niederstraße 46-7b
10117 Niederwallstraße 87-4b (15/F5)
12159 Niedstraße 99-8d
13053 Niehofer Straße 61-8d
10245 Niemannstraße 88-6c
12689 Niemegker Straße 63-1d
12055 Niemetzstraße 102-8b
14089 Niendorfweg 126-3b
13051 Nienhagener Straße 61-2a
14167 Nienkemperstraße 130-8c
14089 Nieplitzsteig (1) 126-2a
14165 Nieritzweg 147-3d
14193 Niersteiner Straße 98-4b
13403 Nietheweg 45-7b
13088 Niflheimweg 60-3a
14193 Nikischstraße 98-7a
Niklasstraße 129-4c
14163 Nr. 1-53, Nr. 2-22
14129 Nr. 50-Ende, Nr. 55-Ende
10178 Nikolaikirchplatz (13/G4)
14109 Nikolassteig 146-1b
12279 Nikolaus-Bares-Weg 150-2a
12355 Nikolaus-Ehlen-Weg 154-1c
13627 Nikolaus-Groß-Weg 70-7d
10717 Nikolsburger Platz 99-2d
10717 Nikolsburger Straße 99-2d (19/F6)
14109 Nikolskoe 144-2a
14109 Nikolskoer Weg 144-2c
13469 Nimrodstraße 44-3d
12489 Nipkowstraße 121-7d
12524 Nippeser Straße 155-1c
13127 Nisbléstraße 47-2b
10585 Nithackstraße 84-3c (16/A1)
12683 Nitzwalder Straße 105-5a
12459 Nixenstraße 121-1c
12527 Nixenwall 158-6b
12559 Nixenweg 122-4c
12057 Nobelstraße 118-3d
13127 Noéweg 37-8c
12051 Nogatstraße 102-7d
10317 Nöldnerplatz 89-5c
10317 Nöldnerstraße 89-7b
10777 Nollendorfplatz 86-7c
Nollendorfstraße 100-1a
10783 Nr. 1-7, Nr. 2-6, Nr. 37-Ende, Nr. 38-Ende
10777 Nr. 8-36, Nr. 9-35
13627 Nonnendamm 70-7d
Nonnendammallee 69-4d
13599 Nr. 1-41, Nr. 6-42, Nr. 128-Ende, Nr. 135-Ende
13629 Nr. 44-108, Nr. 45-123
12621 Norastraße 91-9c
13053 Norbertstraße 62-7b
Nordbahnstraße (Gesndbr., Pank.) 58-6b
1318/ Nr. 24
13359 Nr. 1-17, Nr. 2-16
13409 Nordbahnstraße (Reindf.) 58-2c
13503 Norddorfer Pfad 42-3c
13158 Nordend (Kleingtkol.) 47-1d
13156 Nordendstraße 46-8b
13581 Nordenhamer Straße 82-1a
14199 Norderney (Kleingtkol.) 114-3b
14199 Norderneyer Straße 114-3b
13353 Nordhafenbrücke 72-5c
10589 Nordhauser Straße 84-3b
12621 Nordheimer Straße 105-2d
13507 Nordhellesteig 56-1c
13125 Nordicstraße 48-3b
13347 Nordkap (Kleingtkol.) 58-8a
10439 Nordkapstraße 59-8c
14055 Nordkurve 98-1b (11/D3)
13089 Nordland (Kleingtkol.) 60-1a
13158 Nordlicht (Kleingtkol.) 47-2c
13405 Nordlichtstraße 57-4c
13349 Nordlichtweg 57-6c
12157 Nordmannzeile 116-1a
- Nordpark 154-1c
13349 Nordpol (Kleingtkol.) 57-6c
12683 Nordpromenade (1) 91-1d
12681 Nordring 62-3c
13587 Nordstern (Kleingtkol.) 54-6a
10825 Nordsternplatz 99-6b
10825 Nordsternstraße 99-6b
Nordufer 71-5a
13353 Nr. 5-19, Nr. 4-20
13351 Nr. 24-Ende, Nr. 25-Ende
13593 Nordweg 81-6a
12559 Norheimer Straße 140-4c
12524 Normannenplatz 137-7a
12524 Normannenstraße (Altgl.) 137-4c
Normannenstraße (Lichtbg.) 89-1d
10367 Nr. 3-11, Nr. 4-12, Nr. 33-41, Nr. 34-40
10365 Nr. 22-24, Nr. 23-25
14129 Normannenstraße (Nklsee.) 128-8a
13088 Nornenweg 60-3c
12305 Norstedter Weg 151-2c
12489 North-Willys-Straße 136-5b
10439 Norwegerstraße 59-7d
12627 Nossener Straße 78-5c
Nostitzstraße 101-1c
10961 Nr. 1-25, Nr. 2-26, Nr. 36-60, Nr. 37-49
10965 Nr. 27-35, Nr. 28-34
14089 Nottepfad 126-2a
10115 Novalisstraße 72-9b (12/D1)
12277 Nunsdorfer Ring 151-1c
10777 Nürnberger Platz 99-3a (19/F5)
Nürnberger Straße (Charlbg., Schbg., Wilmdf.) 99-3a (19/G5)
10787 Nr. 1-11, Nr. 2-10, Nr. 61-69, Nr. 60-68
10789 Nr. 12-28, Nr. 42-50, Nr. 13-31
10777 Nr. 33, Nr. 30-38
12309 Nürnberger Straße (Lichtrde.) 169-3b
12527 Nuscheweg 157-9c
14050 Nußbaumallee 83-6b
13505 Nußhäherstraße 54-3c
13088 Nüßlerstraße 60-6a
12307 Nuthestraße 151-8a
- Nymphenbrücke 128-7d
10825 Nymphenburger Straße 99-6d
14109 Nymphenufer 128-7d

10963 **O**bentrautstraße 100-3b
12437 Ober Damm (Kleingtkol.) 119-4d
- Oberbaumbrücke 88-8a
10997 Oberbaumstraße 88-8a
13591 Oberdorfer Steig 66-8b
- Obere Freiarchenbrücke 88-8d
- Oberfeldpark 91-1c
12683 Oberfeldstraße 91-1c
14193 Oberhaardter Weg 97-9b
13581 Oberhardtweg 81-3b
13583 Oberhauser Straße 67-5b
12209 Oberhofer Platz 131-9a
12209 Oberhofer Weg 131-9a
13587 Oberjägerweg 53-2c
12099 Oberlandgarten 117-3c
12099 Oberlandstraße 117-2d
12165 Oberlinstraße 115-8a
13597 Obermeierweg 68-8c (11/B3)
13189 Obernburger Weg 59-6a
13129 Oberonstraße 38-8c
- Oberseepark 61-8c
13053 Oberseeplatz 61-7d
13053 Oberseestraße 75-1b
12459 Oberspree (Oberschönwde.) (Kleingtkol.) 103-9b
Oberspreestraße 120-6a
12439 Nr. 1-61l, Nr. 2-60
12489 Nr. 62-106, Nr. 63-105
12555 Nr. 108-144, Nr. 109-Ende
12557 Nr. 146-Ende
13086 Obersteiner Weg 60-4b
10117 Oberwallstraße 87-1d (13/E4)
10117 Oberwasserstraße (13/F4)
12687 Oberweißbacher Straße 63-5c
13127 Oboensteig (2) 47-6a
13593 Obstallee 81-5a
12205 Obwaldener Zeile (3) 131-7a
10407 Ochtumweg 74-5b
12161 Odenwaldstraße 115-2c
10435 Oderberger Straße 73-5a
Oderbruchstraße 74-9a
10407 Nr. 5-35
10369 Nr. 8-34
12559 Odernheimer Straße 140-4d
10247 Oderstraße (Friedhn.) 88-6b
Oderstraße (Nkln.) 101-9d
12051 Nr. 1-17, Nr. 4-18
12049 Nr. 28-Ende, Nr. 29-Ende
- Oderstraßenbrücke 117-3b
12049 Odertal (Kleingtkol.) 101-9a
13467 Odilostraße 34-5b
10318 Odinstraße 104-1b
12169 Oehlertplatz 116-4d
12169 Oehlertring 116-4d
13507 Oelder Weg 56-1d
12627 Oelsnitzer Straße 78-5a
14163 Oertzenweg 129-7b
13509 Oeserstraße 44-8a
12555 Oettingstraße 121-3c
14199 Oeynhausen (Kleingtkol.) 98-9c
14199 Oeynhauser Straße 98-9d
13349 Ofener Straße 57-9c
14197 Offenbacher Straße 99-7d
13467 Oggenhauser Straße 34-9a
10999 Ohlauer Straße 102-1a
10179 Ohmstraße (Mitte) 87-6a (15/H5)
13629 Ohmstraße (Siemst.) 70-7a
12619 Ohserring 78-7d
13127 Okarinastraße 47-5b
12049 Okerstraße 101-9b
13129 Okertalstraße 48-6b
13467 Olafstraße 34-3c
13403 Olbendorfer Weg 45-7c
10589 Olbersstraße 70-9c
13437 Olbrichweg 45-8d
14052 Oldenburgallee 83-6a
10551 Oldenburger Straße 71-9c
13591 Oldesloer Weg 67-7c
10407 Oleanderstraße 74-6c
10407 Olga-Benario-Prestes-Straße 74-4a
13599 Olga-Tschechowa-Straße 68-6b
10707 Olivaer Platz 99-1b (18/D5)
13403 Ollenhauerstraße 57-5c
12557 Olmweg 137-2b
10787 Olof-Palme-Platz (17/G4)
12107 Olpererweg 133-3a
13465 Olwenstraße 33-3c
13627 Olympia (Kleingtkol.) 71-4a
- Olympiastadion 83-4d
- Olympische Brücke 83-5d
14052 Olympische Straße 83-5d
14053 Olympischer Platz 83-5c
Onckenstraße 102-2c
12435 Nr. 1-13, Nr. 2-14
12059 Nr. 17-33, Nr. 18-24
12359 Onkel-Bräsig-Straße 118-8b
12359 Onkel-Herse-Straße 118-9a
14163 Onkel-Toms-Hütte 113-8b
14169 Onkel-Tom-Straße 113-5d
10319 Ontarioseestraße 90-8c
12524 Ontarioweg 154-3d
12107 Opelweg 132-6b
12163 Opitzstraße 115-1d
10997 Oppelner Straße 88-8c
13465 Oppenheimer Weg 34-2b
12679 Oppermannstraße 63-7d
13591 Orangensteig 66-6c
13599 Orangenweg 69-1a
13465 Oranienburger Chaussee 26-1a
12305 Oranienburger Straße (Lichtrde.) 151-3d
Oranienburger Straße (Mitte) 72-9d
10178 Nr. 1-23, Nr. 2-22, Nr. 77-Ende, Nr. 78-Ende
10117 Nr. 24-76, Nr. 25-75
13437 Oranienburger Straße (Witten.) 45-1b
10115 Oranienburger Tor (Mitte) 72-9d (12/D1)
13585 Oranienburger Tor (Spand.) (11/B1)
13469 Oraniendamm 34-9d
- Oraniendammbrücke 34-9b
10999 Oranienplatz 87-8b
Oranienstraße 87-4d (12/D2)
10997 Nr. 1-11, Nr. 2-10
10999 Nr. 12-40, Nr. 13-41, Nr. 165a-Ende, Nr. 166-Ende
10969 Nr. 42-164, Nr. 43-165
13053 Oranke (Kleingtkol.) 61-7c
13053 Orankestrand 61-7d
13053 Orankestraße 75-2a
13053 Orankeweg 60-9d
14193 Orber Straße 98-6c
12357 Orchideenweg 135-2a
12099 Ordensmeisterstraße 117-4c
13593 Orelzeile (4) 81-5c
12435 Orionstraße 103-5a
12249 Orlamünder Weg 132-7b
12167 Orleansstraße 115-9c
14055 Ortelsburger Allee 83-8b
13357 Orthstraße 72-2b
12207 Ortlerweg 131-7c
10365 Ortliebstraße 89-3b
13088 Ortnitstraße 60-2d
12359 Ortolanweg 118-9d
12524 Ortolfstraße 154-3c
12159 Ortrudstraße 99-8d
13465 Ortwinstraße 27-7c
12487 Orwinweg 119-8d

13088 Osasteig 60-3c
12627 Oschatzer Ring 78-2b
13469 Öschelbronner Weg 35-8d
12209 Osdorf (Kleingtkol.) 149-6a
12207 Osdorfer Straße 131-7d
12683 Öseler Straße 76-9d
13509 Osianderweg 44-2d
10318 Oskarstraße 104-4d
13347 Osloer Straße 58-8a
10589 Osnabrücker Straße 84-3a
13589 Osningweg 67-3c
12045 Ossastraße 102-1d
13156 Ossietzkyplatz 47-7d
13187 Ossietzkystraße 59-1b
13088 Ostaraweg 60-2d
12355 Ostburger Weg 154-1a
12347 Ostelbien II (Kleingtkol.) 117-9b
13353 Ostender Straße 71-3d
12557 Ostendorfstraße 138-4b
12439 Ostendstraße (Nschönwde.) 120-6b
12459 Ostendstraße (Oberschönwde.) 120-3c
12623 Osterpfad 92-4d
13503 Osterwicker Steig 32-9d
14167 Osteweg 130-8d
12349 Ostheimer Straße 151-3a
14129 Osthofener Weg 128-9a
\- Ostpreußenbrücke 84-8a (11/D1)
12207 Ostpreußendamm (Kleingtkol.) 131-8a
12207 Ostpreußendamm 149-1c
13629 Ostpreußenweg 70-1d
12489 Ostritzer Straße 121-4d
13158 Ostsee (Kleingtkol.) 47-5b
10409 Ostseeplatz 74-1b
10409 Ostseestraße 59-9d
12487 Oststraße (Johsth.) 120-4c
13405 Oststraße (Reindf.) 57-4d
14053 Osttor 83-5a
12487 Ostweg (Baumsch.) 119-9a
12347 Ostweg (Britz) 117-9b
12349 Ostweg (Britz) 134-1d
13627 Ostweg (Charlbg.) 71-4c
10557 Oswald-Schumann-Platz 85-6b (17/H2)
13053 Oswaldstraße 62-7b
13467 Oswinsteig 34-5b
13351 Otawistraße 71-2b
13089 Othellostraße 59-3d
Otisstraße 56-6a
13507 Nr. 1-33
13403 Nr. 2-Ende, Nr. 35-Ende
13599 Otternbuchtstraße 69-8c
13465 Otternweg 34-2c
12524 Otterstraße 154-6a
12355 Ottilie-Baader-Platz 154-4b
13505 Ottilienweg 54-6d
14163 Ottmachauer Steig 113-8c
14195 Otto-Appel-Straße 114-6c
13088 Otto-Brahm-Straße 74-3a
Otto-Braun-Straße 87-3a (13/H2)
10178 Nr. 25-71, Nr. 26-72
10405 Nr. 77-87
10249 Nr. 82-94, Nr. 91-93
10587 Otto-Dibelius-Straße (17/E1)
10557 Otto-Dix-Straße 86-1b
14109 Otto-Erich-Straße 145-1c
12489 Otto-Franke-Straße 137-1d
10585 Otto-Grüneberg-Weg 84-6a (16/A2)
14195 Otto-Hahn-Platz 114-9c
12105 Ottokarstraße 116-6d
12459 Otto-Krüger-Zeile 104-7c
10623 Otto-Ludwig-Straße (17/E4)
12555 Ottomar-Geschke-Straße 121-8a
10369 Otto-Marquardt-Straße 74-6d
12683 Otto-Nagel-Straße 91-1a
10249 Otto-Ostrowski-Straße 74-8b
10555 Ottoplatz 85-3a
14050 Otto-Reutter-Weg 83-3d
10319 Otto-Schmirgal-Straße 90-7d
10555 Ottostraße 85-2b
10585 Otto-Suhr-Allee 84-3c (16/B1)
10969 Otto-Suhr-Siedlung 87-5c (15/G6)
10557 Otto-von-Bismarck-Allee 86-2a (12/B3)
14195 Otto-von-Simson-Straße 114-8b
14089 Otto-von-Wollank-Straße 110-5c
12347 Ottoweg 118-7a
12351 Otto-Wels-Ring 134-3c
12159 Otzenstraße 100-7c
13187 Ötztaler Straße 59-5c
13347 Oudenarder Straße 58-7d
12157 Overbeckstraße 116-4a
13349 Oxforder Straße 57-9b
12621 Oybinweg 105-2b

13589 **P**aarener Straße 67-3b
12559 Pablo-Neruda-Straße 122-7a
13057 Pablo-Picasso-Straße 62-1c
14195 Pacelliallee 114-5d
14167 Pächtersteig 130-7b
13595 Paddlerweg 82-7b
10709 Paderborner Straße 98-3b (18/C6)
12307 Paetschstraße 169-2c
Palisadenstraße 88-1a
10243, 10249
10781 Pallasstraße 100-1b
10245 Palmkernzeile 103-1a
14129 Palmzeile 128-6c
13359 Panke (Kleingtkol.) 58-6c
13127 Panke Grundwiesen (Kleingtkol.) 48-1a
13359 Pankegrund (Kleingtkol.) 58-6a
13125 Pankeniederung (Kleingtkol.) 38-5c
13127 Pankepark (Kleingtkol.) 48-1c
13127 Pankewiesen (Kleingtkol.) 38-7d
13125 Pankgrafenstraße (Karow) 38-4b
13187 Pankgrafenstraße (Pank.) 59-1d
13409 Pankower Allee 58-4d
Pankower Straße 47-9a
13127 Nr. 1, Nr. 2-2a
13156 Nr. 3-Ende, Nr. 4-Ende
13127 Pankstraße (Fr. Buchhz.) 48-4a
13357 Pankstraße (Gesndbr.) 72-2d
Pannierstraße 102-4a
12043 Nr. 1, Nr. 2, Nr. 61-Ende, Nr. 62-Ende
12047 Nr. 4-60, Nr. 5-59
13403 Pannwitzstraße 57-1a
10178 Panoramastraße (13/G3)
12277 Pansfelder Weg 150-5c
13587 Papenberger Weg 54-2c
13053 Papendickstraße 61-9c
12101 Papestraße (Kleingtkol.) 100-5d
12101 Papestraße Bl. I (Kleingtkol.) 100-8b
12101 Papestraße Bl. II (Kleingtkol.) 100-8b
13409 Papierstraße 58-5d
12307 Paplitzer Straße 169-6a
12435 Pappelallee (Pläntw.) 103-4b
10437 Pappelallee (Prenzl. Bg.) 73-2d
13127 Pappelgrund (Kleingtkol.) 37-6b
14193 Pappelplatz (Grwld.) 97-6c
10115 Pappelplatz (Mitte) 73-7a
13587 Pappelweg 54-4d
12249 Pappritzstraße 132-8b
13187 Paracelsusstraße 47-9c
12101 Paradestraße 100-9b
10317 Paradies (Kleingtkol.) 89-8a
12526 Paradiesstraße 155-2d
12209 Parallelstraße (Lichtfde., Lankw.) 131-8d
14129 Parallelstraße (Nklsee.) (1) 128-7b
13599 Parallelweg 55-7c
12526 Parchauer Weg 155-9a
12359 Parchimer Allee 118-8d
12619 Parchimer Straße 91-3a
12526 Parchwitzer Straße 155-5b
14109 Pardemannstraße 145-4a
10713 Paretzer Straße 99-7b
14163 Parforceheide 129-7c
14193 Parforceweg 96-9d
10117 Pariser Platz 86-3c (12/C4)
12623 Pariser Straße (Mahlsdf.) 106-1b
Pariser Straße (Wilmdf.) 99-1b (18/D6)
10719 Nr. 1-15, Nr. 2-16, Nr. 45-Ende, Nr. 46-Ende
10707 Nr. 17-43, Nr. 18-44
\- Park am Buschkrug 118-5d
14050 Park Ruhwald 83-3a
10367 Parkaue 89-1d
12685 Parkerweg 76-3d
13187 Parkfriede (Kleingtkol.) 47-8c
13407 Parkheim (Kleingtkol.) 57-3a
14167 Parkkolonie Nord (Kleingtkol.) 130-9d
14167 Parkkolonie Süd (Kleingtkol.) 148-3a
13127 Parksiedlung (Kleingtkol.) 38-7a
12349 Parksiedlung Spruch 133-8b
12527 Parksteig 137-9b
13129 Parkstraße (Blankbg.) 48-5b
13127 Parkstraße (Fr. Buchhz.) 37-9d
13357 Parkstraße (Gesndbr.) 59-7c
13467 Parkstraße (Hermsdf.) 34-6b
12435 Parkstraße (Kleingtkol.) 103-4b
12623 Parkstraße (Mahlsdf.) 106-1a
12459 Parkstraße (Oberschönwde.) 120-3d
13187 Parkstraße (Pank.) 59-1c
13585 Parkstraße (Spand.) 68-2d
12103 Parkstraße (Tphf.) 116-3d
13086 Parkstraße (Weißs.) 60-8d
12435 Parkweg (Alt-Tr.) 102-3b
12683 Parkweg (Biesdf.) 91-1c
14050 Parkweg (Charlbg.) 83-3a
12623 Parlerstraße 92-8a
14089 Parnemannweg 126-3b
10179 Parochialstraße 87-2d (13/G4)
12555 Parrisiusstraße 121-3d
12459 Parsevalstraße 120-1b
12679 Parsteiner Ring 63-8b
10587 Pascalstraße (Kleingtkol.) 85-2a
10587 Pascalstraße 85-2a
13088 Pasedagplatz 60-5d
14169 Pasewaldtstraße 129-6b
13189 Pasewalker Straße (Pank.) 47-9d
13347 Pasewalker Straße (Wedd.) 72-2c
12309 Pasinger Straße 170-1c
10623 Passage (19/E5)
12309 Passauer Straße (Lichtrde.) 170-1a
10789 Passauer Straße (Schbg.) 85-9c (19/G5)
14055 Passenheimer Brücke 83-7a
Passenheimer Straße 83-4c
14055 Nr. 1-21, Nr. 2-20
14053 Nr. 30
13057 Passower Straße 62-2c
12359 Paster-Behrens-Straße 118-8d
10407 Pasteurstraße 74-4c
13156 Pastor-Niemöller-Platz 47-7c
14195 Patschkauer Weg 114-9a
12359 Pätzer Straße 118-5c
10317 Paula-Fürst-Straße (6) 89-8c
13585 Paula-Hirschfeld-Steig (3) 68-5a
10179 Paula-Thiede-Ufer 87-6b
12679 Paul-Dessau-Straße 63-7c
14129 Paul-Ernst-Park 128-3d
13156 Paul-Francke-Straße 59-1c
13589 Paul-Gehardt-Ring 67-4b
10315 Paul-Gesche-Straße 90-4a
10409 Paul-Grasse-Straße 60-7c
12165 Paul-Henckels-Platz 115-4d
\- Paul-Hertz-Siedlung 70-6c
10407 Paul-Heyse-Straße 74-8a
12683 Paulinenauer Straße 91-4d
12205 Paulinenstraße 130-6b
Paul-Junius-Straße 75-7c
10367 Nr. 1-21
10369 Nr. 22-64, Nr. 29-75
13053 Paul-Koenig-Straße 61-9a
14129 Paul-Krause-Straße 128-7b
12627 Paul-Levi-Platz 78-6a
10999 Paul-Lincke-Ufer 87-9d
10557 Paul-Löbe-Allee 86-2c (12/A3)
14163 Paul-Mebes-Park 129-5d
13086 Paul-Oestreich-Straße 60-8a
10439 Paul-Robeson-Straße 59-7d
10709 Paulsborner Brücke 98-3c
Paulsborner Straße 98-5d (18/B6)
10709 Nr. 1-27a, Nr. 2-26, Nr. 70-Ende, Nr. 71-Ende
14193 Nr. 28-66, Nr. 29-67
14193 Paulsborn-Kudowa (Kleingtkol.) 98-5b
12105 Paul-Schmidt-Straße 116-5d
12247 Paul-Schneider-Straße 132-1c
12203 Paul-Schwarz-Promenade 131-2d
12685 Paul-Schwenk-Straße 76-3c
12163 Paulsenstraße 115-4b
13585 Paulsfelde (Kleingtkol.) 68-4c
13599 Paulsternstraße (Kleingtkol.) 69-5c
Paulsternstraße 69-5a
13599 Nr. 1-35
13629 Nr. 2-36
10557 Paulstraße 86-1d
12623 Paul-Wegener-Straße 106-2a
10367 Paul-Zobel-Straße 75-7b
13589 Pausiner Straße 67-3b
13581 Päwesiner Weg 81-3a
12309 Pechsteinstraße 169-3b
14195 Pechüler Pfad 114-3c
12524 Peenestraße 136-9d
14165 Peetziger Weg (3) 147-1b
12587 Peetzseestraße 123-4b
12524 Pegasuseck 154-3c
14089 Pegnitzring 110-9a
12527 Peitzer Weg 157-5a
13353 Pekinger Platz 72-4a
12685 Pekrunstraße 76-3d
12559 Pelzlakeweg 140-5c
12621 Penkuner Weg 91-6d
10779 Penzberger Straße 99-3d
13089 Perchtastraße 48-7d
12159 Perelsplatz 99-9c
10117 Pergamonsteg (13/E3)
10559 Perleberger Brücke 72-4d
10559 Perleberger Straße 71-9d
Perler Straße 61-4d
13051 Nr. 1-13
13088 Nr. 2-50
12355 Perlhuhnweg 153-2b
12526 Perlpilzstraße 155-8b
14167 Persantestraße 148-2a
10245 Persiusstraße 88-9a
12209 Pertisauer Weg 150-1a
13585 Perwenitzer Weg 68-1c
12161 Peschkestraße 115-3c
12205 Pestalozziplatz 130-6a
Pestalozzistraße (Charlbg.) 84-9a (16/A4)
10625 Nr. 1-23, Nr. 2-24, Nr. 85-Ende, Nr. 86-Ende
10627 Nr. 25-83, Nr. 26-84
12557 Pestalozzistraße (Köp.) 121-8d
12623 Pestalozzistraße (Mahlsdf.) 92-2d
13187 Pestalozzistraße (Pank.) 59-1d
12057 Peter-Anders-Straße 119-1b
12619 Peter-Edel-Straße 78-4c
12557 Peter-Gast-Weg 138-7b
12587 Peter-Hille-Straße 122-6d
12619 Peter-Huchel-Straße 77-9b
14195 Peter-Lenné-Straße 114-6b
13351 Petersallee 57-8d
12059 Petersbaude (Kleingtkol.) 102-5b
10249 Petersburger Platz 74-8c
Petersburger Straße 74-8c
10249 Nr. 1-79, Nr. 2-84
10247 Nr. 81-99, Nr. 86-98
13583 Petersenweg 68-7a
12589 Petershagener Weg 124-6d
12101 Peter-Strasser-Weg 100-9b
12157 Peter-Vischer-Straße 115-3d
12627 Peter-Weiss-Gasse 78-2c
12627 Peter-Weiss-Platz (6) 78-2a
13127 Petitweg 37-8c
12307 Petkusser Straße 169-2d
10178 Petriplatz (13/F4)
12355 Petrusweg 135-7b
10247 Pettenkoferstraße 89-1a
12357 Petunienweg 135-2a
13583 Petzoldtweg 67-9b
14109 Petzower Straße 145-2c
12279 Pfabener Weg 150-5a
13465 Pfadfinderweg 33-3c
13403 Pfahlerstraße 57-2c
Pfalzburger Straße 99-5a (19/E6)
10719 Nr. 2-24, Nr. 3-25, Nr. 60a-Ende, Nr. 61-Ende
10717 Nr. 26-6, Nr. 27-59
12623 Pfalzgrafenweg 92-3b
13593 Pfälzische Straße 81-6c
14089 Pfändnerweg 110-8d
13125 Pfannschmidtstraße 39-1a
12489 Pfarrer-Goosmann-Straße 136-3a
12355 Pfarrer-Heß-Weg 136-7a
13127 Pfarrer-Hurtienne-Platz 37-9d
13189 Pfarrer-Jungklaus-Straße 59-6c
13156 Pfarrer-Lenzel-Straße 46-6d
12307 Pfarrer-Lütkehaus-Platz 169-2b

13591 Pfarrer-Theile-Straße 81-1c
12349 Pfarrer-Vogelsang-Weg (2) 134-7b
12349 Pfarrer-Wenke-Weg 152-1a
12623 Pfarrhufenweg 78-9b
14165 Pfarrlandstraße 148-1c
12355 Pfarrsiedlung 136-8a
10317 Pfarrstraße 89-4d
12524 Pfarrwöhrde 136-6c
14109 Pfaueninsel 126-5d
14109 Pfaueninselchaussee 126-8d
12355 Pfauenkehre 153-5b
14129 Pfeddersheimer Weg 128-9c
13627 Pfefferluch (Kleingtkol.) 70-3c
13589 Pfefferweg 67-2c
12587 Pfeiffergasse 123-4c
13156 Pfeilstraße 59-1a
13627 Pferdemarkt (Kleingtkol.) 70-6d
13403 Pfifferlingweg 57-2d
12489 Pfingstberggasse (1) 121-7c
12683 Pfingstrosenweg (2) 91-5b
12623 Pfingstweg 92-4d
13127 Pfirsichallee 37-5d
12524 Pfirsichweg (Altgl.) 154-3b
14089 Pfirsichweg (Gatow) 95-6d
13629 Pfirsichweg (Siemst.) 69-5a
13053 Pflanzerfreunde (Kleingtkol.) 74-3b
12689 Pflanzergasse 63-1a
13407 Pflanzerheim (Kleingtkol.) 57-2b
12555 Pflanzgartenplatz 105-9b
12555 Pflanzgartenstraße 105-9b
13127 Pflaumenallee 37-5d
13591 Pflaumenpfad 66-6c
13629 Pflaumenweg 70-1b
12205 Pfleidererstraße 130-6a
Pflügerstraße 101-3d
12047 Nr. 1-25, Nr. 2-24, Nr. 52-Ende, Nr. 53-Ende
12045 Nr. 26-50, Nr. 27-51
10115 Pflugstraße 72-6c
13469 Pforzheimer Straße 35-7b
10997 Pfuelstraße 88-8a
14109 Philipp-Franck-Weg 145-4b
13591 Philipp-Gerlach-Weg 80-3a
14059 Philippistraße 84-5c
12559 Philipp-Jacob-Rauch-Straße 139-9a
10115 Philippstraße (12/C2)
12623 Phloxstraße 92-7b
13437 Phloxweg 44-6a
13591 Phöbener Steig 66-5d
13595 Pichelsdorfer Straße 82-4d
13187 Pichelswerderstraße (Pank.) 59-4a
13597 Pichelswerderstraße (Spand.) 82-2b
12555 Piepertswinkel 105-8b
10409 Pieskower Weg 74-1d
13088 Piesporter Platz 61-4c
13088 Piesporter Straße 61-1c
12487 Pietschkerstraße 120-4c
13591 Pietschweg 81-1d
12107 Pilatusweg 133-5a
13465 Pilgersdorfer Weg 33-3c
12623 Pilgramer Straße 106-5c
10243 Pillauer Straße 88-5a
14055 Pillkaller Allee 83-8b
13593 Pillnitzer Weg 81-4b
12487 Pilotenstraße 120-7b
12623 Pilsener Straße 92-8d
14167 Pinnauweg 130-8c
13581 Pinneberger Weg 67-7d
12347 Pintschallee 118-5b
10249 Pintschstraße 74-8c
13585 Pionierinsel 68-3c
Pionierstraße 67-2a
13583 Nr. 1-45, Nr. 2-46
13589 Nr. 47-Ende, Nr. 48-Ende
13583 Pirmasenser Straße (1) 67-6b
12355 Pirnaer Straße 135-8d
12683 Pirolstraße (Biesdf.) 91-7c
10318 Pirolstraße (Karlsh.) 90-9d
13403 Pirolweg 56-3d
13465 Pirschweg 33-6a
13086 Pistoriusplatz 60-8c
13086 Pistoriusstraße 59-9b
12526 Pitschener Straße 155-3c
13088 Pittiplatschweg 60-2b
13469 Place Molière 45-1c
10117 Planckstraße 87-1a (12/D3)
12057 Planetenstraße 119-1a
12621 Planitzstraße 91-3d
13597 Plantage 68-8c (11/A3)
12169 Plantagenstraße (Stegl.) 115-9a
13347 Plantagenstraße (Wedd.) 72-1d
10967 Planufer 101-2b
14165 Plaßstraße 148-1c
14050 Platanenallee 83-6d
12355 Platanenblick (Kleingtkol.) 153-3d
13156 Platanenstraße 46-8d
12437 Platanenweg 103-5c
13503 Platenhofer Weg 32-9c
13595 Plathweg 82-4d
12527 Platz 764 157-5c
12527 Platz 768 157-5b
12527 Platz 776 157-5b
12527 Platz 777 157-5d
13089 Platz A (Heindf.) 48-7d
13125 Platz A (Karow) 38-6b
10405 Platz am Königstor 73-9b
12435 Platz am Spreetunnel 103-1d
14199 Platz am Wilden Eber 114-2b
10318 Platz an der Eiche 105-4c
14199 Platz C (Schmargdf.) 98-9d
13086 Platz C (Weißs.) 60-4d
12489 Platz der Befreiung (2) 137-1a
12101 Platz der Luftbrücke 101-4a
10117 Platz der Märzrevolution (13/E3)
10557 Platz der Republik 86-2d (12/B3)
12043 Platz der Stadt Hof 102-4d
14167 Platz der US-Berlin-Brigade 130-8d
10249 Platz der Vereinten Nationen 73-9d
10557 Platz des 18. März 86-3c (12/C4)
12555 Platz des 23. April 121-6a
14167 Platz des 4. Juli 130-9c
12589 Platz des 8. Mai 108-9b
13589 Platz E (Spand.) 53-8d
13086 Platz E (Weißs.) 60-5c
12357 Platz F 135-2d
12059 Platz S (Nkln.) 102-6a
14199 Platz S (Schmargdf.) 98-8c
10115 Platz vor dem Neuen Tor 72-9c (12/C1)
Plauener Straße 75-3c
13055 Nr. 7-61, Nr. 8-34
13053 Nr. 131-165, Nr. 134-160
13599 Plauer-See-Straße 68-3b
12109 Plautusstraße 117-9c
12557 Plehmpfad 122-7d
12435 Plesser Straße 102-2d
13507 Plettenberger Pfad 56-1d
14089 Plievierstraße 95-9b
14193 Plöner Straße 98-8b
12459 Plönzeile 120-2a
10365 Plonzstraße 89-2b
13587 Plötze (Kleingtkol.) 54-6c
13351 Plötzensee (Kleingtkol.) 71-1d
12524 Plumpengrund (Kleingtkol.) 137-4d
14163 Plüschowstraße 129-3c
12589 Plutoweg (Kleingtkol.) 124-9c
12589 Plutoweg 124-9d
14195 Podbielskiallee 114-3c
12103 Podewilsstraße 116-3c
12681 Poelchaustraße 76-6a
12435 Poetensteig (Pläntw.) 103-2c
13595 Poetensteig (Spand.) 82-7b
12459 Poggendorffweg 103-6b
12685 Pöhlbergstraße 77-2a
13599 Pohleseestraße 68-3b
12557 Pohlestraße 122-7a
12107 Pohligstraße 133-4a
10785 Pohlstraße 86-8c
13088 Polcher Weg 61-4b
12307 Poleigrund 151-7a
12351 Polierweg 134-2d
12621 Pölitzer Straße 92-1d
12526 Polkwitzer Straße 155-5b
12683 Pollnower Weg 91-5c
13125 Pölnitzweg 31-1c
13507 Polsumer Pfad 55-6b
13503 Polziner Weg 33-4a
14052 Pommernallee 84-7a (11/C1)
10707 Pommersche Straße 99-1c
13465 Ponyweg 26-4c
Popitzweg 70-7a
13627 Nr. 1-13, Nr. 2-14
13629 Nr. 15-23, Nr. 16-22
12157 Pöppelmannstraße 116-1a
12107 Popperstraße 132-6b
12107 Porschestraße 132-6b
13583 Portaer Straße 67-5b
14089 Porthanweg 111-7a
12524 Porzer Straße 155-1c
13127 Posaunenweg (3) 47-6a
12157 Poschingerstraße 115-6a
12209 Pößnecker Straße 131-9c
14163 Poßweg 129-2b
13589 Posthausweg 67-4b
12355 Postsiedlung 153-2a
10178 Poststraße 87-2c (13/G4)
10785 Potsdamer Brücke (14/B6)
Potsdamer Chaussee (Nklsee.,Zehldf.) 146-1d
14163 Nr. 6-22a, Nr. 7b-21
14129 Nr. 23-59, Nr. 24-60, Nr. 64-80, Nr. 65-87
14109 61-63b, Nr. 62
Potsdamer Chaussee (Spand.) 110-2a
13593 Nr. 1-11
14089 Nr. 12-Ende, Nr. 13-Ende
Potsdamer Platz 86-5d (14/B5)
10785 Nr. 1-109, Nr. 2-122
10783 Nr. 111-Ende, Nr. 124-Ende
12205 Potsdamer Straße (Lichtfde.) 130-3d
12305 Potsdamer Straße (Lichtrde.) 151-6a
Potsdamer Straße (Mitte) 100-2c (14/B6)
10785 Nr. 1-109, Nr. 2-122
10783 Nr. 111-Ende, Nr. 124-Ende
14163 Potsdamer Straße (Zehldf.) 129-5d
14089 Pottensteiner Weg 126-2a
13187 Pradelstraße 59-4a
10779 Prager Platz 99-2d
10779 Prager Straße 99-3c (19/G6)
12203 Prausestraße 130-3b
12277 Prechtlstraße 150-3b
13585 Predigergarten (2) 68-5a
13159 Preißelbeerweg 47-1b
12157 Prellerweg 116-4b
12681 Premnitzer Straße 62-6d
13059 Prendener Straße 62-1a
13509 Prendener Zeile 44-5d
Prenzlauer Allee 73-9c (13/H1)
10405 Nr. 1-89, Nr. 2-88, Nr. 181-Ende, Nr. 182-Ende
10409 Nr. 90-178, Nr. 91-177
10405 Prenzlauer Berg 73-9a (13/H1)
Prenzlauer Promenade 59-6b
13086 Nr. 1-23, Nr. 2-24
13089 Nr. 28-80, Nr. 29-79, Nr. 107-189, Nr. 108-190
10178 Prenzlauer Tor 73-8d (13/H1)
13051 Prerower Platz 61-6a
12279 Preßburger Pfad 150-5a
12167 Presselstraße 115-9d
10589 Pretoria (Kleingtkol.) 70-9d
12527 Pretschener Weg 157-5d
12207 Prettauer Pfad 149-1a
13086 Preunelstraße 60-4d
14052 Preußenallee 83-9a
10707 Preußenpark 99-1c
12524 Preußenstraße 137-7b
10409 Preußstraße 74-1c
12249 Preysingstraße 132-8a
12526 Prieborner Straße 155-9a
Prierosser Straße 135-6c
12357 Nr. 1-63c, Nr. 2-64
12355 Nr. 65-Ende, Nr. 66-Ende
13187 Prießnitzstraße 47-8d
13129 Priesterstege 48-2c
12347 Priesterweg (Britz) 118-2d
10829 Priesterweg (Friedn., Schbg.) 116-4b
12683 Prignitzstraße 91-1a
13158 Primelweg (Rosnth.) 47-1a
12357 Primelweg (Rudow) 135-5b
13581 Primelweg (Spand.) 81-2d
13629 Primelweg (Teg.) 70-2c
13437 Primelweg (Witten.) 44-6a
13437 Primusweg 45-8b
13589 Prinz-Adalbert-Weg 54-7c
13589 Prinz-Eitel-Weg 54-7c
Prinzenallee 58-9c
13357 Nr. 1-21, Nr. 2-20, Nr. 72-Ende, Nr. 73-Ende
13359 Nr. 22-70, Nr. 23-71
10969 Prinzenstraße (Kreuzbg.) 87-8c
12207 Prinzenstraße (Lichtfde.) 131-8b
12105 Prinzenstraße (Mardf.) 116-9d
10969 Prinzessinnenstraße (Kreuzbg.) 87-8b
12307 Prinzessinnenstraße (Lichtrde.) 169-2a
13587 Prinzeßweg 53-2c
13347 Prinz-Eugen-Straße 72-1b
14053 Prinz-Friedrich-Karl-Weg 83-4b
14129 Prinz-Friedrich-Leopold-Straße 128-8a
10827 Prinz-Georg-Straße 100-4d
14167 Prinz-Handjery-Straße 130-4c
12307 Prinz-Heinrich-Straße 169-2a
Prinzregentenstraße 99-3c
10717 Nr. 1-19, Nr. 2-18, Nr. 80-Ende, Nr. 81-Ende
10715 Nr. 20-78, Nr. 21-79
12167 Prinzregent-Ludwig-Brücke 131-3a
14165 Priorter Weg (1) 147-1b
13581 Prisdorfer Straße 67-8c
14169 Pritchardstraße 114-7a
12557 Pritstabelstraße 138-1c
12685 Pritzhagener Weg 77-2b
10559 Pritzwalker Straße 72-7c
13053 Privatstraße 1 61-6a
13053 Privatstraße 10 61-6c
14089 Privatstraße 110-2a
13053 Privatstraße 12 61-6a
13086 Privatstraße 13 60-4d
13086 Privatstraße 14 60-4d
13053 Privatstraße 2 61-6c
13053 Privatstraße 3 61-6c
13053 Privatstraße 4 61-6c
13053 Privatstraße 5 61-6c
13053 Privatstraße 6 61-6c
13053 Privatstraße 7 61-6c
13053 Privatstraße 8 61-6c
13053 Privatstraße 9 61-9a
12249 Privatweg 132-6c
12277 Proellstraße 150-3b
14089 Pröhleweg 126-3c
12207 Promenade (Lichtfde.) 131-4d
12207 Promenade (Lichtfde.) 149-1a
12247 Promenade (Stegl.) 132-1b
13403 Promenade (Teg.) 56-6b
12207 Promenadenstraße 131-5b
12589 Promenadenweg (Rahnsdf.) 141-3a
13629 Promenadenweg (Siemst.) 69-2d
13509 Promenadenweg (Witten.) 44-9a
10178 Propststraße (13/G4)
14169 Propst-Süßmilch-Weg 129-6b
10247 Proskauer Straße 88-3c
12685 Prötzeler Ring 63-8d
Provinzstraße 58-5d
13409 Nr. 1-61, Nr. 2-62, Nr. 81-127, Nr. 82-126
13158 Nr. 64-80, Nr. 65-79
Prühßstraße 132-3b
12105 Nr. 1-49, Nr. 2-50
12109 Nr. 51-91
13088 Puccinistraße 74-2b
12555 Puchanstraße 121-6b
13403 Puchertweg 45-7c
14195 Pücklerstraße (Dahl., Grwld., Schmargdf.) 114-1d
10997 Pücklerstraße (Kreuzbg.) 88-7a
12435 Puderstraße 102-6b
10249 Pufendorfstraße 88-1b
13593 Pulfrichzeile (3) 81-5c
14059 Pulsstraße 84-2a
13599 Pulvermühlenweg 68-6b
12359 Pumpstation (Kleingtkol.) 118-6d
12435 Puschkinallee 88-8d
13355 Putbusser Straße 73-1a
12355 Putenweg 153-3c
13353 Putlitzbrücke 71-6d
10551 Putlitzstraße 71-9b
12589 Püttbergeweg 124-6c
10969 Puttkamerstraße 87-7a
12683 Püttlinger Straße 91-2c
12555 Pyramidenbrücke 121-2d
12681 Pyramidenring 76-4d
14199 Pyrmonter Weg 98-9d

13403 **Q**uäkerstraße 56-3c
14129 Quantzstraße 146-2b
12526 Quaritzer Straße 155-5b
13405 Quartier Napoleon (Kleingtkol.) 71-1a
12349 Quarzweg 133-6c

14089 Quastenhornweg 126-3b
14163 Quastheide 129-7c
10589 Quedlinburger Straße (Charlbg.) 84-3b
12627 Quedlinburger Straße (Helldf.) 78-1b
14050 Quellenweg 83-3b
13627 Quellweg (Charlbg.) 71-4a
13629 Quellweg (Siemst.) 69-9b
14129 Quendelsteig 128-9d
13599 Quenzseeweg (19) 54-9d
14163 Quermatenweg 129-1b
14163 Querstraße 129-6a
13597 Querweg (Spand.) 82-2b
13591 Querweg (Staak.) 80-5b
Quickborner Straße 35-6d
13158 Nr.1-23, Nr. 2-24,
13439 Nr. 29-93, Nr. 30-100
13469 Nr. 101-Ende, Nr. 156-Ende
13591 Quittensteig 66-6c
12524 Quittenweg 154-3d
Quitzowstraße 71-9a
10559 Nr. 1-67, Nr. 2-66, Nr. 109-Ende, Nr. 110-Ende
10551 Nr. 68-108, Nr. 69-107

12305 **R**aabestraße (Lichtrde.) 151-2c
10405 Raabestraße (Prenzl. Bg.) 73-6c
13505 Rabenhorststraße 42-9d
12689 Rabensteinerstraße 63-2d
13505 Rabenstraße 42-9d
13469 Rabestraße 35-6d
12527 Rabindranath-Tagore-Straße 138-7d
12305 Rackebüller Weg 151-2b
13593 Räcknitzer Steig 81-5b
13053 Rackwitzer Straße 61-5d
12527 Radduscher Weg 157-5c
12355 Radeberger Weg 135-8d
12681 Radebeuler Straße 76-5d
13589 Radelandstraße 52-9b
12305 Rademeierweg 151-3a
12437 Radenzer Straße 119-2d
12355 Radewiesenweg 136-4d
12489 Radickestraße 137-1a
12689 Radieschenpfad 63-1a
14163 Radolfzeller Weg 129-9a
14165 Radtkestraße 129-9a
12355 Raduhner Straße 154-1a
13407 Ragazer Straße 58-1c
12683 Rägeliner Straße 90-9b
14055 Ragniter Allee 83-7b
12527 Ragower Weg 157-5c
10557 Rahel-Hirsch-Straße (12/B2)
10969 Rahel-Varnhagen-Promenade 87-7a
12621 Rahnestraße 92-1b
12587 Rahnsdorfer Platz 123-4b
12587 Rahnsdorfer Straße (Friedhg.) 123-4a
12623 Rahnsdorfer Straße (Mahlsdf.) 92-5d
12527 Rainweg 174-3b
13505 Rallenweg 42-5d
12359 Rambowstraße 118-9a
13355 Ramlerstraße 72-3b
14165 Ramsteinweg 148-1c
12524 Randolfstraße 137-7c
13503 Randower Weg 33-4c
13057 Randowstraße 62-4a
13627 Randsteg 71-4c
12621 Randweg 78-5d
12307 Rangsdorfer Straße 169-2c
10789 Rankeplatz 85-8d (19/F5)
10789 Rankestraße 85-8d (19/F5)
12357 Ranunkelweg 135-6b
12679 Raoul-Wallenberg-Straße 62-9b
13465 Rappenweg (2) 26-7a
14169 Rappoltsweilerstraße 130-1b
13629 Rapsstraße 69-6a
12305 Rapstedter Weg 151-4b
12683 Rapsweg 77-7d
12683 Rapsweißlingstraße 91-5c
12349 Rapunzel 133-6c
12524 Rapunzelstraße 136-9a
13409 Raschdorffstraße 58-4b
12623 Rastatter Straße 92-8c
12435 Rathaus (Kleingtkol.) 103-5a
10178 Rathausbrücke 87-2c (13/F4)
\- Rathauspark Wittenau 45-4d
13437 Rathauspromenade 45-8a
10367 Rathausstraße (Lichtbg.) 89-1d
12105 Rathausstraße (Mardf.) 116-9b (13/F4)
10178 Rathausstraße (Mitte) 87-2c
10711 Rathenauplatz 98-2c
12459 Rathenaustraße 120-2d
12627 Rathener Straße 78-2c
13469 Rathenow (Kleingtkol.) 36-4d
12305 Rathenower Straße (Lichtrde.) 151-3b
10559 Rathenower Straße (Moab.) 71-6d
10999 Ratiborstraße 102-1b
12107 Rätikonweg 133-7b
14050 Ratzeburger Allee (1) 83-6b
12107 Raucheckweg 133-8a
12527 Rauchfangswerder (Halbinsel) 185-3d
12623 Rauchstraße (Mahlsdf.) 106-5b
13587 Rauchstraße (Spand.) 54-8c
10787 Rauchstraße (Tiergt.-S.) 85-6d (17/H3)
12587 Rauener Weg 122-6c
13465 Rauentaler Straße 26-8b
14197 Rauenthaler Straße 115-1d
13437 Rauhbankzeile 45-5d
12169 Rauhe Berge (Kleingtkol.) 116-4c
13505 Rauhfußgasse 43-7c
12559 Raumbacher Straße 140-1d
10437 Raumerstraße 73-2d
14055 Rauschener Allee 83-8a
13509 Räuschstraße 44-8d
13503 Rausendorffweg (4) 43-2a
14055 Raußendorffplatz 83-9a
12555 Rautendeleinweg 106-7c
13503 Rautensteig 32-9b
14163 Rauweilersteig (1) 129-2d
13507 Rauxeler Weg 56-1c
13347 Ravenéstraße 72-2c
10709 Ravensberger Straße 98-3d (18/C6)
12587 Ravensteiner Promenade 106-9b
12623 Ravensteinstraße 106-5d
14163 Ravenweg 129-7b
12207 Réaumurstraße 149-2c
12524 Rebenweg 155-1c
12685 Rebhuhnweg 77-1a
13591 Reckeweg 66-6d
13583 Recklinghauser Weg 67-5d
13593 Reclamweg 81-6a
12487 Redwitzgang 120-7a
12621 Reetzer Weg 91-6d
13597 Reformationsplatz (11/B2)
12527 Regattastraße 137-3c
12309 Regensburger Straße (Lichtrde.) 169-3b
10777 Regensburger Straße (Wilmdf., Schbg.) 99-3a (19/F6)
13503 Regenwalder Weg 33-4a
14193 Regerstraße 97-9b
12247 Reginenweg 132-1c
13409 Reginhardstraße 58-1d
12105 Reglinstraße 116-5a
12307 Rehagener Platz 169-3a
Rehagener Straße 169-3c
12305 Nr. 1-27, Nr. 2-32
12307 Nr. 29-61, Nr. 34-64
12247 Rehauer Pfad 132-2d
13351 Rehberge (Kleingtkol.) 57-8c
12559 Rehborner Straße 140-4b
14165 Rehbrücker Weg 129-8c
12527 Rehfeldtstraße 157-4b
14195 Rehkitzsteig 114-1b
14129 Rehsprung 128-8b
13629 Rehweg 69-3c
14129 Rehwiese 128-8b
10829 Reichartstraße 100-8d
13055 Reichenberger Straße (Hschönhs.) 75-2c
10999 Reichenberger Straße (Kreuzbg.) 87-9c
14199 Reichenhaller Straße 98-8d
14195 Reichensteiner Weg 114-9c
12305 Reichnerweg 151-2b
10785 Reichpietschufer 86-7b (14/A6)
12587 Reichsbahn (Kleingtkol.) 122-3b
14109 Reichsbahnstraße 146-1a
14195 Reichshofer Straße 130-1b
14052 Reichsstraße 83-2d
Reichstagufer 86-3c (12/C3)
10557 Nr. 1-3, Nr. 2-4
10117 Nr. 5-Ende, Nr. 6-Ende
12559 Reichweilerweg 140-7c
13627 Reichweindamm 70-9a
14129 Reifträgerweg 128-6a
13503 Reiherallee 43-4a
14169 Reiherbeize 129-3b
12526 Reihersteg 156-4c
13595 Reiherstraße 81-9d
13505 Reiherwerder (Halbinsel) 43-8d
12681 Reiler Straße 90-2a
13503 Reimerswalder Steig 32-9c
13593 Reimerweg 81-4a
12205 Reinacher Zeile (1) 131-7a
12459 Reinbeckstraße 120-2c
13088 Reinecke-Fuchs-Weg 48-8d
14193 Reinerzstraße 98-5d
10365 Reinhardsbrunner Straße 75-6c
12103 Reinhardtplatz 116-3d
10117 Reinhardtstraße (Mitte) 86-3a (12/C3)
12103 Reinhardtstraße (Tphf.) 117-1c
12051 Reinholdstraße 118-2a
13347 Reinickendorfer Straße 58-7b
13403 Reinickes Hof 57-2a
12353 Reinowzeile 134-8d
12277 Reinstedter Weg 150-5c
12107 Reißeckstraße 133-1b
12621 Reißigerstraße 78-8b
13629 Reisstraße 70-7a
13507 Reiswerder 55-5c
13627 Reiterweg 70-6b
13591 Rellstabweg 81-1d
12623 Rembrandtstraße (Mahlsdf.) 92-3b
12157 Rembrandtstraße (Schbg.) 115-3d
13583 Remscheider Straße 67-5d
13465 Remstaler Straße 26-8d
12249 Renatenweg 132-4a
12103 Renate-Privatstraße 116-6d
13509 Rendsburger Brücke 56-2b
14165 Rendtorffstraße 148-1c
12159 Renée-Sintenis-Platz 115-3a
12524 Renettenweg 154-3d
13088 Rennbahn (Kleingtkol.) 60-5a
13086 Rennbahnstraße 60-5a
12309 Rennsteig 152-7a
12353 Renschweg 134-8b
13509 Reppener Zeile 44-8c
13051 Reriker Straße 61-2a
13158 Resedaweg 46-3b
12203 Resedenstraße 115-7d
13409 Residenzstraße 58-1c
12209 Resselsteig 149-3a
12435 Rethelstraße 103-4a
13187 Rettigweg 59-4c
13189 Retzbacher Weg 59-3c
12161 Retzdorffpromenade 115-2a
12249 Retzowstraße 132-7a
10553 Reuchlinstraße 85-2a
12105 Reulestraße 116-9d
14050 Reußallee 83-6a
13587 Reußstraße 54-8c
14193 Reuterpfad 98-8a
12047 Reuterplatz 102-1c
Reuterstraße (Nkln.) 102-4a
12053 Nr. 1-17, Nr. 2-16, Nr. 78-Ende, Nr. 79-Ende
12043 Nr. 18-26, Nr. 19-25, Nr. 66-76, Nr. 67-77
12047 Nr. 27-65, Nr. 28-64
13403 Reuterstraße (Reindf.) 57-5c
13597 Reuterweg 82-2a
12107 Reutlinger Straße (Kleingtkol.) 116-8d
12247 Reutlinger Straße 116-8c
Revaler Straße 88-5b
10243 Nr. 1-5, Nr. 2-4, Nr. 101-Ende, Nr. 102-Ende
10245 Nr. 6-100, Nr. 7-99
14089 Rex-Waite-Straße 110-2d
12167 Rezonvillestraße 115-9c
12357 Rhabarberweg 135-6b
13158 Rhapsodieweg 46-5d
12589 Rhedaer Weg 125-8c
14199 Rheinbabenallee 98-8c
13129 Rheinfelsstraße 38-8c
12161 Rheingaustraße 115-2c
10318 Rheingoldstraße 104-2d
10318 Rheinpfalzallee 104-2b
Rheinsberger Straße 73-4c
10115 Nr. 1-19, Nr. 2-18, Nr. 56-Ende, Nr. 57-Ende
10435 Nr. 20-54, Nr. 21-55
13599 Rheinsberger-See-Weg (16) 68-3b
10318 Rheinstein (Kleingtkol.) 104-3d
10318 Rheinsteinstraße 104-5b
Rheinstraße 115-3c
12159 Nr. 1-17, Nr. 2-18, Nr. 55-Ende, Nr. 56-Ende
12161 Nr. 19-53, Nr. 20-54
13599 Rhenania-Salzhof (Kleingtkol.) 68-3b
13599 Rhenaniastraße 68-3b
10318 Rhenser Weg 104-2d
10437 Rhinower Straße 73-2a
Rhinstraße (Friedrfde., Lichtbg., Marz., Hschönhs.) 61-9d
10315 Nr. 1-Ende, Nr. 2-4
12681 Nr. 42-Ende
13053 Nr. 175-179, Nr. 181-185
12307 Rhinstraße (Lichtrde.) 151-8a
12355 Rhodeländerweg 153-2d
13129 Rhönstraße 48-2c
14163 Rhumeweg 129-4b
\- Rialtobrücke 141-1b
12589 Rialtoring 141-1a
10318 Riastraße 104-1d
10315 Ribbecker Straße 90-4c
13409 Ribbeweg 58-5a
14165 Ribeckweg 147-3b
13051 Ribnitzer Straße 61-2c
13051 Ricardastraße 49-5c
14089 Richard-Byrd-Straße 110-3a
10247 Richard-Ermisch-Straße 88-3a
13581 Richard-Lehmann-Weg 67-8c
13591 Richard-Münch-Straße 81-1c
12055 Richardplatz 102-8a
10249 Richard-Sorge-Straße 74-8c
Richardstraße 102-5c
12043 Nr. 1-39, Nr. 4-38, Nr. 73-Ende, Nr. 76-Ende
12055 Nr. 43-71, Nr. 52-72
14193 Richard-Strauss-Straße 98-7b
12277 Richard-Tauber-Damm 133-7d
10585 Richard-Wagner-Platz 84-6b (16/C1)
10585 Richard-Wagner-Straße 84-6d (16/C2)
12489 Richard-Willstätter-Straße 136-6b
12103 Richnowstraße 116-3d
Richterstraße (Grün.) 137-9d
12524 Nr. 1-5, Nr. 2-6
12526 Nr. 9-Ende, Nr. 10-Ende
12105 Richterstraße (Mardf.) 117-7c
13503 Rickenweg 33-7c
Ridbacher Straße 78-5c
12623 Nr. 1-25, Nr. 2-26
12621 Nr. 29a-137, Nr. 30-138
12557 Riebekeweg 122-7c
14165 Riebener Weg 147-2a
13627 Riedemannweg 71-1c
12524 Riedgrasweg 137-4d
12305 Riedingerstraße 169-2b
12307 Rieflerstraße 151-8a
12105 Riegerzeile 116-9d
14057 Riehlstraße 84-8a
10961 Riemannstraße 101-1c
14169 Riemeisterstraße 113-9a
12157 Riemenschneiderweg 116-1a
13507 Riemerstraße 43-6d
13599 Riensbergstraße 69-4b
10318 Rienzistraße 104-1b
13629 Rieppelstraße 69-3c
12627 Riesaer Straße 78-1d
12347 Riesestraße 118-5d
12527 Rießerseestraße 138-4c
10409 Rietzestraße 74-1c
10247 Rigaer Straße 88-2b
12277 Rigistraße 151-1a
14167 Rilkepfad 130-8c
12347 Ringallee (Britz) 118-7a
13088 Ringallee (Weißs.) 60-2d
12051 Ringbahnstraße (Nkln.) 118-2a
Ringbahnstraße (Tphf.) 116-3a
12099 Nr. 1-73, Nr. 2-72
12103 Nr. 74-Ende, Nr. 75-Ende
10711 Ringbahnstraße (Wilmdf.) 98-2b (18/A6)
12526 Ringelblumenweg 155-3a
12305 Ringelnatzstraße 151-6c
14165 Ringelsteinweg 148-4a
12679 Ringenwalder Straße 63-8b
12353 Ringslebenstraße 134-8d
13467 Ringstraße (Hermsdf.) 34-8c

12621 Ringstraße (Kaulsdf.) 91-3c
Ringstraße (Lichtfde.) 130-6c
12203 Nr. 1-21a, Nr. 2-20,
Nr. 81-Ende,
Nr. 82-Ende
12205 Nr. 22-80, Nr. 23-79
12105 Ringstraße (Mardf.) 116-8d
12526 Ringweg 155-4b
12437 Rinkartstraße 119-2a
12559 Rinntaler Steig 158-1a
14193 Rintelner Straße 98-6a
14195 Ripleystraße 114-7d
13158 Rispenweg 46-5b
14089 Ritterfelddamm 110-2a
14165 Ritterhufen 148-1c
13409 Ritterlandweg 58-8a
12349 Rittersporn 134-4c
13437 Rittersporrnweg (Reindf.) 45-9a
12357 Rittersporrnweg (Rudow) 136-4c
10969 Ritterstraße (Kreuzbg.) 87-7b (15/F6)
12207 Ritterstraße (Lichtfde.) 131-5b
13597 Ritterstraße (Spand.) 68-7b (11/A2)
12487 Rixdorfer Straße (Johsth.) 119-3d
12109 Rixdorfer Straße (Mardf.) 133-2a
12623 Röbeler Weg 92-6c
13125 Röbellweg 31-4d
10115 Robert-Koch-Platz 72-9c (12/C1)
12621 Robert-Koch-Straße 78-8c
12169 Robert-Lück-Straße 115-5d
13125 Robert-Rössle-Straße 31-8c
13405 Robert-Schuman-Brücke 56-9d
10318 Robert-Siewert-Straße 90-8d
14195 Robert-Stolz-Anlage 98-7d
10315 Robert-Uhring-Straße 90-4c
14163 Robert-von-Ostertag-Straße 129-8a
14167 Robert-W.-Kempner-Straße 130-5a
13467 Robinienweg 34-9b
12105 Röblingstraße 116-5c
12105 Röblingstraße Nord (Kleingtkol.) 116-5c
12105 Röblingstraße Süd (Kleingtkol.) 116-8b
12355 Rochlitzer Weg 135-8d
10245 Rochowstraße 88-9a
10178 Rochstraße 87-2a (13/F3)
13583 Rockenhausener Straße 67-6d
12249 Rodacher Weg 132-7c
13599 Röddelinseeweg (4) 68-3b
- Rodelbahn 113-9a
13465 Rodelbahnpfad 34-2b
12437 Rodelbergweg 103-9c
10318 Rödelstraße 104-4b
12559 Rodenbacher Gang 139-9d
10439 Rodenbergstraße 59-8d
12524 Rodenkirchener Straße 155-1c
13593 Rodensteinstraße 81-5d
13053 Roderichplatz 62-7b
12559 Rodestraße 140-5a
10365 Roedeliusplatz 89-2d
13595 Roedeliusweg 81-6d
14109 Roedenbecksteig 144-5c
13437 Roedernallee (Kleingtkol.) 45-9a
Roedernallee 45-5d
13407 Nr. 1-45, Nr. 2-50,
Nr. 157-167,
Nr. 158-168,
Nr. 171-Ende,
Nr. 172-Ende
13437 Nr. 51-55, Nr. 52-56,
Nr. 56a-156, Nr. 57-155
13407 Roedernau (1) 45-9a
13053 Roedernaue (Kleingtkol.) 75-2a
10367 Roedernplatz 75-7b
13467 Roedernstraße (Hermsdf.) 34-3c
13053 Roedernstraße (Hschönhs.) 75-1b
12623 Roedernstraße (Mahlsdf.) 106-1a
12459 Roedernstraße (Oberschönwde.) 104-7d
Roelckestraße 60-7d
13086 Nr. 7-69, Nr. 6-68,
Nr. 111-Ende,
Nr. 112-Ende
13088 Nr. 70-108, Nr. 71-109
12161 Roennebergstraße 115-2b
12621 Rogauer Weg 91-6d
12683 Roggensteig 77-7d
Rognitzstraße 84-5c
14057 Nr. 8, Nr. 9, Nr. 10
14059 Nr. 11-Ende,
Nr. 12-Ende
12099 Rohdestraße 117-5b
14195 Rohlfsstraße 114-3d
12307 Rohrbachstraße 169-2c
12099 Rohrbeckstraße 117-3d
13599 Rohrbruchwiesen II (Kleingtkol.) 69-1a
13509 Rohrbrunner Straße 44-5d
13629 Rohrdamm 69-6a
- Rohrdammbrücke 69-9d
12359 Rohrdommelweg 119-7d
12351 Rohrlegerweg 134-5c
14089 Rohrsängersteig 111-7c
12527 Rohrwallallee 157-5a
12557 Rohrwallinsel (Insel) 137-3a
13505 Rohrweihstraße 42-9c
13125 Röländer Straße 38-3d
10318 Rolandseck 104-2b
14129 Rolandstraße (Nklsee.) 128-5d
13156 Rolandstraße (Nschönhs.) 47-8c
10179 Rolandufer 87-2d (13/G4)
13158 Rollberg 47-1c
12053 Rollbergstraße 102-4c
13158 Rollbergweg 46-6b
14089 Rollenhagenweg 126-2b
12487 Rollettplatz 119-9d
12487 Rollettweg 119-9b
13089 Romain-Rolland-Straße 48-7c
13407 Romanshorner Weg 57-6b
12555 Rombiner Weg 105-8d
14165 Rombsweg 129-9d
10318 Römerweg 90-8c
14052 Rominter Allee 83-2c
14052 Rominter-Allee-Brücke 83-5b
13599 Romy-Schneider-Straße 68-6b
14163 Rondellstraße 129-5b
14109 Ronnebypromenade (1) 145-3b
14057 Rönnestraße (Kleingtkol.) 84-8c
14057 Rönnestraße 84-8d (18/A5)
- Röntgenbrücke 85-1c (16/D1)
10587 Röntgenstraße 85-1c (16/D1)
13125 Röntgentaler Weg 31-7b
12203 Roonstraße (Lichtfde.) 131-1b
13585 Roonstraße (Spand.) 68-4d (11/A1)
14163 Roonstraße (Zehldf.) 129-5a
13407 Rorschacher Zeile 58-1c
10178 Rosa-Luxemburg-Platz 73-8d (13/G1)
10178 Rosa-Luxemburg-Straße 73-8d (13/G1)
13465 Rosamundeweg 26-2a
13585 Rosa-Reinglass-Steig (4) 68-5b
12623 Rosa-Valetti-Straße 92-5d
10629 Roscherstraße 98-3b (18/B5)
12623 Roseggerstraße (Mahlsdf.) 106-1d
Roseggerstraße (Nkln.) 102-5c
12043 Nr. 1-11, Nr. 2-12,
Nr. 42-Ende,
Nr. 43-Ende
12059 Nr. 13-41, Nr. 14-40
14129 Rosemeyerweg 128-4d
12109 Rosenallee 117-9a
13465 Rosenanger 34-2d
12689 Rosenbecker Straße 51-8c
12347 Roseneck (Britz) (Kleingtkol.) 117-9b
14193 Roseneck (Grwld.) 98-8c
12157 Roseneck (Schbg.) (Kleingtkol.) 116-4b
13629 Roseneck (Siemst.) 69-5b
12347 Rosenecke (Kleingtkol.) 118-7b
10315 Rosenfelder Ring 90-1c
Rosenfelder Straße 89-6b
10317 Nr. 1-13, Nr. 2-12
10315 Nr. 14-Ende,
Nr. 15-Ende
- Rosengarten (Alt.-Tr.) 103-1a
- Rosengarten (Britz) 133-6b
13125 Rosengarten (Karow) (Kleingtkol.) 38-3c
12681 Rosengarten (Marz.) (Kleingtkol.) 90-2a
12621 Rosenhagener Straße 92-4a
12359 Rosenhain (Kleingtkol.) 118-6d
Rosenheimer Straße 99-3d
10781 Nr. 1-13, Nr. 2-12,
Nr. 27-Ende,
Nr. 28-Ende
10779 Nr. 15-25, Nr. 16-24a
13503 Rosenorter Steig 32-6c
13465 Rosenplüterweg 26-8b
13599 Rosenpromenade 55-7c
12349 Rosenrot (2) 133-6c
12526 Rosenrotweg (4) 155-2b
12555 Rosenstraße (Köp.) (2) 121-6c
10178 Rosenstraße (Mitte) 87-2a (13/F3)
13156 Rosenthaler Grenzweg 47-5a
10119 Rosenthaler Platz 73-7b (13/F1)
13127 Rosenthaler Straße (Fr. Buchhz.) 47-3c
Rosenthaler Straße (Mitte) 73-7d (13/F1)
10119 Nr. 1-23, Nr. 2-24, Nr. 54-Ende, Nr. 55-Ende
10178 Nr. 31-51, Nr. 30-52
13127 Rosenthaler Weg 47-1a
13158 Rosenthal-Nord (Kleingtkol.) 46-2a
13158 Rosenthal-Süd (Kleingtkol.) 46-4b
13437 Rosentreterpfad 45-4a
13437 Rosentreterpromenade 45-4a
13159 Rosenweg (Blankfde.) 36-2a
12526 Rosenweg (Bohnsdf.) 155-4b
13437 Rosenweg (Borsigw.) 44-6d
12347 Rosenweg (Britz) 118-7a
13627 Rosenweg (Charlbg.) 70-6a
13627 Rosenweg (Charlbg.) 70-6d
10589 Rosenweg (Charlbg.) 71-7a
13127 Rosenweg (Fr. Buchhz.) 38-7b
13599 Rosenweg (Haselh.) 68-3b
13599 Rosenweg (Haselh.) 69-5c
13503 Rosenweg (Heilgs.) 42-3c
12487 Rosenweg (Johsth.) (2) 135-3a
12557 Rosenweg (Köp.) 137-3a
13088 Rosenweg (Malch.) 60-2d
12589 Rosenweg (Rahnsdf.) 124-9d
13158 Rosenweg (Rosnth.) 46-2c
14199 Rosenweg (Schmargdf.) 98-9d
13629 Rosenweg (Siemst.) 69-8d
13629 Rosenweg (Siemst.) 70-2c
13581 Rosenweg (Spand.) 82-1a
13597 Rosenweg (Spand.) 82-2a
13581 Rosenweg (Staak.) 81-2b
13403 Rosenweg (Teg.) 56-6a
13509 Rosenweg (Witten.) 44-9a
13437 Rosenweg (Witten.) 45-9a
12524 Rosestraße 155-1b
10117 Rosmarinstraße (12/D4)
12165 Rösnerstraße (2) 115-7b
10829 Roßbachstraße 100-5c
13088 Rossinistraße 74-2a
14053 Rossitter Platz 83-5b
14053 Rossitter Weg 83-5b
13158 Rosskastanienhof 46-5c
12683 Roßlauer Straße 91-1b
10318 Roßmäßlerstraße 90-9c
- Roßstraßenbrücke (15/G5)
14050 Roßtrappe (Kleingtkol.) 84-1c
12627 Roßweiner Ring 78-6c
13059 Rostocker Straße (Hschönhs.) 61-3a
10553 Rostocker Straße (Moab.) 71-8a
13467 Roswithastraße 34-5b
13403 Rotbuchenweg 45-7d
12623 Rotdornallee 106-2c
12161 Rotdornstraße 115-2b
12205 Rotdornweg 130-6c
13503 Rote Chaussee 33-5a
12247 Rotenfelser Weg 132-1b
12305 Rotenkruger Weg 151-2c
12103 Rothariweg 116-6a
13089 Rothenbachstraße 59-3d
14089 Rothenbücherweg 95-3d
13587 Rothenburger Weg 54-5d
Rothenburgstraße 115-7b
12163 Nr. 1-9, Nr. 2-10,
Nr. 36-44, Nr. 37-45
12165 Nr. 11-35, Nr. 10a-32
14165 Rotherstieg 129-9a
10245 Rotherstraße 88-5d
14129 Rötheweg 129-1c
12107 Röthspitzenweg 133-2c
13053 Rotkamp 61-6b
12555 Rotkäppchenstraße 106-7c
13088 Rotkäppchenweg (Malch.) 48-9c
14109 Rotkäppchenweg (Wanns.) 127-4d
13129 Rotkehlchenweg (Blankbg.) 48-4b
12351 Rotkehlchenweg (Buck.) 134-3a
12589 Rotkehlchenweg (Rahnsdf.) 141-1a
13589 Rotkehlchenweg (Spand.) (1) 53-7b
12107 Rotkopfweg 133-3c
12683 Rotraudstraße 77-4d
12353 Rotraut-Richter-Platz 135-5c
13437 Rotschwänzchenweg 45-9a
12351 Rotschwanzweg 134-3a
14055 Rottannenweg 97-6a
14089 Röttenbacher Weg 126-2a
13053 Röttkenring 61-6d
12247 Rottweiler Straße 116-8c
13503 Rotwildpfad 42-3b
10785 Rousseauinsel (Insel) 86-4b
13156 Rousseauweg 47-4d
13591 Rowanweg 67-7b
Rübelandstraße 102-8a
12053 Nr. 3-11
12051 Nr. 13-Ende
12623 Rubensstraße (Mahlsdf.) 79-7c
Rubensstraße (Schbg.) 99-9b
12159 Nr. 1-49, Nr. 2-50
12157 Nr. 51-Ende,
Nr. 52-Ende
12524 Ruben-Wolf-Straße 155-1a
12059 Rübezahl (Kleingtkol.) 102-6a
12524 Rübezahlallee 136-9a
12057 Rübezahlstraße 103-7d
13088 Rübezahlweg 48-8b
13125 Rübländer Graben (Kleingtkol.) 38-3c
13125 Rübländerstraße 38-6c
10119 Rückerstraße 73-8c (13/G1)
10627 Rückertstraße (Charlbg.) 84-6d (16/B3)
12163 Rückertstraße (Stegl.) 115-4a
14195 Rudeloffweg 114-8d
13129 Rudelsburgstraße 48-4b
13595 Rudererweg 82-7b
10243 Rüdersdorfer Straße 88-1d
14197 Rüdesheimer Platz 99-7d
13465 Rüdesheimer Straße (Frohn.) 34-2a
14197 Rüdesheimer Straße (Wilmdf.) 115-1b
10407 Rudi-Arndt-Straße 74-8a
13053 Rüdickenstraße 61-6a
14195 Rudi-Dutschke-Weg 114-9a
13129 Rüdigerstraße (Blankbg.) 48-1d
10365 Rüdigerstraße (Lichtbg.) 89-2a
13509 Rüdnitzer Zeile 44-9a
13086 Rudolf-Baschant-Straße (3) 60-7b
12249 Rudolf-Beyendorff-Ring 132-7a
13156 Rudolf-Ditzen-Weg 59-1b
12685 Rudolf-Filter-Weg (1) 77-1b
10318 Rudolf-Grosse-Straße 104-2b
12679 Rudolf-Leonhard-Straße 63-7b
14197 Rudolf-Mosse-Platz 99-7c
14197 Rudolf-Mosse-Straße 98-9d
12305 Rudolf-Pechel-Straße 151-5c
10245 Rudolfplatz 88-9a
10367 Rudolf-Reusch-Straße 89-2a
10407 Rudolf-Schwarz-Straße 74-4b
10369 Rudolf-Seiffert-Straße 74-9d
10245 Rudolfstraße 88-5d
12621 Rudolf-Virchow-Straße 78-8c
10785 Rudolf-von-Gneist-Gasse (14/B6)
- Rudolf-Wilde-Park 99-6c
- Rudolf-Wissell-Brücke 84-1b
- Rudolf-Wissell-Siedlung 81-4b
10713 Rudolstädter Straße 98-6b
12489 Rudower Chaussee 136-5b
12355 Rudower Höhe (Kleingtkol.) 136-8b
12355 Rudower Schweiz (Kleingtkol.) 136-4c
12524 Rudower Straße (Altgl.) 136-5d
12351 Rudower Straße (Buck.) 118-9d
12524 Rudower Straße (Kleingtkol.) 136-5d
12557 Rudower Straße (Köp.) 121-8b
12439 Rudower Straße (Nschönwde.) 120-5b
12355 Rudow-Süd 154-4a

13405 Rue Ambroise Paré 56-9c
13405 Rue Charles Calmette 56-9d
13469 Rue Diderot (2) 45-1c
13405 Rue Dominique Larrey 56-9d
13405 Rue Doret 56-6a
13405 Rue du Capitaine Jean Maridor 56-6c
13405 Rue du Commandant Jean Tulasne (1) 56-6c
13405 Rue du Docteur Roux 56-9d
13469 Rue Georges Vallerey 45-1c
13405 Rue Henri Guillaumet 56-5b
13405 Rue Hyacinthe Vincent 56-9c
13405 Rue Joseph le Brix 56-5d
13437 Rue Lamartine (1) 45-1c
13405 Rue Marin la Meslée 56-5b
13469 Rue Montesquieu 45-1c
13405 Rue Nungesser et Coli 56-5d
13469 Rue Racine 44-3d
13405 Rué René Laenec 56-9c
12349 Rufacher Weg 134-7b
13127 Rügen (Kleingtkol.) 47-5b
13355 Rügener Straße 73-1c
12621 Rügenwalder Weg 91-3a
12165 Rugestraße 115-8a
13347 Ruheplatzstraße 72-1d
14199 Ruhlaer Straße 98-8d
13597 Ruhleben (Kleingtkol.) 83-1b
13597 Ruhlebener Straße 82-2b (11/A3)
10963 Ruhlsdorfer Straße (Kreuzbg.) 101-1a
12623 Ruhlsdorfer Straße (Mahlsdf.) 106-5a
12209 Rühmkorffstraße 149-3a
10709 Ruhrstraße 99-1c
14050 Ruhwald (Kleingtkol.) 83-3b
14050 Ruhwaldweg 83-2d
12101 Rumeyplan 100-9a
Rummelsburger Landstraße 103-6b
10318 Nr. 1
12459 Nr. 2-Ende, Nr. 3-Ende
10243 Rummelsburger Platz 88-4d
Rummelsburger Straße (Friedrfde., Lichtbg.) 89-9a
10319 Nr. 1
10315 Nr. 2-Ende, Nr. 3-Ende
12459 Rummelsburger Straße (Oberschönwde.) 104-7a
12489 Rumplerzeile 136-3c
13503 Rundhofer Pfad 32-8d
13467 Rundlingsteig 35-7a
13403 Rundpfuhlweg 57-2d
12683 Rundweg 90-6d
14089 Runebergweg 111-7c
13088 Runenzeile 60-2b
10179 Rungestraße 87-5b (15/H5)
12347 Rungiusbrücke 118-5a
12347 Rungiusstraße 118-2c
13127 Rupertweg 37-5d
13503 Ruppiner Chaussee 32-6a
Ruppiner Straße 73-4a
10115 Nr. 1-3, Nr. 40-48, Nr. 41-49
13355 Nr. 12-38, Nr. 13-39
15399 Ruppiner-See-Straße 68-3b
10317 Rupprechtstraße 89-5c
Ruschestraße 75-8c
10367 Nr. 2-54, Nr. 3-53
10365 Nr. 59
14050 Rüsternallee (Charlbg.) 83-6b (12/A4)
12623 Rüsternallee (Mahlsdf.) 106-2c
13587 Rustweg 54-2c
13125 Rutenzeile (1) 39-4a
12165 Ruth-Andreas-Friedrich-Park 115-4d
12489 Rutherfordstraße 136-3c
12205 Ruthnerweg 130-9b
13599 Ruth-Stephan-Straße 68-6b
Ruthstraße 131-6b
12247 Nr. 1-15, Nr. 2-14
12249 Nr. 16-28, Nr. 17-29
14167 Rütli (Kleingtkol.) 130-9a
12205 Rütliplatz 130-9a
12045 Rütlistraße (Nkln.) 102-1d
13407 Rütlistraße (Reindf.) 58-4c
10367 Rutnikstraße 89-1b
12681 Ruwersteig 76-8c
13125 Rybniker Straße 38-9a
10405 Rykestraße 73-6c

12099 **S**aalburgstraße 117-6a
12209 Saaleckplatz 149-2b
13088 Saaler Bogen 61-1d
12055 Saalestraße 102-8c
13403 Saalmannsteig 57-2a
13403 Saalmannstraße 57-2c
12307 Saalower Straße 169-6a
10405 Saarbrücker Straße 73-8b (13/H1)
12247 Saarburger Straße 132-1c
14195 Saargemünder Straße 114-7d
12589 Saarower Weg 125-7a
12161 Saarstraße 115-3a
13599 Saatwinkel (Kleingtkol.) 55-7d
13599 Saatwinkel 55-7d
13627 Saatwinkler Damm (Kleingtkol.) 71-4b
Saatwinkler Damm 69-4b
13627 Nr. 8-70, Nr. 9-69
13629 Nr. 93-299, Nr. 94-298
13599 Nr. 301-373, Nr. 302-372
13599 Saatwinkler Steg 55-7c
13053 Sabinensteig 61-8d
10829 Sachsendamm 100-7b
12099 Sachsenhauser Straße 117-5b
12524 Sachsenstraße (Altgl.) 137-7d
13156 Sachsenstraße (Nschönhs.) 46-8d
12157 Sachsenwaldstraße 115-6b
Sächsische Straße 99-4b (18/D6)
10707 Nr. 1-31, Nr. 2-30, Nr. 45-Ende, Nr. 46-Ende
10713 Nr. 32-44, Nr. 33-43
14165 Sachtleben (Kleingtkol.) 147-6a
14165 Sachtlebenstraße 147-3a
14050 Sackgasse (Charlbg.) 83-3b
13595 Sackgasse (Spand.) 82-7a
10318 Sadowastraße (Karlsh.) 104-4d
12623 Sadowastraße (Kaulsdf.) 105-6a
10317 Saganer Straße 89-8d
13125 Sägebockweg 39-4d
13503 Sagemühler Steig 32-6d
13435 Sagritzer Weg 45-2d
14089 Saint-Exupéry-Straße 110-3c
14089 Sakrower Kirchweg 126-2d
14089 Sakrower Landstraße 126-5b
12685 Salanderweg 77-4a
12357 Salbeiweg 136-4c
13583 Salchendorfer Weg 67-6a
14059 Saldernstraße 84-5c
14163 Salemer Steig 113-8d
12524 Salierstraße 137-7c
13439 Sallgaster Straße 45-6a
12349 Salmbacher Straße 133-9d
12053 Saltykowstraße 102-7b
12587 Salvador-Allende-Brücke 122-4b
Salvador-Allende-Straße 122-7d
12559 Nr. 2-80a, Nr. 11-101
12555 Nr. 82-100
12559 Salvador-Allende-Viertel I 122-7b
12559 Salvador-Allende-Viertel II 122-8a
Salzachstraße 128-6b
14163 Nr. 1-21, Nr. 2-22
14129 Nr. 23-Ende, Nr. 24-Ende
14193 Salzbrunner Straße 98-6c
10825 Salzburger Straße 99-6b
13599 Salzhof (Kleingtkol.) 54-9d
13599 Salzhof 68-3b
10319 Salzmannstraße 89-9c
10587 Salzufer 85-1d (17/E1)
12209 Salzunger Pfad 131-8d
13587 Salzunger Weg 54-5d
10559 Salzwedeler Straße 71-9b
10247 Samariterplatz 88-3b
10247 Samariterstraße 88-3d
13351 Sambesistraße 71-3c
12277 Sameiskystraße 150-3a
13189 Samländische Straße 59-5c
12157 Samoa (Kleingtkol.) 116-1d
13353 Samoastraße 72-4a
12526 Sandbacher Platz 156-4c
12526 Sandbacher Weg 155-6d
13125 Sandbergstraße 38-5b
12439 Sanddornstraße 120-6c
12047 Sanderstraße 101-3b
13509 Sandgrasweg 44-5b
13503 Sandhauser Brücke 42-5a
13505 Sandhauser Straße 42-5a
13595 Sandheideweg 81-9b
12209 Sandhofweg 149-3c
13055 Sandinostraße 75-4b
13359 Sandkrug 1 (Kleingtkol.) 59-7a
13357 Sandkrug 2 (Kleingtkol.) 59-7c
10557 Sandkrugbrücke (12/B1)
14165 Sandmeyerplatz 129-9d
12526 Sandowitzer Platz 155-6a
12557 Sandschurrepfad 138-2a
12349 Sandsteinweg 133-8d
13593 Sandstraße 81-5c
13627 Sandweg (Charlbg.) 71-4a
10589 Sandweg (Charlbg.) 71-7c
13597 Sandweg (Spand.) 82-2b
13589 Sandwiesen (Kleingtkol.) 53-8c
13589 Sandwiesenweg 53-8c
12107 Sandwüste (Kleingtkol.) 132-3c
10318 Sangeallee 104-1d
14109 Sangebuchtweg 145-4a
12349 Sangerhauser Weg 133-6c
13437 Sangestraße 44-6d
13351 Sansibarstraße 71-3a
10317 Sanssouci (Kleingtkol.) 89-8b
Säntisstraße 150-3d
12107 Nr. 1-45, Nr. 2-46
12277 Nr. 47-183, Nr. 48-182
14053 Sarkauer Allee 83-7a
13089 Sarner Weg 60-2c
12209 Sarntaler Weg 149-3d
12159 Sarrazinstraße 99-8d
13627 Sartelweg 70-6d
12053 Sasarsteig 102-4a
14199 Saßnitzer Straße 114-3a
13127 Saßnitzweg 47-5b
12355 Sattlerstraße 135-5d
12524 Saturnring 154-5b
13405 Saturnstraße 57-4d
14165 Satzkorner Weg (4) 129-7d
14193 Saubuchtweg 96-5d
14109 Sauerbruchstraße 145-2a
12357 Sauerdornweg 135-3a
13127 Saupéweg 47-3a
12526 Sausenberger Straße 155-5b
10623 Savignyplatz 85-8a (17/E4)
14109 Scabellstraße 128-7a
13089 Schächentaler Weg 60-2a
12524 Schachtelhalmweg 137-4d
12683 Schackelsterstraße 90-9b
14165 Schädestraße 129-9b
10117 Schadowstraße 86-3d (12/D4)
13129 Schäferstege 48-5a
13125 Schäfersteig 30-9a
13585 Schäferstraße (Spand.) 68-2c
14109 Schäferstraße (Wanns.) 145-4c
12099 Schaffhausener Straße 117-3c
13125 Schalauer Straße 31-6a
13055 Schalkauer Straße 75-3d
12167 Schalloppstraße 115-8d
14089 Schallweg 110-9d
14089 Schambachweg 110-8c
12045 Schandauer Straße 102-5a
10719 Schaperstraße 99-2b (19/F5)
12527 Schappachstraße 157-4d
12107 Schareckstraße 133-3c
13595 Scharfe Lanke 96-1a
13505 Scharfenberg 55-4b
13505 Scharfenberger Straße 55-4c
13129 Scharfensteinstraße 48-1b
14169 Scharfestraße 129-6b
13599 Scharmützelseeweg (13) 54-9d
12621 Scharnauer Straße 105-2d
12307 Scharnhorststraße (Lichtrde.) 169-3d
10115 Scharnhorststraße (Mitte) 72-5c (12/B1)
12587 Scharnweberstraße (Friedhg.) 123-4c
10247 Scharnweberstraße (Friedhn.) 88-3d
13053 Scharnweberstraße (Hschönhs.) 75-2a
12459 Scharnweberstraße (Oberschönwde.) 120-3c
13405 Scharnweberstraße (Reindf., Wedd.) 56-6b
13086 Scharnweberstraße (Weißs.) 60-7d
10785 Scharounstraße 86-5d (14/B6)
10178 Scharrenstraße (13/F4)
12247 Scharzhofberger Straße 132-1d
12279 Schäßburger Weg 150-4b
12524 Schattenweg 155-1a
12109 Schätzelberge (Kleingtkol.) 117-8a
12099 Schätzelbergstraße 117-5c
14089 Schauensteiner Weg 126-1b
13503 Schauflerpfad 43-4a
14052 Schaumburgallee 83-6a
12209 Scheelestraße 149-2d
12305 Scheerbartweg 151-4b
10367 Scheffelstraße 89-1a
12249 Schefferweg (1) 132-5c
12685 Scheibenbergstraße 77-1c
12437 Scheiblerstraße 103-9c
12277 Scheideggweg 150-3b
10557 Scheidemannstraße 86-2d (12/B4)
10589 Scheinerweg 70-9d
13469 Schellbronner Weg 35-8d
14199 Schellendorffstraße 98-8d
10785 Schellingstraße (14/B6)
14053 Schenckendorffplatz 83-5a
10119 Schendelgasse (13/G1)
10965 Schenkendorfstraße 101-1d
10318 Schenkestraße 104-4a
13409 Scherbeneck (Kleingtkol.) 58-5b
10439 Scherenbergstraße 73-3a
13347 Schererstraße 72-2a
13355 Scheringstraße 72-6a
12589 Schettkatstraße 125-5c
12359 Scheveninger Straße 118-6a
12307 Schichauweg 150-9b
13507 Schickstraße 43-6d (13/H4)
12349 Schieferweg 133-8b
13158 Schienenweg 46-3a
10409 Schieritzstraße 74-1a
12051 Schierker Platz 102-7d
12051 Schierker Straße 102-7d
13581 Schiffahrtsufer 82-1b
10117 Schiffbauerdamm (Mitte) (12/C3)
13597 Schiffbauerdamm (Spand.) 68-8c (11/B3)
14193 Schildhorn (Halbinsel) 96-1d
12163 Schildhornstraße 115-1d
14193 Schildhornweg 96-5a
13159 Schildow (Kleingtkol.) 28-8c
13159 Schildower Straße (Blankfde.) 28-8d
13467 Schildower Straße (Hermsdf.) 34-6d
13469 Schildower Weg 36-4a
12527 Schilfsängersteig 137-5b
12589 Schilfwall (Insel) 140-3a
12683 Schillerfalterstraße 91-5b
13407 Schillerhof 58-7a
13349 Schillerpark 57-9b
12161 Schillerplatz 115-2a
12049 Schillerpromenade (Nkln.) 101-6d
12459 Schillerpromenade (Oberschönwde.) 120-2a
13407 Schillerring (Kleingtkol.) 58-4c
13407 Schillerring 57-6b
12526 Schillerstraße (Bohnsdf.) 156-4b
Schillerstraße (Charlbg.) 84-6c (16/B3)
10625 Nr. 1-29, Nr. 2-28, Nr. 91-Ende, Nr. 92-Ende
10627 Nr. 30-88, Nr. 31-89
12207 Schillerstraße (Lichtfde.) 131-5c
12305 Schillerstraße (Lichtrde.) 151-2a
13156 Schillerstraße (Nschönhs.) 47-4d
13158 Schillerstraße (Pank.) 46-4d
14163 Schillerstraße (Zehldf.) 129-1b
13627 Schillerweg (Charlbg.) 71-4c
13127 Schillerweg (Fr. Buchhz.) 37-5c
13597 Schillerweg (Spand.) 82-1b
10243 Schillingbrücke 88-4a
10179 Schillingstraße (Mitte) 87-3c (13/H3)
13403 Schillingstraße (Reindf.) 57-4d
13159 Schillingweg 37-7a
10785 Schillstraße 86-7a
12555 Schinderbrücke 121-3c
14193 Schinkelstraße 98-2c
12047 Schinkestraße 101-3b
12526 Schirmpilzstraße 155-8b
Schirmvogelweg 135-1b
12359 Nr. 1-5, Nr. 2-4
12351 Nr. 6-Ende, Nr. 7-Ende
12524 Schirnerstraße 155-2a
12355 Schirpitzer Weg 136-7b
Schirwindter Allee 83-7c
14055 Nr. 2-24, Nr. 2-23
14053 Nr. 33-45
14055 Schirwindter Brücke 83-7a
10439 Schivelbeiner Straße 59-7d
12627 Schkeuditzer Straße 78-3a

12681 Schkopauer Ring 62-6c
14163 Schlachtensee Süd (Kleingtkol.) 146-3b
14193 Schlängelpfad 112-6b
14197 Schlangenbader Straße 115-1a
13597 Schlangengraben (Kleingtkol.) 82-2b
12347 Schlangenweg 118-7c
14163 Schlawer Straße 113-8d
12355 Schleffiner Straße 154-1a
10115 Schlegelstraße 72-9b (12/D1)
13437 Schlehbuschweg (Kleingtkol.) 45-4a
14129 Schlehdornsteig 128-9d
13587 Schlehenweg 54-5c
10247 Scheidenplatz 89-1c
10961 Schleiermacherstraße 101-1d
14193 Schleinitzstraße 98-5c
12621 Schleipfuhlweg 78-5d
13055 Schleizer Straße 75-3c
10587 Schlesingerstraße 85-2a
10997 Schlesische Brücke 88-8d
10997 Schlesische Straße 88-8a
12435 Schlesischer Busch 88-8d
10555 Schleswiger Ufer 85-6a (17/F1)
14169 Schlettstadter Straße 130-1d
10117 Schleusenbrücke (13/F4)
10623 Schleuseninsel 85-6c
14059 Schleusenland (Kleingtkol.) 70-8d
10997 Schleusenufer 88-8d
12687 Schleusinger Straße 63-4d
10317 Schlichtallee 89-8a
12526 Schlichtingsheimer Weg 155-6b
14129 Schlickweg 129-1c
10437 Schliemannstraße 73-5b
13507 Schlieperstraße 44-7c
12349 Schlierbacher Weg 133-8d
12527 Schlierseestraße 137-6d
13435 Schlitzer Straße 45-2c
12683 Schlochauer Straße 90-6d
14059 Schloß Charlottenburg 84-3c (16/A1)
14109 Schloss Glienicke 143-6b
13507 Schloß Tegel (Kleingtkol.) 44-4c
13156 Schloßallee 47-8d
10589 Schloßbrücke (Charlottenburg) 84-3c
10117 Schloßbrücke (Mitte) (13/F3)
12351 Schlosserweg 134-2a
- Schloßgarten Charlottenburg 70-8d
12557 Schlossinsel (Insel) 121-9a
- Schloßpark Bellevue 86-1c (17/H1)
- Schloßpark Biesdorf 91-1d
- Schloßpark Buch 31-5c
- Schloßpark Lichterfelde 131-2c
- Schloßpark Pankow 47-7d
- Schlosspark Tegel 43-6b
13507 Schloßplatz (Hermsdf.) 34-9b
12557 Schloßplatz (Köp.) 121-9a
10178 Schloßplatz (Mitte) 87-1d (13/F4)
14059 Schloßstraße (Charlbg.) 84-3c (16/A1)
13467 Schloßstraße (Hermsdf.) 34-6c
Schloßstraße (Stegl., Lichtfde.) 115-7b
12163 Nr. 1-37, Nr. 2-36, Nr. 86-130, Nr. 87-129
12165 Nr. 38-84, Nr. 39-85
13507 Schloßstraße (Teg.) 44-4d
13469 Schluchseestraße 35-7d
13503 Schlütersteg (1) 42-1d
Schlüterstraße (Charlbg.) 99-1b (18/D5)
10625 Nr. 1-23, Nr. 2-24, Nr. 60-Ende, Nr. 61-Ende
10707 Nr. 40-46, Nr. 41-45
10629 Nr. 47-59a, Nr. 48-58
12623 Schlüterstraße (Mahlsdf.) 106-5d
12559 Schmale Gasse 122-8a
12555 Schmale Straße 121-3a
12057 Schmalenbachstraße 119-1a
12587 Schmaler Weg 122-3d
10713 Schmargendorfer Brücke 99-7a
12159 Schmargendorfer Straße 115-2b
14169 Schmarjestraße 129-3d
12555 Schmausstraße 122-1b
12683 Schmellwitzer Weg 90-6b
13125 Schmetstorpweg (1) 31-5a
12559 Schmetterlingshorst 138-9a
14055 Schmetterlingsplatz 97-6b
10179 Schmidstraße 87-6c (15/H5)
13581 Schmidt-Knobelsdorf-Straße 81-3c
12165 Schmidt-Ott-Straße 115-4c
12057 Schmidts Ruh (Kleingtkol.) 102-6d
12621 Schmidtstraße 78-7c
13125 Schmiedebankplatz 39-5c
10318 Schmiedeberger Weg (1) 104-1d
10965 Schmiedehof 100-6b
13437 Schmiedepfad 45-5d
12353 Schmiedigenpfad 135-4c
12161 Schmiljanstraße 115-2b
13437 Schmitzweg 45-8b
12527 Schmöckwitzer Brücke 175-3b
12527 Schmöckwitzer Damm 185-6b
12527 Schmöckwitzwerder Süd 176-6b
12527 Schmöckwitzwerdersteg 176-3b
13086 Schmohlstraße 60-4d
12435 Schmollerplatz 102-2c
12435 Schmollerstraße 102-2c
14165 Schmückertstraße 129-9c
12159 Schnackenburgstraße 99-9c
13088 Schnatterinchenweg 60-2b
12489 Schneckenburger Straße (3) 137-1a
12357 Schneeballenweg 135-2d
Schneeberger Straße 78-4b
12627 Nr. 1-37
12619 Nr. 2-20
12247 Schneebergstraße 132-2c
13503 Schneegansweg 43-1b
10407 Schneeglöckchenstraße 74-9a
13089 Schneehornpfad 60-2c
12355 Schneehuhnweg 153-3d
12249 Schneekoppenweg 132-6c
12524 Schneewittchenstraße (Altgl.) 136-9a
12555 Schneewittchenstraße (Köp.) 106-7c
13088 Schneewittchenweg (Malch.) 48-9c
14109 Schneewittchenweg (Wanns.) 144-3d
12439 Schnellerstraße 119-3a
13587 Schnepfenreuther Weg 68-1b
13627 Schneppenhorstweg 70-4d
- Schoelerpark 99-5d
12209 Schöffenstraße 131-8d
13509 Schollenhof 44-2d
13509 Schollenweg 44-2b
13503 Schöllkrautstraße 32-9b
14055 Scholzplatz 83-7c
12277 Schomburgstraße 132-9d
13469 Schonacher Straße 35-7b
12685 Schönagelstraße 63-7d
13587 Schönauer Weg (1) 54-6c
13503 Schönbaumer Weg 32-8d
12355 Schönbergweg 136-8d
12589 Schönblicker Straße 125-7d
12627 Schönburger Straße 78-2b
12103 Schönburgstraße 116-3d
10963 Schöneberger Brücke 86-8d
10963 Schöneberger Straße (Kreuzbg.) 86-9c
12163 Schöneberger Straße (Stegl.) 115-2d
12103 Schöneberger Straße (Tphf.) 116-3a
10785 Schöneberger Ufer 86-8a (14/A6)
12555 Schönecker Weg 105-9d
12524 Schönefelder Chaussee 154-5b
12355 Schönefelder Straße 135-9d
12587 Schöneicher Landstraße 123-2a
12587 Schöneicher Straße (Friedhg.) 123-1a
13055 Schöneicher Straße (Hschönhs.) 75-2b
Schonensche Straße 59-8d
10439 Nr. 1-15, Nr. 2-14
13189 Nr. 16-Ende, Nr. 17-Ende
13125 Schönerlinder Chaussee 30-4b
13127 Schönerlinder Straße (Fr. Buchhz.) 37-3b
13127 Schönerlinder Straße (Kleingtkol.) 37-5b
12557 Schönerlinder Straße (Köp.) 121-8b
13125 Schönerlinder Weg 38-3b
12627 Schönewalder Straße 78-6a
12055 Schöneweider Straße 102-8c
13465 Schönfließer Straße (Frohn.) 26-7a
10439 Schönfließer Straße (Prenzl. Bg.) 73-2a
12623 Schongauerstraße 79-7b
Schönhauser Allee 73-8b (13/G1)
10119 Nr. 3-11, Nr. 4-10, Nr. 173-Ende, Nr. 174-Ende
10435 Nr. 20-44, Nr. 21-45, Nr. 143-171, Nr. 144-172
13127 Schönhauser Straße (Fr. Buchhz.) 47-5b
13158 Schönhauser Straße (Rosnth.) 46-2d
Schönhauser Straße (Stegl.) 115-6c
12157 Nr. 1-9, Nr. 2-10c, Nr. 17-25, Nr. 18-26
12169 Nr. 11-15, Nr. 12-16b
10119 Schönhauser Tor 73-8a (13/G1)
12621 Schönherrstraße 78-7b
13409 Schönholz I (Kleingtkol.) 58-2a
13156 Schönholzer Heide 58-2b
10115 Schönholzer Straße (Mitte) 73-4b
13187 Schönholzer Straße (Pank.) 59-1c
13158 Schönholzer Weg 46-5c
12559 Schönhorster Straße 140-2d
13349 Schöningstraße 57-9c
10967 Schönleinstraße 101-3d
- Schönower Park 130-7a
14165 Schönower Straße 129-9b
13357 Schönstedtstraße (Gesndbr.) 72-2b
12043 Schönstedtstraße (Nkln.) (1) 102-4d
13086 Schönstraße 60-8a
12437 Schöntaler Weg 103-8d
12589 Schonungsweg 124-9b
13158 Schönwald (Kleingtkol.) 46-3d
13587 Schönwalder Allee 41-7b
13347 Schönwalder Straße (Gesndbr.) 72-5b
13585 Schönwalder Straße (Spand.) 68-1d (11/B1)
14129 Schopenhauerstraße 128-8b
14165 Schopfheimer Straße 129-8d
12207 Schöppinger Straße 149-1c
12689 Schorfheidestraße (Marz., Helldf.) 63-2b
13439 Schorfheidestraße (Witten.) 45-6c
14195 Schorlemerallee 114-3d
12305 Schottburger Straße 151-2d
14167 Schottmüllerstraße 130-8b
10365 Schottstraße 89-2d
12437 Schraderstraße 119-2a
12685 Schragenfeldstraße 77-1d
13125 Schräger Weg 38-9a
13467 Schramberger Straße 34-8b
10715 Schrammstraße 99-5c
12559 Schrebergasse 122-5c
14167 Schreberstraße 130-4d
13088 Schreberweg (3) 60-2d
13156 Schreckenbachstraße 47-4c
13089 Schreckhornweg 60-2b
10317 Schreiberhauer Straße 89-4c
12101 Schreiberring 100-6c
10247 Schreinerstraße 88-3a
12355 Schriftsetzerweg 135-8b
12355 Schrimmer Weg 154-1d
12623 Schrobsdorffstraße 106-2c
14165 Schrockstraße 129-9b
12683 Schrodaer Straße 90-9b
10115 Schröderstraße 73-7a (13/E1)
13509 Schubartstraße 44-8b
12555 Schubertstraße (Köp.) 105-8d
12205 Schubertstraße (Lichtfde.) 130-2d
12623 Schubertstraße (Mahlsdf.) 92-3c
14109 Schuchardtweg 145-1d
13629 Schuckertdamm 69-6d
13629 Schuckertplatz 70-4a
12055 Schudomastraße 102-8b
13597 Schulenburgbrücke 82-2c
12101 Schulenburgring 100-6b
13403 Schulenburgstraße (Reindf.) 57-2c
13597 Schulenburgstraße (Spand.) 82-2c
13585 Schülerbergstraße 68-1d
12683 Schulgasse 105-1b
12683 Schulstraße (Biesdf.) 90-3d
12247 Schulstraße (Lankw.) 132-1d
13187 Schulstraße (Pank.) 59-2c
13591 Schulstraße (Staak.) 80-2b
13507 Schulstraße (Teg.) 44-7a
14109 Schulstraße (Wanns.) 145-4b
13347 Schulstraße (Wedd., Gesndbr.) 72-1b
10243 Schulweg (Friedhn.) 88-1a
10178 Schulweg (Mitte) 87-3b
13629 Schulweg (Teg.) 69-3b
10365 Schulze-Boysen-Straße 89-4b
10179 Schulze-Delitzsch-Platz 87-5b
12589 Schulzendienstwiese (Kleingtkol.) 140-3b
12526 Schulzendorfer Straße (Bohnsdf.) 155-3b
13347 Schulzendorfer Straße (Gesndbr.) 72-5b
13503 Schulzendorfer Straße (Heilgs.) 32-8d
13467 Schulzendorfer Straße (Hermsdf.) 43-2b
13503 Schulzendorfer Weg 43-2b
13583 Schulzenstraße 67-9a
13627 Schulzenweg 70-6b
13187 Schulzestraße 58-6b
13627 Schulzeweg 71-4a
12099 Schulzweg 117-2c
10117 Schumannstraße 86-3a (12/C2)
12309 Schumpeterstraße 151-9a
12247 Schünemannweg 132-1b
13597 Schürstraße 68-8c (11/B3)
13187 Schüßler (Kleingtkol.) 47-8d
12555 Schüßlerplatz 121-6d
- Schustehruspark (16/B2)
10585 Schustehrusstraße 84-6a (16/A2)
12209 Schütte-Lanz-Straße 149-2b
14169 Schützallee 129-3d
12526 Schützenstraße (Altgl.) 154-6d
13127 Schützenstraße (Fr. Buchhz.) 37-8b
12105 Schützenstraße (Mardf.) 116-9c
10117 Schützenstraße (Mitte) 87-4c (15/E6)
13156 Schützenstraße (Nschönhs.) 58-3c
13585 Schützenstraße (Spand.) 68-2d
12165 Schützenstraße (Stegl.) 115-8a
12169 Schutzverband Steglitz (Kleingtkol.) 116-7a
12683 Schwabenallee 105-2c
12683 Schwabenplatz 105-2a
14089 Schwabinger Weg 110-9c
10781 Schwäbische Straße 100-1c (19/H6)
13503 Schwabstedter Weg 42-2d
13409 Schwabstraße 58-5b
12161 Schwalbacher Straße 115-2a
12305 Schwalbachstraße 151-6b
12685 Schwalbenflug 76-6b
13129 Schwalbensteg 48-4c
12526 Schwalbenweg (Altgl.) 155-4a
12109 Schwalbenweg (Mardf.) 117-7a
13627 Schwambzeile 70-6c
13125 Schwanebecker Chaussee 31-5d
13627 Schwanenfeldstraße 71-4d
12589 Schwanenweg 141-1b
- Schwanenwerder 127-3a
- Schwanenwerder Brücke 127-3d
14129 Schwanenwerderweg 127-3d
12099 Schwanheimer Straße 117-3d
13589 Schwanter Weg 67-3a
10115 Schwartzkopffstraße 72-6c
13409 Schwartzstraße 58-5b
12055 Schwarzastraße 102-9a
10711 Schwarzbacher Brücke 98-2d
10711 Schwarzbacher Straße (3) 98-2d
12687 Schwarzburger Straße 63-5a
12205 Schwarzdornweg 130-9a
13088 Schwarzelfenweg 60-3a
12681 Schwarze-Pumpe-Weg 62-8d

12439 Schwarzer Weg (Adlhf.) 104-7c
10589 Schwarzer Weg (Charlbg.) 70-9d
12487 Schwarzer Weg (Johsth.) 119-8b
10115 Schwarzer Weg (Mitte) 72-8b (12/B1)
14193 Schwarzer Weg (Nklsee.) 112-7b
12459 Schwarzer Weg (Oberschönwde.) 158-3b
13597 Schwarzer Weg (Spand.) 82-2d
13505 Schwarzer Weg (Teg.) 55-4a
13507 Schwarzer Weg (Teg.) 55-8b
10965 Schwarzer Weg (Wilmdf.) 101-6c
12627 Schwarzheider Straße 78-3c
13465 Schwarzkittelweg 26-5d
12107 Schwarzkogelweg 133-5a
12524 Schwarzkoppenstraße 155-1a
10319 Schwarzmeerstraße 90-7a
12489 Schwarzschildstraße 136-2d
13505 Schwarzspechtweg 54-3a
13129 Schwarzwaldstraße 48-2a
12689 Schwarzwurzelstraße 62-3b
12207 Schwatlostraße 149-1b
12305 Schwebelstraße 151-3c
13591 Schwebelweg 81-2c
12277 Schwechtenstraße 151-1b
Schwedenstraße 58-8a
13357 Nr. 1-5a, Nr. 2-Ende, Nr. 11-Ende
13359 Nr. 9
14193 Schwedlerstraße 98-4d
10437 Schwedter Steg 59-7d
12305 Schwedter Straße (Lichtrde.) 151-6a
Schwedter Straße (Prenzl. Bg., Mitte) 73-1b
10119 Nr. 1-27, Nr. 2-28, Nr. 247-267, Nr. 248-268
10435 Nr. 29-81, Nr. 30-80
10709 Schweidnitzer Straße 98-3c
13627 Schweiggerweg 70-4d
13403 Schweinekopf (Kleingtkol.) 57-5c
14195 Schweinfurthstraße 114-3c
14169 Schweitzerstraße 129-3d
13127 Schweizer Tal 37-8d
- Schweizerhofpark 129-9d
14167 Schweizerland (Kleingtkol.) 130-9c
12207 Schwelmer Straße 149-1c
14195 Schwendenerstraße 114-9c
13587 Schwendyweg 54-8c
13059 Schweriner Ring 49-9d
10783 Schwerinstraße 100-1b
13599 Schwerter Weg 69-4b
12357 Schwertlilienweg 135-2a
10965 Schwiebusser Straße 101-4a
13629 Schwiegersteig 69-6d
13599 Schwielowseestraße (2) 54-9d
13595 Schwimmerweg 82-7b
12435 Schwindstraße 103-4a
13349 Schwyzer Straße 57-9b
14055 Scottweg 83-7a
12524 Sebaldweg 155-2a
Sebastianstraße 87-5d (15/G5) 10179, 10969
12627 Sebnitzer Straße 78-2c
12355 Sebnitzer Weg 135-9c
13581 Sedanstraße (Spand.) 68-7d
12167 Sedanstraße (Stegl.) 115-9c
10315 Seddiner Straße 90-1d
12559 Seddiner Weg 140-5c
12527 Seddinhütte 176-2a
12527 Seddinpromenade 175-3b
12527 Seddinwall 158-6c
13503 Seebad (Kleingtkol.) 42-5b
13467 Seebadstraße (Hermsdf.) 35-7a
12621 Seebadstraße (Kaulsdf., Mahlsdf.) 105-3c
14089 Seebadstraße (Klad.) 110-5c
13409 Seebeckstraße 58-2d
13467 Seeblickstraße 34-3d
13581 Seeburger Straße 81-3c
13581 Seeburger Weg 81-2d
13581 Seecktstraße 82-1a
13053 Seefelder Straße 61-9c
Seegefelder Straße 67-5c
13597 Nr. 1-15, Nr. 2-16
13583 Nr. 17-Ende, Nr. 18-Ende
13591 Seegefelder Weg 66-5b
10318 Seegelände (Kleingtkol.) 90-9d
13158 Seegerstraße 46-4d
13057 Seehausener Straße 62-4b
10115 Seehof 149-4c
Seehofstraße 130-4a
14169 Nr. 1-15, Nr. 2-12
14167 Nr. 14-Ende, Nr. 17-Ende
13589 Seejungfernweg 67-1d
14089 Seekorso 110-5a
12105 Seelbuschring 116-9a
12555 Seelenbinderstraße 121-3c
14059 Seelingstraße 84-5b (16/A2)
10439 Seelower Straße 59-8c
- Seepark 104-4b
14089 Seepromenade 112-1a
12347 Seerosensteig 133-3a
Seesener Straße 98-2b (18/A6)
10709 Nr. 1-13, Nr. 2-14b, Nr. 55-Ende, Nr. 56-Ende
10711 Nr. 15-53, Nr. 16-54
13467 Seestraße (Hermsdf.) 35-7a
12623 Seestraße (Mahlsdf.) 106-4b
12589 Seestraße (Rahnsdf.) 124-8a
Seestraße (Wedd., Moab., Charlbg.) 71-5c
13353 Nr. 3-43, Nr. 4-44, Nr. 94-128, Nr. 95-129
13347 Nr. 45-93, Nr. 46-92
13353 Seestraßenbrücke nördlich 71-5b
10553 Seestraßenbrücke südlich 71-5d
14109 Seeuferstraße 128-7d
13158 Seeweg (Rosnth.) 46-3a
13599 Seeweg (Teg.) 55-7a
12099 Seeweg (Tphf.) 117-6c
13088 Seeweg (Weißs.) 60-9b
13587 Segelclub Spandau (Kleingtkol.) 54-6c
12487 Segelfliegerdamm 120-7c
12557 Segewaldweg 137-3b
10969 Segitzdamm 87-8d
14109 Seglerweg 127-8d
14165 Seibtweg 129-9c
12357 Seidelbastweg 135-2a
Seidelstraße 56-2d
13405 Nr. 1-13, Nr. 2-14, Nr. 49-Ende, Nr. 50-Ende
13507 Nr. 24-44, Nr. 29-43
13405 Seidelstraßenbrücke 56-5b
13627 Seidelweg 70-6b
12489 Seidenbaustraße 137-1a
13086 Seidenberger Straße 60-7a
12355 Seidenhuhnweg 153-2b
10318 Seifertweg 90-8d
12355 Seilerweg 135-9a
12107 Selbhornweg 133-2c
14089 Selbitzer Straße 126-2b
12049 Selchower Straße 101-6d
12489 Selchowstraße (Adlhf.) 121-7d
14199 Selchowstraße (Schmargdf.) 98-8d
12169 Selerweg 115-9a
12355 Selgenauer Weg 136-7a
Selkestraße 102-7d
12051 Nr. 1, 2, 27-Ende, Nr. 28-Ende
12053 Nr. 12-24a, Nr. 17-23a
12687 Sella-Hasse-Straße 63-7a
13353 Sellerbrücke 72-5c
13353 Sellerstraße 72-5c
13129 Sellheimbrücke 48-3a
13189 Sellinstraße 59-5b
13189 Selma-Lagerlöf-Straße 59-6c
14163 Selmaplatz 129-2b
13507 Selmer Pfad 55-3d
12305 Seltersstraße 151-3d
12169 Sembritzkistraße 116-7b
13089 Semiramisstraße 59-3d
13409 Semkensteig 58-5c
12555 Semliner Straße 105-9c
13593 Semmelländerweg 81-4d
13507 Semmelweg 55-5d
12524 Semmelweisstraße 136-5b
13403 Semmerweg 57-1d
12524 Semnonenweg (Altgl.) 137-8c
13595 Semnonenweg (Spand.) 95-3b
12159 Semperstraße 115-3b
13507 Sendener Weg 55-6b
10405 Senefelderplatz 73-5d
10437 Senefelderstraße 73-6a
13351 Senegalstraße 71-2d
13435 Senftenberger Ring 45-3b
12627 Senftenberger Straße 78-1c
13465 Senheimer Straße 34-1b
12103 Sennockstraße 116-3b
14055 Sensburger Allee 83-5d
12683 Sensenpfad 77-7d
12159 Sentastraße 99-8d
12621 Senziger Straße 91-3c
13435 Senziger Zeile 45-2d
13591 Senzker Straße 67-8a
13627 Separationsweg 71-4c
13507 Seppenrader Weg 55-6b
13407 Septimerstraße 57-5d
10627 Sesenheimer Straße 85-4c (16/C3)
10709 Sesselmannweg (1) 98-6b
14089 Setheweg 126-3c
10245 Seumestraße 88-6c
12351 Severingstraße 134-6a
10319 Sewanstraße 89-9a
10117 Seydelstraße 87-5a (15/F5)
12307 Seydlitzplatz 169-3c
Seydlitzstraße (Lankw.) 131-6b
12247 Nr. 1-19, Nr. 2-20
12249 Nr. 21-Ende, Nr. 22-Ende
12307 Seydlitzstraße (Lichtrde.) 169-3d
10557 Seydlitzstraße (Moab.) 72-7d (12/A2)
14109 Seylerstraße 145-2a
10627 Shakespeareplatz (16/C3)
14055 Shawweg 83-7d
14089 Sibeliusweg 111-7d
12247 Sibyllenstraße 132-4a
13159 Sichelsteig 36-2b
10553 Sickingenbrücke 71-7c
10553 Sickingenplatz 71-7d
10553 Sickingenstraße 71-7c
14163 Siebenendenweg 113-9c
13088 Sieben-Raben-Weg 48-8d
12524 Sieboldstraße 155-1c
12526 Siebweg 155-5b
13403 Siedelmeisterweg 57-1b
12527 Siedlers Eck 157-7c
13581 Siedlerweg 81-2a
12524 Siedlung Altglienicker Grund 154-3a
12524 Siedlung Altglienicker Höhe 136-9c
12355 Siedlung am Zwickauer Damm 135-7d
12355 Siedlung an der Bahnhofstraße 135-8d
12355 Siedlung an der Schönefelder Straße 154-4a
12355 Siedlung an der Waßmannsdorfer Chaussee 153-3d
12524 Siedlung Boba II 136-9b
13125 Siedlung Buch 31-4b
12437 Siedlung Daheim (Johsth.) 118-6b
12107 Siedlung Daheim (Mardf.) 133-8a
14055 Siedlung Eichkamp 97-3d
13158 Siedlung Eigene Scholle 46-5b
12524 Siedlung Eigenheim 154-3c
13159 Siedlung Elisabethaue 37-4c
12623 Siedlung Elsengrund 92-4d
12524 Siedlung Falkenhöhe 154-3b
12527 Siedlung Grünau-Ost 138-8c
12524 Siedlung Grüneck 136-8b
14089 Siedlung Havelblick 95-6b
14055 Siedlung Heerstraße 83-9c
12589 Siedlung Im Walde 125-7d
12487 Siedlung Johannesthal 136-1a
12559 Siedlung Kämmereiheide 122-5d
12623 Siedlung Kiekemal 106-5d
12103 Siedlung Lindenhof 116-5a
13629 Siedlung Mäckeritzwiesen 70-1a
12105 Siedlung Marienhöhe 116-5d
13159 Siedlung Martha-Aue 37-4d
12524 Siedlung Meier 136-9a
13437 Siedlung Neue Heimat 45-4a
12549 Siedlung Neue Heimstatt 133-9a
12349 Siedlung Neue Scholle 133-9b
13591 Siedlung Neu-Jerusalem 80-2c
12351 Siedlung Neuland 134-2c
12524 Siedlung Rehpfuhl 154-2b
13407 Siedlung Roedernau 45-9a
12524 Siedlung Sachsenburg 137-7d
12559 Siedlung Schönhorst 141-1c
12527 Siedlung Spreetal 137-4b
13503 Siedlung Tegelgrund 43-2b
12524 Siedlung Wegedorn 154-3b
13593 Siedlung Weinbergshöhe 81-4d
12524 Siedlung Weiß 136-5b
12489 Siedlung Wendenheide 121-4d
14089 Siedlung Windmühlenberg 95-9a
13125 Siedlungsring 39-2c
13125 Siedlungsstraße 31-8c
13591 Siedlungsweg 80-6c
12559 Siefersheimer Straße 140-7b
14197 Siegburger Straße 99-7d
13583 Siegener Straße 67-6c
12101 Siegertweg 100-9d
12059 Siegfried-Aufhäuser-Platz 102-9a
10365 Siegfriedslust (Kleingtkol.) 75-8d
10365 Siegfriedstraße (Lichtbg.) 89-3c
12623 Siegfriedstraße (Mahlsdf.) 92-2b
12051 Siegfriedstraße (Nkln.) 117-3b
13156 Siegfriedstraße (Nschönhs.) 47-8a
12159 Sieglindestraße 99-8d
12683 Siegmarstraße 77-5d
10555 Siegmunds Hof 85-6a (17/F1)
13125 Siegstraße 38-8d
12309 Siekeweg 152-7d
12527 Sielower Weg 157-8a
- Siemensbrücke 115-9d
Siemensdamm 70-7a
13627 Nr. 1-41, Nr. 2-42, Nr. 56-Ende, Nr. 57-Ende
13629 Nr. 43-55, Nr. 44-45
13629 Siemenssiedlung 69-2b
13599 Siemenssiedlung Am Hohenzollernkanal IV 55-7d
10589 Siemenssteg 85-1c (16/C1)
12247 Siemensstraße (Lichtfde., Lankw., Stegl.) 131-3c
10551 Siemensstraße (Moab.) 71-8a
12459 Siemensstraße (Oberschönwde.) 120-1a
13595 Siemenswerderweg 96-2a
14165 Siepesteig 147-3a
12247 Sieversbrücke 132-2a
12359 Sieversufer 118-2d
13465 Sigismundkorso 33-3c
10785 Sigismundstraße 86-5c (14/A6)
10713 Sigmaringer Straße 99-2c
13587 Sigmund-Bergmann-Straße 54-8d
10407 Sigridstraße 74-5b
13051 Sigrunstraße 49-5c
13089 Sigurdstraße 48-7c
12489 Silberberger Straße 136-3b
12439 Silbergrasweg 120-6d
13503 Silberhammerweg 32-6c
12051 Silbersteinstraße 117-3b
14052 Silingenweg 83-9b
13467 Silvesterweg 34-3c
12209 Silzer Weg 149-3d
13409 Simmelstraße 58-4d
13127 Simmelweg 37-8a
13055 Simon-Bolivar-Straße 75-1d
10245 Simon-Dach-Straße 88-6a
13599 Simonring 69-4d
10245 Simplonstraße 88-6a
12305 Simpsonweg 151-5c
12623 Simrockplatz 78-8d
10557 Simsonweg 86-3c (12/C4)
13629 Singdrosselsteig 69-3d
14163 Singener Weg 129-8b
Singerstraße 87-3c
10179 Nr. 1-11, Nr. 2-12, Nr. 106-Ende, Nr. 107
10243 Nr. 19-87, Nr. 20-86
12059 Sinsheimer Weg 102-6a
10318 Sinziger Straße 104-2d
12524 Siriusstraße (Altgl.) 154-2d
12057 Siriusstraße (Nkln.) 103-7c
12205 Sittener Zeile 131-7a
13437 Sittestraße 45-8d
12687 Sitzendorfer Straße 63-5a
13125 Siverstorpstraße 39-4d
10965 Sixtusgarten 100-6b
Skalitzer Straße 87-9c
10999 Nr. 2-38, Nr. 3-35, Nr. 108-Ende, Nr. 109-Ende
10997 Nr. 39-107, Nr. 40-106
10317 Skandinavische Straße 89-3d
12309 Skarbinastraße 152-7a
14052 Skirenweg 83-9b
13156 Skladanowskystraße 46-9d
12109 Skutaristraße 117-8d
12621 Slabystraße (Kaulsdf.) 78-8a

12459 Slabystraße (Oberschönwde.) 120-2d
14163 Slatdorpweg 129-4a
13089 Sleipnerplatz 60-1a
13089 Sleipnerstraße 47-9d
12557 Slevogtweg 138-8a
13088 Smetanastraße 60-8d
12109 Smyrnaer Weg 133-2a
12559 Sobernheimer Straße 157-3b
14197 Sodener Straße 115-1a
12309 Sodenstraße 152-4c
12355 Söderblomweg 135-7b
10409 Sodtkestraße 74-1a
12207 Soester Straße 149-1d
12169 Sohnreystraße 116-7b
12203 Söhtstraße 131-1d
14055 Soldauer Allee 83-9a
14055 Soldauer Platz 83-9a
13359 Soldiner Straße (Gesndbr.) 58-5d
12305 Soldiner Straße (Lichtrde.) 151-3d
13403 Solferinostraße 57-2c
12347 Solidarität (Kleingtkol.) 118-4c
10555 Solinger Straße 85-2d (17/F1)
13465 Söllerpfad 26-7c
13589 Sollingzeile 67-2d
12353 Sollmannweg 135-7a
13055 Sollstedter Straße 75-6b
10961 Solmsstraße 101-1d
13088 Solonplatz 60-9c
13467 Solquellstraße 34-6b
10713 Solsdorfer Weg 99-4c
13509 Soltauer Straße 56-3a
13509 Sommerfelder Straße 56-2b
14109 Sommerfieldring 145-4a
12057 Sommerfreude (Kleingtkol.) 102-9d
\- Sommergarten 84-7c (11/C2)
13359 Sommerglück (Kleingtkol.) 58-6c
12157 Sommerheim (Kleingtkol.) 116-1a
10589 Sömmeringstraße 84-3b
13409 Sommerstraße 58-2b
13627 Sommerweg 71-4a
13158 Sonatenweg 46-5d
13357 Sonderburger Straße 59-7c
Sondershauser Straße 150-1a
12249 Nr. 41-89a, Nr. 50-88
12209 Nr. 93-Ende, Nr. 94-Ende
12209 Sonneberger Weg 131-9c
12489 Sonnenallee (Johsth.) 120-9a
Sonnenallee (Nkln.) 102-1c
12047 Nr. 1-33, Nr. 6-32
12045 Nr. 34-124, Nr. 35-113
12059 Nr. 125-223, Nr. 126-226
12057 Nr. 225-355, Nr. 228-370
12437 Nr. 372-410, Nr. 389-411
12157 Sonnenbad (Kleingtkol.) 116-1d
13053 Sonnenblume (Kleingtkol.) 76-1d
13159 Sonnenblumensteig 36-2b
\- Sonnenbrücke 102-9b
10437 Sonnenburger Straße 73-2a
13629 Sonneneck (Kleingtkol.) 69-5d
12057 Sonnengarten (Kleingtkol.) 118-3d
13627 Sonnenheim (Kleingtkol.) 70-6a
14055 Sonnenhof 97-3c
12619 Sonnenkieker 77-6c
12621 Sonnenschein (Kaulsdf.) (Kleingtkol.) 91-6c
14167 Sonnenschein (Lichtfde.) (Kleingtkol.) 130-8b
13597 Sonnenschein (Spand.) (Kleingtkol.) 83-1a
13088 Sonnenschein (Weißs.) (Kleingtkol.) 61-7d
12277 Sonnenscheinpfad 132-9a
13127 Sonnental (Fr. Buchhz.) (Kleingtkol.) 37-6b
13593 Sonnental (Kleingtkol.) 81-9c
12487 Sonnental II (Kleingtkol.) 119-6d
13503 Sonnenwalder Weg 32-6b
12557 Sonnenweg 137-3a
13349 Sonntagsfreude (Kleingtkol.) 57-8b
14050 Sonntagsfrieden (Kleingtkol.) 83-3b
10245 Sonntagstraße 88-6d
13086 Soonwaldstraße 60-5d
Soorstraße 84-4d (11/D1)
14050 Nr. 1-25, Nr. 2-26, Nr. 61-87, Nr. 62-Ende
14057 Nr. 27-59, Nr. 28-60
14059 Sophie-Charlotte-Platz 84-6c (16/A3)
Sophie-Charlotte-Straße (Charlbg.) 84-2a
14059 Nr. 1-53, Nr. 2-54, Nr. 61-117, Nr. 62-118
14057 Nr. 55-59, Nr. 56-60
14169 Sophie-Charlotte-Straße (Zehldf.) 129-3d
10317 Sophienstraße (Lichtbg., Friedrfde.) 89-5d
12203 Sophienstraße (Lichtfde.) 131-1a
10178 Sophienstraße (Mitte) 73-7d (13/F2)
13599 Sophienwerder (Kleingtkol.) 68-9a
13599 Sophienwerder 68-9a
13597 Sophienwerderweg 68-9a
12205 Sophie-Taeuber-Arp-Weg 130-9b
10997 Sorauer Straße 88-7d
12524 Sorbenstraße 137-7d
12347 Sorgenfrei (Britz) (Kleingtkol.) 117-6d
12681 Sorgenfrei (Marz.) (Kleingtkol.) 76-9c
12435 Sorgenfrei (PLäntw.) (Kleingtkol.) 103-4c
13437 Spachtelweg 45-5d
14050 Spandauer Berg (Kleingtkol.) 83-3c
14050 Spandauer Bock (Kleingtkol.) 83-2d
13581 Spandauer Burgwall 82-1b
Spandauer Damm 83-2d (16/A1)
14059 Nr. 1-113, Nr. 2-116
14050 Nr. 115-215, Nr. 130-218
14052 Nr. 217-Ende, Nr. 220-Ende
13599 Spandauer Havelpromenade 68-3b
10178 Spandauer Straße (Mitte) 87-2a (13/F3)
Spandauer Straße (Staak.) 66-9d
13591 Nr. 1-43, Nr. 2-42, Nr. 74-Ende, Nr. 75-Ende
13581 Nr. 46-72, Nr. 45-73
14059 Spandauer-Damm-Brücke 84-2c
13587 Spandauer-See-Brücke 68-3a
13357 Spanheimstraße 58-9d
14129 Spanische Allee 128-4d
14129 Spanische-Allee-Brücke 128-5c
13627 Spargelweg 70-6a
14089 Sparnecker Weg 110-6c
13353 Sparrplatz 72-4b
13353 Sparrstraße 72-4b
12683 Spatenweg 91-1b
12437 Späthsfelder Weg 119-8a
12437 Späthstraße (Baumsch.) 119-4c
12359 Späthstraße (Britz) 118-6c
12359 Späthstraßenbrücke 119-4c
12487 Späthswalde (Kleingtkol.) 119-8b
10318 Spatzensteig 104-4c
13599 Spatzenweg 54-9d
12349 Specht 133-6d
12526 Spechtstraße (Bohnsdf.) 155-9a
14195 Spechtstraße (Dahl.) 114-5c
13505 Spechtstraße (Konrdsh.) 42-9d
13465 Speerweg 25-9c
13591 Spektebrücke 67-4d
13583 Spekteweg 67-5c
13583 Spektewiesen 67-4b
10557 Spenerstraße 86-1c
13353 Spennrathbrücke 71-5c
12526 Sperberstraße (Bohnsdf.) 155-6b
13505 Sperberstraße (Konrdsh.) 42-9c
13629 Sperberweg 69-3a
12277 Sperenberger Straße 150-6d
10178 Sperlingsgasse (Mitte) (13/F4)
13595 Sperlingsgasse (Spand.) 82-7c
12437 Sperlingsweg 119-4c
14197 Spessartstraße 99-7d
10779 Speyerer Straße 99-3d
10777 Spichernstraße 99-2b (19/F6)
14057 Spiegelweg (2) 84-8a
13189 Spiekermannstraße 59-9c
12555 Spielergasse 121-6d
10585 Spielhagenstraße 84-6d (16/B3)
13591 Spieroweg 81-1d
13503 Spießergasse 43-1b
13437 Spießweg 45-4b
14195 Spilstraße 115-1c
12689 Spinatweg 63-1a
12205 Spindelmühler Weg 130-5b
12555 Spindlersfelder Straße 121-2c
12555 Spinnpfad 121-5c
13125 Spinolastraße 38-9a
12163 Spinozastraße 115-1c
12307 Spirdingseestraße 169-6a
10317 Spittastraße 89-4d
\- Spittelkolonade (15/F5)
10117 Spittelmarkt 87-4b (15/F5)
10589 Spitzer Weg 71-7c
12557 Spitzerstraße 121-9b
12685 Spitzmühler Straße 63-8c
12623 Spitzwegstraße 92-9c
10319 Splanemannstraße 90-7d
12107 Splügenweg 133-5b
14193 Spohrstraße 98-7c
12159 Sponholzstraße 99-9d
12527 Sportallee 137-9b
13587 Sportanglerverein Aale (Kleingtkol.) 54-5b
12487 Sportfliegerstraße 120-8a
14053 Sportforum-Brücke 83-5a
14053 Sportforumstraße 83-5a
12527 Sportpromenade 138-8d
12559 Spreeaue (Kleingtkol.) 122-4c
14050 Spreeblick (Kleingtkol.) 83-2b
14050 Spreegrund (Kleingtkol.) 83-3b
\- Spreepark 103-2c
12587 Spreepromenade 122-5a
12587 Spreestraße (Friedhg.) 122-6d
12555 Spreestraße (Köp.) 121-6a
12439 Spreestraße (Nschönwde.) 120-4b
12559 Spreestraße (Siedl Schönhorst) (Müggelhm.) 141-1c
14050 Spreetalallee 83-3d
\- Spreetunnel 123-4c
13627 Spreeufer (Kleingtkol.) 70-7d
12157 Spreewald (Kleingtkol.) 116-1b
10999 Spreewaldplatz 88-7c
10557 Spreeweg 86-4a
12559 Spreewiesen (Mügghm.) (Kleingtkol.) 140-3b
13629 Spreewiesen (Siemst.) (Kleingtkol.) 69-8d
14050 Spreewiesen 1 (Charlbg.) (Kleingtkol.) 70-7d
12627 Spremberger Straße (Helldf.) 78-1c
12047 Spremberger Straße (Nkln.) 101-3b
13595 Sprengelstraße (Spand.) 82-1c
13353 Sprengelstraße (Wedd.) 72-4a
12487 Springbornstraße 119-9c
12589 Springeberger Weg 124-5d
13591 Springerzeile 81-1d
12681 Springpfuhlpark 76-6c
13469 Sprintsteig 35-6c
12524 Sprossengrund 155-2a
12351 Sprosserweg 135-1d
14169 Sprungschanzenweg 113-9a
14165 Sputendorfer Straße (6) 129-8d
Sredzkistraße 73-5b
10435 Nr. 1-51, Nr. 2-50
10405 Nr. 52-Ende, Nr. 53-Ende
13359 St. Georg (Kleingtkol.) 58-8c
10178 St. Wolfgang-Straße (13/F3)
13407 St.-Galler-Straße 57-3d
12053 St.-Jacobi-Kirchhof I 101-6b
12051 St.-Jacobi-Kirchhof II 117-3b
12053 St.-Michael-Kirchhof I 102-7a
12051 St.-Thomas-Kirchhof 101-9d
13591 Staaken (Kleingtkol.) 66-9d
13591 Staakener Feldstraße 66-8b
Staakener Straße 67-8c
13583 Nr. 1-9, Nr. 2-8, Nr. 85-89, Nr. 86-90
13581 Nr. 10-84, Nr. 11-83
13597 Stabholzgarten 68-7d (11/A3)
13159 Stachelbeerweg 37-8c
12683 Stader Straße 90-9b
13629 Stadionweg 69-5b
12057 Stadtbär (Kleingtkol.) 102-6d
13127 Stadtgärten 47-3a
10317 Stadthausstraße (2) 89-5c
13585 Stadtheidestraße 68-1d
12279 Stadtilmer Weg 150-1a
10715 Stadtpark 1 (Kleingtkol.) 99-6c
10367 Stadtpark Lichtenberg 89-1a
13589 Stadtpark Spandau 53-9b
12167 Stadtpark Steglitz 115-9c
12683 Stadtrandsiedlung (Biesdf.) 77-4b
12557 Stadtrandsiedlung (Köp.) 138-1a
13589 Stadtrandsiedlung (Spand.) 67-1a
13589 Stadtrandstraße 67-4a
13465 Staehleweg 26-1c
13509 Staffelder Weg 44-6c
10439 Stahlheimer Straße 73-3a
14109 Stahnsdorfer Damm 145-3d
14109 Stahnsdorfer Straße 162-3c
12557 Stahnweg 138-1c
10969 Stallschreiberstraße 87-5c (15/G6)
10585 Stallstraße 84-3c (16/A1)
14055 Stallupöner Allee 83-7c
10318 Stallwiesen (Kleingtkol.) 104-4d
12679 Stangeweg 63-8a
12209 Stanzer Zeile 149-3b
12349 Star 133-6d
10437 Stargarder Straße 73-2b
13587 Stargarder Weg 54-5d
13407 Stargardtstraße 58-4a
14163 Starkenburger Straße 129-2b
10781 Starnberger Straße 100-1c (19/H6)
14195 Starstraße 114-5a
13599 Starweg 69-1a
12487 Staudenweg (Johsth.) 120-4c
14089 Staudenweg (Klad.) 110-5d
12559 Staudernheimer Straße 140-8a
10785 Stauffenbergstraße 86-8a (14/A6)
10439 Stavangerstraße 59-8c
12359 Stavenhagener Straße 118-5d
12683 Stawesdamm 91-4a
12524 Stechapfelweg 137-7b
10318 Stechlinstraße 104-4b
13156 Stechowstraße 47-5c
10407 Stedingerweg 74-5b
13359 Steegerstraße (Kleingtkol.) 59-4c
13359 Steegerstraße 59-4c
10407 Steengravenweg 74-5b
12459 Steffelbauerstraße 120-3c
12621 Steffenshagener Straße 92-4c
12277 Stegerwaldstraße 132-9c
13057 Stegeweg (Falkbg.) 62-2b
13407 Stegeweg (Reindf.) 58-1a
12169 Steglitzer Damm 115-9b
12247 Steglitzer Hafen (Kleingtkol.) 131-2b
14057 Steifensandstraße 84-9a
13589 Steigerwaldstraße 67-6b
13509 Steilpfad 44-2d
10825 Steinacher Straße 99-6d
12205 Steinäckerstraße 130-6a
13505 Steinadlerpfad 42-8d
13125 Steinauer Straße 38-9b
12489 Steinbachstraße 120-9d
13437 Steinberg (Kleingtkol.) 44-6a
\- Steinbergpark 44-3c
12527 Steinbindeweg 138-7d
12057 Steinbockstraße 103-7c
12589 Steinfurther Weg 124-6c
13583 Steingarten (Kleingtkol.) 68-4a
12101 Steingrube (Kleingtkol.) 100-6c
12355 Steingrube-Weimarsruh (Kleingtkol.) 154-4a
12209 Steinheilpfad 149-3a
12109 Steinhellenweg 117-8a
12589 Steinhöfeler Weg 124-9b
13505 Steinkauzgasse 43-7c
13435 Steinkirchener Straße 45-5b
13593 Steinmeisterweg 81-8b
12207 Steinmetzstraße (Lichtfde.) 149-1b
12307 Steinmetzstraße (Lichtrde.) 169-3c
10783 Steinmetzstraße (Schbg.) 100-2c
10623 Steinplatz (Charlbg.) 85-5c (17/E3)
12587 Steinplatz (Friedhg.) 123-1d
12057 Steinreich (Kleingtkol.) 102-9d

14197 Steinrückweg 115-1d
12307 Steinstraße (Lichtrde.) 151-8b
10119 Steinstraße (Mitte) 73-8c (13/F1)
12169 Steinstraße (Stegl.) 115-9a
14109 Steinstraße (Wanns.) 162-3c
13469 Steintal (Kleingtkol.) 45-2a
12351 Steinträgerweg 134-5a
13627 Steinweg (Charlbg.) 71-4b
14050 Steinweg (Charlbg.) 83-3d
13405 Steinwinkel (Kleingtkol.) 71-1b
13055 Stellerweg 74-6b
12555 Stellingdamm 121-3b
12489 Stelling-Janitzky-Brücke 137-4b
12351 Stellmacherweg 134-2d
12359 Stelzenweg 119-8c
12627 Stendaler Straße (Helldf.) 64-7d
10559 Stendaler Straße (Moab.) 71-9b
Stendelweg 83-1d
13597, 14052
12621 Stepenitzer Weg 92-1d
13597 Stephanbrücke (11/A2)
12209 Stephaniweg 131-8c
10559 Stephanplatz 71-9b
10559 Stephanstraße (Moab.) 71-9b
12167 Stephanstraße (Stegl.) 116-7c
13127 Stephanusring 37-9b
12685 Sterckmannweg 76-3d
13507 Sterkrader Straße 56-1b
12587 Sternallee 122-5a
12526 Sternblütenweg (2) 155-3a
Sterndamm 119-9d
12439, 12487
13629 Sternfeld (Kleingtkol.) 69-8d
13629 Sternfelder Straße 69-9c
13359 Sternstraße 58-6d
12555 Sterntalerstraße 106-7a
12435 Sternwarte 1911 (Kleingtkol.) 102-6b
10825 Sterzinger Straße 99-6d
13357 Stettiner Straße (Gesndbr.) 58-9c
12623 Stettiner Straße (Mahlsdf.) 79-4b
14050 Steubenplatz 83-6a
14169 Stewardstraße 113-9b
10589 Stichkanal (Kleingtkol.) 70-9a
10589 Stichkanal-Mulde (Kleingtkol.) 70-9b
10589 Stichkanal-Wickelshof (Kleingtkol.) 70-9b
13597 Stichstraße 82-3b
13627 Stichweg 70-4d
13627 Stieffring 71-1c
13591 Stieglakeweg 81-1a
12351 Stieglitzweg (Buck.) 134-3d
13629 Stieglitzweg (Teg.) 69-3d
12489 Stienitzseestraße (Adlhf.) 121-7d
12587 Stienitzseestraße (Friedhg.) 123-4b
12159 Stierstraße 99-9d
13187 Stiftsweg 59-2d
13509 Stillachzeile 44-8a
13156 Stille Straße 59-1b
12587 Stillerzeile 122-2c
14109 Stimmingstraße 145-4a
12167 Stindestraße 115-9d
12169 Stirnerstraße 115-9b
13599 Stöckelstraße 69-4d
13359 Stockholmer Straße 58-9a
13507 Stockumer Straße 56-1d
12203 Stockweg 131-1d
12103 Stolbergstraße 116-3b
12627 Stollberger Straße 78-4b
14109 Stölpchenweg 145-4c
13503 Stolpmünder Weg 32-6b
13599 Stolpseeweg (14) 68-3b
12057 Stolz von Rixdorf (Kleingtkol.) 103-7a
10318 Stolzenfelsstraße 104-5b
12679 Stolzenhagener Straße 62-9b
13465 Stolzingstraße 33-3b
14089 Storchenstraße 110-2c
12351 Storchenweg 135-1c
12587 Störitzseestraße 123-1d
10369 Storkower Bogen 74-9b
Storkower Straße 74-1d
10409 Nr. 2-94, Nr. 3-95
10407 Nr. 97-173, Nr. 98-173
10369 Nr. 177-205
10367 Nr. 211-225
10711 Storkwinkel 98-2d
12437 Stormstraße (Baumsch.) 103-8d
14050 Stormstraße (Charlbg.) 84-4c
14167 Störstraße 148-2a
13595 Stößenseebrücke 82-9a
13505 Stößerstraße 42-9c
12621 Stöwestraße 92-1a
10245 Stralauer Allee 88-8b
10243 Stralauer Platz 88-4a
10179 Stralauer Straße 87-2d (13/G4)
13355 Stralsunder Straße (Gesnbr.) 72-6b
12623 Stralsunder Straße (Mahlsdf.) 79-7b
13595 Strandpromenade 82-7a
12559 Strandschloßweg 122-7d
10405 Straßburger Straße (Prenzl. Bg.) 73-8b (13/G1)
13581 Straßburger Straße (Spand.) 82-1b
13089 Straße 1 (Heindf.) 48-7a
10318 Straße 1 (Karlsh.) 104-6b
13059 Straße 1 (Wartbg.) 50-4d
13089 Straße 2 (Heindf.) 48-7d
10318 Straße 2 (Karlsh.) 104-6b
13059 Straße 2 (Wartbg.) 50-4b
13089 Straße 3 (Heindf.) 48-7c
10318 Straße 3 (Karlsh.) 104-6b
13059 Straße 3 (Wartbg.) 50-7b
12357 Straße 3a (Rudow) 135-3d
13089 Straße 4 (Heindf.) 48-7d
10318 Straße 4 (Karlsh.) 104-6b
12557 Straße 4 (Köp.) 121-8d
13589 Straße 4 (Spand.) 54-7c
12437 Straße 4 (Trept.) 119-4d
13059 Straße 4 (Wartbg.) 50-7b
13125 Straße 4(Alpenberger Straße) 31-6d
13125 Straße 5 (Buch.) 31-6a
13089 Straße 5 (Heindf.) 48-7c
10318 Straße 5 (Karlsh.) 104-6b
13059 Straße 5 (Wartbg.) 50-8a
13125 Straße 6 (Buch) 31-6a
13059 Straße 6 (Wartbg.) 50-8a
12437 Straße 7 (Baumsch.) 119-4b
13129 Straße 7 (Blankbg.) 48-1d
13125 Straße 7 (Buch) 31-6a
12105 Straße 7 (Mardf.) 117-7c
13059 Straße 7 (Wartbg.) 50-5a
13059 Straße 8 (Wartbg.) 50-5b
12309 Straße 9 (Lichtrde.) 151-6d
13059 Straße 9 (Wartbg.) 50-5b
13125 Straße 10 (Karow) 38-8d
13059 Straße 10 (Wartbg.) 49-9b
12437 Straße 11 (Baumsch.) 119-4b
13059 Straße 11 (Wartbg.) 50-7a
12057 Straße 12 (Nkln.) 118-3a
13509 Straße 12 (Witten.) 44-9a
12681 Straße 13 (Marz.) 76-5a
12589 Straße 13a (Rahnsdf.) 124-8d
10365 Straße 15 (Lichtbg.) 75-8b
13465 Straße 16 (Frohn.) 26-2d
13089 Straße 16 (Heindf.) 60-4b
12437 Straße 16 (Johsth.) 119-4a
12437 Straße 17 (Johsth.) 119-4a
10829 Straße 17 (Schbg.) 100-8c
13129 Straße 18 (Blankbg.) 48-1d
13089 Straße 18 (Heindf.) 60-1d
13156 Straße 18 (Nschönhs.) 47-5a
13127 Straße 18a (Fr. Buchhz.) 47-2b
12355 Straße 18s (Rudow) 136-5c
12437 Straße 19 (Baumsch.) 119-4a
13089 Straße 19 (Heindf.) 60-1d
12621 Straße 19 (Kaulsdf.) 105-5a
12437 Straße 20 (Johsth.) 119-4a
12437 Straße 21 (Johsth.) 119-4a
13509 Straße 22 (Teg.) 56-3c
13129 Straße 24 (Blankbg.) 48-6a
14109 Straße 24 (Wanns.) 145-2a
13465 Straße 25 (Frohn.) 26-2c
13129 Straße 26 (Blankbg.) 48-3c
13129 Straße 27 (Blankbg.) 48-3a
13127 Straße 28 (Fr. Buchhz.) 47-3c
13127 Straße 30 (Fr. Buchhz.) 47-3c
13089 Straße 30 (Heindf.) 60-1d
13129 Straße 31 (Blankbg.) 48-3d
13089 Straße 31 (Heindf.) 60-1b
12589 Straße 31 (Müggelhm.) 140-2b
13129 Straße 33 (Blankbg.) 49-1c
12589 Straße 33 (Müggelhm.) 140-2b
13158 Straße 33 (Nschönhs.) 46-8c
13467 Straße 33a (Hermsdf.) 34-9c
13125 Straße 34 (Karow) 38-9b
12559 Straße 34 (Müggelhm.) 140-3a
12559 Straße 35 (Mügghm.) 140-3c
13125 Straße 36 (Karow) 48-3a
12559 Straße 36 (Mügghm.) 140-3a
12559 Straße 37 (Mügghm.) 140-3a
13125 Straße 38 (Karow) 48-3a
12559 Straße 38 (Mügghm.) 140-3a
13129 Straße 39 (Blankbg.) 48-6b
13125 Straße 39 (Karow) 38-9c
13156 Straße 39 (Nschönhs.) 47-5d
13129 Straße 40 (Blankbg.) 48-6b
13125 Straße 40 (Karow) 38-9c
12309 Straße 40 (Lichtrde.) 151-9b
13125 Straße 41 (Karow) 38-9b
12559 Straße 41 (Mügghm.) 140-3d
13156 Straße 41 (Nschönhs.) 47-5d
13129 Straße 42 (Blankbg.) 48-6a
13127 Straße 42 (Fr. Buchhz.) 47-6d
13089 Straße 42 (Heindf.) 60-2c
13125 Straße 42 (Karow) 39-7a
13125 Straße 43 (Karow) 38-9d
12349 Straße 44 (Buck.) 134-7d
13127 Straße 44 (Fr. Buchhz.) 47-6b
13125 Straße 44 (Karow) 38-9d
13129 Straße 45 (Blankenbg.) 48-6c
13089 Straße 45 (Heindf.) 60-4b
13125 Straße 45 (Karow) 48-3b
13129 Straße 46 (Blankbg.) 48-6a
13089 Straße 46 (Heindf.) 60-4c
13125 Straße 46 (Karow) 48-3a
13129 Straße 47 (Blankbg.) 48-1d
13125 Straße 47 (Karow) 48-3b
13125 Straße 48 (Karow) 38-9d
12623 Straße 48 (Mahlsdf.) 92-6c
13158 Straße 48 (Rosnth.) 47-1c
13127 Straße 49 (Fr. Buchhz.) 47-6b
13089 Straße 49 (Heindf.) 60-4c
13125 Straße 49 (Karow) 48-3b
13158 Straße 49 (Rosnth.) 47-1c
13125 Straße 50 (Karow) 48-3b
13158 Straße 50 (Rosnth.) 47-1c
13125 Straße 51 (Karow) 49-1a
13125 Straße 52 (Karow) 39-7a
13509 Straße 52 (Reindf.) 44-2d
13158 Straße 52a (Nschönhs.) 47-4b
13158 Straße 52b (Nschönhs.) 47-5a
13089 Straße 54 (Heindf.) 60-4b
13127 Straße 55 (Fr. Buchhz.) 48-1c
13129 Straße 56 (Blankbg.) 48-3c
13089 Straße 56 (Heindf.) 60-4a
13125 Straße 58 (Karow) 39-7c
13127 Straße 59 (Fr. Buchhz.) 48-4a
13125 Straße 59 (Karow) 39-7b
13125 Straße 60 (Karow) 39-7b
13158 Straße 60 (Rosnth.) 46-2d
13125 Straße 62 (Karow) 39-7d
13125 Straße 63 (Karow) 39-8c
13125 Straße 64 (Karow) 39-8c
13125 Straße 65 (Karow) 39-7d
13125 Straße 66 (Karow) 39-7c
13125 Straße 67 (Karow) 39-7c
13125 Straße 68 (Karow) 39-7d
13125 Straße 69 (Karow) 39-7a
13627 Straße 70 (Charlbg.) 70-6a
13125 Straße 70 (Karow) 39-7b
13125 Straße 70 (Kleingtkol.) 39-8a
13125 Straße 71 (Karow) 39-7b
13127 Straße 72 (Fr. Buchhz.) 38-7c
13125 Straße 72 (Karow) 39-4c
13127 Straße 73 (Fr. Buchhz.) 38-7c
13125 Straße 73 (Karow) 39-4d
13127 Straße 74 (Fr. Buchhz.) 38-7c
13125 Straße 74 (Karow) 39-4c
13127 Straße 76 (Fr. Buchhz.) 38-7a
13127 Straße 76a (Fr. Buchhz.) 38-7a
13127 Straße 77 (Fr. Buchhz.) 38-7a
10367 Straße 77 (Lichtbg.) 89-1d
13127 Straße 77a 38-7a
13158 Straße 78 (Nschönhs.) 46-7d
13158 Straße 79 (Nschönhs.) 46-8c
13125 Straße 84 (Karow) 39-4c
13125 Straße 85 (Karow) 38-5d
13125 Straße 86 (Karow) 38-8a
13129 Straße 87 (Blankbg.) 38-8c
13158 Straße 87 (Rosnth.) 46-6c
13127 Straße 89 (Fr. Buchhz.) 38-7a
13156 Straße 90 (Rosnth.) 46-8b
12526 Straße 94 (Bohnsdf.) 137-9c
13125 Straße 94 (Karow) 38-6a
12349 Straße 96 (Buck.) 133-9d
13156 Straße 97 (Nschönhs.) 46-6d
12349 Straße 99 (Buck.) 133-9b
13125 Straße 100 (Karow) 38-8a
13125 Straße 101 (Karow) 38-8a
13156 Straße 101 (Nschönhs.) 46-9b
13127 Straße 103 (Fr. Buchhz.) 38-4c
13156 Straße 103 (Nschönhs.) 47-8a
13158 Straße 104 (Nschönhs.) 46-8c
10369 Straße 106 (Weißs.) 74-6b
13156 Straße 107 (Nschönhs.) 47-7a
13055 Straße 109 (Hschönhs.) 75-3b
13158 Straße 110 (Rosnth.) 46-8c
13158 Straße 113 (Nschönhs.) 47-1c
13465 Straße 114a (Frohn.) 34-3c
13127 Straße 121 (Fr. Buchhz.) 37-8d
12621 Straße 122 (Kaulsdf.) 78-5d
13127 Straße 123 (Fr. Buchhz.) 37-5c
13127 Straße 124 (Fr. Buchhz.) 37-8a
13158 Straße 126 (Rosnth.) 46-2a
13158 Straße 127 (Rosnth.) 46-2a
13158 Straße 128 (Rosnth.) 46-4b
13158 Straße 129 (Rosnth.) 46-4b
13158 Straße 132 (Nschönhs.) 46-6b
13055 Straße 133 (Hschönhs.) 75-3b
14089 Straße 133 (Klad.) 110-8c
13055 Straße 134 (Hschönhs.) 75-3b
14089 Straße 136 (Klad.) 110-9a
13158 Straße 140 (Rosnth.) 46-2d
13158 Straße 141 (Rosnth.) 46-3c
13053 Straße 142 (Hschönhs.) 61-9a
13158 Straße 142 (Rosnth.) 46-3c
13127 Straße 145 (Fr. Buchhz.) 47-2b
13158 Straße 146 (Rosnth.) 46-5b
13127 Straße 147 (Fr. Buchhz.) 47-2b
13158 Straße 147 (Rosnth.) 46-5b
12355 Straße 148 (Rudow) 154-1c
12469 Straße 148 (Waidml.) 45-1a
13053 Straße 150 (Hschönhs.) 75-3b
12049 Straße 151 (Nkln.) 101-6b
13158 Straße 151 (Rosnth.) 46-3c
13158 Straße 152 (Rosnth.) 46-3c
14089 Straße 153 (Klad.) 126-2a
13053 Straße 155 (Hschönhs.) 75-3b
13053 Straße 156 (Hschönhs.) 75-3b
13053 Straße 158 (Hschönhs.) 76-1c
13127 Straße 160 (Fr. Buchhz.) 48-1c
13127 Straße 163 (Fr. Buchhz.) 48-1a
13127 Straße 164 (Fr. Buchhz.) 38-7c
13127 Straße 165 (Fr. Buchhz.) 38-7c
13127 Straße 166 (Fr. Buchhz.) 38-7c
13127 Straße 167 (Fr. Buchhz.) 38-7c
13469 Straße 167 (Waidml.) 45-1b
13127 Straße 171 (Fr. Buchhz.) 38-7a
12349 Straße 174 (Britz) 134-1b
12524 Straße 174 (Rheingoldstraße) (Altgl.) 154-2d
13127 Straße 175 (Fr. Buchhz.) 38-4c
13509 Straße 177 (Witten.) 44-5d
14089 Straße 178 (Klad.) 111-7a
13509 Straße 178 (Witten.) 44-6c
13127 Straße 179 (Fr. Buchhz.) 37-6b
12355 Straße 179 (Rudow) 153-3b
13127 Straße 180 (Fr. Buchhz.) 37-6a
12355 Straße 180 (Rudow) 153-3d
12355 Straße 181 (Rudow) 153-3d
13127 Straße 182 (Fr. Buchhz.) 47-5b
12355 Straße 182 (Rudow) 154-1c
12355 Straße 183 (Rudow) 154-1c
12355 Straße 184 (Rudow) 154-4a
13309 Straße 184 (Witten.) 44-6c
13469 Straße 187 (Lübars) 35-9a
13469 Straße 188 (Lübars) 35-9c
12355 Straße 188 (Rudow) 135-8d
13469 Straße 189 (Lübars) 35-9c
12487 Straße 194 (Johsth.) 136-1c
12487 Straße 195 (Johsth.) 136-1c
12487 Straße 196 (Bausemer Weg) (Johsth.) 136-1c
12487 Straße 197 (Johsth.) 136-1c
13127 Straße 199 (Fr. Buchhz.) 47-6c
12355 Straße 199 (Rudow) 153-2c
13469 Straße 199 (Waidml.) 45-1b
13156 Straße 201 (Nschönhs.) 58-3b
12487 Straße 206 (Priesterweg) (Johsth.) (1) 135-3a
13086 Straße 206 (Weißs.) 60-5c
12487 Straße 207 (Grüne Aue) (Johsth.) 135-3b
12487 Straße 208 (Gartenweg) (Johsth.) 135-3b
13086 Straße 210 (Weißs.) 60-4d
12347 Straße 214a (Britz) 117-9d
12355 Straße 223 (Rudow) 153-2a
12355 Straße 224 (Rudow) 153-2a
12355 Straße 225 (Rudow) 153-2a
12355 Straße 228 (Rudow) 153-2a
12109 Straße 229 (Mardf.) 117-9c
12355 Straße 229 (Rudow) 135-8a
12557 Straße 230 (Köp.) 121-9d
12355 Straße 230 (Rudow) 135-8c
12355 Straße 231 (Rudow) 135-7d
12355 Straße 232 (Rudow) 135-7d
12557 Straße 234 (Köp.) 137-3b
12557 Straße 235 (Köp.) 137-3b
12557 Straße 239 (Köp.) 137-3b
12557 Straße 240 (Köp.) 137-3b

12557 Straße 241 (Köp.) 138-1a
10587 Straße 244 (Charlbg.) 85-1b
12557 Straße 244 (Köp.) 137-3d
12349 Straße 245 (Britz) 118-7c
13086 Straße 245 (Weißs.) 60-5a
13086 Straße 246 (Weißs.) 60-5c
13088 Straße 248 (Weißs.) 61-4d
13088 Straße 249 (Weißs.) 61-5c
13088 Straße 250 (Weißs.) 61-5c
13088 Straße 251 (Weißs.) 61-5c
14089 Straße 254 (Gatow) 95-9a
14089 Straße 264 (Gatow) 95-9a
14089 Straße 265 (Gatow) 95-1d
14089 Straße 269 (Gatow) 94-6d
13593 Straße 270 (Spand.) 81-8c
12559 Straße 299 (Köp.) 122-4d
12587 Straße 300 (Friedhg.) 122-3c
13591 Straße 331 (Staak.) 67-7a
13591 Straße 339 (Staak.) 66-5c
13591 Straße 347 (Staak.) 66-2d
13591 Straße 354 (Staak.) 67-7b
13581 Straße 356 (Staak.) 67-7b
13581 Straße 357 (Staak.) 67-7b
13503 Straße 366 (Heilgs.) 42-1d
13503 Straße 367 (Heilgs.) 42-1d
13503 Straße 368 (Heilgs.) 42-1d
13591 Straße 387 (Staak.) 80-2d
13591 Straße 388 (Staak.) 80-2c
13591 Straße 389 (Staak.) 80-2c
13591 Straße 393 (Staak.) 67-4d
13591 Straße 396 (Staak.) 67-5c
13503 Straße 414 (Heilgs.) 32-6b
12279 Straße 427 (Mardf.) 150-2b
12277 Straße 432 (Mardf.) 133-8c
12277 Straße 433 (Mardf.) 151-2a
12277 Straße 435 (Mardf.) 150-3b
13405 Straße 442 (Reindf.) 57-7b
13405 Straße 443 (Reindf.) 57-7b
12349 Straße 455 (Buck.) 133-9a
13405 Straße 455 (Reindf.) 57-7b
12279 Straße 461 (Mardf.) 150-5a
13405 Straße 462 (Reindf.) 57-4d
13593 Straße 467 (Spand.) 81-8a
12279 Straße 478 (Marfde.) 150-6a
12343 Straße 482 (Buck.) 133-9c
12107 Straße 483 (Marfde.) 133-3c
12355 Straße 487 (Rudow) 135-9c
12279 Straße 490 (Marfde.) 150-2d
13469 Straße 494 (Lüb.) 36-4d
12589 Straße 522 (Rahnsdf.) 141-2a
12589 Straße 523 (Rahnsdf.) 141-2a
12589 Straße 538 (Rahnsdf.) 140-3b
12589 Straße 545 (Rahnsdf.) 140-3b
12589 Straße 546 (Rahnsdf.) 140-3a
12589 Straße 549 (Rahnsdf.) 124-9c
12589 Straße 562 (Rahnsdf.) 124-9a
12589 Straße 564 (Rahnsdf.) 124-9a
12589 Straße 565 (Rahnsdf.) 124-9c
12589 Straße 566 (Rahnsdf.) 124-9a
12589 Straße 567 (Rahnsdf.) 124-9c
12589 Straße 567a (Rahnsdf.)
124-9c
12589 Straße 573 (Rahnsdf.) 124-9d
12589 Straße 574 (Rahnsdf.) 124-9d
12355 Straße 574 (Rudow) 136-8c
12355 Straße 577 (Rudow) 154-1a
13589 Straße 598 (Spand.) 67-1d
13589 Straße 600 (Spand.) 66-6b
13591 Straße 603 (Staak.) 67-4c
12355 Straße 604 (Rudow) 154-1a
12559 Straße 605 (Müigghm.) 139-9a
12559 Straße 606a (Müigghm.)
139-9c
12559 Straße 611 (Müigghm.) 139-9c
12347 Straße 614 (Britz) 118-5a
12055 Straße 615 (Nkln.) 102 9c
12347 Straße 616 (Britz) 118-7c
12355 Straße 618 (Rudow) 153-3a
12559 Straße 646 (Müigghm.) 140-4b
12559 Straße 647 (Müigghm.) 140-4d
12559 Straße 652 (Müigghm.) 140-4a
12559 Straße 653 (Müigghm.) 140-1c
12559 Straße 655 (Müigghm.) 140-1c
12559 Straße 659 (Müigghm.) 140-2c
12559 Straße 670a (Müigghm.)
140-5c
12559 Straße 686 (Müigghm.) 140-7b
12559 Straße 691 (Müigghm.) 140-7d
12559 Straße 695 (Müigghm.) 140-1d
12559 Straße 696 (Müigghm.) 140-1d
12527 Straße 901 (Grün.) 138-8c
12527 Straße 902 (Grün.) 138-8c
12526 Straße 994 (Mühlenweg)
(Bohnsdf.) 155-2c
12526 Straße 995 (Feldweg)
(Bohnsdf.) 155-1d
13088 Straße A (Malch.) 48-9c
13629 Straße A (Teg.) 69-3d
12099 Straße A (Tphf.) 117-2c
13088 Straße B (Malch.) 48-9c
13629 Straße B (Teg.) (1) 70-1c
12099 Straße B (Tphf.) 117-2c
12487 Straße C (Johsth.) 136-4b
13088 Straße C (Malch.) 48-9c
13629 Straße C (Teg.) 69-3c
13088 Straße D (Malch.) 48-9c
12527 Straße D (Schmöckw.) 185-3a
13629 Straße D (Teg.) 69-3d
12555 Straße D7 (Köp.) 121-6a
12555 Straße D18 (Köp.) 105-9c
12555 Straße E (Köp.) 105-8a
13088 Straße E (Malch.) 48-9c
13629 Straße E (Teg.) 69-3d
12555 Straße F (Köp.) 105-8c
13088 Straße F (Malch.) 48-9c
12527 Straße F (Schmöckw.) 185-3a
13629 Straße F (Teg.) 69-3d
13088 Straße G (Malch.) 48-9c
13629 Straße G (Teg.) 69-3c
13088 Straße H (Malch.) 48-9d
13629 Straße H (Teg.) 69-3c
13088 Straße I (Malch.) 48-9d
13629 Straße J (Teg.) 69-3c
13088 Straße K (Malch.) 48-9d
13629 Straße K (Teg.) 69-3c
13088 Straße L (Malch.) 48-9d
13629 Straße L (Teg.) 69-2d
13088 Straße M (Malch.) 48-9d
13629 Straße M (Teg.) 69-2d
13088 Straße N (Malch.) 60-3b
13629 Straße N (Teg.) 69-2d 10243
Straße der Pariser 13629
Straße O (Teg.) 69-2d
13629 Straße P (Teg.) 69-2d
13629 Straße Q (Teg.) 69-2a
13629 Straße R (Teg.) 69-1b
13629 Straße S (Teg.) 69-2a
13629 Straße T (Teg.) 69-2a
13629 Straße U (Teg.) 69-2a
13629 Straße V (Teg.) 69-2a
13629 Straße W (Teg.) 69-2a
13629 Straße X (Teg.) 69-1b
13629 Straße Y (Teg.) 69-1b
13629 Straße Z (Teg.) 69-1b
12487 Straße am Flugplatz 136-1a
10318 Straße am Heizhaus 104-3d
13629 Straße am Schaltwerk 69-5d
14193 Straße am Schildhorn 96-4b
10715 Straße am Schoelerpark 99-5c
12555 Straße am Wald 105-8a
Kommune 88-4b
Straße des 17. Juni 85-5c
(17/E2)
10785 Nr. 31
10557 Nr. 100
10623 Nr. 110-Ende,
Nr. 115-Ende
12555 Straße im Walde 106-4c
12589 Straße nach Fichtenau 124-5d
13158 Straße vor Schönholz 58-2b
13125 Straße zum Dr.-Heim-TBC-
Krankenhaus 31-1c
12459 Straße zum FEZ 120-3d
14109 Straße Zum Löwen 127-8d
12559 Straße zum Müggelhort
139-6d
12559 Straße zum Müggelturm
138-6a
12559 Straße zum Teufelssee 139-4a
12559 Straße zur Krampenburg
157-6d
10249 Straßmannstraße 88-2a
12683 Straubinger Straße 91-7b
13439 Straupitzer Steig 45-3d
10243 Strausberger Platz (Friedhn.)
87-3b
13055 Strausberger Platz
(Hschönhs.) 75-2c
10243 Strausberger Straße (Friedhn.)
88-1a
13055 Strausberger Straße
(Hschönhs.) 75-2c
13599 Strausseeweg (11) 54-9d
13127 Straußplatz 37-5d
12307 Straußstraße (Lichtrde.)
169-2c
12623 Straußstraße (Mahlsdf.) 92-3d
13127 Straußweg 37-8a
13158 Strawinskystraße 46-5c
13125 Streckfußstraße 38-8b
12621 Strehlener Straße 91-9a
14057 Streifensandstraße (16/A3)
13587 Streitstraße 68-2a
12527 Streitwall 141-9c
Strelitzer Straße 73-4a
10115 Nr. 2-28, Nr. 3-27,
Nr. 48-72, Nr. 49-73
13355 Nr. 31, 41-41a,
Nr. 42-46, Nr. 43-47
12105 Strelitzstraße 117-7a
Stresemannstraße 86-6c
(14/C6)
10963 Nr. 15-127, Nr. 28-110
10117 Nr. 120-Ende
13597 Stresowpark (11/B3)
13597 Stresowplatz 68-8c (11/B3)
13597 Stresowstraße 68-8c (11/B3)
13086 Streustraße 60-7c
12621 Striegauer Straße 91-9c
12527 Striesower Weg 157-8a
12621 Strindbergstraße 78-5c
13593 Stritteweg 81-9c
12524 Strohblumenweg 137-4d
13125 Strömannstraße 39-7a
12526 Stromstraße (Bohnsdf.)
155-6b
Stromstraße (Moab.) 85-3b
10555 Nr. 1-9, Nr. 2-10a,
Nr. 64-Ende,
Nr. 65-Ende
10551 Nr. 11-63, Nr. 12-62
13627 Strünckweg 70-9a
10589 Struvesteig 70-9d
10437 Stubbenkammerstraße 73-3c
10779 Stübbenstraße 99-6a
13509 Stubbichtweg 44-5b
14109 Stubenrauch Straße (Wanns.)
(1) 163-1a
12459 Stubenrauchbrücke
(Oberschönwde.) 120-1a
12099 Stubenrauchbrücke (Tphf.)
116-6d
12161 Stubenrauchstraße (Friedn.)
115-2b
12203 Stubenrauchstraße (Lichtfde.)
130-3d
Stubenrauchstraße (Rud.,
Johsth.) 135-6c
12357 Nr. 90-128, Nr. 91-129
12487 Nr. 46-78, Nr. 47-79
14167 Stubenrauchstraße (Zehldf.)
130-4c
13189 Stubnitzstraße 59-5b
12435 Stuckstraße 102-3d
14129 Studentendorf 128-9b
10318 Stühlinger Straße 104-5a
14055 Stuhmer Allee 83-8a
10787 Stülerstraße 86-4c (17/H3)
14059 Stülpnagelstraße 84-5c
12353 Stuthirtenweg 134-8d
14109 Stutterichstraße 145-4b
10627 Stuttgarter Platz 84-9b
12059 Stuttgarter Straße 102-5d
10829 Suadicanistraße (2) 100-8d
14057 Suarezstraße 84-8d (18/A5)
12167 Suchlandstraße 115-8b
13125 Sudauer Straße 31-6c
13591 Südekumzeile 80-3b
12169 Südendstraße 115-5d
10407 Süderbrokweg 74-5b
13503 Süderholmer Steig 42-2b
Sudermannstraße 78-8a
12621 Nr. 1-51, Nr. 2-52
12623 Nr. 53-149, Nr. 54-150
13129 Suderoder Straße
(Blankenbg.) 48-5b
12347 Suderoder Straße (Britz)
118-1d
Südostallee 119-2c
12487 Nr. 65-243
12437 Nr. 2-46
- Südostallee-Brücke 119-2d
12209 Südpark (Kleingtkol.) 149-3b
- Südpark (Rudow) 154-4b
13581 Südpark (Spand.) 82-4c
12437 Südpol (Johsth.) (Kleingtkol.)
119-5a
12057 Südpol (Nkln.) (Kleingtkol.)
103-4c
12099 Südring (Kleingtkol.) 117-2c
10961 Südstern 101-2c
14053 Südtorweg 83-4d
12105 Südufer (Kleingtkol.) 116-8d
13593 Südweg 81-6c
Südwestkorso 115-1d
12161 Nr. 1-17, Nr. 2-16,
Nr. 60-76, Nr. 61-77
14197 Nr. 18-58, Nr. 19-59
13053 Suermondtstraße 61-8a
12524 Suevenstraße 137-8c
12629 Suhler Straße 77-3b
10409 Sültstraße 73-3b
14199 Sulzaer Straße 98-8d
13591 Sulzbacher Steig 66-8a
12107 Sulzbergweg 133-2d
13129 Sulzer Straße 48-2a
13088 Sulzfelder Straße 61-7a
12059 Sülzhayner Straße 102-2d
12623 Summter Straße 106-6a
14169 Sundgauer Brücke 130-4b
Sundgauer Straße 130-1b
14169 Nr.5-105, Nr. 8-105
14167 Nr. 109-155a,
Nr. 140-162
13591 Sundhauser Gang 66-5c
14163 Süntelsteig 113-8b
12489 Süßer Grund 121-7c
12105 Suttnerstraße 116-5c
13127 Suzetteweg 47-3c
14163 Sven-Hedin-Platz 129-2d
14163 Sven-Hedin-Straße 129-5a
13351 Swakopmunder Straße 57-8c
13125 Swantewitstraße 39-1d
14055 Swiftweg 83-7b
13355 Swinemünder Brücke 73-1a
Swinemünder Straße 73-1a
10435 Nr. 1-23, Nr. 2-24
13355 Nr. 25-105, Nr. 26-104
10629 Sybelstraße 84-9c (18/B5)
13353 Sylter Straße (Wedd.) 71-5b
14199 Sylter Straße (Wilmdf.)
114-3b
12279 Symeonstraße 150-2a
10407 Syringenplatz 74-5d
10407 Syringenweg 74-5d
13349 Syrische Straße 58-7c

12459 **T**abbertstraße 103-9d
10997 Taborstraße 88-8c
12109 Tacitusstraße 117-9c
14195 Takustraße 114-9a
12359 Talberger Straße 118-8d
13437 Taldorfer Weg 45-7b
13469 Talheim (Kleingtkol.) 36-4d
13509 Talsandweg 44-5b
13189 Talstraße 59-9a
13591 Talweg 80-5b
12249 Tambacher Straße 132-7b
13053 Tamseler Straße 61-8b
13351 Tangastraße 71-3c
12627 Tangermünder Straße 64-7d
13583 Tangermünder Weg 67-6b
12105 Tankredstraße 116-6c
14055 Tannenbergallee 83-8c
13505 Tannenhäherstraße 54-3a
13465 Tannenstraße 34-1a
13599 Tannenweg (Haselh.) 69-1a
13629 Tannenweg (Siemst.) 69-5b
13587 Tannenweg (Spand.) 54-5c
10318 Tannhäuserstraße 104-1a
14055 Tapiauer Allee 83-8c
13125 Tarnowitzer Straße 38-9b
10365 Tasdorfer Straße 89-4b
13086 Tassostraße 60-8d
14163 Täubchenstraße 129-2a
10117 Taubenstraße (Mitte) 86-6b
(14/D5)
12437 Taubenstraße (Trep.) (6)
119-4c
13129 Taubenweg (Blankfde.) 48-4c
13627 Taubenweg (Charlbg.) 70-6d
13629 Taubenweg (Siemst.) 69-8d
14193 Taubertstraße 98-7a
12524 Taubnesselweg 137-5a
12527 Tauchersteig 137-6a
10789 Tauentzienstraße 85-9a
(17/G4)
12107 Tauernallee 133-8a
13158 Taufsteinweg 46-6d
12161 Taunusstraße (Friedn.) 99-8c
14193 Taunusstraße (Grwld.) 98-8a
12309 Taunusstraße (Lichtrde.)
151-6d
10589 Tauroggener Straße 84-3a
12249 Tautenburger Straße 132-7d
12623 Taxusweg 78-6d
14195 Taylorstraße 114-7a
- Techowbrücke 116-9c
13437 Techowpromenade 45-8a
14109 Teerofenweg 145-4d
- Tegeler Brücke 69-2a
- Tegeler Hafenbrücke 43-9b
13467 Tegeler Straße (Hermsdf.)
34-9b
13353 Tegeler Straße (Wedd.) 72-1c
10589 Tegeler Weg (Charlbg.) 70-8b
13503 Tegel-Forst (Kleingtkol.) 43-2a
13505 Tegelorter Ufer 55-4c
13469 Tegernauer Zeile 35-8c
12527 Tegernseestraße 137-9b
10439 Tegnerstraße 59-8c
13125 Teichbergstraße 39-4a
13627 Teichgräberzeile 70-6c

12526 Teichhuhnsteig 156-4c
12524 Teichrohrplatz 136-5d
12524 Teichrohrweg 136-9a
12347 Teichrosenpfad 117-9d
12623 Teichsängerweg (2) 79-7c
13407 Teichstraße 57-6b
12109 Teikeweg 117-7c
12099 Teilestraße 117-5a
12105 Tejastraße 116-8d
13599 Telegrafenweg 68-6d
12621 Telemannweg 78-7b
14129 Tellheimstraße 146-2b
12045 Tellstraße 102-4a
12167 Telramundweg 115-8d
14165 Teltowblick (Kleingtkol.) 148-4c
- Teltower Brücke 82-2b
Teltower Damm 130-7a
14169 Nr. 2-36, Nr. 3-35
14167 Nr. 37-Ende, Nr. 38-Ende
14167 Teltower Seeboden (Kleingtkol.) 148-3c
13597 Teltower Straße (Spand.) 82-3a
14109 Teltower Straße (Steinst.) 162-6b
14055 Teltower Weg 97-4c
12489 Teltowkanal III (Kleingtkol.) 137-4b
12437 Teltowkanal I (Kleingtkol.) 119-2c
- Teltowkanalbrücke 136-6a
12247 Teltowkanalstraße 131-3a
14089 Temmeweg 126-3a
10961 Tempelherrenstraße 101-2a
Tempelhofer Damm 117-4c
12101 Nr. 1-51, Nr. 2-102
12099 Nr. 103-227, Nr. 104-236
Tempelhofer Ufer 86-9c
10961 Nr. 1-1b
10963 Nr. 5-37, Nr. 6-36
Tempelhofer Weg (Britz, Tphf.) 117-6b
12099 Nr. 1-7, Nr. 2-10
12347 Nr. 9-Ende, Nr. 12-Ende
10829 Tempelhofer Weg (Schbg.) 100-7b
12099 Templerzeile 117-4b
10119 Templiner Straße 73-5c
13599 Templiner-See-Straße (5) 68-3b
12249 Tennstedter Straße 132-7d
14193 Teplitzer Straße 98-8c
14129 Terrassenstraße 129-1c
12623 Terwestenstraße 79-7b
13627 Terwielsteig 70-6c
13439 Teschendorfer Weg 46-4a
14163 Teschener Weg 113-8d
13437 Tessenowstraße 45-8d
13407 Tessiner Weg 58-7a
12619 Teterower Ring (Kleingtkol.) 77-9a
12619 Teterower Ring 77-9c
12359 Teterower Straße 118-6c
- Teubertbrücke 116-8d
- Teufelsbrücke 144-1c
14193 Teufelsseechaussee 97-4b
14055 Teufelsseestraße 83-9c
- Teupitzer Brücke 102-6c
12627 Teupitzer Straße (Helldf.) 64-7c
12059 Teupitzer Straße (Nkln.) 102-6c
10119 Teutoburger Platz 73-8a
12524 Teutonenstraße (Altgl.) 137-7a
14129 Teutonenstraße (Nklsee.) 128-8a
14129 Tewsstraße 128-9b
- Theodor-Wolff-Park 87-7c
10249 Thaerstraße 88-2b
13129 Thaler Straße 48-2c
12249 Thaliaweg 132-4a
14195 Thanner Pfad 130-2a
10717 Tharandter Straße 99-5b
14055 Tharauer Allee 82-9b
13595 Tharsanderweg 82-4d
13627 Thaters Privatweg 70-6b
13407 Thaterstraße 58-4a
14089 Thea-Rasche-Zeile (3) 110-6a
12627 Theaterplatz 78-2b
10785 Theaterufer (14/B6)
12205 Theklastraße 131-4c
12489 Thelenstraße 136-3b
13053 Themarer Straße 76-4b
13349 Themsestraße 57-9a
13053 Theobaldstraße 62-7b
13125 Theodor-Brugsch-Straße 31-8c
12099 Theodor-Francke-Straße 117-1c
14052 Theodor-Heuss-Platz 84-7a (11/C1)
13355 Theodor-Heuss-Weg 72-6d
12526 Theodor-Körner-Straße 155-2d
12353 Theodor-Loos-Weg 135-8a
12623 Theodorstraße (Mahlsdf.) 92-6c
12099 Theodorstraße (Tphf.) 117-4a
12359 Therese Dähn (Kleingtkol.) 118-6d
13599 Therese-Giehse-Straße 68-6b
13505 Theresenweg 55-4a
14195 Thielallee 130-2b
- Thielenbrücke 102-1b
- Thielpark 114-8a
14195 Thielplatz 114-8d
Thiemannstraße 102-8b
12059 Nr. 1-13, Nr. 2-14, Nr. 34-Ende, Nr. 35-Ende
12055 Nr. 15-23a, Nr. 16-22a
13086 Thiesstraße 60-4d
13437 Thiloweg 45-4c
10787 Thomas-Dehler-Straße 85-6d (17/H3)
12053 Thomashöhe 102-7b
10557 Thomasiusstraße 86-1a
10409 Thomas-Mann-Straße 74-1d
12489 Thomas-Müntzer-Straße 137-1a
12053 Thomasstraße 102-7c
12623 Thorner Straße 92-2c
12623 Thorwaldsenstraße (Mahlsdf.) 106-5d
12157 Thorwaldsenstraße (Stegl., Schbg.) 115-3d
10585 Thrasoltstraße 84-6b (16/B2)
12437 Thujaweg 119-5c
13189 Thulestraße 59-8b
12205 Thuner Platz 130-9b
12205 Thuner Straße 130-9b
12681 Thurandtweg 90-2b
13503 Thurbrucher Steig 32-6d
13407 Thurgauer Straße 57-3d
14052 Thüringerallee 84-7a (11/C1)
12555 Thürnagelstraße 121-3d
13357 Thurneysserstraße 58-8d
14165 Thürstraße 129-9a
10551 Thusnelda-Allee 71-9c
12101 Thuyring 100-9d
13407 Thyssenstraße 57-2b
12524 Tiburtiusstraße 154-3b
13125 Tichauer Straße 38-8b
10115 Tieckstraße 72-9b (12/D1)
13469 Tiefenbronner Weg 35-7b
13439 Tiefenseer Straße 46-4b
14050 Tiefer Grund 1 (Kleingtkol.) 84-1b
14050 Tiefer Grund 2 (Kleingtkol.) 70-7c
12437 Tiefland (1) 119-4c
13158 Tiefland (Rosnth.) (Kleingtkol.) 46-6a
13583 Tiefland (Spand.) (Kleingtkol.) 67-6d
12621 Tieflandstraße 105-2b
13597 Tiefwerderbrücke (Kleingtkol.) 82-2d
- Tiefwerderbrücke 82-2d
13597 Tiefwerderweg 82-2b
13597 Tiefwerderwiesen (Kleingtkol.) 82-5d
10787 Tiergarten (17/H2)
12683 Tiergartenstraße (Biesdf.) 105-5c
10785 Tiergartenstraße (Tiergt.-S.) 86-4d (14/A6)
- Tiergartentunnel 86-2a (12/A2)
10623 Tiergartenufer 85-6a (17/G2)
13627 Tiergärtenweg 69-5c
10319 Tierpark Berlin-Friedrichsfelde 90-5d
12309 Tietjenstraße 152-7c
12203 Tietzenweg 131-1a
13509 Tietzstraße 44-8b
12359 Tilburger Straße 118-6c
13509 Tile-Brügge-Weg 44-5c
10555 Tile-Wardenberg-Straße 85-2d (17/F1)
12277 Tilkeroder Weg 150-5c
14109 Tillmannsweg 128-7c
12355 Timmendorfer Weg 154-2c
13089 Tiniusstraße 59-3b
13127 Tiriotstraße 37-8b
13187 Tiroler Straße 59-4d
12279 Tirschenreuther Ring 150-1d
12351 Tischlerzeile 134-5b
13053 Titastraße 61-9b
13469 Titiseestraße 35-7d
12107 Titlisweg 133-7a
13509 Titusweg 44-1d
10965 Tivoliplatz 100-6b
12623 Tizianstraße 79-7b
13187 Toblacher Straße 59-5c
12107 Tödiweg 133-7b
13469 Todtnauer Zeile 35-8c
13627 Toeplerstraße 70-4d
13351 Togo (Kleingtkol.) 57-8d
13351 Togostraße 57-8a
12621 Tolkmittstraße 78-8a
12619 Tollensestraße (Helldf.) 77-9c
14167 Tollensestraße (Lichtfde.) 148-2c
13158 Tollerstraße 46-7b
12524 Tollkirschenweg 137-4d
12621 Tolstoistraße 78-8a
14199 Tölzer Straße 98-9a
13127 Tomatenweg 37-6d
14169 Tom-Sawyer-Weg (4) 114-7a
12559 Tongrubenweg 140-4c
14193 Toni-Lessler-Straße 98-4d
13469 Tonstichweg 35-8a
Töpchiner Weg 151-6d
12349 Nr. 44-108a, Nr. 51-107
12309 Nr. 109-211, Nr. 110-210
14089 Topeliusweg 111-7a
12351 Töpferweg 134-5b
13127 Töpperweg 37-6d
10437 Topsstraße 73-2c
10243 Torellstraße 88-5a
13353 Torfstraße 72-4a
13353 Torfstraßensteg 72-4a
13627 Torfweg 71-4b
12627 Torgauer Straße (Helldf.) 78-3a
10829 Torgauer Straße (Schbg.) 100-7b
12355 Torgelowweg 154-1a
13439 Tornower Weg 45-6d
Torstraße 72-9d (13/F1)
10119 Nr. 1-151, Nr. 2-152
10115 Nr. 153-Ende, Nr. 154-Ende
13591 Torweg 66-8a
12103 Totilastraße 116-6c
13405 Tourcoing Straße 70-3b
14193 Trabener Steg 98-2a
14193 Trabener Straße 97-6d
13587 Trabener Weg 54-5d
13627 Traberweg (Charlbg.) 70-6d
10318 Traberweg (Karlsh.) 104-4b
12249 Trachenbergring 132-6c
10409 Trachtenbrodtstraße 74-1a
12159 Traegerstraße 99-9d
14053 Trakehner Allee 83-5c
13503 Trampenauer Steig 32-9c
13439 Tramper Weg 46-4c
12351 Tränkeweg 135-1a
13351 Transvaalstraße 71-2d
12685 Trappenfelder Pfad 77-2b
12351 Trappenpfad 134-3b
13088 Trarbacher Straße 60-6d
10781 Traunsteiner Straße 99-3d
10318 Trautenauer Straße 104-4a
10717 Trautenaustraße 99-2d
13357 Travemünder Straße 58-9c
10247 Traveplatz 89-4a
10247 Travestraße 89-4a
10963 Trebbiner Straße 86-9c
13053 Treffurter Straße 76-1c
13469 Treiberpfad 44-3b
14169 Treibjagdweg 113-9b
12437 Treidelweg (Baumsch.) (8) 119-7b
10587 Treidelweg (Charlbg.) 85-2a
- Treitschkepark 115-2c
12163 Treitschkestraße 115-1d
Trelleborger Straße 59-5d
10439 Nr. 1-3, Nr. 2-4
13189 Nr. 5-Ende, Nr. 6-Ende
14057 Trendelenburgstraße 84-8b (16/A4)
13509 Trepliner Weg 44-8c
12527 Treppendorfer Weg 157-5c
- Treptower Brücke (Kreuzbg.) 102-2a
- Treptower Brücke (Nkln.) 102-5b
- Treptower Park 103-1c
Treptower Straße 102-5d
12043 Nr. 1-9, Nr. 2-8, Nr. 97-Ende, Nr. 98-Ende
12435 Nr. 45-56
12059 Nr. 10-96, Nr. 11-95
- Treptowers Parkwegbrücke 88-9c
12435 Treptows Ruh III (Kleingtkol.) 103-4c
12347 Treseburg (Kleingtkol.) 118-4b
13129 Treseburger Straße (Blankbg.) 48-2b
10589 Treseburger Straße (Charlbg.) 84-3b
12347 Treseburger Ufer 118-4a
Treskowallee 104-7d
10318 Nr. 1-159, Nr. 2-160
12459 Nr. 108-222
- Treskowbrücke 120-1d
13089 Treskowstraße (Heinsdf.) 59-6d
12623 Treskowstraße (Mahlsdf.) 92-2c
13156 Treskowstraße (Nschönhs.) 46-6d
12459 Treskowstraße (Oberschönwde.) 120-3c
13507 Treskowstraße (Teg.) 44-7b
13509 Trettachzeile 44-8a
10779 Treuchtlinger Straße 99-3c
12057 Treue Seele (Kleingtkol.) 102-9b
13439 Treuenbrietzener Straße 46-1c
13437 Treutelstraße 45-8c
14197 Triberger Straße 99-7d
13187 Trienter Straße 59-7b
13088 Trierer Straße 60-9b
- Triestpark 114-8d
13129 Triftstraße (Blankbg.) 48-2c
13127 Triftstraße (Fr. Buchhz.) 37-6d
13585 Triftstraße (Spand.) 68-5a
13353 Triftstraße (Wedd.) 72-4a
Triftstraße (Witten.) 45-7a
13509 Nr. 1-23, Nr. 61-Ende
13437 Nr. 25-39
14089 Triftweg 95-8b
- Triglawbrücke 141-5b
12589 Triglawstraße 141-2d
12349 Trimbacher Straße 134-7c
13467 Triniusstraße (Hermsdf.) 34-3d
12459 Triniusstraße (Oberschönwde.) 120-2a
12249 Trippsteinstraße 132-7c
14109 Tristanstraße 146-1a
13407 Trockendorf (Kleingtkol.) 45-9c
12437 Trojanstraße 103-8d
12357 Trollblumenweg 119-8c
13359 Tromsöer Straße 58-8b
13088 Tronjepfad 60-3b
12487 Tronjeweg 119-8b
12349 Tropfsteinweg 133-9a
12205 Troppauer Straße 130-5b
14169 Trumanplaza 114-7b
12687 Trusetaler Straße 63-4a
12059 Truseweg 102-5b
12355 Truthahnweg 153-3a
12487 Trützschlerstraße 120-7a
13156 Tschaikowskistraße 58-3b
12621 Tschudistraße 78-4d
13127 Tubaweg (1) 47-6a
10715 Tübinger Straße 99-8b
13158 Tuchmacherweg 58-2b
10317 Tuchollaplatz 89-4d
10117 Tucholskystraße 87-1a (13/E1)
12277 Tullaweg 150-3a
12349 Tulpe 134-4c
12203 Tulpenstraße 115-7c
12524 Tulpenweg (Altgl.) 155-1a
10589 Tulpenweg (Charlbg.) 70-9a
13599 Tulpenweg (Haselh.) 55-7c
13599 Tulpenweg (Haselh.) 69-5c
13503 Tulpenweg (Heilgs.) 42-6a
13088 Tulpenweg (Malch.) (2) 60-2d
13127 Tulpenweg (Pank.) 38-7b
12589 Tulpenweg (Rahnsdf.) 124-9c
13158 Tulpenweg (Rosnth.) 46-3a
13629 Tulpenweg (Siemst.) 70-2c
13629 Tulpenweg (Teg.) 69-5b
13437 Tulpenweg (Witten.) 44-6c
10245 Tunnelstraße 103-1b
14053 Tunnelweg 83-7b
12353 Turfweg 134-5d
13347 Turiner Straße 72-1a
13349 Türkenstraße 57-9d
14167 Türksteinweg 130-7d
13505 Turmfalkenstraße 54-3b

Turmstraße 71-8c
10559 Nr. 1-25, Nr. 2-26, Nr. 85a-Ende, Nr. 86-Ende
10551 Nr. 27-85, Nr. 28-84
10317 Türrschmidtstraße 89-7b
12247 Tuttlinger Weg 116-7d
12309 Tutzinger Straße 170-1d
12209 Tuxer Steig 149-3d
12683 Tychyer Straße 91-5a

13591 **Ü**bergang 67-4d
14052 Ubierstraße 84-7a (11/C2)
12621 Uckermarkstraße 78-7c
10318 Üderseestraße 104-4b
12101 Udetzeile 100-6c
10439 Ueckermünder Straße 59-7d
14089 Uetzer Steig 111-3b
14089 Uferpromenade (Klad.) 110-5c
\- Uferpromenade (Wanns.) 126-9d
13357 Uferstraße 72-2b
13507 Uferweg 111-3b
10553 Ufnaustraße 71-7d
13351 Ugandastraße 71-3c
10623 Uhlandpassage (19/E5)
Uhlandstraße (Charlbg., Wilmdf.) 99-5c (19/E6)
10623 Nr. 1-25, Nr. 2-26, Nr. 177-Ende, Nr. 178-Ende
10715 Nr. 97-103, Nr. 98-102
10719 Nr. 27-37, Nr. 28-38, Nr. 39-63, Nr. 40-64 Nr. 138-162, Nr. 139-161, Nr. 163-175, Nr. 164-174
10717 Nr. 65-95, Nr. 66-96, Nr. 104-136, Nr. 105-137
12305 Uhlandstraße (Lichtrde.) 151-2a
12623 Uhlandstraße (Mahlsdf.) 106-4b
13156 Uhlandstraße (Nschönhs.) 46-9a
13158 Uhlandstraße (Rosnth., Wilhr.) 46-7b
14165 Uhldinger Straße 129-8d
12555 Uhlenhorster Straße 106-7d
13125 Uhlenweg 31-5a
12355 Uhrmacherweg 135-8b
12351 Uhuweg 134-3d
12589 Ukeleipfad 124-9d
13088 Ullerplatz 60-3a
13088 Ullerweg 60-3a
12623 Ullrichplatz 106-2c
12623 Ullrichstraße 106-5a
Ullsteinstraße 116-9b
12109 Nr. 1-141, Nr. 2-142
12105 Nr. 143-193, Nr. 144-194
14050 Ulmenallee 83-6b
13467 Ulmenstraße (Hermsdf.) 34-9a
12621 Ulmenstraße (Kaulsdf., Mahlsdf.) 105-2b
13595 Ulmenstraße (Spand.) 82-4a
13435 Ulrichsteiner Weg 45-2b
12353 Ulrich-von-Hassell-Weg 135-4c
14109 Ulricistraße 144-6b
13581 Ulrikenstraße 81-2b
12059 Ulsterstraße 102-5d
14089 Umberto-Nobile-Straße 110-2b
14193 Umgehungschaussee 113-6b
12203 Undinestraße 115-8c
13349 Ungarnstraße 71-3b
13591 Ungewitterweg 66-6d
12105 Union (Kleingtkol.) 116-9b
10551 Unionplatz 71-9a
10551 Unionstraße 71-9a
10117 Universitätsstraße 87-1a (13/E3)
13465 Unkeler Pfad 34-3a
12347 Unland (Kleingtkol.) 118-7a
13583 Unnaer Straße 67-5d
12055 Unstrutstraße 102-8d
12555 Unter den Birken 105-6d
Unter den Eichen 130-2d
12203 Nr. 1-Ende, Nr. 2-62
12205 Nr. 64-96
10117 Unter den Linden 86-3c (12/C4)
12167 Unter den Rüstern 115-9d
12105 Unter Uns (Kleingtkol.) 116-9a
10117 Unterbaumstraße 86-3a (12/C3)
\- Untere Freiarchenbrücke (17/G3)
13597 Unterhavel (Kleingtkol.) 82-2a
12277 Untertürkheimer Straße 133-4c
10117 Unterwasserstraße (13/F4)
13189 Upsalaer Straße 59-9a
10319 Upstallweg (Friedrfde.) 90-7b
12105 Upstallweg (Mardf.) 133-1a
12524 Uranusstraße 154-5b
13405 Uranusweg 57-4c
13129 Urbacher Straße 38-8d
Urbanstraße (Kreuzbg.) 101-2a
10961 Nr. 1-21, Nr. 2-20, Nr. 151-183, Nr. 152-182
10967 Nr. 22-138, Nr. 23-137
14165 Urbanstraße (Zehldf.) 129-9d
14163 Urselweg 129-4b
10318 Ursula-Goetze-Straße 90-8d
12249 Ursulastraße 132-4a
12355 Ursulinenstraße 154-1c
13351 Usambarastraße 57-8b
13355 Usedomer Straße 72-6b
12524 Usedomstraße 136-9d
Uslarer Straße 78-5c
12621 Nr. 1-69, Nr. 2-62
12623 Nr. 64-80, Nr. 71-79
13465 Utestraße 26-1b
12043 Uthmannstraße 102-8a
13347 Utrechter Straße 72-1a

13599 **V**alentinswerder (Insel) 54-9b
12681 Valwiger Straße 90-2b
14195 Van't-Hoff-Straße 114-8c
10785 Varian-Fry-Straße (14/C6)
10439 Varnhagenstraße 59-9c
12159 Varziner Platz 99-8b
Varziner Straße 99-8a
12159 Nr. 1-5, Nr. 2-6
12161 Nr. 7-23, Nr. 8-22
12203 Veilchenstraße 114-9d
13627 Veilchenweg (Charlbg.) 70-6d
13599 Veilchenweg (Haselh.) 69-5a
13599 Veilchenweg (Siemst.) 55-7c
13581 Veilchenweg (Spand.) 67-8d
13581 Veilchenweg (Spand.) 81-2c
13629 Veilchenweg (Teg.) 70-1d
13437 Veilchenweg (Witten.) 44-6c
13507 Veitstraße 44-7c
13407 Veltener Straße 57-2a
13467 Veltheimstraße 34-3d
12057 Venusplatz 103-7c
12524 Venusstraße (Altgl.) 154-3c
13405 Venusstraße (Reindf.) 57-4d
14193 Verbindungschaussee 97-2c
13593 Verbindungsweg 81-6a
13055 Verdener Gasse 75-5a
12623 Verdistraße 92-3b
13127 Verdiweg 37-5c
13587 Verein für Gesundheitspflege (Kleingtkol.) 54-5b
13158 Vereinssteg 58-2b
12487 Vereinsstraße 120-7c
14059 Vereinsweg (Charlbg.) 84-5d (16/A3)
12167 Vereinsweg (Stegl.) 115-8b
12526 Vergissmeinnichtweg (Bohnsdf.) (5) 155-3a
12099 Vergissmeinnichtweg (Tphf.) 117-5a
13503 Verlängerte Fährstraße 42-1d
12209 Verlängerte Georgenstraße 149-3b
12555 Verlängerte Hämmerlingstraße 105-8d
13409 Verlängerte Koloniestraße 58-6a
12555 Verlängerte Köpenicker Straße 105-8a
14089 Verlängerte Uferpromenade 110-8c
10318 Verlängerte Waldowallee 104-6c
12524 Verlängerte Werderstraße 137-4c
13351 Verlängertes Nordufer 71-1a
14163 Veronikasteig 129-4d
13187 Vesaliusstraße 47-9c
14165 Vesterzeile 148-1d
10119 Veteranenstraße 73-7b
12527 Vetschauer Allee 157-4b
12527 Viebahnstraße 157-7d
13127 Vienweg 37-5d
13125 Viereckweg 31-5a
12685 Vierlandenstraße 77-4a
14163 Viernheimer Weg 113-8d
12623 Vierradener Weg 106-5c
13583 Viersener Straße 67-8b
13407 Vierwaldstätter Weg 58-4c
13509 Vietzer Zeile 44-8d
10777 Viktoria-Luise-Platz 99-3b (19/G6)
\- Viktoriapark (Kreuzbg.) 100-3c
\- Viktoriapark (Stegl.) 115-5a
12203 Viktoriaplatz 130-3b
13127 Viktoriastraße (Fr. Buchhz.) 37-9d
12203 Viktoriastraße (Lichtfde.) 131-1a
12105 Viktoriastraße (Tphf.) 116-6d
13597 Viktoria-Ufer 68-7b (11/A2)
13129 Villacher Straße 48-3c
12489 Vimystraße 120-9d
13057 Vincent-van-Gogh-Straße 62-1c
13355 Vinetaplatz 73-4a
13189 Vinetastraße 59-8b
13051 Violastraße 49-8a
12167 Vionvillestraße 115-9c
13353 Virchow (Kleingtkol.) 72-1c
10249 Virchowstraße 74-7b
13509 Virgiliusstraße 44-2c
12489 Vogelbeerstraße 120-9d
13407 Vogelhain (Kleingtkol.) 45-9c
14195 Vogelsang 114-5c
12437 Vogelsang II (Kleingtkol.) 103-7b
12589 Vogelsdorfer Steig 125-4c
13593 Vogelzeile 81-5c
13129 Vogesenstraße 48-2c
13593 Voigtländerzeile (2) 81-5c
10247 Voigtstraße 88-3d
10365 Volkerstraße 89-3d
12683 Völklinger Straße 77-5b
12099 Volkmarstraße 117-4d
10319 Volkradstraße 89-9b
12057 Volksgärten (Kleingtkol.) 119-1a
\- Volkspark (Nschönhs.) 46-8c
\- Volkspark (Weißs.) 61-8a
\- Volkspark am Weinbergsweg 73-7b
\- Volkspark Anton-Saefkow 74-4b
\- Volkspark Friedrichshain 73-9b
\- Volkspark Hasenheide 101-6a
\- Volkspark Humboldthain 72-3c
\- Volkspark Klein-Glienicke 144-1c
\- Volkspark Köpenick 122-7b
\- Volkspark Lichtenrade 151-9b
\- Volkspark Mariendorf 117-7d
\- Volkspark Prenzlauer Berg 74-6a
\- Volkspark Rehberge 71-2a
\- Volkspark Wilmersdorf 99-4c
\- Volkspark Wittenau 45-4b
10715 Volksparksteg 99-5d
12489 Volmerstraße 136-3d
10179 Voltairestraße 87-2d
13355 Voltastraße (Gesndbr.) 72-6b
12623 Voltastraße (Mahlsdf.) 92-8d
13629 Voltastraße (Siemst.) 70-7a
13403 Von-der-Gablentz-Straße 57-4d
10785 Von-der-Heydt-Straße 86-7a
\- Von-der-Schulenburg-Park 103-7c
14129 Von-der-Trenck-Straße 146-2b
14195 Von-Laue-Straße 130-2b
14129 Von-Luck-Straße 128-5d
14195 Von-Wettstein-Straße 130-1b
14169 Vopeliuspfad 130-4b
10997 Vor dem Schlesischen Tor 88-8d
13629 Vor den Toren Feld 1 (Kleingtkol.) 70-1d
13629 Vor den Toren Feld 2 (Kleingtkol.) 70-1d
13629 Vor den Toren Feld 4 (Kleingtkol.) 69-3a
13629 Vor den Toren Feld 3 (Kleingtkol.) 69-3b
12157 Vorarlberg (Kleingtkol.) 100-7d
12157 Vorarlberger Damm 116-1a
10823 Vorbergstraße 100-4b
12683 Vorstadtweg 90-6d
10825 Voßbergstraße 99-9b
10117 Voßstraße 86-6c (14/B6)
10367 Vulkanstraße 75-5c

12205 **W**aadter Zeile (4) 131-7a
13595 Wachenheimer Weg 82-4b
12623 Wacholderheide (Kleingtkol.) 79-4c
12623 Wacholderheide 79-4c
13159 Wacholderweg (Blankfde.) 37-8c
14052 Wacholderweg (Charlbg.) 83-2c
13467 Wachsmuthstraße 34-9a
13507 Wachstraße 43-6d
13129 Wachtelsteg 48-4d
12526 Wachtelstraße (Bohnsdf.) 155-3d
14195 Wachtelstraße (Dahl.) 114-5a
13403 Wachtelweg (Reindf.) 56-3d
13158 Wachtelweg (Rosnth.) 46-2d
13599 Wachtelweg (Siemst.) 54-9d
Wackenbergstraße 47-7b
13156 Nr. 1-117, Nr. 2-118
13127 Nr. 120-Ende, Nr. 121-Ende
13403 Wackerweg 56-3d
10178 Wadzeckstraße 73-8d (13/H2)
12165 Waetzoldtstraße 115-7b
13089 Waffenschmiedstraße 59-6b
10715 Waghäuseler Straße 99-6c
12489 Wagner-Regeny-Straße 136-3a
13127 Wagnerweg 37-5c
13465 Wahnfriedstraße 26-7c
12487 Waiblinger Weg 120-4b
13507 Waidmannsluster Damm 44-4d
10179 Waisenstraße 87-2d (13/G3)
10629 Waitzstraße (18/C5)
12527 Walchenseestraße 137-6d
14089 Waldallee 110-5c
12683 Waldbacher Weg 90-3d
13405 Waldblick (Kleingtkol.) 56-6d
\- Waldbrücke 141-2c
12555 Waldburgweg 122-1b
13159 Waldeck (Kleingtkol.) 36-2d
\- Waldeckpark 87-5c (15/F6)
Waldemarstraße (Kreuzbg.) 87-9a (15/H6)
10179 Nr. 1-17
10999 Nr. 8-46, Nr. 19-45
10997 Nr. 48-Ende, Nr. 57-Ende
13156 Waldemarstraße (Nschönhs.) 47-4b
12621 Waldenburger Straße 91-9c
10551 Waldenserstraße 71-8d
13407 Walderseestraße 58-7b
13469 Waldesfrieden (Kleingtkol.) 35-9c
12437 Waldesgrund (Kleingtkol.) 119-5a
13589 Waldeslust (Kleingtkol.) 53-9d
12623 Waldesruher Straße 106-8b
13503 Waldessaum (Heilgs.) (Kleingtkol.) 42-3c
13589 Waldessaum (Spand.) (Kleingtkol.) 53-7a
10247 Waldeyerstraße 89-1c
12526 Waldfrieden (Bohnsdf.) (Kleingtkol.) 137-9c
13627 Waldfrieden (Charlbg.) (Kleingtkol.) 70-6a
13589 Waldfrieden (Spand.) (Kleingtkol.) 53-7b
13467 Waldfriedenstraße 44-1b
14129 Waldhauswinkel 128-9c
13589 Waldheim (Kleingtkol.) 53-7b
12627 Waldheimer Straße 78-5b
13469 Waldhornstraße 44-3c
14169 Waldhüterpfad 113-9c
13505 Waldkauzstraße 42-9d
12347 Waldkraiburger Straße 118-7b
12439 Waldland (Kleingtkol.) 121-4a
13469 Waldläuferweg 35-8b
12247 Waldmannstraße 131-6b
14193 Waldmeisterstraße 98-7d
14167 Waldmüllerstraße 130-7d
10318 Waldowallee 104-2b
\- Waldowpark 92-2c
12459 Waldowplatz 120-3c
13053 Waldowstraße (Altschönhs.) 61-8c
12623 Waldowstraße (Mahlsdf.) 92-2d
13156 Waldowstraße (Nschönhs.) 47-4d

12459 Waldowstraße (Oberschönwde.) 120-3a
Waldowstraße (Reindf.) 57-2d
13403 Nr. 1-31, Nr. 2-32, Nr. 38-Ende, Nr. 39-Ende
13407 Nr. 34-36, Nr. 35-37
12555 Waldpromenade 106-1c
12355 Waldrandsiedlung 153-2c
14129 Waldrebensteig 128-9d
14129 Waldsängerpfad 128-6c
12279 Waldsassener Straße 150-4b
14089 Waldschluchtpfad 111-6a
14055 Waldschulallee (Kleingtkol.) 97-3b
14055 Waldschulallee 83-9c
14055 Waldschule (Kleingtkol.) 97-3a
12589 Waldschützpfad 124-6c
- Waldseebrücke 129-2c
- Waldseepark 34-6b
13467 Waldseeweg 34-6c
13469 Waldshuter Zeile 35-8c
- Waldsiedlung 54-4b
10318 Waldsiedlung Wuhlheide 104-4d
13467 Waldspechtweg 34-8c
13158 Waldsteg 46-8c
12489 Waldstraße (Adlhf.) 121-7b
12526 Waldstraße (Bohnsdf.) 155-9a
12527 Waldstraße (Grün.) 137-6a
12487 Waldstraße (Johsth.) 120-7a
12621 Waldstraße (Kaulsdf.) 105-6a
12555 Waldstraße (Köp.) 122-1d
10551 Waldstraße (Moab.) 71-8d
13156 Waldstraße (Nschönhs.) 47-4c
12589 Waldstraße (Rahnsdf.) 141-2c
13403 Waldstraße (Reindf.) 57-1a
13587 Waldstraße (Spand.) 54-6c
14163 Waldstraße (Zehldf.) 129-5b
12527 Waldvogelweg (1) 137-5b
13159 Waldweg (Blankfde.) (1) 28-6d
13159 Waldweg (Blankfde.) 36-2d
13503 Waldweg (Heilgs.) 42-6a
12589 Waldweg (Rahnsdf.) 125-4d
13629 Waldweg (Siemst.) 69-3d
13589 Waldweg (Spand.) 53-4c
13156 Walhallastraße 46-8d
12347 Walkenrieder Straße 118-1d
10318 Walkürenstraße 104-1a
- Wallbrücke (11/A3)
13587 Walldürner Weg 54-7b
10713 Wallenbergstraße 99-4c
12209 Wallendorfer Weg 131-9d
13435 Wallenroder Straße 45-2d
10318 Wallensteinstraße 103-3b
13407 Walliser Straße 58-1c
14193 Wallotstraße 98-4b
12621 Wallstraße (Kaulsdf.) 91-3d
10179 Wallstraße (Mitte) 87-5a (15/F5)
13127 Walnußallee (Siemst.) 37-5d
12347 Walnußweg (Britz) 133-3a
13629 Walnußweg (Siemst.) 69-5b
13465 Walporzheimer Straße 34-2a
12683 Walsheimer Straße 91-5a
12683 Walslebener Platz 91-7a
12169 Walsroder Straße 115-9b
10629 Walter-Benjamin-Platz (18/D5)
12687 Walter-Felsenstein-Straße 63-4c
12353 Walter-Franck-Zeile 135-7b
10249 Walter-Friedländer-Straße 74-8b
13125 Walter-Friedrich-Straße 31-7d
14165 Walterhöferstraße 147-3a
12487 Walter-Huth-Straße 136-1a
12623 Walter-Leistikow-Weg 79-7a
12203 Walter-Linse-Straße 131-4a
12353 Walter-May-Weg 135-4a
- Walter-Röber-Brücke 72-2b
12355 Waltersdorfer Chaussee 135-9d
12526 Waltersdorfer Straße 155-9b
12249 Waltershauser Straße (Kleingtkol.) 132-8a
12249 Waltershauser Straße 132-7c
12051 Walterstraße 118-2a
14109 Waltharistraße 146-1b
12489 Walther-Nernst-Straße 136-3d
12161 Walther-Schreiber-Platz 115-2d
14169 Waltraudstraße 114-7c
12207 Waltroper Platz 131-7d
12207 Waltroper Weg 131-7d
13581 Walzelstraße 81-2b
14052 Wandalenallee 83-9b (11/C2)
10318 Wandlitzstraße 104-1d
13591 Wandsbeker Weg 67-7c
13088 Wanensteig 60-3d
10711 Wangenheimsteg 98-2d
14193 Wangenheimstraße 98-5d
14199 Wangerooger Steig 114-3a
12107 Wankstraße 133-2d
13587 Wannseeaten (Kleingtkol.) 54-5b
14129 Wannseebadweg 127-3d
14109 Wannseebrücke 145-3a
13587 Wansdorfer Platz 54-7d
13587 Wansdorfer Steig 68-2a
12043 Wanzlikpfad (2) 102-8b
12621 Waplitzer Straße 91-3c
13595 Warägerweg 81-9d
10587 Warburgzeile 85-4a
12683 Warener Straße 91-2a (16/C2)
14193 Warmbrunner Straße 98-5d
12349 Warmensteinacher Straße 134-7c
13503 Warnauer Pfad 32-6c
10713 Warneckstraße 99-4c
14199 Warnemünder Straße (Schmargdf.) 114-3a
13059 Warnemünder Straße (Wartbg.) 49-9c
14052 Warnenweg 83-9b
12305 Warnitzer Straße (Lichtrde.) 151-5b
13057 Warnitzer Straße (Wartbg.) 62-1c
12524 Warnowstraße 136-9b
- Warschauer Brücke 88-5c
10245 Warschauer Platz 88-8b
10243 Warschauer Straße 88-8a
12109 Wartburg (Kleingtkol.) 117-8c
10823 Wartburgplatz 100-4a
Wartburgstraße 99-6b
10823 Nr. 1-13, Nr. 2-12, Nr. 38-Ende, Nr. 39-Ende
10825 Nr. 14-36, Nr. 15-37
13053 Wartenberger Straße 61-9d
13051 Wartenberger Weg 49-7d
10365 Wartenbergstraße 89-4b
10963 Wartenburgstraße 100-3b
12051 Wartheplatz 101-9d
12051 Warthestraße 101-9d
13057 Wartiner Straße 62-2c
14129 Wasgensteig 128-9b
14129 Wasgenstraße 128-6c
10557 Washingtonplatz (12/B2)
10179 Wassergasse (15/H5)
13053 Wassergrundstraße 76-2a
14163 Wasserkäfersteig 113-8c
12347 Wasserkante (Kleingtkol.) 118-4a
12489 Wassermannstraße 121-7b
14109 Wassernixenweg 127-4c
12527 Wassersportallee 137-9b
- Wasserstadtbrücke 54-9c
12459 Wasserstraße (Oberschönwde.) 120-3d
13597 Wasserstraße (Spand.) 68-8a (11/B2)
10999 Wassertorplatz 87-8d
10969 Wassertorstraße 87-8c
14050 Wasserturm (Charlbg.) (Kleingtkol.) 84-1c
10711 Wasserturm (Wilmdf.) (Kleingtkol.) 98-2b
12435 Wasserweg 103-2c
13158 Wasserwerk I (Kleingtkol.) 46-5d
13158 Wasserwerk II (Kleingtkol.) 46-6c
13589 Wasserwerkstraße 67-2c
12355 Waßmannsdorfer Chausee 153-6c
12355 Waßmannsdorfer Chaussee (Kleingtkol.) 153-3d
12355 Waßmannsdorfer Flieder (Kleingtkol.) 153-3b
12249 Wasunger Weg 150-1a
- Waterloobrücke 87-7d
10961 Waterloo-Ufer 87-7d
12683 Wateweg 105-5a
13355 Wattstraße (Gesndbr.) 72-6b
12459 Wattstraße (Oberschönwde.) 104-7c
13629 Wattstraße (Siemst.) 69-9b
12107 Watzmannweg 133-5d
13051 Waxweilerweg 61-5a
12307 Weberstraße (Lichtrde.) 169-5b
12623 Weberstraße (Mahlsdf.) 79-7c
10243 Weberwiese 88-2c
12205 Weddigenweg 130-6a
13347 Weddingplatz 72-5a
13357 Weddingstraße 72-2c
10243 Wedekindstraße 88-5a
Wedellstraße 132-5c
12247 Nr. 5-25, Nr. 2-28
12249 Nr. 30-76, Nr. 31-89
12347 Wederstraße 118-1d
12489 Weerthstraße 137-1a
13581 Weg 1 (Spand.) 67-9d
13591 Weg 1 (Staak.) 67-7a
13507 Weg 1 (Teg.) 56-6a
13629 Weg 1 (Teg.) 69-3b
13351 Weg 10 (Wedd.) 57-9c
13158 Weg 11 (Rosnth.) 46-3d
13351 Weg 11 (Wedd.) 57-8d
13351 Weg 12 (Wedd.) 57-8d
13351 Weg 13 (Wedd.) 57-8d
13351 Weg 14 (Wedd.) 57-8d
13351 Weg 15 (Wedd.) 57-8d
12057 Weg 2 (Nkln.) 119-1a
13589 Weg 2 (Spand.) 53-8d
13581 Weg 2 (Spand.) 67-9d
13591 Weg 2 (Staak.) 67-7a
13507 Weg 2 (Teg.) 56-6a
13629 Weg 2 (Teg.) 69-3b
13351 Weg 2 (Wedd.) 57-8d
13158 Weg 3 (Rosnth.) 46-3d
13581 Weg 3 (Spand.) (1) 81-3b
13589 Weg 3 (Spand.) 53-8c
13591 Weg 3 (Staak.) 67-7b
13507 Weg 3 (Teg.) 56-5b
13629 Weg 3 (Teg.) 69-3b
13351 Weg 3 (Wedd.) 57-8d
13127 Weg 4 (Fr. Buchhz.) 47-2d
13158 Weg 4 (Rosnth.) 46-6a
13589 Weg 4 (Spand.) 53-8c
13581 Weg 4 (Spand.) 81-3b
13507 Weg 4 (Teg.) 56-5b
13629 Weg 4 (Teg.) 69-3b
13351 Weg 4 (Wedd.) 57-8d
12057 Weg 5 (Nkln.) 119-1a
13589 Weg 5 (Spand.) 53-8c
13581 Weg 5 (Spand.) 81-3b
13507 Weg 5 (Teg.) 56-2d
13629 Weg 5 (Teg.) 69-3b
13351 Weg 5 (Wedd.) 57-9c
13158 Weg 6 (Rosnth.) 46-3d
13589 Weg 6 (Spand.) 53-8c
13581 Weg 6 (Spand.) 81-3b
13629 Weg 6 (Teg.) 69-3b
13351 Weg 6 (Wedd.) 57-9c
13158 Weg 6 46-6a
12459 Weg 7 (Oberschönwde.) 103-9b
13351 Weg 7 (Wedd.) 57-9c
13351 Weg 8 (Wedd.) 57-9c
13127 Weg 9 (Fr. Buchhz.) 47-2d
13351 Weg 9 (Wedd.) 57-9c
13159 Weg A (Blankfde.) 37-4d
12559 Weg A (Müggghm.) 139-9b
13159 Weg B (Blankfde.) 37-4d
12559 Weg B (Müggghm.) 139-9d
12559 Weg C (Müggghm.) 139-9d
12559 Weg D (Müggghm.) 139-9d
12559 Weg E (Müggghm.) 139-9b
12559 Weg F (Müggghm.) 140-7c
12559 Weg G (Müggghm.) 139-9b
12559 Weg H (Müggghm.) 140-7c
13627 Weg I (Charlbg.) 71-4c
13627 Weg II (Charlbg.) 70-6d
13627 Weg III (Charlbg.) 70-6d
13627 Weg IV (Charlbg.) 70-6d
12559 Weg J (Müggghm.) 139-9d
12559 Weg K (Müggghm.) (1) 139-9d
12559 Weg L (Müggghm.) 139-9d
12559 Weg M (Müggghm.) 139-9d
12559 Weg N (Müggghm.) 139-9d
12559 Weg O (Müggghm.) 139-9d
12559 Weg P (Müggghm.) 140-7d
12559 Weg Q (Müggghm.) 140-7d
12559 Weg R (Müggghm.) 140-7d
12559 Weg S (Müggghm.) 140-7d
12559 Weg T (Müggghm.) 140-8a
12559 Weg U (Müggghm.) 140-8a
13627 Weg V (Charlbg.) 70-6d
12587 Weg zur Quelle 122-5a
12057 Wegastraße 103-7d
12524 Wegedornstraße 136-5d
12487 Wegegrün (Kleingtkol.) 135-3b
10623 Wegelystraße 85-6a (17/F2)
13088 Wegenerstraße (Weißs.) 60-9d
10713 Wegenerstraße (Wilmdf.) 99-4b
12357 Wegerichstraße 135-6a
13587 Wegscheider Straße 68-1b
13088 Wehlener Straße 60-6d
13629 Wehneltsteig 70-7a
12277 Wehnertstraße 150-3d
12589 Weichselmünder Weg 125-7d
12045 Weichselplatz 102-1d
10247 Weichselstraße (Friedhn.) 88-6b
Weichselstraße (Nkln.).) 102-4a
12043 Nr. 1-9, Nr. 2-8, Nr. 61-Ende, Nr. 62-Ende
12045 Nr. 11-59, Nr. 12-58
13599 Weidegärten (Kleingtkol.) 69-7a
13507 Weidenauer Weg 56-2c
13627 Weidenbaum (Kleingtkol.) 70-6a
- Weidendammer Brücke 86-3b (12/D2)
12526 Weidenkätzchenweg 155-2b
12623 Weidenstraße 105-3d
12059 Weidental (Kleingtkol.) 102-5b
12524 Weidenweg (Altgl.) 155-4a
13129 Weidenweg (Blankbg.) 48-4a
12349 Weidenweg (Britz) 133-6d
10589 Weidenweg (Charlbg.) 71-7c
14050 Weidenweg (Charlbg.) 83-3b
Weidenweg (Friedhn.) 88-1b
10249 Nr. 5-51, Nr. 42-46
10247 Nr. 50-78, Nr. 53-79
13503 Weidenweg (Heilgs.) 42-6a
13593 Weidenweg (Spand.) 81-3d
13591 Weidenweg (Staak.) 80-3c
12439 Weiderichplatz 120-6d
12439 Weiderichstraße 120-6d
Weigandufer 102-2c
12045 Nr. 3-15, Nr. 4-16
12059 Nr. 17-Ende, Nr. 18-Ende
14089 Weihenzeller Steig 110-9a
- Weiherbrücke 116-5c
12309 Weilburgstraße 151-9b
10625 Weimarer Straße 85-7a (16/C4)
10715 Weimarische Straße 99-8b
12555 Weinbergstraße 122-1c
13593 Weinbergsweg (Kleingtkol.) 81-9a
10119 Weinbergsweg 73-7b (13/F1)
13407 Weinbrennerweg 45-9c
13595 Weingartenweg 95-3b
14199 Weinheimer Straße 98-9a
14089 Weinholdweg 110-8b
13595 Weinmeistergrund (Kleingtkol.) 96-1a
13595 Weinmeisterhorn (Kleingtkol.) 82-7c
Weinmeisterhornweg 80-6b
13595 Nr. 1-43, Nr. 14-42
13593 Nr. 44-Ende, Nr. 47-Ende
10178 Weinmeisterstraße 73-8c (13/F2)
10249 Weinstraße 73-9d
12247 Weinviertel (Kleingtkol.) 132-1b
10249 Weisbachstraße 74-8d
12527 Weiselpfad 175-3a
12049 Weisestraße 101-6d
12459 Weiskopffstraße 120-3d
13465 Weislingenstraße 26-8a
13158 Weißdornallee 46-6c
12205 Weißdornweg 130-9a
10365 Weiße Taube (Kleingtkol.) 75-6c
13595 Weißenburger Straße 82-1c
12627 Weißenfelser Straße 78-2b
12683 Weißenhöher Straße 90-6b
13088 Weißenseer Park 60-9c
Weißenseer Weg 74-3d
10367 Nr. 1-21, Nr. 2-22
13055 Nr. 32-43
13053 Nr. 51-53
10369 Nr. 65-112
13581 Weißenstadter Ring 81-1b
12309 Weißenthurmstraße 151-9a
12057 Weißer Stern (Kleingtkol.) 102-9b
12107 Weißkugelweg 133-5b
12205 Weißwasserweg 130-5d
12349 Weitbrucher Straße 151-3a
14089 Weiter Blick 95-9a
10317 Weitlingstraße 89-8b
12623 Weitzgründer Straße 106-1d
12683 Weizenweg 91-1b
13465 Welfenallee 34-4a
10777 Welserstraße 99-3b (19/H6)

13057 Welsestraße 62-1d
12355 Welsumerpfad 153-2d
12277 Welterpfad 132-8d
- Weltlingerbrücke 70-5d
13435 Welzower Ring 45-3c
13435 Welzower Steig 35-8d
12099 Wenckebachstraße 117-4a
12351 Wendehalsweg 135-1a
12527 Wendel-Hipler-Weg 157-7c
12107 Wendelsteinweg 133-1d
12557 Wendenaue (Kleingtkol.) 138-4a
- Wendenschloßbrücke 122-7a
Wendenschloßstraße 122-7a
12559 Nr. 2-110, Nr. 7-95
12557 Nr. 103-463, Nr. 112-468
12524 Wendenstraße 137-7d
13595 Wendenweg 95-3b
12157 Wendlandzeile 116-1a
13439 Wentowsteig 46-4a
12623 Werbellinbecken (Kleingtkol.) 106-1a
12623 Werbellinstraße (Mahlsdf.) 106-1a
12053 Werbellinstraße (Nkln.) 102-4c
12099 Werbergstraße 117-1d
10829 Werdauer Weg 100-7c
- Werdauer-Weg-Brücke 100-7a
10117 Werderscher Markt 87-1d (13/F4)
12524 Werderstraße (Altgl.) 137-4c
13587 Werderstraße (Spand.) 54-5d
Werderstraße (Tphf.) 116-6d
12103 Nr. 1-11, Nr. 2-10, Nr. 22-32, Nr. 21-33
12105 Nr. 12-18, Nr. 13-19
14163 Werderstraße (Zehldf.) 129-5b
13507 Werdohler Weg 56-4a
12305 Werfelstraße 151-5c
13409 Werftendensteig 58-4b
10557 Werftstraße 86-1b
13597 Werkring 69-7d
14055 Werkstättenweg 98-1d
13591 Werkstraße 80-2b
12355 Werkzeugmacherweg 135-9a
12587 Werlseestraße 123-1d
12353 Wermuthweg 134-6c
10967 Werner-Düttmann-Platz 101-3c
10407 Werner-Kube-Straße 74-4d
14193 Wernerstraße (Grwld.) 98-7b
Wernerstraße (Kaulsdf., Mahlsdf.) 78-7d
12621 Nr. 7-35, Nr. 6-36, Nr. 47-55
12619 Nr. 41-55
14109 Wernerstraße (Wanns.) 145-2d
14165 Werner-Sylten-Weg 148-1c
12101 Werner-Voß-Damm 100-8d
13629 Wernerwerkdamm 69-9b
13055 Werneuchener Straße 75-2c
13467 Wernickestraße 34-9c
10589 Wernigeroder Straße 85-1a
12621 Wernitzer Straße 91-9a
12527 Wernsdorfer Straße 175-3b
12249 Wernshauser Straße 150-1b
12059 Werrastraße 102-5b
14089 Wertheimweg 126-3b
10318 Weseler Straße 104-2d
12359 Wesenberger Ring 134-2b
13439 Wesendorfer Straße 46-1a
10247 Weserstraße (Friedhn.) 88-6b
Weserstraße (Nkln.) 102-1c
12047 Nr. 1-15, Nr. 2-16, Nr. 201-217
12045 Nr. 19-69, Nr. 18-68, Nr. 153-199, Nr. 162-200
12059 Nr. 71-151, Nr. 72-152
12059 Wesertal (Kleingtkol.) 102-5d
12279 Weskammstraße 150-1b
13589 Wespenweg 67-1a
13503 Wesselburer Weg 42-3c
10779 Westarpstraße 99-6b
14053 Westdamm 83-4c
14050 Westend (Kleingtkol.) 83-3d
14059 Westend 84-5a
14052 Westendallee 83-2d
12557 Westendstraße 121-8b
13189 Westerlandstraße 59-8b
13589 Westerwaldstraße 67-6a
12207 Westfalenring 149-4a
Westfälische Straße 98-2b (18/A6)
10709 Nr. 1-33, Nr. 4-34, Nr. 61-Ende, Nr. 62-Ende
10711 Nr. 36-58, Nr. 37-59
13353 Westhafenstraße 71-6c
14129 Westhofener Weg 128-9a
13507 Westiger Pfad 56-4a
12109 Westphalweg 117-7c
13629 Westpreußenweg 70-1b
12487 Weststraße (Johsth.) 120-4c
13627 Wiesengrund (Kleingtkol.) 70-6d
13405 Weststraße (Reindf.) 57-4c
14053 Westtor 83-4c
12487 Westweg (Baumsch.) 119-8b
12347 Westweg (Britz) 117-9b
13509 Westweg (Witten.) 44-9a
12277 Wettelroder Weg 150-5d
13189 Wetterseestraße 59-9a
14197 Wetzlarer Straße 115-1b
12167 Weverpromenade 115-9c
13595 Weverstraße 82-4a
Wexstraße 99-8b
10825 Nr. 1-11, Nr. 2-8
10715 Nr. 15-Ende, Nr. 16-Ende
10178 Weydemeyerstraße 87-3a (13/H2)
10178 Weydinger Straße (13/G1)
12249 Weygerweg 132-8a
14195 Wichernstraße (Dahl.) 114-9c
13587 Wichernstraße (Spand.) 54-4d
10439 Wichertstraße 73-3a
10787 Wichmannstraße 85-9b (17/H4)
12349 Wichtelmann 133-6d
12249 Wichurastraße 132-8b
13507 Wickeder Straße 56-2c
14109 Wickenhagenweg 145-2c
12623 Wickenweg (Kleingtkol.) 92-7d
12623 Wickenweg (Mahlsdf.) 106-1d
13629 Wickenweg (Siemst.) 69-5a
13467 Wickhofstraße 34-9b
14089 Wickramstraße 110-8d
10551 Wiclefstraße 71-8a
12057 Widderstraße 103-7a
14163 Widenhof 129-7c
12524 Widosteig 137-7c
12589 Wiebelskircher Weg 125-5c
10553 Wiebestraße 85-1b
13051 Wiecker Straße 61-2d
12351 Wiedehopfweg 135-1b
12207 Wiedenbrücker Weg 149-1b
10829 Wiedervereinigung (Kleingtkol.) 116-1d
Wielandstraße (Charlbg.) 85-7d (18/D5)
10625 Nr. 1-7, Nr. 2-8
10629 Nr. 9-21, Nr. 10-22, Nr. 29-41, Nr. 30-40
10707 Nr. 23-27, Nr. 24-28
12623 Wielandstraße (Mahlsdf.) 106-1c
12159 Wielandstraße (Schbg.) 115-3b
10999 Wiener Brücke 102-2a
10999 Wiener Straße 88-7c
12209 Wienroder Pfad 131-8d
13627 Wiersichweg 70-5d
12279 Wiesauer Straße 150-5a
12559 Wiesbacher Weg 140-7a
14197 Wiesbaden (Kleingtkol.) 114-3b
Wiesbadener Straße (Friedn., Wilmdf.) 115-1a
14197 Nr. 16-77
12161 Nr. 1-15, Nr. 78-Ende
12309 Wiesbadener Straße (Lichtrde.) 151-6d
12623 Wieselstraße 92-2c
13629 Wieselweg 69-3a
13469 Wiesenblick (Kleingtkol.) 35-5a
13357 Wiesenbrücke 72-3c
12681 Wiesenburger Weg 76-2b
13597 Wiesendamm 83-1b
14050 Wiesendammbrücke 83-2a
12101 Wiesenerstraße 100-9d
12359 Wiesengrund (Britz) (Kleingtkol.) 118-6d
12347 Wiesengrund (Britz) 117-9b
12587 Wiesengrund (Friedhg.) 106-9d
13359 Wiesengrund (Gesndbr.) (Kleingtkol.) 59-7a
12587 Wiesengrund (Friedhg.) (Kleingtkol.) 106-9d
12305 Wiesengrund (Lichtrde.) (Kleingtkol.) 151-5d
10157 Wiesengrund (Schbg.) (Kleingtkol.) 116-4b
13581 Wiesengrund (Spand.) (Kleingtkol.) 67-9d
13591 Wiesengrund (Staak.) 80-3c
13469 Wiesengrund I (Kleingtkol.) 35-8d
13469 Wiesengrund II (Kleingtkol.) 35-8b
10318 Wiesengrundstraße 104-6c
13051 Wiesenhöhe (Kleingtkol.) 49-7d
12587 Wiesenpromenade 122-2c
14129 Wiesenschlag 128-9b
12526 Wiesenstraße (Bohnsdf.) 156-4c
13357 Wiesenstraße (Gesndbr.) 72-2a
12559 Wiesenstraße (Hesswkl.) 141-1c
10318 Wiesenstraße (Karlsh.) 105-4c
12589 Wiesenstraße (Rahnsdf.) 124-8b
13159 Wiesenweg (Blankfde.) (2) 28-6d
13627 Wiesenweg (Charlbg.) 70-6a
13599 Wiesenweg (Haselh.) 69-1a
12557 Wiesenweg (Köp.) 137-2b
12247 Wiesenweg (Lankw., Lichtfde.) 131-3a
10365 Wiesenweg (Lichtbg.) 89-4a
13158 Wiesenweg (Rosnth.) 46-3d
13629 Wiesenweg (Siemst.) 69-8d
13581 Wiesenweg (Spand.) 67-8d
13597 Wiesenweg (Spand.) 82-2b
13591 Wiesenweg (Staak.) 80-3c
13629 Wiesenweg (Teg.) 70-1a
13158 Wiesenwinkel 46-5b
13086 Wigandstaler Straße 60-4d
10555 Wikingerufer 85-2b (17/F1)
13158 Wilckeweg 46-5d
12307 Wildauer Straße 151-7d
14165 Wildbergweg 129-8c
12059 Wilde Rose (Kleingtkol.) 102-2d
- Wildenbruchbrücke 102-5a
12045 Wildenbruchplatz 102-5a
12623 Wildenbruchstraße (Mahlsdf.) 106-4b
Wildenbruchstraße (Nkln., Alt-Tr.) 102-5a
12045 Nr. 4-34B, Nr. 5-33, Nr. 58-90, Nr. 59-91
12435 Nr. 41-53, Nr. 42-54
10318 Wildensteiner Straße 104-5c
14195 Wildentensteig 114-1b
13503 Wildganssteig 42-3b
12353 Wildhüterweg 134-9a
13465 Wildkanzelweg 26-5d
12353 Wildmeisterdamm 134-5d
14193 Wildpfad 98-7c
12623 Wildrosengehölz 78-6d
12683 Wildrosenweg (Biesdf.) 91-1d
12349 Wildrosenweg (Britz) 133-6a
13503 Wildschwansteig 43-1d
12107 Wildspitz (Kleingtkol.) 133-2d
Wildspitzweg 133-2d
12107 Nr. 1-45, Nr. 2-46
12349 Nr. 47-Ende, Nr. 48-Ende
13089 Wildstrubelpfad 60-1d
13505 Wildtaubenweg 54-3c
13587 Wildunger Weg 54-5d
12105 Wild-West (Kleingtkol.) 133-1a
12355 Wilhelm Dähne (Kleingtkol.) 154-1a
12623 Wilhelm-Blos-Straße 106-5c
13509 Wilhelm-Blume-Allee 44-5c
- Wilhelm-Borgmann-Brücke 118-4a
12043 Wilhelm-Busch-Straße 102-5c
14050 Wilhelm-Busch-Weg 83-3d
13437 Wilhelm-Gericke-Straße 45-8b
10365 Wilhelm-Guddorf-Straße 89-1d
13347 Wilhelm-Hasenclever-Platz 58-7d
12159 Wilhelm-Hauff-Straße 115-3a
12489 Wilhelm-Hoff-Straße 136-2d
12526 Wilhelmine-Duncker-Straße 155-2b
12459 Wilhelminenhofstraße 120-1a
Wilhelm-Kuhr-Straße 58-6b
13187 Nr. 1-35, Nr. 2-36, Nr. 59-87, Nr. 60-88
13359 Nr. 39-49, Nr. 40-50
12489 Wilhelm-Ostwald-Straße 137-4a
12107 Wilhelm-Pasewaldt-Straße 132-3d
12621 Wilhelmplatz (Kaulsdf.) 91-3d
- Wilhelmplatz (Mitte) (14/D5)
14109 Wilhelmplatz (Wanns.) 145-4a
12359 Wilhelmsruh (Kleingtkol.) 54-9b
Wilhelmsaue 99-4d
10715 Nr. 1-27, Nr. 2-26, Nr. 110-Ende, Nr. 111-Ende
10713 Nr. 28-108, Nr. 29-109
12683 Wilhelmsbrücker Straße 91-4a
10551 Wilhelmshavener Straße (Moab.) 71-9a
13581 Wilhelmshavener Straße (Spand.) 68-7c
10965 Wilhelmshöhe 100-6b
12161 Wilhelmshöher Straße 115-2a
Wilhelmsmühlenweg 91-3d
12621 Nr. 1-137, Nr. 2-138
12623 Nr. 139-199, Nr. 140-200
12555 Wilhelm-Spindler-Brücke 121-5a
13435 Wilhelmsruher Damm 45-5a
10249 Wilhelm-Stolze-Straße 74-8c
12459 Wilhelmstrand (Kleingtkol.) 103-6d
13467 Wilhelmstraße (Hermsdf.) 34-5d
10117 Wilhelmstraße (Mitte, Kreuzbg.) 86-3c (12/C4)
Wilhelmstraße (Spand.) 81-8b
13595 Nr. 1-17, Nr. 2-18, Nr. 133-167, Nr. 134-168
13593 Nr. 19-131, Nr. 20-132
13629 Wilhelm-von-Siemens-Park 69-6b
12277 Wilhelm-von-Siemens-Straße 132-6d
13086 Wilhelm-Wagenfeld-Straße (1) 60-4d
13156 Wilhelm-Wolff-Straße 46-9d
13355 Wilhelm-Zermin-Weg 72-6d
13159 Wilkesiedlung 37-4d
13507 Wilkestraße 43-9b
12203 Willdenowstraße (Lichtfde.) 114-9b
13353 Willdenowstraße (Wedd.) 72-1d
14055 Willenberger Pfad 83-9c
12623 Willestraße 106-5c
14167 William-H.-Tunner-Straße 130-8d
10965 Willibald-Alexis-Straße 101-4a
12437 Willi-Sänger-Straße 103-5c
12489 Willi-Schwabe-Straße 136-3d
10827 Willmanndamm 100-2c
12355 Will-Meisel-Weg 136-7d
12057 Willstätterstraße 118-3b
10557 Willy-Brandt-Straße 86-2a (12/B3)
Wilmersdorfer Straße 84-6b (16/B1)
10585 Nr. 1-37, Nr. 2-38
10627 Nr. 39-65, Nr. 40-66a, Nr. 108-137, Nr. 109-135
10629 Nr. 67-107, Nr. 68-106
- Wilmersdorfer Tunnel 99-5b
10961 Wilmsstraße 101-2a
13465 Wilsbergzeile 33-2d
12169 Wilseder Straße 116-7a
Wilskistraße 129-2d
14169 Nr. 1-51D, Nr. 2-48
14163 Nr. 52-114, Nr. 53-115
10559 Wilsnacker Straße 86-1a
13125 Wiltbergstraße 30-6b
13465 Wiltinger Straße 34-1b
13595 Wilzenweg 95-3b
12487 Winckelmannstraße 120-7a
12621 Windbergweg 78-7b

12357 Windenweg 135-2c
13403 Windhalmweg 57-1a
13351 Windhuker Straße 57-8c
13158 Windige Ecke (Kleingtkol.) 46-6b
13585 Windmühlenberg 68-4a
13469 Windmühlenweg (5) 35-9b
12347 Windröschenweg 133-3b
10627 Windscheidstraße 84-6c (16/B3)
13349 Windsorer Straße 57-9b
14165 Windsteiner Weg 147-6b
12621 Windthorststraße 91-6c
12527 Windwallstraße 157-9c
14169 Winfriedstraße 130-1c
12349 Wingerter Straße 133-9c
12487 Winkelmannplatz 136-1a
13407 Winkelriedstraße 58-4c
14193 Winkler Straße 98-4c
12623 Winklerstraße 106-1c
12681 Winninger Weg 76-8d
10405 Winsstraße 73-9a
10781 Winterfeldtplatz 100-1b
Winterfeldtstraße 99-3b (19/H6)
10781 Nr. 1-83, Nr. 2-82
10777 Nr. 84-Ende, Nr. 85-Ende
13591 Winterhuder Weg 67-7c
10587 Wintersteinstraße 84-3d
10587 Wintersteinstraße 84-3d (16/C1)
13409 Winterstraße 58-5a
13407 Winterthurstraße 57-6c
12559 Winterweg (Mügghm.) 140-8c
13403 Winterweg (Reindf.) 56-3c
12101 Wintgensstraße 100-9a
13593 Winzerstraße 81-9a
12055 Wipperstraße 102-8c
12277 Wippraer Weg 150-5a
13627 Wirmerzeile 70-6c
12555 Wirsitzer Weg 105-9d
Wisbyer Straße 59-8d
10439 Nr. 1-31, Nr. 2-30, Nr. 59-73, Nr. 60-74
13189 Nr. 40-58, Nr. 41-57
13089 Wischbergeweg 60-5a
12357 Wischmattenweg 136-4d
13503 Wisentweg 33-7d
12207 Wismarer Straße 131-7c
10245 Wismarplatz 88-6b
14089 Wisserweg 110-8c
12587 Wißlerstraße 122-5a
14193 Wissmannstraße (Grwld.) 98-4a
12049 Wissmannstraße (Nkln.) 101-6b
Wittekindstraße 116-6c
12103 Nr. 1-79b, Nr. 2-80
12105 Nr. 81-85, Nr. 82-86
12309 Wittelsbacherstraße (Lichtrde.) 169-3d
10707 Wittelsbacherstraße (Wilmdf.) 99-1c (18/C6)
Wittenauer Straße 45-2c
13435 Nr. 1-123, Nr. 2-112
13469 Nr. 127-Ende, Nr. 144-Ende
12689 Wittenberger Straße 63-1d
10789 Wittenbergplatz (19/H5)
13509 Wittestraße 56-2a
13591 Wittfeldstraße 67-4d
13583 Wittgensteiner Weg 67-6c
12589 Wittigwiesen (Kleingtkol.) 124-5d
13088 Wittlicher Straße 61-4c

12053 Wittmannsdorfer Straße 102-8c
10553 Wittstocker Straße 71-8c
13599 Wittweseeweg (8) 68-3b
13053 Witzenhauser Straße 76-4a
14057 Witzlebenplatz 84-5d (16/A3)
14057 Witzlebenstraße 84-8b (16/A4)
13599 Woblitzseeweg (17) 68-3b
14052 Wochenend 1 (Kleingtkol.) 83-2d
14050 Wochenend 2 (Kleingtkol.) 83-2d
12355 Wochenendsiedlung an der Rudower Höhe 136-8d
14089 Wochenendsiedlung Gatower Straße 235 95-6b
12347 Wochenendweg 117-9d
13127 Wodanstraße (Fr. Buchhz.) 47-3b
12623 Wodanstraße (Mahlsdf.) 92-2a
13156 Wodanstraße (Nschönhs., Rosnth.) 46-8b
12589 Wodanstraße (Wilhg.) 141-5b
13086 Woelckpromenade 60-8d
12359 Woermannkehre 118-3c
13156 Woglindestraße 46-8d
12526 Wohlauer Straße 155-6d
10115 Wöhlertstraße 72-5d
12437 Wohlgemuthstraße 119-2a
13587 Wohnsiedlung Hakenfelde (Kleingtkol.) 54-5d
13589 Wolburgsweg 67-2c
13059 Woldegker Straße 61-3b
13469 Wolfacher Pfad 35-7a
12681 Wolfener Straße 62-8b
12203 Wolfensteindamm 115-8a
12101 Wölfertstraße 100-9a
12101 Wolffring 100-6c
12487 Wolfgang-Harlan-Straße 136-1b
13125 Wolfgang-Heinz-Straße 39-1b
12489 Wolfgang-Liebe-Straße 136-3a
12524 Wolfmarsteig 136-9d
12105 Wolframstraße 116-9a
12623 Wolfsberger Straße 92-8d
12109 Wolfsburger Weg 117-8a
12555 Wolfsgartenstraße 122-1a
13187 Wolfshagener Straße 59-2c
13591 Wolfshorst 67-4d
13355 Wolgaster Straße 73-4a
14169 Wolkenburgweg (3) 114-7a
13129 Wolkensteinstraße 38-8a
Wollankstraße 58-6d
13187 Nr. 1-23, Nr. 2-22, Nr. 104-Ende, Nr. 105-Ende
13359 Nr. 24-100, Nr. 25-99
13053 Wollenberger Straße 61-9d
Wolliner Straße 73-1d
10435 Nr. 1-19, Nr. 2-20, Nr. 48-70, Nr. 49-71
13355 Nr. 25-45, Nr. 26-46
13583 Wolmirstedter Weg 67-6b
12589 Woltersdorfer Weg 124-5d
12209 Woltmannweg 149-2b
13599 Wolzenseeweg (6) 68-3b
12307 Wolziger Zeile 169-2c
14163 Wolzogenstraße 129-5a
12555 Wongrowitzer Steig 105-9a
10317 Wönnichstraße 89-9a
13055 Worbiser Straße 76-1c
13158 Wördenweg 46-5a
12689 Wörlitzer Straße 63-1b
12207 Wormbacher Weg 149-1c
10789 Wormser Straße (19/H5)
12043 Wörnitzweg 102-5d
12169 Worpsweder Straße 115-9b

13595 Wörther Platz 82-1d
Wörther Straße (Prenzl. Bg.) 73-5d
10435 Nr. 1-11, Nr. 2-12, Nr. 34-50, Nr. 35-49
10405 Nr. 14-32, Nr. 15-33
13595 Wörther Straße (Spand.) 82-5a
14089 Wossidloweg 110-8c
13125 Wotanstraße (Karow) 38-6b
10365 Wotanstraße (Lichtbg.) 89-3c
12487 Wotanweg 119-8b
10997 Wrangelstraße (Kreuzbg.) 87-9b
12165 Wrangelstraße (Stegl.) 115-5c
14089 Wredeweg 110-8b
10243 Wriezener Karree 88-4b
13359 Wriezener Straße (Gesndbr.) 58-9b
13055 Wriezener Straße (Hschönhs.) 75-2a
\- Wröhmännerpark 68-5c (11/B1)
13585 Wröhmännerstraße 68-5c
14089 Wublitzweg 126-1b
12621 Wuhlesee (Kleingtkol.) 105-5b
12683 Wuhlestraße (Biesdf.) 77-8a
12683 Wuhletal 91-5b
12689 Wuhletalstraße 62-3d
12683 Wuhleweg 91-6a
12683 Wuhlgartenweg 91-1b
12459 Wuhlheide 105-7b
10245 Wühlischplatz 88-6d
10245 Wühlischstraße 88-6a
12165 Wulffstraße 115-8a
12105 Wulfila-Ufer 116-9a
10585 Wulfsheinstraße 84-6a (16/A1)
12683 Wulkower Straße 91-7b
10555 Wullenwebersteg 85-2d (17/F1)
10555 Wullenweberstraße 85-2d (17/F1)
12203 Wüllenweberweg 131-4b
13583 Wunderwaldstraße 67-5d
Wundtstraße 84-8a (16/A3)
14059 Nr. 1-27, Nr. 2-28
14057 Nr. 38-Ende, Nr. 39-Ende
12524 Wunnibaldstraße 154-3b
12489 Wünschelburger Gang 121-8a
12307 Wünsdorfer Straße 151-7b
12247 Wunsiedeler Weg 132-2c
12587 Wupatzseestraße 123-1d
14167 Wupper (Kleingtkol.) 148-1d
14167 Wupperstraße 148-2c
14053 Wurfplatz 83-4b
12527 Würmseestraße 137-6d
13158 Wurstmacherweg 46-5b
10707 Württemberg (Kleingtkol.) (18/D6)
14052 Württembergallee 83-6c
10707 Württembergische Straße 99-1d (18/D6)
13187 Würtzstraße 47-9c
12309 Würzburger Straße (Lichtrde.) 152-7c
10789 Würzburger Straße (Wilmdf.) 85-9c (19/G5)
12627 Wurzener Straße 78-2b
12347 Wussowstraße 118-5a
13583 Wustermarker Straße 67-9a
12101 Wüsthoffstraße 100-9a
13051 Wustrower Straße 61-3a
12169 Wuthenowstraße 115-6c
12353 Wutzkyallee 135-5c

10707 **X**antener Straße 99-1a (18/C6)

10557 **Y**itzak-Rabin-Straße 86-2d (12/B4)
10965 Yorckstraße 100-2d
10437 Ystader Straße 73-1b

12359 **Z**aandamer Straße 118-6a
13469 Zabel-Krüger-Damm 35-7d
14169 Zaberner Straße 130-1d
10315 Zachertstraße 89-6b
12351 Zadekstraße 134-3d
10707 Zähringerstraße 99-1a (18/C6)
13089 Zampastraße 60-4a
12621 Zanderstraße 92-1a
12107 Zangenbergweg 133-8c
13437 Zangengasse 45-5b
13503 Zanower Weg 33-4a
12349 Zantochweg 134-1b
12559 Zasing 140-3a
12099 Zastrowstraße 117-1d
12527 Zaucher Weg 157-8b
12683 Zauchwitzer Straße 91-7a
12349 Zaunkönig 133-6c
12351 Zaunkönigweg (Buck.) 134-3a
13125 Zaunkönigweg (Karow) 38-5c
10585 Zauritzweg 85-4a (16/C2)
13359 Zechliner Straße (Gsndbr.) 58-6c
13055 Zechliner Straße (Hschönhs.) 75-5b
12589 Zeesener Weg 125-7a
13591 Zeestower Weg 66-5a
10119 Zehdenicker Straße 73-7b
13469 Zehntwerderweg 35-7c
12277 Zehrensdorfer Straße 150-3d
12359 Zeile 1 (Britz) 118-6c
12359 Zeile 10 (Britz) 118-6d
12359 Zeile 13 (Britz) 118-9a
12359 Zeile 14 (Britz) 118-9b
12359 Zeile 17 (Britz) 118-9b
12359 Zeile 18 (Britz) 118-9b
12359 Zeile 20 (Britz) 118-9b
12359 Zeile 6 (Britz) 118-6d
13189 Zeiler Weg 59-3c
13503 Zeisgendorfer Weg 32-9a
12209 Zeisigweg 131-8d
12305 Zeißpfad 151-3a
12055 Zeitzer Straße 102-8d
13187 Zellerfelder Straße 47-9c
12355 Zellerweg 136-8a
10247 Zellestraße 88-3a
13189 Zellinger Weg 59-6a
10557 Zeltenplatz 86-2c (12/A4)
10439 Zelterstraße 73-3b
13465 Zeltinger Platz 34-1b
13465 Zeltinger Straße 34-1b
13503 Zempiner Steig 32-5d
\- Zennerbrücke 103-1d
13125 Zepernicker Straße 31-6c
13353 Zeppelinplatz 72-1c
12459 Zeppelinstraße (Oberschönwde.) 104-7d
13583 Zeppelinstraße (Spand.) 67-9b
12627 Zerbster Straße (Helldf.) 64-8c
12209 Zerbster Straße (Lichtfde., Lankw.) 131-9d
12527 Zerkwitzer Weg 157-5c
13407 Zermatter Straße 57-6d
13465 Zerndorfer Weg 26-7b
12279 Zernickstraße 150-2c
12621 Zernsdorfer Straße 91-3c
13599 Zernseestraße (3) 68-3b
13439 Zerpenschleuser Ring 46-1b
12307 Zescher Straße 169-2b
10997 Zeughofstraße 88-7b
12203 Zeunepromenade 115-4c
13127 Zeuschelstraße 37-6c
12527 Zeuthener Wall 175-8d

12527 Zeuthener Weg 185-6b
13599 Zeuthener-See-Weg (10) 54-9d
13469 Ziegeleiweg 35-8a
13581 Ziegelhof 82-1b
13129 Ziegelstraße (Blankbg.) 48-6c
10117 Ziegelstraße (Mitte) 86-3b (12/D2)
13503 Ziegenorter Pfad 32-6b
13583 Ziegenweg 67-5d
12057 Ziegrastraße 102-9b
12355 Ziehrerweg 136-8a
13509 Ziekowstraße 44-5a
13467 Zieselweg 34-8c
\- Zietenplatz (14/D5)
12249 Zietenstraße (Lankw.) 131-6d
10783 Zietenstraße (Schbg.) 100-1b
14055 Zikadenweg 97-3d
13187 Zillertalstraße 59-4d
10585 Zillestraße 84-6c (16/B2)
10115 Zilleweg 37-8a
13127 Zimbelstraße 47-6a
12351 Zimmererweg 134-2c
12683 Zimmermannstraße (Biesdf.) 105-2a
12163 Zimmermannstraße (Stegl.) 115-5a
12207 Zimmerstraße (Lichtfde.) 149-1b
10117 Zimmerstraße (Mitte) 86-6d (14/D6)
13595 Zimmerstraße (Spand.) 82-1c
13156 Zingergraben 46-9a
14089 Zingerleweg 110-8a
13156 Zingertal (Kleingtkol.) 46-9c
13357 Zingster Straße (Gesndbr.) 72-3b
13051 Zingster Straße (Malch.) 61-2b
12685 Zinndorfer Straße 77-2a
10115 Zinnowitzer Straße 72-9b (12/C1)
14163 Zinnowweg 129-2b
12355 Zinnwalder Steig 136-7a
12489 Zinsgutstraße 121-7d
14163 Zinsweilerweg 129-2b
10555 Zinzendorfstraße 85-2b
10119 Zionskirchplatz 73-4d
10119 Zionskirchstraße 73-4d
12623 Zipser Weg 92-9c
13589 Zirpenweg 67-1a
13599 Zitadelle 68-5d
13599 Zitadellenbrücke 68-5d
13599 Zitadellenweg 68-8b
13127 Zitherstraße 47-6a
12683 Zitronenfalterweg 91-5d
12355 Zittauer Straße (Kleingtkol.) 135-8d
12355 Zittauer Straße 135-8a
13403 Zobeltitzstraße 56-6b
10317 Zobtener Straße 89-8a
12623 Zochestraße 79-5b
10178 Zolastraße 73-8b (13/G1)
13156 Zollbrücker Straße (1) 46-9a
10787 Zoologischer Garten 85-6c (17/G3)
14199 Zoppoter Straße 114-3b
13127 Zoppoter Weg 47-2d
13591 Zörgiebelweg 67-7a
10315 Zornstraße 90-4c
10961 Zossener Brücke 87-7d
Zossener Straße (Helldf.) 63-9d
12629 Nr. 1-159, Nr. 2-158
12627 Nr. 160-Ende, Nr. 161-Ende

10961 Zossener Straße (Kreuzbg.) 101-1d
12487 Zu den Eichen (Johsth.) (Kleingtkol.) 136-3b
13589 Zu den Eichen (Spand.) (Kleingtkol.) 54-7c
12683 Zu den Faltern (5) 91-5d
13587 Zu den Fichtewiesen 54-5b
12527 Zu den Gosener Bergen 159-7c
12347 Zu den Kastanien 117-9c
12559 Zu den Müggelheimer Wiesen 140-2d
12555 Zu den sieben Raben 106-7c
12347 Zufriedenheit (Britz) (Kleingtkol.) 118-7c
12057 Zufriedenheit (Nkln.) (Kleingtkol.) 102-6b
13503 Zugdamer Steig 32-8b
13467 Zühler Weg 34-4b
12679 Zühlsdorfer Straße 62-9d
13627 Zukunft (Charlbg.) (Kleingtkol.) 70-6d
12207 Zukunft (Lichtfde.) (Kleingtkol.) 131-7b
10965 Züllichauer Straße 101-5a
12524 Zum Alten Windmühlenberg 136-6c
12353 Zum Biesenwerder 134-9b
13587 Zum Erlengrund 54-5b
12683 Zum Forsthaus 77-8b
12489 Zum Großen Windkanal 136-3c
13051 Zum Hechtgraben 49-8c
13051 Zum Hechtgraben 61-2a
14109 Zum Heckeshorn 127-8d
13125 Zum Kappgraben 39-4b
12349 Zum kleinen Pfuhl 134-7b
10247 Zum Langen Jammer 88-3b
12557 Zum Langen See 138-4b
12527 Zum Seeblick 157-9c
12359 Zum Siedlerheim (Kleingtkol.) 118-6a
12489 Zum Trudelturm (7) 136-3c
12359 Zur Elf (Kleingtkol.) 118-6d
12349 Zur Fliederring 134-4b
13088 Zur Freien Stunde (Kleingtkol.) 61-7c
Zur Gartenstadt 155-3c
12524 Nr. 2-106
12526 Nr. 197-240
13595 Zur Haveldüne 95-3b
12437 Zur Linde (Kleingtkol.) 103-8c
12557 Zur Nachtheide 138-4b
13125 Zur Neuen Baumschule (Kleingtkol.) 39-2d
13435 Zur Pappel (Kleingtkol.) 45-2b
13055 Zur Plauener Straße 75-3d
12057 Zur Rose (Kleingtkol.) 102-6d
12524 Zur Rothen Laake (4) 136-5b
12679 Zur Schönagelstraße 63-8c
13627 Zur Sonne (Kleingtkol.) 70-3d
13503 Zur Sonnenhöhe 32-6a
12527 Zur Uferbahn 138-7c
12349 Zur Windmühle (Kleingtkol.) 134-4a
12205 Züricher Straße 130-9a
13583 Zweibrücker Straße 67-6d
13591 Zweiwinkelweg 80-3b
12349 Zwerg Nase 133-9b
13465 Zwergenweg 33-6b
12355 Zwerghuhnweg 153-2c
13088 Zwerg-Nase-Weg 48-8d
Zwickauer Damm 153-2a
12353 Nr. 3-69g, Nr. 6-70
12355 Nr. 71-Ende, Nr. 72-Ende
10318 Zwieseler Straße 104-3c
12055 Zwiestädter Straße 102-8b
12057 Zwillingestraße 102-9d
14163 Zwingenberger Weg 113-8c
10555 Zwinglistraße 85-2a
13591 Zwischen den Giebeln 66-9b

Bernau bei Berlin

PLZ 16321

Auguststraße 23-6b

Birkbuschstraße 23-3d

Fischerstraße 23-3d
Friedrichstraße 23-6b
Fröbelweg 23-3b

Gorinstraße 23-6b
Grenzstraße 23-6b

Kantstraße 23-3d

Lehnitzstraße 23-6b
Liepnitzstraße 23-3d

Neue Liepnitzstraße 23-6b

Ottostraße 23-6b

Pestalozzistraße 23-3b

Schönerlinder Straße 23-3d

Wandlitzstraße 23-3d
Wiesenstraße 23-3d
Wilhelmstraße 23-3d

Zepernicker Straße 23-3b

Blankenfelde-Mahlow

PLZ 15831

Ahornhof (4) 169-9b
Am Graben 169-7b
Am Lückefeld 170-8d
Anselm-Feuerbach-Straße 170-7d
Arcostraße 169-8a

Berliner Straße 169-8d
Birkenhof (7) 169-9b
Blankenfelder Straße 169-8c
Bodelschwinghstraße 169-9d
Brenzstraße 169-7b
Buchenhof (3) 169-9d

Carl-Spitzweg-Straße 170-7d

Dorfstraße (Mahlow) 169-7d

Eichenhof (1) 169-9a

Feldstraße (Mahlow) 169-8d
Ferrastraße 169-9c
Fliederweg 169-9d
Fritz-Reuter-Straße 169-5b

Gerickestraße 170-4a
Goethestraße (Mahlow) 170-8c
Grenzweg 170-7c

Habicher Straße 169-9c
Hans-Olde-Straße 169-8b
Hans-Thoma-Straße 169-5c
Herbert-Tschäpe-Straße 169-9d
Herderstraße 170-8c
Herweghstraße 169-9d
Hubertusstraße 169-5b

Jonas-Lie-Straße 170-8c

Karl-Marx-Platz 169-9d
Kastanienhof (10) 169-9b
Keplerstraße 169-5d
Kirschenhof (9) 169-9d

Ladestraße 169-9d
Lesser-Ury-Weg 169-5d
Lichtenrader Straße 169-8d
Lindenhof (6) 169-9b
Lovis-Corinth-Straße 169-8b
Ludwig-Uhland-Straße 170-8d
Luisenstraße 169-9d
Luisenweg 169-9d

Mahlower Straße 169-8d
Marienfelder Straße 169-8a
Marillenhof (5) 169-9d
Markt 169-9b
Maxim-Gorki-Straße 170-4c
Max-Liebermann-Straße 170-7d
Max-Planck-Straße 169-8a
Menzelstraße 169-5c

Neue Straße 170-8c

Paul-Krebs-Straße 170-8d
Paulstraße 170-4c

Rosenweg 169-9d

Schülerstraße 170-4c
Sigrid-Undset-Straße (2) 170-8c
Stefan-Zweig-Straße 169-9c
Steinstraße 170-7c
Steinweg 170-7c

Tarjei-Vesaas-Weg (1) 170-8c
Teltower Straße 168-9d

Ulmenhof (8) 169-9b

Virchowstraße 170-7c

Weidenhof (2) 169-9d
Wilhelmstraße 169-4d

Zeppelinstraße 169-5d
Ziethener Straße (Roter Dudel) 170-4c
Ziethener Straße (Waldblick) 169-4d

Dallgow-Döberitz

PLZ 14624

Alte Dorfstraße 80-7d
Ausbau Dallgow-Döberitz 80-4a

Birkenweg (Seeburg) 94-2b

Chausseeweg 80-8c

Dallgower Chaussee 80-7b
Döberitzer Weg (Seeburg) 94-1a

Eichenweg 80-8d
Engelsfelde 80-9d

Fahrländer Weg 94-1c
Falkenweg 80-7c
Finkenweg 94-1a

Gatower Weg 80-8c

Habichtweg 94-1a

Meisenweg (1) 80-7d
Milanweg 94-1a
Mühlenweg 80-8c

Neue Dorfstraße 94-1a

Pappelweg 80-8d
Potsdamer Chaussee 80-8c

Sandweg 80-8d
Scholle 80-7c
Schwarzer Weg 80-8c
Seeburger Chaussee 80-4c
Spandauer Sandweg 80-8c
Spandauer Weg 80-9a
Spatzenweg 94-1a
Staakener Weg 80-8c

Trapppenweg 94-1a

Eichwalde

PLZ 15732

Am Graben 175-1c
Am Schillerplatz 175-1d
Am Stern 175-2c
August-Bebel-Allee 174-3d
August-Bebel-Platz 175-4a

Bahnhofstraße 175-1c
Bamberger Straße 175-4b
Beethovenstraße 175-1b
Bruno-H.-Bürgel-Allee 175-1b

Chopinstraße 175-2c

Dahmestraße 175-5a

Egonstraße 175-2c
Elisabethstraße 175-2b

Fontaneallee 174-3c
Friedenstraße 175-4a
Fritz-Reuter-Straße 175-5a

Gartenstraße 175-5a
Gerhart-Hauptmann-Allee 174-3d
Goethestraße 175-1d
Gosener Straße 175-1b
Grenzstraße 157-7d
Grünauer Straße 175-1a

Händelplatz 175-1c
Havelstraße 175-5b
Heinrich-Heine-Allee 174-3d
Heinrich-Heine-Platz 175-4a
Heinrich-Zille-Straße 174-6b
Herderstraße 175-4b
Hermannstraße 175-2d
Humboldtstraße 175-1a

Ilse-Fischer-Weg 175-1a
Ilsestraße 175-2b

Johann-Sebastian-Bach-Straße 175-1d

Käthe-Kollwitz-Straße 174-6b
Koppelweg 174-6b
Kurze Straße 175-2d

Leistikowstraße 174-3d
Lessingstraße 175-4b
Lindenstraße 175-6a
Lotharstraße 175-2c

Mariannenstraße 175-2b
Maxim-Gorki-Straße 175-2b
Max-Liebermann-Straße 175-4c
Mozartstraße 175-4a

Oderstraße 175-5b

Paul-Merker-Straße 175-1a
Platz der Republik 175-1b
Puschkinallee 175-1c

Rheinstraße 175-5a
Romanusplatz 175-4b

Sandstraße 175-5a
Schillerplatz 175-1b
Schillerstraße 175-4b
Schmöckwitzer Straße 175-4a
Schulzendorfer Straße 174-6b
Stadionstraße 174-6d
Steinstraße 175-5a
Stubenrauchstraße 175-1c

Triftstraße 174-3c
Tschaikowskistraße 175-2d

Uhlandallee 175-1a

Wagnerstraße 175-1d
Waldstraße 174-3c
Walther-Rathenau-Straße 174-3d
Wernerstraße 175-2d
Wilhelm-Busch-Straße 174-6d
Wusterhausener Straße 175-4b

Zeuthener Straße 175-5b

Erkner

PLZ 15537

Anglersteg 141-6a

Börnestraße 141-6d
Bruno-Wille-Straße 141-6d
Buchhorster Straße 141-6d

Dämeritzstraße 141-6b

Fontanestraße 141-6b
Freiligrathstraße 141-6d
Fritz-Reuter-Straße 141-6d

Georg-Weerth-Straße 141-9b

Herweghstraße 141-6c

Jugendsteg 141-6b

Kreuzsteg 141-6b

Lessingstraße 141-6d

Mühlenstraße 141-6b

Rudererssteg 141-6a

Schelkstraße 141-6b
Spreeeck 141-6a
Spreestraße 141-6a

Uferstraße 141-6d

Wasserwerk 125-9d
Wiesenstraße 141-6d
Winkelsteg (1) 141-6c

Zur Buhne 141-6c

Falkensee

PLZ 14612

Adornostraße 52-8d
Alter Fischerweg 52-7a
An der Lake 66-2a

Bachallee 52-8b
Berliner Straße 52-8c
Bodelschwinghstraße 52-9a
Bonner Straße 66-1a
Bornimer Straße 66-1d
Brahmsallee 52-5a

Calvinstraße 66-3b
Comeniusstraße 52-8d

Diesterwegstraße 52-9a
Dresdener Straße 66-3c
Duisburger Straße 66-1a
Düsseldorfer Straße 66-1c

Eichpark 52-8b
Einsteinstraße 52-9c
Elberfelder Straße 66-1c
Essener Straße 66-1c

Fahrländer Straße 66-2a
Fichtestraße 52-8c
Foersterstraße 52-9a
Fontaneallee 52-4c
Frankestraße 52-8d
Fröbelstraße 52-8b

Geibelallee 52-4d
Gelsenkirchener Straße 66-1b
Geschichtspark 66-2d
Gladbacher Straße 66-1a
Glienicker Straße 66-1d
Gluckallee 52-5a
Griegallee 52-5c

Haeckelallee 66-3a
Hamburger Straße 66-2d
Händelallee 52-5d
Haydnallee 52-4b
Hegelallee 66-3a
Heikendamm 66-3a
Herbartstraße 52-9a
Herderallee 52-4c
Horkheimer Straße 66-3a
Humboldtallee 66-2a

Jaspersstraße 66-3a
Jean-Paul-Straße 52-9a
Johann-Strauß-Allee 52-5d

Keplerstraße 52-8d
Koblenzer Straße 52-7c
Kölner Straße 66-1c
Königszelter Straße 66-3c
Korczakstraße 52-8d
Krefelder Straße 66-1a

Leibnizstraße 66-2b
Lessingallee 52-4c
Lichtenbergstraße 52-9c
Lisztallee 52-5c
Lortzingallee 52-5c

Mainzer Straße 66-1a
Martin-Luther-Straße 52-9d
Meißener Straße 66-3c
Melanchthonstraße 52-9a
Montessoristraße 52-8d
Mozartallee 52-4a

Nedlitzer Straße 66-2c
Neusser Straße 66-1b
Nobelstraße 52-8d

Panzerstraße 66-2a
Pestalozzistraße 52-6c

Riesaer Straße 66-3c
Rückertallee 52-7a
Rüdesheimer Straße 66-1a

Sacrower Straße 66-2c
Schopenhauerstraße 52-8c
Schubertallee 52-4b
Seeburger Straße 66-1d
Seepromenade 52-4c
Seesteg 2 52-4c
Seesteg 3 52-4c
Spandauer Platz 52-7d
Spandauer Straße 52-7c
Staakener Heuweg 66-3c

Telemannallee 52-5a
Thiersenstraße 52-9d

Uferpromenade 52-4b
Uhlandallee 52-7a

Von-Suttner-Straße 52-8d

Wagnerallee 52-4a
Weberallee 52-5c
Weingärtnerallee 52-5a
Werdener Straße 66-1a
Wielandstraße 52-7a

Zwinglistraße 66-3b

Glienicke/ Nordbahn

PLZ 16548

Ackerdistelweg 26-9d
Adalbertstraße 35-1c
Ahornallee 27-7c
Albrechtstraße 35-1d
Alte Schildower Straße 35-1d
Am Eisbruch 27-9c
Am Erlengrund 35-2a
Am Feldrain 34-3b
Am Kiesgrund 26-9d
Am Kindelfließ 27-7d
Am Sandkrug 34-2d
August-Bebel-Straße 35-1d
Auguststraße 35-1c

Beethovenstraße 26-9a
Belforder Straße (2) 27-9d
Blick ins Tal 35-3a
Brandenburger Straße (1) 35-3a
Breitscheidstraße 26-9a
Bremer Straße 26-9b
Budapester Straße 27-7d
Burger Straße 26-9a
Bussardheck 35-2d

Charlottenstraße 35-1b
Clara-Zetkin-Straße 35-1a

Eichenallee 26-9d
Eichhornstraße 35-2d
Elisabethstraße 35-1b
Elsässer Straße 35-2b
Erich-Vehse-Weg 27-8c

Falkenweg 34-3c
Feldstraße 27-7a
Fichteplatz 35-3a
Fichtestraße 27-9c
Frankfurter Straße 35-2b
Franz-Schubert-Straße 26-9a
Friedensstraße 27-7d
Friedrich-Wegner-Platz 26-9d

Gartenplatz 34-3b
Gartenstraße 34-3b
Glück im Winkel 35-3a
Goebenstraße 34-3b
Goethestraße 27-7d
Grenzweg 35-3a
Großbeerenstraße 35-2b

Hamburger Straße 26-9b
Hannoversche Straße 35-3a
Hattwichstraße 26-9a
Hauptstraße 34-3a
Hausotterweg 34-3a
Hegelstraße 27-7c
Heidelberger Straße 27-7d
Heinrich-Heine-Straße 27-7c
Hermannstraße 34-3b
Hubertusallee 35-2c

Joachimstraße 35-1c
Jungbornstraße 35-1c

Karl-Liebknecht-Straße 35-1b
Karl-Marx-Straße 34-3d
Karlplatz 35-1d
Karlstraße 35-1b
Kieler Straße 27-7b
Kindelwaldpromenade 35-2a
Kindelwaldsiedlung 27-8d
Koebisstraße 34-3c
Kornblumenweg 35-1a

Leipziger Straße 26-9c
Leopoldstraße 35-1d
Lessingstraße 35-1c
Lindenstraße 34-3a
Lübecker Straße 26-9b
Luisenstraße 34-3b

Magdeburger Straße 26-9a
Margaretenstraße 34-3b
Märkische Allee 27-7a
Maxim-Gorki-Straße 27-7d
Metzer Straße 35-1b
Moskauer Straße 35-1c

Niederbarnimstraße 27-7a
Niederstraße 34-3c
Nohlstraße 26-9c

Odessaer Straße 35-1b
Oranienburger Chaussee 26-9c
Oskarstraße 35-1c
Ottostraße 34-3d

Pariser Straße 27-7d
Paul-Singer-Straße 27-9d
Pirschgang 35-1b
Platz am Glienicker Feld 26-9d
Potsdamer Straße 35-2b

Rödernstraße 26-9a
Rosa-Luxemburg-Straße 35-1c
Rosenstraße 26-9d

Salvador-Allende-Straße 35-3a
Schillerstraße 35-1d
Schönfließer Straße 34-3a
Schwedenstraße 27-9c
Sonnenblumenweg 27-7c
Sophienstraße 35-2a
Spandauer Straße 26-9a
Sportplatzweg 27-7c
Staerkstraße 26-9a
Stolper Straße 26-9a
Straßburger Straße 35-1b

Tschaikowskistraße 34-3d
Tulpenstraße 27-7c

Victoriastraße 35-1b

Waidmannsweg 35-2a
Waldstraße 35-1a
Weidenstraße 27-7a
Wiesenstraße 26-9b
Wiesenweg 35-3a

Yorckstraße 35-1d

Gosen- Neu Zittau

PLZ 15537

(zu Amt Spreenhagen)

Aalweg 159-4a
Ahornweg 159-2c
Alter Fischerweg 159-3c
Am Müggelpark 159-2c
Am Zwiebusch 158-9b

Berliner Straße 159-6b
Birkenweg 159-6c
Bruchweg 159-4b

Eichenweg 159-2c
Eichwalder Ausbau 159-4c
Eichwalder Straße 159-7a

Fischersteig 159-4c
Fliederweg 159-2c
Forellenweg 159-4c

Gersdorfstraße 159-6d
Gewerbegebiet Müggelpark 159-2c
Grüner Weg 159-4b

Kappweg (Gosen) 159-2c
Kappweg (Neu Zittau) 159-6a
Karl-Liebknecht-Straße 159-6b
Karpfenweg 159-4a
Köpenicker Straße 159-2c

Liesestraße 159-6b
Lindenweg 159-2c

Mühlenberg 159-2d

Petersstraße 159-6b
Plötzenweg 159-4c

Riedweg (1) 159-1d
Rosenweg 159-1d
Rotdornweg 159-2c
Rotfelderweg 159-4a

Schleiweg 159-4c
Seestraße 159-5a
Storkower Straße 159-5a

Triftweg 159-4d
Tulpenweg 159-2c

Uferplatz 159-4a
Uferweg 159-4b

Wernsdorfer Straße 159-6d

Zanderweg 159-4a
Zwiebusch 158-9a

Großbeeren

PLZ 14979

Ahornstraße 167-8c
Akazienstraße 183-2a
Altes Forsthaus 168-4d
Am alten Sportplatz 183-1d
Am Bahnhof 182-6d
Am Eichenhain 183-5a
Am Golfplatz 182-5c
Am Küsterteich (1) 183-2c
Am Sportplatz 183-5a
Am Wall 167-5c
Am Wiesengrund 183-5c
An den Buchen 167-8a
An den Weiden 167-8a
An den Wiesen 167-3c
August-Bebel-Straße 183-4b

Bahnhofstraße 183-4b
Berliner Straße 183-2c
Birkenhainer Ring 167-5a
Birkenstraße 167-8c
Birkholz 168-6a
Breite Straße 183-2c
Brombeerweg (3) 183-2a
Buschweg 183-6d

Die Gehren 167-8a
Die Lücke 183-3b
Dorfaue 183-5a
Dorfstraße (Kleinbeeren) 183-3b
Drosselweg (2) 167-8b

Erlenstraße 167-8c
Ernst-Thälmann-Straße 183-4b

Fasanenstraße 167-8c
Feldstraße 167-7d
Finkenweg 167-8a
Fliederweg (2) 167-8c
Frankfurter Straße 167-3b
Friederikenhof 168-2c

Gartenstraße 183-2a
Gartenweg 183-3d
Genshagener Straße 183-7d
Ginsterstraße 183-1b
Großbeerener Straße 183-2b

Habichtweg 167-8a
Hauptstraße 167-5c
Heinersdorfer Straße 167-2d
Holunderweg 167-7d

Jägerstraße 167-7d
Jasminweg (4) 183-2a

Kastanienstraße 167-7d
Käuzchenweg (1) 167-8c
Kiebitzweg 167-8a
Kleinbeerener Straße 183-2a
Koppelweg 182-5d
Krumme Straße 167-8c

Lindenstraße 183-2a

Mahlower Weg 167-1d
Malvenweg 183-1b
Märkische Allee 167-4d
Milanweg 167-8a
Mittelstraße 183-1d
Mühlenstraße 183-2a

Neubeerener Straße 182-5d
Nußallee 183-3c

Osdorfer Ring 167-5c
Osdorfer Straße 149-6c

Parkallee 167-8c
Poststraße 183-2c

Rebhuhnweg 167-8a
Ringstraße 183-2a
Rotdornweg (6) 183-2a
Ruhlsdorfer Straße 183-4b
Ruhlsdorfer Weg 167-5a

Schilfgasse (3) 167-8a
Schmiedeweg 182-5d
Schwarzer Weg 183-4a
Sperberweg 167-8a
Sputendorfer Straße 182-8a
Storchenstraße 167-8a

Teichstraße 183-1d
Teltower Straße 183-2a
Theodor-Echtermeyer-Straße 183-5c
Trebbiner Straße 183-4b
Trebbiner Weg 183-7a

Verlängerte Poststraße 183-1d
Vogelkirschenweg (5) 183-2a

Wacholderweg (1) 167-8c
Wiesenweg 183-8a

Zu den Erlen 167-8d
Zum Kiesberg 167-8a
Zum Pferdehof 182-5d
Zum Ruhlsdorfer Feld 183-1d
Zum Windmühlenberg 183-1d

Hennigsdorf

PLZ 16761

Adolph-Kolping-Platz 24-7a
Ahornring 32-7c
Albert-Schweitzer-Straße 24-7d
Alte Fontanestraße 24-7a
Am Alten Kanal 41-3d
Am Alten Strom 32-7d
Am Bahndamm 32-1b
Am Gehölz 42-4a
Am Havelufer 32-2a
Am Oberjägerweg 41-3d
Am Rathaus 32-1b
Am Rathenaupark (6) 32-1d
Am Roseneck 41-3b
Am Starwinkel (2) 32-3d
Am Yachthafen 32-7c
Ampèrestraße 32-1c
Amselweg 32-4c
Asternstraße 32-7c
Asternweg 32-1c
Auf der Lichtung 42-4a
August-Burg-Straße 24-7b
August-Conrad-Straße 24-7d

Bahnhofstraße 41-3b
Bahnhofsweg 42-1a
Berliner Straße 24-7a
Birkenstraße 32-4c
Bötzowerstraße 32-1b
Buchenhain 32-7a

Dahlienstraße 42-1a
Dahlienweg 32-1c
Dorfstraße 42-1c
Drosselweg 32-3c

Edisonstraße 32-4a
Eduard-Maurer-Straße 24-4a
Eichhörnchenweg 32-3c
Einheit 32-6a
Erlenweg 32-7a
Eschenallee 32-7c
Eulenhorst (1) 32-3d

Fabrikstraße 24-7d
Fährweg 42-1a
Fasanenweg 32-3c
Finkenstraße 32-7a
Fliederweg (Nieder Neuendorf) 32-7a
Fontanesiedlung 24-4a
Fontanestraße 32-1a
Freiheit 32-6a
Friedhofstraße 32-1b
Friedrich-Engels-Straße 32-1a

Gertrudenhof 41-2a
Gewerbegebiet Nord 1 24-5a
Gewerbegebiet Nord 2 24-4a
Gewerbegebiet Nord 3 24-4c
Gewerbegebiet Nord 4 (Ost) 24-7b
Gewerbegebiet Süd 1 32-1d
Gewerbegebiet Süd 2/Bombadier 32-4b
Gewerbegebiet Süd 3 32-4d
Gewerbegebiet Süd 4 32-7a
Gewerbehof Nord 24-4b

Hafenstraße 32-1b
Hainbuchenstraße 42-1a
Hasensprung 32-3c
Hauptstraße 32-1b
Havelauenpark 24-8c
Havelpassage 32-1a
Havelplatz 32-1a
Heinestraße 32-1a
Heinz-Uhlitzsch-Straße 24-4a
Hermann-Schuhmann-Straße 24-4d
Hertzstraße 32-1c
Hirschwechsel 32-3c

Imkerweg 42-4c

Karl-Marx-Straße 32-1a
Keilerweg 41-3d
Kirchstraße 32-1b
Kleiststraße 32-1c
Klingenbergstraße 32-1c
Kokillenweg 24-4c
Kolonie Papenberge 42-4b
Krumme Straße 24-7c
Kuckucksruf 32-6a

Lilienweg (4) 32-4a
Lindenring 32-7c
Lindenstraße 42-1a
Ludwig-Lesser-Straße 32-1b

Meisensteg 32-3c
Müllersiedlung 42-4d

Nelkenweg (5) 32-4a
Neuendorfstraße 32-1d

Oberjägerweg 42-4c
Ohmstraße 32-1c

Pappelallee 32-7a
Paul-Jordan-Straße 32-1c
Peter-Behrens-Straße (8) 32-1d
Philipp-Pforr-Straße 32-4d
Postplatz 32-1a
Poststraße 24-7c

Rathausplatz 32-1b
Rathenaupark 32-1d
Rathenaustraße 32-1a
Rathenauviertel 32-1c
Rehschneise 32-3c
Ringpromenade 32-7c
Rosenweg 32-1c
Ruppiner Chaussee 32-2b
Ruppiner Straße 32-1b

Schmelzersteg 24-7a
Schulstraße 24-7d
Schulzesiedlung 42-4c
Schwarzer Weg 24-8b
Schwarzer Weg (Nieder Neuendorf) 41-5d
Seilersiedlung 42-4d
Seilerstraße 24-7d
Spandauer Allee 32-4b
Spandauer Landstraße 42-7d
Stauffenbergstraße 24-7c

Technopark 32-1d
Trappenallee 32-7a
Triftweg 41-3c
Tulpenweg 32-1c

Uferpromenade 42-1a

Veilchenweg (3) 32-1c
Veltener Straße 24-7a
Voltastraße 32-1c

Waldmeisterstraße 42-4a
Waldpark 32-4a
Walter-Kleinow-Ring 32-4d
Wattstraße 32-1c
Wolfgang-Küntscher-Straße 24-4c

Zeisigstraße 32-7a
Zum Busbahnhof (7) 32-1b
Zur Baumschule 41-3b

Hohen Neuendorf

16540 Adolf-Hermann-Straße 25-2a
16540 Adolfstraße 26-1c
16540 Am Golfplatz 25-4b

16540 Bodelschwingstraße 25-3a
16540 Burghardtstraße 25-3b

16562 Clara-Zetkin-Straße (Bergfelde) 26-3a

16540 Dorfstraße (Stolpe) 25-2c

16540 Feuerleinstraße 25-3a
16540 Florastraße 26-1a
16540 Frohnauer Weg 25-2c

16540 Gartenweg 26-1a
\- Gewerbe- und Handwerkspark 26-1b
16540 Gewerbestraße 26-1b
16562 Glienicker Straße 26-2b

16540 Heidestraße (Stolpe) 25-5a
16540 Hennigsdorfer Chaussee 25-4a
16562 Hochwaldallee 26-3a
16540 Hohen Neuendorfer Weg (Stolpe) 25-2c

16540 Inselplatz 25-3b

16540 Karl-Ludwig-Straße 26-1a
16562 Karlstraße (Bergfelde) 26-3a
16540 Kastanienweg 25-4b
16562 Kurze Straße (Bergfelde) 26-3a

16540 Lindenstraße (Stolpe) (1) 25-5a

16540 Neue Dorfstraße 25-5a

16540 Osramplatz 25-3a
16540 Osramsiedlung 25-3a

16540 Parkstraße 26-1a
16540 Paulstraße 25-3b
16540 Pechpfuhlweg 25-5b

16540 Remanéstraße 25-3a

16540 Scharfschwerdtstraße 25-3b
16562 Seestraße (Bergfelde) 26-2b
16562 Stolper Straße (Bergfelde) 26-2b
16540 Stolper Straße (Hohen Neuendorf) 25-3a

16540 Waldstraße (Stolpe) 25-2a
16540 Weidenweg 25-2d

16540 Zerndorfer Weg 25-3c

Hoppegarten

12625 Ahornstraße 106-3b
15366 Ahornweg 79-1d
15366 Alte Berliner Straße 93-4a
15366 Altlandsberger Chaussee 65-7d
15366 Am Barschsee 79-1c
15366 Am Berge 78-3d
15366 Am Fließ 79-5d
15366 Am Grünzeug 79-2c
15366 Am Kornfeld 79-1a
15366 Am Lärchengrund 79-1c
15366 Am Reiherhorst 79-2c
15366 Am Retsee 64-6d
15366 Am Schleipfuhl 64-3d
15366 Am Sportplatz 79-9c
12625 Am Vogelherd 106-6d
15366 Am Wall 79-2a
15366 Am Weiher 79-1a
15366 Amselweg 79-2d
15366 An der alten Gärtnerei 79-2b
15366 An der Feuerwehr 93-5a
15366 An der Heide 79-1a
15366 An der Herrenfurth 65-7c
15366 An der katholischen Kirche 79-9b
15366 An der Schutzbepflanzung 78-3d
12625 An der Trainierbahn 106-6c
15366 An der Zoche 79-9c
15366 Annatalstraße 93-2c
12625 Arndtstraße 106-3d
15366 Auf der Höhe 79-1b
15366 Augsburger Straße 79-5b

15366 Bamberger Straße 79-5b
15366 Barnimer Straße 79-8c
15366 Bergstraße 93-3a
15366 Berliner Straße (Dahlwitz) 93-5a
15366 Berliner Straße (Hönow) 64-8d
15366 Birkenplatz 79-1d
15366 Birkensteiner Straße 79-9c
15366 Birkenstraße (Hönow) 79-1d
15366 Birkenstraße (Münchehofe) 108-1a
15366 Birkenweg 79-8d
15366 Blumenstraße (Hönow) 79-2a
15366 Bogenstraße 79-2a
15366 Bollensdorfer Weg 93-6a
15366 Bötzseestraße 79-2a
15366 Brandenburgische Straße 65-7d
12625 Bredowstraße 106-6b
12625 Buchenstraße 106-3b

15366 Carena Allee 93-2b

15366 Dachsbau 79-2a
15366 Dahlienstraße 79-4a
15366 Dahlwitzer Landstraße 107-2b
12625 Dahlwitzer Straße 107-1a
15366 Digitalstraße 93-4b
15366 Dorfstraße 65-4c
15366 Drosselgasse (7) 79-2c

15366 Ebereschenweg 79-1d
15366 Edenweg 79-8a
12625 Eichenstraße 106-3b
15366 Eicher Weg 64-5b
15366 Einsiedlerweg 79-8b
15366 Erikastraße 78-6b
15366 Ernst-Wessel-Straße 79-8b
12625 Erpestraße 106-6d
15366 Erpeweg (2) 79-2a

15366 Farmersteg 79-8a
15366 Fichtengrund 78-6b
12625 Fichtestraße 106-6a
15366 Finkensteg 79-2c
15366 Flämingstraße 79-8c
15366 Frankfurter Chaussee 93-6a
15366 Freiburger Straße 79-2c
12625 Friedhofstraße 93-7a
15366 Friedrichshagener Chaussee 107-2c

15366 Fuchsbau 79-2d

15366 Gänseblümchenweg 79-2a
15366 Gartenstraße 79-1c
15366 Gartenweg 79-8a
15366 Gewerbegebiet Nord 93-1b
15366 Gewerbestraße 93-4a
15366 Ginsterstraße 79-1c
15366 Grenzweg 64-3d
15366 Grüner Weg 65-4c

15366 Hagebuttenweg (3) 79-2c
15366 Handwerkerstraße 93-1c
15366 Hauptstraße (Hönow) 79-1b
15366 Hauptstraße (Münchehofe) 108-1a
15366 Havellandstraße 79-8c
12625 Hegelstraße 106-6a
12625 Heidemühle 107-1d
12625 Heidemühler Weg 92-9d
12625 Heinrich-Heine-Promenade 106-6a
15366 Hildestraße 78-6b
15366 Höhenweg 93-2d
15366 Hönower Weg 79-8a
15366 Hoppegartener Straße 79-1a
12625 Humboldtstraße 106-3c

15366 Iffezheimer Ring 93-3a
15366 Iltisbau 79-2a
15366 Im Busch 79-8c
15366 Im Grund 79-8d
12625 Im süßen Grund 107-1b
15366 Industriestraße 93-1c

15366 Jahnstraße 79-9c

15366 Kalkseestraße 79-2a
12625 Kantstraße 106-6a
12625 Karl-Marx-Straße 106-6a
15366 Karlsruher Straße 79-2c
15366 Karl-Weiss-Straße 93-2b
15366 Kaulsdorfer Straße 78-3d
15366 Kiebitzgrund 79-2c
12625 Kiefernstraße 106-3b
15366 Kirschallee 79-4a
15366 Kleeweg 79-2a
15366 Kleine Mittelstraße (Dahlwitz) 93-2c
15366 Kleine Mittelstraße 108-1a
15366 Kleiner Weg 79-8b
12625 Kleiststraße 106-3d
15366 Köpenicker Allee (Dahlwitz) 93-7b
12625 Köpenicker Allee (Waldesruh) 106-6a
15366 Köpenicker Straße 93-5c
12625 Körnerstraße 106-3d
15366 Krumme Straße 78-3d
15366 Krummendammbrücke 93-8c

15366 Lausitzstraße 79-8c
12625 Leibnizstraße 106-3d
15366 Libellenstraße 79-4b
15366 Lindenallee 93-3c
15366 Lindenstraße 79-1b
15366 Löcknitzstraße 79-8c

15366 Machnowstraße 79-8c
15366 Magazinstraße 93-5a
12625 Mahlsdorfer Allee 106-3b
15366 Mahlsdorfer Straße 78-6b
15366 Mahlsdorfer Weg 79-8b
15366 Marderstraße 79-2c
15366 Margaretenstraße 78-3d
15366 Märkische Straße 79-8b
15366 Maurergasse 93-1a
15366 Mehrower Straße 64-3a
15366 Meistergasse 93-1a
15366 Mistelweg (4) 79-2c
15366 Mitschurinweg 93-5a
15366 Mittelmarkstraße 79-8b
15366 Mittelstraße (Birkenstein) 79-8a
15366 Mönchsheim 93-6c
15366 Mönchsheimer Weg 93-6a
15366 Mühlenfließ 65-7d
12625 Mühlenstraße 106-6d
15366 Mühlenweg 65-4a
12625 Mühlenwiesen 107-1d
15366 Münchehofer Weg 93-6a
15366 Münchener Straße 79-2d

12625 Nesselgrund 93-7d
15366 Neubauernweg 93-2c
15366 Neuenhagener Chaussee 65-8c
15366 Neuer Hönower Weg 93-5a
15366 Nürnberger Straße 79-2d
15366 Nußbaumweg 79-1b
15366 Nuthetalstraße 79-8b

15366 Obere Bergstraße 93-3a
15366 Oderbruchstraße 79-8b

15366 Parallelstraße 65-7d
15366 Platanenstraße 79-1b
15366 Prignitzstraße 79-8b

12625 Ravensteinmühle 106-6d
15366 Rennbahnallee 93-6a
12625 Robinienweg 106-3b
12625 Rödernstraße 106-6a
- Rohrbrücke 107-2a
15366 Rosenheimer Straße 79-2d
15366 Rosenstraße 79-1c
15366 Rotdornstraße 79-2a
15366 Rudolf-Breitscheid-Straße 93-5b
15366 Ruppiner Straße 79-8b

15366 Sanddornstraße 79-2a
12625 Scharnweberstraße 106-6b
15366 Schlaubetalstraße 79-8b
15366 Schlehenweg (8) 79-2a
12625 Schopenhauerstraße 106-3c
15366 Schorfheider Straße 79-8b
15366 Schulstraße 79-2c
15366 Schwarzer Weg 65-4c
15366 Seestraße 64-6b
15366 Sophienstraße 78-3d
15366 Sperlingsweg (6) 79-2c
12625 Stichweg 106-6a
15366 Stienitzstraße 79-2a
15366 Stöbberstraße 79-2a
15366 Straße am Haussee 64-9b
15366 Straße des Friedens 79-8d
15366 Stuttgarter Straße 79-2c

15366 Technikerstraße 93-1c
15366 Teichgraben 79-1b
15366 Thälmannstraße 78-3d
15366 Triftstraße 108-1a
15366 Tübinger Straße 79-2d

15366 Uckermarkstraße 79-8b
15366 Ulmenstraße 79-1b

15366 Veilchenweg (5) 79-2c
15366 Verbindungsweg 79-1b
15366 Von-Canstein-Straße 93-2c

12625 Waldesruher Straße 79-8b
12625 Waldpromenade 106-3d
12625 Waldstraße 106-6a
15366 Waltraudstraße 78-6b
15366 Weidenweg 79-2a
15366 Weißdornstraße 79-2c
15366 Wernergraben 79-2a
15366 Wiesenstraße 93-2b
15366 Wildwechsel 79-2d
15366 Wirtschaftsweg 79-8b
15366 Wördetalstraße 64-6b
15366 Wuhleweg (1) 79-2a

15366 Zimmermannsgasse (1) 93-1a
15366 Zochestraße 79-2b
15366 Zur Buckstammhütung 79-8b

Kleinmachnow
PLZ 14532

Adam-Kuckhoff-Platz 147-1a
Adolf-Grimme-Ring 147-7a
Ahornhof (4) 146-9c
Albert-Einstein-Ring 146-4d
Allee am Forsthaus 147-7c
Am Bannwald 147-4b
Am Bienenhaus 147-4d
Am Fenn 147-2c
Am Fuchsbau 147-4a
Am Hochwald 146-9c
Am Kiebitzberg 147-5d
Am Kirchfeld 147-4c
Am Pferdegatter (9) 146-8b
Am Rund 147-2b
Am Wall 146-8d
Am Weinberg 147-7d
Ameisengasse 146-9c
An der Koppel 146-8b
An der Schneise 147-4b
An der Stammbahn 146-5b
Arnold-Schönberg-Ring 147-4c
Auf der Breite 147-4d
Auf der Drift 147-4d
Auf der Reutte 147-1d
August-Bebel-Platz 146-9b

Bachweg 146-5b
Bäkehang 146-7c
Bäkemühle 165-1a
Bärlappsenke 146-8d
Beethovenweg 146-6a
Birkenhof (3) 146-9c
Birkenschlag 147-1b
Blachfeld 147-5a
Brahmsweg 146-6a
Brodberg 147-1c
Brunnenweg 147-5d

Celsiusstraße 146-8a
Clara-Zetkin-Straße 147-5b

Drachensteig 147-4c
Dreilindener Weg 146-7b
Driftkamp 147-4d

Eichenweg 147-6a
Eichhörnchenweg 146-8d
Elsternstieg 147-2a
Erlenweg 147-6c
Ernst-Thälmann-Straße 146-6b
Euro-Thyssen-Park 146-4d

Fahrenheitstraße 146-8a
Feldfichten 146-6b
Fichtenhof (8) 146-9c
Föhrenwald 147-2a
Fontanestraße 147-5c
Förster-Funke-Allee 147-4c
Forstweg 145-9b
Franzosenfichten 146-3d
Friedensbrücke 147-7d
Friedrich-Kayssler-Straße (2) 147-7b

Gerhart-Eisler-Straße 147-8b
Geschwister-Scholl-Allee 147-8a
Ginsterheide 147-2a
Goethestraße 146-9b
Gradnauerstraße 147-2d
Grasweg 146-5d
Graue Weiden 147-4a
Grüne Gasse 146-6b

Haberfeld 146-6a
Haeckelstraße 147-5b
Hakeburg 147-7c
Hasenfurche 147-2c
Hasenkamp 147-4c
Heidefeld 146-8d
Heidereiterweg 146-6b
Heideweg 147-2b
Heinrich-Heine-Straße 147-7a
Heinrich-Hertz-Straße 146-7b
Heinrich-Mann-Straße 147-6a
Hermann-von-Helmholtz-Straße 146-5c
Hinter dem Roggen 146-6d
Hirschwechsel 147-4b
Hohe Kiefer 146-9a
Hohes Holz 147-7b
Hufeisen 146-8b

Igelpfad 146-8d
Iltisfang 147-4d
Im Dickicht 146-3d
Im Hagen 147-4b
Im Kamp 147-5c
Im Tal 147-8c
Im Walde 146-6b

Jägerhorn 147-4d
Jägerstieg 147-1b
Johannistisch 146-3d

Kanalweg 147-6c
Kapuzinerweg 147-2d
Karl-Marx-Straße 147-1b
Kastanienhof (5) 146-8d
Käthe-Kollwitz-Straße 147-5d
Kiefernhof (2) 146-8d
Kiefernweg 147-5d
Klausenerstraße 147-2d
Kleine Eichen 147-4a
Kleine Wende 147-4d
Krümme 147-4c
Krumme Gehren 146-6b
Kuckuckswald 147-1a
Kurze Reihe (1) 147-7b
Kurzer Weg 147-6c

Lange Reihe 147-4c
Langendreesch 147-1d
Leite 146-9a
Lepckestraße 147-5d
Lerchenschlag 146-6d
Lessingstraße 146-9b
Lindenbahn 145-9b
Lindenhof (7) 146-8d
Lortzingweg 146-6a
Lupinenschlag 146-6a

Machaweg 147-2d
Machnower Busch 147-2a
Machnower Schleuse 146-9c
Märkische Heide 146-5d
Maxie-Wander-Straße 147-7a
Max-Planck-Allee 146-4d
Max-Reimann-Straße 147-8b
Medonstraße 147-5b
Meiereifeld 147-4b
Meisenbusch 147-1a
Mittebruch 147-5c
Mozartweg 146-3c

Neubauernsiedlung 146-5b

Offenbachweg 146-3c
Opfer des Faschimus Platz 147-1c

Pilzwald 146-3d
Platanenhof (6) 146-8d
Promenadenweg 146-8d
Puschkinplatz 147-5c

Rehwinkel 145-9b
Reiterweg 146-8b
Richard-Strauss-Weg 146-5b
Ring am Feld 146-6d
Ringweg 147-5d
Robinienhof (1) 146-8d
Rodelberg 146-9a
Römerbrücke 145-9b
Rosenhag 147-1c
Roßberg 146-9b
Rudolf-Breitscheid-Straße 146-5b

Schillerstraße 146-9b
Schlehdornweg 147-2b
Schleusenweg 146-5b
Schmiedegasse 146-8b
Schubertweg 146-5b
Schwarzer Weg 147-8c
Seeberg 146-9b
Seemannsheimweg 147-2d
Seematen 147-1a
Sonnenhag 147-2a
Sperberfeld 146-6c
Stahnsdorfer Damm 146-5c
Steinweg 146-3d
Stolper Weg 145-9d
Straße der Jugend 147-7b

Tannengrund 145-9b
Teerofendamm 145-9a
Thomas-Müntzer-Damm 147-5c
Tiefer Grund 146-6b
Tschaikowskiweg 146-6a
Tucholskyhöhe 147-5c

Uhlenhorst 147-1d
Unterberg 146-9b

Wacholderstraße 147-5b
Waldwinkel 146-5d
Weg ins Feld 146-6d
Weidenbusch 147-2d
Wendemarken 146-6b
Werner-Seelenbinder-Straße 146-9b
Wiesenrain 147-4c
Wilhelm-Külz-Weg 147-5d
Winzerweg 147-8c
Wolfswerder 147-1b

Zehlendorfer Damm 165-1b
Zum Kiefernwald 146-8d
Zum Mooskissen 146-9c
Zum Welterhäuschen 147-4c
Zur Remise 146-8b

Königs Wusterhausen
PLZ 15537

Ahornweg (Ziegenhals) 176-8b
Alte Dorfstraße 177-1d

Am Gräbchen 177-4a
Am Großen Zug 176-7d
Am Kanal 177-1b
Am Sandberg 176-8b
Am Werder 177-1c
Amselhain (9) 176-8c
Amselweg (Ziegenhals) 176-6c
Asternweg (4) 176-6d
August-Bebel-Straße (Wernsdorf) 177-1d

Bachstelzenweg 176-6c
Barbenweg 176-8a
Barschweg 176-8b
Birkenweg (Ziegenhals) 176-5d
Buchfinkenweg (2) 176-6c

Crossinstraße 176-7b

Dahlienweg 176-6c
Dorfstraße (Wernsdorf) 177-1c
Drosselweg (Ziegenhals) 176-8a

Erlenweg (Ziegenhals) 176-5d

Fasanenweg 176-8c
Fliederweg (Ziegenhals) 176-6c
Forellenweg (6) 176-8b
Friedhofstraße 177-1d

Haasestraße 177-1d
Hafenweg 176-5d
Hänflingweg 176-6c
Hechtweg 176-8b

Im Winkel (Wernsdorf) 177-1c

Jovestraße 176-6b

Kablower Weg 177-4a
Kiefernweg (Ziegenhals) 176-5d
Kirchsteig (Ziegenhals) 177-4a

Meisenweg 176-6c
Möwenweg 176-8c

Nelkenweg 176-6c
Neu Zittauer Straße 177-1b
Niederlehmer Chaussee 176-6d

Pappelweg (Ziegenhals) (3) 176-6d
Plötzenweg (7) 176-8b

Rosenweg (Ziegenhals) 176-6c
Rotschwänzchenweg (1) 176-6c

Schleiweg (8) 176-8d
Schleusenidyll 177-2c
Schwarzer Weg (Ziegenhals) 176-8c
Seepromenade 176-6c
Siedlung Modderberg 176-6d
Skabyer Straße 177-1d
Sonnenweg (Ziegenhals) 176-8b
Steinfurter Straße 177-2a
Storkower Straße (Wernsdorf) 177-1d
Strandpromenade 176-8b

Uferpromenade (Ziegenhals) 176-6c

Waldeck 177-4c
Waldsiedlung (Wernsdorf) 177-2c
Weg am See 176-8c
Weg zum See 176-6c

Zanderweg (5) 176-8b
Zum Großen Zug 176-7d
Zyklamenweg 176-6d

Mühlenbecker Land

16567 Ahornallee 28-3c
16552 Ahornstraße (Schildow) 36-1c
16567 Akazienallee 28-3c
16552 Akazienstraße (Schildow) 36-1d
16567 Am Arkenberg 28-3d
16552 Am Berg 28-7d
16567 Am Fließ 28-2d
16552 Am Kienluchgraben 28-7d
16552 Am Lärchensteig 36-1a
16552 Am Pfaffenwald (1) 36-1a
16567 Am Teich 27-2d
16552 Am Uhlenhorst 27-9b
16552 Amselweg (Schildow) 27-9b
16552 An der Quelle 28-5d
16567 Annastraße 28-1a

16552 Bachstraße 28-5a
16552 Bahnhofstraße (Schildow) 27-6d
16552 Beethovenstraße 28-5c
16552 Behrensstraße 28-7b
16567 Bergahornweg (13) 27-4c
16567 Bergkirschenweg (8) 26-9b
16567 Berliner Straße 28-2c
16567 Bieselheide Weg 26-3a
16567 Birkenallee 28-2d
16552 Birkensteig (3) 36-1b
16552 Birkenstraße 36-1b
16567 Blankenfelder Straße 28-2b
16552 Breite Straße 28-8c
16552 Brombeerweg 28-4c
16552 Brunoldstraße 28-5d
16552 Buchenhof (2) 36-1b

16552 Charlottenstraße 28-4a

16552 Dianastraße 28-4a
16567 Dorfstraße (Schönfließ) 27-2c

16552 Ebereschenstraße 36-1a
16567 Ebereschenweg (1) 26-6d
16552 Elisabethstraße (Schildow) 27-6c
16552 Elsenstraße 36-1c
16552 Elstersteg 28-7c
16567 Eschenallee 28-6a

16552 Falkenstraße 27-9b
16567 Feldahornstraße 27-4c
16567 Feldweg 27-2c
16552 Florastraße (Schildow) 28-4d
16567 Forsthaus Bieselheide 26-3c
16552 Franz-Schmidt-Straße 28-8c
16552 Freyastraße 28-4d
16552 Fritz-Reuter-Straße 28-5a
16552 Fuchssteg 28-7c

16567 Gartenstraße (Mönchmühle) 28-2d
16552 Gartenstraße (Schildow) 28-4b
16567 Glienicker Chaussee 27-7a
16552 Glienicker Straße 28-7c
16552 Goethestraße (Schildow) 28-6a
16567 Goldregenweg (5) 26-6d
16567 Großstückenfeld 28-1b

16567 Hainbuchenweg (10) 26-9b
16552 Hauptstraße (Schildow) 28-8a
16552 Haydnstraße 28-5c
16552 Heinrich-Heine-Straße 28-6a
16552 Hermsdorfer Straße 35-3c
16567 Holunderweg (6) 26-6d

16567 Im Park 27-2c
16552 In den Klötzen 28-4b
16552 In den Laaken 28-4b
16552 In den Ruthen 28-5c

16552 Karl-Liebknecht-Straße 28-7a
16567 Karlstraße 28-1a
16567 Kastanienallee 28-2b
16552 Kastanienstraße 36-1a
16552 Katharinenstraße 27-6c
16567 Kindelweg 27-5a
16567 Klarastraße 28-1a
16552 Kleiststraße 28-6c
16552 Kolonnenweg 36-1c
16552 Körnerstraße 28-5d
16552 Krumme Straße (Schildow) 28-7d
16552 Kurze Straße (Schildow) 35-3c

16552 Lessingstraße 28-2d
16567 Lindenallee 28-2d
16552 Lindeneck 27-6c
16552 Lindenstraße 36-1b

16552 Magdalenenstraße 36-1a
16552 Margaretenstraße 28-1d
16552 Marienstraße 28-4b
16567 Mehlbeerweg (2) 26-6d
16552 Meyerbeerstraße 28-5d
16567 Mittelallee 28-2d
16552 Mittelstraße (Schildow) 28-4b
16567 Mönchmühle 28-6a
16567 Mönchmühlenallee 28-6a
16552 Mönchmühlenstraße 28-8a
16552 Mozartstraße 28-5c
16552 Mühlenbecker Straße 28-2c

16567 Parkstraße 28-3c
16552 Paul-Richter-Straße 28-1d
16567 Pfaffenhutweg (3) 26-6d
16567 Platanenallee 28-2d
16552 Platanenhof 36-1b

16552 Rehwinkel (Schildow) 28-7d
16567 Reitweg 27-5a
16552 Richard-Wagner-Straße 28-5c
16552 Ringstraße (Schildow) 28-7c
16552 Rosa-Luxemburg-Straße 28-7a
16567 Roßkastanienweg (4) 26-6d
16567 Rotbuchenweg (11) 26-6d
16567 Rotdornallee 28-3c
16552 Rotdornweg 36-1a

16567 Schildower Chaussee 27-2d
16552 Schillerstraße (Schildow) 28-5a
16552 Schmalfußstraße 28-8c
16552 Schönfließer Straße (Schildow) 27-6b
16552 Schubertstraße 28-5a
16567 Schulweg 27-2c
16552 Sophienstraße 28-1d
16567 Spitzahornweg (14) 27-4c
16567 Stieleichenstraße 26-6d

16567 Traubeneichenstraße 26-6d
16567 Traubenkirschenweg (7) 26-9b
16552 Triftweg (Schildow) 28-7a
16552 Tschaikowskistraße 28-5d

16552 Viktoriastraße 27-6d
16567 Vogelkirschenweg (9) 26-9b
16567 Walterstraße 28-1b
16567 Weidenweg (12) 27-4c
16552 Weißdornweg 28-7d
16567 Wiesenstraße (Mönchmühle) 28-3c
16552 Wiesenstraße (Schildow) 35-3c

16552 Zum Wiesengrund 35-3c

Neuenhagen bei Berlin

PLZ 15366

Akazienstraße 79-6d
Am Viertelsring 79-3d

Birkenstraße 79-6d

Dahlwitzer Straße 79-6d

Ebereschenallee 79-3d

Friedenstraße 79-6c

Graditzer Damm 79-6c
Grüne Aue 79-6d
Grüner Bogen 79-6c

Hohe Allee 79-6a
Höhenweg 79-3d
Hönower Chaussee 79-3d

Immenweg 79-6a

Kastanienstraße 79-6d

Lindenstraße 79-3d

Oberlandstraße 79-6c

Platanenallee 79-6a

Unter den Ulmen 79-6c

Nuthetal

PLZ 14558

Am Ausblick 178-7b
Am Bahnhof 178-4b
Am Buchholz 178-4d
Am Kiefernwald 178-8d
Am Luchgraben 178-7d
Am Priesterberg 178-7b
Arthur-Scheunert-Allee 178-4d

Bachstraße 178-4c
Beethovenstraße 178-4d
Begasstraße 178-8a
Bergblick 178-7d
Biberweg (1) 178-7b
Birkenhügel 178-5c

Eichenweg 178-7c
Eschenweg 178-7c

Fahlhorster Weg 178-7c
Feldstraße 178-7b
Finkenweg 178-4d
Forsthaus Ahrensdorf 179-8c
Fuchsweg 178-7b

Gartenstadt "Am Rehgraben" 178-7a
Gerhart-Hauptmann-Straße 178-8c

Haydnstraße 178-4c
Heideweg 178-8c
Heinrich-Zille-Straße 178-8a

Im Bärwinkel 178-7d

Jean-Paul-Straße 178-8c

Kohlmeisenweg 178-4d
Kollwitz-Straße 178-8a
Königsbrücke 178-9a

Lärchenring 178-7c
Lenbachstraße 178-8a
Liselotte-Herrmann-Straße 178-8c

Milanring 178-7d
Mozartweg 178-4d

Nudower Grund 178-7c

Philippsthaler Weg 178-7c

Rehsprung 178-7b
Reiherweg 178-8d
Richard-Kuckuck-Straße 178-8d
Rotdornweg 178-7c

Saarmunder Lindhorst 178-7d
Schinkelstraße 178-8a
Schubertstraße 178-4d
Schumannstraße 178-4c
Sperberweg 178-4d

Thomas-Mann-Straße 178-8c
Tremsdorfer Weg 178-7a

Ulmensteig 178-7c

Verdistraße 178-7a

Walter-Rathenau-Straße 178-4d
Weidengrund 178-7c
Wieselsteig (2) 178-7b

Zum Springbruch 178-7d

Panketal

PLZ 16341

Ahornallee 31-3a
Ahornweg 39-3c
Akazienallee 23-9c
An den Dorfstellen 23-8d

Bahnhofstraße 31-3d
Bebelstraße 23-9d
Birkenallee 31-3a
Bodenseestraße 31-9b
Brückenstraße 31-3c
Buchenallee 31-3a
Buchenweg (2) 39-3c
Bucher Chaussee 31-9d

Dorfstraße (Hobrechtsfelde) 23-4d
Dürerstraße 23-6d

Eichenallee 31-3b
Eichendorffstraße 39-3a
Eichenring 39-3a
Einsteinstraße 31-9d

Eosanderstraße 23-6d
Erlenweg (4) 39-3c
Ernst-Toller-Straße 31-9c
Eschenallee 31-3a

Friedenstraße 31-3b
Fritz-Reuter-Straße 39-3b
Fröbelstraße 23-9d

Goethepark 31-3c
Goethestraße 39-2b
Gontardstraße 23-9b
Grünewaldstraße 23-6d

Hartfilplatz 39-3c
Heinestraße 31-3c
Helmholtzstraße 31-3c
Hobrechtsfelde 23-7a
Hobrechtsfelder Dorfstraße 23-7b
Hobrechtsfelder Straße 23-4b
Hobrechtsweg 23-9c
Holbeinstraße 23-6d
Hufelandstraße 31-3b
Humboldtstraße 31-9d
Humboldtweg 31-3b

Karl-Marx-Straße 23-9d
Karower Straße 39-3c
Kastanienallee 31-3a
Kastanienweg (5) 39-3c
Kleiststraße 39-3b
Knobelsdorffstraße 23-6d
Kochstraße 23-9c

Langhansstraße 23-9d
Liebermannstraße 23-6d
Lindenallee 31-3a
Lindenberger Straße 31-9d
Lindenberger Weg 39-3a

Max-Lenk-Straße 31-3d

Ohmstraße 31-9d

Platanenallee 31-3a

Rathenaustraße 39-3c
Rigistraße 31-9b
Robert-Koch-Straße 23-9b
Rosa-Luxemburg-Straße 39-3b
Rotdornweg (3) 39-3c
Rudolf-Breitscheid-Straße 31-9b

Schadowstraße 23-6d
Schillerstraße 31-3c
Schinkelstraße 23-9b
Schlüterstraße 23-9b
Schönerlinder Straße 23-7b
Steenerbuschstraße 31-3d
Stefan-Heym-Straße 31-9d

Triftstraße 31-3d

Uhlandweg 31-3b
Ulmenallee 23-9d
Ulmenweg 39-3c

Verbindungsweg 39-3a
Virchowstraße 23-9c

Weidenweg (1) 39-3a
Wiesenstraße 31-3d
Wilhelm-Liebknecht-Straße 23-9d
Winklerstraße 31-3c
Wolfgang-Amadeus-Mozart-Straße 31-9d

Potsdam

Straßennamen mit Suchfeldangaben in Klammern befinden sich im Cityplan auf den Seiten 20 bis 21.

14473 Adolf-Schmidt-Straße 161-7b
- Affengang (21/D5)
14482 Ahornstraße 162-8b
14473 Albert-Einstein-Straße 161-4b
14482 Albert-Wilkening-Straße 162-5b
14469 Alexander-Klein-Straße 142-5a
14482 Alfred-Hirschmeier-Straße 162-6a
14482 Allee nach Glienicke 161-3b
14471 Allee nach Sanssouci 160-3a (20/A2)
14469 Alleestraße 143-7a
14480 Alt-Drewitz 178-6b
14467 Alter Markt (20/C3)
14473 Alter Tornow 160-6c
14482 Althoffstraße 162-4a
14482 Alt-Nowawes 161-3c
14473 Am Alten Friedhof 161-5c
14467 Am Alten Markt 161-1a (20/C3)
14476 Am Anger 110-4a
14482 Am Babelsberger Park 161-2b
14467 Am Bassin 143-7c (20/C2)
14482 Am Böttcherberg 144-4d
14473 Am Brunnen 161-8b
14478 Am Buchhorst 178-5c
14478 Am Bürohochhaus 178-2c
14478 Am Fenn 178-1a
14480 Am Friedhof 178-6d
14480 Am Gehölz 162-6a
- Am Grünen Gitter 160-2b (20/A2)
14469 Am Hämphorn 126-7a
14469 Am Hang 142-3d
14473 Am Havelblick 161-4c
14467 Am Hinzenberg 161-4a
14480 Am Hirtengraben 178-6b
14469 Am Jägertor 142-9c (20/B1)
14467 Am Kanal 161-1a (20/C3)
14482 Am Klubhaus 162-2d
14471 Am Luftschiffhafen 160-7c
14467 Am Lustgartenwall 160-3d (20/B3)
14469 Am Meedehorn 126-7c
14480 Am Mittelbusch 162-8b
14469 Am Neuen Garten 143-4c
14467 Am Neuen Markt (20/C3)
14469 Am Neuen Palais (21/A5)
14478 Am Nuthetal 161-9d
14469 Am Obelisk (20/A2)
14476 Am Park 110-1d
14469 Am Pfingstberg 142-3d
14478 Am Plantagenhaus 161-9c
14469 Am Raubfang 142-4a
14469 Am Reiherbusch 142-3d
14469 Am Schragen 142-6d
14476 Am Seeblick 110-7d
14480 Am Silbergraben 178-6b
14482 Am Sportplatz 162-5a
14478 Am Stadtrand 178-1d
14469 Am Vogelherd 142-2b
- Am Wald 161-8d
14482 Am Waldrand 144-4b
14476 Am Weinberg (Groß Glienicke) 110-1d
14469 Amtsstraße 142-1c
14469 Amundsenstraße 142-7a
14476 An den Gärten (2) 142-9a
14482 An den Windmühlen 162-4d
14478 An der Alten Zauche 161-9d
14478 An der Brauerei 178-5c
14469 An der Einsiedelei (3) 142-9a
14473 An der Fährwiese 160-5d
14476 An der Kirche 110-4a
14478 An der Nuthe (3) 162-7d
14469 An der Orangerie 142-8c (21/C4)
14480 An der Parforceheide 162-6b
14469 An der Roten Kaserne (15) 142-3b
14482 An der Sandscholle 162-5a
14476 An der Sporthalle 110-4a
14482 An der Sternwarte 144-7c
14473 An der Vorderkappe 160-6d
14469 Angermannstraße 142-3d
14482 Anhaltstraße 162-1c
14469 Annemarie-Wolf-Platz 142-6c
14480 Anni-von-Gottberg-Straße 179-4a
14469 Apfelweg 142-2c
14480 Asta-Nielsen-Straße 179-1b
14471 Auf dem Kiewitt 160-5b (20/A3)
14482 August-Bebel-Straße 162-6c
14482 August-Bier-Straße 162-2a
14469 August-Bonnes-Straße 142-6c

14473 Babelsberger Straße 161-1d (20/D3)
14482 Baberowweg 162-4c
14480 Babraer Straße 162-9c
14467 Bäckerstraße 160-3b (20/B2)
14471 Bahnhofsplatz 161-4b
14480 Bahnhofstraße 162-6c
14482 Baldurstraße 162-1b
14469 Bartholomäus-Neumann-Straße 142-6c
14467 Bassinplatz 143-7c (20/C2)
14480 Bebraer Straße 162-9c
14480 Beethovenstraße 162-6c
14482 Beetzweg 162-8a
Behlertstraße 143-7a (20/D1)
14467 Nr. 2-4, Nr. 37-Ende, Nr. 38-Ende
14469 Nr. 4a-32, Nr. 5-31
14482 Behringstraße 162-1b
14480 Bellavitestraße 179-1c
14482 Bendastraße 162-1c
14467 Benkertstraße 143-7c (20/C1)
14482 Benzstraße 162-1c
14473 Bergholzer Straße (1) 161-5b
14482 Bergweg 144-7b
14467 Berliner Straße 143-8c (20/D2)
14478 Bernhard-Kellermann-Straße 178-1a
14467 Bertha-von-Suttner-Straße 143-7a
14469 Bertinistraße 143-1b
14478 Bertolt-Brecht-Straße 178-1c
14480 Bettina-von-Arnim-Straße (3) 179-1c
14469 Beyerstraße 143-4c
14478 Biberkiez 162-7d
14482 Biberweg 162-4d
- Billy-Wilder-Platz 162-5b
14478 Binsenhof 161-9d
14469 Birkenstraße 143-4c
14469 Birnenweg 142-2c
14478 Bisamkiez 178-1b
14469 Blumenstraße 142-4d
14482 Blumenweg 162-5a
14467 Böcklinstraße 143-5d
14469 Bornstedter Feld 142-6c
14469 Bornstedter Straße 142-5c
14480 Brahmsweg 162-6c
14467 Brandenburger Straße 160-3b (20/B2)
- Brandenburger Tor 160-3a (20/B2)
14473 Brauhausberg 161-7a
14476 Braumannweg 110-7d
14467 Breite Straße 160-3c (20/A3)
14469 Brentanoweg 142-9a (20/A1)
14482 Bruno-H.-Bürgel-Straße 162-1a
14469 Bruno-Taut-Straße (18) 142-3d
14467 Burgstraße 161-1b (20/D3)
14480 Büringstraße 179-1c
14469 Bussardweg (2) 142-4b

14469 Carl-Christian-Horvath-Straße 142-6c
14471 Carl-von-Ossietzky-Straße 160-2a (21/D6)
14469 Charles-Tellier-Platz 142-5c
14471 Charlottenhof 160-1d (21/C6)
14467 Charlottenstraße 160-3b (20/B2)
14480 Chopinstraße 163-7a
14476 Christophorusweg 110-7a
14480 Clara-Schumann-Straße 179-4a
14471 Clara-Zetkin-Straße 160-2b (21/D6)
14482 Concordiaweg 162-1a
14480 Conrad-Veidt-Straße 179-1d

14482 Daimlerstraße 161-6b
14478 Damaschkeweg 161-8d
14469 David-Gilly-Straße 142-5c
14469 Dennis-Gabor-Straße 142-5c
- Dianapark 162-6a
14482 Dianastraße 162-6a
14482 Dieselstraße 161-6b
14482 Domstraße 162-1b
14482 Donarstraße 144-7c
14476 Dorfstraße (Groß Glienicke) 110-4a
14467 Dortustraße 160-3d (20/B3)
14476 Dr.-Kurt-Fischer-Straße 110-1d
14473 Drevesstraße 161-5d
14478 Drewitzer Straße 161-9d
14467 Dürerstraße 143-5c

14467 Ebräerstraße 161-1a (20/C2)
14473 Edisonallee 161-2d
14469 Eduard-Engel-Straße 142-6d
14480 Eduard-von-Winterstein-Straße (9) 179-1a
14469 Eichenallee 142-7a
14482 Eichenweg 162-4b
14469 Eisenhartstraße 143-7a
14480 Elonore-Prochaska-Straße 178-3d
14467 Eltesterstraße (2) 161-2a
14482 Emil-Jannings-Straße 162-5b
14469 Erich-Arendt-Straße 142-3d
14480 Erich-Engel-Weg 179-1b
14469 Erich-Mendelsohn-Allee 142-5d
14480 Erich-Pommer-Straße 179-1a
14478 Erich-Weinert-Straße 178-1c
14478 Erlenhof 162-7c
14480 Ernst-Lubitsch-Weg 179-1b
14476 Ernst-Thälmann-Straße 110-4c
14469 Erwin-Barth-Straße 142-5a
14482 Espengrund 162-2a
14469 Esplanade 142-6b
14480 Eulenkamp 163-7a

14478 Falkenhorst 161-9b
14471 Feldweg 160-4a
14469 Ferdinand-Jühlke-Weg (9) 142-3a
- Festungsweg (21/A4)
14471 Feuerbachstraße 160-2b (21/D6)
14480 Fichtenallee 162-9c
14471 Fichtestraße 160-5a
14482 Filchnerstraße 162-1b
- Filmpark Babelsberg 162-5d
14473 Finkenweg 161-4c
14469 Fintelmannstraße 142-3c
14469 Fliederweg 142-4b
14480 Flotowstraße 163-4c
14482 Fontanestraße 162-2c
14482 Försterweg 162-6a
14482 Franz-Mehring-Straße 162-5a
14467 Französische Straße 161-1b (20/D2)
14476 Freiheitsstraße 110-1c
14482 Freiligrathstraße 162-2c
- Freundschaftsinsel (20/D3)
14482 Freyaplatz 144-7d
14473 Friedhofsgasse 161-5a
Friedrich-Ebert-Straße 143-7c (20/C1)
14467 Nr. 4-30, Nr. 5-31, Nr. 88-Ende, Nr. 89-Ende
14469 Nr. 36-82, Nr. 37-83
Friedrich-Engels-Straße 161-4b
14473 Nr. 1-25, Nr. 2-24, Nr. 74-Ende, Nr. 75-Ende
14482 Nr. 31-47, Nr. 50-56
14476 Friedrich-Günther-Platz 110-4c
14482 Friedrich-Holländer-Straße 162-5b
14469 Friedrich-Klausing-Straße (17) 142-3b
14469 Friedrich-Kunert-Weg (8) 142-3a
14473 Friedrich-List-Straße 161-2c
14480 Friedrich-W.-Murnau-Straße 179-1b
14478 Friedrich-Wolf-Straße 178-1c
14482 Friesenstraße 161-6b
14469 Fritz-Encke-Straße 142-2d
14480 Fritz-Lang-Straße 179-1b
14469 Fritz-von-der-Lancken-Straße (16) 142-3b
14482 Fritz-Zubeil-Straße 162-4c
14480 Fuldaer Straße 162-9c
14482 Fultonstraße 162-4a

14480 Gagarinstraße 162-9a
14480 Galileistraße 162-9d
14482 Garnstraße 161-3c
14482 Gartenstraße 162-4d
14480 Gaußstraße 163-7d
14469 Georg-Herrmann-Allee 142-6c
14469 Georg-Potente-Weg (11) 142-3c
14482 Georg-W.-Pabst-Straße 162-5b
14480 Gerlachstraße 178-3b
14469 Gertrud-Feiertag-Straße 142-6d
14480 Gertrud-Kolmar-Straße 179-4a
14471 Geschwister-Scholl-Straße 160-1c (21/B6)
14482 Glasmeisterstraße 161-3c
- Glienicker Brücke 143-6a
- Glienicker Horn 143-6c
14482 Glienicker Winkel 144-7c
14480 Gluckstraße 162-6d
14469 Glumestraße 143-4b
14482 Goetheplatz 162-1a
14482 Goethestraße 162-1b
14469 Grabenstraße 142-7b

14469 Graf-von-Schwerin-Straße 142-3b
14469 Gregor-Mendel-Straße 142-8d (20/A1)
14482 Grenzstraße 161-3b
14478 Grenzweg 162-7d
14482 Griebnitzstraße 144-4d
14471 Grillparzerstraße 160-5b
Großbeerenstraße 161-6b
14482 Nr. 1-205, Nr. 4-200
14480 Nr. 206-Ende, Nr. 219-Ende
14467 Große Fischer-Straße 161-2a
14469 Große Weinmeisterstraße 143-4c
14482 Großer Umfahrweg 143-8d
14480 Grotrianstraße 163-7a
\- Grüner Weg (Babelsberg) 163-1d
14476 Grüner Weg (Groß Glienicke) 110-1c
14482 Grünerweg 143-9d
14467 Grünes Gitter 160-3a (20/A2)
14482 Grünstraße 162-5c
14480 Guido-Seeber-Weg 179-1a
14480 Günther-Simon-Straße 179-1d
14469 Gustav-Meyer-Straße (12) 142-3c
14467 Gutenbergstraße 160-3a (20/B2)

14478 **H**abichthorst 161-9b
14469 Habichtweg 142-4d
14471 Haeckelstraße 160-4b
14478 Handelshof 178-4b
14469 Hannes-Meyer-Straße 142-5d
14480 Hans-Albers-Straße 179-1a
14480 Hans-Grade-Ring 162-9a
14469 Hans-Kölle-Weg (14) 142-3c
14473 Hans-Marchwitza-Ring 161-2d
14471 Hans-Sachs-Straße 160-2c (21/D6)
14467 Hans-Thoma-Straße 143-7d (20/D1)
14469 Hauptallee 160-1a (21/B5)
14473 Havelstraße 161-2c
Hebbelstraße 143-7a (20/C1)
14467 Nr. 1-5, Nr. 2-4, Nr. 46-Ende, Nr. 47-Ende
14469 Nr. 6-40, Nr. 7-41
14467 Hegelallee 142-9c (20/B2)
14478 Heidereiterweg 161-9c
14482 Heideweg 162-4b
14467 Heilig-Geist-Straße 161-2a
14478 Heimrode 161-9c
14482 Heiner-Carow-Straße 162-6a
14482 Heinestraße 162-1b
14482 Heinrich-Georg-Straße 162-5a
Heinrich-Mann-Allee 161-4b
14473 Nr. 1-63, Nr. 2-64a, Nr. 107-Ende, Nr. 108-106
14478 Nr. 69-95, Nr. 70-94, Nr. 124-Ende
14482 Heinrich-von-Kleist-Straße 162-4a
14469 Heinrich-Zeininger-Straße 142-2d
14469 Heisenbergstraße (6) 142-5c
14469 Helene-Lange-Straße 142-9b
14467 Helmholtzstraße 143-8a
14476 Helmut-Just-Straße 110-1d
14467 Henning-von-Tresckow-Straße 160-3d (20/B3)
14482 Herderstraße 162-2a
14467 Hermann-Elflein-Straße 142-9d (20/B2)
14469 Hermann-Göritz-Straße (5) 142-5b
14469 Hermann-Kasack-Straße 142-6a
14476 Hermann-Krone-Weg (2) 110-4a
14482 Hermann-Maaß-Straße 144-7d
14469 Hermann-Mächtig-Straße 142-2d
14469 Hermann-Mattern-Promenade 142-5b
14478 Hermann-Muthesius-Straße 161-9a
14469 Herta-Hammerbacher-Straße (3) 142-2d
14482 Herthastraße 162-1b
14480 Hertha-Thiele-Weg 179-1b
14469 Hessestraße 143-4a
14467 Hiller-Brandtsche Häuser 160-3c
14467 Hoffbauerstraße 160-3d (20/B3)
14469 Höhenstraße 143-1b
14482 Hoher Weg 144-7c
\- Holländischer Garten 142-8d (20/A2)
14467 Holländisches Viertel 143-7c (20/C1)
14467 Holzmarktstraße 143-8c (20/D2)
14469 Horst-Bienek-Straße 142-6c
\- Horstbrücke 161-6d
Horstweg 161-9a
14482 Nr. 1-47, Nr. 2-Ende, Nr. 93
14478 Nr. 59, Nr. 109-Ende
14480 Hubertusdamm 162-6c
\- Humboldtbrücke 143-8c
14473 Humboldtring 161-2c

14471 **I**m Bogen 160-4c
14467 Im Französischen Quartier (20/C2)
14480 Im Schäferfeld 162-9c
14471 Immenseestraße 160-4c
14480 In der Aue 162-6a
\- Industriegebiet Süd 178-2c
\- Inselbrücke 161-1b (20/D3)
14478 Inselhof 162-7c
14476 Interessentenweg 110-1c
14476 Isoldestraße 110-7a

14480 **J**agdhausstraße 163-4d
14467 Jagdschloss Glienicke 143-6d
14480 Jagdschloss Stern 163-7b
14469 Jägerallee 142-9d (20/B1)
14482 Jägersteig 162-6a
14467 Jägerstraße 142-9d (20/C1)
\- Jägertor 142-9d (20/B2)
14482 Jahnstraße 161-6b
14469 Jakob-von-Gundling-Straße 142-6c
14469 Jochen-Klepper-Straße 142-6a
14482 Joe-May-Straße 162-5b
14469 Johan-Bouman-Platz 142-5d
14480 Johanna-Just-Straße 178-3d
14480 Johannes-Kepler-Platz 162-9d
14469 Johannes-Lepsius-Straße 142-6d
14469 Johann-Goercke-Allee 142-9a
14482 Johannsenstraße 161-6a
14482 Johann-Strauß-Platz 144-7d
14467 Joliot-Curie-Straße 161-1b (20/D3)
\- Joseph-von-Sternberg-Straße 162-5b
14478 Julius-Posener-Straße 161-9c
14482 Jutestraße 161-3a
14476 **K**aiser-Friedrich-Straße (21/A4)
14480 Kamblystraße (5) 179-4a
14471 Kantstraße 160-4b
14469 Karen-Jeppe-Straße 142-6d
14473 Karl-Foerster-Straße 161-2d
14482 Karl-Gruhl-Straße 161-3b
14469 Karl-Krieger-Straße 142-5b
14482 Karl-Liebknecht-Straße 161-6b
14482 Karl-Marx-Straße 144-7a
14480 Karoline-Schulze-Straße (2) 178-3d
14471 Kastanienallee 160-1d
14480 Katharinastraße 162-9a
14469 Katharinenholzstraße 142-4c
14478 Käthe-Kollwitz-Straße 161-9d
14478 Käuzchenweg 178-1a
14480 Kellerstraße 163-7a
14469 Kiepenheuer Allee 142-5b
14467 Kiezstraße 160-3d (20/B3)
14480 Kirchstraße 178-6b
14469 Kirschallee 142-5c
14469 Kladower Straße 126-7c
14482 Kleewall 162-4d
14467 Kleine Fischerstraße (1) 161-2a
14467 Kleine Gasse (1) (20/B2)
14482 Kleine Straße 162-5a
14469 Kleine Weinmeisterstraße 143-4c
14482 Klopstockstraße 162-1d
14471 Knobelsdorffstraße 160-4d
14480 Kohlhasenbrücker Straße 163-7b
14469 Kolonie Am Beerenbusch 142-1b
14473 Kolonie Daheim 161-5b
14469 Kolonie Eintracht 142-1c
14469 Konrad-Wachsmann-Straße 142-5b
14480 Konrad-Wolf-Allee 179-1c
14482 Konsumhof 162-4b
14482 Kopernikusstraße 162-4a
14482 Körnerweg 162-1b
14473 Kottmeierstraße 161-8d
14482 Kreuzstraße 162-1c
14469 Krimlindenallee (21/B4)
14469 Kronprinzenweg (21/B4)
\- Kuhtor (21/C5)
14473 Kunersdorfer Straße 161-8b
14467 Kurfürstenstraße 143-7c (20/C1)
14473 Kurze Straße 161-5b
14473 Küsselstraße 160-6c

14476 **L**andhausstraße 110-7d
\- Lange Brücke 161-1c (20/D3)
14469 Langhansstraße 143-4b
14482 Lankestraße 144-4c
14480 Laplacering 162-9d
14467 Leiblstraße 143-7d (20/D1)
14480 Leibnizring 162-9d
14473 Leipziger Straße 161-4c
14469 Leistikowstraße 143-4b
14473 Leiterstraße 160-9b
14469 Lendelallee 142-7a
Lennéstraße 160-2b (20/A2)
14471 Nr. 1-11, Nr. 2-12, Nr. 50-Ende, Nr. 51-Ende
14469 Nr. 17-45, Nr. 18-44
14482 Lessingstraße 162-1d
14478 Liefels Grund 178-4c
14482 Lilian-Harvey-Straße 162-5b
14480 Lilienthalstraße 162-9a
14469 Lindenavenue 160-1a (21/A5)
14467 Lindenstraße 160-3b (20/B3)
14469 Lindstedter Tor (21/A4)
\- Lindstedter Weg 142-7c (21/A4)
14478 Lisdorf 178-1b
14480 Lise-Meitner-Straße 178-6b
14480 Lortzingstraße 162-6d
14473 Lotte-Pulewka-Straße 161-2c
14482 Louis-Nathan-Allee 144-4c
14469 Ludwig-Boltzmann-Straße 142-5c
14469 Ludwig-Lesser-Straße (20) 142-2d
14467 Ludwig-Richter-Straße 143-5c
14467 Luisenplatz 160-3a (20/A2)
\- Lustgarten (21/C4)
14482 Lutherplatz 161-6a
14482 Lutherstraße 161-3d

14478 **M**agnus-Zeller-Platz 162-7c
14480 Maimi-von-Mirbach-Straße 179-1c
14467 Mangerstraße 143-7b
14480 Margarete-Buber-Neumann-Straße (1) 178-3d
14480 Marie-Hannemann-Straße 178-6b
14480 Marie-Juchacz-Straße 179-4a
14482 Marlene-Dietrich-Allee 162-5b
\- Marlygarten 142-8d (20/A2)
14480 Mathilde-Schneider-Straße 179-4a
14469 Mauerstraße 142-9c (20/B1)
14469 Maulbeerallee 142-7c (21/B4)
14480 Max-Born-Straße 163-7c
14480 Maxie-Wander-Straße 179-1c
14473 Max-Planck-Straße 161-4b
14473 Max-Volmer-Straße 161-2d
14469 Max-Wundel-Straße (19) 142-3c
14471 Maybachstraße 160-4b
\- Medienstadt Babelsberg 162-2d
14478 Meisenweg 178-1b
14471 Meistersingerstraße 160-2c (21/D6)
14469 Melchior-Bauer-Straße 142-5a
14480 Mendelssohn-Bartholdy-Straße 162-6d
14467 Menzelstraße 143-5b
14482 Merkurstraße 162-6a
14469 Mies-van-der-Rohe-Straße 142-5d
14478 Milanhorst 161-9b
14480 Mildred-Harnack-Straße 179-4a
14482 Mitteldamm 162-7b
14467 Mittelstraße 143-7c (20/C2)
14471 Mittelweg 160-5a
14478 Möbelhof 178-5a
14469 Moritz-von-Egidy-Straße (1) 142-9a
14482 Möwenstraße 144-4c
14480 Mozartstraße 162-6c
14469 Mühlenbergweg 142-9c (20/A1)
14482 Mühlenstraße 161-3a
14482 Mühlentor 161-3a
14467 Mühlenweg 143-5c
14482 Müllerstraße 162-1a
14480 Munthestraße (4) 179-1c

14471 **N**ansenstraße 160-2b (21/D6)
\- Nauener Tor 143-7c (20/C1)
14469 Nedlitzer Holz 142-3b
14469 Nelkenweg 143-1c
14480 Nelly-Sachs-Straße 179-4a
\- Neptungrotte (20/A2)
14482 Neue Straße 161-3a
14482 Neuendorfer Anger 161-6a
14480 Neuendorfer Straße 178-3d
\- Neuer Garten 143-4b
14469 Neues Palais 160-1a (21/A5)
14480 Newtonstraße 162-9d
14476 Nibelungenstraße 110-7c
14480 Niels-Bohr-Ring 163-7c
14469 Nietnerstraße (10) 142-3c
14467 Nikolskoer Weg 144-4b
\- Nordischer Garten 142-8c (21/C4)
14480 Nuthedamm 178-5b
\- Nuthepark 161-2c
14478 Nuthestraße 161-2a
14473 Nuthewinkel 161-6c

14467 **O**bere Planitz 160-6b
\- Ökonomieweg 160-1a (21/B5)
\- Orangerie 142-7d (21/C4)
14482 Orenstein & Koppel-Straße 162-8a
14469 Orville-Wright-Straße 142-5b
14480 Oskar-Meßter-Straße 179-1c
14478 Otterkiez 162-7d
14482 Otterweg 162-7b
14482 Otto-Erich-Straße 162-2b
14480 Otto-Hahn-Ring 163-7c
14480 Otto-Haseloff-Straße 163-7b
14467 Otto-Nagel-Straße 143-8a

14473 **P**aetowstraße 160-9b
14469 Pappelallee 142-4d
14478 Pappelhof 162-7c
\- Paradiesgarten (21/C4)
14480 Parallelweg 162-8b
\- Park Babelsberg 143-9b
\- Park Charlottenhof 160-1c (21/B6)
\- Park Sanssouci (21/B4)
\- Parkbrücke 144-4c
14469 Parkstraße 142-9c (20/A1)
14482 Pasteurstraße 162-1a
14480 Patrizierweg 162-6d
14469 Paul-Engelhard-Straße 142-5b
14482 Paul-Neumann-Straße 162-1d
14480 Paul-Wegener-Straße 179-1b
14469 Persiusstraße 143-4a
14482 Pestalozzistraße 162-4b
14469 Peter-Behrens-Straße 142-5d
14469 Peter-Huchel-Straße 142-3b
14480 Pierre-de-Gayette-Straße 179-4a
14480 Pietschker Straße 162-9b
14482 Plantagenplatz 162-1c
14482 Plantagenstraße 162-1a
14467 Platz der Einheit 161-1a (20/C2)
14467 Posthofstraße 161-1b (20/D2)
14482 Prager Straße 162-4d
14480 Priesterweg 178-3d
14482 Prof.-Dr.-Helmert-Straße 162-3c
14469 Puschkinallee 143-7a

14480 **R**atsweg 162-6d
\- Rehgarten (21/B5)
14469 Reiherweg 142-5c
14469 Reinhard-Schneider-Straße 142-6a
14469 Reiterweg 142-9b
14467 Rembrandtstraße 143-5b
\- Remisenpark 142-3a
14482 Reuterstraße 162-2c
14469 Ribbeckstraße 142-8a
14476 Ribbeckweg 110-4a
14480 Ricarda-Huch-Straße 178-3d
14469 Richard-Schäfer-Straße 142-6d

14480 Robert-Baberske-Straße 179-1a
14482 Robert-Koch-Straße 162-2a
14480 Röhrenstraße 162-9b
14482 Rosa-Luxemburg-Straße 144-7b
14471 Roseggerstraße 160-4b
14482 Rosenstraße 162-4b
14478 Rosenweg (Am Schlatz) (2) 162-8c
14469 Rosenweg (Schlänitzsee) 143-1c
14482 Rotdornweg 162-1d
14482 Rote-Kreuz-Straße 162-3c
14467 Rubensstraße 143-5c
14482 Rudolf-Breitscheid-Straße 161-3c
14469 Rudolf-Kierski-Weg (13) 142-3c
14482 Rudolf-Moos-Straße 162-4c
14469 Ruinenbergstraße 142-9a
14469 Russische Kolonie 143-4c

14476 **S**acrower Allee 110-7a
14482 Sauerbruchstraße 162-2a
14480 Schadowstraße (6) 179-4a
14480 Schäferweg 162-9c
14482 Scheffelstraße 162-1a
14467 Schiffbauergasse 143-8c
14478 Schilfhof 161-9b
14471 Schillerplatz 160-5b
14471 Schillerstraße 160-5b
14480 Schinkelstraße (7) 179-4a
14473 Schlaatzstraße 161-5b
14473 Schlaatzweg 161-5b
14469 Schlegelstraße 142-9c (20/A1)
\- Schloss Babelsberg 143-6d
\- Schloss Cecilienhof 143-2c
\- Schloss Charlottenhof 160-1d (21/C6)
\- Schloss Sanssouci 142-8d (21/D4)
\- Schlosspark Sacrow 143-3a
14467 Schloßstraße 161-1c (20/C3)
Schopenhauerstraße 142-8d (20/A1)
14467 Nr. 1-39, Nr. 2-38
14471 Nr. 44-Ende, Nr. 45-Ende
14482 Schornsteinfegergasse 161-3d
14480 Schubertstraße 162-6c
14469 Schulplatz 142-5c
14480 Schulsteig 163-7a
14482 Schulstraße 161-6b
14467 Schwanenallee 143-5b
\- Schwanenbrücke 143-5b
14480 Schwarzschildstraße 162-9b
14467 Schwertfegerstraße (20/C3)
14476 Seeburger Chaussee 110-1b
14476 Seepromenade 110-7a
14467 Seestraße 143-8a
14473 Sellostraße 160-2b (21/D5)
14482 Semmelweisstraße 162-1a
\- Siedlung Nuthestrand 162-7d
14467 Siefertstraße 161-1a (20/C3)
14482 Siemensstraße 161-6b
14480 Slatan-Dudow-Straße 179-1c
14471 Sonnenlandstraße 160-7a
14478 Sperberhorst 161-9b
14482 Spindelstraße 161-3b
14482 Spitzweggasse 144-7b
14467 Spornstraße 160-3b (20/B3)
14476 St.-Anna-Straße 110-7a
14471 Stadtheide 160-7a
14480 Stadtplatz Kirchsteigfeld 179-4a
14482 Stahnsdorfer Straße 162-1d
14469 Stechlinweg 142-5d
Steinstraße 163-4a
14482 Nr. 1-27, Nr. 8a-18
14480 Nr. 65-Ende, Nr. 70-Ende
14482 Stephensonstraße 162-4a
14480 Sternstraße (Babelsberg) 163-7d
14480 Sternstraße (Drewitz) 178-6b
14471 Stiftstraße 160-2d (21/D6)
14471 Stormstraße 160-4d
14469 Straße zum Pflegeheim 143-1c
14482 Stubenrauchstraße 162-3b
14480 Stülerstraße (8) 179-4a

14482 **T**annenstraße 144-4d
14482 Tannenweg 144-4b
14480 Teerofengestell 163-2d
14478 Teltower Damm 161-9a
14469 Teufelsgraben 142-7a
14482 Th.-Hoppe-Weg 161-3d
14469 Thaerstraße 142-1c
\- Theaterweg (21/B5)
14469 Theodor-Echtermeyer-Straße 142-2d
14476 Theodor-Fontane-Straße (1) 110-4a
14469 Tieckstraße 142-9c (20/A1)
14478 Tiroler Damm 162-7c
14467 Tizianstraße 143-5b
14473 Tornowstraße 160-6c
14480 Trebbiner Straße 178-6b
14476 Triftweg (Groß Glienicke) 110-4a
14476 Tristanstraße 110-7a
\- Tropengarten "Biosphäre Potsdam" 142-3a
14480 Tschaikowskiweg 162-6b
14482 Tuchmacherstraße 161-3d
14478 Tulpenweg (1) 162-7d
14467 Türkstraße 161-1b (20/D2)
14480 Turmstraße 162-9c
14482 Turnstraße 162-1a

14471 **U**ferweg (Potsdam West) 160-7b
14473 Uferweg (Templiner Vorstadt) 160-5d
14482 Uhlandstraße 162-1b
14469 Ulanenweg (4) 142-9b
14476 Ullrich-Steinhauer-Straße 110-1c
14482 Ulmenstraße 162-8a
14473 Ulrike-von-Hutten-Straße 160-9b
14467 Unter den Eichen 178-1a
14467 Untere Planitz 160-3c

14478 **V**erkehrshof 178-5b
14469 Verlängerte Amtsstraße 142-1c
14469 Viereckremise 142-3a
14482 Virchowstraße 144-8c
14478 Vogelsang 161-9c
14469 Vogelweide 143-1a
14469 Voltaireweg 142-8d (20/A1)
14482 Voltastraße 161-3d
14469 Von-Klitzing-Straße (7) 142-5c

14480 **W**agnerstraße 162-6c
14480 Waldhornweg 163-7a
14482 Waldmüllerstraße 144-4c
14476 Waldsiedlung 94-8b
Waldstraße 161-8d
14478 Nr. 1-9, Nr. 2-Ende
14473 Nr. 19-Ende
14467 Wall am Kiez 160-3d (20/B3)
14469 Walter-Funcke-Straße (4) 142-5b
14482 Walter-Klausch-Straße 162-4c
14482 Wannseestraße 144-7b
14482 Wasserstraße 144-7a
14482 Wattstraße 161-6b
14482 Weberplatz 161-3d
14482 Weidendamm 162-4d
14467 Weidenhof 162-7c
\- Weinberg 142-7c (21/B4)
14469 Weinbergstraße 142-9c (20/A1)
\- Weinbergterrassen 142-8d (21/D4)
14471 Werderscher Damm (21/A6)
14467 Werner-Seelenbinder-Straße 160-3d (20/C3)
14482 Wetzlarer Straße 162-8b
14482 Wichgrafstraße 162-1c
14469 Wickenweg 143-1c
14471 Wielandstraße 160-5b
14478 Wieselkiez 162-7d
14478 Wiesenhof 162-7c
14473 Wiesenstraße 161-2d
14478 Wiesenweg (4) 162-7d
14480 Wildeberstraße 163-7a
14482 Wilhelm-Leuschner-Straße 144-4c
14467 Wilhelm-Staab-Straße 161-1a (20/C3)
14480 Willi-Schiller-Weg 179-1b
14480 Willy-A.-Kleinau-Weg 179-1a
14480 Wolfgang-Staudte-Straße 179-1c
14482 Wollestraße 161-3c

14467 **Y**orckstraße 160-3b (20/B2)

14482 **Z**arah-Leander-Straße 162-5b
14471 Zeppelinstraße (20/A3)
14471 Zimmerplatz 160-2b (20/A3)
14471 Zimmerstraße 160-3a (20/A3)
14480 Ziolkowskistraße 162-9b
14478 Zum Heizwerk 178-4b
14480 Zum Kirchsteigfeld 162-9d
14469 Zum Kurzen Feld 142-4b
14469 Zum Lausebusch 142-1d
14469 Zum Reiherstand (1) 142-4b
14480 Zum Teich 179-4a
\- Zur Historischen Mühle 142-8d (21/D4)
14478 Zur Nuthe 178-1b

Schönefeld

PLZ 12529

Ahornstraße 171-1d
Ahornweg 152-5d
Albrecht-Kiekebusch-Straße 171-4d
Albrechtweg 152-2c
Alfred-Döblin-Allee 154-7a
Alfred-Döblin-Allee 154-7a
Alt Großziethen 152-9a
Alt Kleinziethen 170-3c
Alt Schönefeld 154-4c
Alte Schönfelder Straße 171-5d
Altglienicker Chaussee 154-5b
Am Airport 171-5c
Am alten Bahndamm 152-5b
Am Busch 173-1c
Am Dorfanger 154-7c
Am Dorfrand 152-6b
Am Feldrain 174-2a
Am Flutgraben 171-8b
Am Friedhof (2) 171-4d
Am Fuchsberg 170-5b
Am Graben 171-4b
Am Grüngürtel 152-6a
Am Hochwald 174-2a
Am Kornfeld 173-8c
Am Langen Grund 152-5c
Am Lindengarten 152-5d
Am Mostpfuhl 173-8b
Am Pechpfuhl 173-6c
Am Rondell 173-5d
Am Schulzenpfuhl 152-2d
Am Seegraben 154-8b
Am Teich 173-1c
Am Vogelsberg (1) 171-4d
Am Waldesrand 156-7d
Am Wassergarten 170-3a
Amselweg 134-9c
An den Eichen 152-3d
An den Gehren 153-6d
An der Feldmark 152-3d
An der Koppel 156-8c
An der Plantage 173-8d
An der Schlenke 173-1c
Angerstraße 154-7a
Antaresstraße 154-7c
Apfelweg 173-6a
Attilastraße 152-2c
August-Bebel-Straße 152-2b

Berliner Chaussee 173-1a
Berliner Straße 173-5d
Birkenweg 173-1c
Birnenweg 171-1d
Bohnsdorfer Chaussee 154-6c
Bohnsdorfer Weg 173-2a
Brunhildstraße (2) 152-2d
Burgunderstraße 152-5b

Dahlienweg 134-9c
Dahmestraße 154-5a
Dankwartstraße 152-2c
Diepenseer Straße 173-8a
Dorfstraße 171-4a
Drosselweg 134-9c

Ebereschenweg 173-1a
Efeuring 152-5b
Elstersteg 155-8c
Erikaweg 134-9d
Erlenweg 152-5d
Ernst-Thälmann-Platz 152-2b
Ernst-Thälmann-Straße 152-2b
Etzelring 152-2c

Fasanenpromenade 154-9a
Fasanensteg 171-1b
Finkenweg 134-9c
Flughafen Berlin-Schönefeld 172-2d
Fontanestraße 152-2b
Friedensstraße 154-5a
Friedensweg 152-5c
Friedhofsweg 152-5d
Friedrich-Ebert-Straße 134-9c
Fuchsgasse 173-2a

Gartenstraße 154-5b
Gernotweg (1) 152-2c
Gewerbepark Schönefeld 153-9c
Gieselherring (4) 152-2d
Glasower Allee 170-6a
Glasower Straße 170-9a
Glasower Weg 171-4c
Goethestraße 152-2b
Großziethener Weg 153-9a
Grünauer Straße 173-5d
Grüner Weg 171-5d

Hans-Grade-Allee 154-7c
Helga-Hahnemann-Straße 152-3a
Hirschsprung 155-8c
Hubertusstraße 134-9c

Im Wiesengrund 156-8c

Jägerstraße 154-6c
Jägerweg (Gartenstadt Großziethen) 134-9c
Jägerweg (Waltersdorf) 174-4a
Jahnstraße 134-8d
Johannasteg 155-8c

Kahlhorst 174-2b
Karl-Liebknecht-Straße 134-9c
Karl-Marx-Straße 152-2b
Karl-Rohrbeck-Straße 152-2d
Kirchstraße 154-7d
Kleistring 152-3c
Königs Wusterhausener Straße 173-8b
Kühnscher Weg 173-8d
Kurzer Weg 154-7d

Landstraße 170-3a
Lerchenweg 134-9c
Lessingring 152-2b
Lichtenrader Chaussee 152-8a
Lilienthal-Park 173-5d
Lilienthalstraße 173-5d
Lilienweg 134-9c
Lindenstraße 152-2b
Löcknitzweg 154-5a
Luchtrift 152-6d

Mahlower Weg 170-2b
Meisenweg 154-5a
Mirastraße 154-7a
Mittelstraße 154-7d
Mittelweg 174-1b
Mühlenweg 171-4b

Neuchateller Weg 155-8c
Nibelungenstraße 152-5a
Nördliche Randstraße 153-9a
Notteweg 154-5a

Parkstraße 154-6c
Platanenstraße 154-6c

Querweg 152-5b

Rathausgasse (1) 154-7a
Rehtränke 155-8c
Ringstraße 173-6c
Rosa-Luxemburg-Weg 153-1d
Rotdornweg 134-9d
Rudolf-Breitscheid-Straße 134-9c
Rudower Allee 152-6d
Rudower Chaussee 154-4a
Rudower Straße 171-4b

Schillerstraße 134-8d
Schönfelder Weg 153-4c
Schulstraße 173-8b
Schulzendorfer Straße 173-8b
Schützenstraße 154-6d
Schwalbenweg 154-6d
Schwarzer Weg (Großziethen) 152-5c
Schwarzer Weg (Siedlung Hubertus) 155-8d
Schwarzer Weg (Siedlung Waltersdorf) 156-4d
Seeweg 154-6d
Selchower Chaussee 171-4a
Selchower Grund 152-7b
Siedlung Hubertus 155-8d
Siegfriedstraße (3) 152-2d
Straße am Klärwerk 171-1a

Straße des Friedens 171-4a

Telefunkenweg 152-3d
Theodor-Fontane-Allee 154-7a
Thiekesiedlung 154-5b
Tulpenweg 134-9d

Uhlandstraße 152-2b
Umgehungsstraße 154-7b

Volksgutstraße 173-4a

Waldstraße 154-6c
Waltersdorfer Chaussee 154-5a
Walter-Simon-Straße 152-2b
Waßmannsdorfer Allee 171-5c
Waßmannsdorfer Chaussee 171-3b
Weidenweg 174-1b
Wermathen 154-5b
Wiesenweg 173-1d

Zeppelinstraße 173-5d
Zum Flutgraben 173-6c
Zum Herthateich 170-2b
Zum Spatzenhaus (1) 154-5b
Zur alten Feuerwache 154-7d

Schöneiche bei Berlin

PLZ 15566

Adlerstraße 109-5d
Ahornstraße 108-5c
Akazienstraße 108-5d
Am Erlengrund 124-3b
Am Fließ 108-9a
Am Goethepark 108-5d
Am Märchenwald 108-2d
Am Pelsland 125-1a
Am Rosengarten 109-8c
Am Weidensee 108-2c
Amselhain 109-5b
An der Reihe 108-3a
Anemonenweg 109-8c
Arndtstraße 109-5a
August-Bebel-Straße 108-9d

Babickstraße 108-6b
Beeskower Straße 109-4d
Bergstraße 109-8c
Berliner Straße 108-6a
Birkenweg 108-5b
Bismarckstraße 124-3b
Blumenring 109-8b
Brandenburgische Straße 108-6a
Bremer Straße 109-5c
Bunzelweg 108-5a
Butterblumenweg (1) 109-8c

Clara-Zetkin-Straße 108-9d

Dachsgang 109-9a
Damesweg 108-6c
Dappstraße 108-6b
Distelweg 109-8c
Dorfaue 108-3d
Dorfstraße 108-6a
Dresdener Straße 109-4c

Ebereschenstraße 108-5c
Efeuweg 109-8c
Eggersdorfer Straße 109-1a
Ehrenpreisweg 109-8c
Eichenstraße 108-5d

Falkenhorst 109-5d
Fichtestraße 109-4a
Fingerhutweg 109-8c
Fontanestraße 109-1a
Forststraße 108-6d
Fredersdorfer Weg 108-3a
Friedensaue 108-3d
Friedenstraße 108-5a
Friedrich-Ebert-Straße 108-5a
Friedrichshagener Straße 108-5c
Friesenstraße 109-5d
Fritz-Reuter-Straße 108-5a
Fürstenwalder Weg 109-5c

Geschwister-Scholl-Straße 108-9b
Giesesteig 109-4a
Glockenblumenweg 109-8c
Goethepark 108-5d
Goethestraße 108-5d
Grabeinstraße 109-4c
Grenzstraße 109-8c
Grüner Weg 109-5c

Hamburger Straße 108-9d
Hannestraße 108-6b
Hasensprung 108-4d
Heckenrosenweg 109-8d
Heide in den Bergen 109-8b
Heideweg 109-7b
Heinestraße 109-5c
Heinrich-Mann-Straße 108-5c
Heinz-Oberfeld-Straße 108-6c
Herderstraße 109-1a
Herzfelder Straße 109-1a
Heuweg 108-3d
Hirschgang 109-8b
Höhenweg 109-8a
Hohes Feld 109-4b
Höltzstraße 109-4a
Hubertusstraße 108-5d
Huhnstraße 108-6b

Im Fuchsbau 109-8b
Irisweg 109-8d

Jägerstraße 109-5b

Kalkberger Straße 109-4b
Kantstraße 108-3b
Karl-Liebknecht-Straße 108-9d
Karl-Marx-Straße 108-9a
Kastanienstraße 108-5b
Käthe-Kollwitz-Straße 108-9d
Kieferndamm 109-7b
Kirchstraße 108-3d
Kirschenstraße 108-5c
Kleiner Spreewaldpark 108-6a
Klopstockstraße 109-1d
Kölner Straße 109-8b
Körnerstraße 109-5d
Krokusweg 109-8b
Krummenseestraße 108-5c
Kurze Straße 124-3b

Landhof 108-3b
Leibnitzstraße 109-1d
Leipziger Straße 109-5c
Lessingstraße 109-1a
Liebesteig 108-6d
Lindenstraße 108-8a
Lübecker Straße 108-9b
Ludwig-Jahn-Straße 108-5b

Miethkestraße 108-6a
Mommsenstraße 109-1d
Mozartstraße 108-4d
Mühlenweg 108-6a
Münchehofer Straße 108-1b
Münchener Straße 109-7a

Neue Watenstädter Straße 109-5c
Neuenhagener Chaussee 108-3a

Otto-Schröder-Straße 108-5b

Parkstraße 108-8b
Paul-Singer-Straße 109-5c
Pestalozzistraße 109-4b
Petershagener Straße 109-1b
Pilzsteg 109-8c
Pirschweg 108-4d
Platanenstraße 108-5b
Poststraße 108-9a
Potsdamer Straße 109-7a
Prager Straße 109-4b
Puhlmannsteg 109-4a
Puschkinstraße 108-5b
Pyramidenplatz 108-5b

Rahnsdorfer Straße 108-6a
Raisdorfer Straße 108-9a
Rathenaustraße 108-5b
Roloffstraße 109-1c
Rosa-Luxemburg-Straße 124-3b
Rüdersdorfer Straße 108-9b
Rudolf-Breitscheid-Straße 108-9d

Schillerpark 108-5d
Schillerstraße 109-1c
Schloßpark 108-3a
Schöneicher Straße 108-3c
Seestraße 124-3b
Siedlung an den Fuchsbergen 109-6c
Skulpturenpark 108-3a
Stargasse 109-6c
Stauffenbergstraße 108-9a
Stegeweg 108-3b
Steinstraße 109-8a
Stockholmer Straße 109-4a
Storkower Straße 109-4b

Triftweg 108-5a

Uhlandstraße 109-1a
Ulmer Straße 109-4c
Unterlaufstraße 109-1c

Veilchenweg 109-8d
Vogelsang 109-6b
Vogelsdorfer Straße 108-3b

Waldstraße 108-5c
Walter-Dehmel-Straße 108-6c
Warschauer Straße 109-4b
Watenstädter Straße 109-7a
Weisheimer Straße 109-4a
Werner-Seelenbinder-Straße 108-2c
Widdersteig 109-8b
Wielandstraße 109-1d
Wildkanzelweg 108-4d
Wilhelm-Raabe-Straße 109-1a
Wittstockstraße 109-4d
Wollgrasweg 109-8d
Woltersdorfer Straße 109-4b

Schönwalde-Glien

PLZ 14621

Ahornallee 40-5d
Akazienallee 40-8b
Alemannenweg 40-4a
Am Waldrand 40-1a
Amselsteig 40-5b

Beethovenstraße 40-5c
Berliner Allee 40-5d
Birkenallee 40-9a
Buchenallee 40-5d
Burgunderweg 40-4b
Bussardsteig 40-6a

Cheruskerweg 40-1c
Cimbernring 40-4a

Drosselsteig 40-5b

Eichenallee 40-8b
Erlenallee 40-9b
Eschenallee 40-9a

Falkensteig 40-6a
Fehrbelliner Straße 40-1c
Finkensteig 40-5b
Fontanestraße 40-7a
Frankenweg 40-4d
Friesenweg 40-5a

Germanenweg 40-4a
Goethestraße 40-4d
Gotenweg 40-4c
Großer Ring 40-8b

Habichtsteig 40-6a
Hänflingsteig 40-6d
Hebbelstraße 40-4d
Heinestraße 40-4c

Kastanienallee 40-5d
Keltenweg 40-4a
Kiebitzsteig 40-6c
Kiefernallee 40-5d
Kleibersteig 40-5b
Kleiststraße 40-4d
Kurt-Tucholsky-Straße 40-4d

Langobardenweg 40-5a
Lärchenallee 40-9a
Lindenallee 40-5d
Luchweg 40-2a

Meisensteig 40-6c
Mozartstraße 40-5c

Nachtigallensteig 40-5b
Nordmärkische Straße 40-8c

Obotritenweg 40-4a

Pappelallee 40-8b

Richard-Dehmel-Straße 40-5c
Richard-Wagner-Straße 40-7b
Robert-Wagner-Straße 40-7b
Rotkehlchensteig 40-6d
Rüsternallee 40-8b

Sachsenweg 40-5a
Schillerstraße 40-7b
Schulallee 40-5c
Schwalbensteig 40-6a
Sebastian-Bach-Straße 40-5c
Steinerne Brücke 40-6d
Stieglitzsteig 40-6c

Tannenallee 40-9a

Ulmenallee 40-5d
Unter den Linden 40-7d

Wachtelsteig 40-5b
Waldkauzsteig 40-6d
Waldpromenade 40-4c
Wiesenweg 40-1b
Willibald-Alexis-Straße 40-4c

Zaunkönigsteig 40-6b
Zeisigsteig 40-6c

Schulzendorf

PLZ 15732

Ackerweg 174-7b
Ahornstraße 174-2c
Akazienweg 174-2d
Albrecht-Dürer-Straße 174-8a
Am Abhang 174-5b
Am Grabensprung 174-2d
Am Kirschgarten 174-8d
Am Luch 174-3c
Am Zeuthener Winkel 174-6d
An der Aue 174-6c
An der Koppel 174-6b
Auf der Höhe 174-5b
August-Bebel-Straße 174-5c

Bergstraße 184-6c
Bergweg 184-1c
Birkenweg 174-5d
Brandenburger Straße 184-2a
Braunschweiger Straße 184-2b
Bremer Straße 184-5b
Brückenstraße 184-3c
Buchenallee 174-2c

Chemnitzer Straße 184-5b
Clara-Zetkin-Straße 174-7b
Coburger Straße 184-2b

Dahlwitzer Chaussee 184-5c
Dohlenstieg 174-6a
Dorfstraße 173-9d
Dresdener Straße 184-2a

Egelsteg 174-5a
Eichenallee 174-2b
Erfurter Straße 184-2c
Erlenweg 174-2d
Ernst-Thälmann-Straße 174-7c
Eschenweg 174-2c

Fasanensteg 174-6c
Finkenweg 174-5b
Fließsteig 174-3c
Fontanestraße 174-8d
Forstweg 174-7a
Freiheitweg 184-4a
Freiligrathstraße 174-7b
Fritz-Reuter-Straße 174-9a
Fürstenberger Straße 184-2c

Gartenstraße 174-6c
Gerstenweg 184-1d
Getreidegasse (4) 184-1d
Goethestraße 174-8a
Grenzweg 173-9b
Grüne Trift 174-6a

Hafergasse (2) 184-1d
Hamburger Straße 184-5b
Hans-Sachs-Straße 174-6c
Hebbelstraße 174-8b
Heinrich-Heine-Straße 174-8a
Heinrich-Zille-Straße 174-8d
Helgolandplatz 184-5a
Helgolandstraße 184-2c

Henningsdorfer Straße 184-5a
Herweghstraße 174-8d
Hirsesteig (1) 184-1d
Humboldtring 174-8d

Illgenstraße 174-8a
Im Gehölz 174-2b

Jahnstraße 174-5a

Kantstraße 174-9a
Karl-Liebknecht-Straße 174-2b
Karl-Marx-Straße 174-5a
Kastanienweg 174-5a
Käthe-Kollwitz-Straße 174-9c
Kiefernweg 174-2b
Kieler Straße 184-2d
Kleiststraße 174-8b
Kölner Straße 184-2a
Kornblumenweg 184-1d

Leipziger Platz 184-2b
Leipziger Straße 184-2c
Lessingstraße 174-8d
Lilienweg 174-5d
Lindenstraße 174-2c
Luisenstraße 184-5d

Max-John-Straße 184-2a
Miersdorfer Straße 174-7c
Mittenwalder Weg 173-9d
Mohnblumenweg 184-1d
Mühlenschlag 184-1d
Münchener Straße 184-2c

Otto-Krien-Platz 184-2d
Otto-Krien-Straße 184-2d

Paarmannstraße 174-2c
Pfarrgelände 184-5c
Pirschgang 174-5c
Puschkinstraße 174-5b

Richard-Wagner-Straße 174-5d
Riesaer Straße 184-5b
Rosa-Luxemburg-Straße 174-8d
Rudolf-Breitscheid-Straße 174-5d

Saarlandplatz 174-6d
Salzgitterstraße 184-2a
Schäferweg 174-7b
Schilfweg 174-5d
Schillerstraße 174-8b
Schloßplatz 184-5d
Schloßstraße 184-5d
Schwarzer Weg 174-7a
Sophienstraße 184-5b
Spartakusstraße 174-2d

Uhlandring 174-8a
Ulmenweg 174-2c

Volkspark 174-6c

Waldstraße 174-5a
Waltersdorfer Chaussee 173-9a
Walther-Rathenau-Straße 174-8c
Weimarer Straße 184-2d
Weizengasse (3) 184-1d
Wiesenweg 174-5a
Wilhelm-Busch-Straße 174-8d
Wilhelm-Raabe-Straße 174-5d
Wüstemarker Weg 184-5d

Zum Mühlenschlag 184-1b

Stahnsdorf

PLZ 14532

Ahornsteg 164-2d
Akazienweg 164-3a
Akeleiweg (12) 165-4c
Albersstraße (14) 165-7b
Alte Feldmark 164-4d
Alte Potsdamer Landstraße 163-2d
Alte Trift 163-9b
Am Anger 164-8a
Am Birkenhügel 164-4d
Am Friedhof 180-2d
Am Heideplatz 164-5c
Am Kiebitzfenn 164-4d
Am Kienwerder 164-7a
Am Pfarracker (1) 180-2b
Am Schloßpark 180-2c
Am Streuobsthang 165-1c
Am Upstall 165-1c
Am Walde 164-3d
Am Weiher 164-6b
Am Wiesengrund 164-8a
Amselsteg 164-5d
An den Seematen 164-8d
Annastraße 164-6d
Anni-Krauss-Straße 164-2b
Asternweg 165-4a
Augustastraße 164-6d
Ausbau 165-7d
Azaleenweg 165-7b

Bachstraße 164-5b
Bahnhofstraße 164-1d
Bäkedamm 164-3b
Bäkepromenade 164-3a
Beethovenstraße 164-3c
Begonienweg (11) 165-4d
Bergstraße 164-5b
Berliner Straße 180-2b
Birkensteg 164-3a
Brabantstraße 164-3d
Brahmsstraße 164-6a
Buchenweg 164-3a

Chopinstraße 164-6a
Crocusweg 165-4b

Dahlienweg 165-4c
Dähnestraße 164-3d
Dorfplatz 164-3b
Drosselweg 164-8b

Eichenweg 164-2d
Elisabethstraße 164-6d
Elsestraße 165-7a
Elstersteg 164-5d
Enzianweg 165-4c
Erlenweg 164-2b
Eschenweg 164-3c

Falkenstraße 164-5d
Fasanenstraße 164-5d
Feiningerstraße 165-7b
Feldstraße 164-8d
Fichtensteg 164-2b
Fichtestraße 180-3b
Finkensteig 164-9a
Florastraße 165-7a
Friedensallee 164-3c
Friedenstraße 163-5d
Friedrich-Naumann-Straße 164-5b
Friedrich-Weißler-Platz (1) 165-1a
Fuchsienweg (9) 165-5c

Gartenstraße 180-2b
Geranienweg 165-4a
Ginsterweg 165-4d
Gladiolenweg 165-7a
Glockenblumenweg (17) 165-4d
Glühwürmchenweg 165-4a
Grashüpferweg 165-4a
Großbeerenstraße 180-2b
Grüner Weg 165-1b
Güterfelder Damm 164-9a
Güterfelder Straße 180-8d

Hamburger Straße 165-6a
Hasensprung 164-8a
Hedwigstraße 164-9b
Heidekamp 164-8a
Heideplatz 164-5c
Heidestraße 164-5a
Heinrich-Zille-Straße 164-2c
Hermann-Scheidemann-Straße 164-6b
Hermannstraße 165-2b
Hibiskusweg (7) 165-4d
Hildegardstraße 164-6d
Hortensienstraße 165-4a

Im Wiesengrund 165-4a
Ingestraße 164-9b
Irisweg 165-4c

Jägersteg 163-6d
John-Graudenz-Straße 164-2b

Kamelienweg (10) 165-4d
Kandinskyplatz (16) 165-7b
Karolinenstraße 164-6b
Kastanienweg 164-3a
Kiefernsteg 164-3a
Kieler Straße 165-2d
Kirchplatz 180-2b
Kirchstraße 164-3d
Kleestraße 165-7b
Kleiststraße 165-2b
Kornblumenweg (8) 165-4d
Kremnitzbrücke 145-9c
Krughofstraße 165-1a
Kuhlmaystraße 164-6b
Kurze Birken 164-7b

Libellenweg 165-1c
Liefeldstraße 164-6b
Lilienweg 165-4d
Lindenallee 180-2d
Lindenstraße (Güterfelde) 180-2d
Lindenstraße 165-1c
Luisenstraße 165-4c

Marcksstraße 165-7b
Marggraffshof 181-5b
Margueritenweg 165-4c
Marienkäferweg 165-4a
Marienstraße 165-7a
Markhofstraße 164-6d
Marthastraße 164-6d
Meisenweg 164-5a
Mozartsteig 164-6a
Mucheweg 165-7b
Mühlenstraße 165-1c
Mühlenweg 180-3a

Nachfalterweg 165-4a
Nelkenweg (13) 165-7a
Neubauernsiedlung 165-5b

Pappelweg 164-2d
Parkallee 164-3c
Parkweg 180-2c
Pfauenaugenweg (4) 165-4a
Pfingstrosenweg (6) 165-4d
Poststraße 164-3b
Potsdamer Allee 164-4c
Potsdamer Damm 163-8d
Potsdamer Landstraße 180-7c
Potsdamer Straße 163-8b
Priesterweg 179-3a
Primelweg 165-4d
Puschkinstraße 165-2a

Quermathe 165-2d

Reihersteg 164-6c
Reiherweg 164-7a
Rosenweg 165-4b
Rotkehlchenweg 164-5d
Rudolf-Breitscheid-Platz 164-2c
Ruhlsdorfer Straße 165-1a
Ruhlsdorfer Weg 180-3a

Schenkendorfer Weg 165-9a
Schillerstraße 165-2a
Schlemmerweg (15) 165-7b
Schleusenweg 164-3b
Schmetterlingsring (1) 165-4a
Schneeglöckchenweg 165-4c
Schreyerstraße 165-7b
Schubertstraße 164-6a
Schulstraße 165-1a
Schulzenstraße 165-1c
Schwalbensteg 164-6c
Schwarzer Weg 180-2c
Seegarten 180-2a
Seematenweg 164-5c
Seestraße 180-2c
Separationsweg 165-1b
Siegfriedstraße 165-2a
Spechtstraße 164-5d
Sperberstraße 164-6c
Sportplatz 180-2d
Sputendorfer Straße 165-1c
Sputendorfer Weg 180-2b
Stahnsdorfer Damm 164-9c
Stahnsdorfer Weg 165-7c
Starstraße 164-5d
Stolper Weg 163-6d
Striewitzweg 165-2a

Tagfalterweg (2) 165-4a
Tannenweg 164-2b
Taubenweg 164-6c
Teerofenweg 164-2a
Tellstraße 165-2c
Tschaikowskistraße 164-5b
Tulpenstraße 165-4c

Uferweg 146-7c
Ulmenweg 164-3a

Wacholderweg 164-2b
Wagnersteg 164-6a
Waldtrautstraße 164-8a
Wannseestraße 164-3a
Weißlingweg (5) 165-4a
Wilhelm-Külz-Straße 165-1a

Zeisigsteig 164-6c
Zitronenfalterweg (3) 165-4a

Teltow

PLZ 14513

Alberta-Straße (1) 166-1b
Albert-Wiebach-Straße 148-7b
Alfred-Delp-Straße (5) 148-9a
Alfred-Fritz-Straße 148-8b
Alma-Straße 148-8c
Alsterstraße (3) 147-9d
Alte Potsdamer Straße 148-7a
Am Anger 148-9d
Am Busch 167-1a
Am Graben (2) 147-9d
Am Sportplatz 166-7c
Am Teltowkanal 147-8b
Amselweg 148-9d
An den Eichen 166-4c
An den Lindbergen 165-3a
An den Ritterhufen 165-6d
An den Weiden 166-4d
Anger 149-4a
Anna-von-Noel-Weg 148-8b
Anne-Frank-Weg 166-2b
Anton-Saefkow-Straße 148-8c
Arndtstraße 148-6b
Asternstraße 166-1d
August-Bebel-Straße 147-9d

Bäckerstraße 148-7b
Badstraße 148-4d
Bahnstraße 167-1c
Bäkegrund (2) 147-8b
Bäkestraße 147-9b
Beethovenstraße 166-2d
Bergonienstraße 166-2c
Bergstraße 149-7c
Berliner Straße 148-7b
Bernhard-Lichtenberg-Straße 148-8b
Bertholdstraße 166-2a
Birkenweg 167-1b
Blumenstraße 148-9c
Boberstraße 147-6d
Bodestraße 147-9c
Brahmsstraße 166-3d
Breite Straße 148-7b
Breitscheidstraße 148-5d
Bremer Straße 165-3c
Brunhildstraße 149-7b
Bruno-H.-Bürgel-Straße 148-6a
Buchenweg 167-1b
Buschweg 165-3a

Calgary-Straße 148-7d
Carl-Maria-von-Weber-Straße 166-3a
Carl-Orff-Straße 166-3c
Chopinstraße 166-3d
Clemens-August-Graf-von-Galen-Straße (3) 148-9a
Conrad-Blenkle-Straße 148-8d

Dahlienstraße 166-1d
Dorfstraße 166-7b
Drosselweg 166-3b
Dürerstraße 166-3c

Edelweißstraße 166-2c
Edmonton-Platz 148-8c
Egerstraße 147-9c
Eichenweg 167-1b
Elbestraße 147-9c
Elsenweg 167-1d
Elsterstraße 147-9c
Emil-Fischer-Straße 148-6b
Enzianstraße 166-5a
Erich-Steinfurth-Straße 148-8a
Ernst-Schneller-Straße 166-2a
Ernst-Waldheim-Straße 148-8a

Feldstraße 148-9c
Fichtestraße 148-6a
Finkenstraße 166-3b
Fliederstraße 166-4b
Flotowstraße 166-3a
Flugplatzstraße 167-4a

Fontanestraße 148-6c
Frieda-Kröger-Zeile 148-8b
Friedensstraße 147-9d
Friedrich-Buschmann-Ring 148-8b
Friedrich-Ebert-Straße 148-3d
Friedrich-Steinwachs-Weg 148-8b
Friggastraße 149-7d
Fritz-Reuter-Straße 148-6a

Ganghoferstraße (1) 148-5d
Gartenstraße 148-9d
Genshagener Straße 166-7b
Geranienstraße 166-5a
Gerhart-Hauptmann-Straße 148-6b
Gershwinstraße 166-5b
Geschwister-Scholl-Straße 148-8d
Gluckstraße 166-3d
Goerdelerstraße 148-8d
Goethesteig 148-6d
Goethestraße 149-4c
Gonfrevillestraße 148-7d
Gottfried-Keller-Straße 148-5d
Griegstraße 166-3c
Großbeerener Weg 166-3a
Großbeerenstraße 182-1c
Gudrunstraße 149-7b
Gunterstraße 149-8a
Gustav-Freytag-Straße 148-6c
Gustl-Sandtner-Straße 166-2b
Güterfelder Straße 165-9b

Hagenstraße 149-7b
Halifax-Platz 148-8c
Hamburger Platz 147-9c
Händelstraße 166-2d
Hannemannstraße 148-3c
Hardenbergstraße 167-1c
Hauffstraße 148-6a
Havelstraße 147-9b
Haydnstraße 166-3a
Heidestraße 166-3b
Heinersdorfer Weg 148-8a
Heinersdorfer Weg (Ruhlsdorf) 166-5d
Heinrich-Heine-Straße 148-6b
Heinrich-Schütz-Straße 166-3a
Heinrich-Zille-Straße 148-6b
Herderstraße 148-6b
Hoher Steinweg 148-7a
Hollandweg 148-7a
Holunderweg 167-1b
Hortensienstraße 166-5a
Hugo-Wolf-Straße 166-2d
Humperdinckstraße 166-3d

Ida-Kellotat-Straße 148-8a
Iserstraße 147-9c

Jacobsonsteig 148-6a
Jahnstraße 148-4c
Johann-Strauß-Straße 166-3b
John-Schehr-Straße 166-2b

Kanada-Allee 148-7d
Kanalpromenade 147-8b
Kantstraße 148-6c
Karl-Liebknecht-Steig 148-3d
Karl-Liebknecht-Straße 148-3d
Karl-Müller-Straße 166-7a
Kastanienstraße 148-9a
Käthe-Niederkirchner-Straße 166-2b
Katzbachstraße 147-9b
Kiefernweg 167-1a
Klaus-Groth-Straße 148-6c
Kleingartenkolonie Birkengrund 149-7d
Kleiststraße 148-9a
Krahnertsiedlung 166-7d

Kriemhildstraße 149-7b
Kuckucksweg 166-3b

Labrador-Straße 166-2a
Lankeweg (1) 147-8b
Leharstraße 166-3c
Leibnizstraße 148-6b
Lenaustraße 148-9a
Lerchenweg 148-9d
Lessingstraße 149-4c
Lichterfelder Allee 148-8a
Liebigplatz 147-9c
Liliencronstraße 148-6d
Lilienstraße 166-1d
Lindenstraße 148-7b
Liselotte-Herrmann-Straße 148-8d
Lisztstraße 166-3b
Lortzingstraße 166-3b
Lübecker Straße 165-3a
Luise-von-Werdeck-Straße 148-8b

Mahlower Straße 148-8a
Mainstraße 147-9d
Margeritenstraße 166-2c
Marienfelder Anger 148-6c
Marktplatz 148-7b
Martin-Niemöller-Straße 148-8a
Maxim-Gorki-Straße 148-6b
Max-Sabersky-Allee 148-5b
Meisenweg 166-3b
Moldaustraße 147-9c
Montreal-Platz 166-2a
Moselstraße (1) 147-9d
Mozartstraße 166-3d
Mühlenbergstraße 166-4c
Mühlengrund 166-4c

Neißestraße 147-8b
Nelkenstraße 166-4b
Neue Straße 148-7a
Nieplitzweg (3) 147-9a
Nuthestraße 147-6d

Oderstraße 147-8c
Ontario-Straße 166-2a
Osdorfer Straße 148-8a
Oskar-Pollner-Straße 166-5b
Ostspange 148-4d
Ottawa-Straße 166-2a
Otto-Braune-Straße 148-6b
Otto-Lilienthal-Straße 166-2b

Parkstraße 167-1a
Paul-Gerhardt-Straße 148-3d
Paul-Lincke-Straße 166-3c
Paul-Schneider-Straße 166-3a
Paul-Singer-Straße 147-9d
Pestalozzistraße 167-1c
Postdamer Straße 165-2b
Puschkinplatz (1) 148-7a

Québec-Straße 166-2a

Raabestraße 148-6a
Rammrathbrücke 147-8b
Regerstraße 166-3a
Resedastraße 166-4b
Rheinstraße 147-8d
Richard-Wagner-Straße 166-3a
Ringstraße 166-4c
Ritterstraße 148-4c
Robert-Koch-Straße 167-4a
Rosa-Luxemburg-Straße 148-3c
Roseggerstraße 148-5d
Rostocker Straße 165-6b
Röthepfuhlweg 166-7b
Rubensstraße 166-2d
Rudolf-Virchow-Straße 167-1c

Ruhlsdorfer Platz 148-7b
Ruhlsdorfer Straße 166-4b

Saalestraße 147-9c
Samatenweg 166-7c
Sandstraße 148-7a
Schenkendorfer Weg 165-6d
Schillersteig 148-6d
Schillerstraße 148-6c
Schubertstraße 166-3b
Schumannstraße 167-1c
Sebastian-Bach-Straße 166-3c
Seepromenade 148-5b
Sengersiedlung 166-7c
Siedlerrain 148-5d
Siedlerweg 148-9a
Siegfriedstraße 149-7d
Spreestraße 147-9a
Sputendorfer Straße 166-7c
Staedtlersiedlung 166-6c
Stahnsdorfer Straße 165-6d
Steinstraße 167-1d
Stormstraße 148-6a
Stratford-Straße 148-8c
Striewitzweg 165-3b

Tannenweg 149-7c
Techno-Terrain Teltow 147-9a
Teltower Straße 166-4d
Theophil-Wurm-Straße (4) 148-9a
Toronto-Straße 166-1b
Trojanstraße 148-6b
Tulpenweg 167-1b

Uferweg 147-9d
Uhlandstraße 148-6a

Vancouver-Straße 148-7d
Veilchenstraße 166-5a
Verdistraße 166-3c
Victoria-Straße 166-1b

Waldstraße 148-9c
Waldweg 166-7d
Walter-Kollo-Straße 166-3c
Walther-Rathenau-Straße 147-9d
Warthestraße 147-8b
Webersiedlung 166-7a
Weg zum Saeggepfuhl 166-4d
Weinbergsweg (4) 148-7a
Weserstraße 147-9b
Wielandstraße 148-6d
Wiesenstraße 148-9d
Wiesenweg 167-1b
Wilhelm-Külz-Straße 167-1d
Wilhelm-Leuschner-Straße 148-8d
Winnipeg-Straße (2) 166-1b
Wodanstraße 149-7d

Zehlendorfer Straße 148-7b
Zehnruthenweg 149-4c
Zeppelinufer 148-4d
Zum Königsgraben (4) 147-9a

Velten

PLZ 16727

Ameisenweg 24-1a

Birkenstraße 24-

Parkallee 24-1a

Zum Stichkanal 24-1b

Wandlitz

16352 Alte Bernauer Heerstraße 29-2c
16352 Am Wiesenrand 29-3a
16352 An den Hauswiesen 22-2a

16352 Bahnhofstraße (Schönerlinde) 29-2d
16352 Berliner Straße 30-1a

16352 Dorfstraße (Schönerlinde) 29-3c

16352 Forstweg 22-2a
16352 Friedhofsweg (Schönwalde) 30-1a

16352 Gehweg an der Bahn 29-3c
16352 Grüner Weg (Schönerlinde) 30-1b

16352 Hobrechtsfelder Straße 22-3a
16352 Hobrechtstelder Weg 30-1b

16352 Industriestraße 29-2d

16352 Karl-Göbel-Straße 22-2b
16352 Kurze Straße (Schönwalde) 22-2b

16352 Paul-Engel-Straße 22-2b

16352 Siedlung Gorinsee 22-3a
16352 Straße zum See 22-2b

16352 Teerofenweg 22-2b
16352 Triftweg (Schönwalde) 22-3a

16352 Waldweg (Schönwalde) 22-3a
16352 Weg 15 29-2b
16352 Weg 17 29-2a
16352 Weg 18 29-2a
16352 Weg 2 30-1b
16352 Weg 24 30-1a
16352 Weg 3 22-7c
16352 Wiesenweg (Schönerlinde) 30-1c

Wildau

PLZ 15745

Ahornring 185-5d
Akazienring 185-5c
Albert-Lemaire-Platz 185-9c
Am Rosenbogen 185-7c
Am Weiher 185-8c
Am Wildgarten 185-8a
Amselsteg 185-8c
Asternring 185-7c

Bachstelzengang 185-8c
Birkenallee 185-5a
Blumenkorso 185-7c

Dohlenstieg 185-8c

Eichenallee 185-8b
Eichenring 185-8a

Falkenfang 185-8c
Fasanenhege 185-8d
Finkenschlag 185-7d

Forsythienweg (2) 185-7d
Fuchsbau 185-7d

Hahnenbalz 185-8d
Hasenwinkel 185-7d
Heidekorso 185-5c
Heideweg 185-8d
Hirschsprung 185-8c
Hochsitz 185-8c
Hochwaldstraße 185-5b
Holundersteg 185-6c

Im Röthegrund 185-8c

Miersdorfer Straße 184-9d

Nordpromenade 185-5c

Pirschgang 185-8a
Platanenring 185-5d
Puschkinallee 185-8a

Rehfährte 185-8c
Reiherhorst 185-7d
Rosenanger (1) 185-7c

Sanddornweg 185-7d
Sperberzug 185-8d
Springfeldallee 185-7d
Südpromenade 185-5c

Ulmenring 185-8b

Veilchenweg 185-7c

Weg nach Wüstemark 184-9c
Weidenring 185-5c
Westkorso 185-5c
Wiesenring 185-7c
Wildbahn 185-7c

Woltersdorf

PLZ 15569

Ahornallee 125-2b
Ahornsteg 109-8d
Am Wäldchen 109-9d
An den Birken 109-9b
An den Fuchsbergen 109-9c

Baltzerstraße 125-3b
Barnimstraße 125-3b
Berliner Platz 125-3b
Berliner Straße 125-2b

Chamissostraße 125-2a

Dachsweg (3) 109-9b

Ebereschenallee 109-8d
Edelweißstraße 109-9c
Eichendamm 125-2b
Etkar-André-Straße 125-3d

Feldmausweg (2) 109-9b
Fidusallee 125-3d
Finkensteg 125-2b
Flämingstraße 125-3d
Fontanestraße 125-2a
Förstersteg 125-2d
Fuchssteig 109-9b

Goethestraße 109-8c

Hamsterweg 109-9b
Hasenwinkel 109-9b
Havelländische Straße (2) 125-3b
Heidering 109-9b
Heinrich-Heine-Straße 125-2b
Hermann-Löns-Straße 109-9c

Igelweg (5) 109-9b

Kantstraße 109-8d
Karl-Holzfäller-Straße 109-9d
Karl-Liebknecht-Straße 109-9d
Karl-Marx-Straße 109-9c
Kiefernweg 109-9c
Köpenicker Straße 125-3d
Körnerstraße 125-2b

Lausitzstraße 125-3d
Lenzstraße 125-3c
Lerchenstraße 125-3a
Lessingstraße 109-8c

Maienhöhe 125-2b
Märkische Straße 125-3b
Mittelstraße 125-3d
Müggelweg (7) 125-3b

Poetensteg 109-8d
Polteweg 125-3c
Prignitzweg (1) 109-9d
Puschkinallee 125-3d

Rebhuhnweg (1) 109-9b
Rehwinkel 109-9b
Robert-Koch-Straße 125-3c
Rütlistraße 109-9d

Schillerstraße 109-8d
Schlaubetalweg (5) 125-3b
Schönebecker Weg 109-9c
Schorfheide Weg (4) 125-3b
Spreewälder Straße (6) 125-3b

Thomas-Mann-Straße 109-9d

Uckermarkweg (3) 125-3b

Wacholderweg (6) 109-9d
Waldpromenade 125-2a
Waldstraße 125-3c
Wieselweg (4) 109-9b

Zu den Eichen (8) 109-8d

Zeuthen

PLZ 15738

Adolph-Menzel-Ring 174-6d
Ahornallee 185-2c
Alte Poststraße 185-1b
Am Elsenbusch 185-4a
Am Falkenhorst 184-9b
Am Feld 185-4c
Am Fliederbusch 184-9d
Am Gutshof 184-6b
Am Heideberg 184-3b
Am Kurpark 185-7b
Am Mühlenberg 184-6c
Am Postwinkel 185-2a
Am Pulverberg 185-4c
Am Seegarten 175-6a
Am Staatsforst 185-4b
Am Tonberg 184-6d
Amselstraße 184-3b
An der Eisenbahn 185-2c
An der Korsopromenade 185-4c
An der Kurpromenade 185-4c
Augsburger Straße 175-5a

Bachstelzenweg 184-9b
Bahnstraße 185-2c
Bamberger Straße 175-5c
Bayreuther Straße 175-5a
Bayrischer Platz 175-5c
Birkenallee 185-1d
Birkenring 185-4d
Birkenstraße 184-6a
Brandenburger Straße 185-1a
Bremer Straße 185-1a
Buchenring 184-6b

Crossinstraße 185-6d

Dachauer Straße 175-5a
Dahlewitzer Chaussee 184-4c
Dahmestraße 185-1d
Dahmeweg 185-6d
Delmenhorster Straße 185-1d
Donaustraße 185-4b
Dorfaue 185-2a
Dorfstraße 184-6d

Ebereschenallee 185-1d
Ebereschenring 185-4a
Eichenallee 185-2d
Eichwalder Straße 185-1a
Elbestraße 185-1d
Emserstraße 185-5a
Engelbrechtstraße 175-8c
Erlenring 185-4c
Eschenring 185-4d

Fährstraße 185-6c
Fasanenstraße 184-3d
Flämingstraße 175-5b
Fontaneallee 185-5b
Fontaneplatz 185-5b
Forstallee 184-6d
Forstweg 185-1d
Friedenstraße 175-5b
Friesenstraße 175-7d

Goethestraße 185-2a
Grenzstraße 184-6c
Große Zeuthener Allee 185-7b

Hankelweg 185-4a
Haselnußallee 184-9b
Havellandstraße 175-5d
Havelstraße 185-1d
Heinrich-Heine-Straße 175-7d
Heinrich-Zille-Straße 175-8c
Hoherlehmer Straße 184-6d

Im Heidewinkel 184-3a

Jägerallee 184-6d
Jasminweg 184-9d

Kastanienallee 185-2c
Kastanienring 185-8a
Kiefernring 184-6b
Kirschenallee 184-9b
Kurpark 184-9a
Kurparkring 184-9b
Kurt-Hoffmann-Straße 185-6a
Kurze Straße 185-1a

Lange Straße 174-9d
Lindenallee 185-2c
Lindenring 184-6a

Mainzer Straße 184-3d
Margarethenstraße (1) 184-6d
Maxim-Gorki-Straße 175-7d
Max-Liebermann-Straße 174-6d
Miersdorfer Chaussee 185-4a
Mittelpromenade 184-3d
Mittenwalder Straße 175-5c
Morellenweg 185-7a
Moselstraße 185-5a
Mozartstraße 185-1d
Müggelstraße 185-1a
Münchener Straße 175-4d

Narzissenallee 184-9c
Neckarstraße 185-4a
Niederlausitzstraße 175-5d
Niemöllerstraße 175-8c
Nordstraße 185-1b
Nürnberger Straße 175-4d

Oderstraße 185-1d
Oldenburger Straße 175-7d
Ostpromenade 184-9a
Otto-Dix-Ring 175-4c
Otto-Nagel-Allee 175-4c

Pappelring 185-7b
Parkstraße 184-3d
Platanenallee 185-2c
Platz der Demokratie 175-8a
Potsdamer Straße 185-1a
Prignitzstraße 175-5b

Rathausplatz 185-2a
Regensburger Straße 175-4d
Rheinstraße 185-5a
Ringstraße 184-3b
Rosengang 184-9c
Rotbuchenring 185-7a
Rotdornring 185-7b
Rühlering 185-5c
Ruppiner Straße 175-5d
Rüsternallee 185-4c

Saarstraße 185-5a
Schillerstraße 175-7b
Schmöckwitzer Straße 184-3b
Schulstraße 175-7d
Schulzendorfer Straße 184-6c
Seestraße 185-2a
Siegertplatz 185-2b
Spreestraße 185-4b
Spreewaldstraße 175-5b
Starnberger Straße 175-5c
Stedinger Straße 185-1b
Strandweg 175-5d
Straße am Hochwald 184-9c
Straße am Höllengrund 185-7a
Straße der Freiheit 185-4a

Talstraße 174-9d
Teichstraße 184-3b
Teltower Straße 185-1a
Triftweg 175-7b

Uckermarkstraße 175-6a

Waldowstraße 175-8c
Waldpromenade 184-3a
Waldstraße 185-1a
Weichselstraße 185-1c
Weserstraße 185-5a
Westpromenade 184-9a
Wiesenstraße 174-9d
Wilhelm-Guthke-Straße 185-2a
Wilhelmshavener Straße 185-1b
Würzburger Straße 175-5c
Wüstemark 184-7d
Wüstemarker Weg 184-5d

Herausgeber: ADAC Verlag GmbH, 81373 München

Anschrift: CartoTravel Verlag GmbH & Co. KG, Abteilung Kartenredaktion,
Postfach 1580, 65800 Bad Soden/Ts., Telefon (06196) 6096-0, E-Mail: info@cartotravel.de, Internet: www.cartotravel.de oder
ADAC Verlag, Redaktion Karten und Atlanten, Leonhard-Moll-Bogen 1-3, 81373 München
E-Mail: verlag@adac.de

Titelbild der Originalausgabe: Schrägluftansicht Berlin, Foto:Hecht & Zimmermann, Hannover

Printed in Germany · Laufzeit bis Ende 2008

Hergestellt nach amtlichen Unterlagen